新訂第3版

判例講義
民法II
債権

池田真朗
片山直也
北居　功 編

勁草書房

〔新訂第3版〕発刊にあたって

池田真朗

　判例解説書は、どれも同じではない。本書には、明確なコンセプトがある。それは、学習者の利益をより大きくしようとする、ユーザー・オリエンテッドな発想による、「新しい判例学習」の構築・提供である。

　本書の母体となったのは、奥田昌道＝安永正昭＝池田真朗編『判例講義　民法II　債権』（悠々社、2002年）である。同じ3名の編著になる、『判例講義　民法I　総則・物権』（悠々社、2002年）の姉妹編であった。その後両書は、民法現代語化（2004年）を受けて2005年に補訂版を出し、『民法II　債権』は2014年には判例を大きく入れ替えて第2版を世に送った。そしてこれらは、大学法学部および法科大学院の学生諸君によって愛用されてきたのだが、出版元の悠々社が廃業となって、刊行が途絶えてしまった。このたびその『民法II　債権』が、後続を引き受けられた勁草書房から、新たに池田真朗＝片山直也＝北居功の3名を編著として、収録判例も全体に見直して、新訂第3版として上梓されることになった次第である。

　ことに民法債権法は、2017年の民法（債権関係）改正（平成29年法律第44号、令和2年4月1日施行）によって、対象分野全体の大規模な改正があったため、大幅な判例の見直し・差し替えの必要が生じた。今回は200判例を収録したが（旧版は194判例）、うち37判例が新規収録判例である。また世代交代もあって、執筆者33名（旧版は30名）中、新たなメンバーが23名と、旧版からの継続者10名を大きく上回ることになった。もっとも、債権総論と債権各論の全分野をブロックに分け、執筆者にそのブロックごとの複数の判例の解説を依頼し、解説に一貫性を持たせようとする方針（それが本書の『判例講義』という書名の由来にもなっている）は、初版以来変更がない。

　また、事実の要約→裁判の流れ→判旨→判例の法理→判例を読む、という、初版の出版当時斬新と評された構成はそのままにし、なるべく多くの項目に関係図をつけるやり方も踏襲したが、執筆者の大幅な交代もあり、内容は一新されたといってよかろう。民法（債権関係）改正により判例法理が意味を持たなくなった判例はほとんど差し替えたが、中には比較対象のためにあえて残したものもある。収録した判例についても、解説中でできるだけその改正の影響等に触れることにしたが、もとより2023年初頭の本書校了時においては、2017年の民法（債権関係）改正の評価はまだ定まっておらず、また今後、改正法に基づく新しい判例の登場も予想される。

　しかしながら、再刊希望の声も多数いただいており、学生諸君に新しいコンセプトを持った判例解説書での学習を提供する機会を再度なるべく早く実現すべく検討を重ね、丸2年近くの準備を経て本書の出版に至った次第である。

　なお、本書を利用した新しいかつ多様な判例学習法の推奨については、後掲の池田真朗「本書を利用した新しい『マルチ判例学習法』」をお読みいただきたい。

　本書の出版にあたっては、勁草書房編集部の竹田康夫さんに大変にお世話になった。ここに記して感謝の意を表したい。また、私共3名での後継書出版にご快諾をくださった、奥田昌道、安永正昭の両先生には、心より御礼を申し上げます。さらに、編者や編集部からの度重なる多様な要請にお応えくださった執筆者各位にも厚く御礼を申し上げる次第である。今後、民法改正後の判例の形成等があれば、さらにそれらを紹介して改訂をしていきたいと考えている。

　2023年1月

CONTENTS

Chapter 4　責任財産の保全

Chapter 5　多数当事者の債権関係

Chapter 6　債権譲渡・債務引受・契約上の　地位の移転

Chapter 7　債権の消滅

Chapter 13　不法行為

凡　例

(1) 法令・条文の引用は、民法については条文数のみで表記し、他の法令については『六法全書』(有斐閣) の法令
　　略語表に従った。
(2) 判例集、雑誌、基本書等の略語は、以下によるほか、一般の慣例による。大学の紀要は正式名称を使用したが、
　　特定しにくいものは (　) 内に大学名を記載した。

判　例

大連判	大審院連合部判決
最大判 (決)	最高裁判所大法廷判決 (決定)
最判 (決)	最高裁判所小法廷判決 (決定)
高判 (決)	高等裁判所判決 (決定)
地判 (決)	地方裁判所判決 (決定)
家審	家庭裁判所審判
簡判 (決)	簡易裁判所判決 (決定)

判例集

民録	大審院民事判決録
民集	大審院民事裁判例集 (明治憲法下)
民集	最高裁判所民事判例集 (日本国憲法下)
裁判集民	最高裁判所裁判集民事
高民集	高等裁判所民事判例集
東京高民報	東京高等裁判所民事判決時報
下民集	下級裁判所民事裁判例集
裁時	裁判所時報
行集	行政事件裁判例集
訟月	訟務月報
行月	行政裁判月報
家月	家庭裁判月報
新聞	法律新聞
評論	法律評論
交民	交通事故民事裁判例集

雑　誌

金判	金融・商事判例
金法	金融法務事情
銀法	銀行法務
自正	自由と正義
ジュリ	ジュリスト
曹時	法曹時報
判時	判例時報
判タ	判例タイムズ
判評	判例時報綴込みの「判例評論」
判民	判例民法 (大正 10 年度、11 年度、民法判例研究会)
判例民事法	判例民事法 (大正 12 年度～昭和 21 年度、民事法判例研究会。昭和 22 年度以降、東京大学判例研究会)
ひろば	法律のひろば

別判タ	別冊判例タイムズ
法協	法学協会雑誌
法教	法学教室
法時	法律時報
法セ	法学セミナー
民研	みんけん（「民事研修」・誌友会）
民商	民商法雑誌
論究ジュリ	論究ジュリスト

判例解説

最判解民平成（昭和）〇年度	最高裁判所判例解説民事篇平成（昭和）〇年度（法曹会）
私判リマ	椿寿夫＝奥田昌道＝徳田和幸＝櫻田嘉章＝森本滋編『私法判例リマークス』（法時別冊、年2回、日本評論社）
速報判例解説	新・判例解説編集委員会編『速報判例解説』（法セ増刊、日本評論社）
平成（昭和）〇年度重判	『平成（昭和）〇年度重要判例』（ジュリ臨増、有斐閣）
主判解説＝平成（昭和）〇年度主判解説	
	『平成（昭和）〇年度主要判例解説』（判タ臨増、判例タイムズ社）
判例講義民法Ⅰ、Ⅱ	奥田昌道＝安永正昭＝池田真朗編『判例講義民法Ⅰ総則・物権〔第2版〕』『同Ⅱ債権〔第2版〕』（悠々社、2014）（第1版2002年、補訂版2005年）
判プラⅠ、Ⅱ	松本恒雄＝潮見佳男編『判例プラクティス民法Ⅰ総則・物権』（信山社、2010）『同Ⅱ債権』（信山社、2010）
百選Ⅰ	潮見佳男＝道垣内弘人編『民法判例百選Ⅰ総則・物権〔第8版〕』（別冊ジュリ、有斐閣、2018）
百選Ⅱ	窪田充見＝森田宏樹編『民法判例百選Ⅰ総則・物権〔第8版〕』（別冊ジュリ、有斐閣、2018）
百選Ⅱ7版	中田博康＝窪田充見『同Ⅱ債権〔第7版〕』（別冊ジュリ、有斐閣、2015）（初版、新版、Ⅰ〈第3～第5版、第5版新法対応補正版、第6版も、それぞれ版数を明記）
百選Ⅲ	水野紀子＝大村敦志『民法判例百選Ⅲ〔第2版〕』（別冊ジュリ、有斐閣、2018）
交通百選	新美育文＝山本豊＝古笛恵子編『交通事故判例百選 第5版』（別冊ジュリ、有斐閣、2017）
争点	内田貴＝大村敦志編『民法の争点』（別冊ジュリ、有斐閣、2007）
争点Ⅱ	加藤一郎＝米倉明編『民法の争点Ⅱ債権総論・各論』（別冊ジュリ、有斐閣、1985）

基本書

池田・新標準総論	池田真朗『新標準講義民法債権総論〔全訂第3版〕』（慶應義塾大学出版会、2019）
内田Ⅰ、Ⅱ、Ⅲ	内田貴『民法Ⅰ総則・物権総論〔第4版〕』（2008）、『民法Ⅱ債権各論〔第3版〕』（2011）、『民法Ⅲ債権総論・担保物権〔第4版〕』（2020）、『民法Ⅳ親族・相続〔補訂版〕』（2004）（東京大学出版会）
梅・債権	梅謙次郎『民法要義巻之三債権編』（有斐閣、初版1899、復刻版1984）
近江・Ⅳ、Ⅴ、Ⅵ	近江幸治『民法講義Ⅳ（債権総論）〔第4版〕』（2020）
	『民法講義Ⅴ（契約法）〔第4版〕』（2022）、『民法講義Ⅵ事務管理・不当利得・不法行為〔第3版〕』（2018）（成文堂）
於保・総論	於保不二雄『債権総論〔新版〕』（有斐閣、1972）
奥田・総論	奥田昌通『債権総論〔増補版〕』（悠々社、1992）
加藤一郎・不法行為	加藤一郎『不法行為〔増補版〕』（法律学全集22、有斐閣、1986）
加藤雅信・事務管理等	加藤雅信『事務管理・不当利得・不法行為〔第2版〕』（新民法大系5、有斐閣、2005）
川井・総論	川井健『民法概論3債権総論〔第2版補訂版〕』（有斐閣、2011）

川井・各論	川井健『民法概論 4 債権各論〔補訂版〕』（有斐閣、2019）
窪田・不法行為法	窪田充見『不法行為法―民法を学ぶ〔第 2 版〕』（有斐閣、2018）
潮見・総論Ⅰ・Ⅱ	潮見佳男『新債権総論Ⅰ・Ⅱ』（信山社、2017）
潮見・契約各論Ⅰ・Ⅱ	潮見佳男『新契約各論Ⅰ・Ⅱ』（信山社、2021）
潮見・不法行為法Ⅰ、Ⅱ	潮見佳男『不法行為法Ⅰ、Ⅱ〔第 2 版〕』（信山社、2011）
潮見・債権各論Ⅰ	潮見佳男『債権各論Ⅰ契約法・事務管理・不当利得〔第 4 版〕』（新世社、2022）
潮見・不法行為	『基本講義 債権各論Ⅱ不法行為法〔第 4 版〕』（新世社、2021）
四宮・事務管理等上、中、下	四宮和夫『事務管理・不当利得・不法行為上巻、中巻、下巻』（現代法律学全集 10、上 1981、中 1983、下 1985、青林書院）
四宮・不法行為	四宮和夫『不法行為』（現代法律学全集 10-2、青林書院、1987）
鈴木・債権	鈴木禄弥『債権法講義〔4 訂版〕』（創文社、2001）
中田・総論	中田裕康『債権総論〔第 4 版〕』（岩波書店、2020）
中田・契約法	中田裕康『契約法〔新版〕』（有斐閣、2021）
中舎・債権法	中舎寛樹『債権法 債権総論・契約』（日本評論社、2018）
野澤・Ⅰ、Ⅱ、Ⅲ	野澤正充『セカンドステージ債権法Ⅰ契約法〔第 3 版〕』（日本評論社、2020）、『セカンドステージ債権法Ⅱ債権総論〔第 3 版〕』（2020）、『セカンドステージ債権法Ⅲ事務管理・不当利得・不法行為〔第 3 版〕』（2020）（日本評論社）
野村ほか・民法Ⅲ	野村豊弘＝栗田哲男＝池田真朗＝永田眞三郎＝野澤正充『民法Ⅲ債権総論〔第 4 版〕』（有斐閣Ｓシリーズ、2018）
鳩山・総論	鳩山秀夫『日本債権法総論』（岩波書店、1916 年）
林ほか・総論	林良平＝石田喜久夫＝高木多喜男、安永正昭補訂『債権総論〔第 3 版〕』（青林書院、1996）
平井・総論	平井宜雄『債権総論〔第 2 版〕』（弘文堂、1994）
平井・各論Ⅰ、Ⅱ	平井宜雄『債権各論Ⅰ上契約総論』（2008）、『同Ⅱ不法行為』（1992）（弘文堂）
平野・総論、各論Ⅰ、各論Ⅱ	平野裕之『債権総論』（2017）、『債権各論Ⅰ契約法』（2018）、『同Ⅱ事務管理・不当利得・不法行為』（2019）（日本評論社）
広中・各論	広中俊雄『債権各論講義〔第 6 版〕』（有斐閣、1994）
星野・総論	星野英一『民法概論Ⅲ債権総論〔補訂版〕』（良書普及会、1983）
星野・借地・借家法	星野英一『借地・借家法』（有斐閣、1969）
前田達明・総論	前田達明『口述債権総論〔第 3 版〕』（成文堂、1993）
前田達明・不法行為法	前田達明『民法Ⅳ 2不法行為法』（青林書院新社、1980）
前田陽一・不法行為法	前田陽一『不法行為法〔第 3 版〕』（弘文堂、2017）
松岡ほか・コンメン	松岡久和＝松本恒雄＝鹿野菜穂子＝中井康之『改正債権法コンメンタール』（法律文化社、2020）
	柚木馨、高木多喜男補訂『判例債権法総論〔補訂版〕』（有斐閣、1971）
吉村・不法行為法	吉村良一『不法行為法〔第 5 版〕』（有斐閣、2017）
我妻・講義Ⅰ～Ⅴ4	我妻栄『新訂民法総則（民法講義Ⅰ）』（1965）、『新訂物権法（民法講義Ⅱ・有泉亨補訂）』（1983）、『新訂担保物権法（民法講義Ⅲ）』（1958）、『新訂債権総論（民法講義Ⅳ）』（1964）、『債権各論上巻（民法講義Ⅴ1）』・『債権各論中巻一（民法講義Ⅴ2）』・『債権各論中巻二（民法講義Ⅴ3）』・『債権各論下巻一（民法講義Ⅴ4）』（1954～1972）（岩波書店）
我妻・事務管理等	我妻栄『事務管理・不當利得・不法行為』（日本評論社、1939）

講座・コンメンタール等

鎌田ほか・コンメン 1、2	鎌田薫＝松本恒雄＝野澤正充『新基本法コンメンタール 債権 1』（2021）、鎌田薫＝潮見佳男＝渡辺達徳『新基本法コンメンタール 債権 2』（2020）（日本評論社）
注民⑩～⑳	『新版注釈民法』⑩-1債権 1、⑪債権 2、⑫債権 3、⑬債権 4、⑭債権 5、⑮債権 6、⑯債権 7、⑰債権 8、⑱債権 9、⑲債権 10、⑳債権 11（有斐閣）
新注民⑭⑮⑯	山本豊編『新注釈民法⑭ ―債権 7』（有斐閣、2018）、窪田充見編『新注釈民法⑮

	債権 8』（有斐閣、2017）、大塚直編『新注釈民法 ⑯債権 9』（有斐閣、2022）
判民	『判例民事法』（民事法判例研究会編）（有斐閣）
民法講座①〜⑥	星野英一編集代表『民法講座 1 民法総則』（1984）、『同 2 物権(1)』（1984）、『同 3 物権(2)』（1984）、『同 4 債権総論』（1985）、『同 5 契約』（1985）、『同 6 事務管理・不当利得・不法行為』（1988）（有斐閣）
民法典の百年Ⅰ、Ⅱ、Ⅲ	広中俊雄＝星野英一編『民法典の百年Ⅰ全般的観察』、『同Ⅱ個別的観察(1)総則編・物権編』、『同Ⅲ個別的観察(2)債権編』（有斐閣、1998）
森田宏樹・債権法改正	森田宏樹『債権法改正を深める』（有斐閣、2013）
大村＝道垣内・債権法改正のポイント	
	大村敦志＝道垣内弘人編『解説民法（債権法）改正のポイント』（有斐閣、2017）
中田ほか・講義債権法改正	中田裕康＝大村敦志＝道垣内弘人＝沖野眞已『講義債権法改正』（商事法務、2017）
債権法研究会・詳説改正債権法	債権法研究会編『詳説改正債権法』（金融財政事情研究会・2017）
一問一答債権関係改正	筒井健夫＝村松秀樹編著『一問一答 民法（債権関係）改正』（商事法務、2018）
潮見ほか・詳解改正民法	潮見佳男＝千葉恵美子＝片山直也＝山野目章夫編『詳解改正民法』（商事法務、2018）
森田修・債権法改正	森田修『「債権法改正」の文脈―新旧両規定の架橋のために』（有斐閣・2020）
平野・新債権法の論点と解釈	平野裕之『新債権法の論点と解釈〔第 2 版〕』（慶應義塾大学出版会、2021）

立法関係資料

部会○回議事録	法制審議会民法（債権関係）部会第○回会議議事録
部会資料集○集○巻	商事法務編『民法（債権関係）部会資料集』（商事法務）第 1 集第 1 〜 6 巻（2011 〜 2012）、第 2 集第 1 〜 12 巻（2012 〜 2016）、第 3 集第 1 〜 7 巻（2016 〜 2017）
中間試案	法制審議会民法（債権関係）部会「民法（債権関係）の改正に関する中間試案」（2013 年 2 月 26 日決定）
中間試案補足説明	商事法務編・民法（債権関係）の改正に関する中間試案の補足説明（商事法務、2013）

本書を利用した新しい「マルチ判例学習法」

池田真朗

I 「判例の学び方」と「判例集の（マルチ）利用法」

本書冒頭の「発刊にあたって」で、「判例集は、どれも同じではない。本書には、明確なコンセプトがある。それは、学習者の利益をより大きくしようとする、ユーザー・オリエンテッドな発想による、新しい判例学習の構築である」と書いた。もちろん、「判例の学び方」と言っても、目的に応じ、また学習者の学習段階ないし知識のレベルに応じて、さまざまな方法があってよいのだが、読者の皆さんには、本書が提供する、「（マルチ）利用法」をぜひ試してみていただきたい。

本書のコンセプトの第1のポイントは、判例学習が学説学習になってはいけない、ということである。類書によっては、事実関係や裁判の流れが圧縮ないし捨象されて、もっぱら学説の展開部分が詳細に書かれているものがある。このような判例解説書を読み込むことは、実は判例の学びではなく学説の学びになってしまう。第2のポイントは、「紛争事実」から最後の判例の結論に至る「流れ」をつなげて解説することである。つまり、裁判は個々の紛争の解決なのであるから、結論の判例法理だけを覚えても正しい判例学習にはならないはずなのである。第3には、判例学習書は、単に個々の判例の知識・情報を提供するだけでなく、学習に資する「複数の利用法」を提供するものであるべき、ということである。これが本書のめざす「付加価値」である。「ひつまぶし」という、一つの料理を複数の食べ方で味わうものがあるが、判例学習書にもそういう利用が可能なものがあってもよいはずなのである。これらの点を順次記述していこう。

II 本書を利用したマルチ判例学習法

1 事実の確認と関係図の作成

本書の推奨する判例学習の最初の手順は、事実の確認と関係図の作成である。判例は紛争の解決なのであるから、どういう紛争事実に端を発しているのか、から学ぶ必要がある。そしてそれを関係図にして理解するのである。実はこの作業は、期末試験から司法試験など各種の資格試験に至るまで、それらに対処するための学習に直結するのである。本書が、多くの判例に関係図を付したのはそのためである。紙幅の関係で省略したものについては、ご自分で作成してみていただきたいし、関係図が掲載されているものについても、（先に見ないで）ご自分で作成して、掲載されているものとの巧拙を比較してみていただきたい（より優れた図ができた場合には、ぜひ編集部にご教示をいただきたい）。まずこれが、本書を活用したアクティブ・ラーニングというわけである（関係図の書き方のノウハウは、債権債務関係を直線の→で表現するとか、→と⇒の使い分けなどのルールをご自分で決め、登場人物の関係をバラバラにせず、関係者が必ず一つの図の中につながるようにする、などということである。参考として、池田真朗『新標準講義 民法債権総論〔全訂3版〕』（慶應義塾大学出版会、2019年）244～245頁、247～249頁）。

なお、ケースによっては、「当事者関係図」というより、「時系列」の直線を描くことが有効な場合もある（時効の問題の場合など。本書4事案参照）。

2 事実評価と条文のあてはめの想定——判例法理の生まれる基礎の理解

できればここで、先を読まずに考えていただきたい。事実を理解し関係図を描いた段階で、使える法律の条文はどれか、と考えるわけである（これは、「事実評価と法文のあてはめ」という、司法試

験などの答案作成に必須の作業の訓練にもなる）。つまり、そこで想定した法文の示すルールで足りないところがあるからこそ、判例法理ができるわけである。この予測が、最後まで読んだ時の納得につながる。それが判例学習の楽しみにつながるのである。

3　1審からの裁判の展開の理解

　いわゆる「判例」というのは、最高裁判所での、先例拘束性を持った判断である。これに対して、1審、2審は事実審として、文字通り個別紛争の解決を図るのであるから、「裁判例」と呼んで区別する。そこでは、事実審から法律審に進んで判例となるそのプロセスが興味深く観察されなければならない。本書が「裁判の流れ」という項目を置いているのはそのためである。

　そこで注意すべきは、だれが何を訴えているのか、ということである。1審で負けた側が原審（2審）で勝ち、さらに最高裁で逆転敗訴する、というケースもある。本書では、紙幅の関係で1審・原審の結論とその結論くらいしか書かれていないが、本来は、1審・原審における原告・控訴人（通常、1審原告にXをあてる）の主張事実、請求内容と法的構成、それに対する被告・被控訴人（1審被告にYをあてる）の主張、認否や抗弁などの反論を確認し、それを事実審裁判所がどのように整理し、事実認定を行い、どのような法的判断（法令の解釈・適用）を行って結論を下しているのか、を検討するのである。また、1審と原審とで結論が異なっている場合には、それが事実認定の違いに由来するのか、それとも当事者が原審において新たな事実を主張立証したことによるのか、あるいは1審と原審とでは主張された事実関係は違わないのに証拠の評価やものの見方の相違から異なる認定がなされるに至ったのか、などが問題となりうる。もちろん、共通の事実を前提としながらも法令の解釈適用の点で1審と原審とが反対の結論を下すこともある。

　法科大学院生などの場合は、以上の論点を想像して学習することも有益である。そして疑問点は判例のオリジナルにあたって確認すればベストといえる。

4　最高裁の判旨

　ここまでの学習をして、初めて最高裁の判旨を読んでいただく（ここまでの手順を省いて判旨にショートカットすることはお勧めできない）。以下は、本書の前身である悠々社版第2版において、編者の代表であった奥田昌道京都大学名誉教授（元最高裁判所判事）のお書きになった「判例の学び方」からそのまま引用させていただこう。

　「上告審（最高裁）では原審の適法に確定した事実を前提として法令の解釈適用という点にしぼって原判決の当否が検討されるとともに、当事者の論旨（上告理由、上告受理申立て理由）に応えるという形で判断が示されるために、それ以外の点に立ち入って判示することは原則として差し控えられることになる。一つの最高裁判例を検討対象とする場合には、最低限、以上のことを念頭においた上でさまざまな角度から判例の分析、検討がなされることになる。一つの判例は、具体的事件に対する裁判所の判断を示すにすぎないものという面では、その事件限り、その当事者間限りの一回的な判断でありながら、それにとどまらない普遍性をもつものとしてその後の法的解決、法的判断にとっての規準としての役割を担わせられるところに、いかなる法理によって当該事件の法的解決をはかるべきかについて最高裁の裁判官は頭を悩ますことになる。判例評釈や判例研究は、こうした背景を踏まえた上で個々の判例につき、先例や学説との関係、当該判例の提示した新たな視点や法解釈、その問題点、将来のあるべき方向などについて論評を行うものである。」

5　判例の法理

　というわけで、繰り返すが、「判旨」と解説だけ読むというのは、正しい判例学習ではない。その解説も、本書では二段に分けた。まずは、「判例の法理」として、その判例の客観的な意味や、そこに示された論理、前後の判例との位置づけ等を学んでいただく。

　ただ、それらの判例の中には、単に条文の文言ではその含意が不明なところを明らかにした、と

いう判例もあれば、なぜこういう判例法理を構築しなければならなかったのかという背景から理解すべきものもある。結論を暗記するのではなく、常に「なぜ」という問いを用意しながら読んでいただきたい（たとえば、110 事案の、無断譲渡転貸につき「背信行為と認めるに足らない特段の事情」構成を採用した最高裁判決が、なぜ昭和 28 年に出されて、後にいわゆる「信頼関係破壊の法理」に関する判例法理の形成に繋がったのか、というように）。多くの場合、それが次の「判例を読む」で解き明かされる。

6　判例を読む

多くの判例には物語がある。単なる条文解釈の問題に見えるものも、たとえばそこに関係する取引に対する評価（規制すべきか容認すべきか等）があり、また、社会状況の変遷など、その判例を生み出す理由や必然性があるものもある。それらがここで解き明かされる。110 の判例の場合であれば、第二次世界大戦後の復興期の日本における、賃貸不動産の需要と供給のアンバランスに思い至れば、この時期にこういう判例法理が確立していくことの合理性が理解できよう。

さらに、今回の本書の場合は、2017（平成 29）年の民法債権法改正（2020 年 4 月 1 日施行）が、既存の判例法理にどう影響を与えたか、ということを示すのもこの「判例を読む」の項目の重要な役割である。もちろん、改正によっても何ら意義を失っていない判例もあれば、判例法理が全くその意義を失ったものもある。今後類似の事案が出ればおそらく結論が逆転するであろう判例もある（たとえば 53 事案の判例等参照）。本書では、改正によって判例法理の意義を失った判決の多くは差し替えとしたが、中にはこのようにあえて残して、その結論の理由や是非を考えていただく素材としているものもある（たとえば上記 53 判例の場合は、民法 466 条の譲渡制限特約の規定の改正が影響するのであるが、時代の変化の中で、債権譲渡による資金調達にどれだけ肯定的な評価を与えるかどうか、という考慮基準を提示しておこう）。もとより、2017 年の民法（債権関係）改正の評価はなお定まっておらず、今後の判例法理がどう対応していくかも注視していく必要がある。

Ⅲ　本書を利用したマルチ学習法上級者編

以上、本書を利用したマルチ学習法を説いてきたが、最後にその上級者編を紹介しておきたい。それは、本書に収録された判例を単に学習対象として固定して学ぶのではなく、別の解決の論理（別の争い方）がなかったかとか、登場する利害関係者の中の別の人物が訴えたらどうなるか、など、収録判例を学習素材として、シチュエーションを変化させたりしながら活用する、という利用法である。判例学習に限らず、法律学の勉強は、一人で学習するのではなく、ゼミの仲間など複数で学習するのが良いのだが、この利用法の場合はとくにそうである。高度ではあるが、司法試験受験希望者などに推奨したい学習法である。

また、一般に法律学の学生は、学んだことを解答に再現することには長けていても、想像力と創造力に欠ける人が比較的多い。しかしそれらの能力は、紛争解決にたずさわる法曹に一番必要なものなのである。そのような能力を開発するためにも、本書を様々な角度から活用する方法をぜひ考究していただきたいと思う次第である。

なお、最後に注意しておきたいのは、判例は決して「説を立てている」のではない、ということである。A 説、B 説などと学説を紹介する中で、判例は C 説であるなどと解説するものがあれば、それは正しくない。判例は、あくまでも現実の紛争の解決のために最も適切な解決方法とその論理を案出しているだけなのである。裁判官は決して、「どの説を取る」というスタンスで判断を下しているわけではない。そのことを正しく理解して、本書での学びを深めていただきたい。

判例および判例評釈等へのアクセス（民事関係）

本書中の各解説には、判例・下級審裁判例、その解説あるいは評釈が引用されている。直接参照したい場合、どのようにそれらにアクセスするか。判例・判例評釈は、いったんは書物または雑誌（紙媒体）で発行されるが、今日では、それらはデジタル情報（電子データ）化され、データベース（DB）にアクセスすることにより参照することができる。

Ⅰ　判例・下級審裁判例

(1) 公式判例集　　『最高裁判所民事判例集』（「民集」と略称）が極めて重要である。最高裁としての新判断が含まれる重要な判例が登載される（最判（決）平○年○月○日民集○巻○号○頁、と引用される）。最高裁の判断およびその理由（法廷意見）、個々の裁判官の補足意見、反対（少数）意見、上告（抗告）理由、および、第2審（原審）、第1審の判断が載せられる。大審院時代のものは、初期は『大審院民事判決録』（「民録」）に、大正11年以降は『大審院民事判例集』（「民集」）に収録されている。民事関係ではその他、『高等裁判所民事判例集』、『下級裁判所民事判例集』、『家裁月報』等がある。

(2) 法律雑誌　　判例・下級審裁判例を紹介する一般の法律雑誌として『判例時報』、『判例タイムズ』が、また、金融法関係の判例・裁判例を紹介する『金融法務事情』『金融商事判例』がある。これらの特色としては、掲載する判例・裁判例につき解説（無署名）が付せられており、大変便利である。

(3) 判例データベース（判例検索）　　過去の判例を検索する最も簡便な方法は、判例付六法（iOS／iPadOS版、CD-ROM版もある）を参照することである。しかし、本格的に調べるためには、オンラインのデータベースを用いるのが一般的である。判例検索が可能なデータベースとして、『LEX/DBインターネット』、『TKCローライブラリー』、『Westlaw Japan』などが知られている。有料ではあるが、大学生・大学院生であれば、所属の大学の図書館やメディア・センターからアクセスが可能である（登録をすれば自宅からのアクセスを認める大学も多い）。また法科大学院では、大学院生一人ひとりに、上記の1つまたは複数のデータベースへのアクセス権を付与している。また、裁判所のHP（https://www.courts.go.jp/index.html）の「裁判例情報」において、最高裁判所判例集、高等裁判所判例集、下級裁判所裁判例速報などの6種類の判例（裁判例）集または速報に掲載された判例を検索することができる。

Ⅱ　判例解説・判例評釈

判例の勉強に際し欠かすことのできない文献として判例解説、判例評釈がある。

(1) 判例解説　　民集登載の最高裁判例の解説として、当該事件担当の最高裁判所調査官による解説がある。最初、月刊の『法曹時報』に載り、後に、年単位で『最高裁判所判例解説（民事篇）○年度』として出版される。当該判例の事実関係、判例上の位置づけ、判決の判断の根拠などが紹介解説され、最高裁判所の考えを知るための最重要、必読文献である。この短縮バージョンが雑誌『ジュリスト』に掲載され、ほぼ同じ内容のものが判例時報、判例タイムズ、金融法務事情などの判例紹介の冒頭解説になる。

(2) 判例評釈　　学者、実務家等の手になる判例評釈等はいろいろな雑誌に掲載される。判例時

報の綴込みである『判例評論』（月刊）、『法学協会雑誌』（東京大学）の判例研究、『民商法雑誌』の判例批評・紹介は、定評のあるものである。ほかに、年刊形式の、『重要判例解説』（ジュリスト）、『主要民事判例解説』（判例タイムズ）、学生向けの『判例セレクト』（法学教室）があり、年間の重要判例を知ることができる。本書の類書として『民法判例百選』（ジュリスト）がある。また、『私法判例リマークス』（〈年2回〉法律時報）、『民事判例』（〈年2回〉日本評論社）も重要判例を年度単位で概観するのに便利である。

(3) データベース　　上記雑誌の大半は DB 化されており（LLI 判例秘書アカデミック版など）、契約をすることでインターネット上で閲覧できる。

1 種類債権の特定

最高裁昭和 30 年 10 月 18 日判決　民集 9 巻 11 号 1642 頁、判タ 53 号 38 頁

【401 条 2 項】

論点　取立債務と 401 条 2 項にいう「物の給付をするのに必要な行為を完了」の意義

事実の要約

　X は Y から漁業用タール 2000 トンを買い受ける旨の契約を締結した。このタールは、Y が A 社から買い受け、A 社の「ため池」に貯蔵していたものであった。契約の際、タールの受渡しは、①X が必要に応じて引渡しを申し出て、②Y が引渡場所を指定し、③X がドラム缶をその場所に持ち込んでタールを受領するという方法によるとされた。また、契約に際して、X は手付金 20 万円を Y に交付した。上記合意に従って一定量のタールの引渡しが行われたが、その後、X はタールの品質が悪いとして、しばらくの間引取りに行かなかった。その間、Y は、タールの引渡作業に必要な人員を配置して、引渡しの準備をしていたが、X が引取りに来ないため、その人員を引き揚げ、監視人を置かなかった。その結果、そのタールは、A 社の労働組合員により無断で他に処分され、滅失した。そこで、X は、Y に対して、タールの引渡しが未了の部分について契約を解除し、契約解除に基づく原状回復請求として、支払済みの手付金から引渡しを受けたタールの代価を差し引いた残金の返還を求めて、訴えを提起した。

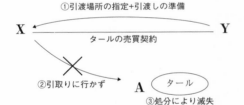

①引渡場所の指定＋引渡しの準備

X ← タールの売買契約 → Y

②引取りに行かず → A　タール

③処分により滅失

裁判の流れ

　1 審 (函館地判民集 9 巻 11 号 1652 頁)：請求認容　2 審 (札幌高函館支判昭 28・10・5 民集 9 巻 11 号 1654 頁)：控訴棄却 (請求認容)　最高裁：破棄差戻

　1 審は X の請求を認容した。控訴審も、「すくなくとも右タールは Y が…その引渡をなすに必要なる行為を完了したときにおいて売買契約の目的物として特定し、爾後は引渡をなすまで善良なる管理者の注意を以てその物を保管する責任を負うていたものであるから、従って Y が本件タールの保管に関し注意義務をつくさなかった責任は免れ得ない」とし、タールの滅失による履行不能は Y の責めに帰すべき事由によるものであるから、X による契約解除は有効であるとして、X の請求を認めた。Y が上告。

判旨

　〈破棄差戻〉「原審は、本件目的物はいずれにしても特定した旨判示したが、如何なる事実を以て『債務者ガ物ノ給付ヲ為スニ必要ナル行為ヲ完了シ』たものとするのか、原判文からはこれを窺うことができない。…本件目的物中未引渡の部分につき、Y が言語上の提供をしたか

らと云って、物の給付を為すに必要な行為を完了したことにならないことは明らかであろう。従って本件の目的物が…種類債権に属するとしても、原判示事実によってはいまだ特定したとは云えない筋合であって、Y が目的物につき善良なる管理者の注意義務を負うに至ったとした原審の判断もまた誤りであるといわなければならない。」

判例の法理

　種類債務が取立債務である場合には、債務者が**言語上の提供**（口頭の提供）をしただけでは、401 条 2 項にいう「物の給付をするのに必要な行為を完了し」たことにはならず、特定は生じない。

判例を読む

　本判決は、取立債務の場合に口頭の提供のみでは必要行為完了による特定が生じないことを明らかにしたものの、必要行為完了による特定が生じるためにいかなる要件を満たす必要があるかは明らかにしていない。これについて、本判決の調査官解説は、特定により所有権の移転が生じうることになるから、特定が生じるためには、**目的物の分離・分別**が必要である旨を指摘しており（三淵・参考文献 196 頁）、本件の差戻審判決（札幌高函館支判昭 37・5・29 高民集 15 巻 4 号 282 頁）も、その理解を前提とする判断をしている。改正前民法下の通説も、取立債務において特定が生じるには、「債務者が目的物を分離し引渡の準備を整えてこれを債権者に通知する」ことが必要であるとしていた（我妻・講義Ⅳ 32 頁）。

　改正前民法では、種類債権の特定は、①所有権移転の前提条件の充足、②目的物保存義務の発生、③給付危険の移転（集中）、④対価危険の移転という効果と結びつけられていた。これに対し、改正民法では、引渡しによる危険の移転を定める 567 条 1 項の新設に伴い、④はもはや特定の効果ではなくなり、③については特定の効果と解すべきかどうかが争われるに至っている（中田・総論 51 頁以下）。そして、こうした特定の効果面での変化に伴って、特定の要件も変化したのかが問題とされている（潮見・総論Ⅰ 221 頁以下）。ただ、種類債権の特定を①の効果と結びつけて理解する限り、所有権の移転対象の特定をもたらす目的物の分離・分別は、依然として、種類債権の特定が生じるための必須の要件と考えるべきことになろう。

【参考文献】　本判決の解説・評釈として、三淵乾太郎・最判解民昭和 30 年度 194 頁、柚木馨・民商 34 巻 3 号 101 頁など。改正民法のもとでの本判決の意義につき、潮見佳男・百選Ⅱ 4 頁、田中洋・法時 91 巻 1 号 129 頁（秋山靖浩ほか編著『債権法改正と判例の行方』（日本評論社、2021）73 頁）。

田中　洋

2 外国金銭債務の為替換算基準時

最高裁昭和50年7月15日判決　民集29巻6号1029頁、判時782号19頁、判タ328号235頁

【403条】

論点　①外国金銭債権の日本の通貨による履行請求の可否
②外国金銭債権の日本の通貨による裁判上の請求と日本の通貨への為替換算基準時

事実の要約

　那覇市所在のX銀行は、那覇市所在のA株式会社と極度額を11万ドルと定めて銀行取引契約を締結し、A社に融資を行ってきたところ、極度額を35万ドルに増額するにあたり、A社の親会社である名古屋市所在のY株式会社は、X銀行との間で、A社の上記銀行取引上の債務について保証極度額を25万ドルと定めて保証する旨の保証契約を締結した。ところが、A社が合計33万ドル余の債務の履行を怠ったため、X銀行は、Y社に対し、保証契約に基づいて、保証極度額25万ドルの範囲で25万ドルを1ドル360円に換算して9000万円の支払を請求した。

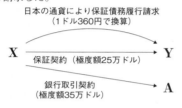

日本の通貨により保証債務履行請求
（1ドル360円で換算）

X → Y　保証契約（極度額25万ドル）

X → A　銀行取引契約（極度額35万ドル）

裁判の流れ

　1審（名古屋地判昭45・1・31民集29巻6号1042頁）：請求認容　2審（名古屋高判昭47・10・24民集29巻6号1051頁）：控訴棄却（請求認容）　最高裁：上告棄却

　1審・2審（口頭弁論終結は昭和46年11月25日）ともX銀行の請求を認容したところ、Yが、①外国金銭債権について日本の通貨による履行請求を認めることは、外国金銭債権について外国の通貨と日本の通貨のいずれにより弁済をするかの選択権を債務者に与えた403条の趣旨に反する、②外国為替相場は、2審（事実審）の口頭弁論終結時には1ドル360円であったが、大蔵大臣の決定により昭和46年12月18日に1ドル308円に改められた（また、大蔵大臣の決定により昭和48年2月14日以来変動相場制が採用された）ことから、1ドル360円に換算して請求を認めるのは違法であるなどと主張して上告。

判旨

　〈上告棄却〉①「外国の通貨をもつて債権額が指定された金銭債権は、いわゆる任意債権であり、債権者は、債務者に対し、外国の通貨又は日本の通貨のいずれによって請求することもできるのであり、民法403条は、債権者が外国の通貨によって請求した場合に債務者が日本の通貨によって弁済することができることを定めるにすぎない」。

　②「また、外国の通貨をもって債権額が指定された金銭債権を日本の通貨によって弁済するにあたっては、現実に弁済する時の外国為替相場によってその換算をすべきであるが、外国の通貨をもって債権額が指定された金銭債権についての日本の通貨による請求について判決をするにあたっては、裁判所は、事実審の口頭弁論終結時

の外国為替相場によってその換算をすべきであるから、その後判決言渡までの間に所論のような為替相場の変更があっても、これを判決において斟酌する余地はない。」

判例の法理

●外国金銭債権の日本の通貨による履行請求の可否

　本判決は、①外国金銭債権は、いわゆる任意債権（1個の特定した給付を目的とするが、債権者又は債務者が他の給付に代える権利〔代用権・補充権〕を有するもの）であるとし、債権者は、債務者に対し、**外国の通貨又は日本の通貨のいずれによって請求することもできる**とした。

●裁判上の請求における日本の通貨への換算の基準時

　以上を前提に、本判決は、②外国金銭債権についての日本の通貨による請求について判決をするにあたっては、裁判所は、**事実審の口頭弁論終結時**の外国為替相場によってその換算をすべきであるとした。

判例を読む

　本判決が①の判断をした理由について、本判決の調査官解説は、402条2項が強制通用力ある通貨による弁済という原則を定め、403条が円貨による補充を認めていることからすると、（アメリカ、イギリス、フランスと同様に）わが国においても**自国の法定通貨による請求・裁判・執行を原則としている**と解することができ、そうした視点からは、403条は単に外国通貨による請求に対して債務者に円貨による補充権を与えただけの片面的規定であって、外国金銭債権について円貨による請求ができるか否かについては、格別の規定はなく上記の原則によると解しうることなどを挙げる（田尾・参考文献333頁）。もっとも、これに対しては、従前の学説や下級審裁判例に従い、外国金銭債権については債務者にのみ外国の通貨と日本の通貨のいずれによって弁済をするかの選択権ないし補充権があると解すべきであるとして判旨に反対する学説も少なくない（五十嵐・参考文献219頁以下、牧瀬・参考文献97頁以下など）。

　その一方、本判決が②の判断をした理由については、外国金銭債権を円貨に換算する時期は現実の弁済時とするのが通説であるところ、これを裁判上に採り入れると事実審口頭弁論終結時ということにならざるをえないと説明されている（田尾・参考文献333頁以下）。

【参考文献】　本判決の解説・評釈として、田尾桃二・最判解民昭和50年度325頁、五十嵐清・昭和50年度重判218頁、牧瀬義博・判タ333号94頁など。

田中　洋 ●

制限超過利息の支払と旧貸金業法 43 条の死文化

最高裁平成 18 年 1 月 13 日判決　民集 60 巻 1 号 1 頁、判時 1926 号 17 頁、判タ 1205 号 99 頁
【利息 1 条、旧貸金業法 43 条】

論点 ①制限超過利息の支払を遅滞したときに期限の利益を喪失する旨の特約の効力
②①の特約のもとでの制限超過利息の支払の任意性の有無

事実の要約

　貸金業者 X は、Y₁ に対して、300 万円を貸し付けた。その際、利息を年 29%、遅延損害金を年 29.2% とし、Y₁ は毎月元金 5 万円ずつと経過利息を返済し、その返済を遅滞したときには当然に期限の利益を失うこと（本件期限の利益喪失特約）が合意された。Y₂ は、上記 Y₁ の債務について連帯保証をした。その後、Y₁ が返済を遅滞したため、期限の利益が失われたとして、X は、Y₁ と Y₂ に対して、残元本および遅延損害金として合計 189 万円余の支払を請求した。この請求額は、Y₁ による利息制限法所定の制限を超える利息等の支払が、旧貸金業法 43 条 1 項・3 項により、有効な利息債務等の弁済とみなされることを前提に算定されたものであった。

裁判の流れ

　1 審（鳥取地倉吉支判平 16・1・22 民集 60 巻 1 号 12 頁）：請求認容　2 審（広島高松江支判平 16・6・18 民集 60 巻 1 号 23 頁）：控訴棄却（請求認容）　最高裁：破棄差戻

　旧貸金業法 43 条 1 項・3 項により、Y₁ による制限超過利息等の支払が有効な利息債務等の弁済とみなされるためには、Y₁ がその支払を任意に行い、貸金業者 X が Y₁ に同法 17 条および 18 条所定の書面を交付したことが必要であるところ、1 審・2 審とも、これらの要件を満たすとして、X の請求を認容した。Y らが上告受理申立。

判　旨

　〈破棄差戻〉① 「本件期限の利益喪失特約がその文言どおりの効力を有するとすると、…上告人 Y₁ に対し、期限の利益を喪失する等の不利益を避けるため、本来は〔旧〕利息制限法 1 条 1 項によって支払義務を負わない制限超過部分の支払を強制することとなるから、…本件期限の利益喪失特約のうち、上告人 Y₁ が支払期日に制限超過部分の支払を怠った場合に期限の利益を喪失するとする部分は、同項の趣旨に反して無効であり、上告人 Y₁ は、支払期日に約定の元本及び利息の制限額を支払いさえすれば、制限超過部分の支払を怠ったとしても、期限の利益を喪失することはなく、支払期日に約定の元本又は利息の制限額の支払を怠った場合に限り、期限の利益を喪失するものと解するのが相当である」。

　② 「〔本件期限の利益喪失〕特約の存在は、通常、債務者に対し、支払期日に約定の元本と共に制限超過部分を含む約定利息を支払わない限り、期限の利益を喪失し、残元本全額を直ちに一括して支払い、これに対する遅延損害金を支払うべき義務を負うことになるとの誤解を与え、その結果、このような不利益を回避するために、制限超過部分を支払うことを債務者に事実上強制することになるものというべきである」。「したがって、本件期限の利益喪失特約の下で、債務者が、利息として、利息の制限額を超える額の金銭を支払った場合には、上記のよ

うな誤解が生じなかったといえるような特段の事情のない限り、債務者が自己の自由な意思によって制限超過部分を支払ったものということはできないと解するのが相当である。」

判例の法理

　本判決は、①本件期限の利益喪失特約のうち、**利息制限法所定の制限を超える利息の支払を遅滞したときに期限の利益を喪失するという部分は、無効である**としたうえで、②そうした特約の存在は、それが無効であったとしても、債務者に対して、制限超過利息の支払をしなければ期限の利益を喪失するという誤解を与え、その支払を**事実上強制**することになるから、**そのような特約のもとで債務者が行った制限超過利息の支払は、特段の事情がない限り、任意に行われたものではない**とした。

判例を読む

　旧貸金業法 43 条 1 項は、利息制限法所定の制限を超える利息の支払であっても、その支払が任意に行われ（支払の任意性）、かつ、貸金業者が同法 17 条および 18 条所定の書面を交付したこと（書面交付）を要件として、その支払を有効な利息債務の弁済とみなすこととして、業務規制を遵守する貸金業者に制限超過利息の取得を容認していた（みなし弁済規定）。

　このうちの**支払の任意性の要件**について、判例は、「債務者が利息の契約に基づく利息又は賠償額の予定に基づく賠償金の支払に充当されることを認識した上、自己の自由な意思によってこれを支払ったことをいい、債務者において、その支払った金銭の額が〔旧〕利息制限法 1 条 1 項又は 4 条 1 項に定める利息又は賠償額の予定の制限額を超えていることあるいは当該超過部分の契約が無効であることまで認識していることを要しない」と緩やかに解しているかにみられていた（最判平 2・1・22 民集 44 巻 1 号 332 頁）。しかし、本判決は、「債務者が、事実上にせよ強制を受けて利息の制限額を超える額の金銭の支払をした場合には、制限超過部分を自己の自由な意思によって支払ったものということはできず」、支払の任意性の要件を欠くとして、②の判断を導いた。この結果、みなし弁済規定の機能は大きく減殺されることとなった。

　その後、平成 18 年の貸金業法等の改正により、**みなし弁済規定は廃止**されるに至った。

【参考文献】　本判決の解説・評釈として、三木素子・最判解民平成 18 年度（上）1 頁、小野秀誠・百選 II 114 頁など。利息規制に関する法制度の変遷については、潮見・総論 I 245 頁以下。

田中　洋

4 利息制限法超過利息過払金の返還請求権の消滅時効の起算点

最高裁平成 21 年 1 月 22 日判決　民集 63 巻 1 号 247 頁、判時 2033 号 12 頁、判タ 1289 号 77 頁
【166 条 1 項、703 条、利息 1 条】

 論点　過払金充当合意を含む基本契約に基づく継続的な金銭消費貸借取引から生じた過払金返還請求権の消滅時効の起算点

事実の要約

　貸主Yと借主Xは、1 個の基本契約に基づき、継続的に借入れと返済を繰り返す金銭消費貸借取引を行った。上記の借入れは、借入金の残元金が一定額となる限度で繰り返し行われ、また、上記の返済は、借入金債務の残額の合計を基準として各回の最低返済額を設定して毎月行われるものであった。そして、上記基本契約は、基本契約に基づく借入金債務につき利息制限法所定の利息の制限額を超える利息の弁済により過払金が発生した場合には、弁済当時他の借入金債務が存在しなければ上記過払金をその後に発生する新たな借入金債務に充当する旨の合意（過払金充当合意）を含むものであった。

　Xは、貸金業者であるYに対し、基本契約に基づく継続的な金銭消費貸借取引に係る弁済金のうち利息制限法所定の利息の制限額を超えて利息として支払われた部分を元本に充当すると、過払金が発生していると主張して、不当利得返還請求権に基づき、その支払を求めた。

裁判の流れ

　1 審（東京地判平 19・7・4 金判 1310 号 59 頁）：請求認容　2 審（東京高判平 19・12・13 民集 63 巻 1 号 260 頁）：控訴棄却（請求認容）　最高裁：上告棄却

　Xの請求に対し、Yは、Xの主張する過払金返還請求権の一部については、過払金発生時から 10 年が経過し、消滅時効が完成していると主張して、これを援用した。1 審・2 審とも、Yによる消滅時効の主張を認めず、Xの請求を全部認容した。Yが上告受理申立。

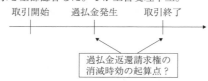

過払金返還請求権の消滅時効の起算点？

判旨

　〈上告棄却〉「一般に、過払金充当合意には、借主は基本契約に基づく新たな借入金債務の発生が見込まれなくなった時点、すなわち、基本契約に基づく継続的な金銭消費貸借取引が終了した時点で過払金が存在していればその返還請求権を行使することとし、それまでは過払金が発生してもその都度その返還を請求することはせず、これをそのままその後に発生する新たな借入金債務への充当の用に供するという趣旨が含まれているものと解するのが相当である。そうすると、過払金充当合意を含む基本契約に基づく継続的な金銭消費貸借取引においては、同取引継続中は過払金充当合意が法律上の障害となるというべきであり、過払金返還請求権の行使を妨げるものと解するのが相当である。」「したがって、過払金充当合意を含む基本契約に基づく継続的な金銭消費貸借取引においては、同取引により発生した過払金返還請求権の消

滅時効は、過払金返還請求権の行使について上記内容と異なる合意が存在するなど特段の事情がない限り、同取引が終了した時点から進行するものと解するのが相当である。」

判例の法理

　本判決は、過払金充当合意を含む基本契約に基づく継続的な金銭消費貸借取引においては、同取引により発生した過払金返還請求権の消滅時効は、過払金発生時からではなく、特段の事情がない限り、**同取引が終了した時点**から進行するとした。

判例を読む

　判例によれば、債務者が利息制限法所定の制限を超える利息の支払をした場合、元本が残存していればその超過利息は残存元本に充当され、充当すべき元本が残存していなければ、債務者は、不当利得として、支払った超過利息（過払金）の返還請求をすることができる（最大判昭 43・11・13 民集 22 巻 12 号 2526 頁など）。この過払金返還請求権は、「権利を行使することができる時」（客観的起算点）から 10 年で消滅時効にかかる（改正前民法 166 条 1 項・167 条 1 項、改正民法 166 条 1 項 2 号）ところ、通説は、ここでいう「権利を行使することができる」とは、権利の行使につき履行期未到来等の**法律上の障害**がないことを意味すると解している（我妻・講義Ⅰ 481 頁など）。

　本件では、過払金充当合意を含む基本契約に基づく継続的な金銭消費貸借取引から発生した過払金返還請求権の消滅時効の客観的起算点がどの時点かが問題となった。これについて、下級審裁判例は、過払金発生時とするものと取引終了時とするものに分かれていたところ、本判決は、原則として取引終了時が起算点となるとした。そして、本判決は、その理由を、過払金充当合意には取引終了までは過払金が発生してもその都度返還請求せずにその後に発生する新たな借入金債務への充当の用に供するという趣旨が含まれているため、取引継続中の過払金充当合意が過払金返還請求権の行使についての「法律上の障害」となることに求めている。これは、「権利を行使することができる」の解釈について通説に従いつつ、ここでの「法律上の障害」の有無・内容を、上記過払金充当合意を含む基本契約の趣旨に照らして実質的に判断したものと評価することができる。

【参考文献】　本判決の解説・評釈として、中村心・最判解民平成 21 年度（上）73 頁、金山直樹・平成 21 年度重判 85 頁、小野秀誠・私判リマ 40 号 10 頁など。

田中　洋

5 不動産の二重譲渡と履行不能

最高裁昭和 35 年 4 月 21 日判決　民集 14 巻 6 号 930 頁、判時 221 号 24 頁

【415 条】

論点　不動産の二重売買において一方の買主に対する売主の債務が履行不能になる時点

事実の要約

　X（原告＝反訴被告、被控訴人＝附帯控訴人、上告人）は、昭和 18 年 4 月、本件土地建物を Y（被告＝反訴原告、控訴人＝附帯被控訴人、被上告人）に代金 7500 円で売る旨の本件売買契約を締結し、代金の支払を受けたが、所有権移転登記手続はしていなかった。X は、昭和 20 年 9 月頃、本件土地建物を A に売却し、昭和 25 年 8 月 24 日に所有権移転登記がされた。

　X は Y に対し、本件売買契約は合意解除されたと主張して、本件土地建物が Y の所有でないことの確認を求める訴訟を提起した。これに対し Y は、A への所有権移転登記によって X の Y に対する所有権移転登記義務が X の責めに帰すべき事由により履行不能になったと主張し、本件土地建物の価格（75 万円）の損害賠償を求める反訴を提起した。

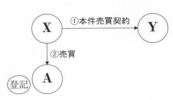

　X → ①本件売買契約 → Y
　X → ②売買 → A（登記）

裁判の流れ

　1 審（甲府地判昭 28・8・7 民集 14 巻 6 号 937 頁）：本訴請求棄却、反訴請求一部認容　2 審（東京高判昭 30・6・7 民集 14 巻 6 号 943 頁）：反訴請求一部認容、附帯控訴棄却

　1 審・2 審とも、本訴については合意解除の成立を認めず、反訴については、A への所有権移転登記によって X の Y に対する所有権移転登記義務が X の責めに帰すべき事由により履行不能となったとし、Y の請求を一部容認した。損害額に関しては、1 審が本件土地建物の価格を本件売買契約の代金額である 7500 円と推認したのに対し、2 審は上記登記義務が履行不能となった昭和 25 年 8 月 24 日当時の本件土地建物の時価相当額を 22 万円あまりと認定した。

　X が上告。X が本件土地建物を A に売却し、Y に対して本件契約の履行の意思がないことを明白にした時、または、遅くとも A に対して所有権移転請求権保全の仮登記がされた時に履行不能となったと主張した。

判旨

　〈上告棄却〉「原判決が…、本件売買契約に基いて X の負担する債務は判示移転登記の完了した時において、結局履行不能に確定したものとした判断は…正当として是認する。そして、右登記の以前に所論のような事実関係があったからといって、その事実の発生の時に右債務が履行不能に帰したものとは到底理解することができない。従って右履行不能の時を標準として本件損害賠償の価額を算定した原判決の判断もまた正当である。」

判例の法理

　売主は買主に対し、財産権移転義務（555 条）や対抗要件を備えさせる義務（560 条）を負う。不動産が二重に売買された場合には、こうした売主の債務がどの時点で履行不能となるかが問題となる。本件では、第一買主が売主に対して履行に代わる損害賠償を請求した事案において、損害賠償額の算定基準時に関し、売主の第一買主に対する債務が履行不能となる時点が争われた。本判決は、**売主の債務は、第二売買について所有権移転登記がされた時に履行不能となる**との判断を示した。

判例を読む

　履行不能は、物理的不能に限られない（大判大 2・5・12 民録 19 輯 327 頁。新 412 条の 2 第 1 項によれば、履行不能であるかは「契約その他の債務の発生原因及び取引上の社会通念に照らして」判断される）。**不動産が二重に売買された場合において、第二売買について所有権移転登記が完了したときに、売主の第一買主に対する債務が履行不能になる**ことは、従来の判例も認めていた（大判昭 3・12・17 新聞 2933 号 14 頁）。本判決も同様の判断をし、通説はこれを支持している（我妻・講義Ⅳ 143 頁）。

　本判決は、①第二売買がされた時点や、②第二買主が所有権移転請求権保全の仮登記を経由した時点で、売主の第一買主に対する債務は履行不能になるとの主張を退けている。第二売買がされたとしても、第一買主は、先に所有権移転登記を経由すれば、第二買主に所有権取得を対抗することができるのであるから、①の時点で履行不能になったとはいえないし（大判昭 15・2・28 新聞 4543 号 7 頁）、仮登記がされたとしても、それだけでは本登記が必ずされると決まったわけではなく、仮登記が抹消される可能性もあり、売主はその後も第一買主のために所有権移転登記をすることができる以上、②の時点で履行不能と確定したとみることはできない（井口牧郎「判解」最判解民事昭和 35 年度 140 頁。その後の判例として、最判昭 46・12・16 民集 25 巻 9 号 1516 頁）からである。

　本判決で履行不能の時点が争われたのは、損害賠償額の算定基準時をめぐってであるが（この問題については →**18 事件**参照）、その判断は、第一買主の履行請求に対する売主の抗弁としての「不能」（412 条の 2 第 1 項）の解釈にも妥当するように思われる。これに対し、履行に代わる損害賠償の請求ができるか（415 条 2 項 1 号）、無催告解除ができるか（542 条 1 項 1 号）、反対給付の履行を拒絶できるか（536 条 1 項）といった場面で履行不能といえるかが問題となる場合には、それぞれ別の評価がされうるだろう（中田裕康「415 条・416 条」民法典の百年Ⅲ 27 頁以下）。

【参考文献】　本判決の評釈として、高木多喜男・民商 43 巻 5 号 78 頁、下森定・法協 79 巻 2 号 215 頁、品川孝次・不動産取引判例百選〔第 2 版〕136 頁など。

荻野奈緒

6　金銭供与の約束と贈与の成立【カフェー丸玉事件】

大審院昭和 10 年 4 月 25 日判決　新聞 3835 号 5 頁

【549 条】

論点　カフェーの女中の歓心を買うためにした金銭供与の約束の法的効果

事実の要約

Ｙ（被告、控訴人、上告人）は、昭和 8 年 1 月頃から、「カフェー」で女給として働いていたＸ（原告、被控訴人、被上告人）と親密になり、その歓心を買うために、同年 4 月 18 日、Ｘが将来独立するための資金として 400 円を与える旨の約束をした。そして、この金銭を目的とする準消費貸借契約にかかる証書が作成された。

裁判の流れ

1 審（大阪区判昭 9・5・30 新聞 3973 号 6 頁）：請求認容
2 審（大阪地判昭 9・11・20 新聞 3973 号 6 頁）：控訴棄却

1 審・2 審ともに、贈与および準消費貸借の成立を認めて、Ｘの請求を認容した。なお、公序良俗違反により無効であるとのＹの抗弁は退けられている。Ｙが上告。

判旨

〈破棄差戻〉「ＹがＸと昵懇と為りしと云ふは、Ｘが女給を勤め居りし『カフェー』に於て比較的短期間同人と遊興したる関係に過ぎずして、他に深き縁故あるに非ず。然らば、斯る環境裡に於て縦しや一時の興に乗じＹの歓心を買はんが為め…相当多額なる金員の供与を諾約することあるも、之を以てＹに裁判上の請求権を付与する趣旨に出てたるものと速断するは相当ならず。寧ろ、斯る事情の下に於ける諾約は、諾約者が自ら進で之を履行するときは債務の弁済たることを失はざるも、要約者に於て之が履行を強要することを得ざる特殊の債務関係を生ずるものと解するを以て原審認定の事実に即するものと云ふべく、…民法上の贈与が成立するものと判断せむが為には、贈与意思の基本事情に付更に首肯するに足るべき格段の事由を審査判示することを要する」

判例の法理

当事者の一方がある財産を無償で相手方に与える意思を表示し、相手方が受諾をすれば、贈与が成立する（549条）。贈与者は目的物引渡義務を負い、受贈者はその履行を請求することができ（412 条の 2 第 1 項参照）、債務者が任意の履行をしないときは、履行の強制を裁判所に請求することができる（414 条 1 項）。具体的には、訴えを提起して給付判決を得たうえで、強制執行手続をとることによって債権の内容を実現することになる。本件では、カフェーの女中の歓心を買うためにされた金銭供与の約束について、贈与が成立し上記のような効果が生じるのかが問題となった。本判決は、このような約束は裁判上の請求権を付与する趣旨でされたものと速断することはできず、**諾約者が自ら進んで履行するときは債務の弁済となるが要約者が履行を強要することができない特殊の債務関係**が生じるにすぎないと解すべき場合が多いとした。これと異なり通常の贈与が成立したとするためには、特段の事情が必要だという。

判例を読む

債権には一般に、債務者に対して任意に履行せよと請求できる力（**請求力**）、債務者がした給付を適法に保持できる力（**給付保持力**）、債務者に対して訴えによって履行を請求することができる力（**訴求力**）、強制執行手続により債権の内容を強制的に実現することができる力（**執行力**）が備わっている（中田・総論 75 頁以下）。これに対し、本判決のいう「特殊の債務関係」における債権は、**給付保持力はあるが訴求力や執行力はない**点で、不完全な力しか有しない。このような債務は「**自然債務**」と呼ばれ、本判決はこれを認めたものだとされる（広中俊雄・ジュリ増刊『基本判例解説シリーズ 4 民法の判例』97 頁、石田喜久夫『自然債務論序説』（成文堂、1981）181 頁など）。なお、不執行の合意がある場合（最判平 5・11・11 民集 47 巻 9 号 5255 頁参照）など、訴求力はあるが執行力はない債権もあり、「責任なき債務」と呼ばれる。

自然債務の例としては、不訴求の合意がある場合のほか、勝訴の終局判決後に債権者が訴えを取り下げた場合（民訴 262 条 2 項参照）、破産手続において免責許可決定を受けた債権（破産 253 条 1 項参照）などがある。不法原因給付については、自然債務に含めるべきでないとされることが多い（於保・総論 72 頁以下、奥田・93 頁）。

本判決は、Ｙがした約束の趣旨から、贈与とは異なる特殊な債務関係が成立する余地を認めたものと考えられる。金銭供与の約束があった場合に、贈与が成立するのか、自然債務が生じるにすぎないのか、あるいは何らの債務関係も生じないのかは、意思ないし合意の解釈によって決せられることになる。もっとも、その判断は容易ではない。実際、本件の差戻審（大阪地判昭 11・3・24 新聞 3973 号 5 頁）は、Ｙが、Ｘの病弱で幼くして両親と死別し身寄りが少ないという身上を聞いていたく同情し、Ｘに商売を開始するよう勧めてその資金の贈与を申し出たこと等の事実を認定し、Ｘの請求を再び認容した。

自然債務という法律構成によれば、金銭供与の約束が書面によってされた場合でも、その履行を強制することはできないという結論が導かれる（書面によらない贈与は、未履行部分については解除をすることができる〔550 条〕）。同様の結論は、93 条 1 項ただし書を適用することによっても導くことができ、本件のような事案では、むしろそうすべきだったとの見解も有力である（潮見・総論Ⅰ360 頁）。ただし、自然債務とするか心裡留保により無効とするかによって、任意の履行があった場合の結論は異なりうる（四宮和夫＝能見善久『民法総則〔第 9 版〕』〔弘文堂、2018〕228 頁以下。これに対し、後者の構成を採用しても、任意の履行があった時点で新たに契約の成立を認めることができるとの指摘もある〔山城一真「判批」田髙寛貴ほか『民法③債権総論 判例 30！』〔有斐閣、2017〕7 頁）。

【参考文献】　本文中に掲げたもののほか、前田達明「『自然債務論』事始め」同『民法随筆』（成文堂、1989）102 頁、大久保邦彦「自然債務否定論」奥田還暦『民事法理論の諸問題上巻』（成文堂、1993）285 頁など。

荻野奈緒

7 第三者の債権侵害と不法行為

大審院大正 4 年 3 月 10 日判決　刑録 21 輯 279 頁

【709 条】

論点　第三者が債務者による債務の履行を不能にした場合における不法行為の成否

A（被害者）から A 所有の本件立木の売却について委任を受けた Z らは、委任の本旨に従って交渉をしていれば本件立木を B に 2 万 7000 円で売却できたにもかかわらず、B の代理人 Y に委任内容を示して協議のうえ、これを B に 2 万 1000 円で売却することとし、その差額である 6000 円を領得した。Z は委任の本旨に背いて自己の利益を図り A に損害を加え、Y はこれに加功したとして、背任罪により起訴された。X（A との関係は不明）は、付帯私訴〔犯罪被害者が検察官による公訴提起に付帯して損害賠償を請求する制度のこと。現刑事訴訟法下では認められていない〕により、Y に対して損害賠償を請求した。

A に対する背任
（27,000 円ではなく 21,000 円で売却）
（差額 6,000 円を領得）

Z ら　　　　　　　　　　Y

委任（立木売却）　　　　　　　　代理権（立木購入）

A　　　　　　　　　　B

裁判の流れ

1 審（判決年月日不明）：結論不明　2 審（東京控判大 3・11・17 公刊物未登載）：請求棄却

2 審は、Y は A・Z ら間の委任契約の第三者であるから、たとえその委任契約から生じる債権を侵害したとしても不法行為は成立しないとして、X の Y に対する損害賠償請求を棄却した。X が上告。

判　旨

〈破棄差戻〉「債権は特定の人に対し特定の行為を要求する権利を云ふものなるが故に、債権者は特定の債務者に対してのみ其行為を要求することを得べく、債務者以外の第三者は毫も其要求に応ずるの義務なきことは言を俟たざる所なれども、凡そ権利なるものは親権夫婦の如き親族権たると物権債権の如き財産権たるとを問はず、其権利の性質内容固より一ならずと雖も何れも其権利を侵害せしめざるの対世的効力を有し、何人たりとも之を侵害することを得ざるの消極的義務を負担するものにして、而して此対世的権利不可侵の効力は実に権利の通有性にして、独り債権に於てのみ之が除外例を為すものにあらざるなり。世上往往債権は唯債務者をして或行為をなさしむることを得るに止まり、広く第三者に対しては何等の効力を及ぼすものにあらざることを論ずる者なきにあらずと雖も此れ頗る失当なり。債権の内容たる或特定の行為は固より債務者に対してのみ之を要求することを得べく、当事者以外の第三者に対して之が要求をなすことを許さざるは言を俟たざる所なれども、苟も権利として法律の保護を与ふる以上は、他人をして其権利関係を侵害せしめざる対世的効力を認むるの必要なることは明にして、其権利の物権たると債権たるとに依りて之が等差を設くべき理由なきものと謂はざる可からず。若し之に反し第三者は他人の有する債権に就き権利不可侵の義務なきものとせんか、債権は常に第三者の為めに蹂躙せら

れ、債権の存在を認めたる法の精神は終に之が貫徹を期すること能はざるに至るや明なり。是を以て若し第三者が債務者を教唆し若くは債務者と共同して其債務の全部又は一部の履行を不能ならしめ以て債権者の権利行使を妨げ、之に依りて損害を生ぜしめたる場合に於ては、債権者は右第三者に係り不法行為に関する一般の原則に依り損害賠償の請求をなすことを得るものとす」

判例の法理

債権は債務者に対する権利であり、債権者は第三者に対してその内容実現を求めることはできない。古くは、債権がこのように相対的な権利であることから、第三者による債権侵害は成立しえないとする見解もあった。これに対し、本判決は、**債権も法律上保護されるべき権利である以上、不可侵性を有する**とした。したがって、**第三者は他人の有する債権を侵害してはならない義務を負い、第三者が債務者を教唆しまたは債務者と共同してその債務の履行を不能にした場合には、不法行為が成立する**という。

判例を読む

●709 条にいう「権利」の意義

本判決は、**債権も 709 条にいう「他人ノ権利」**（現行法では「他人の権利又は法律上保護される利益」）**に含まれる**として、債権侵害による不法行為の成立を認めた（本判決は大審院刑事部の判決であるが、民事部も同年に「債権と雖も他人に於て之を侵害するを許さず。若し故意過失に因り違法にこれを侵害したるときは、不法行為の責ある」との判断を示している〔大判大 4・3・20 民録 21 輯 395 頁。ただし、結論としては不法行為の成立を否定した〕）。

709 条にいう「権利」について、本判決が出された当時の大審院はこれを狭く解していたが（大判大 3・7・4 刑録 20 輯 1360 頁〔雲右衛門事件。浪花節には著作権はないとして、そのレコードの無断複製は不法行為にあたらないとした）、その後、これを広く解するに至った（大判大 14・11・28 民集 4 巻 670 頁〔大学湯事件。709 条にいう「権利」は具体的権利に限られず、「吾人の法律観念上其の侵害に対し不法行為に基く救済を与ふることを必要とすと思惟する一の利益」でありうるとした〕）。

なお、不法行為の成立要件としての「他人ノ権利ヲ侵害シタル」（現行法では「他人の権利又は法律上保護される利益を侵害した」）に関しては、その後、権利侵害は違法性の徴憑にすぎず、加害行為が違法であれば不法行為が成立しうるとの見解が主張され、さらに違法性の有無を侵害行為の態様と被侵害利益の重大性との相関関係により判断する見解が通説となった（相関関係説。我妻・事務管理等 125 頁以下）。もっとも、1970 年代頃から相関関係説は激しく批判されるようになり、現在に至るまで議論が続いている（議論状況の整理として、橋本佳幸ほか『民法 V 事務管理・不当利得・不法行為〔第 2 版〕』（有斐閣、2020）106 頁以下）。

● **債権侵害による不法行為が成立する場合：伝統的通説**

債権が709条にいう「権利」に含まれるとすれば、債権侵害による不法行為の成立が一切否定されることはない。問題は、どのような場合にその成立が認められるのかである。

伝統的通説は、相関関係説を前提に、**債権には排他性がないから、特に侵害行為の態様を問題としなければならない**と考えた。具体的には、①債権の帰属自体が侵害された場合（たとえば、第三者に対する弁済が478条により有効となる場合）には、第三者の故意・過失を要件とする不法行為が成立するのに対し、**債権の目的である給付が侵害された場合**については、②債務者の帰責事由のない履行不能となる場合（たとえば、第三者が特定物引渡債権の目的物を破壊した場合）と、③**債務者が債務不履行責任を負う場合**（本判決はこの場合にあたる）とに分けて、③の場合には、**第三者の故意**（しかも、単なる認識ではなく、**教唆または共謀**）が必要であり、かつ公序良俗に違反するなど侵害行為の違法性が特に強い場合でなければ、不法行為は成立しないという。債権者は債務者の信義を第1のよりどころとすべきだというのがその理由である（我妻・講義IV 77頁以下）。

● **契約関係を保護する必要性：批判学説**

伝統的通説に対しては、一方で、上記の類型化は形式的で実体に即していないとの批判がされ（星野・総論126頁を嚆矢とする）、その後の学説は、①不動産の二重売買や、②労働者の引抜き、③条件付取引違反誘致（一手販売権の侵害など）、④労働争議、⑤責任財産の侵害など、**具体的紛争類型に応じた議論を展開する**ようになった。また、批判学説は、**契約関係が第三者との関係でも保護されるべきことを強調して、債権侵害による不法行為の成立をより広く認める傾向にある。**

たとえば、①不動産の二重売買において、第二買主が先に登記を備えた場合について（この場合、第一買主の売主に対する債権は履行不能になる〔→**5事件**〕）、判例は、悪意の第二買主も登記をすれば確定的に所有権を取得し、第一買主はその所有権取得をもって第二買主に対抗することができないと解されることを理由に、第二買主が悪意であるというだけでは、不法行為は成立しないとする（最判昭30・5・31民集9巻6号774頁）。177条にいう「第三者」に関する善意悪意不問の原則・背信的悪意者排除論（最判昭43・8・2民集22巻8号1571頁）と連動させる形で、第二買主の不法行為の成否を判断しているものと考えられる。判例を支持する学説は、自由競争の原理を考慮してその正当化を図る（前田達明・総論234頁以下。奥田・総論235頁も参照）。これに対しては、一方で、177条の解釈と不法行為の成否とを切り離し、後者については、第二買主が単純悪意の場合にも不法行為の成立を認める見解が主張された（平井・総論120頁以下、星野・総論127頁）。他方では、自由競争原理は、契約が締結される前の段階では妥当しうるとしても、すでに締結された契約の拘束を受ける債務者の義務違反を奨励・助長し、あるいは少なくともこれを十分に認識しつつ債務者と取引をしようとする者には妥当しないとし、第一買主の存在を認識し、第二売買が売主の第一買主に対する債務不履行となることを認識・認容しつつ契約を締結する行為は原則として違法な債権侵害を構成するとする見解も主張された（磯村保「二重売買と債権侵害(1)─『自由競争』論の神話」神戸法学雑誌35巻2号391頁以下）。磯村は、第

一買主を保護する手段として詐害行為取消権（424条）の転用を示唆していたが（前掲論文402頁以下）、悪意ないし有過失の第二買主は177条にいう「第三者」にあたらないとの解釈を示すものもある（吉田邦彦『債権侵害論再考』〔有斐閣、1991〕576頁以下〔悪意者を排除〕、内田・III 214頁〔悪意者・有過失者を排除〕）。

また、②労働者の引抜きについては、労働者が競業避止義務や守秘義務を負っている場合とそうでない場合とを区別して、後者については害意その他の特別の事情がなければ不法行為は成立しないのに対し、前者については悪意の第三者は不法行為責任を負うとの見解が主張された。単純な引抜きの場合に特別の事情を要するのは、労働者の転職の自由を考慮すべきだからである（吉田・前掲書604頁以下）。

● **その後の展開**

伝統的通説はもちろん批判学説も、基本的には、先行する債権ないし契約関係が第三者によって害される場合を念頭に置いていた。もっとも、批判学説は、第三者の行為が公正な取引秩序に反することをもって不法行為上違法と評価しているとみることもできる（ただし、④労働争議についてはこのような評価は難しいだろう）。このような観点からすると、第三者の行為が競争秩序に反して、先行する取引を侵害した場合（③条件付取引違反誘致）だけでなく、後行する取引を侵害した場合（並行輸入の妨害など）にも、不法行為の成立が認められうることになる（吉田邦彦『民法解釈と揺れ動く所有論』〔有斐閣、2000〕486頁以下）。このように考えていけば、債権侵害ないし契約侵害の問題は、「**契約準備交渉から契約終了後に至るまでの間に相対の取引的接触の中で生ずる、第三者による取引的不法行為**」（潮見佳男「債権侵害（契約侵害）」山田卓生編集代表『新・現代損害賠償法講座 第2巻 権利侵害と被侵害利益』〔日本評論社、1998〕276頁）の一部として、発展的に解消されることになりうるだろう。

また、上記の紛争類型においては、いずれも、「憲法レベルでの基本権相互の衝突が前面に出てきており、その調整が最重要課題の1つになっている」といわれる（潮見・前掲論文280頁以下）。たとえば、①第一買主の財産権と第二買主の契約自由、②被害当事者の営業の自由や財産権と侵害行為者の職業選択の自由・営業の自由、④被害当事者の営業の自由と労働者の争議権といった基本権が衝突し、その間での調整が問題となっているというのである。また、⑤責任財産の侵害の場合について詐害行為取消権（424条）との関係を考慮する必要があるように（潮見・総論I 725頁以下、中田・総論338頁）、**他の制度との整合性**が問題となることもある。そうすると、今後は、具体的紛争類型ごとに、どのような利益や価値が問題となっているのかを明らかにしたうえで、他の制度との整合性をも考慮しつつ、適切な利益衡量が目指されるべきだろう。

【参考文献】 本文中に掲げたもののほか、本判決の評釈として、新堂明子・百選II 40頁など。また、批判学説の考え方を簡単に紹介するものとして、吉田邦彦「債権侵害と不法行為」ジュリ増刊『新・法律学の争点シリーズ1 民法の争点』187頁がある。

荻野奈緒

8 賃借権に基づく妨害排除請求

最高裁昭和 28 年 12 月 18 日判決　民集 7 巻 12 号 1515 頁、判時 19 号 20 頁

【605 条、605 条の 4】

論点 対抗力ある借地権を有する者が、その土地上に建物を建ててこれを使用する者に対し直接、建物の収去と土地の明渡しを請求することの可否

事実の要約

　X（原告、被控訴人、被上告人）は、昭和 13 年 10 月 1 日、本件土地について、当時の所有者 A との間で、昭和 13 年 10 月 1 日、期間を同年 7 月 1 日から 20 年間、賃料月額 23 円 13 銭の約定で賃借する旨の契約を締結した。A は、昭和 15 年 5 月 17 日、本件土地を B に売却し、賃貸人の地位は B に承継された。X が本件土地上に所有していた建物は、昭和 20 年 3 月 9 日、戦災により焼失した。もっとも、罹災土地借地借家臨時処理法（現在は廃止）10 条によれば、その借地権は、昭和 21 年 7 月 1 日から 5 年内に借地について権利を取得した者に対して、借地権をもって対抗することができる。

　他方、Y（被告、控訴人、上告人）は、昭和 22 年 6 月 1 日に B から本件土地を賃借し、本件土地上に建物を建築し所有している。

　X は Y に対し、本件土地の借地権に基づき、建物収去・土地明渡請求をした。

裁判の流れ

　1 審（東京地判昭 26・10・29 民集 7 巻 12 号 1519 頁）：請求認容、2 審（東京高判昭 27・8・25 民集 7 巻 12 号 1521 頁）：控訴棄却

　1 審・2 審は、Y は X の借地権をもって対抗される立場にあるとして、X の請求を認容した。Y が上告。X の請求は債権たる賃借権に基づくものであるところ、賃借人は賃貸人に対して目的物を使用収益させるためその引渡しを求めることができるだけで、第三者に対してその侵害排除を求めることはできないと主張した。

判旨

　〈上告棄却〉「これらの規定［民法 605 条等］により土地の賃借権をもってその土地につき権利を取得した第三者に対抗できる場合にはその賃借権はいわゆる物権的効力を有し、その土地につき物権を取得した第三者に対抗できるのみならずその土地につき賃借権を取得した者にも対抗できるのである。従って第三者に対抗できる賃借権を有する者は爾後その土地につき賃借権を取得しこれにより地上に建物を建てて土地を使用する第三者に対し直接にその建物の収去、土地の明渡を請求することができる」

判例の法理

　債権は、物権とは異なり相対的な権利であり、債権者は債務者に対してしか履行を請求することができない。賃借権は債権であるから、賃借人は賃貸人に対してしか、自らに目的物を使用・収益させるよう求めることができ

ない（601 条参照）。もっとも、不動産賃借権については、一定の場合に対抗力が認められている（現行法では、民 605 条、借地借家 10 条、31 条）。本判決は、**対抗力ある不動産賃借権に「物権的効力」を認める**ことで、同一不動産につき二重に賃貸借がされた場合に、先に対抗要件を備えた賃借人は、劣後する賃借人に対して賃借権を対抗することができるとして（当時は、劣後賃借人への対抗可能性は明らかでなかった〔新旧 605 条の文言を比較せよ〕）、劣後賃借人に対する妨害排除請求を認めた。

判例を読む

　本判決は、罹災土地借地借家臨時処理法により特別の保護が要請される賃借権の事案に関するものであったが、判例の法理はそれ以外の対抗力ある賃借権にも妥当しうるものであった。実際、その後、**対抗力ある賃借権に基づく妨害排除請求権を認める**判例理論が確立し（赤松秀岳・百選 II 116 頁以下参照）、学説も、その結論を支持していた（ただし、理由付けは一様ではなかった〔中田・総論 340 頁以下参照〕）。新 605 条の 4 は、この判例理論を明文化したものである（一問一答債権関係改正 314 頁）。同条にいう「第三者」には、不法占拠者のほか、劣後賃借人も含まれる。

　以上に対し、**対抗力のない賃借権については、判例は、妨害排除請求を認めていない。**「債権者は…第三者に対して給付…を請求し得る権利を有するものではない」からである（最判昭 29・7・20 民集 8 巻 7 号 1408 頁）。そうすると、賃借人は、不法占拠者に対しても賃借権に基づく明渡請求をすることはできず、占有訴権（197 条以下）を行使するか、所有者である賃貸人の物権的請求権を代位行使する（→ **26 事件**参照）しかない。これに対し、**学説上は、全くの無権利者との関係では、不動産賃貸借が対抗要件を備えていない場合であっても、賃借権に基づく妨害排除請求権を認めてよいとの見解も有力**であった（星野・借地・借家法 438 頁以下、平井・総論 125 頁以下）。新 605 条の 4 の下でも、このような見解は維持されうるだろう（潮見・総論 716 頁、潮見・契約各論 I 438 頁以下、中田・総論 341 頁、中田・契約法 458 頁、内田 III 354 頁）。同条は、対抗力ある賃借権に限って妨害排除請求権を認める趣旨ではなく、対抗力ある賃借権について妨害排除請求権が認められることのみを明らかにする趣旨であると考えられる（秋山靖浩「不動産賃貸借と民法改正」安永正昭ほか監修『債権法改正と民法学 III 契約』〔商事法務、2018〕262 頁以下参照）。

【参考文献】　本文中に掲げたもののほか、赤松秀岳『賃借権の侵害』（一粒社、2000）。現行法下での本判決の位置づけについては、秋山靖浩「不動産賃借権に基づく妨害排除請求」秋山靖浩ほか編著『債権法改正と判例の行方』（日本評論社、2021）296 頁参照。

荻野奈緒

公務員に対する国の安全配慮義務

最高裁昭和50年2月25日判決　民集29巻2号143頁、判時767号11頁
【166条1項（旧166条1項、旧167条1項）、167条、415条（旧415条）】

 ①国が公務員に対して負う安全配慮義務の意味、根拠、内容
②安全配慮義務違反による損害賠償請求権の消滅時効期間

事実の要約

昭和40年7月13日、自衛隊員Aは、駐屯所内の工場で車両整備を行っていた際に、後進してきたBが運転する自動車に轢かれて死亡した。Aの両親Xらは、その翌日にAの死亡の事実を知り、同年7月17日頃に国家公務員災害補償金の支給を受けた。その後、Xらは、国Yに対して損害賠償を請求することができることを知り、昭和44年10月6日に、Yに対して自賠法3条に基づき逸失利益の賠償および慰謝料等の支払を求める訴訟を提起した。

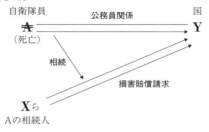

裁判の流れ

1審（東京地判昭46・10・30民集29巻2号160頁）：Xらの請求棄却　2審（東京高判昭48・1・31民集29巻2号165頁）：Xらの請求棄却　最高裁：破棄差戻

1審は、当時の724条によりXらの損害賠償請求権は時効消滅しているとして、Xの請求を棄却した。これを受けて、Xらは、2審で、Yは隊員の生命に危険が生じないように注意し人的物的環境を整備すべき義務を負い、その不履行を理由に損害を賠償しなければならないとの主張を追加した。2審は、Yは本件事故について国公災法に基づく補償以外に債務不履行による損害賠償義務を負担しないとして、Xらの控訴を棄却した。これに対して、Xらが上告した。

判　旨

〈破棄差戻〉国の義務は給与支払義務にとどまらず、「国は、公務員に対し、国が公務遂行のために設置すべき場所、施設もしくは器具等の設置管理又は公務員が国もしくは上司の指示のもとに遂行する公務の管理にあたって、公務員の生命及び健康等を危険から保護するよう配慮すべき義務（以下「安全配慮義務」という。）を負っているものと解すべきである。もとより、右の安全配慮義務の具体的内容は、公務員の職種、地位及び安全配慮義務が問題となる当該具体的状況等によって異なるべき…ものであるが、国が、不法行為規範のもとにおいて私人に対しその生命、健康等を保護すべき義務を負っているほかは、いかなる場合においても公務員に対し安全配慮義務を負うものではないと解することはできない。けだし、右のような安全配慮義務は、ある法律関係に基づいて特別な社会的接触の関係に入った当事者間におい

て、当該法律関係の付随義務として当事者の一方又は双方が相手方に対して信義則上負う義務として一般的に認められるべきものであって、国と公務員との間においても別異に解すべき論拠はなく、公務員が前記の義務〔職務に専念すべき義務、法令及び上司の命令に従う義務〕を安んじて誠実に履行するためには、国が、公務員に対し安全配慮義務を負い、これを尽くすことが必要不可欠であり、…災害補償制度も国が公務員に対し安全配慮義務を負うことを当然の前提とし、この義務が尽くされたとしてもなお発生すべき公務災害に対処するために設けられたものと解されるからである。」（論点①）安全配慮義務違反に基づく国に対する損害賠償請求権の「消滅時効期間は、会計法30条所定の5年と解すべきではなく、民法167条1項により10年と解すべきである。」（論点②）

判例の法理

本判決は、⑦国が公務員に対して公務遂行のために設置する場所、施設、器具等の設置管理および上司の指示のもとに遂行する公務の管理にあたってその生命および健康等を危険から保護するよう配慮する義務（安全配慮義務）を負うこと、⑦安全配慮義務がある法律関係に基づき特別な社会的接触の関係に入った当事者間において当該法律関係の付随義務として信義則上負う義務であること（以上、論点①）、また、当時の法状況（旧167条1項）を前提に、安全配慮義務の違反による損害賠償請求権の消滅時効期間が10年であること（論点②）を明らかにした。

判例を読む

●安全配慮義務の確立と展開

本判決は、最高裁として初めて安全配慮義務について判断を示した判決である。本判決が安全配慮義務の存在を認めた後、判例は、国や自治体と公務員との関係だけでなく、雇用・労働契約でも安全配慮義務の存在を認めた（最判昭59・4・10民集38巻6号557頁等。現在では労契法5条）。また、本判決が論点①の⑦のように判示したことを受け、判例は、元請企業が下請企業の労働者との間で特別な社会的接触の関係に入っていたとして、前者が後者に対し安全配慮義務を負うことを認めた（→10事件）。下級審の裁判例では、公務員関係や雇用・労働契約以外の場面においても安全配慮義務が認められているが（裁判例について、淡路剛久「日本民法の展開(3)判例の法形成―安全配慮義務」民法典の百年I 456頁等を参照）、最高裁の判例では、それ以外の場面で安全配慮義務という表現は用いられていない。例えば、高校の課外のクラブ活動中に落雷事故が起こった事案では、担当教諭につき「生徒を保護すべき注意義務」が問われている（最判平18・3・13判時1929号41頁）。

●安全配慮義務違反を理由とする損害賠償請求と不法行為による損害賠償請求

　安全配慮義務違反により生命や身体を侵害された者またはその遺族等は、不法行為を理由に損害賠償を請求する可能性も有している。本件事案では、当時の法状況によれば、不法行為による損害賠償請求権の消滅時効期間が経過していたため（旧724条前段）、Xらは、安全配慮義務違反を理由とする損害賠償を主張した。そして、判例は、本判決を含め、原則として、**安全配慮義務違反を理由とする損害賠償に債務不履行による損害賠償の規律が適用されることを前提とした解決**を示している。

　具体的には、①安全配慮義務の内容を特定し義務違反に該当する事実を主張し立証する責任は原告にある（最判昭56・2・16民集35巻1号56頁）。もっとも、この場合に原告が主張し立証すべき事実は、不法行為による損害賠償を請求する場合とほとんど異ならない（最判平24・2・24判時1550号20頁を参照）。②安全配慮義務違反を理由とする債務不履行による損害賠償の債務は期限の定めのない債務であり、412条3項により債務者は債権者から履行請求を受けた時に遅滞に陥る（最判昭55・12・18民集34巻7号888頁）。これは、不法行為による損害賠償の債務が損害発生の時からなんらの催告を要することなく遅滞に陥るという解決（最判昭37・9・4民集16巻9号1834頁）とは異なる。その結果、安全配慮義務違反と不法行為のいずれを損害賠償請求の基礎とするかによって、遅延損害金の起算日に違いが生じ、遅延損害金を算定するための利率が変わる可能性もある（419条1項）。③安全配慮義務違反により死亡した者の遺族は、雇用契約やこれに準ずる法律関係の当事者ではないため、固有の慰謝料請求権を取得しない（前掲最判昭55・12・18）。これも、不法行為の場面における解決（711条）とは異なる。④安全配慮義務違反を理由とする損害賠償請求権は、旧法のもとでは、権利を行使することができる時＝損害発生時（最判平6・2・22民集48巻2号441頁、最判平16・4・27判時1860号152頁）から10年（旧166条1項、旧167条1項）で消滅時効にかかったが（論点②）、現在では、権利を行使することができること＝損害の発生を知った時から5年または権利を行使することができる時＝損害発生時から20年で消滅時効にかかる（166条1項、167条）。これらの規律は、旧法のもとでは、不法行為による損害賠償請求権の消滅時効に関する規律と異なるが（旧724条）、現在では、それと基本的に同じである（724条、724条の2）。ただし、⑤安全配慮義務違反を理由とする損害賠償請求訴訟の提起等に要した弁護士費用相当額の賠償も認められる（前掲最判平24・2・24）。これは、不法行為の場面における解決と同じである一方で（最判昭44・2・27民集23巻2号441頁）、債務の履行を求めるための訴訟の提起等に要した弁護士費用相当額の賠償の扱いとは異なる（→**20事件**）。

　以上の整理によれば、**安全配慮義務違反を理由とする損害賠償請求という構成**には、**不法行為を理由とする損害賠償請求という構成と比べて、旧法のもとでは、損害賠償を請求する者にとって有利に作用する面もあったが、現在では、それが消えており（④）、損害賠償を請求する者にとって不利に作用する面もある（②③）。**

●安全配慮義務の内容と存否

　本判決によれば、安全配慮義務は、公務または労務遂行のために設置する場所、施設、器具等の設置管理およ

び使用者や上司の指示のもとで提供する公務または労務の管理にあたって、その生命および健康等を危険から保護するよう配慮する義務である（論点①の⑦。雇用・労働関係における安全配慮義務について、前掲最判昭59・4・10等）。この理解によると、**安全配慮義務の内容は、労働に関する物的環境を整備し、人的管理を適切に行うことに限定される**。その結果、同僚が運転する自動車に同乗した自衛隊員が当該同僚の運転ミスに起因する事故により死亡した事案では、国が負う安全配慮義務の内容は車両を適切に整備することやその任に適する技能を持つ者を車両の運転者として選任すること等に限られ、運転者において道交法その他の法令に基づいて当然に負うべきものとされる通常の注意義務はそこから除外されるとして、死亡した自衛隊員の遺族からの損害賠償請求が棄却されている（最判昭58・5・27民集37巻4号477頁）。こうした注意義務の違反があれば不法行為責任が基礎付けられうることを踏まえると、**安全配慮義務の内容は、場合によっては不法行為による損害賠償の場面で過失判断の前提として措定される義務の内容よりも狭くなる。**

　ところで、本判決において、安全配慮義務は、ある法律関係に基づき特別な社会的接触の関係に入った当事者間において認められる信義則上の付随義務として位置付けられている（論点①の④）。この説示だけでは、どのような場合に安全配慮義務が認められるかは明確とならない。もっとも、最近の判例では、事実的な接触または単純な指揮や命令の関係の有無といった点だけではなく、当該契約の内容または当該法律関係における権利義務の内容と安全配慮の要請との関連性という点に重心を置いて、安全配慮義務の存否が評価されているようにみえる（野村武範・最判解民平成28年度309頁を参照。最判平28・4・21民集70巻4号1029頁は、未決勾留による拘禁関係の内容に着目して、国は拘置所に収容された被拘留者に対して安全配慮義務を負わないと判示している）。この理解によると、**契約またはある法律関係における履行過程の中で生命や身体に対する具体的な危険が想定される場合には、その保護法益の重要性に鑑み、こうした危険から相手方を保護するよう配慮する義務が当事者の一方または双方に課せられる。**そして、こうした安全配慮義務の根拠を前提とすれば、その内容を物的環境の整備や人的管理に限定する必然性はなくなり、**安全配慮義務違反の評価の仕方も不法行為による損害賠償の場面における過失のそれと類似する。**

●安全配慮義務の意義

　以上の整理によれば、本判決を契機として認められた安全配慮義務は、現在では、契約またはある法律関係の解釈を通じて明らかにされる保護義務の問題や、（債務不履行による損害賠償として構成することの実践的な意味が乏しいことを踏まえると）不法行為法上の責任原因の問題の中に位置付けられる。その意味で、本判決は、契約法および不法行為法全体の枠組やその理論的進展との関係で理解されなければならない。

【参考文献】　本判決の調査官解説として、柴田保幸・最判解民昭和50年度60頁等。安全配慮義務一般につき、下森定編『安全配慮義務法理の形成と展開』（日本評論社、1988）、潮見・総論I 169頁とそれらの中で引用されている文献。

白石友行

10 下請企業の労働者に対する元請企業の安全配慮義務

最高裁平成3年4月11日判決　判時1391号3頁、判タ759号95頁、金判878号35頁

【415条（旧415条）】

論点 下請企業の労働者に対する元請企業の安全配慮義務の有無

事実の要約

Xら22名は、Yの被用者（本工）またはYの専属的な下請企業Aの被用者（社外工）として、Yが経営する造船所で作業に従事していた。社外工も、Yから設備や工具の提供を受け、事実上Yによる指揮と命令に服し、本工とほぼ同じ業務に従事していた。Xらは、造船所内の騒音により難聴になった等と主張し、Yに対して安全配慮義務違反を理由とする損害賠償を請求した。

裁判の流れ

1審（神戸地判昭59・7・20判タ533号86頁）：Xらの請求一部認容　2審（大阪高判昭63・11・28判タ684号57頁）：Xらの請求一部認容　最高裁：上告棄却

1審と2審は、Yの安全配慮義務違反を認めたうえで、1審は17名の請求を、2審は12名の請求を一部認容する一方で、因果関係の不存在または時効消滅を理由に、1審は5名の請求を、2審は10名の請求を棄却した。これに対して、Yは、自己が安全配慮義務を負担する相手方を社外工にまで拡張することはできない等と主張して上告した。

判　旨

〈上告棄却〉原審の「認定事実によれば、Yの下請企業の労働者がYの神戸造船所で労務の提供をするに当たっては、いわゆる社外工として、Yの管理する設備、工具等を用い、事実上Yの指揮、監督を受けて稼働し、その作業内容もYの従業員であるいわゆる本工とほとんど同じであったというのであり、このような事実関係の下においては、Yは、下請企業の労働者との間に特別な社会的接触の関係に入ったもので、信義則上、右労働者に対し安全配慮義務を負うものであるとした原審の判断は、正当として是認することができる。」

判例の法理

本判決は、**元請企業が下請企業の労働者との間で特別な社会的接触の関係に入ったと評価されるときには、両者の間に直接的な契約関係が存在しないとしても、前者が後者に対して安全配慮義務を負う**ことを明らかにした。本判決とは説明の仕方が異なるものの、1審は、元請企業と下請企業の労働者との間に事実上雇用契約に類似する使用従属の関係を生ぜしめるべきある種の請負契約の存在を認めることで、また、2審は、両者の間に請負契約と雇用契約を媒介として間接的に成立した法律関係に基づく特別な社会的接触の関係の存在を認めることで、

同様の結論を導いていた。

判例を読む

●契約関係にない当事者間における安全配慮義務

安全配慮義務は、ある法律関係に基づき特別な社会的接触の関係に入った当事者間において当該法律関係の付随義務として信義則上負う義務であるため（→**9事件**）、当事者間に雇用・労働のような契約が存在する場合だけでなく、契約以外の一定の法律関係が存在する場合にも認められる。国や自治体等が公務員に対して負う安全配慮義務、船主と運送委託契約等を締結していた受託者が船長に対して負う安全配慮義務（最判平2・11・8判時1370号52頁）、本判決によって明らかにされた元請企業が下請企業の労働者に対して負う安全配慮義務は、後者の例である。

●元請企業が下請企業の労働者に対して負う安全配慮義務の基礎

本判決は、元請企業と下請企業の労働者との間に契約関係の存在を擬制し、前者が後者に対して負う安全配慮義務を契約上の義務として位置付けるのではなく、事実関係に照らし**両者の間に雇用・労働契約に類似した関係または指揮・命令の関係があると評価したうえで、そこから特別な社会的接触の関係を認めることを通じて、安全配慮義務の存在を導いている**。その前提として、本判決では、安全配慮義務を基礎付ける特別な社会的接触の関係が使用従属の関係または指揮・命令の関係として捉えられている。しかし、安全配慮義務の有無について、指揮・命令の関係のみならず、当事者間の契約や法律関係における権利義務の内容と安全配慮の要請との関連性を踏まえて判断するという立場によると（→**9事件**の解説を参照）、元請企業が下請企業の労働者に対して負う安全配慮義務を基礎付けるためには、上記のように当事者の関係を実質的に評価するだけでは足りない。この立場から本判決の解決を正当化するためには、元請企業と下請企業の労働者との間に雇用・労働契約上の当事者のそれに類似した債権関係が存在しているとみなければならない。また、元請企業が下請企業の労働者に対して負う安全配慮義務の問題について、元請企業と下請企業との間の契約における安全配慮義務が第三者である下請企業の労働者にも及ぶかという契約の対外的効力の視点から捉えたり（大村敦志『新基本民法4債権編〔第2版〕』（有斐閣、2019）103頁、中田・総論142頁）、不法行為による損害賠償の場面で過失判断の前提として措定される義務として位置付けたりする考え方もある。

【参考文献】 本判決の評釈として、松本久・判タ790号48頁、浦川道太郎・私判リマ5号44頁、西村健一郎・判評396号21頁等。

白石友行

11 契約交渉破棄の責任

最高裁昭和 59 年 9 月 18 日判決　判時 1137 号 51 頁、判タ 542 号 200 頁、金判 711 号 42 頁

【1 条 2 項、415 条（旧 415 条）、709 条】

📖 **論点**　契約の交渉を破棄した者の損害賠償責任

事実の要約

　Ｘは、分譲マンションの建築を計画し、着工と同時に買受人の募集を始め、Ｙとの間で交渉を開始した。その約 1 か月後に、Ｙは、Ｘから多数の申込みがあるので態度を決定して欲しいとの要請を受けたが、なお検討したいので結論を待ってもらいたいと述べる一方で、Ｘに対し 10 万円を支払うとともに、レイアウト図を提出する等した。その後、Ｘは、Ｙから、歯科医院を営むためには大量の電気を必要とするが、マンションの電気容量はどうなっているかとの問合せを受けた。そこで、Ｘは、Ｙの意向を確かめないまま電気容量を増やすための変更の工事を行い、これに伴う出費を代金額に上乗せすることをＹに告げたが、Ｙは、特に異議を述べなかった。ところが、その後、Ｙは、毎月の支払額が多額になること等を理由に購入を断った。そこで、Ｘは、Ｙに対して、上記の変更に要した費用に相当する額等の賠償等を求めた。

売買契約の締結に向けた交渉　　契約締結の拒絶

Ｘ ————————————✕——→ Ｙ

損害賠償請求

裁判の流れ

　1 審（東京地判昭 56・12・14 判タ 470 号 145 頁）：Ｘの請求一部認容　2 審（東京高判昭 58・11・17 公刊物未登載）：Ｘの請求一部認容　最高裁：上告棄却

　1 審は、「取引を開始し契約準備段階に入ったものは、一般市民間における関係とは異なり、信義則の支配する緊密な関係にたつのであるから、のちに契約が締結されたか否かを問わず、相互に相手方の人格、財産を害しない信義則上の義務を負うものというべきで、これに違反して相手方に損害をおよぼしたときは、契約締結に至らない場合でも契約責任としての損害賠償義務」を負うと判示し、また、2 審は、1 審とほぼ同旨を述べたうえで、上記義務に違反して相手方に損害を生じさせた者は「当該契約の実現を目的とする右準備行為当事者間にすでに生じている契約類似の信頼関係に基づく信義則上の責任として、相手方が該契約が有効に成立するものと信じたことによって蒙った損害（いわゆる信頼利益）の損害賠償」を負うと判示して、5 割の過失相殺をした上で、Ｘの請求を一部認容した。これに対して、Ｙが上告した。

判　旨

　〈上告棄却〉「原審の適法に確定した事実関係のもとにおいては、Ｙの契約準備段階における信義則上の注意義務違反を理由とする損害賠償責任を肯定した原審の判断は、是認することができ、また、Ｙ及びＸ双方の過失割合を各 5 割とした原審の判断に所論の違法があるとはいえない。」

判例の法理

　本判決は、契約の交渉を不当に打ち切ったＹの責任を肯定し、Ｘが契約の成立を信頼して支出した費用に相当する額の賠償を認めた原審を維持した。ただし、本判決は、この責任の根拠を明確にしていない。また、1 審は契約責任を、2 審は契約類似の信頼関係に基づく信義則上の責任を問題にしたが、本判決は、責任の性質を明確にすることなく、単に原審の結論を是認するにとどまっている。

判例を読む

● 契約交渉段階で問題となる責任

　民法には、契約交渉段階で問題となる責任を直接的に規定した条文は存在しない。しかし、契約交渉段階において、当事者の一方の言動により他方に損害が生ずることもある。そのため、契約の交渉過程に入った当事者は、相手方に対して損害を被らせないように配慮する信義則上の義務を負い、この義務に違反して相手方に損害を生じさせたときには、その損害を賠償する責任を負うという考え方が、「契約締結上の過失」という名の法理のもとで受け入れられてきた（本田純一「『契約締結上の過失』理論について」遠藤浩ほか監修『現代契約法大系 第 1 巻』（有斐閣、1983）193 頁等）。

　もっとも、契約締結上の過失に基づく責任の例として論じられてきた事案には多様なものが含まれているため、これらを統一的に論ずることは適切でない。契約交渉段階で問題となる法的責任を、契約交渉当事者の一方が契約の締結に向けた交渉を破棄した場合に問題となる責任（交渉挫折類型）、当事者の一方が原始的に不能な給付を目的とする契約を締結し当該契約が無効とされる場合（ただし、これは、2017 年改正前の法状況のもとであればともかく、412 条の 2 第 2 項のもとでは例外的な場面である）に問題となる責任（原始的不能類型）、契約交渉当事者の一方が適切な説明や情報提供をしなかった場合に問題となる責任（説明・情報提供類型）（→ 13 事件）等に分けて、それぞれについて、責任の根拠、性質、範囲等を検討していくことが求められる。

　本判決は、これらの類型のうち、交渉挫折類型に関わる。また、相手方に土地の売買契約の締結が確実であると期待させその準備を進めさせた後に契約の締結を拒絶した者の責任を認めた原審を是認した事例（最判昭 58・4・19 判時 1082 号 47 頁）、相手方にゲーム機の製造および開発の契約が締結されることについて強い期待を抱かせその製造および開発に着手させた後に契約の交渉を破棄した者の責任を認めた事例（最判平 19・2・27 判時 1964 号 45 頁）等も、交渉挫折類型に属する。

● 責任の根拠

　私的自治や自己決定権の尊重といった理念のもとでは、各人は契約を締結するかどうかを自由に決定することができる（521 条 1 項）。したがって、契約交渉当事者の一

方が単に契約の交渉を破棄したりその締結を拒否したりしたというだけでは、その者の責任を問うことはできない。しかし、裁判例は、この前提から出発しつつも、一定の場合に契約の交渉を破棄したりその締結を拒絶したりした者の責任を認めている。この責任は、状況に応じて、2つの観点から基礎付けられる（池田清治『契約交渉の破棄とその責任』（有斐閣、1997）、潮見・総論Ⅰ126頁等を参照）。

1つは、**先行行為に対する矛盾行為の禁止という観点**から、自らの言動によって契約交渉の相手方に契約成立についての正当な信頼を生じさせた者は、その信頼を裏切らないようにする義務、具体的には、**相手方に生じさせた誤信を是正する義務を負うと理解し、この義務の違反によって責任を基礎付ける考え方**である。本件事案におけるYの責任は、このような考え方によって正当化されうる。また、こうした信頼保護の観点に基づく責任は、直接の契約交渉関係にない者の間でも問題となる（最判平18・9・4判時1949号30頁は、建物の建築を計画しそれを中止した者が施工業者となる予定であった者の下請業者との関係で責任を負うことを認めている）。もう1つは、契約交渉過程を取り巻く諸事情を考慮し、**契約締結に向けた交渉が進展して、契約の締結が確実になったという判断を当事者の一方がすることについて客観的にみてもやむをえないと評価される段階に至れば、その当事者には契約締結への正当な期待が生まれるため、その相手方は、正当な理由がない限り、契約の締結に向けて誠実に協力する義務を負うと理解し、この義務の違反によって責任を基礎付ける考え方**である。

● 責任の性質

本判決は、契約交渉当事者の一方が契約の締結に向けた交渉を破棄した場合に問題となる責任の性質を明確にしておらず、この損害賠償が債務不履行によるものであるのか、それとも、不法行為によるものであるのかについて判断を示していない（契約準備段階における信義則上の義務違反を理由とする不法行為に基づく損害賠償請求を認容した原審を是認したものとして、最判平2・7・5裁判集民160号187頁）。これに対して、1審は、この責任を契約責任とし、2審は、これを契約類似の信頼関係に基づく信義則上の責任とした。これは、当時の有力な学説が、契約締結上の過失に基づく責任一般について、不法行為責任が問題となる場面とは異なり当事者には特別の緊密な関係が存在している以上、契約責任またはこれに準ずる責任が問われるべきであると主張していたことを受けたものである（我妻・講義Ⅴ1 38頁、北川善太郎『契約責任の研究』（有斐閣、1963）等）。しかし、こうした理解の仕方は、不法行為法の制限的な枠組が前提とされているドイツ法のもとであればともかく、統一的で柔軟な不法行為法が採用されている日本法のもとでは必要性を欠くこと、不法行為責任は、特別の緊密な関係を持つ当事者間でも問われること、契約の交渉を破棄した者の責任を不法行為責任と性質決定することにより、解決することが困難な課題が生ずるわけではないこと（例えば、契約の交渉を破棄された者の損害賠償債権について、166条1項を適用して、724条による場合よりも長期の時効期間を認める必要はない。説明・情報提供類型に即した判断であるが、**→ 13事件**を参照）、交渉挫折類型では、契約成立に向けた交渉過程で守られるべき一般的な行為義務とその違反が問題となっているにすぎないこと等を踏まえると、こ

の責任を契約責任またはこれに準ずる責任ではなく、不**法行為責任と性質決定することが適切である**（石田喜久夫・民商89巻2号287頁、潮見・総論Ⅰ118頁等）。

なお、学説では、契約交渉段階での中間的または予備的な合意の成立を認め、その違反による契約責任を肯定する考え方も示されている（横山美夏「不動産売買契約の『成立』と所有権の移転(1)(2・完)」早法65巻2号1頁、3号85頁、河上正二「『契約の成立』をめぐって(1)(2・完)」判タ655号11頁、657号14頁等）。もっとも、中間的合意を契約として捉えることができるかどうかについては、疑問も提示されている（潮見・総論Ⅰ130頁参照）。しかし、こうした批判を受け入れるとしても、一連の取引の中間段階で最終的な契約とは別の契約が締結されるという事態を想定すること、そして、この契約から、例えば、最終的な契約に向けて誠実に協議する債務等の存在を認定し、当該債務の履行請求およびその不履行を理由とする損害賠償を基礎付けることは十分に可能である（最決平16・8・30民集58巻6号1763頁を参照）。言うまでもなく、この解決は、契約の交渉を破棄した者の責任それ自体を契約責任またはそれに準ずる責任と性質決定する1審や2審の理解とは全く異なる。

● 責任の範囲

交渉挫折類型で賠償されるべき損害として取り上げられるのは、**相手方への正当な信頼や契約成立への正当な期待に基づき支出したものの契約が成立しなかったために無駄になった費用に相当する額、これらの正当な信頼や期待に基づきとられた各種の行動により生じた損失に相当する額に加えて、最終的に成立しなかった契約で対象とされていた目的物等を別の形で利用したり、他の者との間で契約を締結したりしていれば得ることができたであろう利益に相当する額**である。保護されるべき権利または利益として措定された相手方への正当な信頼や契約成立への正当な期待等を価値的に回復および実現するためには、これらの賠償を認めれば足りるからである。本判決でも、Xの主張に応える形としてではあるが、Xが契約の成立を信頼して支出した費用に相当する額の賠償のみが認められている。これに対して、当該**契約が成立していれば得ることができたであろう利益に相当する額の賠償は認められない**。ここでは、当該契約の不成立が前提となっている以上、保護法益として契約上の利益を想定することはできず、また、上記の額の賠償を認めると、契約の交渉を破棄された者に対して契約の成立を肯定したのと価値的に等しい結果を付与することになってしまうからである（白石友行「取引的不法行為と純粋経済損失の算定基準・補論」筑波ロー31号39頁等）。

なお、一連の取引の中間段階で最終的な契約とは別の契約の成立が認められたときには、場合によっては、後者の契約から生ずる債務が履行されていれば得ることができたであろう利益に相当する額の賠償は肯定されうる。

【参考文献】 本文中に掲げたもののほか、本田純一『契約規範の成立と範囲』（一粒社、1999）、円谷峻『新・契約の成立と責任』（成文堂、2004）とそれらの中で引用されている文献。本判決の評釈として、松本恒雄・判評317号23頁、円谷峻・昭和59年度重判80頁、池田清治・百選Ⅱ8頁等。

白石友行

12 付随義務としての説明義務

最高裁平成 17 年 9 月 16 日判決　判時 1912 号 8 頁、判タ 1192 号 256 頁、金判 1232 号 19 頁
【1 条 2 項、415 条（旧 415 条）、旧 570 条、709 条】

論点 ①不動産の売主が買主に対して負う説明義務
②不動産の売主から委託を受けた宅建業者が買主に対して負う説明義務

事実の要約

　Aは、Y₁との間で、マンションの 802 号室を購入する契約を締結し、宅建業者Y₂が売買契約の締結や引渡しの手続をした。802 号室には防火戸が設置され、火災発生の際には自動的に閉じて延焼を防ぐようになっていたが、その電源スイッチは、連動制御機の中にあり、一見して明らかでない場所にあった。Y₂は、Aまたはその妻Xに対し入居時までに重要事項説明書等を交付したが、そこに防火戸の記載はなく、また、Yらは、AまたはXに対し防火戸の電源スイッチの位置や操作方法等について説明をしていなかった。その後、802 号室で火災が発生した。しかし、電源スイッチが切られていたため防火戸が作動せず、延焼が生じた。Aはこの火災による火傷等のために死亡した。そこで、Xは、延焼等による損傷を原状に回復するための費用等に係る損害賠償請求権をAから相続したと主張し、Y₁に対しては売主の瑕疵担保責任等に基づき、Y₂に対しては説明義務違反に基づき、損害賠償の支払を求めた。

裁判の流れ

　1 審（東京地判平 15・2・28 金判 1232 号 31 頁）：Xの請求棄却　2 審（東京高判平 16・7・14 金判 1232 号 27 頁）：Xの請求棄却　最高裁：破棄差戻
　1 審は、瑕疵の不存在およびY₂の説明義務の不存在を理由にXの請求を棄却した。2 審は、Y₁との関係では、電源スイッチが切られている状態で引渡しがされたこと等を理由に瑕疵を認めつつ、Aが火災によって被った損害は瑕疵によって増加していないとして、また、Y₂との関係では、Y₂に説明義務はないことを理由に、Xの請求を棄却した。これに対して、Xが上告した。

判　旨

　〈破棄差戻〉本件事実関係よれば、「Y₁には、Aに対し、少なくとも、本件売買契約上の付随義務として、上記電源スイッチの位置、操作方法等について説明すべき義務があったと解され」、「Y₂は、その業務において密接な関係にあるY₁から委託を受け、Y₁と一体となって、本件売買契約の締結手続のほか、802 号室の販売に関し、Aに対する引渡しを含めた一切の事務を行い、Aにおいても、Y₂を上記販売に係る事務を行う者として信頼した上で、本件売買契約を締結して 802 号室の引渡しを受けたこととなるのであるから、このような事情の下においては、Y₂には、信義則上、Y₁の上記義務と同様

の義務があったと解すべきであり、その義務違反によりAが損害を被った場合には、Y₂は、Aに対し、不法行為による損害賠償義務を負う。」また、防火戸が作動した場合における原状回復に要する費用の額は、防火戸が作動しなかった場合におけるそれと比べて低額にとどまると推認されるため、損害についての原審の認定には経験則に違反する違法がある。

判例の法理

　本判決は、Y₁が売買契約上の付随義務として電源スイッチの位置等につき説明義務を負うことを前提に（論点①）、判旨で引用されている事実関係に照らしY₂がY₁と同様の説明義務を負うことを明らかにした（論点②）。差戻審（東京高判平 18・8・30 金判 1251 号 13 頁）は、Y₂の説明義務違反を認め、民訴 248 条により損害額を認定した。

判例を読む

●契約締結過程における売主の説明義務

　契約締結過程で当事者の一方が負う説明義務には、**相手方に契約を締結するかどうかを適切に判断させることに向けられた説明義務**に加えて（→ 13 事件）、**相手方に契約から期待される結果を得させることに向けられた説明義務**が存在する（横山美夏「契約締結過程における情報提供義務」ジュリ 1094 号 129 頁等）。本判決でY₁に認められた売買契約上の付随義務としての説明義務は後者である。Y₁の説明義務は、契約締結過程で問題となっているが、成立した契約の解釈から導くことも可能であり、この場合、その違反を理由とする損害賠償も債務不履行によるものとして位置付けられる。

●宅建業者の説明義務

　宅建業者は、その介入を信頼して取引をした第三者との関係で業務上の一般的な注意義務を負う（最判昭 36・5・26 民集 15 巻 5 号 1440 頁）。また、宅建業者は、宅建業法上その媒介に係る売買の当事者に対して重要事項を説明する義務を負うが（宅建業 35 条）、民法上はそれ以外の事項についても説明義務を負う。とはいえ、宅建業者は売主ではないため、宅建業者の説明義務と売主のそれとではその内容や範囲が異なるはずである。こうした前提のもと、**本判決は、Y₂とY₁との一体性およびY₂に対するAの信頼を示す事実を挙げて、Y₂がY₁と同じ内容の説明義務を負うことを判示した。**これは、宅建業者が常に売主と同じ説明義務を負うとしたものではなく、判旨で示されているような事実がある場面に即した判断である。

【参考文献】　本判決の評釈として、小粥太郎・民商 134 巻 2 号 275 頁、野澤正充・判評 569 号 2 頁、星野豊・ジュリ 1367 号 124 頁等。

白石友行

13 契約締結に際しての説明義務違反による損害賠償の性質

最高裁平成 23 年 4 月 22 日判決　民集 65 巻 3 号 1405 頁、判時 2116 号 53 頁、判タ 1348 号 87 頁、
金判 1372 号 30 頁、金法 1928 号 106 頁　　　　　　　【1 条 2 項、415 条（旧 415 条）、709 条】

論点　契約締結の判断に関わる説明義務の違反による損害賠償の性質

事実の要約

　信用協同組合Ｙは、立入検査で実質的な債務超過の状態にあるとの指摘を受けたが、この状態を解消することができず、近いうちに破綻認定を受ける現実的な危険があり、Ｙの理事Ａらもこのことを認識していたにもかかわらず、支店長をして、Ｘらにこのことを説明しないままＹに出資するよう勧誘させ、これを受けて、Ｘらは、平成 11 年 3 月 2 日に、Ｙに各 500 万円の出資をした。その後、Ｙは、平成 12 年 12 月 16 日に、金融再生委員会から金融再生法 8 条（当時）に基づく金融整理管財人による業務および財産の管理を命ずる処分を受け、その経営が破綻した。その結果、Ｘらは、出資に係る持分の払戻しを受けることができなくなった。そこで、Ｘらは、平成 18 年 9 月 8 日に、Ｙに対して、主位的に、①不法行為に基づく損害賠償請求権または②詐欺取消し等を根拠とする不当利得返還請求権に基づき、予備的に、③出資契約上の債務不履行による損害賠償請求権に基づき、出資金相当額等の金員の支払を求めた。

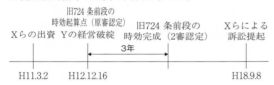

裁判の流れ

　1 審（大阪地判平 20・1・28 民集 65 巻 3 号 1424 頁）：Ｘらの請求一部認容　2 審（大阪高判平 20・8・28 民集 65 巻 3 号 1468 頁）：Ｘらの請求一部認容　最高裁：破棄自判
　1 審と 2 審は、①と②については、損害賠償請求権および取消権が時効消滅していることを理由に否定したが、③に関しては、Ｙが負う「説明義務は、ＸらとＹとの間で本件各出資契約が締結される前段階において生じたものではあるが、このような契約の締結に向けた交渉段階においても、当事者の一方又は双方が信義則上相手方に対して一定の注意義務を負う場合があ」り、「当該注意義務をめぐる当事者間の権利義務関係は、当該契約に付随して生ずるものであって、契約上の責任に含まれる」（1 審）、「契約が成立する前の段階における契約締結上の過失については、これを不法行為責任としてとらえることも可能であるが、むしろ契約法を支配する信義則を理由とする契約法上の責任（一種の債務不履行責任）として、その挙証責任、履行補助者の責任等についても、一般の不法行為より重い責任が課せられるべきものととらえるのが相当である」（2 審）として、一部原告との関連で請求を認容した。これに対して、Ｙが上告した。

判　旨

　〈破棄自判〉「契約の一方当事者が、当該契約の締結に先立ち、信義則上の説明義務に違反して、当該契約を締結するか否かに関する判断に影響を及ぼすべき情報を相手方に提供しなかった場合には、上記一方当事者は、相手方が当該契約を締結したことにより被った損害につき、不法行為による賠償責任を負うことがあるのは格別、当該契約上の債務の不履行による賠償責任を負うことはないというべきである。」「なぜなら、上記のように、一方当事者が信義則上の説明義務に違反したために、相手方が本来であれば締結しなかったはずの契約を締結するに至り、損害を被った場合には、後に締結された契約は、上記説明義務の違反によって生じた結果と位置付けられるのであって、上記説明義務をもって上記契約に基づいて生じた義務であるということは、それを契約上の本来的な債務というか付随義務というかにかかわらず、一種の背理であるといわざるを得ないからである。契約締結の準備段階においても、信義則が当事者間の法律関係を規律し、信義則上の義務が発生するからといって、その義務が当然にその後に締結された契約に基づくものであるということにならないことはいうまでもない。」この「場合の損害賠償請求権は不法行為により発生したものであるから、これには民法 724 条前段〔現 724 条 1 号〕所定の 3 年の消滅時効が適用されることになるが、上記の消滅時効の制度趣旨や同条前段〔現同条 1 号〕の起算点の定めに鑑みると、このことにより被害者の権利救済が不当に妨げられることにはならない。」千葉勝美裁判官の補足意見がある。

判例の法理

　本判決は、**契約締結過程において当事者の一方が契約を締結するか否かに関する判断に影響を及ぼす情報を相手方に提供しなかった場合、その者が負うべき損害賠償責任の性質は不法行為であり債務不履行ではないこと**を明らかにした。契約締結過程における説明義務については、①その有無、②根拠、③内容、④その違反を理由とする損害賠償責任の性質、⑤この責任の範囲および損害賠償の額等が問題となる。本判決は、①が肯定されることを前提に、④について判断したものであり、②と③に関しても一定の理解を示唆する（⑤については、白石友行「取引的不法行為と純粋経済損失の算定基準」新美育文ほか編『不法行為法研究②』（成文堂、2021）111 頁を参照）。

判例を読む

●契約締結過程における説明義務

　私的自治の原則のもとでは、各人は契約を締結するために必要な情報を自らの責任で収集しなければならない。そのため、単に当事者の一方が契約締結に向けた交渉の相手方に対してある情報を伝えなかったり説明しなかったりしたというだけでは、その者の責任を問うことはできない。しかし、判例は、一定の場合に説明義務の存在を認めている。この義務は、**当事者間に存在する構造的な情報等の不均衡を是正し表意者の自己決定や私的自治**

16　債務不履行による損害賠償

を支援するという観点や、専門家への信頼という観点から正当化される（小粥太郎「説明義務違反による不法行為と民法理論(上)(下)」ジュリ1087号118頁、1088号91頁、横山美夏「契約締結過程における情報提供義務」ジュリ1094号128頁等）。本件では、Xらの出資意思の形成にとってYの財務状況や自己資本充実の必要性等の諸点が重要な意味を持つ一方で、Yが債務超過の状態にあり破綻認定を受ける現実的な危険があったという情報をXらが知りうる状況になかったことを踏まえると、上記事項に関するYの説明義務は、前者の観点から基礎付けられる（前記②）。このように、Yの説明義務は、Xらに出資するかどうかを適切に判断させることに向けられている。他方で、契約締結過程で当事者の一方が負う説明義務には、相手方に契約から期待される結果を得させることに向けられたものもある（→12事件）。

● 契約締結過程における説明義務違反による損害賠償責任の性質

　従前の判例は、損害賠償責任の性質決定が具体的な解決に影響を及ぼさない事案を扱っていたこともあり、この損害賠償は債務不履行によるものではない、または、この損害賠償は不法行為によるものであると明確に判示していなかった。また、下級審の裁判例は、原告の主張の仕方に規定され不法行為とするものが多かったが、2審のように債務不履行とするものもあった。他方で、学説では、契約交渉段階で問題となる責任全般との関連で、その説明の仕方は一様ではないものの、例えば、当事者間に特別の緊密な関係が存在することを考慮して債務不履行またはそれに準ずる責任が問われるべきであるとの考え方、11事件の解説で整理した諸点等を挙げて不法行為と性質決定すべきであるとの考え方が存在した。なお、金融サービス6条（旧金販法5条）における金融商品販売業者等の説明義務違反等を理由とする損害賠償責任は不法行為に基づく。

　本判決は、判旨で引用した理由を挙げ、契約を締結するか否かに関する判断に影響を及ぼすべき情報を相手方に提供しなかった場合に問題となる損害賠償責任が債務不履行によるものではないことを明らかにした（前記④）。自己決定基盤の確保に向けられた説明義務が自己決定権の侵害の結果として生じた契約から発生すると考えることはできないから、本判決の結論と理由付けは正当である（松井和彦・判評652号17頁、平野裕之・NBL955号22頁等）。ただし、本判決が提示した理由は、従前の学説が契約締結過程における説明義務違反の損害賠償責任の性質を債務不履行とするために付してきた根拠を直接的に排斥するものとはなっていない。後者は、契約締結過程で当事者間に特別の緊密な関係が存在することから説明義務を基礎付け、その違反を債務不履行として捉えるものであり、この説明義務を後に発生した契約から生ずる義務とみているわけではないからである（池田清治・平成23年度重判75頁、藤田寿夫・法時84巻8号98頁等）。しかし、本判決により破棄された2審が後者に近い理解の仕方に基づき債務不履行の問題としていたこと等を踏まえると、本判決後も特別の緊密な関係の存在から説明義務違反の損害賠償責任の性質を債務不履行とする可能性は排除されないと読むことは（久須本かおり・愛知190号104頁、溝渕将章・阪法62巻5号408頁）、困難である（早川結人・名法246号215頁）。

　本判決は、契約締結過程で問題となる説明義務違反による損害賠償責任の全てが債務不履行によるものではないという理解を示していない。本判決が債務不履行によるものではないとしたのは、契約締結に関する自己決定基盤の確保に向けられた説明義務の違反による損害賠償責任だけである。本判決の射程は、契約締結過程において相手方に契約から期待される結果を得させることに向けられた説明義務の違反から生ずる損害賠償には及ばない。ある義務が何によって基礎付けられるかという問いとその義務がいつの時点で課されるかという問いとは別であるから（潮見佳男・金法1953号77頁）、12事件や千葉裁判官の補足意見が示唆するように、説明義務が契約の解釈から導かれるとすれば、この説明義務の違反に基づく損害賠償責任の性質に関しては、債務不履行とされる可能性もある。この意味において、本判決は、契約締結過程で問題となる説明義務にはいくつかの種類があることを暗示している（前記③。ただし、その区別の困難さも指摘されている。渡辺達徳・私判リマ46号9頁、松本恒雄・金判1511号60頁等）。

● 損害賠償責任の性質決定の帰結

　本判決は、契約を締結するか否かに関する判断に影響を及ぼすべき情報を相手方に提供しなかった場合に問題となる損害賠償責任の性質が債務不履行ではないという理解から、当該責任を不法行為と性質決定し、旧724条（現724条）を適用した（この論理を批判するものとして、佐久間毅・金法1928号40頁）。その際、時効制度の趣旨や起算点の規律を踏まえ同条の適用により被害者を不当に害する結果とならないことが示されていることは重要である。また、本判決は、消滅時効について同条が適用されるとの判断を示しただけであり、不法行為という性質決定から不法行為に関する全ての規律が適用されるとまで判示しているわけではない（潮見・前掲78頁。例えば、本判決は契約締結補助者の問題をどのように規律するかについて何も語っていない）。

● 交渉挫折類型で問題となる損害賠償責任の性質

　本判決は、契約交渉段階で問題となる責任のうち、説明・情報提供類型を対象としており、交渉挫折類型については何も判断を示していない。一方で、本判決において当事者に特別の緊密な関係があることを理由に債務不履行の問題とする考え方が明示的に排斥されていないことを強調すれば、交渉挫折類型で問われる責任を債務不履行として構成することは可能であるという読み方が導かれる（松井・前掲17頁、溝渕・前掲409頁等）。他方で、契約交渉過程における義務の違反により契約が不成立となっている以上、当該義務を最終的に成立しなかった契約の義務とみることはできないため、契約挫折類型で問われる責任を不法行為として構成することが本判決で示された論理には親和的であるという読み方もある（市川多美子・最判解民平成23年度412頁等。筆者の理解については、11事件の解説を参照）。

【参考文献】　本判決の評釈として、本文中に掲げたもののほか、山口雅裕・判タ1384号40頁、神吉正三・金法1928号48頁、中村肇・金判1379号8頁、丸山絵美子・民事判例Ⅳ140頁、長坂純・法論85巻1号405頁、角田美穂子・百選Ⅱ10頁等。

白石友行 ⦿

14 履行補助者の行為と債務者の責任

大審院昭和4年3月30日判決　民集8巻363頁

【415条（旧415条）】

論点　履行補助者の行為により債務不履行が生じた場合における債務者の損害賠償責任

事実の要約

Xらは、自己らが所有する発動機付帆船をY₁に賃貸した。また、Y₁は、Xらの承諾を得て、これをY₂に転貸した。ところが、Y₂が雇った船員の不注意により当該帆船が難破したため、Yらは、これをXらに返還することができなくなった。そこで、Xらは、Yらに対して、損害賠償を請求した。

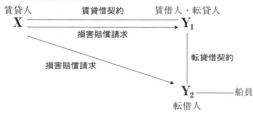

裁判の流れ

1審（判例年月日不明）：Xの請求一部認容　2審（判例年月日不明）：Xの請求一部認容　大審院：上告棄却

2審は、Y₁の責任を肯定し、613条1項（現613条1項）によりY₂はXに対して直接責任を負うとしてY₂の責任も認めた。これに対して、Yらは、使用者である債務者が被用者の過失による債務不履行について責任を負うのはその選任と監督に過失がある場合に限られる等と主張して上告した。

判　旨

〈上告棄却〉「債務を負担する者は、契約又は法律に依り命ぜられたる一定の注意の下に其の給付たる行為を為すべき義務あるを以て、債務者が債務の履行に付其の義務たる注意を尽したるや否は、総て債務の履行たる行為を為す可き者に付之を定む可く、従て、債務者が債務履行の為他人を使用する場合に在りては、債務者は自ら其の被用者の選任監督に付過失なきことを要するは勿論、此の外、尚ほ其の他人を使用して債務の履行を為さしむる範囲に於ては、被用者をして其の為すべき履行に伴ひ必要なる注意を尽さしむ可き責を免れざるものにして、使用者たる債務者は、其の履行に付被用者の不注意より生じたる結果に対し債務の履行に関する一切の責任を回避することを得ざるものと云はざる可からず。蓋、債務者は、被用者の行為を利用して其の債務を履行せんとするものにして、此の範囲内に於ける被用者の行為は即債務者の行為そのものに外ならざるを以てなり。」

判例の法理

本判決は、債務者が債務の履行のために他人（履行補助者）を使用した場合において、この履行補助者の行為により債務不履行が生じたときに、債務者が債務不履行による損害賠償責任を負うかという問題に関して、①**履行補助者の行為は債務の履行の範囲内において債務者の**

行為と同視されるとの理解を前提に、②**債務者は履行補助者の選任と監督について過失がなかったことを主張し立証しても免責されないこと**、③**債務者は履行補助者の過失から生じた結果について責任を負うことを明らかにした。**

判例を読む

●旧415条のもとでの位置付け

本判決は、前記①から③までを明らかにし、旧415条のもとでは重要な意義を有していた。判例は、その後、転貸人が原賃貸人の承諾を得て賃借物を転貸した場合において転借人の行為により賃借物が滅失したケースで転貸人が原賃貸人に対して債務不履行による損害賠償責任を負うこと（大判昭4・6・19民集8巻675頁）、賃借人の同居人の行為により賃借物が滅失したケースで賃借人が賃貸人に対して債務不履行による損害賠償責任を負うこと（最判昭30・4・19民集9巻5号556頁、最判昭35・6・21民集14巻8号1487頁）等を認めた。旧415条のもとでの伝統的学説は、この問題を債務者の責めに帰すべき事由＝債務者の故意・過失の枠内で捉え、履行補助者の故意・過失が債務者の故意・過失と信義則上同視されるとの理解により判例の立場を基礎付けつつ、履行補助者を類型化する手法によって判例の諸解決を検討していた（我妻・講義Ⅳ105頁等）。

●現415条のもとでの位置付け

現415条によれば、債務者は、債務の不履行が契約その他の債務の発生原因および取引上の社会通念に照らして債務者の責めに帰すことができない事由によるものであったことを主張し立証すれば、免責される。そのため、契約その他の債務の発生原因から切り離して債務者の故意・過失を評価しその有無により債務者の免責の可否を決する理解、したがって、債務者の故意・過失と同視される履行補助者の故意・過失の有無により債務者の責任の成否を判断する理解は、現415条との親和性を失う。**現415条のもとでは、債務内容、債務不履行、免責事由の各段階の評価に履行補助者がどのように組み込まれるかという視点を基礎として、当該履行補助者の行為が債務内容に照らして債務不履行と評価されるかどうか、当該履行補助者の行為が契約その他の債務の発生原因等に照らして判断される免責事由に該当するかどうかを評価していくことが適切である。この解釈によれば、本判決の説示のうち①は債務内容と債務不履行を確定する段階で一定の意味を保持するものの、②は当然のことを指摘するものにすぎず、③は適切な理解ではなくなる。**

【参考文献】　現415条のもとでの本判決の読み方につき、荻野奈緒・百選Ⅱ12頁等。一般的な議論につき、潮見・総論Ⅰ393頁、中田・総論164頁とそれらの中で引用されている文献。

白石友行

15 民法 416 条と不法行為への適用可否・中間最高価格【富喜丸事件】

大審院大正 15 年 5 月 22 日連合部判決　民集 5 巻 386 頁

論点
①不法行為の損害賠償範囲について、民法 416 条類推の可否
②債務不履行時以降に給付目的物の価格が変動するとき、どの時点の価格によるか

事実の要約

　大正 4 年 4 月 28 日、原告 X 所有の汽船「富喜丸」と被告 Y 所有の「大智丸」が両船長の過失で衝突し、富喜丸が沈没したので、その船主が沈没しなければ得たであろう備船料（大正 4 年中の具体的備船契約による備船利益 16,800 円と大正 5 年から 3 年間の推定備船利益 170 万円）および転売利益（大正 6 年 8 月の価格〈最高価格〉を基準とする同年 8 月中の転売可能性による 190 万円）の賠償を請求した。船価については、沈没当時（1915 年）は、10 万円と評価された富喜丸の価格が、第 1 次世界大戦中でドイツ潜水艦の無警告撃沈という時代背景のゆえに商船の需要が激増し、190 万円と評価され、大戦終結後は、10 万円以下に下落していた。X は 190 万円で転売して得ることができた利益を請求し、Y は沈没時の価格である 10 万円しか払わないと主張した。

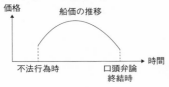

裁判の流れ

　1 審（大阪地判大 9 年〔月日不明〕）：一部認容　2 審（大阪控判大 12・4・16 新聞 2959 号 15 頁）：控訴棄却　大審院：上告棄却

　原審は大正 4 年中の備船料については認めたが、大正 5 年から 3 年分については 51 万円、船価については 10 万円しか認めなかった。当事者双方が上告。

判旨

①「民法第 416 条の規定は、共同生活の関係に於て人の行為と其の結果との間に存する相当因果関係の範囲を明にしたるものに過ぎずして、独り債務不履行の場合にのみ限定せらるべきものに非ざるを以て不法行為に基く損害賠償の範囲を定むるに付ても同条の規定を類推して其の因果律を定むべきものとす。」

②「損害賠償は不法行為に因りて生じたる損害を填補することを目的とするものなるを以て、其の賠償の範囲は先ず以て其の滅失毀損の当時を標準として之を定むることを要し、其の損害は滅失毀損の当時に於ける交換価格に依りて定まるべきものとす。」「物の交換価格は通常其の物の使用収益を為し得べき価値に対応するものにして其の物の通常の使用価値を包含する。」「被害者は不法行為当時より判決に至る迄の間に価額の騰貴したる一事に因りて直に騰貴価格に相当する消極的損害の賠償を請求することを得るものに非ず。其の高騰が縦し自然の趨勢に因りたるものとするも、被害者に於て不法行為微りせば其の騰貴したる価額を以て転売其の他の処分を為し、若は其の他の方法に因り該価額に相当する利益を確実に

取得したるべき特別の事情ありて、其の事情が不法行為当時予見し又は予見し得べかりし場合に非ざれば、斯る損害賠償の請求を為すことを得ざるものとす」。

判例の法理

●不法行為への民法 416 条の類推（論点①）

　大審院は、当初、不法行為に 416 条を類推していなかったが（大判大 6・6・4 民録 23 輯 1026 頁、大判大 9・4・12 民録 26 輯 527 頁など）、本判決によって、416 条は相当因果関係を明らかにしたものであり、不法行為にも類推適用すべきとされた。その後の判例も同様である（最判昭 32・1・31 民集 11 巻 1 号 170 頁、最判昭 39・6・23 民集 18 巻 5 号 842 頁、最判昭 48・6・7 民集 27 巻 6 号 681 頁、最判昭 49・4・25 民集 28 巻 3 号 447 頁）。

●填補賠償と価格騰貴について（論点②）

　本判決は、(1) 原則として、物の滅失毀損に対する現実の損害は目的物の滅失時（不法行為時）の価格によって定めるべきであり、その価格は交換価格によって定める、(2) 使用利益については、現在および将来における通常の使用収益による利益はその物の現在の価格に含まれているが、(3) ただ、被害者がその独特の技能、特別な施設、その他その物の特殊の使用収益により異常の利益を得べかりし特別の事情のある場合は騰貴価格に相当する利益を確実に取得するような特別の事情が存在し、かつその事情が不法行為の当時予見可能であれば請求し得るとした。

判例を読む

●不法行為への 416 条の類推（論点①）

　不法行為の損害賠償範囲については、債務不履行における 416 条のような条文がないことから、様々な議論がなされた。学説では、当初は 416 条を類推する説などが主張されたが、はやくから、ドイツの**相当因果関係説**（当初は適当条件説と訳された）の影響が強くなり、相当因果関係を 416 条が制限するという説、相当因果関係を 416 条が拡張するという説などが主張された。416 条と相当因果関係を同視して不法行為にも 416 条を類推する鳩山説が出現したのが、本判決前の状況であった（この経緯については、前田陽一「損害賠償の範囲」新・現代損害賠償法講座⑥ 68 頁以下などを参照）。それを受けて本判決も 416 条を類推することを明言し、その後、学説でも通説化した。なお、近時の学説は 416 条類推を批判しているが、それについては、**→ 166 事件**を参照。以下では債務不履行の場合を中心に解説する。

●損害賠償の基準時の位置付け（以下、論点②）

　まず、基準時の問題が、**損害賠償範囲**かその**算定（評価）**かという問題がある。判例および従来の通説はこの区別を明確にせず、「相当因果関係」によって金額まで判断する傾向にある。すなわち、目的物の価格が高騰した場合、その高騰分が特別損害として相当因果関係内か

（あるいは相当因果関係を判断する前提としての予見可能性があるかどうか）によって賠償範囲かどうか決まることになる。この見解に対しては、損害賠償の範囲とその算定（評価）を分けるという考え方から、強い批判がなされた（平井宜雄『損害賠償法の理論』（東京大学出版会、1976）209頁以下、北川善太郎＝潮見佳男・注民⑩－Ⅱ 327頁以下）。すなわち、当該目的物が賠償範囲に入ると決まれば、価格騰貴分といっても、それは当該目的物の価格であることは変わりなく、別の損害があるのではないから、特別損害の問題ではないというのである。また、実質的に見ても、異常な経済状況や特別の原因（地下鉄駅の設置など）を別として、目的物の価格変動は取引に伴う通常の現象だから、端的に通常損害としてよいとする。この区別は理論的整理にとどまらず、価格変動の問題を416条の予見可能性による判断からはずすことを意味する。近時の学説ではこの立場のほうが有力である。

次に、損害算定方法の視点から、基準時の問題を**具体的損害計算**（債権者の具体的事情を考慮して算定する方法）と**抽象的損害計算**（債権者の具体的事情から離れて客観的方法で調整・確定する方法）とに分けて考えることが有益である（具体的損害計算、抽象的損害計算については、北川＝潮見・注民⑩－Ⅱ 325頁以下）。具体的損害計算というのは、債務不履行のために債務者が他から同種同量の物を購入した場合の填補購入額と約定価格との差、あるいは、債権者が他にその目的物を転売していた場合には、その転売価格と約定価格との差、あるいはそれに転売契約の不履行に対する賠償額を加えたものによって算定することであり、その場合は基準時という問題が表に出てこないのである（その場合でも基準時は代替物購入時、転売時であるということはできる）。これに対して、目的物の約定価格と値上がりした価格の差額を賠償として請求すれば、抽象的損害計算として、いつの時点で価格を評価するかという問題が顕在化する（継続的に値上がりしていたとすれば、より後の時点の価格で評価した方が賠償額が高くなる）。基準時の問題の中心は、この抽象的損害計算の場合である。

● **基準時と中間最高価格**

本判決は、いったん目的物の価格が上昇しその後下落した場合、すなわち**中間最高価格**に関するものとされている。通説は「中間最高価格」時という分類を認めているが、中間最高価格の問題は、基準時、すなわち損害の算定の問題の前に、損害賠償範囲の問題と捉えるべきというのが有力説である。中間最高価格も基準時の問題と捉え、中間最高価格時点を基準とすることも論理的にはあり得る。しかし、物の価格を評価する時点として中間最高価格時を基準にするということに合理性はない。したがって、事実上は、中間最高価格の問題は基準時の問題にならない。次に、中間最高価格の問題を、転売利益の問題と捉えると、かなり高騰した時点で転売することはあり得ることである。したがって、その転売利益が認められるかどうかという、損害賠償範囲の問題と捉えることは、論理的にも可能であるし、事実上もあり得る。その意味で、中間最高価格問題は、まず、損害賠償範囲の問題と捉えるべきなのである（前田達明・総論188頁など）。そしてその後に、具体的な転売契約があればその価格によることができるであろうから当然具体的損害計算となり、具体的な転売契約がなくても、転売できることが確実であったならばその価格で具体的に算定される。

そのような事情のないときに、抽象的損害計算によって、例えば目的物の価格が変動していれば平均価格によって転売利益を算定することができるかは1つの問題である。このように考えると、本判決は基準時の判例として取上げるべき典型例とは言えないが、以下では、基準時に関する一般論を見ておく。

● **基準時に関する判例・学説**

本判決を含む判決・通説は、**損害賠償請求権の発生時**を賠償額算定基準の基本としていた。履行義務が損害賠償請求権に転化するという伝統的通説からすれば、合理性がある解釈である。ところが、平成29年債権法改正によって、履行義務が存続していても履行に代わる損害賠償請求権が発生することになった（415条2項）。しかし、売主の給付義務が存続している限りは、価格が騰貴して賠償額が増加するというリスクは売主が負うと考えられる。したがって、少なくとも、基準時は、損害賠償請求権が発生した時ではなく、履行不能または解除によって履行義務が消滅した時とみるべきである（潮見佳男「価格騰貴と履行に代わる損害賠償」曹時72巻12号1頁）。

その時点を基本としつつ、前述のように、その後に価格が高騰したような場合、判例は、価格騰貴分を特別損害として、予見可能（旧416条2項）な場合にのみ相当因果関係があるとして賠償を認めた（現条文は「予見すべき」と改正されているが、従来から「予見可能」も規範的に判断されていた）。これらのルールは、履行不能の損害賠償額算定時期に関する最判昭37・11・16民集16巻11号2280頁および最判昭47・4・20民集26巻3号520頁（→ **18事件**の解説参照）によって、付加的ルールを含め明確にされている。

学説は分かれており、価格変動を416条の対象から外す立場から、基準時は実体法の問題ではなく訴訟で裁判官の裁量にゆだねるという説（**訴訟法説**）、実体法の問題であるが、基準時は1つではなく事実類型によって決まったり、債権者が選択できるという説（**実体的多元説**）、**損害軽減義務**（→ **19事件**の解説参照）によって妥当な解決に至るといった説が有力である。

● **本判決の射程**

本判決の事例は、騰貴価格（中間最高価格）の賠償を認めなかったが、それは、賠償範囲として、転売利益については確実性がなければ認められないとしたものである。その物の価値自体としての騰貴価格についての判決とみるべきではない。物の価値自体の基準時については、本判決は不法行為時の交換価格というだけである。したがって、価格騰貴の場合の基準時についての判例として位置付けるべきではない。もっとも判例法全体としては、価格騰貴分を416条の特別損害としているのは前述のとおりである。

【参考文献】　本判決の事案について詳しくは、平井宜雄＝栗田哲男「富喜丸事件の研究」法協88巻1号80頁以下。基準時については、各体系書（とくに、潮見・総論Ⅰ 492頁以下、中田・総論203頁以下）のほか、近時の状況について、荻野奈緒・新注民⑧ 669頁以下。

難波譲治

16 民法 416 条 2 項の予見時期

大審院大正 7 年 8 月 27 日判決　民録 24 輯 1658 頁

論点　民法 416 条 2 項の予見時期は契約時か債務不履行時か

事実の要約

マッチ製造業者 Y と問屋 X は、マッチの売買契約を締結した。ところが、第一次世界大戦のため、マッチの原料が高騰し、マッチの価格も約 15 ％から 27 ％騰貴した。X は、Y の求めにより一箱あたり 1 円 50 銭の値上げを認めたがその後は値上げに応じなかった。そのため Y はマッチを引き渡さず、X は解除して損害賠償請求した。

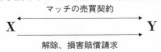

マッチの売買契約

X ——————→ Y

解除、損害賠償請求

裁判の流れ

1 審（神戸地判（年月日不明））：不明　2 審（大阪控判大 7・4・18）：請求認容　大審院：上告棄却

原審は、Y は履行期以前に、既に戦乱のために原料が暴騰しマッチの価格も暴騰することを熟知し、履行しなければ X に特別の損害を被らせることを熟知していたとして、X の請求を認容した。Y は特別事情の予見時期も契約成立時を標準とすべきである。契約締結当時に特別事情を予見できれば、債務者は契約締結の可否、契約条件等について適切に対処しておくことができるなどの理由で上告した。

判旨

〈上告棄却〉「法律が特別事情を予見したる債務者に之に因り生したる損害を賠償するの責を負はしむる所以のものは、特別事情を予見したるに於ては之に因る損害の生するは予知し得べき所なれば、之を予知しながら債務を履行せず若くは其履行を不能ならしめたる債務者に其損害を賠償せしむるも過酷ならずと為すに在れば、特別事情の予見は債務の履行期迄に履行期後の事情を前知するの義にして、予見の時期は債務の履行期迄なりと解するを正当とす」。

判例の法理

416 条 2 項の予見時期の解釈について、本判決は、上告人が契約時説を主張したのに対して、本判決は、不履行時説をとることを明らかにした。最高裁においても、不履行時説が維持されている（最判昭 40・4・16 裁判集民 78 号 615 頁）。

判例を読む

●予見時期と相当因果関係

従来説は、損害賠償範囲について**相当因果関係説**を採っていたので、予見の問題も相当因果関係を判断するためのものであり、**債務不履行時**の債務者の予見で判断することになる。これに対して、有力説は、相当因果関係説を批判し、**契約時**に予見することができた利益のみが当該契約に組み込まれ、**契約によって保護された利益**となるという立場（保護範囲説・契約利益説）から、契約時説を主張する（平井宜雄『損害賠償法の理論』大学出版会、1976）92 頁）。さらに、近時は、相当因果関係説を捨てながらも、不履行時説を主張するものも有力である。

●契約時説と不履行時説の対立点（これらにつき、拙稿・百選 II 8 版 16 頁参照）

まず、相当因果関係説をとるのは因果関係の多義性から望ましくないのは批判説の主張する通りである。しかし、だからといって契約時説を採るべきかはなお検討を要する。両説の対立はより具体的な問題へと移ってきているが、主な対立点は以下のとおりである。第 1 に、416 条の立法趣旨について、契約時説は、契約時としたイギリスの判例を参考にしていた起草者原案を重視するのに対して、不履行時説は、法典調査会において予見時を遅らせたとする。第 2 に、契約時説は、損害賠償を契約上の利益と考えるのに対し、不履行時説は、契約によって保護される利益の問題と不履行による損害の賠償基準とは別の問題であるとする。第 3 に、両説とも、自説が公平だとしている。契約時説は、不履行時説に対して、計算可能性を害し、債権者が契約後の特別事情を債務者に通知さえすればすべて賠償範囲に入ってしまうことになると批判する。一方、不履行時説は、契約成立後履行までに相当の期間を要する取引においてその間の事情の変動を契約時に予測せよというのは実際上困難であるし、それを強いるのは公平でないという。第 4 は、契約の履行確保の面からの対立である。契約時説は「契約を破る自由」（賠償を払って債務不履行をすることも経済上合理的ならかまわない）につながるものであるが、不履行時説は、わが国の法意識では契約を守る道徳性から、約束を破る以上は予見し得た損害を賠償すべきという。

以上の対立点について、結局は、契約締結時の合意によるリスク配分の尊重と債務者が不履行をしながら利益を得ることの防止といった点との兼ね合いの問題という指摘（中田裕康「民法 415 条・416 条（債務不履行による損害賠償）」民法典の百年 III 48 頁）は、端的に問題を表している。その視点から、平成 29 年改正の過程で 416 条の改正が検討されたが、意見が一致せず、旧法の「予見することができた」を「予見すべき」とする小改正にとどまった。したがって、今後も議論が続くことになる。

●予見時期と予見主体

予見時期と予見主体は必ずしも連結はしないが、関連はある。相当因果関係説は、前述のように債務者の予見とする。予見時期を契約時とする見解は、両当事者とみる傾向がある。契約によって保護された利益を問題にするのであり、どのような利益があるのかは契約両当事者の予見によってき判断されるということである。もっとも、416 条は「予見すべき」と規範的文言であり、事実としての予見ではないから、債務者の予見とすることも可能である。

【参考文献】　従来の通説は、我妻・講義 IV 118 頁以下、契約時説の代表的なものは、平井前掲書。近時の議論については、潮見・総論 I 448 頁以下、荻野奈緒・新注民⑧ 608 頁以下参照。

難波讓治

17 契約解除した場合の損害額算定時期

最高裁昭和 28 年 12 月 18 日判決　民集 7 巻 12 号 1446 頁、判時 18 号 10 頁

【416 条】

論点 契約を解除した場合の損害額算定時期は解除時か、履行期か

事実の要約

X（買主）は、昭和 21 年 10 月 13 日に、Y との間で、代金 2 万 5,000 円、履行期 1 カ月以内とする下駄材の売買契約を締結し、内金として 1 万 7,500 円を支払った。Y が履行期に引き渡さなかったので、X は催告後、契約を解除し、5 万円（解除時における下駄材の価格 9 万円から売買代金 2 万 5,000 円を引いた 6 万 5,000 円の一部請求）の損害賠償請求をした。

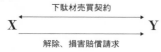

下駄材売買契約

X ─────────→ Y

解除、損害賠償請求

裁判の流れ

1 審（徳島地判民集 7 巻 12 号 1450 頁）：請求認容　2 審（高松高判昭 25・5・23 民集 7 巻 12 号 1452 頁）：控訴棄却　最高裁：上告棄却

1 審、2 審とも請求全額を認めた。Y は、上告し、本件損害は悪性の物価上昇という特別事情による損害であり債務者 Y が予見しなかったので賠償責任はない、仮に責任があったとしても、損害額は履行期を基準とすべきであるとして上告。

判旨

〈上告棄却〉「原判決の確定した事実関係の下においては本件損害はこれを民法 416 条 1 項に規定する通常生ずべき損害と解するのが相当」。

「本件の如く売主が売買の目的物を給付しないため売買契約が解除された場合においては、買主は解除の時までは目的物の給付請求権を有し解除により始めてこれを失うと共に右請求権に代えて履行に代わる損害賠償請求権を取得するものであるし、一方売主は解除の時までは目的物を給付すべき義務を負い、解除によって始めてその義務を免れると共に右義務に代えて履行に代わる損害賠償義務を負うに至るものであるから、この場合において買主が受くべき履行に代る損害賠償の額は、解除当時における目的物の時価を標準として定むべきで、履行期における時価を標準とすべきではない」。

判例の法理

契約が解除された場合も、損害賠償請求をすることができる（545 条 4 項）。解除と損害賠償の関係については議論があるが、ここでは損害賠償の基準時についてのみ取りあげる。本判決は、契約が解除された場合の算定基準時を解除時とした。その理由は、解除時に損害賠償請求権が発生するからとしたのである。本判決と同様、判例の大勢は解除時を基準にしているようである（最判昭 28・10・15 民集 7 巻 10 号 1093 頁、最判昭 37・7・20 民集 16 巻 8 号 1583 頁など）。ところが、本判決の後、債務不履行に基づき債権者が解除したという同様の事案につき、

履行期を基準とする、最判昭和 36 年 4 月 28 日民集 15 巻 4 号 1105 頁が現れ、そこで、本判決と 36 年判決が矛盾するのではないかという議論が発生したが、36 年判決では、当事者が解除時を主張しなかったので、そのまま裁判所が認めたという理解が有力である。

判例を読む

平成 29 年改正後の現行法では、解除しなくても塡補賠償請求権が発生するので（415 条 2 項参照）、判旨の理由付けを維持することはできない（→ **15 事件**解説）。少なくとも、本来の履行請求権が消滅したときとする必要があるが、その上で、従来からの議論は妥当する。

判例と同様に**解除時**を主張する見解は、債権者が解除時点で損害賠償額を確定する選択をし、債務者もそれを受け入れるべきであり、代替購入などがなされた場合は別の損害項目とする（中田・総論 211 頁）。しかし、常に解除時に固定し、解除後も債務者が損害賠償債務を履行せず、価格高騰が続いていた場合に、債権者が現時点の価格を請求できないとするのであれば疑問である。

損害軽減義務論は代替物と特定物で分けるが、代替物の場合は解除時とする（齋藤彰「契約不履行における損害軽減義務」石田・西原・高木三先生還暦記念論文集刊行委員会編『損害賠償法の課題と展望──石田喜久夫・西原道雄・高木多喜男先生還暦記念論文集中』（日本評論社、1990）76 頁）。解除することにより、債権者はそれ以後債務者の履行を拒絶することができるようになり代品購入などを行うことができるからである。しかし、現実に代品購入ないし再売却が行われた場合には、それらが相当の期間内に相当の方法で行われたのであれば、解除時の市価ではなく現実の代替取引価格が用いられるとする。特定物の場合は代替物の購入といった問題は生じないので、口頭弁論基準時を基準とすべきという。

また、選択できるという説（**多元説**）などもある。

このように学説は錯綜しているが、基本的には、現時点（**口頭弁論終結時**という基準は、最も現時点に近い時点として訴訟において判断できる時点である）の価格を基準にすべきである。現時点の価格であれば、現時点で目的物を保有していた場合と同様となるからである。ただし、代替物で他からの購入が可能な場合は、解除時でよい。既に代替購入がなされた場合は、それが基準となるが、もはや価格決定の基準時の問題ではない。現時点以外の時点を債権者が主張できるかというと、価格が一方的に上昇していれば解除以前の履行期を主張することはできるであろう。ただし、その場合債権者に証明の容易性があるかもしれないが、金額的には利益はない。

【参考文献】 本判決の評釈として、林良平・百選 II 2 版 22 頁、坂口甲・百選 II 18 頁などがある。基準時の一般的文献については、→ **15 事件**解説参照。

難波譲治

18 履行不能の場合の損害額算定時期

最高裁昭和 47 年 4 月 20 日判決　民集 26 巻 3 号 520 頁、判時 668 号 44 頁、判タ 278 号 130 頁　【416 条】

論点　売買契約において売主の債務が履行不能になった場合の買主の損害の算定時期

事実の要約

　Xは、Yから土地および賃借中の建物を買受ける契約をなし、代金を完済した。ところが、Yは本件土地建物を訴外Aに売却し、さらにAからBに転売されてBは登記も得た。Xは、Yの債務不履行および不動産の横領たる不法行為に当たるとして填補賠償を請求した。Xは、土地建物の価格が高騰することは公知の事実であるから、Yにおいてこれを予見することができたとして、履行不能時の価格ではなく、時価によるべきだと主張した。

```
        土地建物売買契約
  X  ←───────────────  Y   二重
(買主)   損害賠償請求      (売主) 売却 ─→ A  転売  ─→ B
```

裁判の流れ

　1 審（東京地判昭 42・6・27 民集 26 巻 3 号 529 頁）：一部認容　2 審（東京高判昭 43・12・13 民集 26 巻 3 号 550 頁）：控訴棄却　最高裁：破棄差戻

　1 審では、Xは本件土地建物を転売して利益を得る目的ではなく、「自らの住居の用に供するため」買い受けたのであり、履行不能は履行期以後に生じたものであるから、損害額は履行不能時の価格であるとした。原審は 1 審を支持。X上告。

判　旨

　〈破棄差戻〉「およそ、債務者が債務の目的物を不法に処分したために債務が履行不能となった後、その目的物の価格が騰貴を続けているという特別の事情があり、かつ、債務者が、債務を履行不能とした際、右のような特別の事情の存在を知っていたかまたはこれを知りえた場合には、債権者は、債務者に対し、その目的物の騰貴した現在の価格を基準として算定した損害額の賠償を請求しうるものであることは、すでに当裁判所の判例とするところである（昭和 36 年（オ）第 135 号同 37 年 11 月 16 日第 2 小法廷判決・民集 16 巻 11 号 2280 頁参照）。そして、この理は、本件のごとく、買主がその目的物を他に転売して利益を得るためではなくこれを自己の使用に供する目的でなした不動産の売買契約において、売主がその不動産を不法に処分したために売主の買主に対する不動産の所有権移転義務が履行不能となった場合であっても、妥当すると解すべきである」。

判例の法理

　物の売主の債務が履行不能になった場合、買主は本来の目的物に代えて填補賠償を請求することができるが、その物の価格が変動する場合、いつの時点で算定するかが問題となる。前述（→ **15 事件**解説）のように不法行為に関する富喜丸事件において、判例は不法行為時を基準としていたのであり、債務不履行では**履行不能時**となる。本判決の引用する昭和 37 年判決は、①原則は履行不能時の時価によるが、②目的物の価格が騰貴しつつあることは特別事情であるとして、その予見可能性があった場合には騰貴した価格によることができる、③目的物の価格が現在なお騰貴している場合には、債権者がこれを他に処分するであろうと予想されたことは必要でない、④債権者が右価格まで騰貴しない間に他に処分したはずであるという事情を債務者が立証すればその騰貴分の賠償は免れる、⑤価格が一度高騰してさらに下落した場合はその利益を債権者が確実に取得し得たことを要件にして騰貴価格を請求できるとした。この判決も 416 条 2 項の特別損害との構成を維持しているが、富喜丸判決では不明確であった、騰貴価格と中間最高価格との区別を明確にし、また騰貴価格の賠償と転売利益を切り離し、転売と関係なく騰貴価格の賠償を認めたことに意義がある。さらに本判決において、目的物が自己使用目的で転売可能性のない場合にも、騰貴についての特別事情が予見可能（旧 416 条。現 416 条は予見すべき）であれば、騰貴価格により得るとした。価格騰貴分を転売利益の喪失と構成すれば、自己使用の場合、転売はあり得ないから損害はないことになるが、本判決は転売利益と構成せず**保有利益**として騰貴価格の賠償を認めたものである。

判例を読む

　従来の通説は、判例と同様、履行不能の場合の損害額算定時期を遅行不能時としていた。その理由は、不能時に損害賠償請求権が発生したからということである（於保・総論 142 頁　この理由付けについて **15 事件**解説も参照）。そして、不能時以降の価格変動は、特別損害（416 条 2 項）の問題とする。

　これに対して、近時の学説によれば、価格騰貴は特別損害の問題ではなく、基準時（算定）の問題であるとする。もっとも、結論的には本判決と同様、騰貴価格の賠償を認めている。多元説は、不能時を選択できるが、他の時点を選んでもよく、価格騰貴中は、保有利益による賠償（現時点の価格）が認められるとみている（北川善太郎「損害賠償額算定の基準時」法学論叢 88 巻 4=5=6 号 119 頁）。損害軽減義務論からも、特定物、特に不動産については、債務の履行がなされていれば債権者は現にその物を保有していたであろうから、基準時は現時点（口頭弁論終結時）となる（内田Ⅲ 193 頁）。

　判旨が騰貴価格を転売利益に結びつけなかったことは妥当であろう。その物の価格変動自体は、転売利益ではないからである。

【参考文献】　本件の解説等として、奥村長生・最判解民昭和 47 年度 189 頁、久保宏之・百選Ⅱ 20 頁などがある。基準時の一般的文献は、本書 **15 事件**を参照。

難波譲治

19　店舗賃貸人の修繕義務不履行において賃借人が損害回避・減少措置をとらなかった場合の通常損害

最高裁平成 21 年 1 月 19 日判決　民集 63 巻 1 号 97 頁、判時 2032 号 45 頁、判タ 1289 号 85 頁、
金法 1862 号 33 頁、金判 1321 号 58 頁　　　　　　　　　　　　　　　　　　　　　　　　【416 条】

論点　債務不履行による損害賠償の算定における債権者の損害軽減義務

事実の要約

　カラオケ店を営むXはビル所有者Yから店舗を賃借していた。ところが、ビルの排水系統の故障事故により店舗が浸水し、営業できなくなった。Xは修繕を要求したが、Yは、ビル老朽化などを理由に、賃貸借を解除するとした。Xは、修繕義務違反などを理由に、Yに対して、逸失営業利益等計 1 億 800 万円余の損害賠償請求をした。Yは、解除により賃貸借契約は終了したとして本件店舗部分の明渡しを求めて反訴。

裁判の流れ

　1 審（福井地敦賀支判平 15・8・22 民集 63 巻 1 号 109 頁）：本訴一部認容・反訴認容　2 審（名古屋高金沢支判平 18・10・16 民集 63 巻 1 号 123 頁）：本訴一部認容・反訴棄却　最高裁：本訴一部破棄差戻、一部上告棄却

　1 審は、Yの修繕義務違反による営業損害について事故からYの解除時までのみ賠償を認めた。原審は、Yの解除を無効とし、損害賠償の内容として、修繕に必要な 1 か月を経過した後からの 4 年 5 か月分の営業損害 3100 万円余を認めた。Y上告。最高裁は、下記の判旨を示して差し戻した。

判　旨

　賃貸人の債務不履行によって事業用店舗の賃借人に生じた営業利益喪失の損害は、416 条 1 項の通常生ずべき損害であることを認めたうえ、「遅くとも、本件本訴が提起された時点においては、Xがカラオケ店の営業を別の場所で再開する等の損害を回避または減少させる措置を何ら執ることなく、本件店舗部分における営業利益相当の損害が発生するにまかせて、その損害のすべてについての賠償をYらに請求することは、条理上認められないというべきであり、民法 416 条 1 項にいう通常生ずべき損害の解釈上、本件において、Xが上記措置を執ることができたと解される時期以降における上記営業利益相当の損害のすべてについてその賠償をYらに請求することはできない」とした。

判例の法理

　従来の判例理論からすれば、上記の営業損害についても、単に「相当因果関係」があるとか、「通常損害」であるとだけ判示するか、あるいは、過失相殺（418 条）によって減額するという構成も考えられた。本判決は最高裁として初めて「損害回避・減少義務」を明言し、それは条理に基づくもので、416 条 1 項の通常損害の解釈の枠内で認められるとしたものである。

判例を読む

●損害軽減義務

　本判決は、損害賠償の範囲における「**通常損害**」（416 条 1 項）を判断する際の規範として、債権者の「損害回避・減少義務」を認めた（「損害軽減義務」と同様とみられるので、以下では一般的な「損害軽減義務」を用いる）。すなわち、債務不履行をされた債権者は、条理として、自らも損害を軽減させなければならないのであり、もし

その義務を怠って損害が拡大すれば、その拡大部分について債権者は損害賠償請求することはできないとういう考え方である。

　損害軽減義務は、英米法では広く認められているものであり、わが国にも紹介されて学説上は次第に有力となってきていたところ、最高裁によって認められたものである。

●損害軽減義務の法的位置づけ

　本判決は、損害軽減義務を通常損害（416 条 1 項）の解釈問題としているので、その義務は、通常損害を判断する際の規範の 1 つということになる。

　416 条 1 項の通常損害については、**相当因果関係**の原則を表したものというのが従来の判例・通説とされていた。相当因果関係説はさまざまな考慮を含むものであるから、それを「相当性」に発展させ、相当性の下位に「確実性」や「不可避性」といった基準があるという説（北川善太郎＝潮見佳男・新版注民⑩－Ⅱ 403 頁）によれば、「不可避性」は、避けることができなかった損害は賠償されないということであるから、損害軽減義務と共通するものである。このような学説からすれば、本判決は、相当因果関係あるいは相当性を、より明確にしたものといえよう。

　過失相殺を定める 418 条は、2017 年改正前の「債務の不履行に関して」という文言が、現行法では「債務の不履行又はこれによる損害の発生若しくは拡大に関して」に改められている。この改正は従来からの判例通説をとり入れたものであるが、損害の拡大に関する過失を含むことが明確となっており、418 条を根拠とする説も有力である。416 条 1 項 2 項を合わせて全体として予見性についての条文とみる説（保護範囲説など）ならば、当然、損害軽減義務は 416 条の枠外に位置づけることになる。

　416 条の位置づけについての論争も継続しており、それに応じて、損害軽減義務の位置づけも変わってくるであろう。

●本判決の射程（限界）

　判旨において、本件では賃貸借契約を継続して営業を再開する実現性が低く、他の場所での営業を期待できることも理由としているので、判決の射程を、当該事情のある事業用店舗賃貸借にしか射程が及ばないという見解もある（田中・後掲 15 頁）。しかし、従来から債権者の態様を考慮して損害賠償額を決定することはなされていたと考えられ、広い射程を持つものである。もちろん、強制履行といった他の制度と衝突する場合には、慎重な検討が必要である。

【参考文献】　本判決の解説等として、高橋譲・最判解民平成 21 年度 39 頁、難波譲治・私法リマ 40 号 22 頁、潮見佳男・ジュリ 1398 号 91 頁、田中洋・百選Ⅱ 14 頁など多数がある。

難波譲治

20 債務の履行を求めるための訴訟提起等に係る弁護士費用と債務不履行による損害賠償

最判令和 3 年 1 月 22 日裁時 1760 号 3 頁、裁判集民 265 号 95 頁、判時 2496 号 3 頁、
判タ 1487 号 157 頁、金法 2173 号 70 頁、金商 1621 号 8 頁　　　　　　　【415 条、416 条】

論点 債務の履行を求めるための訴訟提起等に係る弁護士費用を損害賠償として請求することができるか

事実の要約

　Xは、売買代金債権を差し押さえ、第三債務者Yらに対して取立訴訟を起こしたものである。

　Yらは、A所有の甲土地を買い受ける売買契約を締結し、Aが地上建物の収去等を行って甲土地を引き渡すものとされたが、Aは履行せず、行方不明になった。そこで、YはAの債務の履行を求める事務（訴訟の提起・強制執行に関する事務及び建物収去等の事務）を弁護士に委任した。Xの請求に対して、Yらは、Aの行為は詐欺的で不法行為にあたり、Aに対して弁護士費用等の損害賠償請求権を有するから売買代金債権と相殺すると主張した。

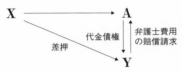

判例の流れ

1 審（京都地判平 30・2・23 金商 1621 号 19 頁）：Xの請求一部認容　2 審（大阪高判平 31・2・1 金商 1621 号 17 頁）：Xの請求棄却　最高裁：破棄自判

　1 審は、Aの不法行為を認め、弁護士費用の一部の損害賠償請求権による相殺を認めたことにより、Xの請求額を減額した。原審は、Aの債務不履行によってYらは弁護士に委任しなければ土地所有権移転等の実現が困難だったとして弁護士費用を債務不履行と相当因果関係ある損害と認め、その結果Yらの相殺によって売買代金債権は消滅しているとした。

判　旨

　「契約当事者の一方が他方に対して契約上の債務の履行を求めることは、不法行為に基づく損害賠償を請求するなどの場合とは異なり、侵害された権利利益の回復を求めるものではなく、契約の目的を実現して履行による利益を得ようとするものである。また、契約を締結しようとする者は、任意の履行がされない場合があることを考慮して、契約の内容を検討したり、契約を締結するかどうかを決定したりすることができる。

　加えて、土地の売買契約において売主が負う土地の引渡しや所有権移転手続きをすべき債務は、同契約から一義的に確定するものであって、上記債務の履行を求める請求権は、上記契約の成立という客観的な事実によって基礎付けられるものである。

　そうすると、土地の売買契約の買主は、上記債務の履行を求めるための訴訟の提起・追行並びに保全命令及び強制執行の申立てに関する事務を弁護士に委任した場合であっても、売主に対し、これらの事務に係る弁護士報酬を債務不履行に基づく損賠償として請求することはできないというべきである。

したがって、本件事務のうち訴訟の提起・追行並びに保全命令及び強制執行の申立てに関する各事務に係る弁護士報酬については、Yらが債務不履行に基づく損害賠償債権を有するということはできない。」

判例の法理

　わが国は弁護士強制主義をとっていないので、弁護士費用は訴訟費用ではなく、当然に敗訴者が負担するわけではない。しかし、判例は一定の場合に弁護士費用の請求を認めてきた。古くから訴訟自体が不法行為である場合には弁護士費用の賠償が認められていたが、最判昭 44 年 2 月 27 日民集 23 巻 2 号 441 頁は、不法行為一般について弁護士費用の賠償を認めた。さらに、安全配慮義務違反を理由とする損害賠償請求においても、弁護士費用の賠償を認めた（最判平 24・2・24 判時 2144 号 89 頁）。債務不履行一般について弁護士費用が認められるのかについては、議論があったのものの、本判決は、**契約上の債務の履行請求のための弁護士費用**について賠償を否定した。

判例を読む

●従来の判例との関係

　前掲最判昭和 44 年は、弁護士に委任しなければ十分な訴訟活動をなしえないのであるから、相当と認められる範囲の弁護士費用は不法行為と相当因果関係がある損害とした。最判平成 24 年も、安全配慮義務違反の場合は、主張立証が不法行為と変わらず、弁護士に委任しなければ十分な訴訟活動ができない類型であるとして、やはり相当な範囲内の弁護士費用を相当因果関係ある損害と認めた。これら 2 判決からみれば、**弁護士に依頼しなければ訴訟が困難な場合**には弁護士費用が認められることになりそうである。判旨によれば、本件は、契約によって客観的に基礎づけられる請求であるとしており、弁護士に委任しなくても訴訟が困難ではない、ということであろう。

●本件判旨の射程

　本件は、土地の売買契約の債務不履行に際して履行請求した場合である。その類型についてのみ限定されるか。判旨では、その類型の特徴を「加えて」として述べるが、それに先立ち、契約上の債務の履行を求める場合について一般的に述べている。したがって、原則として、**債務不履行に際して履行請求をする場合**には射程が及ぶと考えられる。債務不履行の場合でも損害賠償請求する場合については、判例は明らかではないとみるべきであろう。

【参考文献】　判批として、加藤新太郎・NBL1201 号 101 頁、住田英穂・新判例解説 Watch 29 号 83 頁、などがあり、近時の詳細な論稿として、荻野奈緒「債務不履行と弁護士費用賠償」同志社法学 71 巻 1 号 563 頁がある。

難波讓治

最高裁昭和41年12月23日判決　民集20巻10号2211頁、判時470号41頁、判タ202号112頁
【536条2項】

論点　①代償請求権はいかなる根拠で認められるか
②保険金請求権は代償請求権の対象となるか

事実の要約

Xは、XがY所有の土地に建物を建築し完成後Yに引き渡すが、Xが当該建物を賃借するという内容の契約をYとの間で結び、Yに敷金を差し入れた。建物は完成したが、10日ほど後に原因不明の火災によって消失した。Xの敷金等の返還請求に対して、Yは本件建物に代わる損害賠償債権による相殺を主張した。

X　—敷金返還請求→　Y
　←代償請求権による相殺—

裁判の流れ

1審（福岡地飯塚支判昭35・8・1民集20巻10号2217頁）：X勝訴（一部認容）　2審（福岡高判昭38・5・30民集20巻10号2223頁）：Y勝訴（1審判決取消・Xの請求棄却）　最高裁：Y勝訴（上告棄却）

1審は、焼失にXの帰責事由がないので損害賠償債権は発生しないとしてYの相殺を認めなかった。原審でYは、予備的抗弁として、建物の焼失によってXの債務は履行不能になり、Yは損害を被ったが、Xは火災保険金を受け取ったから、Yは損害額の限度で代償請求権を有すると主張し、勝訴。Xは、民法に代償請求に関する規定がない、火災保険金は保険契約によって発生したのであって債権の目的物に代わる利益ではないとして上告。

判旨

〈上告棄却〉論点①「一般に履行不能を生ぜしめたのと同一の原因によって、債務者が履行の目的物の代償と考えられる利益を取得した場合には、公平の観念にもとづき、債権者において債務者に対し、右履行不能により債権者が蒙りたる損害の限度において、その利益の償還を請求する権利を認めるのが相当であり、民法536条2項但書の規定は、この法理のあらわれである」。

論点②「本件保険金が履行不能を生じたと同一の原因によって発生し、目的物に代わるものであることは明らかである」。

判例の法理

論点①　いわゆる代償請求権は、民法上明文としては存しないが、通説は認めていたところ、本件によって初めて判例上に現れ、それまでの学説が主張していた内容の請求権が認められたものである。そして、その根拠は公平の観念及び間接的ながら536条2項ただし書（現条文では2項後段）によっている。

論点②　本判決は保険金が代償請求権の対象となることを認めた。

判例を読む

論点①

●本判決後の条文新設

平成29年の債権法改正において、ほぼ本判決の判旨に従って民法422条の2が新設され、代償請求権の根拠規定となった。しかし、その後もなお以下のような問題点が残っており、立法過程において慎重な意見があったこともあり、適用を謙抑的にすべきという見解がある

（田中宏治・新注民⑧806頁、中田・総論228頁）。

●代償請求権の根拠

本判決は、平成29年改正前の旧536条2項（危険負担における二重利得の禁止）を代償請求権の法理を示すものとした。これに対しては旧法下でも学説の批判が強かったが、現在では536条が改正されて内容が変わったので、もはや代償請求権の根拠となりえない。現在では、**公平**のほか、**当事者の意思**、**代位の法理**、**不当利得**などが根拠として主張されている。

●代償請求権と損害賠償請求権の並存（代償請求権の補充性）

履行不能の場合、債務者に免責事由がなければ損害賠償請求権が発生するので、代償請求権を認める必要はないとも思える。また、損害賠償請求権が発生するのであれば、それ以上に債務者の財産管理権に介入すべきでないという根拠からも、代償請求権は補充的なものであり、債務者に免責事由がないことを要件とすべきという見解がある。しかし、本判決は、特に、債務者に免責事由があることという要件を課していないので、代償請求権は補充的ではなく、損害賠償請求権との並存を認めるものと思われる。本判決後の最判昭62年7月10日金法1180号頁は明確に並存を認めた。並存を認めれば、債務者の資力が不十分な場合は実益がある。

422条の2の立法過程での議論があったが、補充性（債務者に免責事由がなく損賠償請求権が発生していないこと）は要件とされなかった（部会78回議事録13頁以下）。したがって、代償請求権は損害賠償請求権と併存するとみられるが、なお、代償請求権の根拠をどう考えるかによって、解釈で補充性を要件とする余地はある。

●代位の範囲

本判決は、「損害の限度」において代位を認めた。反対する学説があったものの、多数の学説も支持しており、422条の2に明文化された。しかし、この要件の正当化は困難という指摘がある（田中・前掲817頁。ただし、結論的には代償請求権自体の必要性を疑問としてこの要件を維持すべきという）。

論点②

●保険金が対象となるか

判決は、保険金が履行不能と同一の原因によって発生したものとして代償請求権の対象であることを明言した。民法学における通説も同様である。今後は、422条の2の「同一の原因」の解釈論となるが、本判決はそのまま維持されることになる。もっとも、保険法学では否定説も有力である。保険金請求権は保険料支払の対価として取得するものであるから履行不能と同一の原因によって取得したものではないという論拠も説得力がある。

【参考文献】　本判決の解説等として、瀬戸正二・最判解民昭和41年度564頁、田中宏治・百選Ⅱ22頁など。詳細な文献として、田中宏治『代償請求権と履行不能』（信山社、2018）。

難波譲治

受領遅滞の解消

最高裁昭和 45 年 8 月 20 日判決　民集 24 巻 9 号 1243 頁、判時 608 号 137 頁

【413 条】

論点　受領拒絶後に債務者の不履行を理由に解除をするための受領遅滞解消措置

事実の要約

Xは、所有する家屋をYに賃貸していたが、XY間で賃料増額の合意が成立した。Yが賃料を持参したがXは受領を拒絶し、その後、Xが、賃料支払の催告をしたのでYは再度賃料を持参したがXの家族が受領を拒絶した。Xは、Yの賃料債務不履行により賃貸借契約を解除したとして本件家屋の引渡等を求めた。これに対して、YはXの受領遅滞であるから履行遅滞の責めは負わず解除は無効と主張した。

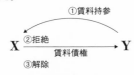

①賃料持参

X　②拒絶　　　　　　Y
　　　　賃料債権
③解除

判例の流れ

1 審（東京地判昭 41・3・30 民集 24 巻 9 号 1250 頁）：Xの請求棄却　2 審（東京高判昭 42・3・15 民集 24 巻 9 号 1261 頁）：Xの請求認容　最高裁：破棄差戻

1 審は、受領遅滞中の解除は無効としたが、2 審は、Xの催告によって受領遅滞は解消したので解除を有効とした。Y上告。

判旨

「ある時点において提供された賃料の受領拒絶は、特段の事情がないかぎり、その後において提供されるべき資料についても、受領拒絶の意思を明確にしたものと解す」べきであり、賃貸人が賃料不払いを理由として解除をするためには、「賃貸借の終了を理由とする賃料の受領拒絶の態度を改め、以後上告人より賃料を提供されれば確実にこれを受領すべき旨を表示する等、自己の受領遅滞を解消させるための措置を講じたうえでなければ」ならないとした。

判例の法理

判旨の前半部分は、**受領拒絶**の意思を明確にした例を示すものである。すなわち、賃貸借契約では、賃料の受領を拒絶したことにより、その後も受領しないという意思を明確にしているので、債務者は、その後の賃料についてもはや口頭の提供も不要ということになる。

判旨の後半部分が、受領遅滞の解消に関するものである。本件以前の最判昭和 35 年 10 月 27 日民集 14 巻 12 号 2733 頁は、受領遅滞にある者が契約解除の前提としての催告をするためには、受領遅滞を解消させたうえでこれをしなければならない、としていた。そこで、受領遅滞を解消するには何をすべきか次に問題になるが、本判決は、**提供されれば確実に受領するという表示等の措置**が必要とした。

判例を読む

●口頭の提供が不要な場合

弁済の提供は、債務の本旨に従って現実にしなければならない（493 条本文）が、債権者があらかじめその受領を拒んでいるとき（又は債権者の行為を要するとき）は、弁済の準備をしたことを通知してその受領を催告することで提供とみなされる（同条ただし書）。条文上は、債権者が受領を拒んでいても、少なくとも口頭での提供は必要なのである。しかし、判例（最大判昭 32・6・5 民集 11 巻 6 号 915 頁）・通説は、債権者の受領拒絶が明確なときは、口頭の提供さえしなくても、債務者は債務不履行の責任を負わないとする。そこで、次に、いかなる場合に受領拒絶の意思が明確とみてよいかが問題となる。建物賃貸借において賃料の受領を拒絶すれば、その債権について債権者が受領遅滞となるのは当然であるが、本判決は、その後の賃料債務についても受領を明確に拒絶したものだとした。ただし、本件は建物賃貸借という**継続的契約**の事例であり、いったん債権者が受領を拒絶すれば債務者は口頭の提供さえ不要であるという一般的ルールを示したものとみるべきではない（潮見・総論 II 38 頁、内田 III 107 頁など）。同様に一般化を否定しつつ、本件の射程をさらに限定的に解し、賃借人を保護するための解除権制限法理の一環とみる見解もある（中田・総論 368 頁）。

●受領遅滞の解消

賃料の受領拒絶によって、その賃料債権について債権者は受領遅滞となっているだけでなく、その後の債権についても受領拒絶の意思が明確とされるのだから、期限が到来した債権はすべて受領遅滞となる。債権者が受領遅滞であれば、債務者は賃料を支払わなくても債務不履行ではなく、債権者から賃貸借契約を解除することもできない。そこで、解除するためには受領遅滞状態を解消する必要がある。前掲最判昭和 35 年は、債権者がいったん受領遅滞状態に陥った場合、それを解消するには、「受領遅滞を解消せしむるに足る意思表示」が必要であるとしたが、どの程度の具体的措置が必要かは明確でなかった。本判決は、「提供されれば確実に受領するという表示等の措置」が必要とした。もっとも、具体的措置は事案によってさまざまであり、「債務の内容、受領遅滞の事情、その後の両当事者間の事情等」を考慮すべきである（星野英一・法協 79 号 6 号 755 頁、可部・後掲 1015 頁）から、必ずしも「提供されれば確実に受領するという表示」がなくてもよい場合、逆にそのような表示だけでは足らない場合もあり得よう。例えば、債権関係を否認して受領を拒絶した場合は、債権関係否認を撤回することも必要である（三島宗彦「債権者遅滞」総合判例研究叢書(18)56 頁）。

【参考文献】　本判決の解説等として、可部恒雄・最判解民昭和 45 年度 1003 頁、星野英一・法協 92 巻 2 号 197 頁などがある。

難波譲治

23 買主の引取義務

最高裁昭和 46 年 12 月 16 日判決　民集 25 巻 9 号 1472 頁

【413 条】

📖 **論点**　債権者側に受領義務はあるか

事実の要約

　Xは硫黄産出権を有していたが、Yとの間で契約期間内（昭和 32 年 4 月 16 日から同年末まで。その後、昭和 33 年末まで更新延期）に産出した硫黄鉱石全量を売り渡すという契約を締結した。契約では、昭和 32 年中に最低 4000 トンを売り渡すこと、YがXに前払金名義で 400 万円を融資することなどが定められていた。ところが、昭和 32 年中には 170 トンしか引き渡されなかった。これは次の事情による。すなわち、Xは、Yの指導により搬出用の索道を拡大してエンドレス索道にする工事を昭和 32 年 10 月頃まで行ったからである。さらにXは、Yの示唆により利用していたワイヤーも新品に取り替える工事を行い、昭和 33 年 6 月頃ようやく出鉱を再開した。Xは、まず 113 トン余を出荷しYに通知したところ、Yは市況の変化を理由に引取りを拒絶した。Yは、当初の 113 トン余はなんとか引き取ったが、その後引取りを拒絶したままであり、Xは同年 9 月頃には採掘を中止せざるを得なかった。Yは、同年 10 月 29 日、前渡金の返還請求をするに至ったがXも応じず、昭和 33 年末をもって契約関係は終了した。

　Xは、Yに対して、引取拒絶による損害（当初の代金価格と時価との差額）につき、前払金の返還請求権と相殺した残額の損害賠償を請求した。

裁判の流れ

　1 審（旭川地判昭 38・3・1 民集 25 巻 9 号 1493 頁）：請求棄却　2 審（札幌高判昭 40・2・5 民集 25 巻 9 号 1501 頁）：請求認容　最高裁：上告棄却

　1 審は、Yの引取の特約がないとして、Yの引取拒絶を債務不履行と認めず、請求棄却。2 審は、原則として買主に引取義務はないが、「一般に継続的給付の形式をとった売買において、売主の提供する全量が取引対象になっている場合には買主に引取義務あるものと解するのを相当とするし、まして本件のように買主側の要求に応じて売主側が履行の準備に相当の努力を費やした場合には信義則上も引取義務を肯定すべきものである」としてYの債務不履行を認めXの請求認容。Yは、本件契約では鉱石が 70％以上であることが条件とされており、Xの採掘した鉱石がこの要件を満たしていないため受領を拒絶した等の主張をしたが、最高裁は、そのような条件を否定し、上告棄却。

判　旨

　〈上告棄却〉本件「鉱石売買契約においては、Xが右契約期間を通じて採掘する鉱石の全量が売買されるべきものと定められており、XはYに対し右鉱石を継続的に供給すべきものなのであるから、信義則に照らして考察するときは、Xは、右約旨に基づいて、その採掘した鉱石全部を順次Yに出荷すべく、Yはこれを引き取り、かつ、その代金を支払うべき法律関係が存在していたものと解するのが相当である。したがって、…前示引取の拒絶は、債務不履行の効果を生ずるものといわなければならない。」「原審の確定した前記事実関係によれば、本件のような継続的供給契約において、Xがその採掘にかかる鉱石をYに送付し、Yがこれを引き取るべき義務を負うのは、本件硫黄鉱石売買契約関係の存続を前提とするものと解されるところ、Yが、その義務に違反し、前示鉱石 1612.69 トンの引取を拒絶したまま、昭和 33 年末をもって右契約関係を終了するに至らしめたものである以上、右引取義務は、Yの責に帰すべき事由により履行不能になったものというべきであり、所論原判示は正当である。」

判例の法理

　債務が履行されればその債務は消滅するが、例えば売買の売主が目的物を持参しても買主が受け取ってくれなければ債務は消滅しない。その場合に売主が債務不履行責任を負わされては困るので、弁済提供の制度（492 条）が設けられており、売主は責任を負わない。さらにそれに加えて、債務者である売主から契約を解除することや損害賠償請求することができるだろうか。これは債権者側に受領義務を認めるかどうかにかかっている。413 条は受領遅滞の効果として、受領遅滞後の債務者の目的物保存義務の軽減と増加費用の債権者負担について定め、413 条の 2 は危険の移転について定めているが、**受領義務**については規定がなく、判例学説にゆだねられている。

　判例は古くから債権者の受領義務を否定してきた。大判大正 4 年 5 月 29 日民録 21 輯 858 頁は、売買目的物の引取に関するものであるが、売主が買主との間でむこう 5 年間、ある物（特殊な座椅子）を毎月少なくとも 500 個買うという契約がなされ、買主は 900 個受領したのみで残りを引き取らなかったので売主が契約を解除して損害賠償を求めた事案であった。判旨は、「買主はその目的物を受領すべき権利を有するも、之を受領すべき義務を負担するに非ず」としていた。最高裁は、昭和 40 年 12 月 3 日判決（民集 19 巻 9 号 2090 頁）において、請負契約における注文者の受領遅滞について、「債務者の債務不履行と債権者の受領遅滞とは、その性質が異なるのであるから、一般に後者に前者と全く同一の効果を認めることは民法の予想していないところというべきである」とし、「特段の事由の認められない限り」という条件付ではあるが、契約の解除と損害賠償請求を否定した。この判決は、基本的に後述の**法定責任説**によったものとされているが、特段の事由がない場合という留保があった。

　本判決は、引取拒絶を債務不履行としたため、従来の

判例との整合性が問題になり評価が分かれた。まず、従来の法定責任説を維持したとみる立場は、本件「鉱石売買契約においては」「信義則に照らして」といった部分を、事案の特殊性から例外的に引取義務を認めたに過ぎないという。すなわち、一般的に債権者の受領義務を認めたものではないから、法定責任説を変更したものではないというわけである。これに対して、本判決は、一般的に債権者の受領義務を認めたと言えないにしても、特定の契約類型については債権者には**引取義務**があることを認めたものだという評価もある（後掲の「折衷説」）。

判例を読む

●法定責任説・債務不履行責任説

従来から、本件を含む判例は、法定責任説に立っており、通説も支持している（於保・総論119頁、林ほか・総論71頁、潮見・総論Ⅱ48頁、中田・総論239頁、内田Ⅲ109頁など）。この説は、債権者は権利を有するが義務はないという立場から、受領しなくても義務違反（債務不履行）の責任を負うものではないとして、債権者の一般的な受領義務を否定する。平成29年改正前の413条は、債権者が「遅滞の責任を負う」と抽象的に規定していたが、その責任というのは、債務不履行ではなく、法定の責任であるとしていた。これに対して、有力説とされていたのは、債務不履行責任説である（我妻Ⅳ236頁、星野・総論136頁、前田達明・総論296頁、近江・Ⅳ69頁）。この説は、上記条文を債権者側の債務不履行を示すものとした。信義則による支配される債権関係では、債権者も給付の実現に協力すべき義務があるとし、「遅滞の責任を負う」を債務不履行責任と位置付けたのである。債務不履行責任とすることによって、債務者からの契約解除や損害賠償請求が可能になる。さらに、**折衷説**と呼ばれる見解もある。受領義務と引取義務を区別し、債権者に一般的な受領義務は認めないが、売買契約における買主や請負契約の注文者には、給付の性質上、例外的に信義則から目的物の引取義務を認めるという説である。

現在の条文は、個別の効果を規定したが、一般的な規定を置いていない。したがって、上記の議論はなお続くと考えられるが、保存義務の軽減などの個別規定を置きながら契約解除などは定めなかったので、現行法の立場からすれば、法定責任説と親和性があるとか一般的な受領義務を認めることは困難になったという見解は存する（潮見・総論Ⅱ48頁、中田・総論239頁）。

●受領義務が認められる場合

上記のように法定責任説は一般的な受領義務を否定するものの、本件判旨が引取義務を認めたように、一定の場合には受領義務を認めている。受領義務を認めるとしても、売買契約などの契約類型については受領義務を認めるというものと、あくまでも個別に信義則等によるというものがある。後者は、明示・黙示の引取特約を認定したり、信義則上の受領義務を認めるという見解である。細かくは、根拠として**契約の解釈**を挙げるもの（内田Ⅲ112頁）、**信義則**上の義務とするもの（北川善太郎『債権総論〔第3版〕』（有斐閣、2004）49頁）、契約の解釈と信義則の双方を挙げるもの（奥田・総論226頁、中田・総論240頁など）がある。これは契約解釈の外延にも関係するが、契約解釈で認められない場合に備え、信義則も根拠とすべきであろう。本判決は信義則を根拠としているが、契約解釈によることを否定したものではないと思わ

れる。

法定責任説を前提とすると、具体的にどのような場合に受領義務が認められるか。売買契約における**買主の引取義務**については認められることが多い。また請負契約においても**注文者の引取義務**が認められることがある。平成29年の債権法改正過程においては、そのような類型について受領義務の条文化が検討されたが実現しなかった。現段階では、契約解釈や信義則に基づいて個別に受領義務を認めるというのが多数説と思われる。したがって、今後も、どのような類型、どのような事情のもとにおいて受領義務が認められるのかという議論は続くと思われる。ある学説によれば、売買・請負において、例えば巨大な設備であるとか、本件の硫黄のように買主が引き取らないと売主の営業に支障を来すような場合は、明示・黙示の引取特約を認定できることが多いし、特約を認定できなくとも、買主・注文者に帰属すべき物によって売主・請負人の土地その他の設備が空間的に支配され、債務者の活動に支障を来すような事情があるときは、信義則上の引取義務があるという（奥田・総論226頁）。一方、受領義務のない場合としては、行為債務のうち不作為債務は債権者の受領を要しないことが多いから、その場合には受領義務を認める必要が乏しく、作為債務についても、例えば、不適任の家庭教師の教育を受領しなくてはならないとすると不当である、という指摘がある（平井・総論175頁）。これらを参考にしつつ議論を進めるべきであろう。

●解除、損害賠償

債務不履行説に立てば、解除、損害賠償は当然に認められるが、法定責任説に立った上で、信義則等による受領義務を認めれば、その違反によって、債務者から解除、損害賠償請求をすることができる（林ほか・総論82頁、潮見・総論Ⅱ66頁、中田・総論240頁など。ただし、奥田・総論226頁は損害賠償のみ認める）。もっとも、解除を認める意義はそれほど大きくない。受領しない債権者はたいてい自分の債務も履行しておらず、その場合債務者は反対給付の債権者として通常の債務不履行によって契約を解除すればよいからである。意義があるのは、解除する側が先履行義務を負っている場合などに限られている。

なお、従来の議論では、債務不履行説では解除、損害賠償の要件としては債権者の受領遅滞に帰責事由が必要であるが、法定責任説では不要とされていた。しかし、平成29年改正後の現行法では、解除の要件として帰責事由は不要なので（541条）、いずれの説でも帰責事由は不要である。また、損害賠償についても現行法では、帰責事由を積極的要件とせず免責事由としている（415条）ので、この点にも注意が必要である。

【参考文献】　本判決の解説等として、杉田洋一・最判解民昭和46年度688頁、四宮和夫・法協91巻1号196頁、平野裕之・百選Ⅱ（7版）24頁などがある。近時の詳細なモノグラフィーとしては、奥富晃『受領遅滞責任論の再考と整序』（有斐閣、2009）がある。債権法改正後の議論状況の詳細については、潮見佳男・新注民⑧296頁以下参照。

難波譲治

24 債権者代位権と債務者の無資力

最高裁昭和 50 年 3 月 6 日判決　民集 29 巻 3 号 203 頁、判時 776 号 44 頁、判タ 323 号 143 頁、金法 752 号 32 頁、金判 472 号 15 頁

【423条、533条】

論点　金銭債権保全のためであっても、債務者が無資力であることを要せずに、債権者代位権の行使が許される場合はあるか

事実の要約

Aは、所有していた本件土地をBCに売却したが、代金の一部を受領したのみで、残代金の履行期が到来する前に死亡した。Aの子であるXら5名およびYがAを共同相続した。しばらく残代金の支払も移転登記もなされないまま経過した後、BCは、Aの各相続人に対し、残代金を支払うから本件土地所有権移転登記手続に必要な委任状・印鑑証明書等を交付するよう催告した。Xらはこれに応じたが、Yのみは売買の効力を争って応じなかった。そのために移転登記手続をすることができなかったBCは、Xらに対して残代金の支払を拒んだ。

そこで、Xらは、①Yに対して、XらのBCに対する残代金債権を被保全債権とし、BCのYに対する所有権移転登記請求権を代位行使し、BCから相続分に応じた残代金の支払いを受けるのと引き換えに本件土地につき各共有持分2分の1とする所有権移転登記手続を行うことを求めるとともに、②BCに対して、移転登記と引き換えに残代金を支払うことを求めた。

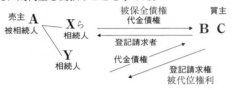

裁判の流れ

1審（東京地判昭47・5・30判時681号48頁、金判321号17頁、下民集23巻5〜8号297頁）：請求認容　2審（東京高判47・12・21金判472号17頁）：控訴棄却　最高裁：上告棄却

1審判決は、Yに対してのみならず、BCに対してもXらの請求を認容した。BCはこれに対して控訴しなかったため、この部分は確定。Yのみが控訴し、さらに債務者の無資力を要件とすることなく債権者代位権の行使を認めた原判決は従来の大審院および最高裁の判例（無資力要件を要せずに代位行使を肯定した「転用例」を引用している）に違反するとして上告した。最高裁は、次のように述べ、また上告理由が引用する判例は事案を異にするとして、上告棄却。

判旨

〈上告棄却〉「被相続人が生前に土地を売却し、買主に対する所有権移転登記義務を負担していた場合に、数人の共同相続人がその義務を相続したときは、買主は、共同相続人の全員が登記義務の履行を提供しないかぎり、代金全額の支払を拒絶することができるものと解すべく、したがって、共同相続人の一人が右登記義務の履行を拒絶しているときは、買主は、登記義務の履行を提供して自己の相続した代金債権の弁済を求める他の相続人に対しても代金支払を拒絶することができるものと解すべき

である。そして、この場合、相続人は、右同時履行の抗弁権を失わせて買主に対する自己の代金債権を保全するため、債務者たる買主の資力の有無を問わず、民法 423 条 1 項本文により、買主に代位して、登記に応じない相続人に対する買主の所有権移転登記手続請求権を行使することができるものと解するのが相当である。」

判例の法理

●登記義務を負う共同相続人の中に履行についての非協力者がいる場合の相手方の同時履行の抗弁権

本件土地の売主Aの共同相続人XらとYの計6名は、Aの代金債権と登記義務などの権利義務を承継している。代金債権については、金銭債権であり可分債権であることから法律上当然に分割され、上記6名がその相続分に応じて権利を承継する（最判昭29・4・8民集8巻4号819頁）。それでは各共同相続人はそれぞれ個別に代金債権を行使できるかというと、相手方に同時履行の抗弁権があることから、登記義務についての履行の提供が必要になる。この点について、**本判決前段部分は、登記義務の履行の提供は共同相続人全員によらなければならないとし、それがなければ相手方の同時履行の抗弁権が失われないことを明らかにした**。登記義務の履行のためには全ての登記義務者が揃わなければならないとする登記実務に符合しており、その背景には、当事者の一方にたまたま相続が生じたことによって他方当事者が不利益を被らないようにとの配慮があるものと思われる。その結果、各共同相続人は、個別に自己の共有持分の移転を提供して代金債権を行使することは許されず、登記義務の履行に協力しない者が一人でもいれば、代金債権を実現することができないことになる。

●本件債権者代位権の行使目的

本件では、このような手詰まりを打開する方策として、XらのBCに対する代金請求訴訟に、BCのYに対する所有権移転登記手続請求の債権者代位訴訟を併合する方法が用いられた。この方法によったからといって、共同相続人全員が登記義務の履行を提供したことになるわけではない。しかし、**XとBCの間でもBCとYの間でも引換給付判決が下され、結果として全当事者間の履行上の牽連性が実現されることから、共同相続人全員による登記義務の履行の提供があったと同視し得る**と考えたのであろう。それにより、相手方の同時履行の抗弁権を封じることが代位行使の目的であった。

●無資力要件

金銭債権を被保全債権とする場合には無資力要件が必要であり（最判昭40・10・12民集19巻7号1777頁）、登記請求権を被保全債権とする登記請求権の代位行使（平成29年民法改正により、423条の7で明文化された）や不動産賃借権を被保全債権とする妨害排除請求権の代位行使（**26**事件参照）といった「特定債権」保全のための債権者代位権の「転用」の場合には不要であるとするのが

従来の判例法理である。しかし、本判決は、金銭債権が被保全債権であるにもかかわらず無資力要件を不要と解した。

判例を読む

●無資力要件の意義

　1つは、債権者の代位権行使の利益（訴訟の場面では訴えの利益）の内容としての意義である。債務者が債権者の金銭債権を満足させるに足りる財産を有していれば、債権者はこの財産に対して直接に強制執行手続を進めればよく、代位権の行使は全くの無駄であって債権者に代位権行使の利益がないというものである。強制執行の準備手続たる責任財産保全制度としての当然の帰結ともいえる。もう1つは、私的自治の原則に由来する債務者の財産管理の自由（自己の権利を行使するか否かは、権利者たる債務者自身が自由に決定できるはず）と債権者の債権実現の利益との調和を図るメルクマールとしての意義である。債務者の自由な財産管理権に対する債権者の干渉は、債務者が無資力であるときにのみ正当化されると考えられている。

●無資力要件撤廃説

　学説上、債権者代位権の債権回収機能をより強化すべきとの趣旨から、金銭債権を被保全債権とするときにも無資力要件を不要とする無資力要件撤廃説も主張されている（天野弘「債権者代位権における無資力理論の再検討」判タ280号24頁、282号34頁）。しかし、撤廃説は、債権者代位権の安易な拡大を招き、民事執行法上の債権執行手続を骨抜きにするとの批判されている（平井一雄「債権者代位権」民法講座④125頁、前田・総論251頁）。

●本判決の位置づけ

　金銭債権保全のためには原則として無資力要件が必要だとの立場にたった場合は、本判決の位置づけが問題となる。

　この点、一般的には、**本件の債権者代位権が代金債権の強制執行を前提に債務者の責任財産を保全するために行使されたわけではなく、債務者の同時履行の抗弁権を封じるため、さらにいえば、共同相続人間で相互に移転登記に協力させる制度の欠缺を補うために、制度が借用されたものと評価されている。**「転用」との関係においては、本判決を「転用型」に含めるもの（林ほか・総論167頁注(2)、下森定・注民⑩-Ⅱ749頁、潮見・総論Ⅰ708頁）と、区別して第三の類型に分類するもの（水本・参考文献、奥田・総論256頁）とがあるが、**制度の借用との認識においては共通している。**「転用型」に含める場合には区別の基準を見直す必要があるが、**制度本来の目的である共同担保＝責任財産保全のために行使されたものか**（「本来型」）、**それとも他の目的のために行使されたものか**（「転用型」）**という代位権の行使目的に求めるものが有力である。**すなわち、行使目的が「責任財産の充実」にあるときを「本来型」、「債権者の特定の債権保全」にあるときを「転用型」と再定義する見解である（林＝石田＝高木・総論184頁および186頁注(19)）。この見解によれば、本件の代位権は、「責任財産の充実」のためではなく、代金債権という「特定の債権保全」が目的であるとして、「転用型」に位置付けられることになる。かくして、無資力要件を不要とした本判決の結論は、本判決については、好意的に受け止められている。

　もっとも、本判決を契機に展開された上の学説は、最

判昭和49年11月29日民集28巻8号1670頁をも射程に入れたものである。この判決は交通事故の被害者が加害者に対する損害賠償請求権を保全するため加害者の保険会社に対する任意保険金請求権を代位行使した事案で、無資力要件を必要とした。ここでも被保全債権は金銭債権であるが、代位行使の目的が「責任財産の充実」よりも損害賠償請求権という「特定の債権保全」にあることから、近時の学説は、これも新たな基準の下での「転用型」ないしは第三の類型に属するものとして、ここでは判例の結論に反対している。

　また、原則として無資力要件は必要であるが、①被保全債権が被代位権利によって担保される関係が密接であるとき、および、②被代位権利が保存行為に準じるときは不要と解する見解もある（平井・総論256頁）。前掲昭和49年判決は①に、本判決は②に属するとして、いずれも無資力要件を不要とする点は、上記の学説と同様である。

●多数債務者間の履行協力義務

　少なくとも「転用」が明文化された平成29年民法改正前は、「転用」は他に適当な手段がない場合に例外的にのみ許されるべきだとの認識が一般であり、ここでも、他に適当な手段はないのか、代位行使を認めることで格段の不都合は生じないのか、が問題となる。本件のXらは、移転登記義務の履行に反対するYに対し、他に取るべき手段を有していたのか。

　本件登記義務は、一種の不可分債務として承継されている。ところで、通常の不可分債務・連帯債務・分割債務を負う多数債務者の場合は、非協力者がいても、一部の債務者だけで全部の提供をして相手方の同時履行の抗弁権を失わせることができる。通常の不可分債務や連帯債務の場合は、一部の債務者が非協力者の分も含め全部の履行をしなければならないのが本来の形であるし、分割債務の場合でも、非協力者の部分は第三者弁済として提供することができるからである。したがって、本件登記義務は、不可分債務といっても、一人の非協力者の存在で反対給付を求めることができないジレンマを生じる特殊なものである。学説では、かかるジレンマを生じる場合には、多数債務者間に履行協力義務を肯定すべきだとの見解が有力である（下森・参考文献、星野・参考文献等参照）。かかる解決が可能であれば、それだけ代位権借用の必要性は小さくなる。また、本件を、共同相続人の買主に対する登記引取請求権を被保全債権として、登記義務の履行に協力しない他の共同相続人に対する移転登記請求権の代位行使と構成する可能性を指摘する見解もある（下森・参考文献、星野・参考文献、森田宏樹・債権法改正388頁）。この立場では、非金銭債権を被保全債権とする通常の連用例として本件を位置付けることが可能になる。

【参考文献】　本件の解説・批評として、下森定・判評200号27頁、川井健・金判492号2頁、石田喜久夫・民商74巻1号87頁、水本浩・昭和50年度重判（ジュリ615号）48頁、星野英一・法協93巻10号126頁、東条敬・曹時30巻1号142頁、黒木三郎・民法の判例3版117頁、平井一雄・基本判例2版115頁、天野弘・百選Ⅱ3版28頁、工藤祐巌・百選Ⅱ26頁などがある。

工藤祐巌

25 債権者代位権の目的 —— 時効援用権

最高裁昭和43年9月26日判決　民集22巻9号2002頁、判時535号48頁、判夕227号150頁、
金法525号16頁、金判135号10頁　　　　　　　　　　　　　【423条、145条、372条、351条】

論点　①物上保証人は、被担保債権の消滅時効を援用することができるか
　　　　②債権者は、その債務者に代位して他の債権者に対する債務の消滅時効を援用することができるか

事実の要約

　Y金融公庫がBに対して有する債権を担保するため、Aは、自己所有不動産にYのために抵当権を設定して物上保証人となった。同不動産が競売され、配当表が作成されたところ、Yが債権全額の満足を得たのに対し、Aに対して債権を有するXは、一部の満足しか得られないこととなった。そこで、Xが配当異議の訴えを提起。YのBに対する債権は消滅時効が完成しており、物上保証人たるAは同債権の消滅時効を援用し得る地位にあるから、Xは債務者Aに代位して時効を援用すると主張し、配当表の更正を求めた。

裁判の流れ

　1審（佐賀地判昭40・6・30金判1135号13頁）：請求棄却　2審（福岡高判昭40・11・9金判135号13頁）：控訴棄却　最高裁：破棄差戻

　1・2審とも、AもXも時効の援用権者に該当しないとしてXの主張を斥けたので、物上保証人にも援用権が認められるべきだとしてXが上告。

判旨

　〈破棄差戻〉「消滅時効を援用しうる者は、権利の時効消滅によって直接利益を受ける者に限られるが、他人の債務のために自己の所有物件につき抵当権を設定したいわゆる物上保証人もまた被担保債権の消滅によって直接利益を受ける者というを妨げないから、民法145条にいう当事者として右物件によって担保された他人の債務の消滅時効を援用することが許されるものと解するのを相当」とする。

　「金銭債権の債権者は、その債務者が、他の債権者に対して負担する債務、または前記のように他人の債務のために物上保証人となっている場合にその被担保債権について、その消滅時効を援用しうる地位にあるのにこれを援用しないときは、債務者の資力が自己の債権の弁済を受けるについて十分でない事情にあるかぎり、その債権を保全するに必要な限度で、民法423条1項本文の規定により、債務者に代位して他の債権者に対する債務の消滅時効を援用することが許されるものと解するのが相当。」

判例の法理

●時効援用権者の範囲

　本判決が引用する最判昭和42年10月27日民集21巻8号2110頁は、傍論ながら、大審院判例（大判明43・1・25民録16輯22頁）を変更して、物上保証人が援用権者に含まれることを明言していた。このことは本判決によって確定したといえる。その際、援用権者は時効によって「直接利益を受ける者」に限られるという一般的基準はそのままに、物上保証人がそれに含まれるか否かの判断を変更した（判例は、かかる一般的基準を維持しながら、援用権者の範囲を次第に拡大してきた。すでに所有権移転請

求権保全仮登記の経由された不動産について抵当権の設定を受けた者（最判平2・6・5民集44巻4号599頁）、担保不動産の第三取得者（最判平4・3・19民集46巻3号222頁）、詐害行為の受益者（最判平10・6・22民集52巻4号1195頁）など）。なお、平成29年民法改正により145条は修正され、判例の直接利益基準は「正当な利益を有する者」と表現され、例示として物上保証人が明示された。

●時効援用権の代位行使

　本判決は、時効援用権が債権者代位権の目的になり得ることを初めて明らかにした。しかし、援用権の代位行使は許されないとする反対意見がある。援用するか否かは専ら「当事者」の意思に委ねられているところ、権利行使が専ら債務者の意思に委ねられている権利については債権者代位権を行使できないとして、423条1項但書を参照する。要は、時効援用権を一身専属権とみる。

判例を読む

●物上保証人の援用権

　従来判例が援用権者の拡大に消極的だったのは、間接的に利益を受ける者にまで援用権を認めると、時効の利益を直接利益を受ける者に強いることになり、当事者の意思の尊重という援用制度の精神と矛盾するからであった。しかし、**学説は、援用の効果の相対性からすれば利益を強いることにならないとして、「当事者」の範囲を拡大すべきだ**と主張してきた。本判決は、かかる学説の主張に沿うものといえる。

●時効援用権は一身専属権か

　反対意見は、多額の債務を負担しながらも再建途上にある債務者が、消滅時効にかかった債務も将来は支払おうと考えているのに、一人の債権者が債務者に代位して消滅時効を援用し、それによって自己の債権の保全を図るのは不当だとする。しかし、**債務者が無資力で債務の弁済ができないときまで、債務者の道徳的感情を尊重すべきかは疑問であり、また、消滅時効による不利益を受ける他の債権者にしても、時効管理を怠った以上やむを得ない結論**だとして、多数意見に賛成する学説が多数である。これに対し、債務者の意思を最大限尊重すべきだとして判旨に反対する学説も存在する（反対説として、平野・総論269頁。星野・総論98頁も疑問を呈する）。時効を援用しない債務者の態度をいかに評価するかなど、結局は時効観と関わる。なお、債務者が無資力の場合に限り、債権者に「当事者」としての固有の援用権を認める学説も存在する（須永醇「判批」判評85号83頁、柚木＝高木・総論173頁）。

【参考文献】　本判決を支持するものとして、川井健・判評122号125頁、内池慶四郎・民商60巻5号132頁、谷口茂栄・金法540号16頁、疑問を呈するものとして、星野英一・法協86巻11号150頁、調査官解説として、吉井直昭・曹時21巻1号170頁がある。

工藤祐巌

26 妨害排除請求権の代位

大審院昭和4年12月16日判決　民集8巻944頁

【423条】

論点　賃借権が第三者によって妨害されているとき、賃借人は、賃貸人の有する所有権に基づく妨害排除請求権を代位行使することができるか

事実の要約

Xの先代Bは、東京神田にあるA所有の土地を建物所有の目的で期限の定めなく賃借し、そこに建物を建ててCに賃貸していたが、建物が関東大震災で焼失したため、Cは無断でバラックを建てた。これが転々譲渡され、Yが所有している。Xは、Yに対して、バラック収去・土地明渡および損害賠償として賃料相当額の支払いを求めて本訴を提起した。前者の根拠は、Yが本件土地を不法占拠しているにもかかわらず、所有者Aが妨害排除を請求しないので、Xは自己の賃借権を保全するため、423条により、AのYに対する妨害排除請求権を代位行使するというものであった。

裁判の流れ

1審（年月日不明だが民集8巻950頁に参照）：請求認容
2審（年月日不明だが民集8巻951頁に参照）：控訴棄却
大審院：上告棄却

1・2審ともXの請求を認めたので、423条ではかかる請求は許されないとしてYが上告。

判旨

〈上告棄却〉民法423「条は債務者が自己の有する権利を行使せざる為債権者をして其の債務者に対する債権の十分なる満足を得さらしめたる場合に於ける救済方法を定めたるものにして、債権者の行ふべき債務者の権利に付其の一身に専属するものの外は何等の制限を設けず、又債務者の無資力たることを必要とせざるを以て同条に所謂債権は必ずしも金銭上の債権たるを要せず、又所謂債務者の権利は一般債権者の共同担保となるべきものたるに限らず、或債権者の特定債権を保全する必要ある場合に於ても同条の適用あるものと解するを相当とす…〔大判明治43年7月6日を引用〕…故に土地の賃借人が賃貸人に対し該土地の使用収益を為さしむべき債権を有する場合に於て、第三者が其の土地を不法に占拠し使用収益を妨ぐるときは、土地の賃借人は右の債権を保全する為第423条に依り右賃貸人の有する土地妨害排除の請求権を行使することを得べきものとす。」

判例の法理

本判決以来、賃借権保全のため、所有者たる賃貸人の無資力を要することなく所有権に基づく妨害排除請求権を代位行使できることは、判例法理として確立し、登記請求権保全のための登記請求権の代位行使と並んで、「転用」の二大類型を構成している。

判例は、第三者に賃借不動産を不法占拠された賃借人に、①賃借人が目的不動産の占有を有していた場合には占有訴権、②対抗要件を備えたときは賃借権自体に基づく妨害排除請求権、③債権者代位権の「転用」という3つの選択肢を与えた。

この③には、不動産賃借人の占有、対抗要件および所有者に資力があることにかかわりなく行使できるという利点がある反面、妨害排除の相手方が二重賃借人であるなど、所有者の相手方に対する妨害排除請求権が存在しない場合には行使することができない。

判例を読む

③が「転用」であることから、②が認められるのになお③を認める必要があるのか、③は「迂路」ではないかが問題になる（判例法理として②が確立したのは、本判決によって③が確立したよりも後である。最判昭28・12・18民集7巻12号1516頁）。

従来の学説は、判例が対抗要件を備えた賃借権にのみに②を認めることに批判的であった。まず、未登記買主も所有権に基づく妨害排除請求をできることから、対抗要件と妨害排除は理論的には飛躍があるとして、妨害排除の根拠を対抗力に求めずに「不動産利用権の社会的作用の重要さが物権と等しいという点」に求め、妨害排除請求権の要件としては、二重賃借人間では対抗要件（権利資格保護要件）が必要だが、不法占拠者に対してはそれを不要とする見解が通説化していた（好美清光・法セ1981年10月号32頁、星野・借地・借家法132頁、平井・総論124頁、奥田・総論246頁、内田Ⅲ218頁など）。この立場では、債権者代位の「転用」による③はまさに「迂路」であり、③によらずに直接②によって妨害排除を実現すべきことになろう。

これに対して、「迂路」はなお必要であるとの立場もあった（我妻・講義Ⅳ86頁、川井・総論56頁）。③では、不法占拠者たる第三者は、賃貸人の黙示の承認を得ていた等の賃借人に対して主張し得た抗弁を対抗できるので、賃貸人（所有者）の立場から第三者の占有の不法性をよりよく判断することが可能になるが、②ではそれができないという理由である。

結局、**平成29年民法改正によって②を明文化した605条の4が対抗要件を必要としたことから、③の必要性は残された。**

なお、抵当権者が抵当物件所有者に対して有するとされる侵害是正請求権なる権利を被保全債権として、所有者の不法占拠者に対する明渡請求権の代位行使が認められている（最大判平11・11・24民集53巻8号1899頁）。

【参考文献】　本件の解説・批評として、戒能通孝・最判解民昭和4年度91事件385頁、黒木三郎・判例2版104頁、天野弘・百選Ⅱ3版32頁、田山輝明・百選Ⅱ5版新法対応補正版34頁がある。なお、一般的な参考文献として、好美清光「賃借権に基づく妨害排除請求権」『契約法大系3』（有斐閣、1962）166頁。

工藤祐巌

27 遺留分減殺請求権の代位

最高裁平成13年11月22日判決　民集55巻6号1033頁

【423条（旧1031条）】

論点 遺留分減殺請求権は債権者代位の目的となるか

事実の要約

農業を営むBは、自宅の宅地のほか多数の農地を所有し、10人の子供がいた。Bは、農業後継者として農業に従事し、Bらを扶養していた五男Xに本件土地および多数の農地を相続させる趣旨の公正証書遺言を遺し死亡した。Bの三男Aに対して貸金債権を有していたYは、貸金請求訴訟の勝訴判決を得たうえで、Aに代位して、本件土地につき、相続を原因とし、共有者を10名の子とする所有権移転登記をしたうえ、強制執行として本件土地につきAの持分10分の1を差し押さえた。そこで、Xは、相続させる趣旨の遺言によって本件土地を単独で相続したとして第三者異議の訴えを提起した。これに対し、Yは、Aに代位してXに対して遺留分減殺請求の意思表示をなし、Aの遺留分に相当する20分の1については、なお強制執行をする権利があると主張した。

```
                B
      ┌─────────┼─────────┐
   その他8人    X        A ←金銭債権 Y
```

裁判の流れ

1審（浦和地越谷支判平9・6・26民集55巻6号1049頁）は、遺留分減殺請求権の代位行使を否定して、Xの第三者異議の訴えを認容した。Yが控訴したが、2審（東京高判平10・2・5民集55巻6号1050頁）も、行使上の一身専属権として遺留分減殺請求権の代位行使を否定して控訴を棄却した。Yが上告。

判旨

〈上告棄却〉「遺留分減殺請求権は、遺留分権利者が、これを第三者に譲渡するなど、権利行使の確定的意思を有することを外部に表明したと認められる特段の事情がある場合を除き、債権者代位の目的とすることができないと解するのが相当である。その理由は次のとおりである。

遺留分制度は、被相続人の財産処分の自由と身分関係を背景とした相続人の諸利益との調整を図るものである。民法は、被相続人の財産処分の自由を尊重して、遺留分を侵害する遺言について、いったんその意思どおりの効果を生じさせるものとした上、これを覆して侵害された遺留分を回復するかどうかを、専ら遺留分権利者の自律的決定にゆだねたものということができる（〔旧〕1031条、〔旧〕1043条参照）。そうすると、遺留分減殺請求権は、前記特段の事情がある場合を除き、行使上の一身専属性を有すると解するのが相当であり、民法423条1項ただし書にいう「債務者ノ一身ニ専属スル権利」に当たるというべきであって、遺留分権利者以外の者が、遺留分権利者の減殺請求権行使の意思決定に介入することは許されないと解するのが相当である。民法〔旧〕1031条が、遺留分権利者の承継人にも遺留分減殺請求権を認めていることは、この権利がいわゆる帰属上の一身専属性を有しないことを示すものにすぎず、上記のように解する妨げとはならない。なお、債務者たる相続人が将来遺産を相続するか否かは、相続開始時の遺産の有無や相続の放棄によって左右される極めて不確実な事柄であり、相続人の債権者は、これを共同担保として期待すべきではないから、このように解しても債権者を不当に害するものとはいえない。」

判例の法理

本判決は、遺留分減殺請求権が民法423条1項ただし書のいわゆる「行使上の一身専属権」に該当するかについて最上級審として初めて判断を示し、肯定に解した。その理由は、侵害された遺留分の回復を遺留分権利者が自律的に決定した場合にはじめて回復がなされる仕組みになっており、遺留分減殺請求権が遺留分権利者の意思を尊重した権利であることに求められている。

本判決は、「特段の事情」がある場合には、例外的に代位行使を可能とした。意思決定も権利行使も債務者自身が行うことが想定されている一身専属権でも、意思決定さえ債務者自身がすれば一身専属性がなくなるとして、一身専属性を債務者の意思態様・行為態様と相関関係的にとらえた。

判例を読む

●遺留分減殺研究県は一身専属権か

この問題については、本判決の前後を通じて学説は分かれている。遺留分権利者の意思を尊重して一身専属性を肯定する説も有力だが、債権者を犠牲にしてまで無資力の遺留分権利者の意思を尊重すべきでないとの反対説も有力である。反対説からは、一身専属性を肯定する立場には、相続財産を一人の相続人に集中させるためなどの目的で遺留分を侵害する被相続人の生前贈与等をそのままにしておきたいという遺留分権利者への心情保護の配慮があると分析した上で、かかる心情保護は相続放棄ないし遺留分権の放棄によって実現可能であり、代位行使を否定することは、被相続人の相続秩序形成の意思を過度に聖域化することになるとの指摘がある（高木多喜男・私法リマ1991〈下〉91頁）。

●近時の民法改正との関係

平成30年の相続法改正により、遺留分減殺請求権は、遺留分侵害額請求権（1046条）へと変容した。**遺留分侵害額請求権も、遺留分権利者の権利行使によって効果を生じる点では遺留分減殺請求権と同様であることから、本判決の理由付けは等しく妥当し、原則として行使上の一身専属権にあたると解されよう。**

もっとも、本件のように、差押債権者に対して相続させる趣旨の遺言を受けた者が第三者異議の訴えを提起する事案については、第三者異議の訴えは、認められなくなった。**平成30年改正前は、相続させる趣旨の遺言に基づく物権変動は登記なくして対抗できると解されていたが、899条の2の新設によって覆ったからである。**

【参考文献】幡野弘樹・百選III 188、工藤祐巖・平成13年度重判74頁など。

工藤祐巖

抵当権者による債権者代位権行使

最高裁平成 11 年 11 月 24 日大法廷判決、民集 53 巻 8 号 1899 頁、判時 1695 号 40 頁、判タ 1019 号 78 頁
【369 条、423 条】

論点 抵当権者は、抵当不動産の所有者の不法占有者に対する妨害排除請求権を代位行使し、自己への明渡しを請求できるか

事実の要約

Aは、平成元年 11 月 10 日、A所有の本件土地・建物につき、Xに対して根抵当権（極度額 3500 万円）を設定し、同月 17 日、Xから 2800 万円の貸付を受けた。Aが期限の利益を喪失したので、Xは本件土地・建物につき根抵当権を実行としての競売を申し立てたが、同年 5 月頃からY等が本件建物を権原なく占有しており、開札期日において買い受けの申し出をなす者が現れるに至らなかった。そこで、XはY等を被告として、Aに対する貸金債権を被保全債権とする債権者代位訴訟を提起し、AがY等に対して有する所有権に基づく妨害排除請求権を代位行使し、本件建物のXへの明渡しを請求した。

裁判の流れ

1 審（名古屋地判平 7・10・17 金判 1061 号 6 頁）：請求認容　2 審（名古屋高判平 8・5・29 金判 1061 号 3 頁）：控訴棄却　最高裁：上告棄却。1 審、2 審ともに、貸金債権を保全するため、本件建物の明渡請求権を代位行使する必要があり、Xへの明渡しを求めうるとした。Yは上告し、原審がAの無資力を確定しないでXに債権者代位権を認めたのは違法などと主張。

判旨

〈上告棄却〉「…抵当権者は、原則として、抵当不動産の所有者が行う抵当不動産の使用又は収益について干渉することはできない。／しかしながら、第三者が抵当不動産を不法占有することにより、競売手続の進行が害され適正な価額よりも売却価額が下落するおそれがあるなど、抵当不動産の交換価値の実現が妨げられ抵当権者の優先弁済請求権の行使が困難となるような状態があるときは、これを抵当権に対する侵害と評価することを妨げるものではない。そして、抵当不動産の所有者は、抵当権に対する侵害が生じないよう抵当不動産を適切に維持管理することが予定されている…。したがって、右状態があるときは、抵当権の効力として、抵当権者は、抵当不動産の所有者に対し、その有する権利を適切に行使するなどして右状態を是正し抵当不動産を適切に維持又は保存するよう求める請求権を有するというべきである。…抵当権者は、右請求権を保全する必要があるときは、民法 423 条の法意に従い、所有者の不法占有者に対する妨害排除請求権を代位行使することができる…。」

「右事実関係の下においては、Xは、所有者であるSに対して本件不動産の交換価値の実現を妨げXの優先弁済請求権の行使を困難とさせている状態を是正するよう求める請求権を有するから、右請求権を保全するため、SのYらに対する妨害排除請求権を代位行使し、Sのために本件建物を管理することを目的として、Yらに対し、直接Xに本件建物を明け渡すよう求めることができる」

判例の法理

●抵当不動産の不法占有と抵当権侵害

本判決は、従前の判例（平成 3 年判決（最判平 3・3・22 民集 45 巻 3 号 268 頁））が、「抵当権者は、抵当不動産の

占有関係について干渉し得る余地はないのであって、第三者が抵当不動産を権原により占有し又は不法に占有しているというだけでは、抵当権が侵害されるわけではない」としていた点を変更して、抵当権者が抵当不動産の所有者の妨害排除請求を代位行使して明渡請求（代位請求）をすることを認め、さらに傍論で、抵当権に基づく妨害排除請求としての明渡請求（物上請求）の余地も認めた（併せて、最判平 17・3・10 民集 59 巻 2 号 356 頁参照）。

●債権者代位権の「転用」論と「民法 423 条の法意」

学説の多くが、債権者代位権の制度目的を「責任財産の保全」と捉えて、それゆえに登記請求権や賃借権の保全の紛争類型を「転用」例と呼ぶのに対して、判例は一貫して「転用」との呼称を用いず、あくまでも本来の適用領域として、「特定債権」につき、無資力とは別のところでその保全の必要性を認定してきた（大判明 43・7・6 民録 16 輯 537 頁（登記請求権の保全）、大判昭 4・12・16 民集 8 巻 944 頁（賃借権の保全）など。平成 29 年民法（債権法）改正ではそのうち、登記・登録請求権の保全について、423 条の 7 の規定が設けられている）。最高裁は、本判決において、抵当権者による設定者の妨害排除請求権の代位行使を認めるに際して初めて、「民法 423 条の法意」という表現によって、423 条の本来の適用領域を超えた範囲での代位権行使を認めたのである。

本判決（法廷意見）は、「抵当権の効力」として、抵当権者は、抵当不動産の所有者に対し、「その有する権利を適切に行使するなどして右状態を是正し抵当不動産を適切に維持又は保全するよう求める請求権」（奥田昌道裁判官の補足意見は、「担保価値維持請求権」とする）を有するとしている。すなわち、本判決における被保全権利は、抵当権に基づく物権的請求権であり、少なくとも債権（債権的請求権）ではない。それゆえ最高裁は、「債権」保全の制度である債権者代位権の本来の適用領域を超えた範囲で債権者代位権の行使を認めるという趣旨で「423 条の法意」との表現を用いたと推測される。

判例を読む

●「担保価値維持義務」論の展開

本判決後に、最判平 18・12・21 が、債権質につき設定者の「担保価値維持義務」を措定し、「正当な理由」に基づくことなく賃貸人に対する未払債務を生じさせて敷金返還請求権の発生を阻害することは、質権者に対する「担保価値維持義務」違反にあたると判示した（最判平 18・12・21 民集 60 巻 10 号 3964 頁）。今日的には、本判決が債権者代位権の被保全権利として想定した「担保価値維持請求権」も、担保権設定者の「担保価値維持義務」の視角から論じられている（片山直也『詐害行為の基礎理論』（慶應義塾大学出版会、2011）613 頁以下など参照）。

【参考文献】　八木一洋・最判解民平 11 年度（下）833 頁ほか。

片山直也

29 詐害行為取消権の法的性質

大審院明治 44 年 3 月 24 日連合部判決　民録 17 輯 117 頁

【424 条、424 条の 5、424 条の 6、424 条の 7】

論点　詐害行為取消権の法的性質および取消しの効力。債権者は誰を相手に（被告適格）、どのような請求が可能か（取戻方法）

事実の要約

　債権者 X は債務者 Y_1 と受益者 Y_2 を被告として、$Y_1 Y_2$ 間の山林の売買が詐害行為にあたることを理由に、その取消しおよび移転登記の抹消を求めて訴えを提起した。なお当該山林は当時すでに転得者 A に転売されていたが、X は A を被告に加えず、また Y_2 に対して原状回復に代わる賠償も請求していなかった。

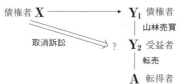

裁判の流れ

　1 審（神戸地判）　2 審（大阪控判明 43・3・19）
　原審は、財産が転得者に帰した場合には、転得者に対して取消権を行使すべきであるのにこれを除外し、あるいは受益者に対して賠償を求めるべきであるのにただ行為の取消しのみを求めるのは、債務者の給付能力を回復するに足らざるものにて訴えの利益を欠くとして X の訴えを却下する判決を下した。これに対して X が上告。

判旨

〈破棄差戻（Y_1 につき上告棄却、Y_2 について原判決破棄・原審へ差戻）〉

①取消権の法的性質について。「詐害行為廃罷訴権は…債権者を害することを知りて為したる債務者の法律行為を取消し債務者の財産上の地位を其法律行為を為したる以前の原状に復し以て債権者をして其債権の正当なる弁済を受くることを得せしめて其担保権を確保するを目的とする」。

②取消しの効力、債務者の被告適格について。「詐害行為の廃罷は…一般法律行為の取消と其性質を異にし其効力は相対的にして何人にも対抗すべき絶対的のものにあらず。詳言すれば…其法律行為は訴訟の相手方に対しては全然無効に帰すべしと雖も其訴訟に干与せざる債務者受益者又は転得者に対しては依然として存立することを妨け〔ず〕」。「…受益者又は転得者に対して訴を提起し之に対する関係に於て法律行為を取消したる以上は其財産の回復又は之に代るべき賠償を得ることに因りて其担保権を確保するに足るを以て特に債務者に対して訴を提起し其法律行為の取消を求むるの必要なし」。

③被告の選択について。「…債務者の財産が転得者の有に帰したる場合に債権者が受益者に対して廃罷訴権を行使し法律行為を取消して賠償を求むると転得者に対して同一訴権を行使し直接に其財産を回復するとは全く其自由の権内に在り」。

④取消しのみの請求の可否について。「…民法は法律行為の取消を請求すると同時に原状回復を請求することを以て詐害行為廃罷訴権行使の必要条件と為さざるのみならず却て訴権の目的として単に法律行為の取消のみを規定し取消の結果直ちに原状回復の請求を為すと否とを原

告債権者適宜の処置に委ねたるを以て此二者は相共に訴権の成立要件を形成するものにあらず」。

判例の法理

●折衷説（「取消し＋取戻し」）

　平成 29 年民法（債権法）改正前においては、詐害行為取消権（424 条）の法的性質について、(i)**形成権説**——債務者・受益者間の詐害行為を取り消し、その効力を絶対的に無効ならしめる形成権とみる説、(ii)**請求権説**——取消しを要さず直接に受益者または転得者に対して、債務者の詐害行為の結果逸出した財産の取戻しを請求できる債権的請求権とみる説、(iii)**折衷説**——その両説を組み合わせ、詐害行為を取り消し、逸出した財産の取戻しを請求する権利とみる説の対立が存したが（注民⑩ II 795 ～ 802 頁〔下森定〕など参照）、判例・通説は古くから(iii)折衷説を一貫して採用しており、本判決も判旨①において従来の判例（大判明 39・9・28 民録 12 輯 1154 頁、大判明 41・11・14 民録 14 輯 1171 頁）の立場を確認している。具体的には、判決により債務者・受益者間の法律行為の取消しおよび逸出した財産の取戻し（原状回復）が命じられる。財産の取戻しは、現物返還（不動産譲渡の取消しの場合、登記名義の債務者への回復）を原則とするが、転売・滅失等によりそれが不可能な場合、金銭による回復（価格賠償）がなされる。

●「相対的取消し」理論

　本判決は、折衷説に依拠しつつも、従来の判例を変更し、取消しの効力につきそれが「相対的」であると判示した（判旨②）。すなわち取り消された法律行為は、訴訟の相手方（受益者または転得者）に対しては無効となるが、訴訟に関与しない債務者・受益者または転得者に対しては依然有効だというのである。このいわゆる「相対的取消し」理論から具体的には、本判決によって(1)債務者を被告としなくてもよい点（判旨②）、(2)受益者・転得者のいずれを被告としてもよい点（判旨③）が帰結され、さらに後の判決によって、(3)債務者自身の財産回復・賠償の請求権を認めない点（大判大 8・4・11 民録 25 輯 808 頁）、(4)詐害行為の目的が金銭または価格賠償の場合につき取消債権者に自己への直接の引渡請求を認める点（大判大 10・6・18 民録 27 輯 1168 頁）などが付加されている（下森定「詐害行為取消の効果」法セ 161 号 29 頁以下など参照）。

　以上の判例法理（折衷説＋「相対的取消」理論）は、平成 29 年民法（債権法）改正に至るまで「相当に強固な判例法を形成している」と評されてきたが、詐害行為取消制度の真の目的（共同担保の回復）を直視し、条文を無視することなく取消しの効力を必要な範囲内に局限しようとする合目的・合理的な解釈運用であるとして、概ね学説によっても支持されてきたが（我妻・講義 IV 176 頁、於保・総論 180 頁、奥田・総論 280 頁など）。しかしながら「相対的取消」構成から帰結する前記 4 点のうち(4)については、取消債権者に事実上の優先弁済権を認

36　詐害行為取消権

めることになり 425 条の趣旨に反するとしてその結論自体に対して批判が向けられていた（→ **40事件**参照）。さらに、理論面において以下の厳しい批判がなされていた。すなわち、(a)相対的といいながら不動産譲渡行為の取消しでは債務者名義への登記の回復を命ずるゆえ、実際的には絶対効を認めたのと同じ結果となっている点、逆に(b)相対効として債務者に取消しの効力が及ばないとする限り、債務者に回復された財産は理論的には債務者との関係では依然受益者の財産といわざるを得ず、債権者は債務者の責任財産として強制執行を行うことができないはずだという点である（中野貞一郎「債権者取消訴訟と強制執行」民事訴訟雑誌 6 号 59 頁以下など、有力学説である「責任説」からの批判である）。

以上の「折衷説」と「相対的取消し」という 2 点によって特徴づけられてきた判例法理は、平成 29 年の民法（債権法）改正により、抜本的に見直されることとなった。

判例を読む

ここでは、平成 29 年民法（債権法）改正によって新たな規律が設けられた詐害行為取消権と本判決との関係を整理しておく。

●「折衷説」の承継と取戻請求の明文化

改正法は、折衷説を承継し、詐害行為取消請求（424 条 1 項、同条 3 項、424 条の 5）とともに、別の条文を置いて、取戻請求として、財産返還請求または価額償還請求ができることを明文化している（424 条の 6 第 1 項、第 2 項）。取戻請求は、改正前の判例法を踏襲し、原則は財産返還請求により（426 条の 6 第 1 項本文、第 2 項本文）、例外的に財産返還が困難な場合に価額償還請求ができる（424 条の 6 第 1 項但書、第 2 項但書）と明記された。被告として、受益者または転得者を選択することができる点も判例法理が承継されている（424 条の 7）。

詐害行為取消請求と取戻請求権（財産返還請求権または価額償還請求権）との関係についても判例法理が維持されていると分析できる。すなわち、①詐害行為取消請求のみをなすことが可能である点、②財産返還請求・価額償還請求をなす場合には、詐害行為取消請求において、取消請求とともに同一の詐害行為取消請求訴訟において行使されなければならない点は文言から争いのないところだからである（424 条の 6 第 1 項が「詐害行為取消請求において、…財産の返還を請求することができる」とするのはその点を前提としている。同条 2 項の価額償還請求についても同じ）。

なお、有力な反対説も存するが、詐害行為取消請求と取戻請求権は、別個の訴訟物を構成するものではなく、訴訟物としては、形成権と請求権が合体した 1 つの権利である詐害行為取消権それ自体であるので（改正前の議論につき、内堀宏達「詐害行為取消権」伊藤滋夫編『民事要件事実講座 3 民法 I 債権総論・契約』（青林書院、2005）119 頁など参照）、改正法 424 条および 425 条の「詐害行為取消請求」には、取戻請求も含まれると解釈することになる（潮見・総論 I 739 頁注 36 など参照）。

●「相対的取消構成」の抜本的な見直し

他方、相対的取消構成に関しては、改正法は、改正前の判例法理を大幅に見直している。具体的には、①債権者が詐害行為取消訴訟を提起した場合、遅滞なく、債務者に対して訴訟告知をしなければならないとする点（424条の 7 第 2 項）、②詐害行為取消請求の認容判決の効力が債務者にも及ぶとする点（425 条）、③受益者に対する詐

害行為取消請求と別に転得者に対する詐害行為取消の規定を設けて、転得者（転々得者）に対して詐害行為取消請求をなすことができるのを、すべての中間者（受益者・転得者）に対して詐害行為取消請求をすることができる場合に限定した点（424 条の 5）である。

これらによって、改正法は「絶対的取消構成」を採用したとの分析がなされている（瀬川信久「詐害行為取消権」同編著『債権法改正の論点とこれからの検討課題』別冊 NBL147 号 110 頁）。これに対して、改正法は、債務者への訴訟告知をすれば足りるとし、債務者を共同被告とすることまでを要求しておらず、さらに、受益者・転得者についても、被告選択の余地を認め、それらすべての者を共同被告とすることを要求しているわけではないことから、むしろ徹底した絶対的取消構成の採用が意図的に回避されたとの見方もできなくはない。詐害行為の取消を責任財産の回復という制度の目的に必要な範囲で認めるという点では、改正前の判例法理の精神が承継されているとの分析を行う余地も残されているといえよう（この点につき、沖野眞已「詐害行為取消権」金法 1874 号 93 頁、小粥・参考文献②217 頁、鎌田ほか・コンメン 1・130 頁［片山直也］参照）。

具体的な解釈論としては、債務者に固有の取戻請求権を認めるか否かという点（前掲大判大 8・4・11 が維持されているかどうか）が問題となる。立法担当官は、絶対的取消構成を貫徹し関係者間の統一的な利害調整を可能とする立場から、債権者による詐害行為取消の認容判決により、債務者と受益者との間において詐害行為は無効となるので、債務者は受益者に対して不当利得に基づく返還請求権（703 〜 704 条）または法律行為の取消しに基づく原状回復請求権（121 条の 2）を取得することを認めるとし、さらに、取消債権者以外の債権者は、債権者代位権に基づいて、債務者の原状回復請求権を代位行使することが可能となるとする（一問一答債権関係改正 108 〜 109 頁など）。しかしながら、取消しの効果は絶対的ではなく、詐害行為取消権の目的を達成するのに必要な限度で生じるに留まるとの考え方を敷衍するならば、詐害行為の当事者間（債務者と受益者）間でその行為の効力が無効となるという意味で絶対的構成を採ったわけではなく、債務者に固有の取戻請求を認めることはできないとの解釈論が帰結される（424 条の 6 の反対解釈）。債務者の受けた反対給付に対する受益者の返還請求を認める規定（425 条の 2）が設けられたのは、詐害行為の当事者間で絶対的に無効になるわけではないので、当然には返還・原状回復請求権が発生しないことから、あえてそのような規定を置く必要があったからであるとの分析が可能となる（小粥・参考文献②217 頁など）。立法担当官の説明には反するが、取消請求認容判決の効力を債務者およびすべての債権者に及ぼす（425 条）とした趣旨は、逸出した財産を債務者の責任財産に回復して、債権者が直接に強制執行をなすことを可能とする点にこそ存するのであり、債務者固有の取戻請求権を認める必要は存しないとの考え方も十分に成り立ちうる（鎌田ほか・コンメン 1・109、123 頁など）。

【参考文献】　①沖野眞已・百選 II 30 〜 31 頁、②小粥太郎「詐害行為取消権(2)―行使・効果」潮見ほか・詳解改正民法 214 頁以下など。

片山直也

30 債権成立後に登記が経由された場合の不動産譲渡行為の取消しの可否

最高裁昭和 55 年 1 月 24 日判決　民集 34 巻 1 号 110 頁、判時 956 号 48 頁、判タ 409 号 72 頁

【424 条】

論点　債権者の債権成立前になされた不動産譲渡行為に基づいて債権成立後に登記が経由された場合、債権者は譲渡行為につき詐害行為取消権を行使することができるか

事実の要約

　Xは昭和 50 年 7 月 30 日にAに対する手形債権合計 400 万円を取得した。他方Aは長男Yに、手形債権発生前である昭和 49 年 11 月 22 日頃農地を贈与し、同月 25 日に農業委員会から所有権移転の許可を得ていたが、その所有権移転登記手続は昭和 51 年 3 月 13 日になされた。XはYに相手どり、当該贈与契約を詐害行為としてその取消しおよび移転登記の抹消を求めて訴えを提起した。

裁判の流れ

　1 審（大分地判昭 53・6・12 民集 34 巻 1 号 114 頁）：Xの請求棄却　2 審（福岡高判昭 54・2・26 民集 34 巻 1 号 119 頁）：Xの控訴棄却　最高裁：Xの上告棄却

判旨

　〈上告棄却〉「債務者の行為が詐害行為として債権者による取消の対象となるためには、その行為が右債権者の債権の発生後にされたものであることを必要とするから、詐害行為と主張される不動産物権の譲渡行為が債権者の債権成立前にされたものである場合には、たといその登記が右債権成立後にされたときであっても、債権者において取消権を行使するに由はない〔大判大 6・10・30 民録 23 輯 1624 頁を引用〕。けだし、物権の譲渡行為とこれについての登記とはもとより別個の行為であって、後者は単にその時からはじめて物権の移転を第三者に対抗しうる効果を生ぜしめるにすぎず、登記の時に右物権移転行為がされたことになったり、物権移転の効果が生じたりするわけのものではないし、また、物権移転行為自体が詐害行為を構成しない以上、これについてされた登記のみを切り離して詐害行為として取り扱い、これに対する詐害行為取消権の行使を認めることも、相当とはいい難いからである」（「〔破産法 74 条〔現 164 条〕、会社更生法 80 条〔現 88 条〕の規定は、これらの手続の特殊性にかんがみて特に設けられた規定であつて、これを民法上の詐害行為取消の場合に類推することはできない。」とする）。

判例の法理

●詐害行為後の債権者による取消権行使の可否

　まずは前提として、詐害行為後に発生した債権を被保全債権として詐害行為取消権を行使できるかが問題となる。この点について判例は一貫して詐害行為前に発生した債権でなければならないとし（大判大 6・1・22 民録 23 輯 8 頁、最判昭 33・2・21 民集 12 巻 2 号 341 頁など）、通説もこれを支持してきた（我妻・講義Ⅳ 178 頁など）。詐害行為後に発生した債権については、債権者はすでに減少した債務者の財産を目的として債権関係を発生させたと

みなすべきだから、予期した担保の利益を害されたということはできないからである。なお判例には例外として、厳密な意味では未だ債権が発生していなくても、近い将来債権が発生する蓋然性があることを見越して財産を処分し執行を免れるなどの場合に取消しを認めるものが存した（最判昭 46・9・21 民集 25 巻 6 号 823 頁、星野・参考文献① 842 ～ 843 頁）。

　平成 29 年改正法は、一歩踏み込んで、債権の発生原因が行為前に存すれば、取消請求ができることを明文化して規定している（424 条 3 項）。

●債権発生後に登記が経由された場合の債権発生前の譲渡行為の取消しの可否

　この表題の主要論点について本判決は、「登記の時に右物権移転行為がされたことになったり、物権移転の効果が生じたりするわけのものではない」ゆえに、たとえ登記が債権成立後であっても譲渡行為が債権成立前である限り取消権を行使できないとしたが、これは大審院以来の判例法理（大判大 6・10・30 民録 23 輯 1624 頁、前掲最判昭 33・2・21）を踏襲したものであり、通説もそれを支持していた（於保・総論 193 頁、柚木＝高木・総論 198 ～ 199 頁など）。なお判例の立場を採りながら、債務者が予め受益者と通謀して財産処分をしておきながら故意に登記を遅らせて債権者を信用させ金銭を借り受けたというような場合には例外的に詐害行為を肯定してよいとする見解も存する（下森・参考文献② 85 頁）。

判例を読む

　詐害行為取消権を肯定する少数説（我妻・講義Ⅳ 179 頁。我妻・講義Ⅱ 158 頁参照）は、同説が一般債権者も 177 条の「第三者」に含まれるとする点で首尾一貫している（上告理由はこの立場によっている。円谷・参考文献④ 53 ～ 54 頁など）。しかしながら差押債権者と異なり一般債権者は「第三者」に含まれないとするのが判例法理であるから（大判大 4・7・12 民録 21 輯 1126 頁など）、詐害行為取消権を否定した最高裁の態度は是認されよう。なお本判決は、対抗要件としての登記のみを切り離して取消権の対象とすることはできない点に言及している。この点は本判決においては傍論にとどまるが、**31 事件**において重要な先例として位置づけられることになる。

　本判決の考え方は、被保全債権が行為の前の原因に基づいたものか否かを基準とする改正法 424 条 3 項のもとでも、維持される。すなわち、①財産減少行為、②債権発生原因、③債権発生、④対抗要件具備の事系列において、③を被保全債権として①も④も取り消すことはできない（中田・総論 288 頁など参照）。

【参考文献】　①星野英一・法協 91 巻 5 号 837 頁、②下森定・昭和 55 年度重判 83 頁、③篠田省二・最判解民昭和 55 年度 67 頁、④円谷峻・金判 597 号 50 頁など

片山直也

31 債権譲渡の通知に対する詐害行為取消権行使の可否

最高裁平成 10 年 6 月 12 日判決　民集 52 巻 4 号 1121 頁、判時 1660 号 60 頁、判タ 990 号 130 頁
【424 条】

論点　債権譲渡の通知を、譲渡行為自体と切り離して詐害行為取消権行使の対象とすることができるか

事実の要約

訴外Aは、平成 5 年 12 月 1 日、X（本訴原告・反訴被告）から 920 万円の貸付を受け、その担保としてAが訴外Bに対して現に有しもしくは将来取得する売掛代金債権全部を債務不履行を停止条件としてXに譲渡する旨約した（以下「本件債権譲渡契約」）。その際XとAは、停止条件が成就した場合には予めAから作成交付を受けた債権譲渡兼譲受通知書をXがAとの連名でBに送付する旨合意した。ところがAは同年 12 月 20 日および 21 日手形の不渡りを出し、同 20 日にXに支払うべき前記貸金の返済を怠った。そこでXは、AがBに対して有していた 292 万円の製本代金債権（以下「本件代金債権」）を譲り受けたとして、前記合意に基づき同月 21 日に通知書を内容証明郵便でBに発送し、同通知書は翌日Bに到達した（以下「本件譲渡通知」）。他方、同月 7 日に 100 万円を、同月 10 日に 300 万円をそれぞれAに対して貸し付けていたY₁、Y₂（本件被告・反訴原告、以下Yら）も、「本件代金債権」を譲り受けたが、AからBに対してなされた譲渡通知はいずれも「本件譲渡通知」よりも遅れてBに到達している。Bは 12 月 28 日、債権者を確知することができないとして代金額 292 万円を供託した。XはYらを被告として上記供託金につきXが還付請求権を有することの確認を求めて本訴を提起したが、Yらは反訴として「本件譲渡通知」につき詐害行為による取消しを求めた。

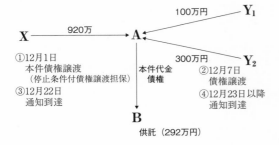

①12月1日
本件債権譲渡
（停止条件付債権譲渡担保）
③12月22日
通知到達

②12月7日
債権譲渡
④12月23日以降
通知到達

本件代金債権

供託（292万円）

裁判の流れ

1 審（東京地判平 7・7・27 民集 52 巻 4 号 1136 頁）：Xの本訴請求棄却・Yらの反訴請求認容　2 審（東京高判平 8・3・13 民集 52 巻 4 号 1143 頁）：Xの控訴棄却　最高裁：原審判決破棄・1 審判決取消・Xの本訴請求認容・Yらの反訴請求棄却

原審は、「…責任財産を減少させる法律効果を伴う債務者の行為である限り、債権譲渡の通知、時効の中断事由たる債務承認、追認などの準法律行為についても、民法 424 条を準用すべきである」が、（債権譲渡の通知は）「純然たる私法上の行為である上」、「債務者に対する関係となるものでは、…債権者の変更を債務者に主張し得る必須の要件であって、これによってはじめて当該債権が譲渡人の責任財産から確定的に逸出することになる」

ものであり、「第三者に対する関係で」の対抗要件の具備以上の機能を有しており、不動産譲渡における登記とは異なり、取消しの対象となり得ると判示し、Yらの反訴請求を認容。X上告。

判旨

〈破棄自判〉「債務者が自己の第三者に対する債権を譲渡した場合において、債務者がこれについてした確定日付のある債権譲渡の通知は、詐害行為取消権行使の対象とならないと解するのが相当である。」「詐害行為取消権の対象となるのは、債務者の財産の減少を目的とする行為そのものであるところ、債権の譲渡行為とこれについての譲渡通知とはもとより別個の行為であって、後者は単にその時から初めて債権の移転を債務者その他の第三者に対抗し得る効果を生じさせるにすぎず、譲渡通知の時に右債権移転行為がされたこととなったり、債権移転の効果が生じたりするわけではなく、債権譲渡行為自体が詐害行為を構成しない場合には、これについてされた譲渡通知のみを切り離して詐害行為として取り扱い、これに対する詐害行為取消権の行使を認めることは相当とはいい難い〔大判大 6・10・30 民録 23 輯 1624 頁、最判昭 55・1・24 民集 34 巻 1 号 110 頁を引用〕」。

判例の法理

●対抗要件具備行為（移転登記、債権譲渡通知など）の取消しの可否

本判決は、対抗要件具備行為（移転登記、債権譲渡通知など）の取消しの可否が正面から論じられた初めての最高裁判決である。古くは既存債務の履行としての移転登記は詐害行為とならないとする判決が存したが（大判明 40・3・11 民録 13 輯 253 頁、大判大 7・7・15 民録 24 輯 1453 頁参照）、本判決はそれに拠らず、むしろ本事案とは紛争類型を異にする大正 6 年判決・昭和 55 年判決（→ **30 事件**）を先例として引用し判断を下している。それらは、不動産物権の譲渡行為後、移転登記前に成立した債権に基づいて、その債権成立前になされた譲渡行為自体を取り消すことができるか否かが争われた判決である（結論否定）。ただ昭和 55 年判決は「傍論」として、登記のみを切り離して詐害行為として取り消すことはできないと述べていた。そこで本判決は、この傍論部分に基本的に依拠しつつ、詐害行為取消権の対象となるのは「債務者の財産の減少を目的とする行為」（以下「財産減少行為」）であるが、債権譲渡については債権譲渡行為がそれに該当するのであって、対抗要件具備行為たる譲渡通知によって債権移転の効果が生じるわけではないので、譲渡通知のみを分離して取消しの対象とすることはできないと判示したのである。ちなみに原審判決は、おそらく昭和 55 年判決を意識しつつ、不動産譲渡における登記と債権譲渡における通知の性質・機能の違いを指摘しているが、それを破棄した最高裁判決は、両者を同じ対抗要件

具備行為として同一に取り扱う点を強調した結果となっている（潮見・参考文献③72頁、中田・参考文献⑥604〜605頁など）。

学説の多数は、まず不動産登記については、原因行為の取消しのみを問題とすべきであり、登記は原因行為の取消しによりその効果として抹消されるにすぎず、登記自体の取消しは認められないとする（我妻・講義Ⅳ177〜178頁、中田・総論288頁など）。さらに倒産法上は対抗要件否認規定（破164条、民事再生129条）が存在するが、それらは手続の特殊性に鑑みてかつ制限された範囲で設けられた規定に過ぎず、民法上の詐害行為取消権が対抗要件の取消しを認める趣旨とは考えられないとする（船越隆司・判評261号16頁、円谷峻・金判597号55頁など）。なお一部の有力学説は、基本的に取消しの対象とならないとしつつも、「債務者が受益者と通謀して、財産処分後わざと登記を遅らせてその間に信用をえたような場合には」、原因行為と切り離して対抗要件充足行為のみを取り消すことも可能であるとしていた（下森定・昭和55年度重判85頁など）。

これに対して同じく対抗要件具備行為である債権譲渡通知については、学説の立場は必ずしも明らかではなかったが、むしろ一般的に取消しの対象が法律行為に限られることなく準法律行為も含まれると論じる際、その例として催告、時効中断のための債務承認などとともに、債権譲渡の通知を挙げるのが旧来の通説的説明であった（松坂佐一「債権者取消権」総合判例研究叢書民法⑦143頁、於保・総論181頁など）。本件原審も学説のこの部分に依拠し、取消しを認容する判決を下したものと推測される。しかしながら、不動産登記と債権譲渡通知とはともに対抗要件具備行為として同一の構造を有しており、少なくとも単純な譲渡である限り、取消しの可否を判断するに際して両者を区別する合理的な根拠を見出すことはできない（池田・参考文献①33頁、中田・参考文献⑧605頁など。反対説として、潮見・総論Ⅰ795〜797頁）。昭和55年判決（傍論）および本判決によって、対抗要件具備行為の詐害性を否定する判例法理はほぼ確立したと見ることができよう（ちなみに債権譲渡の承諾については、第三債務者の行為であって424条の予定する債務者自身の行為ではないので、そもそも取消しの対象とはならない（片山・参考文献②125頁など。反対、内田Ⅲ365頁））。なお、平成29年改正の立法に際しては、対抗要件具備行為の取消可能性について規定を設けることが検討されたが、意見の一致をみることができず、条文化は見送られた（潮見・総論Ⅰ793頁、内田Ⅲ373頁など）。よって、判例法理は立法後も維持されている。

判例を読む
●集合債権譲渡担保の詐害性
本件債権譲渡契約は、担保目的の停止条件付集合債権譲渡である。集合債権譲渡担保についてはそもそも理論的に、①融資段階の包括的な担保権設定行為と②実行段階の具体的な債権特定行為のいずれの時点に「財産減少行為」があったと評価して詐害行為取消権・否認権の行使を認めるべきかが論じられてきた。さらに実務上は従来より債務者の信用状態の悪化を知らしめることになるとの懸念から譲渡通知を留保するいわゆるサイレントの債権譲渡担保が一般的であったが、実行時になされる譲渡通知が権利移転の日から15日を経過した後の対抗要

件具備行為として対抗要件否認（旧破74条1項、新破164条）の対象となってしまうおそれがあるということで、それを回避するため権利移転の効果の発生を遅らせる手段として予約型や停止条件型が多用されるようになってきた。このうち本件債権譲渡契約は停止条件型でなされたものである。

しかしその後、将来債権譲渡の特定性や権利移転に関する判例法理が進展し（最判平11・1・29民集53巻1号151頁（→57事件）および最判平19・2・15民集61巻1号243頁（→59事件））、さらに集合債権譲渡担保の対抗要件具備に関する判例法理（最判平13・11・22民集55巻6号1056頁（→58事件））の出現や債権譲渡特例法の制定によって、いわゆる「正常業務型」の集合債権譲渡担保を規律するための法整備がなされてきたことから、その後は、いわゆるサイレント方式に対して消極的な評価が下されるようになってきた。

まずは、予約型の債権譲渡について、予約時の対抗要件の具備の効力を認めないとする最高裁判決が現われた（最判平12・4・21民集54巻4号1562頁）。次いで、最高裁は、破産法上の否認事件であるが、停止条件付の債権譲渡について、「上記契約は、破産法72条2号（現162条1項）の規定の趣旨に反し、その実効性を失わせるものであって、その契約内容を実質的にみれば、上記契約に係る債権譲渡は、債務者に支払停止等の危機時期が到来した後に行われた債権譲渡と同視すべきものであ（る）」として否認を認めるに至った（最判平16・7・16民集58巻5号1744頁）。

本判決は、本件債権譲渡契約が担保の実体を有しているにもかかわらず、単純な不動産譲渡に関する昭和55年判決の判旨をそのまま援用するにとどまった点は不十分といえよう。本契約（公示）型の集合債権譲渡担保については、設定行為によって債権が「確定的に譲渡されている」のであり（前掲最判平19・2・15）、設定行為の時点で無資力でなければ設定行為として取り消すことはできない。これに対して、サイレント型（予約型・停止条件型）の集合債権譲渡型については、設定行為の時点では債権移転の効果は生じておらず、実行段階の特定行為によって初めて責任財産の減少が生じるのであるから、実行段階での追加には、対抗条件具備以上の機能がある行為として、取り消す余地の存するように思われる（潮見・総論Ⅰ796-797頁、片山・参考文献②125頁など）。

【参考文献】　①池田真朗・私判リマ19号31頁、②片山直也・法教220号124頁、③潮見佳男・平成10年度重判71頁、④北居功・百選Ⅱ36頁、⑤豊澤佳弘・最判解民平成10年度（下）581頁、⑥中田裕康・法協117巻4号597頁など。

片山直也

32 特定物債権と詐害行為取消権

最高裁昭和 36 年 7 月 19 日大法廷判決　民集 15 巻 7 号 1875 頁、判時 266 号 6 頁、判タ 124 号 35 頁
【424 条、424 条の 6】

論点　①特定物債権に基づいて詐害行為取消権を行使できるか
②抵当権付き不動産の譲渡行為を取り消す場合、その範囲および方法いかん

事実の要約

　XはAに対して売掛代金債権 7 万余円を有していたが、昭和 25 年 9 月に同債権を担保するために本件家屋（少なくとも時価 10 万円以上）を目的とする売買契約を締結した。Xは、昭和 27 年 5 月、Aに対して同契約に基づいて所有権移転登記手続を訴求し、同年 11 月に 3 万余円の清算金の支払いとの引換給付の確定判決を取得している。ところが昭和 27 年 6 月頃、Aは他にみるべき資産がないにもかかわらず、同家屋に債権額 8 万円の抵当権を有するBに対し、その債権の代物弁済として本件家屋を提供し無資力となった。その後間もなくBは同家屋をYに 9 万円で売却し、ABY合意の上、Bの抵当権登記を抹消し、中間省略の登記で、AからYへ直接所有権の移転登記がなされた。

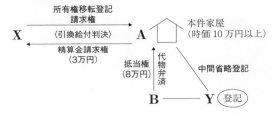

裁判の流れ

　1 審（福島地判民集 15 巻 7 号 1884 頁）：Xの請求棄却
2 審（仙台高判昭 29・12・28 下民集 5 巻 12 号 2146 頁）：Xの請求認容　最高裁：破棄差戻

　1 審でXはAY間の売買は通謀虚偽表示で無効ゆえAに代位してYに対しAY間の所有権移転登記の抹消を求めたがXが敗訴した。Xが控訴。原審ではXは、AB間の代物弁済契約を詐害行為として取り消し、Yに対してAへの移転登記を命じるよう主張したが、原審判決はXの請求を認容した。Yが上告。

判旨

〈破棄差戻〉　①「民法 424 条の債権者取消権は、総債権者の共同担保の保全を目的とする制度であるが、特定物引渡請求権…といえどもその目的物を債務者が処分することにより無資力となった場合には、該特定物債権者は右処分行為を詐害行為として取り消すことができるものと解するを相当とする。けだし、かかる債権も、窮極において損害賠償債権に変じうるのであるから、債務者の一般財産により担保されなければならないことは、金銭債権と同様だからである。大審院大正 7 年 10 月 26 日民事連合部判決（民録 24 輯 2036 頁）が、詐害行為の取消権を有する債権者は、金銭の給付を目的とする債権を有するものでなければならないとした見解は、当裁判所の採用しないところである」。
②「…債権者取消権は債権者の共同担保を保全するため、債務者の一般財産減少行為を取消し、これを返還させる

ことを目的とするものであるから、右の取消は債務者の詐害行為により減少された財産の範囲にとどまるべきものと解すべきである。したがって、前記事実関係によれば本件においてもその取消は、前記家屋の価格から前記抵当債権額を控除した残額の部分に限って許されるものと解するを相当とする。そして、詐害行為の一部取消の場合において、その目的物が本件の如く一棟の家屋の代物弁済であって不可分のものと認められる場合にあっては、債権者は一部取消の限度において、その価格の賠償を請求する外はないものといわなければならない」（①②につき補足意見がある）。

判例の法理

●制度趣旨——共同担保の保全

　まずは、特定物債権者はその債権の給付内容の実現それ自体を目的として取消権を行使することができるかを論じる必要がある。従来から一部の学説によって、詐害行為取消権を共同担保の回復以外の領域でも、特定の権利を保全するために無資力を要件とせず幅広く機能させるべきだとの主張が有力になされてきた（梅謙次郎『民法原理債権総則完』（和仏法律学校、1908）365 〜 366 頁、磯村保「二重売買と債権侵害(1)」神戸法学雑誌 35 巻 2 号 402 〜 403 頁、片山直也『詐害行為の基礎理論』282 〜 286 頁など）が、判例法理はそれを認めるには至っていない。その点は、本判決の判旨冒頭で 424 条が「総債権者の共同担保の保全を目的とする制度」であることを確認し、問題を「〔特定物債権の〕目的物を債務者が処分することにより無資力となった場合」に限定していることからも明らかであろう。最高裁はこの点から、原判決の判断によると対抗要件の具備において劣後した第一譲受人が第二譲受人に対して所有権の移転を対抗し得ると同一の結果となり 177 条の法意に反するとの上告理由を斥けている。

●特定物債権に基づく詐害行為取消権行使の可否

　詐害行為取消権が総債権者の共同担保の回復を目的とする制度であることを前提とした上でなお、（イ）金銭債権以外の特定物債権の債権者に取消権の行使を認めるべきか否か、（ロ）認める場合、取消後の法律関係はどうなるのかという 2 つの点が問題となる。そのうち（イ）がここでの論争点である（（ロ）については **39 事件** で取り扱う）。

　この点についてはかつて、本件判旨が引用する大正 7 年大審院連合部判決が、425 条を援用しつつ、詐害行為取消権は一般債権者の共同担保を害する法律行為から債権者を救済することを目的とするゆえ、取消権を有する債権者は、「取消の結果として債務者に復帰したる財産より平等の割合を以て弁済を受くるに依りて救済を得べきもの」すなわち金銭債権者（金銭の給付を目的とする債権を有する者）でなければならないと判示し、木材の第 1 買主（特定物引渡請求権者）の取消権行使を否定して、判例の統一を図った。だがこの大審院の判例法理に対しては、根拠として（i）特定物引渡債権も終局的には債務

者の一般財産によって担保されることは金銭債権と異ならない、(ii)二重譲渡の場合に、買主の他に金銭債権者がいるとすると、その者は取消権を行使できるにもかかわらず、買主が取り消せないのは不合理である、(iii)詐害行為の成立には、債務者(売主)の無資力と買主(受益者)・転得者の悪意を要件とするので、177条の原則(いわゆる背信的悪意者排除の法理が確立するのは後に至ってである(最判昭43・8・2民集22巻8号1571頁参照))に反することはないなどの点を挙げ、多くの学説が反対を表明していた(我妻・参考文献⑦12頁など)。本判決は反対学説の批判を容れて判例を変更し、大審院連合部判決を採用しない旨を明らかにしたわけである。

本判決によって、詐害行為時に金銭債権に転じている必要がない点は確定的となり、その点については学説にも異論は存しない(我妻・講義Ⅳ180頁、於保・総論192頁、平井・総論282頁など)。このことは、平成29年民法(債権法)改正によって詐害行為の前に被保全債務の発生原因があれば足りるとの規定(424条3項)が置かれたことにより補強されたということができよう(森田・参考文献⑤33頁参照)。だが本判決が、(a)取消権行使時(事実審の口頭弁論終結時)までに金銭債権に変じていることを要すると解しているか、(b)特定物債権のままで取消権を行使できるとする趣旨であるかは必ずしも明確ではないとされ(水本・参考文献③53頁以下、奥田・総論306〜307頁、平井・総論282頁など)、学説にも見解の対立が生じた。少数説は、特定物債権のままで取消権を行使し得、かつ取消債権者が引渡しを受けたものが債権の目的と同一または同種であるときはそのまま弁済に充当することができ、それによって他の債権者も間接的に利益を受けるので425条に矛盾することもないとする(柚木・参考文献⑥6頁、柚木=高木・総論196頁、奥田・総論307頁など)。しかしながら無資力を要件としつつ、詐害行為取消権によって特定物債権の権利内容自体の実現を認めるのは論旨が一貫していない。多数説は、(a)のごとく解するが(我妻・講義Ⅳ181頁、下森・参考文献②110頁、中田・総論322頁など)いずれにせよ共同担保の回復という制度目的の範囲内で金銭債権者としての保護のみを与えるのが妥当である。この点は昭和53年判決の出現によって再度論じられることとなった(→39事件)。

判例を読む

●抵当権付き不動産の譲渡行為を取り消す場合の取消しの範囲および方法

債務者の財産に抵当権等の物的担保が設定されていた場合、その被担保債権額を控除した残額部分のみが一般債権者の共同担保を構成するというのが、判例・通説(大判明44・11・20民録17輯715頁、最判昭63・7・19判時1299号70頁、最判平4・2・27(→37事件)など。我妻・講義Ⅳ181〜182、196頁、奥田・総論319〜320頁など)の基本的理解である。そこで抵当権付き不動産の譲渡行為などは、債務者の行為の一部のみが詐害行為を構成することになり、その場合の取消しの範囲および方法いかんが問題となる。

本判決の法廷意見は、(イ)取消しは一部(被担保債権額を控除した残額部分)に限ってのみ許されるとし、(ロ)目的物が不可分の場合には一部取消の限度において価格賠償(平成29年改正により「価額償還」)するより他ないと判示して、全部を取り消し移転登記を命じた原判決を

破棄した(法廷意見を支持するものとして、三淵・参考文献④275〜276頁、板木・参考文献①317〜318頁など)。確かに本事案はすでに抵当権登記が抹消されており、かつ被告が転得者であるから、抵当権登記を復活させて現物返還(平成29年改正により「財産返還」)を行うのは困難ゆえ、具体的事案の解決としては価格賠償(価額償還)によらざるを得なかったといえよう。だがそうでないケースにまで、「一部取消+価格賠償(価額償還)」を原則とすることには疑問が提起された。すなわち本判決の補足意見は、数多くの先例を引用し(大判昭9・11・30民集13巻2191頁(現物返還の原則)、最判昭30・10・11民集9巻11号1626頁(全部取消の原則)など)、債務者の行為の一部が詐害行為となる場合でも、目的物が分割し得ない場合は全部を取り消すべきであり、本件では抵当権登記が抹消されかつ転得者のみを被告としているので不可能だが、逸脱した財産自体の返還を請求することが可能な場合には、原則としてそれを請求すべきだとの「全部取消+現物返還(財産返還)」の原則を主張し、この補足意見が有力学説によって支持された(我妻・講義Ⅳ197、198頁、柚木=高木・総論223〜224頁、水本・参考文献③61〜62頁など)。そして同判決を契機に緻密な類型論が展開され(我妻・講義Ⅳ195〜199頁、注民⑩844〜846頁〔下森定〕など)、今日的には、可能な限り現物返還を原則とするのが学説の大勢である(森田・参考文献⑤33頁。「価格賠償の原則」を主張する少数説として平井・総論296〜298頁参照)。

本判決後の最高裁判決も現物返還(財産返還)を原則とする方向に向かった。すなわち、抵当権登記が抹消されていない限り譲渡行為の全部を取り消し現物返還(財産返還)を認めるべきだが(最判昭54・1・25民集33巻1号12頁など)、「目的不動産が不可分のものであって、付着していた抵当権の設定登記等が抹消されたようなときには、逸出した財産自体を原状のままに回復することが不可能若しくは著しく困難であり、また、債務者及び債権者に不当に利益を与える結果になるから」一部を取り消して価格賠償(価額償還)によるしかない(最判昭63・7・19判時1299号70頁など)との判例法理が定着しつつある(安永正昭・判評246号12頁、片山直也・百選Ⅱ38頁など)。

以上の判例法理は、改正後は、424条の6第1項後段および2項後段の「財産の返還をすることが困難であるとき」の解釈論として承継されることになろう。改正法が「絶対的取消し」を採用したことから、受益者が抵当権者自身である精算型については、判例変更の可能性を示唆する学説も存するが(平野・総論210〜211頁など)、現時点では、判例法理は抵当権の復活は認めない。なお共同抵当のケースが新たな問題を提起している(→37事件)。

【参考文献】 本件評釈として、①板木郁郎・民商46巻2号309頁、②下森定・民法の判例2版108頁、③水本浩『大法廷判決巡歴民法Ⅰ』(日本評論社、1975)39頁、④三淵乾太郎・最判解民昭和36年度269頁以下、⑤森田修・百選Ⅱ32頁、⑥柚木馨・判評41号4頁、⑦我妻栄・ジュリ234号12頁など。

片山直也

33 離婚に伴う財産分与・慰謝料支払合意と詐害行為取消権

最高裁平成 12 年 3 月 9 日判決　民集 54 巻 3 号 1013 頁、判時 1708 号 101 頁、判タ 1028 号 168 頁

【424 条】

論点　離婚に伴う財産分与・慰謝料支払合意の詐害性の判断基準および取消しの範囲

事実の要約

　Xは、訴外A（訴外B社の取締役）に対し、貸金債権を有し、これにつき、AからXに 6000 万円余円を支払うべき旨の確定判決を得ていた。ところが、Aは、多額の負債を抱えて借入金の利息の支払にも窮し、平成 4 年 1 月末、無資力となったにもかかわらず、AとYは、平成 6 年 6 月 1 日、協議離婚し、他の債権者を害することを知りながら、平成 6 年 6 月 20 日、①AがYに対し、生活費補助として同月以降Yが再婚するまで毎月 10 万円を支払うこと、および②離婚に伴う慰謝料として 2000 万円を支払うことを約し（以下「本件支払合意」という）、これに基づき、執行認諾文言付きの慰謝料支払等公正証書が作成された。

　Xが、Aに対する前記確定判決に基づき前記貸金債権の内金 500 万円を請求債権として、Yが、Aに対する前記公正証書に基づき生活費補助 220 万円および慰謝料 2000 万円の合計 2220 万円を請求債権として、それぞれAのBに対する給料および役員報酬債権につき差押えをなしたので、Bは、261 万余円を供託した。大阪地方裁判所が、XとYの各配当額を各請求債権額に応じて按分して定めた配当表（以下「本件配当表」という）を作成したところ、Xは、配当期日において異議の申出をした。本訴において、Xは、主位的請求として、本件支払合意が通謀虚偽表示により無効であるとして本件配当表につき全額をXに配当するよう変更することを求め、予備的請求として、詐害行為取消権に基づきAYの間の本件支払合意を取り消し本件配当表を同様に変更することを求めた。

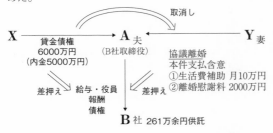

裁判の流れ

　1 審（大阪地判平 9・7・25 民集 54 巻 3 号 1027 頁）：Xの主位的請求認容　2 審（大阪高判平 9・11・20 民集 54 巻 3 号 1034 頁）：Xの予備的請求認容　最高裁：破棄差戻

　第 1 審は、本件合意は通謀虚偽表示により無効であるとして主位的請求を認容した。原審は、本件支払合意における生活費補助および慰謝料の額は、その中に財産分与的要素が含まれているとみても、不相当に過大であって、財産分与に仮託してされたものであり、詐害行為に該当するとして、予備的請求を認容した。Yが上告。

判旨

　〈破棄差戻〉①「離婚に伴う財産分与は、民法 768 条 3 項の規定の趣旨に反して不相当に過大であり、財産分与に仮託してされた財産処分であると認めるに足りるような特段の事情のない限り、詐害行為とはならない〔最判昭 58・12・19 民集 37 巻 10 号 1532 頁を引用〕。このことは、財産分与として金銭の定期給付をする旨の合意をする場合であっても、同様と解される」。

　②「離婚に伴う財産分与として金銭の給付をする旨の合意がされた場合において、右特段の事情があるときは、不相当に過大な部分について、その限度において詐害行為として取り消されるべきものと解するのが相当である」。

　③「離婚に伴う慰謝料を支払う旨の合意は、配偶者の一方が、その有責行為及びこれによって離婚のやむなきに至ったことを理由として発生した損害賠償債務の存在を確認し、賠償額を確定してその支払を約する行為であって、新たに創設的に債務を負担するものとはいえないから、詐害行為とはならない。しかしながら、当該配偶者が負担すべき損害賠償債務の額を超えた金額の慰謝料を支払う旨の合意がされたときは、その合意のうち右損害賠償債務の額を超えた部分については、慰謝料支払の名を借りた金銭の贈与契約ないし対価を欠いた新たな債務負担行為というべきであるから、詐害行為取消権行使の対象となり得るものと解するのが相当である」。

判例の法理

●離婚に伴う財産分与の詐害性の判断基準

　離婚に伴う財産分与を分与者の債権者が詐害行為として取り消すことができるか否かについては、分与者が無資力状態にある場合においてはそもそも分与すべき財産を有していないはずであるからそれを分与することは分与義務の範囲を逸脱し原則として詐害行為となるとの少数説（柚木＝高木・総論 191 頁など）も存したが、最高裁は、昭和 58 年判決（前掲最判昭 58・12・19）において、下級審裁判例や学説の多数の見解（学説の詳細につき、前田・参考文献③ 35 〜 36 頁など参照）を採用し、「分与者が既に債務超過の状態にあって当該財産分与によって一般債権者に対する共同担保を減少させる結果になるとしても、それが民法 768 条 3 項の規定の趣旨に反して不相当に過大であり、財産分与に仮託してされた財産処分であると認めるに足りるような特段の事情のない限り、詐害行為として、債権者の取消の対象とはなりえないものと解するのが相当である」と判示して、離婚に伴う財産分与は、原則としては詐害行為とならないが、例外として特段の事情がある場合には詐害行為となる余地を認めた。その上で昭和 58 年判決は、当該事案において財産分与としてなされた不動産譲渡について、財産分与の 3 要素（清算部分、扶養部分、慰謝料部分）に即して検討し、財産分与として相当なものであるから詐害行為にはあたらな

いとの原審の判断を支持している。そこで、特段の事情（「不相当に過大であり、財産分与に仮託してされた財産処分」であるとの事情）がいかなる場合に認定されるかが問題となる。

学説は、財産分与（広く離婚給付）の3要素ごとに分析し詐害性の判断を行う傾向が一般的であり（片山直也・百選Ⅱ4版47頁など）、特に、財産分与の中核である清算部分については、分与者の負担する債務が「共同財産の形成・維持に寄与した債務」（実質的な共同債務）か否かを重視し、それを差し引いた余剰が清算の対象となるとの考え方が有力である（塩崎勤・ジュリ810号68頁、鈴木眞次・法協105巻9号1314頁など。実質的共有財産に対する潜在的持分の取戻しであり、破産法上の取戻権と同様の優先的地位を認めるべきとするものもある（前田達明『民法随筆』（成文堂、1989）180頁など参照））。

本判決は、清算的要素は含まれず、扶養的財産分与につき金銭の定期給付をする旨の合意および慰謝料を支払う旨の合意がなされたという事案に関するものではあるが、最高裁における初めての肯定例であり、昭和58年判決の枠組みを踏襲しつつ、扶養的財産分与について、それがたとえ金銭定期給付の合意であっても昭和58年判決と同一の判断枠組み（768条3項の趣旨に反して不相当に過大か否か、財産分与に仮託した財産処分か否か）によって詐害行為となるか否かを判断するとしている。

● **離婚に伴う慰謝料支払合意の詐害性の判断基準**

本判決は、もう一方で、離婚に伴う慰謝料支払合意については、昭和58年判決とは異なる新たな判断枠組みを提示している（飯塚・参考文献②63頁など）。

そもそも慰謝料請求権は財産分与請求権とは性質を異にするものであるが、慰謝料も含めて財産分与の額および方法を定めることができ（最判昭46・7・23民集25巻5号805頁）、清算・扶養とともに慰謝料を含めた趣旨で財産分与として不動産譲渡などの財産処分がなされた場合には、慰謝料を含めた財産分与として相当性を判断することができる（昭和58年判決）というに過ぎない。よって本判決の事案のように、扶養的財産分与と区別して一定額の慰謝料を支払う合意がなされている場合には、そもそも慰謝料請求権は財産分与請求権とは性質を異にするものであるから、財産分与とは切り離して（相当性の判断基準外で）、慰謝料支払合意が詐害行為となるか否かを別個の基準で判断すべきということになる。

この点から、本判決は、本件慰謝料合意につき、慰謝料として本来負担すべき損害賠償債務の存在を確認する部分では詐害行為とならないが、その額を超えた部分は、贈与または新たな債務負担行為（新たに創設的に債務を負担するもの）として取消しの対象となるとした（この判断基準については、離婚に伴う慰謝料に限らず、不法行為に基づく損害賠償の支払合意の詐害性につき一般に妥当すると分析されている（前田・参考文献③37頁など））。

判例を読む

● **424条1項か2項か？**

離婚に伴う財産分与が原則として詐害行為とならないとする根拠については、①424条2項（「財産権を目的としない行為」）に求める見解（於保・総論183頁、奥田・総論291頁など）と、②424条1項（「詐害性」の判断）に吸収して説明する見解（星野・総論110頁など）との対立が存するが、昭和58年判決・平成12年判決のいずれもこの点を必ずしも明確にしてはいない。

一方では、昭和58年判決が「取消の対象となりえない」としていたのに対して、平成12年判決が「詐害行為とはならない」と表現を改めたことから、判例法理は①仮託基準から②相当性基準にシフトし、財産分与の詐害行為取消権の問題は424条1項の領域に移されたと分析するものも存するが（森田・参考文献④148～150頁、157頁注(8)など）、他方では、現時点でそのように断定することは難しく、財産分与が原則として（768条3項の趣旨に反しない限り）詐害行為とならない点を説明する形式的な根拠として424条2項が有用だとするものもある（片山・参考文献⑤39頁など）。

● **取消しの範囲および取戻しの方法**

離婚に伴う財産分与が詐害行為にあたるとされる場合に、①取消しの範囲如何（全部取消か、一部取消か）、②取戻しの方法如何（財産返還か価額償還か）が問題となる。

本判決は、①の点について、扶養的財産分与および慰謝料のいずれに関しても、一部取消すなわち不相当に過大な部分または慰謝料として負担すべき損害賠償債務の額を超える部分について、その限度において取り消すことができるとした。学説や下級審裁判例の多数に従った判断で、基本的には支持されるべきである（野村豊弘・平成21年度重制63頁など）。

なお、本件は、債務者Aと受益者Yとの間で扶養的財産分与としての金銭支払合意および慰謝料支払合意が公正証書でなされ、Yがそれを債務名義として債務者の財産に差押えをなしたのに対して、債権者Xが、配当異議をなし、両合意につき詐害行為取消権に基づく取消しを訴求したという事案であり、②取戻し（原状回復）の方法としては、取消しとともに超過額を控除した残額に基づいて本件配当表の変更が命じられれば足りるという特殊なケースであった。

そこで、本事案を離れて、財産分与として不動産などの財産処分がなされたという事案につき、取消しの範囲および取戻しの方法如何が問われよう。取消しの範囲は、そもそも詐害行為が一部についてのみ成立するというケースであるから、一部取消が原則となり、一部取消の場合の取戻しの方法は、原則として価額償還となると考えるべきである（高部・参考文献①255-256頁、森田・参考文献④152～153頁など。抵当権付き不動産の譲渡行為の取消しに関する判例法理（→ **32事件、37事件**）の趣旨にも合致する。なお、下級審裁判例には、複数の不動産（または持分）が譲渡されたケースにつき、一部不動産（一部持分）の現物返還を命じたものが存する（福岡高判平2・2・27判時1359号66頁、浦和地判平5・11・24金判945号34頁）が、これは価額償還が命じられた場合、受益者たる被分与者がそれを支払えないために却って居住不動産を失うことが想定されるので、居住を確保するためには一部財産返還（持分返還）を認めた方がよいとの配慮によるものとされている（右近健男・判タ743号63頁など））。

【参考文献】 本件評釈として、①高部眞規子・最判解民平成12年度（上）246頁、②飯塚和之・NBL715号62頁、③前田陽一・私判リマ22号34頁、④森田修・法協118巻11号142頁、⑤片山直也・百選Ⅱ6版38頁など。

片山直也

34 遺産分割協議と詐害行為取消権

最高裁平成 11 年 6 月 11 日判決　民集 53 巻 5 号 898 頁、判時 1682 号 54 頁、判タ 1008 号 117 頁
【424 条、907 条 1 項】

論点　遺産分割協議が詐害行為取消権の対象となるか

事実の要約

　訴外夫 A が昭和 54 年に死亡し、妻 Y₁ および子 Y₂Y₃ が借地上建物の相続人となったが（昭和 55 年の法改正前ゆえ法定相続分は各 3 分の 1）、Y₁ らは本件建物の登記を亡 A のままにして、昭和 57 年以降は Y₁ が 1 人で居住を続けていた。他方 Y₁ は平成 5 年、X に 300 万円の連帯保証債務を負担したが、平成 7 年 10 月以降 X から連帯保証債務の履行および本件建物につき相続を原因とする移転登記手続きを求められていた。ところが Y₁Y₂Y₃ は平成 8 年 1 月本件建物について、Y₁ はその持分を取得せず、Y₂Y₃ が各 2 分の 1 の持分割合で所有権を取得する旨の遺産分割協議を成立させ、登記が経由された。事実を知った X は本訴を提起し、Y₂Y₃ を被告として本件遺産分割協議を詐害行為として取り消し、詐害行為取消を原因とする Y₁ に対する各持分 6 分の 1 の移転登記をせよと訴求した。

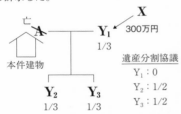

裁判の流れ

　1 審（横浜地横須賀支判平 9・5・13 民集 53 巻 5 号 909 頁）：X の請求認容　2 審（東京高判平 10・1・22 判タ 995 号 233 頁）：Y₁Y₂ の控訴棄却　最高裁：Y₁Y₂ の上告棄却

　1 審は X の請求認容。原審は、遺産分割は、実質的には相続人間の贈与と同視し得るもので詐害行為取消しの対象となるとして控訴を棄却。Y₂Y₃ が上告。

判旨

　〈上告棄却〉「共同相続人の間で成立した遺産分割協議は、詐害行為取消権行使の対象となり得るものと解するのが相当である。けだし、遺産分割協議は、相続の開始によって共同相続人の共有となった相続財産について、その全部又は一部を、各相続人の単独所有とし、又は新たな共有関係に移行させることによって、相続財産の帰属を確定させるものであり、その性質上、財産権を目的とする法律行為であるということができるからである」。

判例の法理

●遺産分割協議、相続放棄の詐害性

　424 条 2 項は「財産権を目的としない行為」につき取消権を行使し得ないと規定するので、相続や離婚などの身分行為に付随した財産処分が取消しの対象となるか否かが問題となる。本判決は遺産分割協議に関する大審院・最高裁の初の判断であるが、遺産分割協議は取消しの対象となり得ると判示した。最高裁は相続放棄については、それが責任財産の積極的な減少行為ではなく（消

極的に財産増加を妨げる行為に過ぎず）、また身分行為として他人の意思によって強制されるべきではないとの理由で、詐害行為取消権行使の対象とはならないと判示している（最判昭 49・9・20 民集 28 巻 6 号 1202 頁）。相続放棄と遺産分割協議とを厳格に峻別するこの最高裁の態度は、いわゆる相続と登記に関する判例理論（最判昭 42・1・20 民集 21 巻 1 号 16 頁（相続放棄に関してそれを相続資格の遡及的消滅と構成）、最判昭 46・1・26 民集 25 巻 1 号 90 頁（遺産分割に関して相続人が相続によりいったん取得した権利につき分割時に新たな変更を生じると構成）と整合的である（池田恒男・家族法百選 5 版 208 ～ 209 頁、工藤・参考文献④ 74 頁、潮見・参考文献⑥ 59 頁など）。本判決の意義は、一般債権者との関係においても遺産分割の移転主義を貫徹し、個々の相続財産は債務者たる共同相続人の持分の範囲で債権者の責任財産を構成することを明らかにした点にあるといえよう。学説も従前から肯定説が圧倒的多数であったが、近時はむしろ相続放棄も取消しの対象となり得ることを前提としてその要件如何を債権者の態様（相続債権者か相続人の債権者かなど）に応じてきめ細やかに論じるべきとする立場が有力である（吉田邦彦・家族法百選 4 版 205 頁、潮見・参考文献⑥ 60 ～ 61 頁など）。しかしながら相続放棄については、相続人の放棄の自由、期間の限定（915 条）など法構造上の違いから遺産分割と同一基準で詐害性が判断されるべきではなく（池田・前掲 209 頁、右近・参考文献② 45 頁など）、原則として詐害行為とはならず、債務者たる相続人の債権者からの追及を免れる目的で共同相続人間で共謀し相続放棄に仮託してあるいは放棄を偽装して詐害的な財産処分がなされた場合にのみ例外的に取消しの対象となると解するべきであろう（片山・参考文献③ 43 頁）。

判例を読む

●遺産分割協議の詐害性の判断枠組み

　遺産分割協議の詐害性の判断基準としては、相続分（法的相続分を目安に寄与分・特別受益を加味した具体的相続分）を基礎に債務者の実質的な責任財産の範囲を確定し、それを超えた部分は「贈与的要素」として原則として取消しの対象となり得るとしつつ（高木多喜男・遺産分割の法理 208 頁など）、906 条の基準に従い遺産分割の特殊性を考慮して（「各相続人の年齢、職業、心身の状態及び生活の状況その他一切の事情」を考慮して）詐害性を判断すべきであろう（伊藤・参考文献① 28 頁、右近・参考文献② 45 ～ 46 頁、道垣内・参考文献⑧ 147 頁など）。

【参考文献】　本判決の評釈として、①伊藤昌司・私判リマ 21 号 26 頁、②右近健男・金法 1576 号 43 頁、③片山直也・百選Ⅱ 5 版新法対応補正版 42 頁、④工藤祐巌・NBL694 号 72 頁、⑤佐久間邦夫・最判解民平成 11 年度（上）473 頁、⑥潮見佳男・銀法 572 号 57 頁、⑦千藤洋三・判評 494 号 28 頁、⑧道垣内弘人・法教 233 号 146 頁。

片山直也

35 濫用的会社分割と詐害行為取消権

最高裁平成 24 年 10 月 12 日判決　民集 66 巻 10 号 3311 頁、判時 2184 号 144 頁、
判タ 1388 号 109 頁、金判 1402 号 16 頁　　　　　　　　【424 条、会社法 5 編 3 章 2 節 2 款】

論点　濫用的な会社分割が詐害行為取消権の対象となるか

事案の要約

　B 銀行は、平成 12 年 12 月 13 日、C に対し、5 億 6000 万円を貸し付け、本件貸付債権を取得した。D 株式会社は、同日、B に対し、本件貸金債権に係る債務を連帯保証し、本件保証債務を負担した。本件貸金債権は、B から E、E から F に譲渡され、F は、同日、債権回収会社 X（原告・被控訴人・被上告人）に対し、本件貸金債権の管理および回収を委託した。同日時点における本件貸金債権の元本の残高は約 4 億 5500 万円であった。A 株式会社は、平成 16 年 8 月 6 日、D を吸収合併し、本件保証債務を承継した。

　A は、平成 19 年 9 月 1 日、株式会社である Y（被告・控訴人・上告人）を新たに設立すること、A は Y に本件不動産を含む承継権利義務明細表記載の権利義務を承継させること、Y が A に Y の発行する株式の全部を割り当てることなどを内容とする新設分割計画を作成し、同年 10 月 1 日、Y の設立の登記がされ、本件新設分割の効力が生じた。本件新設分割により、Y は A から一部の債務を承継し、A は上記承継に係る債務について重畳的債務引受けをしたが、本件保証債務は Y に承継されなかった。A は、平成 19 年 10 月 12 日、本件不動産について、会社分割を原因として、Y への所有権移転登記手続をした。

　A が本件新設分割をした当時、本件不動産には約 3300 万円の担保余力があったが、A は、本件不動産以外には債務の引当てとなるような特段の資産を有しておらず、本件新設分割およびその直後に行われた G を新たに設立する新設分割により、Y および G の株式以外には全く資産を保有しない状態となった。

　そこで、X は、Y を被告として、詐害行為取消訴訟を提起し、本件新設分割の取消しおよび本件不動産につき会社分割を原因とする所有権移転登記の抹消登記手続を請求した。

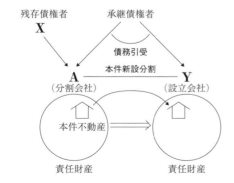

裁判の流れ

　第 1 審・原審（①大阪高判平 21・12・22 金法 1916 号 108 頁）は、X の請求を認容、Y が上告受理申立。

判旨

〈上告棄却〉「…株式会社を設立する新設分割がされた場合において、新設分割設立株式会社にその債権に係る債務が承継されず、新設分割について異議を述べることもできない新設分割株式会社の債権者は、民法 424 条の規定により、詐害行為取消権を行使して新設分割を取り消すことができると解される。この場合においては、その債権の保全に必要な限度で新設分割設立株式会社への権利の承継の効力を否定することができるというべきである。」

判例の法理

● 組織法上の行為の取消し

　本判決は、会社分割（新設分割）が、詐害行為取消権（424 条）による取消しの対象となることを示した初めての最高裁判決である。最高裁の判断は、実務において横行していた濫用的な会社分割に対する対応を迫られてきた下級審裁判例（本件原審判決のほか、東京高判平 22・10・27 金法 1910 号 77 頁など）や学説の動向（難波孝一「会社分割の濫用を巡る諸問題」判タ 1337 号 20 頁以下など参照）に合致したものであった。

　まずは、最高裁が、新設分割は、新たな会社の設立を目的とした組織法上の行為としての側面を有するものであっても、同時に新設分割により分割会社の資産・負債（権利・義務）が設立会社に承継されるのであり、財産権を目的とした法律行為としての性質を有しているゆえに、詐害行為取消しの対象となり得るとする点は支持されよう。組織法上の行為であっても詐害行為取消しの対象となりうるとする点は、本判決が引用する合資会社の設立に関する大判大 7・10・28 民録 24 輯 2195 頁を踏襲したものである。もっとも詐害的な会社設立につき、商法あるいは会社法上、民法 424 条の「特則」が設けられていると考えられる場合、一般規定である民法 424 条は適用されないことになるので（旧商法 141 条につき、最判昭 39・1・23 民集 18 巻 1 号 87 頁、併せて持分会社につき、会社法 832 条 2 号参照）、その点を最高裁は慎重に検討し、新設分割に関しては、少なくとも債権者異議の制度（会社 810 条）により保護が与えられない残存債権者（分割会社の債権者）には、民法上の詐害行為取消権による保護が必要であり、かつ原告適格や提訴期間が限定された新設分割無効の訴え（同法 828 条 1 項 10 号）は、民法 424 条の適用を排除するものではないと判断した。

　この点に関しては、本判決後、平成 26 年会社法改正によって、残存債権者による承継財産の価額を限度とした設立会社・承継会社に対する履行請求権を認める規定が整備されたことから（会社 759 条 4 項～7 項、761 条 4 項～7 項、764 条 4 項～7 項、766 条 4 項～7 項、23 条の 2 第 1 項～3 項）、同制度と詐害行為取消権との関係が問題となるが、立法担当者は、詐害行為取消権の「特則」として設けられたものではなく、残存債権者はいずれも行

使することができる旨を明らかにしている（坂本三郎編著『一問一答　平成26年改正会社法〔第2版〕』（商事法務、2015）355〜356頁など）。

●取消しの対象と取戻しの方法

本判決は、新設分割を取り消すことができるとするが、同時に、「債権の保全に必要な限度で新設分割設立会社への権利の承継の効力を否定することができる」としており、その趣旨は慎重に見極める必要がある。第1は、新設分割の取消しといっても、新設分割を原因とする権利の移転の効力が否定されるのであって、会社設立という組織法上の効力が否定されるわけではないという点である。第2は、新設分割に伴って、包括的に権利・義務の移転（資産・負債の承継）がなされるわけだが、その中で、ある個別の権利（財産権）を特定して、その移転の効力を否定することが必要か否か、またそれが濫用的会社分割という詐害行為の類型の規律として合理的か否かという点である（山下・参考文献⑥4頁、弥永・参考文献⑦37頁、片山・参考文献②76頁など参照）。

ちなみに、前掲東京高判平22・10・27は、被告たる設立会社に承継された資産（金銭債権および固定資産）の全体が明細表によって特定されていることを前提に、その後の事業継続による変動を想定するならば、資産は可分であるゆえに、個別の権利として特定せずとも、被保全債権の限度で取り消して、価格賠償（価額償還）を請求することができるとした第一審判決を支持している。これに対して、本件原審判決は、本件不動産以外にめぼしい資産がないことから、特定された権利（本件不動産）につきその移転の効力を否定している。しかし、本件事案はかなり特殊な事例（むしろ新設分割に仮託してなされた財産処分・執行免脱ともいえなくはない事例）であり、少なくとも取消後、被告たる設立会社のもとで事業が継続されることを前提とするならば、新設分割の取消しの効果としては、個別の財産の返還よりもむしろ価額償還を原則とすることが望ましい（後藤・参考文献⑧78頁、森本・参考文献⑤566〜567頁など多数）。

判例を読む

●平成29年民法（債権法）改正と濫用的会社分割の取消し

破産法学説は、破産法の否認権規定の適用に関して、有害性二元論を前提とした上で、(a)あくまでも責任財産の減少と捉えて狭義の詐害行為（破産160条）または相当対価処分行為（161条）と構成する説（伊藤眞「会社分割と倒産法理との交錯」NBL968号12頁以下、松下淳一「濫用的会社分割についての覚書」債管138号149頁、難波・前掲33〜35頁以下など）と、(b)濫用的会社分割の本質を偏頗行為（破産162条参照）と分析する説（井上聡「濫用的会社分割における問題の本質」金法1903号4頁以下、山本和彦「濫用的会社分割と詐害行為取消権・否認権」土岐＝辺見編・参考文献⑩3頁以下、11頁以下など参照）との対立が存する。しかし、濫用的会社分割には、この2つの類型のいずれにも収まりきらない新たな類型としての側面があるように思われる。すなわち、濫用的会社分割は、個別の財産レベルではなく、①会社分割という組織法上の効果に伴って「責任財産（共同担保）」の分離がなされて、その一方（設立会社の責任財産）に優良な事業や財産の取込みがなされる点、そのうえで、②設立会社による債務承継によって承継債権者と分割会社の残存債権者と

の切り分けがなされて、承継債権者にのみ、優良な事業や財産を含む「責任財産」の割当てがなされる点に、既存の2つの類型には包摂できない本質的な構造上の特徴が存すると分析できる（片山・参考文献⑪23〜24頁など）。その点を捉えて、破産法学説には、(c)（狭義の）「詐害行為」と「偏頗行為」の両側面の「ハイブリッド型行為」であるとするものがあるが（岡正晶「濫用的会社分割」ジュリ1437号68頁など）、平成29年民法（債権法）改正後の詐害行為取消権に関しては、424条の2および424条の3の「特則規定」と対比するならば、424条が一般条項的な「一般規定」とされたことから、濫用的会社分割などの新たな類型の行為については、一般規定である424条によって規律されると考えるべきであろう（鎌田ほか・コンメン1・109〜110頁、113〜114頁［片山］など）。

●残存債権者と引受債権者との競合──価額償還請求権の新たな機能

濫用的会社分割を取り消す場合には、原則として価額償還請求によるべきとするのが多数説であるが、この場合、価額償還請求には、会社法上の直接請求権制度と同様に、「受益者の責任財産の割当」および「受益者の債権者との競合」という新たな機能が認められるとの指摘がある。すなわち、濫用的会社分割に対する法的な対応においては、承継された事業を構成する主要な資産を分割会社に返還せずに承継会社・設立会社の事業資産から切り離すことなく事業を継続しつつ、承継会社・設立会社に承継された資産を残存債権者の債権の責任財産として割り当てることにより、残存債権者を承継債権者と平等に取り扱うことが合理的かつ適合的である。会社法上の直接請求権制度は、まさにそのことを目指して設計された制度であるといえよう。そして民法上の詐害行為取消制度においてそれを実現することを可能とするものが、価額償還請求権であり、そこに価額償還請求権の新たな機能が見出されるべきである（以上につき、鎌田ほか・コンメン1・125頁［片山］など）。

【参考文献】　本判決につき、①谷村武則・最判解民平成24年度（下）654頁、②片山直也・ジュリ1453号75頁、③森田修・NBL996号10頁、④北村雅史・商事法務1990号4頁、1991号10頁、⑤森本滋・民商147巻6号558頁など。東京高判平22・10・27につき、⑥山下眞弘・金判1377号2頁、⑦弥永真生・金法1910号30頁、⑧後藤元・金法1929号75頁、⑨神作裕之・商事法務1924号4頁、1925号40頁など。その他、⑩土岐敦司＝辺見紀男編『濫用的会社分割─その態様と実務上の対応策』（商事法務、2013）、⑪片山直也「濫用的会社分割・事業譲渡と詐害行為取消権」金法2071号20頁など。

片山直也

36 代物弁済の取消しと「通謀」要件

最高裁昭和48年11月30日判決　民集27巻10号1491頁、判時725号18頁、判タ303号143頁

【424条】

論点 ①代物弁済としてなされた債権譲渡は詐害行為となるか
②詐害行為の成立に詐害の意思を要するか

事実の要約

YはAに対して105万余円の売掛代金債権を有していたが、AはX等4人の原告債権者の他多数の債権者に合計約1,000万円の債務を負担し、債務超過の状態にあったところ、AはYに対して唯一の資産であるBに対する売掛代金債権107万余円を、YのAに対する債権の代物弁済として譲渡し、Yはそのうち52万余円の弁済を受けた。X等はYに対して、右債権譲渡を詐害行為として取り消し、Yの受領した52万余円につきX等の債権額に応じた金員の支払を求めた。

$$X_ら \xrightarrow{1000万円} A \xrightarrow[107万余円]{売掛代金債権} B$$

(105万余円、代物弁済、Y(52万余円受領))

裁判の流れ

1審（新潟地判昭46・3・31民集27巻10号1495頁）：Xらの請求ほぼ認容　2審（東京高判昭47・11・30判時693号25頁、判タ292号255頁）：1審取消・Xの請求棄却　最高裁：破棄差戻

2審は、譲渡された債権の価額が譲渡を受けた債権者に対する債務の額を超過するときに限りかつその超過する額についてのみ詐害行為となるとし、1審判決を取り消し、X等の請求を棄却した。X等上告。

判旨

〈破棄差戻〉「債務超過の状態にある債務者が、他の債権者を害することを知りながら特定の債権者と通謀し、右債権者だけに優先的に満足を得させる意図のもとに、債務の弁済に代えて第三者に対する自己の債権を譲渡したときは、たとえ譲渡された債権の額が右債権者に対する債務の額を超えない場合であっても、詐害行為として取消の対象となる」として原判決を破棄し、債務者の「詐害の意思」の有無について審理を尽くさせるべく原審に差し戻した。

判例の法理

●代物弁済の詐害性

旧来の通説は、相当価格の財産売却や本旨弁済と同様に、相当価格での代物弁済は、債務者の総資産額（計数上のプラス・マイナス）に変動をもたらさないので詐害行為になる余地はないとしていた（我妻・講義Ⅳ 176、183、185、186頁、柚木＝高木・総論205、207、212頁など）。このような客観的要件の形式的判断により詐害行為の成否に絞りをかけようとする通説の背後には、債務者の財産処分の自由・更生の機会を確保すべきであり、債権者間の平等な弁済は破産手続において実現されれば足りるとの実質的な判断が存する。原審判決はこの通説の立場に立って本件代物弁済は詐害行為に当たらないとした。

これに対して、判例は古くから相当価格での代物弁済の詐害性を肯定する判断を下してきた。まずは、本旨弁済と対比して、履行期における弁済は法律上当然なさなければならない義務の実行であるのに対して、代物弁済については債務者が之を為すと否とはその自由であるか

ら詐害行為となるとした先例がある（大判大8・7・11民録25輯1305頁（不動産）、最判昭29・4・2民集8巻4号745頁（債権譲渡））。また債権者の一人に相当価格で財産を売却し売却代金と反対債権を相殺する行為は実質的な代物弁済に当たるが、この売却＋相殺事例に関して、相当価格の財産売却に関する判例法理に従い（大判大13・4・25民集3巻157頁、大判昭8・5・2民集12巻1050頁参照）、一債権者との通謀（共謀）を要件として詐害性を認定した先例が存する（大判昭4・9・14大審院裁判例3巻民事14頁（動産）、最判昭39・11・17民集18巻9号1851頁（動産））。本判決の意義は、旧来の通説に立脚し相当価格の代物弁済の詐害性を否定した原審判決を破棄し、売却＋相殺事例も含めて大審院以来の一連の判決を引用し、それを統合する形で、「通謀」を要件として詐害性を肯定する判決を下した点にある。

判例を読む

●平成29年民法（債権法）改正との関係

改正法は、否認対象となる行為の類型につき、責任財産減少行為である「（狭義の）詐害行為」（破産160条、161条）と特定の債権者に対する担保の提供等の「偏頗行為」（破産162条）を区別して規律する破産法の否認権規定を参考にして規定を設けることとした。代物弁済は、弁済や担保権設定行為ともに「特定の債権者に対する担保の供与等」（いわゆる「偏頗行為」）として、詐害行為取消の一般規定である424条の一般要件だけでなく、特則規定である424条の3の加重要件を充たした場合にのみ取消しの対象となることとされた。その加重要件が「支払不能」（424条の3第1項1号）と「債務者と受益者とが通謀して他の債権者を害する意図をもって行われたものであること」（いわゆる「通謀」要件：同項2号）である。後者の「通謀」要件は、破産法上の偏頗行為否認（破産162条）にはない要件であるが、民法では、本判決も含めた判例法理を承継して、明文化されたことになる。ちなみに代物弁済は、期限到来後になされる限りにおいて、弁済と同様に債務者の義務に属する行為と解されるので、424条の3第1項のみが適用され（支払不能でなければならない）、424条の3第2項の拡張規定（支払不能になる前30日以内）の適用はない。

これとは別に、代物弁済による受けた給付が消滅した債務の額よりも過大である場合（たとえば100万円の債務に150万円分の債権譲渡としたケース）には、超過部分（50万円）については、贈与と同様に考えることができるので、424条の3の加重要件が具備されていなくても、424条の要件を充たしていれば、取り消すことができるとの明文規定が置かれている（424条の4）。

【参考文献】 本判決の評釈として、①奥田昌道・法学論叢97巻1号79頁、②竹屋芳昭・民商71巻4号753頁、③斎藤次郎・最判解民昭和48年度274頁など。

片山直也

37 抵当権付き不動産の譲渡行為の取消しと原状回復の方法

最高裁平成4年2月27日判決　民集46巻2号112頁、判時1416号42頁、判タ781号78頁

【424条、424条の6、392条】

論点　共同抵当の目的とされた不動産の譲渡が詐害行為に該当する場合に、後の弁済により抵当権が消滅したときの取消しの範囲および原状回復の方法

事実の要約

XはAに対して約2,000万円の債権を有していた。Aは多額の債務を負担していたが、他の債権者を害することを知りながら、Y₁会社に甲不動産を3,500万円で、Y₂（Y₁の代表者）に乙不動産を1,000万円で売却した（登記は甲不動産・乙不動産ともにいったんY₂名義で移転登記がなされた後、甲不動産につきY₁名義に移転登記がなされている）。その売買契約の当時、AはB信用金庫に対する債務を担保するため甲乙不動産に極度額3,000万円の共同根抵当権を設定していたが、売却代金によってBへの3,000万円の債務を弁済し、根抵当権登記を抹消した。そこでXはAのY₁Y₂への上記売買契約を詐害行為として取り消し、移転登記の抹消を訴求した（事案は大幅に簡略化）。

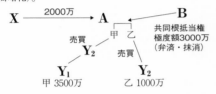

裁判の流れ

1審（鹿児島地川内支判昭62・7・30民集46巻2号124頁）：Xの請求認容　2審（福岡高宮崎支判平1・9・18民集46巻2号134頁）：Xの請求一部認容　最高裁：破棄差戻

原審は、甲不動産の売買代金価額（3,500万円）は被担保債権額（3,000万円）を上回り、それを控除した残額は詐害行為取消権の基礎となっている債権の額（2,000万円）を下回るから、甲不動産全部を取消しの対象として、それ自体の回復を認めるのが相当であると判示した。Y₁Y₂が上告。

判旨

〈破棄差戻〉①「共同抵当の目的とされた数個の不動産の全部又は一部の売買契約が詐害行為に該当する場合において、当該詐害行為の後に弁済によって右抵当権が消滅したときは、売買の目的とされた不動産の価額から右不動産が負担すべき右抵当権の被担保債権の額を控除した残額の限度で右売買契約を取り消し、その価格による賠償を命ずるべきであり、一部の不動産自体の回復を認めるべきものではない〔最大判昭36・7・19民集15巻7号1875頁、最判昭63・7・19裁判集民154号363頁を引用〕」。②「この場合において、詐害行為の目的不動産の価額から控除すべき右不動産が負担すべき右抵当権の被担保債権の額は、民法392条の趣旨に照らし、共同抵当の目的とされた各不動産の価額に応じて抵当権の被担保債権額を案分した額…〔割り付け額〕によると解するのが相当である」。

判例の法理

●「全部取消＋財産返還」か「一部取消＋価額償還」か？

抵当権の目的とされた不動産の譲渡行為を詐害行為として取り消す場合に、①可能なかぎり現物返還（平成29年改正により「財産返還」）を認めるべきだが（最判昭54・1・25民集33巻1号12頁など）、②目的不動産が不可分のものであって、抵当権の設定登記等が抹消されているようなときには、逸出した財産を原状のまま回復することが不可能もしくは著しく困難であり、また債務者・債権者に不当な利益を与える結果になるので、一部取消＋価格賠償（平成29年改正により「価額償還」）によるしかない（最大判昭36・7・19民集15巻7号1875頁、最判昭63・7・19判時1299号70頁など）とするのが今日的な判例法理であると分析できる（→**32事件**参照）。そこで本事案のごとく共同抵当の場合が問題となる。複数の不動産を対象とするので必ずしも不可分とはいえないからである。

最高裁は、先例（昭和36年判決・昭和63年判決）を引用しつつ、「当該詐害行為の後に弁済によって右抵当権が消滅したときは」、一部取消・価格賠償（価額償還）によるしかないとの判断を下したのである。これによって「全部取消＋財産返還」か「一部取消＋価額償還」かは、可分か不可分かというよりは寧ろ、抵当権が消滅しているか否かによって決せられるとする最高裁の基本的な考え方がほぼ確立された（平井・総論296頁、中田・総論318頁など）。

判例を読む

●価額償還の額の算定における割付主義

本判決は価格賠償の額について、共同抵当の目的とされた各不動産の価額に応じて抵当権の被担保債権額を按分した割り付け額を算出した上、これを詐害行為の目的とされた各不動産の価額から控除した額によるとした。392条1項の共同担保間の割付主義が、詐害行為取消の基礎となる一般債権者の責任財産の範囲を確定するに際しても基本原理として妥当することが明らかにされたわけである。共同抵当権消滅前は各不動産がいずれも被担保債権額全額について優先弁済権の行使を甘受すべきこと（異時配当の優先主義）が前提とされその残額についてのみ責任財産の範囲が限定されるが、弁済による抵当権消滅後はもはや抵当権者の保護を考慮する必要はないので、各不動産の割付額の残額の部分を責任財産とすることが合理的である（倉吉・参考文献②75頁、角・参考文献①105頁など）。

【参考文献】　本件評釈として、①角紀代恵・法教144号104頁、②倉吉敬・最判解民平成4年度65頁、③佐藤岩昭・民商108巻1号52頁、④下森定・平成4年度重判77頁など。

片山直也

金銭返還における遅延損害金の発生時期

最高裁平成 30 年 12 月 14 日判決　民集 72 巻 6 号 1101 頁、判時 2403 号 56 頁、判タ 1458 号 92 頁、金判 1562 号 38 頁
【424 条、424 条の 6、424 条の 9】

論点　詐害行為取消しによる受益者の取消債権者に対する受領済みの金員相当額の支払債務が履行遅滞となる時期

事案の要約

整理回収機構（Ｘ）は、経営破綻した金融機関Ａの旧役員Ｂに対する取締役の善管注意義務違反による損害賠償債権（会社 423 条 1 項）をＡから譲り受けた。Ｂとその妻Ｙ（被告・控訴人・被附帯控訴人・上告人）は、平成 22 年 5 月 24 日付で、協議離婚をすること、子らの親権者をＹと指定すること、ＢはＹに離婚に伴う慰謝料、財産分与および養育費として 8000 万円を支払うことなどを内容とする「本件合意書 1」を作成し、それに基づいて、Ｂは、同年 5 月 27 日に、Ｙ名義の銀行口座に 8000 万円を振込送金した（以下、「本件贈与契約 1」という）。その後、ＢとＹは、同年 6 月 1 日、協議離婚の届出をした。さらにＢとＹは、同年 11 月 9 日付で、ＢがＹに対して、離婚に伴う財産分与として、1 億 2000 万円を支払うことなどを内容とする「本件合意書 2」を作成し、同年 11 月 10 日に、Ｙ名義の銀行口座に 1 億 2000 万円を振込送金した（以下、「本件贈与契約 2」という）。Ｘは、Ｙを被告として、詐害行為取消権に基づき、本件贈与契約 1 および本件贈与契約 2 の取消し、ならびにＸへの 2 億円および訴状送達日の翌日（平成 23 年 9 月 10 日）から支払済みまで年 5 分の割合による金員の支払を請求した。事案は大幅に省略している。

裁判の流れ

第 1 審判決（東京地判平 28・9・29 金商 1507 号 26 頁）は、Ｘの請求認容。Ｙ控訴。Ｘ附帯控訴（主位的請求として、本件贈与契約 1 は通謀協議表示で無効であるとして不当利得返還請求権の代位行使を主張）。第 2 審判決（東京高判平 29・9・27 金商 1528 号 8 頁）は、Ｘの附帯控訴につき認容、本件贈与契約 2 についてＹの控訴棄却。Ｙは、受領金支払債務は、詐害行為の取消しを命ずる判決の確定により生ずるから、その確定前に履行遅滞に陥ることはないとして上告受理申立て。本件贈与契約 2 についてのみ上告受理。

判旨

〈上告棄却〉「…詐害行為取消権は、詐害行為を取消した上、逸出した財産を回復して債務者の一般財産を保全することを目的とするものであり、受益者又は転得者が詐害行為によって債務者の財産を逸出させた責任を原因として、その財産の回復義務を生じさせるものである…。そうすると、詐害行為取消しの効果は過去に遡って生ずるものと解するのが上記の趣旨に沿うものといえる。また、詐害行為取消しによる受益者の取消債権者に対する受領金支払債務が、詐害行為取消判決の確定より前に遡って生じないとすれば、受益者は、受領済みの金員に係るそれまでの運用利益の全部を得ることができることとなり、相当ではない。したがって、上記受領金支払債務は、詐害行為取消判決の確定により受領時に遡って生ずるものと解すべきである。そして、上記受領金支払債務は期限の定めのない債務であるところ、これが発生と同時に遅滞に陥ると解すべき理由はなく、また、詐害行為

取消判決の確定より前にされたその履行の請求も民法 412 条 3 項の『履行の請求』に当たるということができる。」

以上によれば、上記受領金支払債務は、履行の請求を受けた時に遅滞に陥るとして、ＹのＸに対する各受領金支払債務についての遅延損害金の起算日は、訴状送達の日の翌日ということになるとした。

判例の法理

●取消判決の遡及効

下級審裁判例には、詐害行為取消権が裁判上行使される形成権であることから、取消判決の確定によって初めて受領金返還債務が発生し（取消判決の遡及効の否定）、それ以前に遅滞に陥ることはなく、遅延損害金の起算点は「取消時」であるとする裁判例が存した（大阪高判平 2・9・27 判タ 743 号 171 頁など）。これに対して、最高裁は、詐害行為取消制度の目的は取戻し（責任財産の回復）にあることから、詐害行為取消しの効果は遡及し、「受領金支払債務は、詐害行為取消判決の確定により受領時に遡って生ずる」と解するのが妥当であるとした（潮見・参考文献②20 頁、宮崎・参考文献①183 〜 184 頁など）。さらに「（遡及効が生じないとすれば）、受益者は、受領済みの金員に係るそれまでの運用利益の全部を得ることができることとなり、相当ではない」との付加的な理由を挙げている。

判例を読む

●受領時か、請求時か

次に遅延損害金が発生するのが、①金銭受領時か、②裁判上の請求時（訴状送達日の翌日）かが問題となる。最高裁は、受領金支払債務は、不法行為に基づく損害賠償債務のように発生と同時に遅滞に陥ると解すべき理由はなく、期限の定めのない債務として、民法 412 条 3 項の「履行の請求」があったときから遅滞に陥るとして、受領金支払債務が不当利得返還債務の性質を有することを前提とした説示をなしている（宮崎・参考文献①185 〜 186 頁、三枝・参考文献③28 〜 29 頁など）。この点は、取消しとともにする財産返還請求権を明文で定めた平成 29 年民法（債権法）改正後も妥当しよう（424 条の 6）。

なお、民法 704 条前段は、悪意の受益者の利息の支払義務を定めているが、この法定利息の請求と遅延損害金の請求は訴訟物が異なるとの見解が多数であり、本判決もその多数に従った判断をしたものである（宮崎・参考文献①189 頁（注 4）参照）。

【参考文献】　①宮﨑朋紀・法曹 72 巻 9 号 171 頁、②潮見佳男・金法 2121 号 18 頁、③三枝健治・私判リマ 60 号 26 頁、④片山直也・金判 1636 号 36 頁など。

片山直也

39 取消債権者の自己への不動産移転登記請求の可否

最高裁昭和 53 年 10 月 5 日判決　民集 32 巻 7 号 1332 頁、判時 912 号 58 頁、判タ 373 号 60 頁

【424 条、425 条】

論点　不動産の引渡請求権者は、債務者による目的不動産の処分行為を詐害行為として取り消す場合に、自己への所有権移転登記を請求することができるか

事実の要約

Y_1 は、X との間で Y_1 の死亡時にその所有権を X に移転する契約を締結していた。ところが Y_1 は Y_2 と養子縁組をし、同不動産を贈与し移転登記を了した。そこで X は $Y_1 Y_2$ を相手どって、第 1 次的には X の所有権の確認、第 2 次的に $Y_1 Y_2$ 間の贈与を詐害行為として取り消し、Y_2 への移転登記の抹消を求めた。さらに控訴審において Y_1 が死亡し $Y_2 Y_3$ が受継したので、X は附帯控訴として $Y_2 Y_3$ に対して死因贈与を原因とする所有権移転登記請求、予備的に履行不能による損害賠償請求をなした。

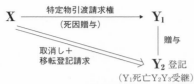

裁判の流れ

1 審（京都地判昭 48・6・29 民集 32 巻 7 号 1348 頁）：X の第 2 次請求認容　2 審（大阪高判昭 51・8・25 民集 32 巻 7 号 1354 頁）：控訴棄却・X の追加請求一部認容　最高裁：上告棄却

1 審は X の第 2 次請求認容。$Y_1 Y_2$ が控訴。X が附帯控訴。2 審は、$Y_2 Y_3$ の控訴を棄却し、X の追加請求につき、移転登記請求は棄却し、損害賠償請求のみ認容した。X が上告。

判旨

〈上告棄却（損害賠償の部分につき一部破棄差戻）〉「特定物引渡請求権（以下、特定物債権と略称する。）は、窮極において損害賠償債権に変じうるのであるから、債務者の一般財産により担保されなければならないことは、金銭債権と同様であり、その目的物を債務者が処分することにより無資力となった場合には、該特定物債権者は右処分行為を詐害行為として取り消すことができるものと解すべきことは、当裁判所の判例とするところである〔最大判昭 36・7・19 民集 15 巻 7 号 1875 頁を引用〕…。しかし、民法 424 条の債権者取消権は、窮極的には債務者の一般財産による価値的満足を受けるため、総債権者の共同担保の保全を目的とするものであるから、このような制度の趣旨に照らし、特定物債権者は目的物自体を自己の債権の弁済に充てることはできないものというべく、原判決が『特定物の引渡請求権に基づいて直接自己に所有権移転登記を求めることは許されない』とした部分は結局正当に帰する」。

判例の法理

●特定物債権者の自己への移転登記請求の可否

昭和 36 年の最高裁大法廷判決（→ **32 事件**）によって特定物債権者にも詐害行為取消権の行使が認められることになったが、残された課題は、取消後の法律関係であった。すなわち取消債権者が、取消しの結果債務者のも

とに回復されたあるいはされるべき不動産につき自己の特定物債権の満足を図ることができるか否かの問題である。具体的に本事案に即していうならば、取消債権者 X は、①債務者 Y_1 名義に登記が回復された不動産につきさらに Y_1 に対して自己への移転登記の請求（特定物債権の履行請求）をなすことができるか、あるいは②受益者 Y_2 に対して直接に自己への移転登記請求（取消後の取戻請求）をなすことができるか（金銭の場合と同様に事実上の優先弁済を受ける結果となる）が問われよう（篠田・参考文献② 460 頁、辻・参考文献④ 129 頁、早川・参考文献⑦ 34 頁など）。本事案には、債務者 Y_1 が死亡し受益者 Y_2 がその地位を Y_3 とともに承継したという特殊な事情が存するゆえに、X は Y_1 との死因贈与契約に基づいて X への直接の移転登記を請求したわけだが、最高裁は「特定物の引渡請求権に基づいて直接自己に所有権移転登記を求めることは許されない」とした原審判決を結論において支持したのである。学説には取消債権者の弁済充当を肯定する少数説もかつて存したが（柚木＝高木・総論 196 頁、231 ～ 232 頁など）、今日的には判例に賛同するものが多数であろう（早川・参考文献⑥ 1037 頁、奥田・総論 324 頁など。古くは我妻・講義Ⅳ 181 頁、星野・総論 108 頁など）。

判例を読む

●制度目的としての共同担保の回復

最高裁が本判決において①②のいずれの請求を否定したのかは、事案の特殊性ゆえに実は必ずしも明らかではない。だが判旨が「（詐害行為取消権は）窮極的には債務者の一般財産による価値的満足を受けるため、総債権者の共同担保の保全を目的とするものであるから、このような制度の趣旨に照らし、特定物債権者は目的物自体を自己の債権の弁済にあてることはできない」と述べていることからすると、直接間接にその結果を導く①②のいずれの請求も認めない趣旨だとみるべきであろう。債権者はたとえ特定物債権者であっても、詐害行為取消制度を利用するのであるならば、共同担保の回復という制度目的の範囲内において「価値的満足」（金銭債権者としての保護）に甘んずるより他ないからである。その点は、平成 29 年民法（債権法）改正により、取消しの効果が債務者にも及ぶとされ（425 条）、債務者に固有の取戻請求権が認められることとなったとしても（一問一答 108 ～ 109 頁）、変わらないと解するべきである。

【参考文献】　本件評釈として、①下森定・判評 258 号 26 頁、②篠田省二・最判解民昭和 53 年度 455 頁、③渋川満・金法 909 号 4 頁、④辻正美・民商 81 巻 1 号 125 頁、⑤中井美雄・判タ 390 号 94 頁、⑥早川眞一郎・法協 97 巻 7 号 1025 頁、⑦同・百選Ⅱ 34 頁。

片山直也

受益者である債権者の按分額の支払拒絶の抗弁の可否

最高裁昭和 46 年 11 月 19 日判決　民集 25 巻 8 号 1321 頁、判時 651 号 65 頁、判タ 271 号 172 頁
【424 条、424 条の 9、425 条、425 条の 3】

論点　債権者の一人に対してなされた弁済行為が詐害行為とされる場合に、受益者である債権者は、取消債権者からの金銭支払請求に対して自己の債権額に対応する按分額の支払を拒絶できるか

事実の要約

経営が悪化した A は、最大の取引先で約 2,000 万円の売掛代金債権を有する Y に弁済した。そこで同じく A に 78 万余円の債権を有する X が、上記弁済行為は詐害行為にあたるとし、自己の債権額の限度でその取消しおよび金員の支払いを Y に訴求した。これに対して Y は抗弁として、口頭弁論期日に自己の債権につき配当要求の意思表示をしたから、X は Y に対して両者の債権額に応じた按分額を請求できるにとどまると主張した。

裁判の流れ

1 審（広島地判昭 42・10・23 高民集 23 巻 1 号 61 頁）：X の請求認容　2 審（広島高判昭 45・3・2 高民集 23 巻 1 号 53 頁、判時 597 号 101 頁）：Y の控訴棄却　最高裁：Y の上告棄却

控訴審は Y の抗弁を排斥。Y は、425 条の「総債権者」には受益者たる債権者も含まれ、先例は、取消債権者以外の債権者が取消しの結果から平等の割合による弁済を得るためには「法律上の手続」が必要であるとするが、取消訴訟中に採り得る手段は、配当要求（受益の意思表示）より他にないとして上告。

判旨

〈上告棄却〉「…実定法上、かかる意思表示の効力を認むべき根拠は存在しない。…詐害行為取消訴訟において、受益者である Y が、自己の債務者に対する債権をもって、Y のいわゆる配当要求をなし、取消にかかる弁済額のうち、右債権に対する按分額の支払を拒むことができるとするときは、いちはやく自己の債権につき弁済を受けた受益者を保護し、総債権者の利益を無視するに帰するわけであるから、右制度の趣旨に反することになる…」。
「…ひとたび取消債権者に引き渡された金員が、取消債権者のみならず他の債権者の債権の弁済にも充てられるための手続をいかに定めるか等について、立法上考慮の余地はあるとしても、そのことからただちに、Y のいわゆる配当要求の意思表示に、所論のような効力を認めなければならない理由はない…」。

判例の法理

●取消債権者の事実上の優先弁済

判例は、取消債権者が詐害行為の取消しとともに金銭の支払い（価額償還も含む）を求める場合について、一方では(1)取消しの範囲を原則として取消債権者の債権額に限定しつつ（大判昭 9・12・24 民録 26 輯 2024 頁など多数）、他方では(2)（財産の取戻しを実効あらしめるためにやむを得ず）取消債権者に自己への直接の支払請求を認めてきた（大判大 10・6・18 民録 27 輯 1168 頁など多数）。ところが取消債権者が受領した金銭からいかなる方法で

満足を得るかについてそれを定める手続規定が存しないために、現実には取消債権者が相殺や弁済充当によって「事実上の優先弁済」を受ける結果となっている。これに対して取消債権者以外の債権者については判例は一貫して、それらの債権者が取消しの結果から平等の割合で弁済を受けるのは、そのための「法律上の手続」を採った場合に限られると判示してきた（大判昭 8・2・3 民集 12 巻 175 頁、最判昭和 37・10・9 民集 16 巻 10 号 2070 頁）。本昭和 46 年判決は、受益者である債権者が取消訴訟の被告の地位において唯一採り得る「法律上の手段」として「受益の意思表示」を行い、按分額の支払を拒絶したのだが、最高裁は、実体法上の規定がないという形式的な理由と、抗弁を認めるといち早く弁済を受けた債権者を保護して、総債権者の利益を無視しひいては制度趣旨に反するとの実質的な理由を挙げて、受益債権者の主張を排斥したのである。

平成 29 年民法（債権法）改正の立法過程においては、事実上の優先弁済を否定するために、取消債権者による相殺を禁止または制限する規定の導入も検討されたが、債権の保全の努力をしようとする債権者のインセンティブが奪われるとの理由から、判例法理を維持し、取消しの範囲を債権額に限定しつつ（424 条の 8）、金銭または動産の取消債権者への直接の支払請求・引渡請求を認める規定（424 条の 9）を置くに留まり、事実上の優先弁済を容認する形で立法がなされている。

判例を読む

●受益者の債権の回復

平成 29 年民法（債権法）改正によって、新たに、債務者がした弁済等の債務消滅行為が詐害行為（偏頗行為）として取り消された場合（424 条の 3）、受益者が債務者から受け取った金銭等の給付の返還または価額償還をしたときには、受益者が債務者に対して有していた債権が復活するとの規定（425 条の 3）が設けられた。この規定は、受益者である債権者が按分額の支払拒絶をすることができないとの本判決の判断を前提としている。すなわち、条文の文言から明らかなように、受益者が給付または価額を返還または償還することを先履行としてはじめて債権の復活という効果が生じると解されている（中田ほか・講義債権法改正 150 頁［沖野眞已］など）。よって、受益者である債権者は、先履行として金銭を直接に取消債権者に支払わなければならず（424 条の 9）、支払った金銭から取消債権者が事実上の優先弁済を受ける結果を甘受せざるを得ない。

【参考文献】　本判決の評釈として、①飯原一乗『詐害行為取消・否認権の研究』（日本評論社、1989）189 頁以下、②賀集唱・民商 69 巻 3 号 562 頁、③片山直也・百選 II 6 版 40 頁以下、④川井健・金判 313 号 2 頁、⑤星野英一・法協 91 巻 1 号 179 頁、杉田洋一・法曹 24 巻 3 号 191 頁など。

片山直也

41 共同賃借人の賃料支払債務

大審院大正 11 年 11 月 24 日判決　民集 1 巻 670 頁、新聞 2082 号 18 頁

【427 条、430 条、436 条（旧 432 条）】

論点　共同賃借人の賃料支払債務は、分割債務か、不可分債務か、あるいは連帯債務か

事実の要約

　X は、自己所有の建物を A に賃貸していた。A が死亡した後、X は、A の子の 1 人である Y に対し、延滞賃料全額の支払を催告したにもかかわらず Y が応じなかったとして、賃貸借契約の解除を主張し、賃借建物の明渡しおよび明渡しまでの損害金の支払を請求して訴えを提起した。A の相続人は、Y のほか、B、C、D である。

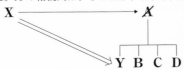

裁判の流れ

　1 審（東京区判年月日不明公刊物未登載）：請求棄却　2 審（東京地判大 11・7・13 公刊物未登載）：請求棄却　大審院：破棄差戻

　1 審の詳細は不明。X は、A 死亡後、Y との間に従前と同一の条件で新たに賃貸借契約が締結されていることを前提とした主張をしたが、2 審は、そのような事実を認めず、A の賃借権は、相続により Y、B、C、D に平等に承継されたとした。そのうえで、X が Y にのみ延滞賃料全額の支払を催告したのは不適法であるから、賃貸借契約の解除の効力は生じないと結論づけた。

　X は、賃貸借関係が Y ら 4 名に平等の割合で承継されたとしても、賃料支払義務は性質上の不可分債務であって、Y には全額支払義務があるから、Y 1 人に対する催告は正当で解除も有効である等と主張して上告。

判旨

　〈破棄差戻〉「数人が共同して賃借人たる地位に在る場合には、賃料の債務は、反対の事情が認められざる限り、性質上之を不可分債務と認めざるべからず。…賃借人相互の間に於ける内部の関係は如何にもあれ、賃貸人との関係に於いては各賃借人は目的物の全部に対する使用収益を為し得るの地位に在ればなり。」

判例の法理

●共同賃借人の賃料債務は性質上の不可分債務

　本判決で、大審院は、一つの賃貸目的物について複数の賃借人がいる場合、その賃料債務は、原則として「性質上の不可分債務」であるとした。賃借人がそれぞれ目的物の全部を使用収益することができる地位にあること、がその根拠に掲げられている。

判決を読む

　賃料債務は、金銭という可分な給付を目的とするから、可分債務と捉える余地もある。本件では、そう解したうえで、分割主義（427 条）に則り、複数の者が負担する賃料支払義務を分割債務であると断じることもできたはずである。しかし、大審院は、Y の上告理由を容れて、「性質上」の不可分債務であるとした。なお、2 審は、A からの共同相続により承継された「賃借権に基づく権利義務は、Y 外 3 名に於いて平等にこれを有する」と

述べたにすぎず、分割債務であると考えたかどうかは不明である。なぜなら、共同賃借人の持分と負担部分の割合の平等を述べたとしても、対外的には各共同賃借人が全部支払義務を負う可能性が直ちに排除されることにはならないからである。

　金銭支払を目的とする賃料債務が性質上の不可分債務と捉えられたのはなぜか。本判決では、賃借目的物全部の使用収益を賃借人がそれぞれなしうることが指摘されたにとどまるが、賃料債務は賃貸目的物の使用・収益の「対価」であること（601 条）に着目したと考えられる。これに対し、金銭の支払を不可分な給付であるとみることをやめて、類型的に連帯債務を推定しようとする有力説もあり（淡路剛久『連帯債務の研究』（弘文堂、1975）247 頁以下）、「不可分な利益の対価としての債務は性質上の不可分債務」という考え方を、通説・判例は支持してきた。

　平成 29 年の債権法改正をきっかけに、この連帯債務説が支持を得るようになっている。連帯債務と不可分債務の棲み分けが給付が可分か不可分かという基準で明確にされたことで、賃料債務の性質を不可分ということの擬制的な側面が強調されるようになったこと、また、連帯債務の効果と不可分債務のそれとの差異が小さくなったことが背景にあると思われる。

　ただ、共同賃借人間においてなぜ連帯債務が成立したといえるのかに関する説明では、現状、一致していない。まず、「連帯の特約があると捉えるか、または当該契約の趣旨に照らせば連帯債務であると性質決定すれば足りる」（潮見・総論 II 575 頁）として契約連帯を主張する立場がある。また、「もとの賃貸借契約の合理的解釈として、賃借人に共同相続が生じた場合には賃料債務が連帯債務となる旨の黙示の合意があり、相続人がそれを承継すると解すべきである」（内田 III 475 頁以下）と主張するものもある。これらは、契約に基づく連帯債務であると考える点で共通するが、「連帯の特約」をどの段階で見出だすのかにつき、若干の違いがあるように思われる。他方、「法定の連帯債務…いわば信義則上の連帯債務といった概念を認めるべきである」（平野・総論 226 頁）という立場もある。さらに、436 条にいう「法令」を広く解することへの躊躇を見せて過渡期ゆえに不可分債務説を維持する選択肢もあることに言及しつつ、法定連帯であるとするならば、その根拠法規は 601 条であろうとする見解もある（中田・総論 553 頁）。立案事務担当者によれば、不可分債務とする旧法下の解釈が直ちに否定されるものではなく、今後の解釈に委ねられる趣旨であるから（一問一答債権関係改正 119 頁）、さらなる議論の集積が待たれる。

【参考文献】　本判決の評釈として、末弘厳太郎・法協 41 巻 8 号 1574 頁。

平林美紀

42 連帯債務の相続

最高裁昭和 34 年 6 月 19 日判決　民集 13 巻 6 号 757 頁、裁判集民 36 号 705 頁、家月 11 巻 8 号 89 頁、判時 190 号 23 頁、金法 216 号 10 頁　【427 条、432 条、898 条、899 条】

論点　連帯債務者の一人に共同相続が開始した場合、他の連帯債務者と共同相続人らとの間には、どのような複数者間の債務関係が生じるか

事実の要約

AはBの父、Y_1はBの妻であり、Y_2〜Y_4およびDは、B-Y_1間の子であって、Aの孫でもある。Aは、Y_2〜Y_4に仕送りすべく、懇意にしていたCから数度にわたり借入れをした。昭和 26 年、それまでの借入金をまとめて、Aが借用人、BおよびYらを連帯借用人とする 18 万余円の借用書を作成したが、Y_2〜Y_4はそのことを知らなかった。その後も借入れがあり、Cからの借入金の元本は合計 28 万余円となった。

AとBが順次死亡し、Y_1が 3 分の 1、Y_2〜Y_4およびDが各 6 分の 1 の割合でBを相続した。このような状況で、Xは、先代Cから債権を承継したとして、Yらに対し、借入金等につき連帯して支払うよう請求した。

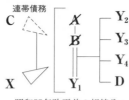

昭和 55 年改正前の相続分：
配偶者 1/3　子 2/3×1/4

裁判の流れ

1 審（岡山地津山支判年月日不明民集 13 巻 6 号 762 頁）：一部認容　2 審（広島高岡山支判昭 32・3・6 民集 13 巻 6 号 763 頁）：控訴棄却　最高裁：一部棄却・一部破棄差戻

1 審は、28 万余円の借入金合計額を基礎に、Y_1には 3 分の 1、Y_2〜Y_4には 6 分の 1 を乗じた金員とその遅延損害金の支払を命じた。Yら控訴。

2 審では当事者や利息制限法違反の有無などについて新たな認定があったが、結果として 1 審判決が維持された。ただ、2 審が「本件債務は連帯債務であって分別の利益を有しないから、未だ相続財産の分別のあったことの認められない本件の場合にあっては、その金額につき支払義務があるものと解すべきである」と述べたことには注意を要する。Yらは、連帯債務の承継も相続分の割合によると主張して上告。

判旨

〈一部棄却・一部破棄差戻〉「連帯債務は、数人の債務者が同一内容の給付につき各独立に全部の給付をなすべき債務を負担しているのであり、各債務は債権の確保及び満足という共同の目的を達する手段として相互に関連結合しているが、なお、可分なること通常の金銭債務と同様である。ところで、債務者が死亡し、相続人が数人ある場合に、被相続人の金銭債務その他の可分債務は、法律上当然分割され、各共同相続人がその相続分に応じてこれを承継するものと解すべきであるから（大審院昭和 5 年 12 月 4 日決定、民集 9 巻 1118 頁、最高裁昭和…29 年 4 月 8 日第一小法廷判決、民集 8 巻〔4 号〕819 頁参照）、連帯債務者の一人が死亡した場合においても、その相続人らは、被相続人の債務の分割されたものを承継し、各自その承継した範囲において、本来の債務者とともに連帯

債務者となると解するのが相当である。」

判例の法理

●連帯債務は共同相続人に相続分に応じて分割承継

最高裁は、①被相続人の金銭債務その他の可分債務は、法律上当然分割され、各共同相続人がその相続分に応じてこれを承継すると解する先例によることを示したうえで、②連帯債務も、通常の金銭債務と同様に可分であるから、③相続によって共同相続人に分割され、④元来の連帯債務者と相続分の限りでの連帯債務関係（不等額連帯）が生じるとした。

判決を読む

連帯債務者の一人に共同相続が開始した場合、被相続人が負っていた全部給付義務は、相続人各人に分割されることなく相続されるか。これを認めれば、相続人にとっての負担は重くなるが、全部給付義務を負う者の増加は責任財産の増加を意味するから、債権者にとっては望ましい結果となる。連帯債務が人的担保の一つであることを強調すれば、このような不分割承継説が妥当であろう。しかし、本判決は、分割承継説を採用した。可分債務の当然分割を明らかにした先例を引用した点で明らかな通り、連帯債務といえども、債務者複数の場合の分割主義（427 条）の例外とする必要はないとの判断が示されたことになる（上記①〜③参照）。

分割承継説に対しては、担保力の低下に対する批判だけでなく、法律関係が複雑になることへの懸念もある。本件に即して言えば、Y_2らが、共同相続開始前からの連帯債務者（Y_1）と不等額連帯となることは判決も明言しているが（上記④参照）、Y_2、Y_3、Y_4およびDが互いに連帯するのかまでは定かでない。この点について、本判決の調査官解説では、Y_1、Y_2〜Y_4、D全員の連帯であるとされるが（三淵乾太郎・最判解民昭和 34 年度 784 頁 94 頁）、Y_1-Y_2 間、Y_1-Y_3 間、Y_1-Y_4 間、Y_1-D 間にそれぞれ連帯関係が成立するだけで、分割承継した者同士（Y_2〜Y_4、Dの相互間）では連帯しないという見解がむしろ有力である（三宅正男・判評 21 号 8 頁、甲斐道太郎・甲南論集 7 巻 5 号 24 頁のほか、最近のものとして、潮見・総論 II 580 頁以下）。当初からの連帯債務者である Y_1 が弁済した場合はともかく、仮に Y_2 らのうちの誰かが弁済したとすると、誰と誰との間で求償関係が発生するのかというかたちで問題が顕在化することになろう。

【参考文献】　本文に掲げたもののほか、椿寿夫・家族法百選新版増補版 228 頁、淡路剛久・家族法百選 6 版 132 頁、尾崎三芳・判例講義民法 II 54 頁、福田誠治・百選 III 2 版 126 頁ほか多数の評釈がある。

平林美紀

43 不真正連帯債務と混同の絶対効の否定

最高裁昭和48年1月30日判決　判時695号64頁、裁判集民108号119頁、交民6巻1号1頁

【440条（旧438条）】

論点 不真正連帯債務者の一人と債権者との混同の効果は、他の不真正連帯債務者にも及ぶか（債権法改正で、不真正連帯債務が残るのか否か）

事実の要約

A所有の自動車を借り受けたBC夫妻は、その雇人であるFに運転をさせて、子DおよびX₁とともにドライブに出かけたが、Fの過失による交通事故が原因で、BCDは死亡し、X₁も受傷した。X₁は、X₂（Cの母）およびX₃（Bの母）とともに、Aが自賠責保険契約を締結していたY保険会社に対し、Aが自賠法3条に基づく損害賠償責任を負担すべきことを理由に、同法16条に基づき、保険金額の限度での損害賠償を求めて本訴を提起した。

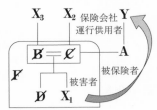

裁判の流れ

1審（東京地昭45・2・23判タ246号248頁、交民3巻1号240頁）：一部認容　2審（東京高判昭46・9・13交民4巻5号1335頁）：控訴棄却　最高裁：上告棄却

1審では、自賠法3条の適用をめぐって、AやBC夫妻の運行供用者性、BC夫妻や子DおよびX₁の他人性が争点となった。裁判所は、BC夫妻も運行供用者でありAとの関係で他人性を欠くが、DおよびX₁の他人性は認められるので、その限りで、AのXらに対する損害賠償責任を肯定し、Yへの請求を認めた。

2審も、1審判決を相当として、Yの控訴を棄却した。Y上告。その上告理由の中心は、自賠法3条に関する原判決の解釈の誤りを重ねて主張する点にあったが、加えて、原判決の認定する通りBC夫妻も運行供用者の地位にあるのであれば、BC夫妻にも、本件事故によるDおよびX₁の損害を賠償する義務があり、この損害賠償債務をX₁が相続したことによって混同が生じるとして、民法438条（現440条）の適用によって、弁済擬制の効果がAにも及ぶと主張した。

判旨

〈上告棄却〉最高裁は、原判決に自賠法3条に関する解釈の誤りはないとした。そして、「本件事故車の運行につき、Aとともに、BC夫婦もまた運行供用者の地位にあるとしても、両者の運行供用者としての責任は、各自の立場において別個に生じ、ただ同一損害の填補を目的とする限度において関連するにすぎないのであって、いわゆる不真正連帯の関係に立つものと解される。そして、不真正連帯債務の債務者相互間には右の限度以上の関連性はないのであるから、債権を満足させる事由以外には、債務者の一人について生じた事項は他の債務者に効力を及ぼさないものというべきであって、不真正連帯債務には連帯債務に関する民法438条〔現440条〕の規定の適用はないものと解するのが相当である。」

判例の法理

●**不真正連帯債務者の1人と債権者との間に混同を生じても、他の債務者には弁済擬制の効果は及ばない。**

最高裁は、①複数の運行供用者の損害賠償責任は、不真正連帯債務の関係にあるとし、②不真正連帯債務については、連帯債務に関する民法438条（現440条）の適用はないとした。この理によれば、③X₁とBCとの間で相続によって混同が生じても、X₁のAに対する損害賠償請求権には上記の混同の効果は及ばないので、X₁のY保険会社に対する請求は妨げられない。

判決を読む

本判決は、不真正連帯債務には真正連帯に関して定められた民法の諸規定が適用されないとする改正前民法下の理解が、混同の絶対効（旧438条（現440条））にも妥当することを最高裁が明らかにした点で重要である。この条文は、平成29年改正で条番号の繰下げと仮名遣いの変更があったのみであるので、本判決は、改正後もその価値を維持するようにも思える。

しかしながら、不真正連帯債務概念をめぐる環境は改正により一変したから、本判決の意味も問い直されるべきであろう。平成29年の民法改正では、「連帯債務」の中にも債務者間に密接な関係がないものが含まれることを前提に、諸規定の見直しが図られており、改正後は連帯と不真正連帯の単純な二分論は維持しがたいからである。

ただ、このような大きな転換があったからといって、あらゆる「連帯」のケースに民法の規定を適用すればよいということにもならない。たとえば、伝統的に不真正連帯債務の具体例とされてきた共同不法行為者間の求償関係に弁済ごとの割合的な求償を認める442条1項を適用してよいかどうかについては、なお議論の余地があるとされている（一問一答債権関係改正119頁）。負担部分を超える免責を得たことを求償要件とすることで、被害者保護に資すると考えられるためである。

つまり、問題の焦点は、本件のような複数の責任主体が競合するタイプの「連帯債務（旧法では不真正連帯）」関係に新440条を適用することが、不法行為の理念との関係で、類型的に必要なのかを検討することにある。本件では保険会社が支払をしたために問題が顕在化しなかったが、仮にX₁がAから賠償金の支払いを受けた場合、AがBやCに対して有したはずの求償権がX₁に向けて行使されるという問題をも考慮しなければならない（山田卓生・参考文献173頁）。

【参考文献】　本判決の評釈として、新美育文・ジュリ581号131頁、山田卓生・交通事故百選4版172頁。福田誠治「民法438条再考」藤岡康宏先生古稀記念論文集『民法学における古典と刷新』（成文堂、2011）227頁以下。

平林美紀

44 連帯債務者の求償と通知

最高裁昭和 57 年 12 月 17 日判決　民集 36 巻 12 号 2399 頁、裁判集民 137 号 611 頁、裁時 851 号 2 頁、判時 1065 号 133 頁、判タ 486 号 69 頁、金判 663 号 10 頁、金法 1038 号 52 頁　　【443 条】

論点　連帯債務関係にある複数の債務者のうち第一弁済が事後通知を怠った場合、第二弁済者は、自身が民法 443 条 1 項の事前通知を怠っていても、同条 2 項に基づき自己の免責行為を有効であるとみなすことができるか

事実の要約

　X と Y は、連帯して 5650 万円の債務を A に対して負った（負担割合は平等。以下「本件債務」という）。X は、A に対し、自己所有の土地をもって本件債務の全額を代物弁済した（以下「第一弁済」という）。X は、第一弁済により取得した求償権の行使として、2825 万円および遅延損害金の支払をYに求めて本件訴えを提起した。これに対し、Y が民法 443 条 2 項の適用により、自己の弁済（以下「第二弁済」という）が有効とみなされると主張して、求償債務の額を争った。

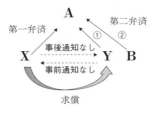

裁判の流れ

　1 審（大津地彦根支判昭 55・4・22 民集 36 巻 12 号 2402 頁）：請求棄却　2 審（大阪高判昭 56・2・27 民集 36 巻 12 号 2404 頁）：原判決変更、一部控訴棄却　最高裁：上告棄却

　1 審の詳細は定かでない。2 審では、X が第一弁済に際して Y への事後通知をしなかったこと、Y は X の第一弁済による免責の事実を知らずに A に 200 万円を支払ったが（第二弁済①）、X への事前通知を怠ったこと、また、その後、病気の Y に代わって A との交渉に当たるようになった Y の息子 B が、A の請求に応じて本件債務のうち 800 万円を自ら引き受けて、2 回に分けて支払ったことが認定された（裁判所はこの B の支払を信義則上、Y 自身による支払と同視できるとした〔第二弁済②〕。なお、B から X への事前通知もなかったが、当時、X の連絡先が不明になっていたことから、2 審は、B に事前通知の懈怠はないと認定した）。これらの事情に基づき、2 審は、第二弁済②は民法 443 条 2 項に基づき有効とみなすことができるとして、X の請求額 2825 万円から 800 万円を控除した額での求償権の行使を認めた。Y は、民法 443 条 2 項は、第二弁済者の事前通知を要件としていないから、Y による第二弁済①も有効であるとして上告。

判旨

　〈上告棄却〉「連帯債務者の一人が弁済その他の免責の行為をするに先立ち、他の連帯債務者に通知することを怠った場合は、既に弁済しその他共同の免責を得ていた他の連帯債務者に対し、民法 443 条 2 項の規定により自己の免責行為を有効であるとみなすことはできないものと解するのが相当である。けだし、同項の規定は、同条 1 項の規定を前提とするものであって、同条 1 項の事前の通知につき過失のある連帯債務者までを保護する趣旨ではないと解すべきであるからである（大審院昭和 7 年 9 月 30 日判決・民集 11 巻 20 号 2008 頁参照）。」

判例の法理

● 事前通知を怠った第二弁済者は 443 条 2 項の保護対象外

　最高裁は、民法 443 条 2 項による保護を欲する第二弁済者には、同条 1 項に定める事前通知の履践が求められることを明らかにした。

判決を読む

　他の連帯債務者の弁済（第一弁済）によってすでに消滅した連帯債務について、重ねて弁済（第二弁済）がされたとしても、第二弁済には弁済としての意味はないはずである。しかし、443 条 2 項は、第一弁済者が事後通知を怠った場合に、第二弁済者の弁済を有効とみなす余地を認めることで、第二弁済者の保護を例外的に図っている。もちろん、債務者は二重に弁済を受けることはできないはずであるから（連帯債務における「給付の一倍額性」）、不当利得返還債務を負うが、債務者が無資力の場合、443 条 2 項の意味は大きい。

　それでは、その第二弁済者にも事前通知（443 条 1 項）を怠ったという事情があった場合はどうか。本判決は 443 条 2 項の適用を否定した。この論点は、実際の事件で問題となることは稀であるが、学説は好んで論じてきた。早くから適用否定説＝第一弁済有効説が通説であったため、本判決の結論自体は、学説の支持を受けた。

　しかしながら、本判決が、大審院昭和 7 年判決を引用するだけで、443 条 2 項がどのような意味で同条 1 項を「前提」とするのかにつき説明をしなかったことに批判が集まり、学説は、事後通知と事前通知の意義についての議論を深めた。すなわち、元来、事後通知には二重弁済防止機能が、事前通知には他の連帯債務者の相殺権等の保護機能があるとされ、両者は異なる機能を果たすものと解されてきたが、事前通知には加えて、第二弁済者が弁済等をする前にすでに連帯債務が消滅していないかを照会・調査するという意味での二重弁済防止機能もあるとの理解が生まれた。443 条 2 項による保護は、第一弁済者が事後通知を怠ったことで二重弁済を招いたことの効果であるから、その保護を享受しようとする第二弁済者自身にも二重弁済防止のための努力として事前通知を手がかりとして第一弁済がないか照会・調査することが求められるから、それを怠った以上、保護を受けられないのもやむをえないという説明である。

　なお、本条は平成 29 年改正によりいくつかの文言の変更があるが、本判決の意義には影響がないと思われる。

【参考文献】　本判決の評釈として、長谷川隆・判評 374 号 2 頁・375 号 2 頁、池田眞朗・判評 295 号 32 頁、副田隆重・ジュリ 799 号 99 頁、浅生重機・最判解民昭和 57 年度 904 頁、半田正夫・昭和 57 年度主判解説（判タ 505 号）66 頁、尾崎三芳・判例講義民法 II 59 頁、辻伸行・百選 II 7 版 46 頁、平林美紀・百選 II 8 版 42 頁ほか。

平林美紀

45 共同不法行為者の一人に対する債務免除の効力

最高裁平成 10 年 9 月 10 日判決　民集 52 巻 6 号 1494 頁、裁判集民 189 号 887 頁、裁時 1227 号 9 頁、
判時 1653 号 101 頁、判タ 985 号 126 頁、金判 1059 号 18 頁、金法 1534 号 67 頁　【旧 437 条（削除）、441 条】

論点　不真正連帯債務関係にある債務者のうちの一人と債権者との間でなされた訴訟上の和解において、
債権者が一部弁済を受けて残債務を免除した場合、他の債務者の残債務にも免除の効力が及ぶか

事実の要約

　Ｘは、Ａが提起した別件訴訟において、①ＸがＢと共同して与えた損害につき 2000 万円の支払義務があることを認める、②Ａはその余の請求を放棄する、との内容の訴訟上の和解をした。Ｘは、上記①の支払義務の履行後、Ｂの使用者Ｙを被告として本件訴訟を提起した。Ｘの主張は多岐にわたったが、ＸがＹに対して請求しうる求償権の額の算定方法（とりわけ、基礎とすべきは上記①に基づいてＸが支払済みの 2000 万円なのか、ＸとＢの共同不法行為によりＡに生じた損害額 4000 万円超なのか）、すなわち、上記②にいう「放棄」の意味や効力（Ｘだけでなく Ｙにも及ぶか否か）が焦点となった。

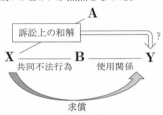

裁判の流れ

　1 審（名古屋地判平 8・8・12 民集 52 巻 6 号 1538 頁）：一部認容　2 審（名古屋高判平 8・11・20 民集 52 巻 6 号 1550 頁）：控訴棄却　最高裁：一部破棄差戻、一部上告棄却

　1 審は、ＸとＢによる共同不法行為によってＡが被った損害額および遅延損害金の合計額（4124 万余円）を基礎に据え、Ｘの負担割合（4 割）を乗じたうえで、Ｘが別途負担すべき契約上の債務不履行に基づく 164 万余円の損害賠償債務の金額をも加味する計算方法を採用した。その結果、Ｘの求償は 184 万円の範囲で認容された。Ｘは控訴し、Ａが上記②の通り残債務を放棄したことはＹとの関係でもＸが支払った 2000 万円をもってすべて解決する趣旨である等と主張した（この主張が認められれば、Ｙの求償債務額は 1200 万円となる）。

　2 審は、不真正連帯債務者間の求償関係では、債権放棄（ないし免除）があったとしても、債権の満足をもたらさない以上、求償権行使の基礎となる額の算定にあたり考慮すべきでないとして、1 審判決を支持。Ｘ上告。

判旨

　〈一部破棄差戻、一部上告棄却〉甲と乙が負担する損害賠償債務がいわゆる不真正連帯債務である場合において、訴訟上の和解によって債権者たる「被害者が甲に対し残債務を免除したと解し得るときでも、連帯債務における免除の絶対的効力を定めた民法 437 条〔現削除〕の規定は適用されず、乙に対して当然に免除の効力が及ぶものではない…。／しかし、被害者が、右訴訟上の和解に際し、乙の残債務をも免除する意思を有していると認められるときは、乙に対しても残債務の免除の効力が及ぶものというべきである」。

判例の法理

●免除の意思解釈を重視

　本最高裁判決は、不真正連帯債務関係には改正前民法 437 条（免除の絶対効）が適用されないという原則を、先例（最判昭 48・2・16 民集 27 巻 1 号 99 頁、最判平 6・11・24 判時 1514 号 82 頁）に依拠して確認したうえで、債権者の免除の意思によっては、他の連帯債権者にもその効力が及びうることを認めた。

判決を読む

　本判決以前から、学説では、不真正連帯債務関係でも絶対的な免除を債権者がなしうることが主張されていた。また、本判決引用の先例でも、債権者の意思が相対的免除であることが認定されていた。このように、不真正連帯債務者の一人に対する免除に関しては、債権者の意思が重視される傾向があったが、最高裁が正面から免除の意思解釈の重要性を認めたことのインパクトは大きかった。

　平成 29 年改正により、改正前民法 437 条は削除され、連帯債務者の一人に対する債権者の免除は、新 441 条を適用すべき相対効事由の一つに含まれることになった。また、改正後は不真正連帯債務概念の独自性が失われるとの理解がある（→ 43 事件）。したがって、同種の事件が再び発生したのならば、最高裁は、不真正連帯債務論への言及なしに、441 条を根拠として、債権者の意思解釈を理由に、本判決と同じ結論に至ると思われる。

　問題は、441 条ただし書が絶対効発生の要件として「債権者及び他の連帯債務者の一人が別段の意思を表示したとき」と規定していることの意味である。債権者は誰を合意の相手方として絶対的免除の意思を表示すればよいのか、また、債権者の単独行為として絶対的免除がなされる場合は誰がその意思表示を受領すればよいのか。学説には、（乙を受益者とする）第三者のための契約を債権者と甲との間で締結する方法（平野・総論 238 頁注 84）や、甲が乙を無権代理して債権者の免除の意思表示を受領したことを乙が追認する方法（我妻・講義Ⅳ 417 頁）などが提唱されるとともに、場面に応じた相応しい法律構成を選択すればよいとする見解（中田・総論 538 頁）がある。他方で、単独行為としての免除に関して、わざわざ受働代理構成によらなくてもよいとする見解もあって（潮見・総論Ⅱ 597 頁）、絶対的免除のための法律構成に関しいては、今後の議論が待たれる。

【参考文献】　本判決の評釈として、高森八四郎・法教 223 号 110 頁、青野博之・判評 483 号 35 頁、平野裕之・私判リマ 19 号 35 頁、淡路剛久・平成 10 年度重判 79 頁、河邉義典・最判解民平成 10 年度 784 頁、増永謙一郎・平成 10 年度主判解説（判タ 1005 号）128 頁、尾崎三芳・判例講義民法Ⅱ 60 頁、福田誠治・百選Ⅱ 44 頁ほか。

平林美紀

46 保証人による主債務者の取消権行使

大審院昭和 20 年 5 月 21 日判決　民集 24 巻 9 頁

【95 条、120 条、448 条、449 条、457 条 3 項、465 条の 10】

論点
①主たる債務者が債権者に対して有する取消権の保証人による行使の可否
②主たる債務者の資力等についての誤認を理由とした、保証人による保証契約に係る意思表示の錯誤取消しの可否

事実の要約

　YA 間の金銭消費貸借契約（「本件金銭消費貸借契約」）に基づき A が Y に対して負う債務（「本件債務」）を主たる債務として、X（保証人）が Y との間で連帯保証契約（「本件連帯保証契約」）を締結しその旨の公正証書が作成された。本件債務につき A が弁済しないため、Y が上記公正証書に基づき X の財産に対して強制執行手続を執ったのに対して、X が請求異議の訴えを提起した。その理由として、X は、主位的に、A は完全な（行為）能力者であることを前提とし、かつ、本件債務につき Y のために A 所有の土地に抵当権を設定することを条件に本件連帯保証契約を締結した（「本件事情」）ところ、実際には本件連帯保証契約の締結時に A は準禁治産者（平成 11 年改正前民法 11 条所定のもの）であり、かつ、抵当権は設定されていなかったとして、錯誤に基づく本件連帯保証契約の無効（旧 95 条本文）を（論点②）、予備的に、準禁治産者たる A は本件金銭消費貸借契約を保佐人の同意を得ずして締結しているのであるから、X は A の本件金銭消費貸借契約に係る取消権（平成 11 年改正前民法 12 条 3 項）を行使し、その無効をもって本件連帯保証契約も無効となる旨を主張した（論点①）。

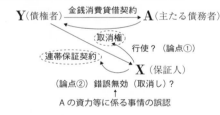

裁判の流れ

　1 審：不明　2 審（東京民地裁・判決年月日不明民集 24 巻 13 頁）：請求棄却　大審院：上告棄却

　2 審は、論点①について、連帯保証人は無能力者（準禁治産者）の取消権を独立して行使できる権能を有しないとし、論点②についても、本件事情は保証契約（法律行為）の内容にならないとして、それぞれ X の主張を排斥し、請求を棄却したため X が上告した。

判　旨

　〈上告棄却〉論点①につき「取消得べき行為に付何人が取消権を有するかは民法第 120 条の規定する所にして無能力者の債務を保証したる者は同条に所謂承継人に該当することなく又保証債務を消滅せしむる範囲内に於て保証人に主債務者たる無能力者の行為の取消権を行使することを認めたる規定あることなし又保証人に斯る取消権を与へざることは毫も保証債務の従属性に反することなし」とし、論点②については原審と同じく本件事情は「特に之を意思表示の内容と為さざりし場合には当然法律行為の要素をなすもの」とならないとした。

判例の法理

●主たる債務者の取消権に基づく保証人の抗弁のあり方（論点①）と、保証契約における主たる債務者をめぐる事情の位置付け（論点②）。

　本判決は、論点①について、保証人は 120 条所定の取消権者にあたらないために、主たる債務者が債権者に対して有する取消権を行使できないとし、論点②については、特にこれを意思表示の内容としない限りは、保証契約（法律行為）の要素とはならない（錯誤無効〔旧 95 条本文〕とならない）とした。

判例を読む

　取消権（解除権・相殺権）といった形成権は、権利者の意思に行使を委ねるべきであり、保証人は主たる債務者に附従的な地位にあるとはいえ、その意思に介入してまで権利を行使することは許されない。しかし、附従的な地位にあるがゆえの保護は図られてよく、かかる取消権等をもって債権者に対抗できてよい。そこで、両者の調和として**保証人はかかる権利を「行使」することはできないが、これをもって保証債務の履行を拒むことはできる（履行拒絶の抗弁）**と解されており、平成 29 年改正は 457 条 3 項にこれを明文化した。また、**主たる債務者の資力等についての事情は保証債務の履行を求められるか否かに係る重要な情報であるが、これは保証契約（法律行為）の動機にすぎず**、その錯誤（動機の錯誤）による保証契約（に係る意思表示）の無効（旧 95 条本文）が認められるためには「動機が相手方に表示されて法律行為の内容となり、もし錯誤がなかったならば表意者がその意思表示をしなかったであろうと認められる場合であることを要する」（最判平 28・1・12 民集 70 巻 1 号 1 頁など）という厳格な要件の充足が求められていた。平成 29 年改正は、錯誤をめぐる各種判例に基づき、いわゆる「基礎事情錯誤」を新たに明文化した（95 条 1 項 2 号）が、その評価は別としても厳格性が変わるものではない。もっとも、同じく明文化された「事業性貸金等（根）保証契約」をめぐる規律群においては、主たる債務者は、保証委託の際に保証人に対して、主たる債務者の資力等に係る情報を提供する義務があり、この提供の不備により保証人がかかる事情について誤認し保証契約を締結した場合には、保証契約（に係る意思表示）を取り消すことができる（465 条の 10）旨が定められており、基礎事情錯誤や第三者詐欺（96 条 2 項）よりも取消しの要件が緩和されていることは留意されてよい。

【参考文献】　論点①をめぐる平成 29 年改正の議論につき、潮見ほか・詳解改正民法 242 頁以下〔齋藤由起〕、論点②をめぐる従前の議論の整理と平成 29 年改正の評価につき、鎌田ほか・コンメン 1 206 頁以下〔大澤慎太郎〕、平野・新債権法の論点と解釈 32 頁以下および 239 頁以下を参照。

大澤慎太郎

47 保証人による主たる債務の相続と時効の更新

最高裁平成 25 年 9 月 13 日判決　民集 67 巻 6 号 1356 頁、判時 2209 号 102 頁、判タ 1397 号 92 頁、金判 1435 号 16 頁　　【152 条（旧 147 条 3 号）、457 条 1 項、旧商法 522 条】

論点　主たる債務を相続した保証人による一部弁済は、「債務の承認」として主たる債務の消滅時効を更新させるか

事実の要約

訴外 A 銀行は、訴外商人 B に対して、平成 9 年から同 11 年にかけて 3 回にわたり合計 3,500 万円を貸し付けた。各回において、貸付けから生じる B の債務（「本件貸付債務」）を主たる債務として、X 信用保証協会が B からの委託に基づき A との間で保証契約を締結し、併せて、B が X に対して負うべき求償債務を主たる債務として、Y（求償保証人）が X との間で連帯保証契約（「本件連帯保証契約」）を締結した。平成 12 年 9 月 28 日、B が本件債務につき期限の利益を喪失するなどしたため、X は本件債務の残元利金合計約 3,000 万円を A に対して代位弁済し B の求償債務（「本件求償債務」）が生じた。平成 13 年 6 月 13 日、B が死亡し Y が B を単独相続した。Y は、平成 15 年 12 月 15 日から同 19 年 4 月 30 日までの間に、X に対し一部弁済し（「本件弁済」）、元金と遅延損害金がなお残った。平成 22 年 1 月 13 日、X は Y に対して、本件連帯保証契約に基づく保証債務（「本件連帯保証債務」）の履行を求める旨の支払督促の申立てをしたところ、Y が督促異議の申立てをしたため本件訴訟に移行した。

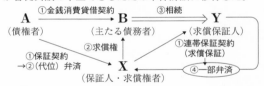

裁判の流れ

1 審（千葉地佐倉支判平 23・3・29 民集 67 巻 6 号 1363 頁）：請求棄却　2 審（東京高判平 23・9・15 民集 67 巻 6 号 1378 頁）：控訴棄却　最高裁：破棄自判

1 審も 2 審も、対立のポイントは、Y が、本件弁済は「連帯保証人」としてしたものであり、主たる債務である本件求償債務の時効につき債務の「承認」として「中断（旧 147 条 3 号）」（現「更新（152 条）」）させることはないので、本件求償債務の時効消滅（商事性を帯びる本件求償債務が生じた平成 12 年 9 月 28 日から「5 年（旧商法 522 条）」の経過による）に附従して本件連帯保証債務も消滅する旨を主張（抗弁）したのに対して、X が、本件弁済は「主たる債務者」としての弁済となるから本件求償債務の時効は中断（更新）するので、本件連帯保証債務も時効消滅していないと主張（再抗弁）したという点に尽きる。両審ともに Y の主張を容れて X の請求を棄却（控訴棄却）したため、X が上告受理申立てを行った。その要点は、「承認」は観念の通知であり、権利の存在を認識してなされれば効果が生じるところ、Y は単独相続によって X の本件求償債務の存在を認識したうえで本件弁済をしているのだから、本件弁済は「承認」にあたるというものである。

判旨

〈破棄自判〉「主たる債務を相続した保証人は、従前の保証人としての地位に併せて、包括的に承継した主たる債務者としての地位をも兼ねるものであるから、相続した主たる債務について債務者としてその承認をし得る立場にある。そして、保証債務の附従性に照らすと、保証債務の弁済は、通常、主たる債務が消滅せずに存在していることを当然の前提とするものである。しかも、債務の弁済が、債務の承認を表示するものにほかならないことからすれば、主たる債務者兼保証人の地位にある者が主たる債務を相続したことを知りながらした弁済は、これが保証債務の弁済であっても、債権者に対し、併せて負担している主たる債務の承認を表示することを包含するものといえる。これは、主たる債務者兼保証人の地位にある個人が、主たる債務者としての地位と保証人としての地位により異なる行動をすることは、想定し難いからである。したがって、保証人が主たる債務を相続したことを知りながら保証債務の弁済をした場合、当該弁済は、特段の事情のない限り、主たる債務者による承認として当該主たる債務の消滅時効を中断〔現「更新」〕する効力を有すると解するのが相当」であり、Y が、B の本件求償債務を単独相続したことを知りながらした本件弁済は、主たる債務者による承認として本件求償債務の消滅時効を中断（更新）する効力を有し、本件連帯保証債務にもその効力が及ぶ（457 条 1 項）ため、本件求償債務も本件連帯保証債務も時効消滅していなかったとして、第 1 審の判決を取り消し X の請求を認容した。

判例の法理

●主たる債務を相続した保証人の「地位」と「（一部）弁済」の法的性質

このとき保証人には主たる債務者の地位も併存し、主たる債務を相続したことを知りながら保証債務の弁済をすれば、特段の事情がない限り主たる債務者による「承認」として主たる債務の消滅時効を更新する（152 条）。

判例を読む

債務の「承認」は、権利不行使の状態と相容れない事実（大判大 3・12・10 民録 20 輯 1067 頁）とされ、一部弁済がこれにあたる（大判大 8・12・26 民録 25 輯 2429 頁）。承認は、観念の通知とはいえども、相手方の権利に係る認識が一応の前提となるため「主たる債務を相続したことを知りながら」弁済することが、ここにいう「承認」には求められる。そのうえで、あえて保証人として弁済することを強調した場合などには、保証債務のみの弁済と認められる余地があり（主たる債務の時効を更新しない）、これが「特段の事情のない限り」という判示に表れる。もっとも、具体的にどのような場合かは新たな事案の登場を待つほかないし、そもそも**主たる債務者を保証人が相続した場合に地位が「併存する」ことが法理論的に正当化できるのか**（いわゆる「不真正混同」で保証債務が消滅する可能性がある）も残された問題である。

【参考文献】　学説および判例の展開も含めて大澤慎太郎・千葉 29 巻 4 号 58 頁、調査官解説として畑佳秀・最判解民平成 25 年度 397 頁がある。

大澤慎太郎

48 解除による原状回復義務と保証人の責任

最高裁昭和 40 年 6 月 30 日大法廷判決　民集 19 巻 4 号 1143 頁、判時 412 号 6 頁、判タ 178 号 216 頁、
金法 414 号 8 頁　　　　　　　　　　　　　　　　　【446 条 1 項、447 条 1 項、545 条 1 項本文】

論点 売買契約に基づく特定物引渡請求債務の保証は、当該債務の債務不履行に基づく契約解除
（法定解除）後の原状回復義務にも及ぶか

事実の要約

　X は Y₁ との間で、Y₁ 宅内に存在する畳その他諸道具全部（「本件物件」）を買い受ける旨の売買契約（「本件売買契約」）を締結し、Y₁ の本件物件に係る引渡債務につき Y₂ が連帯保証した。X は、Y₁ に対して売買代金の全額を支払ったが、Y₁ が引渡債務を履行しないため、訴状送達後 5 日以内に本件物件の引渡しがないときは本件売買契約を解除する旨の停止条件付契約解除の意思表示を Y₁ に対して行ったものの、期間内に引渡しがなかったため期間の経過と共に本件売買契約は解除された。そこで、X は、Y₁ には原状回復義務の履行として売買代金の返還と解除日の翌日から支払済みまでの利息の支払を、Y₂ にはその連帯保証債務の履行をそれぞれ求めた。論点との関係で以下では Y₂ につき観察する。

裁判の流れ

　1 審（名古屋地判昭 37・6・2 民集 19 巻 4 号 1147 頁）：Y₁ に対する請求認容（欠席裁判）、Y₂ に対する請求棄却　2 審（名古屋高判昭 38・8・19 民集 19 巻 4 号 1151 頁）：控訴棄却　最高裁：破棄差戻

　1 審は、契約解除に基づく原状回復義務は主たる債務の消滅により生じる別個独立の債務であり、主たる債務に従たるもの（447 条 1 項参照）でもないから、特約のない限り保証人はその債務を履行する責任がないとする大判大 6・10・27 民録 23 輯 1867 頁（「大判大正 6 年」）を引用し、X の請求を棄却したため X が控訴した。2 審も 1 審を支持し控訴を棄却したため、X が上告した。上告理由の要点は、売買契約とこれに係る保証契約とは別個の契約であり、売買契約が債務不履行により解除されたとしても保証契約には影響しないというのが常識にも合致し、この場合に生じる原状回復義務を保証人が負担すると考えるべきことが当然である（上記判例は、原則と例外とを逆にする方が、当事者の意思に適う旨の我妻説を引用する）、という点にある。

判旨

　〈破棄差戻〉「特定物の売買における売主のための保証においては、通常、その契約から直接に生ずる売主の債務につき保証人が自ら履行の責に任ずるというよりも、むしろ、売主の債務不履行に基因して売主が買主に対し負担することあるべき債務につき責に任ずる趣旨でなされるものと解するのが相当であるから、保証人は、債務不履行により売主が買主に対し負担する損害賠償義務についてはもちろん、特に反対の意思表示のないかぎり、売主の債務不履行により契約が解除された場合における

原状回復義務についても保証の責に任ずるものと認めるのを相当とする。したがって、前示判例〔筆者注：大判大正 6 年〕は、右の趣旨においてこれを変更すべきものと認める。」（Y₁ の負う原状回復義務につき保証しない旨の特約の有無を考慮せずに Y₂ の保証責任を否定したことは、本件の保証契約の趣旨に関して判断を誤った結果、審理不尽に陥った違法性があるなどとして、原審に差し戻すのが相当であるとした）。

判例の法理

●特定物の売買契約における売主のための保証の「趣旨」

　本判決は、本論点の先例たる大判大正 6 年が示す規範の原則と例外とを反転させ、**保証が、特定物の売買契約における売主の債務不履行により契約が解除された場合に生じる原状回復義務にも原則として及ぶことを前提に**、特約によってこれが否定されることがある旨を述べる。その根拠についても、（保証が及ばないとする）大判大正 6 年が、解除の遡及効と保証の（成立における）附従性という基礎理論的なアプローチを試みているのに対して、本判決は、当事者の意思（保証契約の内容）にこれを求めている点に特徴がある。

判例を読む

　大判大正 6 年の立場は、附従性を基礎とした、当然にあり得る理論的な帰結となる。これは、解除の法的性質につき、遡及効を前提に給付関係を不当利得法理により処理することを基礎に置く「直接効果説」を採用する場合に顕著となる。もっとも、**保証がいかなる範囲に及ぶかは、原則的に当事者の意思により定まる**。それゆえに、解除により生じる原状回復義務に保証が及ぶか否かも、解除の性質とは離れて当事者の意思に答えを求めることは許される。本判決は「特定売買物の法定解除」を対象とするものであるが、その後、最高裁は、農業協同組合の員外貸付をめぐり生じた「契約無効に基づく不当利得返還請求権」（最判昭 41・4・26 民集 20 巻 4 号 849 頁：結論としては保証が及ばないとされた事例）についても、「請負契約の合意解除後に生じる前払金返還債務」（最判昭 47・3・23 民集 26 巻 2 号 274 頁）についても、保証が及ぶか否かは当事者の意思による旨を述べている。仮に解除の性質を考慮するとしても、平成 29 年改正後は、解除の効果として「原状に復させる義務を負う」（545 条 1 項本文）と定められたことによって、直接効果説とは親和しない原状回復義務が措定されている（保証が及ぶことを理論的に説明しやすい）ことは考慮されてよい。

【参考文献】　評釈その他は多岐にわたるが、参考文献や従前の議論状況も含めて、半田吉信・判例講義民法 II 62 頁を参照されたい。

大澤慎太郎

期間の定めのある賃貸借の更新と保証

最高裁平成9年11月13日判決　裁判集民186号105頁　判時1633号81頁、判タ969号126頁、金判1042号12頁
【1条2項、465条の2、465条の3、619条、借地借家法26条1項（旧借家法2条1項）】

論点　期間の定めのある賃貸借契約より生じる賃借人の債務の保証は、賃貸借契約の更新後に生じる債務にも及ぶか

事実の要約

　昭和60年5月31日、Yは所有するマンションを訴外Aに対して期間を同年6月1日から2年間にて賃貸（「本件賃貸借契約」）し、本件賃貸借契約より生じる一切の債務をXが連帯保証（「本件連帯保証契約」）した。本件賃貸借契約は、①昭和62年6月頃、②平成元年8月29日、および、③平成3年7月2日の3回にわたり、各年6月1日より2年間にて更新される旨がAY間にて合意された。各更新における契約書においてXの署名押印はなく、Aに対して引き続き連帯保証人となることを明示し了承したこともなく、YがXに対して保証意思を確認したこともなかった。②の期間中よりAの賃料不払いが生じたため、③の更新期間中の平成4年7月頃、YはAに対して本件賃貸借契約の（次回の）更新を拒絶する旨を通知し、併せて、Xに対しても賃料不払いの継続につき連絡した。平成5年6月18日、AはYにマンションを明け渡した。Xは、Yに対し、本件賃貸借契約の更新後に生じた未払賃料債務等に係る連帯保証債務の不存在確認請求訴訟を提起した。

裁判の流れ

　1審（神戸地判平5・10・15公刊物非登載）：請求認容
2審（大阪高判平6・5・25公刊物非登載）：請求棄却　最高裁：上告棄却

　1審は、Xの請求を認容したため、本件賃貸借契約に係る未払賃料債務等について連帯保証債務の履行請求権を有する旨を主張するYが控訴し、2審は、Yの主張を認めXの請求を棄却したため、Xが上告した。上告理由の要点は、更新後の賃貸借契約は、従前のものと同一性を有せず、連帯保証も及ばないこと（改正前619条2項および旧借家法2条1項〔現借地借家26条1項〕の解釈適用の誤り）、長期にわたる未払賃料債務を放置して賃貸借契約も解除せず、Xにもその事実を通知もしないで連帯保証債務の履行請求を行うことは信義則に反すること（1条2項の解釈適用の誤り）の2点であり、これが裁判を通じた両者の対立のポイントにもなる。

判旨

　〈上告棄却〉「期間の定めのある建物の賃貸借において、賃借人のために保証人が賃貸人との間で保証契約を締結した場合には、反対の趣旨をうかがわせるような特段の事情のない限り、保証人が更新後の賃貸借から生ずる賃借人の債務についても保証の責めを負う趣旨で合意がされたものと解するのが相当であり、保証人は、賃貸人に

おいて保証債務の履行を請求することが信義則に反すると認められる場合を除き、更新後の賃貸借から生ずる賃借人の債務についても保証の責めを免れないものというべきである」（本件では特段の事情も信義則に反する事情もないため、更新後の賃貸借契約より生じる賃借人の債務に、本件連帯保証契約の効力は及ぶ）。

判例の法理

●期間の定めのある賃貸借契約より生じる賃借人の債務の保証は、信義則に反する事情が無い限り、その更新後にも及ぶ

　619条2項は、賃貸借契約の「黙示」の更新（同条1項）につき従前の賃貸借期間の満了をもって敷金を除き担保が消滅する旨を定めているところ、「合意」により更新された場合の担保（保証）の扱いがどうなるかについては見解の対立があり、これを肯定した初の最上級審判決となる。

判例を読む

　更新後の賃貸借契約より生じる賃借人の債務につき保証が及ぶか否かは、賃貸借契約の同一性の有無という視点から論じられることが多いが、本判決は、紙幅の都合から判旨に引用してはいないが、旧借家法2条1項（現借地借家26条1項）所定の法定更新制度の存在も考慮した、契約継続（更新）を常態とする（不動産）賃貸借契約の性質を踏まえて、**保証人の予測可能性と責任の程度**（主たる債務となる賃料債務が、定期的かつ金額の確定したものであるから、保証責任が一挙には生じない）**という視点から当事者の合理的意思を根拠に結論を導出する。**不動産賃貸借保証は、平成29年改正により導入された個人根保証契約の規律の適用を受けつつも（それゆえ465条の2所定の「極度額」の定めは求められる）、まさに不動産賃貸借の期間（継続）に併せた保証期間の維持という視点から、元本確定期日に係る規律（465条の3参照）は適用されないことがこの判決の結論をさらに支えることになる。いずれにせよ、「同一性」をめぐる争いにまで解答を与えるものではない。なお、「黙示」の場合には及ばないとした大審院判決（大判大5・7・15民録22輯1549頁）があるが、これは旧借家法2条1項（現借地借家26条1項）所定の法定更新制度が導入される前の判決であることに注意を要し、**少なくとも法定更新の規律が適用される場合と合意による更新がなされる場合には、本判決の射程が及ぶことになる。**

【参考文献】　本判決の評釈として、塩崎勤・判タ1005号82頁、下村正明・リマークス18号34頁、野口恵三・NBL641号56頁、副田隆重・判タ982号54頁、平田健治・判評477号37頁などがある。

　　　　　　　　　　　　　　大澤慎太郎

物上保証人と事前求償権

最高裁平成2年12月18日判決　民集44巻9号1686頁、判時1370号58頁、判タ748号118頁、
金判864号3頁　　　　　　　　　　　　　　　　　　　　　　　　【351条、372条、460条、649条】

論点　主たる債務者から委託を受けた物上保証人による事前求償権の行使は認められるか

事実の要約

　YのBに対する金銭債務を主たる債務として、Yとの保証委託取引（「本件保証委託取引」）に基づきA信用保証協会がこれを保証し、本件保証委託取引に基づきYがAに対して負担する一切の（求償）債務（「本件債務」）に対応する債権を被担保債権として、Yから委託を受けたXが自ら所有する複数の不動産についてAのために根抵当権（「本件根抵当権」）を設定した。Aは本件債務につき弁済期が徒過してもYからの履行がないとして、本件根抵当権に基づき担保不動産競売の申立てを行い、その決定がなされ売却代金が配当された。XはYに対して、主位的に、債務消滅行為（本件根抵当権の実行）により事後求償権を取得したとしてその履行を、（上記配当が本件債務を消滅させるに足りない場合）予備的に、Yから委託を受けた物上保証人であることを理由に、460条2号に基づく事前求償権の行使として、本件債務の一部に係る金員の支払を求めて提訴した。以下、論題との関係で、予備的請求（事前求償権）についてのみ観察する。

裁判の流れ

　1審（神戸地判昭61・5・28民集44巻9号1693頁）：請求棄却　2審（大阪高判平2・2・28民集44巻9号1698頁）：控訴棄却　最高裁：上告棄却

　1審は、特に理由を示さずXの請求を棄却したためXが控訴した。2審は、事前求償権は委任事務処理費用の償還請求権（前払請求権）としての性格を有するところ、351条（372条による抵当権への準用）の文言が免責行為を前提としていることのほか、物上保証人は、責任財産に無限責任を負う保証人とは異なり、担保目的物につき物的有限責任を負担するにすぎず、また、債務者からの委託は主たる債務を弁済することではないため、物上保証人は債権者から債務の履行請求を受けることはなく、その債務消滅行為は委任事務処理には当たらず、事前求償権は認められないなどとして、Xの控訴を棄却したためXが上告した。上告理由の要点は、保証委託の法的性質をめぐる解釈についてであり、保証人も（主たる）債務を弁済することを委託されているわけではなく、あくまで保証の提供を委託されているにすぎず、責任の範囲につき程度の差はあっても、保証委託において物上保証人と差異があるわけではないという点にある。

判旨

　〈上告棄却〉「債務者の委託を受けてその者の債務を担保するため抵当権を設定した者（物上保証人）は、被担保債権の弁済期が到来したとしても、債務者に対してあ

らかじめ求償権を行使することはできないと解するのが相当である。けだし、抵当権については、民法372条の規定によって同法351条の規定が準用されるので、物上保証人が右債務を弁済し、又は抵当権の実行により右債務が消滅した場合には、物上保証人は債務者に対して求償権を取得し、その求償の範囲については保証債務に関する規定が準用されることになるが、右規定が債務者に対してあらかじめ求償権を行使することを許容する根拠となるものではなく、他にこれを許容する根拠となる規定もないからである。」（この判示に続き、物上保証の委託に係る法的性質については、2審と同旨の判断に加え「受託者は抵当不動産の価額の限度で責任を負担するものにすぎず、抵当不動産の売却代金による被担保債権の消滅の有無及びその範囲は、抵当不動産の売却代金の配当等によって確定するものであるから、求償権の範囲はもちろんその存在すらあらかじめ確定することは」できないとして460条の類推適用はできない旨を「なお書き」として述べている）。

判例の法理

●保証委託をめぐる物上保証と保証との間の法的性質の差異

　本判決および2審の述べるように、**保証と物上保証とでは保証委託の法的性質が異なることを根拠として、物上保証には委任事務処理が観念できないことを主たる理由に、物上保証人の事前求償権が否定されている**。

判例を読む

　事前求償権は委任における費用前払請求権（649条）に相当するものではあるが、保証の場合にこれを常に認めると、主たる債務者が事前に債務を弁済することと同義になってしまい、保証の意義を失わせるため、成立を制限した特則として460条が存在することになる。では、物上保証は、保証委託において保証と性質が異なるかといえば、必ずしもそうではなく、Xの上告理由はこの点を適確に捉えている。また判旨は、物上保証は、担保権の実行により初めて被担保債権の消滅の範囲が確定する、すなわち、求償の範囲が確定する点が保証との相違であるとするが、保証であっても事前求償の金額は求償の時点で確定できるわけではなく、これをもって相違点を強調するのも説得的ではない。物上保証も自宅や営業財産等を担保としているのであれば、有限とはいえども重い責任を負わされるのであり、責任が有限か無限かという視点のみから保証との差異を述べるのは形式論に過ぎる。結局、**物上保証人に事前求償権を認めるか否かは、単に法政策によるというのが現実的な理解となろう**。

【参考文献】　評釈その他は多岐にわたるが、参考文献や従前の議論状況も含めて、鳥谷部茂・百選II〔第五版新法対応補正版〕95頁を参照されたい。

大澤慎太郎

51 いわゆる継続的保証と保証人による解約

最高裁昭和 39 年 12 月 18 日判決　民集 18 巻 10 号 2179 頁、判時 399 号 31 頁、判タ 172 号 106 頁、金判 529 号 191 頁

【446 条 1 項、465 条の 4、身元保証法 4 条】

論点　継続的取引より生じる金銭債務を主たる債務とした保証契約（包括根保証契約・継続的保証契約）に係る保証人の（一方的な）解約権行使の可否

事実の要約

　Ｘは、昭和 34 年 5 月より訴外Ａに対して小麦粉を販売し、約 19 万円の売掛代金債権を有するに至ったが、Ａの営業不振によりその支払いを受け得ない状態となったため、取引を中止した。しかし、同年 9 月頃に、Ａの叔父Ｙが、Ｘに対して、Ａに対する今後の商品代金はＹの手形振出（「本件手形振出」）をもって決済し、Ａが従前負担している債務も、本件手形振出の度に商品代金に 2 万円を加算したものを手形額面とすることにより分割弁済するので、Ａとの取引を継続してもらいたい旨の要請をしたため、Ｘは、同年 10 月から昭和 35 年 6 月上旬までＡとの取引を継続し、その間、Ｙから約定通りに合計 11 通の約束手形の振出しを受け、このうち 9 通の支払いを受けた。しかし、訴外Ｂに裏書譲渡した残りの 2 通（「本件各手形」）につきＢが支払いを拒絶されたためＸが受け戻し、その額面金の合計 229,940 円とこれに係る法定利息の支払いとを求めＹにつき提訴した。

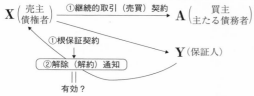

裁判の流れ

　1 審（大阪地岸和田支判昭 36・3・13 民集 18 巻 10 号 2185 頁）：請求認容　2 審（大阪高判昭和 38・6・28 民集 18 巻 10 号 2187 頁）：一部認容一部棄却　最高裁：上告棄却

　争点は複数に及ぶが、紙幅の都合上、2 審が本件手形振出を「保証（「本件保証契約」）」とする旨のＸの主張（予備的請求）を認めた点から観察する。2 審は、昭和 35 年 1 月 20 日頃に、本件保証契約を解除（解約）する旨をＸに通知したとのＹの追加主張につき、解約するには「相当な理由があった（ＡＹ間で合意されたＡのＹに対する小麦粉の代金相当額の定期的な支払いが滞り、Ｙの出金が多額に及んだこと等）」としてこの解約（「本件解約」）を有効としつつ、Ｘの予備的請求（保証を前提とした支払請求）につき、本件解約前に生じた債務額から弁済済みと評価される部分を除く 1 万 4,100 円についてのみＸの請求を認容した。Ｘは、2 審の判断は、継続的保証に係る解約権行使の可否をめぐる大審院判決（大判昭 9・5・15 新聞 3706 号 9 頁〔「大判①」〕、大判昭 9・2・27 民集 13 巻 215 頁〔「大判②」〕など）（「各大審院判例」）を誤解するものである等として、本件解約の有効性を争い上告した。

判旨

　〈上告棄却〉原判決がＸの予備的請求を斥ける理由として「本件のごとき期間の定めのない継続的保証契約は保証人の主債務者に対する信頼関係が害されるに至つた等保証人として解約申入れをするにつき相当の理由がある場合においては、右解約により相手方が信義則上看過

しえない損害をこうむるとかの特段の事情ある場合を除き、一方的にこれを解約しうるものと解するのを相当とするとし、挙示の証拠により…Ｙとして本件解約の申入れをなすにつき相当の理由があつたというべきであり、他面Ｘ側にも前示のような特段の事情はないものとして、Ｙのなした本件保証契約の解約申入れを有効と判断したことは、正当として是認できる」。また、各大審院判例は「債務者の資産状態が急激に悪化したような保証契約締結の際に予測しえなかった特別の事情があれば、相当の期間を<u>経過しなくても解除できる</u>」（下線は筆者）旨を述べるものであるところ、本件解約は、本件保証契約締結後、相当期間経過後になされているほか、Ｘの論旨は各大審院判例の趣旨を「独自の見解に牽強附会するもの」（保証契約締結後、相当期間経過した場合か、「債務者の資産状態が著しく悪化した」場合において"のみ"解約できる旨を述べる）として採用できない。

判例の法理

● 保証人に生じる 2 つの解約権とその行使要件（成立要件）

　判旨の通り、各大審院判例は、かかる解約権につき、保証契約締結後、相当期間経過した場合に生じる「**任意解約権**」（大判①）と、主たる債務者の資産状態が急激に悪化したような場合に生じる「**特別解約権**」（大判②）との 2 つを認める（大判大 14・10・28 民集 4 巻 656 頁は両者に言及）。**本判決は、特別解約権の行使要件（成立要件）**につき、「保証人の主債務者に対する信頼関係が害されるに至つた等保証人として解約申入れをするにつき相当の理由がある場合」としてこれを**緩和**しつつ、「解約により相手方が信義則上看過しえない損害をこうむるとかの特段の事情ある場合を除き」と**制限**することで債権者への配慮もみせている。

判例を読む

　2 つの解約権を区別することは困難であり、本判決の解約権も、保証契約締結後、相当期間経過したという任意解約権の性質と、Ａの信用悪化という特別解約権の性質の両者の色彩を帯びている（ただ後者の方に力点がある）。このような不安定性もあって、平成 16 年の民法改正と平成 29 年改正とを通じ、"根保証契約の解約＝元本の確定"という定式のもとに、個人の根保証契約に係る元本確定事由が明文化された（465 条の 4 参照）。しかし、同条所定の元本確定事由には、本判決がいうような（特別）解約権の発生事由に当たるものはなく、その意味では本判決はなお規範性をもつ。また、期間の定めのある根保証契約についても、このような解約権が認められるかはなお議論がある。身元保証法 4 条には同様の（特別）解約権が定められており、本条の類推適用等が、かかる解約権の一般的な根拠規定にもなりうる。

【参考文献】　評釈その他は多岐にわたるが、参考文献や従前の議論状況も含めて、平野裕之・百選Ⅱ 48 頁を参照されたい。

大澤慎太郎

52 元本確定前の根保証債務の履行請求と随伴性

最高裁平成 24 年 12 月 14 日判決　民集 66 巻 12 号 3559 頁、判時 2178 号 17 頁、判タ 1387 号 96 頁、
金判 1415 号 10 頁　　　　　　　　　　　　　【398 条の 7 第 1 項、446 条 1 項、465 条の 2、466 条】

論点　根保証（継続的保証）債務の元本確定前における、
①弁済期の到来した被保証債権に対応する保証債務（保証権）の履行請求の可否
②被保証債権の（一部）譲渡に応じた保証債務（保証権）の随伴性の有無

事実の要約

　平成 19 年 6 月 29 日、訴外 A 社は訴外 B 社に 8 億円を貸し付け（「貸付け α」）、Y（保証人）は A との間で、A を貸主、B を借主とする金銭消費貸借契約取引等より生じる貸付け α を含む B の債務を主たる債務とし、極度額を 48 億 3,000 万円、保証期間を平成 19 年 6 月 29 日から 5 年間とする連帯保証契約（「本件根保証契約」）を締結した。平成 20 年 8 月 25 日、A は B に対し弁済期を同 21 年 8 月 5 日として、7 億円（「貸付け β」）と 9,900 万円（「貸付け γ」）とをそれぞれ貸し付けた。平成 20 年 9 月 26 日、A は貸付け β および γ に係る債権（「本件各債権」）を訴外 C 社に譲渡し、同日、C はこれを X に譲渡した。X は B から本件各債権の弁済が得られないとして、Y に対し本件根保証契約に基づく保証債務の履行請求として、貸付け β および γ の一部となる 1,000 万円の支払いを求めた。

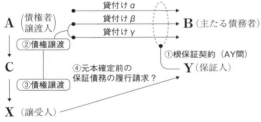

裁判の流れ

　1 審（東京地判平 22・10・27 民集 66 巻 12 号 3573 頁）：請求認容　2 審（東京高判平 23・5・31 民集 66 巻 12 号 3581 頁）：控訴棄却　最高裁：上告棄却
　1 審は、Y の、貸付け β および γ に係る消費貸借契約自体の錯誤無効（旧 95 条本文）や信義則または事情変更の法理に基づく本件根保証契約の解約もしくは保証債務の減免等の主張を排斥し、X の請求を認容した。Y は、元本確定前における被担保債権との随伴性が否定されている根抵当権（398 条の 7 第 1 項参照）との共通性を指摘し、根保証も元本確定前には被保証債権との随伴性が否定される旨を追加主張して控訴したが、2 審はこれも排斥して控訴を棄却したため、Y が上告受理申立てをした。その要点は、根抵当権との共通性等に照らして、元本確定前の根保証には随伴性がないということに尽きる。

判　旨

　〈上告棄却〉「根保証契約を締結した当事者は、通常、主たる債務の範囲に含まれる個別の債務が発生すれば保証人がこれをその都度保証し、当該債務の弁済期が到来すれば、当該根保証契約に定める元本確定期日（本件根保証契約のように、保証期間の定めがある場合には、保証期間の満了日の翌日を元本確定期日とする定めをしたものと解することができる。）前であっても、保証人に対してその保証債務の履行を求めることができるものとして契約を締結し、被保証債権が譲渡された場合には保証債権も

これに随伴して移転することを前提としているものと解するのが合理的である。そうすると、被保証債権を譲り受けた者は、その譲渡が当該根保証契約に定める元本確定期日前にされた場合であっても、当該根保証契約の当事者間において被保証債権の譲受人の請求を妨げるような別段の合意がない限り、保証人に対し、保証債務の履行を求めることができるというべきである。本件根保証契約の当事者間においては上記別段の合意があることはうかがわれないから、X は、Y に対し、保証債務の履行を求めることができる」。なお、「別段の合意」をめぐり須藤正彦裁判官の補足意見が付されている。

判例の法理

●"合意がない"がない場合のデフォルトルールとして論点①および②ともに肯定

　論点①も②も、保証契約の当事者間においてその可否（有無）を定め得ることに実務および学説上に争いはなく、判決中の「当該根保証契約の当事者間において被保証債権の譲受人の請求を妨げるような別段の合意がない限り」との部分は、これに対応した規範となる。それゆえ、その定めがない場合や合意内容が不明確な場合のデフォルトルールをどのようにするかが問題となり、本判決は①および②ともにこれを肯定した。根保証契約の当事者は、これを「前提にしているものと解するのが合理的である」（当事者の合理的意思）というのがその理由である。

判例を読む

　本判決が言うように、根保証契約の法的性質につき、元本確定までの間に生じる個々の被保証債権に個々に保証債務（保証権）が発生すると考える（「継続的保証説」という）のであれば、元本確定前であっても、被保証債権の弁済期が到来すれば保証債務権（保証権）の履行請求ができる（論点①）のも、被保証債権が譲渡されれば保証債務（保証権）も随伴する（論点②）のも論理的に至当となるが、このように解すると、**保証人が保証債務を弁済した場合や被保証債権が譲渡された後の極度額の評価が困難**となる。すなわち、この場合に極度額が変化しないというのであれば、事実上、無制限の保証（包括根保証）を肯定することになるが、保証債務の弁済や被保証債権の譲渡の度に、被保証債権に対応する額の極度額が減少するというのも、根保証契約や極度額の考え方からして不自然といった具合である。契約当事者の合理的意思という不明確な根拠付けも含めて課題の多い判決である。

【参考文献】　学説および判例の展開も含めて大澤慎太郎・千葉 28 巻 4 号 126 頁、調査官解説として畑佳秀・最判解民平成 24 年度 729 頁がある。

　　　　　　　　　　　　　　　　　　　大澤慎太郎

53 譲渡禁止特約付債権の譲渡と債務者の承諾による遡及効の対第三者効

最高裁平成9年6月5日判決　民集51巻5号2053頁、判時1615号39頁、判タ952号296頁、金判1028号3頁
【466条2項】

論点　譲渡禁止特約のある指名債権につき、譲渡後承諾前に他の第三者が当該債権を差し押えていた場合と譲受人側が譲渡後（差押前）に第三者対抗要件を具備していた場合の差押債権者と譲受人の優先関係

事実の要約

　A会社は、B会社に対し、1,183万余円の売掛代金債権（以下本件債権）を有しており、同債権については、譲渡禁止の特約がなされていた。X（被告、原審被控訴人、上告人）は、昭和62年12月9日に、本件債権全額の譲渡を受けた。そしてAはBに対して、同12月10日にBに到達した内容証明郵便で、この譲渡を通知した。しかしXは、譲渡当時、本件債権に譲渡禁止特約が付されていたことを知っていたか、知らないことにつき重大な過失があった。一方Y（国）（原告、原審控訴人、被上告人）は、Aに対する社会保険料債権・国税債権の取立てとして、同月11日に、Bに対し本件債権の差押え通知をした。Bは、昭和63年1月29日、債権者不確知と、滞納処分による差押えと強制執行による差押え等が競合したこととを理由に、供託した。Bはその際、AからXへの本件債権の譲渡を承諾した。Xは、Yを被告として、Xが供託金還付請求権を有することの確認を求め、一方Yは、Xらを被告として当該還付請求権の取立権がYにあることの確認を求めた。

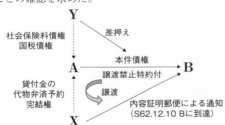

裁判の流れ

　1審（東京地判平1・12・25民集51巻5号2073頁）：請求認容　2審（東京高判平5・2・25民集51巻5号2084頁、判時1452号40頁、金判919号31頁）：控訴認容　最高裁：上告棄却

　1審は、X勝訴の判決をし、Yが控訴。控訴審（東京高判平5・2・25判時1452号40頁）は、Xの譲渡禁止特約についての悪意または重過失を認め、Bが供託に際しAからXへの譲渡につき承諾したことの対抗力は、承諾の時まで遡及するにとどまるから、Xはその前に差押えをして対抗要件を具備したYには対抗できないとして、原判決を取り消し、Y勝訴の判決をした。Xより上告。

判旨

　〈上告棄却〉「譲渡禁止の特約のある指名債権について、譲受人が右特約の存在を知り、又は重大な過失により右特約の存在を知らないでこれを譲り受けた場合でも、その後、債務者が右債権の譲渡について承諾を与えたときは、右債権譲渡は譲渡の時にさかのぼって有効となるが、民法116条の法意に照らし、第三者の権利を害することはできないと解するのが相当である〔最高裁昭和48年7

月19日第一小法廷判決・民集27巻7号823頁、最高裁昭和52年3月17日第一小法廷判決・民集31巻2号308頁参照〕。」

判例の法理・判例を読む

●旧規定と平成29年改正後の規定

　平成29年改正前の466条2項は、意思表示による譲渡禁止を認めつつ、ただし書で、その意思表示は善意の第三者には対抗できないと規定していた。さらにこのただし書について、最判昭和48年7月19日民集27巻7号823頁は、禁止特約の存在を知らないことにつき重過失のある譲受人も債権を取得できないとし、この「善意・無重過失」が判例上確立した要件となっていた。

　また学説の多数説は、譲渡禁止特約は債権の譲渡性を物権的に（第三者効のある形で）奪うもので、特約に違反して債権を第三者に譲渡した場合、悪意・重過失の債権譲受人には債権移転の効果が生じないとする、いわゆる物権的効力説を採っており、判例も同旨とされていた。

　なお、譲渡禁止特約のある債権を差し押さえることができるかについては、最高裁は、差押債権者の特約についての善意悪意を問わず、差押えおよび転付命令の対象となり得るとしており（最判昭45・4・10民集24巻4号240頁）、そもそもそれが起草者の見解であった。なお、この点は改正法466条の4第1項で明文化されている。

　その状況で本判決は、譲渡承諾（譲渡禁止を解く承諾）による債権譲渡の遡及的有効は、「民法116条の法意」によって、途中に利害関係人の存在があれば、その者の利益を侵害できない（その前までしか遡及しない）、という論理を示したものである。

　しかしながら平成29年の改正では、466条に大きな修正を加え、①譲渡制限の意思表示（**譲渡制限特約**）があっても、譲渡自体は有効になされうる（新466条2項）、②けれど債務者は悪意重過失の譲受人に対しては特約の有効性を主張でき、譲受人の弁済請求を拒むことができ、譲渡人（旧債権者）に弁済することもできる、という規定を置いた（新466条3項）。2項で譲渡人の債権譲渡による資金調達をしやすくし、一方で3項で債務者の支払先固定の利益も保護したのである。したがって、本判決のいう承諾による遡及的有効の論理は消え、今後同種の事案は、まずXへの譲渡が466条2項で有効でYに優先し、Bは改正法466条の2で供託することになろう。法改正で全く違う処理になったケースとして紹介する。

【参考文献】　本件判決について、三村量一・最判解民平成9年度　中657頁以下、改正466条について、池田真朗・慶應法学36号47頁以下（同『債権譲渡と民法改正』（弘文堂、2022）所収）。

池田真朗

54 指名債権の二重譲渡と優劣の基準

最高裁昭和49年3月7日判決　民集28巻2号174頁、判時737号36頁、金法718号30頁

【467条2項】

論点　指名債権が二重に譲渡された場合、譲受人となるのは、当該債権譲渡通知の確定日付の早いほうか、確定日付ある通知の債務者への早く到達したほうか

事実の要約

Xは、昭和44年2月13日頃、訴外Aから、Aが東京都下水道局長に対して有する本件債権2,044万余円を譲り受け、Aはこの債権譲渡の通知として、下水道局長宛の債権譲渡書と題する書面に公証人から同月14日付の印章の押捺を受け、同日午後3時頃下水道局に持参してその職員に交付し、さらに同日午後6時までの受付印のある内容証明郵便をもって重ねて下水道局長に本件債権譲渡の通知をした。一方Yは、Aに対して有する1,303万余円の金銭債権の執行を保全するため、同月14日東京地裁から本件債権に対する仮差押命令を得、この仮差押命令は同日午後4時5分頃、第三債務者たる下水道局長に送達された。以上のような事実関係で、XはYの仮差押命令の執行の排除を求めて本訴に及んだ。

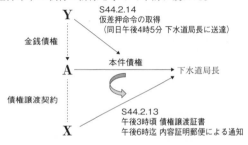

裁判の流れ

1審（東京地判昭45・12・26民集28巻2号183頁）：請求棄却　2審（東京高判昭47・3・22高民集25巻2号168頁）：請求棄却　最高裁：破棄自判

1審は、Xが優先するためには、譲渡通知書に付された確定日付が仮差押命令の送達日より前の日付でなければならないと解すべきであり、本件においてはそれが同日であるからXはYに対抗し得ないとした。控訴審は、二重譲渡の場合の優劣の基準は通知（承諾）の書面に付された確定日付の先後により、しかもその確定日付の表示日時のみを基準として先後を決定すべきと解して、その結果本件債権譲渡証書上の確定日付と本件仮差押命令送達の日時とではその先後を定めることができないから、XとYとの優劣を決することはできないとし、結局上記1審と同様にXはYに対抗し得ないとして、Xを敗訴させた。Xは上告し467条2項は他の証拠方法を排除する趣旨ではなく、確定日付が同一の日である場合には、対抗要件取得の時、すなわち、譲渡通知到達の先後を、他の一般の証拠資料によって確定し、これに従って優先関係を決すべきであると主張した。

判旨

〈破棄自判〉「思うに、民法467条1項が、債権譲渡につき、債務者の承諾と並んで債務者に対する譲渡の通知をもって、債務者のみならず債務者以外の第三者に対す

る関係においても対抗要件としたのは、債権を譲り受けようとする第三者は、先ず債務者に対し債権の存否ないしその帰属を確かめ、債務者は、当該債権が既に譲渡されていたとしても、譲渡の通知を受けないか又はその承諾をしていないかぎり、第三者に対し債権の帰属に変動のないことを表示するのが通常であり、第三者はかかる債務者の表示を信頼してその債権を譲り受けることがあるという事情の存することによるものである。このように、民法の規定する債権譲渡についての対抗要件制度は、当該債権の債務者の債権譲渡の有無についての認識を通じ、右債務者によってそれが第三者に表示されうるものであることを根幹として成立しているものというべきである。そして、同条2項が、右通知又は承諾が第三者に対する対抗要件たり得るためには、確定日付ある証書をもってすることを必要としている趣旨は、債務者が第三者に対し債権譲渡のないことを表示したため、第三者がこれに信頼してその債権を譲り受けたのちに譲渡人たる旧債権者が、債権を他に二重に譲渡し債務者と通謀して譲渡の通知又はその承諾のあった日時を遡らしめる等作為して、右第三者の権利を害するに至ることを可及的に防止することにあるものと解すべきであるから、前示のような同条1項所定の債権譲渡についての対抗要件制度の構造になんらの変更を加えるものではないのである。

右のような民法467条の対抗要件制度の構造に鑑みれば、債権が二重に譲渡された場合、譲受人相互の間の優劣は、通知又は承諾に付された確定日付の先後によって定めるべきではなく、確定日付のある通知が債務者に到達した日時又は確定日付のある債務者の承諾の日時の先後によって決すべきであり、また、確定日付は通知又は承諾そのものにつき必要であると解すべきである。そして、右の理は、債権の譲受人と同一債権に対し仮差押命令の執行をした者との間の優劣を決する場合においてもなんら異なるものではない」。

判例の法理

●問題の所在

本判決は、近年の民法学上のひとつの争点となった、指名債権の二重譲渡の優劣の基準につき、それまでほぼ通説とされていたいわゆる確定日付説（確定日付ある譲渡通知の日付の先後による）をくつがえし、到達時説（確定日付ある通知の債務者への到達の先後による）を採ることを明言した、重要な判決である。債権譲渡の場合は、物権の場合の登記と異なり、対抗要件具備行為自体が二重三重になされ得るので、どの対抗要件具備が最も早かったかという問題が現れる。本来この問題を整序するために、467条2項は、当事者がその先後を改変できないよう、確定日付ある証書による通知・承諾を規定したのであるが、債務者による承諾の場合には、承諾書に確定日付が付された時が基準となることで特段の疑義は生じな

いものの、通知の場合は、確定日付の付与方法によっては、確定日付の付与時と、債務者の認識時が乖離するという問題が生じるのである（例えば、内容証明郵便の場合は、確定日付が付与されるのはその郵便の発信時であり、まだ債務者は譲渡をなんら認識していない）。

●通知と確定日付の関連性

二重譲受人の優劣の基準を問題とする前提として、通知と確定日付の関連性が問題となる。これについて大審院は当初、通知を受けた日を確定日付ある証書で証明するのでなければ第三者に対抗できないとしていた（大判明36・3・30民録9輯361頁）。しかし、やがて連合部判決によって、確定日付は通知行為または承諾行為について必要なのであって、通知の到達や承諾のあったことを確定日付ある証書で証明する必要はないと変更した（大連判大3・12・22民録20輯1146頁）。実はこの大正3年判決は、確定日付は通知書に付されている必要があり、ほかの書類にあっても不可としたものなのであるが、その結果、通知書に確定日付がついていさえすればよいことになり、通知の到達時点は何ら確定日付で証明される必要はなくなった。したがって、その後の下級審判決は、複数の譲渡通知があったときはその確定日付の一番早いものを（債務者に到達した順序は関係なく）優先させるという基準を採用してきた（いわゆる「確定日付説」）（東京控判昭14・10・10新聞4515号7頁、東京地判昭35・12・24下民集11巻12号2757頁等）（もっとも、大審院には、確定日付ある通知の債務者への到達の順序で優劣を判断すること（後の「到達時説」）を判決文の中で示していた判決がひとつだけ存在するが（大判大7・5・24民集11巻1021頁）、これは債権譲渡を判示事項とする判決ではなく、先例とは評価されなかった）。

●立法沿革に沿った到達時説

しかし、確定日付説を採った場合、確定日付のある証書による通知が先に到達していても、後に到達した別の譲渡通知の確定日付が先に到達した方の確定日付よりも早いものであると、その順位はくつがえされるので、通知書に確定日付を得たまま（例えば公証役場で日付印を受けて）長期間通知を発信しないでおいても優先し得るという、法的安定性を害する結果が生じる（横山長「判批」金法733号12頁等参照）。そのような状況で本判決は、そもそも467条の対抗要件制度は「当該債権の債務者の債権譲渡の有無についての認識を通じ、右債務者によってそれが第三者に表示されうるものであることを根幹として成立しているもの」である（つまり債務者が譲渡をいつ認識するかが重要）として、確定日付のある通知が債務者に到達した日時の先後を基準とする「到達時説」を採用するに至ったのである。

この、債務者がいわばインフォメーションセンターとなる公示機能を持つ（それが不完全なものであることは当然ではあるが）という対抗要件の構造は、467条の母法であるフランス民法1690条についてフランスで従来から伝統的に説明されていたものであり、それがボワソナード旧民法を経由してわが民法に採り入れられ、起草者梅謙次郎博士もこの制度趣旨を明快に説いていた（梅・債権203頁）。本判決はそれを正当に引用したものである（池田真朗『債権譲渡の研究〔増補2版〕』（弘文堂、2004）112頁参照）。ただし、本判決は、前掲大正3年判決を変更することはせず、確定日付は通知書に必要としたので、通知書に確定日付がありさえすればよく（例えば内容証

明郵便であれば、確定日付は発信時のもの）、到達時の証明は一般の証拠方法に委ねられたのである（なお、ここで問題にする債権の二重譲渡は、実際には、債権譲渡と差押・転付命令ないし仮差押命令の競合のケースを含んでおり、後者も前者の二重譲渡と同様に扱うのが、わが国では以前からの慣例である）。

判例を読む

●本判決の評価

本判決は、最高裁が、それまで学説も明瞭に論じていなかった立法趣旨に遡り、初めて債権譲渡の対抗要件の構造の理解から判示したもので、その意味では画期的なものと評価してよい（ただ、本判決の問題点は、債務者が正式に譲渡を認識した時点として到達時を基準にしたことは正当といえるものの、一方でその到達時の認定については一般の証拠方法にゆだねることにしたため、民法の規定が確定日付という証拠力のある手段を採用したことの意義を希薄にしてしまったところにある（池田・前掲155頁））。

学説においては、昭和30年代後半までは、この問題についてあまり本格的な考察もされておらず、いわゆる概説書では、一般に確定日付説が採られていた。しかし、この49年判決以後の学説は、大多数が到達時説に賛成している。もちろん、この制度の趣旨からすれば、明治36年判決のように、やはり到達時を確定日付で説明させるのが理想であることは、かなり多くの論者が承認するところとなっているが（椿寿夫「債権の二重譲渡と対抗要件」新版判例民法演習③（有斐閣、1982年）171頁等）、しかし、結論的にこの「到達時確定日付説」（山本進一「債権譲渡」新版民法演習③（有斐閣、1979年）150頁、池田・前掲125頁）を主張するものは少数に止まった。現実的には到達時説でやむを得ないというべきであろう（野村ほか・民法Ⅲ187頁〔池田真朗〕）。

●残された問題とその解決

優劣の基準をこのように定めた場合にも、論理必然的な帰結として、到達時が同時の場合、あるいは到達の先後が証明できない場合の処理如何という問題は残る。この点については、その後最判昭和55年1月11日民集34巻1号42頁（→55事件）と最判平成5年3月30日民集47巻4号3334頁（→56事件）が解決することになる。しかし債権譲渡の理論全体からみれば、本判例こそが、一連の二重譲渡優劣基準関係の判例の中で最も根本的な判断を示した重要なものといってよい。

なお、467条は平成29年改正でも特段の変更はなく、本判決の意義は変っていないが、今日の実務では、法人のする債権譲渡の場合、対抗要件具備には、1998年創設の債権譲渡登記（同年施行の債権譲渡特例法2条1項〔その後2004年に動産債権譲渡特例法4条1項〕による）が広く使われている（債権譲渡登記は、467条2項の確定日付ある通知の等価代替手段となる）。その場合、登記と譲渡通知の優劣は、登記時と通知到達時とで比べられることに注意したい。

【参考文献】　本判決の解説・評釈として、柴田保幸・最判解民昭和49年度92頁（曹時27巻8号118頁）以下、安達三季生・民商72巻2号302頁以下、石田喜久夫・判評191号19頁以下、池田真朗『債権譲渡の研究〔増補2版〕』155頁以下）。

池田真朗

55 確定日付ある通知の同時到達と債権譲受人の優劣

最高裁昭和 55 年 1 月 11 日判決　民集 34 巻 1 号 42 頁、判時 961 号 73 頁、判タ 412 号 86 頁、金判 595 号 3 頁　　　　　　　　　　　　　　　　　　　　　　　　　　　　　　【467 条 2 項】

論点　指名債権が二重に譲渡されて確定日付ある通知が複数同時に到達した場合における同順位譲受人の債務者に対する弁済請求の可否

事実の要約

Xは、訴外Aに対し、貸金債権を有していたが、昭和 49 年 3 月 4 日頃、AのYに対する 123 万余円の売掛代金債権（本件債権）を上記貸金債権中の対当額の弁済に代えて譲り受けた。Aは、同日付内容証明郵便でその旨Yに通知し、この郵便は同月 6 日午後零時から午後 6 時までの間にYに到達した。しかしAはさらに、同月 5 日頃、本件債権を訴外BおよびCにも譲渡し、右各譲渡につき同日付内容証明郵便をもってその旨Yに通知し、それらの郵便もいずれも同月 6 日午後零時から午後 6 時までの間にYに到達した。一方訴外D社会保険事務所は、同月 6 日、Aの健康保険料等の滞納金総額 27 万余円を差し押さえ、その差押通知書も同日午後零時から午後 6 時までの間にYに到達した。以上のような事実で、XからYに対して本件債権の弁済を訴求した。

裁判の流れ

1 審（東京地判昭 52・2・28 民集 34 巻 1 号 50 頁）：請求棄却　2 審（東京高判昭 53・7・19 民集 34 巻 1 号 57 頁）：請求棄却　最高裁：破棄自判

1 審は、Xにおいて他の譲受人に優先する対抗要件の具備、すなわち確定日付のある通知が債務者たるYに到達した日時が他の譲受人らのそれより先であること、について主張立証がないので、Xは他の譲受人らに優先する地位を主張し得ない結果、債務者たるYに対し弁済を求め得ないとした。控訴審では、Xは、Xらの通知の到達の先後関係を確定できないため各譲受人が優先権を主張し得ない場合には、本件債権はそのままAに帰属しており、Xは 7 月 6 日にその本件債権の全部をAから改めて譲り受けていると主張したが、控訴審は、本件債権がそのままAに帰属しているとは解し得ないとして、Xの主張をしりぞけた。Xから上告。

判旨

〈破棄自判〉「指名債権が二重に譲渡され、確定日付のある各譲渡通知が同時に第三債務者に到達したときは、各譲受人は、第三債務者に対しそれぞれの譲受債権についてその全額の弁済を請求することができ、譲受人の一人から弁済の請求を受けた第三債務者は、他の譲受人に対する弁済その他の債務消滅事由がない限り、単に同順位の譲受人が他に存在することを理由として弁済の責めを免れることはできないもの、と解するのが相当である。また、指名債権の譲渡にかかる確定日付のある譲渡通知と右債権に対する債権差押通知とが同時に第三債務者に到達した場合であっても、右債権の譲受人は第三債務者に対してその給付を求める訴を提起・追行し無条件の勝訴判決を得ることができるのであり、ただ、右判決に基づいて強制執行がされた場合に、第三債務者は、二重払の負担を免れるため、当該債権に差押がされていることを執行上の障害として執行機関に呈示することにより、執行手続が満足的な段階に進むことを阻止しうる（民訴法 544 条参照）〔筆者注、旧民事訴訟法の条文であり、現在では

民事執行法に移っている〕にすぎないのである（最高裁昭和 45 年（オ）第 280 号同 48 年 3 月 13 日第三小法廷判決・民集 27 巻 2 号 344 頁参照）」。Xの全額の弁済請求を認容した。

判例の法理

●到達時も同時であった場合の処理

指名債権が二重譲渡された場合の譲受人の優劣の基準については、最高裁昭和 49 年 3 月 7 日民集 28 巻 2 号 174 頁（→ 54 事件）が、いわゆる到達時説を確立した。しかしながら、そのように基準を定めた場合にも、論理必然的な帰結として、複数の通知の到達時が同時の場合、あるいは到達の先後が証明できない場合の処理をどうするかの問題が残る。本判決は、この点について、その場合いずれの譲受人も債務者に対抗し得る（譲受債権全額を請求し得る）という判断を示した（また、譲渡通知と差押通知の同時到達の場合も同様とした）。

判例を読む

本判決は、同順位譲受人の一人が債務者に弁済請求した事案であって、判決はあくまでもその関係についてのみ判示し、二重譲受人相互間の法律関係（多数当事者の債権関係となるか、譲受人相互に分配（清算）請求は可能か等）について、何ら述べていなかったことから、多数の学説の論議の対象となった。

法律関係の構成については、連帯債権説、不真正連帯債権説、非多数当事者債権説（伊藤進・昭和 55 年度重判 88 頁、池田真朗・判評 261 号 20 頁、同・百選Ⅱ 4 版 72 頁）、独立債権説（石垣君雄・最判解民昭和 55 年度 25 頁（曹時 36 巻 12 号 223 頁）。各譲受人は債務者に対して独立して債権を取得する）、分割債権説（椿寿夫・判タ 439 号 69 頁、石田（穰）・NBL203 号 40 頁）等が現れ、同順位譲受人の一人が全額受領した際の他の譲受人からの分配（清算）請求の可否については、法的根拠がないことを理由に否定する説（前掲石垣説では、完全に譲受人同士の相互依存関係を排除するので、より積極的に、まさに早い者勝ちという構成になる）、不当利得返還請求権を認める（あるいは擬制的に採用する）説、積極的に分配請求権や清算義務を認めようとする説などが主張された。

なお債務者としては債権者不確知を理由に 494 条の供託をすればよいのだが、さらに同順位譲受人相互の請求の事案で最終的にどう処理するかについては、最高裁平成 5 年 3 月 30 日判決（→ 56 事件）を待つことになる。

【参考文献】　学説の紹介につき、池田真朗「債権譲渡の対抗要件具備の衝突」争点Ⅱ 62 頁以下（池田『債権譲渡の研究〔増補 2 版〕』（弘文堂、2004）131 頁以下）。

池田真朗

同順位の債権譲受人間における供託金還付請求権の帰属

最高裁平成5年3月30日判決　民集47巻4号3334頁、判時1462号85頁、判夕820号185頁、
金判924号3頁
【467条2項、494条】

論点　指名債権の二重譲渡で確定日付ある通知が同時到達して、債務者が供託をした場合、同順位
の譲受人が相互に供託金還付請求権の帰属を争ったときの解決はどうなるか

事実の要約

　X（国＝原告・反訴被告・被控訴人・上告人）は、A会社に対する租税債権を徴収するため、A会社が第三債務者B組合に対して有する運送代金債権（以下「本件債権」という）を差し押さえ、右債権差押通知は、昭和60年9月24日、B組合に交付送達されたが、本件債権につきY（被告・反訴原告・控訴人・被上告人）が債権譲渡を受けた旨の確定日付のある譲渡通知が同日にB組合に到達しており（1審の認定によれば、それらの到達の先後は不明で、きわめて近接した時間の幅の中で到達しているので、同時到達として取り扱うとされた）、B組合は、債権者不確知を理由に62万円を供託した。そこでXがYを相手方として、右供託金62万円の還付請求権の取立権を有することの確認を求めた。これに対し、Yは、債権差押通知と債権譲渡通知とが第三債務者に同時に到達した場合には、差押債権者および債権譲受人は、互いに債権者の地位にあることを主張し得ないというべきであり、仮に、互いに債権者の地位にあると主張し得るとしても、それぞれが右債権を平等の割合をもって分割取得するものと解されると主張するとともに、反訴において、Xを相手方として、Yが右供託金62万円の還付請求権を有することの確認を求めた。

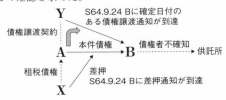

裁判の流れ

　1審（福岡地判昭63・2・26民集47巻4号3374頁）：請求認容（Yの反訴棄却）　2審（福岡高判昭63・7・20民集47巻4号3381頁）：1審判決取消・Xの請求棄却、Yの控訴棄却　最高裁：一部破棄自判・一部棄却

　1審では、差押えと譲渡との競合の場合は二重譲渡とは異なるとして、結局差押債権者が債権譲受人に優先するという構成で、Xの本訴請求を認容し、Yの反訴請求を棄却した（この構成は後掲昭和55年最高裁判決（→**55事件**）に反する）。これに対して控訴審では、「（XもYも）相互に優先的地位にある債権者であると主張することは許されず、その結果、いずれも第三債務者組合（B）に対し、自己の債権の優先を主張しうる地位にはない」との構成で、1審判決を取り消してXの請求を棄却し、かつYの反訴請求を退けた1審判決を支持してYの控訴を棄却した。そこでXのみから上告し、債務者が差押債権者と債権譲受人のいずれに対しても弁済をする必要がないという不当な結果となる原判決には、判例（最判昭55・1・11民集34巻1号42頁）違反の違法があるなどと主張した。

判旨

　〈一部破棄自判・一部棄却〉「国税徴収法に基づく滞納処分としての債権差押えの通知と確定日付のある右債権譲渡の通知とが当該第三債務者に到達したが、その到達の先後関係が不明であるために、その相互間の優劣を決することができない場合には、右各通知は同時に第三債務者に到達したしたものとして取り扱うのが相当である。」〔そして最判昭55・1・11民集34巻1号42頁に従って国税徴収職員は被差押債権の取立権を取得し債権譲受人も同債権の給付訴訟に勝訴できるが〕「このような場合には、前記のとおり、差押債権者と債権譲受人との間では、互いに相手方に対して自己が優先的地位にある債権者であると主張することが許されない関係に立つ」。

　「滞納処分としての債権差押えの通知と確定日付のある右債権譲渡の通知の第三債務者への到達の先後関係が不明であるために、第三債務者が債権者を確知することができないことを原因として右債権額に相当する金員を供託した場合において、被差押債権額と譲受債権額との合計額が右債権供託金額を超過するときは、差押債権者と債権譲受人は、公平の原則に照らし、被差押債権額と譲受債権額に応じて供託金額を案分した額の供託金還付請求権をそれぞれ分割取得するものと解するのが相当である」。

　原判決を破棄・自判してXYそれぞれが各31万円の供託金還付請求権を分割取得するものとし、Xのその余の上告を棄却した。

判例の法理

●到達時説による優劣基準と通知同時到達

　指名債権の二重譲渡、または譲渡と差押えの競合の場合には、第三者対抗要件たる確定日付ある通知または差押えの送達等の、債務者への到達時の先後で優劣を決定するのが確立した判例であり（到達時説。最判昭和49・3・7民集28巻2号174頁→**54事件**）、その到達時も同時である場合については、最判昭和55年1月11日民集34巻1号42頁（→**55事件**）が、同順位譲受人の一人が債務者に弁済請求した事案で、各譲受人は、債務者に対してそれぞれの譲受債権についてその全額の弁済を請求することができるとした。ただこの55年判決は、同順位譲受人（差押債権者）相互の法律関係には全く言及しておらず、そのため、同順位者間の法律関係や分配（清算）請求の可否等をめぐって学説の多数の議論を呼び、その後の最高裁判例の展開が待たれていた。本判決は、債務者が供託をした事例で、この点について最高裁が初の判断を示したものである。本判決の結論は、客観的に見て最も望ましい最終的解決方法を示したものといえるが、理論的に問題がないわけではない。

●前提問題の確認

　本判決の論理構成の前提問題を確認しておく。①到達先後不明は同時到達と同様に扱うという点については、

すでに前掲55年判決の事例がそうであったようにうかがわれ（古曳正夫・NBL208号14頁、池田真朗『債権譲渡の研究〔増補2版〕』（弘文堂、2004）171頁参照）、それを踏襲した考え方である。訴訟法学者の一部には、到達先後不明の場合は立証責任の問題にするという考え方があるが、民法的には、同時到達と認定される幅の問題と認識してよかろう。②譲渡と差押の競合は二重譲渡か二重差押えかという問題があるが、わが国では、これを二重譲渡と同視している。③供託実務としては、同時到達ならば（その同時到達譲受人ないし同時到達差押債権者らが債権者と決定するので、債権者不確知にならないから）供託できないが、先後不明という理由ならば債権者不確知による供託ができるとされている（学説には、同時到達を理由としても供託を認めるべきとの批判が強い。池田・前掲151頁以下、上原敏夫・曹時45巻8号12頁等）。

● **本判決の論理**

本判決は、55年判決を否定も修正もしていないので、あくまでも55年判決を前提にした判決であると認識すべきである。したがって、本判決は、「債権譲渡通知あるいは差押通知等を同時到達させた譲受人あるいは差押債権者のそれぞれは、債権者に対しては、全額勝訴の判決を得られる。債務者に対しては、100パーセントの新債権者としての権利を持つからである（昭和55年判決）。しかし、供託がされた場合に他の譲受人や差押債権者を訴えれば、譲受債権額（被差押債権額）に応じた金額でしか勝訴できない。同時到達の譲受人ないしは差押債権者相互では、互いに他に優越できる地位は主張できないからである（本判決）」という形で55年判決に接合することになる。つまり、最終的に按分（判決文では「案分」。以下その表現に従う）になるといっても、最初からいわゆる分割債権のように同順位者間に債権が分割帰属したということではない（もしそうならば55年判決を変更しなければならない）。同順位者同士が全額の還付請求権を争う結果案分されるということである。

判例を読む

● **案分の根拠**

本判決は、案分の根拠としては「公平の原則に照らし」というのみである。本来、55年判決の論理からしても、各同時到達譲受人（差押債権者）は、相互には、互いに他に優越できないが互いに他から権利を否定されることもない、という関係にあるわけで、結論的に債権額による案分となるのは適当である（現実の事態を、資産状態の悪化した譲渡人の債権者らが回収のために同一の債権を取り合う「一種の私的な執行」のごときものとみれば（池田・前掲148頁）、そのような観点からは、本判決の結論が民事執行法166条に基づく配当を実施したのに近い結果に行き着くことは適当と理解し得る）（池田真朗・判タ822号9頁、山野目章夫・法セ38巻12号47頁）。しかし、本事案は、同等の権利のある譲受人と差押債権者の双方の本訴と反訴が併存したので債権額による案分が問題なく提示できたのかもしれないが、案分の理論的な根拠はそれほど明確なわけではない（供託金に対して債権者としての権利があるという意味では、個々別々の還付訴訟で考えると、各人に全額勝訴の判決が出て、それから各人の調整を図るという形態が観念でき、それを究極的・一回的に処理したのが今回の結論ということになろう）。また、譲受債権額と被差押債権額に違いがあるときの案分の計算方法にも議論

の余地は残る（池田・前掲144頁参照）。

● **残された問題と今後の処理**

本判決が解決したのは、供託された場合の還付請求が本訴・反訴の形で譲受人（差押債権者）相互で争われた場合の処理を案分による分割とした点のみであって、55年判決を否定してはいないのであるから、55年判決のように未供託の段階で同時到達譲受人の一人が債務者を訴えた場合には、相変わらず譲受人が全額勝訴すると考えられる。またその後の他の譲受人等からの清算・分配請求の可否がどうなるのか等の問題は、なお残されたままである（この点、荒木・上原等参考文献欄の評釈の理解も同旨）。「供託金還付の場合で案分分割が認められたのだから、それとの整合性からすれば、55年判決のような事案で、一人の譲受人が債務者を訴えて全額勝訴して弁済を受けた後でも、同時到達を証明できれば他の譲受人は一人占めした譲受人に対し清算（分配）請求をなしうる」との論法も考えられ得るが（山田誠一・金法1361号16頁参照）、その推論は、少なくとも現時点の判例の読み方としては行き過ぎであろうし、法理論的にも検討を要する。さらに、（55年判決を改めて）各債権者の第三債務者に対する給付請求訴訟の内容としても、債権額全額ではなく案分額に限るべきとの見解もあるが（上原・後掲評釈21頁）、この案分額は全ての同順位者の権利関係を確定しなければ決定できないので、同順位者の一人と債務者の関係の訴訟でそうするのは疑問である。

したがって、55年判決と本判決との論理に従えば、債務者としては、同一債権について譲渡通知や差押転付命令などが重複して到達し、その先後関係が明瞭でない場合は、とにかく全額を供託をするのが最も適切な対応である（池田・前掲判タ12頁、吉田光碩・判タ825号68頁）（法務省民事局通知（平成5・5・18法務省民4第3841号）は、本判決によると「払渡請求権は、被供託者に各債権に応じて案分された割合で帰属することになると考えられるが、上記判示における先後関係の不明は実体的な関係を究極的・客観的にみた場合のことであるから」として、従前通り先後関係不明を原因とする債権者不確知の供託は受理されるとし、また、案分額での供託金払渡請求をするためには、供託規則第24条第2号の書面として、最終的に債権者間の優劣が決まらず債権額に応じて案分すべきとする確定判決等の添付を要するとしている（熊谷浩一・NBL527号13頁以下参照））。それによって、債務者は自己の義務を果たして免責され、紛争を譲受人（差押債権者）相互の問題に移行させることができるからである。

● **補注：平成29年民法改正の供託規定について**

平成29年改正でも、民法上の供託を定める494条に内容的な変更はなかった。ただ、本判決の論点には関係しないが、譲渡制限特約付き債権の譲渡（改正法466条2項によって債権者不確知にならない）に関して、新設の466条の2が、債務者の供託可能場面を増やしている。

【参考文献】 本判決の解説・評釈・研究として、井上繁規・最判解平成5年度 上583頁以下、同・ジュリ1030号123頁以下、池田真朗・判タ822号4頁以下、同・金法1364号70頁以下、荒木新五・Credit & Law46号38頁以下、上原敏夫・曹時45巻8号1頁以下、吉田光碩・判タ825号66頁以下、山野目章夫・法セ38巻12号47頁、山田誠一・金法1361号7頁以下、角紀代恵・民商111巻1号102頁以下。

池田真朗

57 将来債権譲渡契約の有効性

最高裁平成 11 年 1 月 29 日判決　民集 53 巻 1 号 151 頁、金法 1541 号 6 頁、金判 1062 号 4 頁

【466 条の 6、467 条】

論点　複数年以上の長期にわたる将来債権の譲渡契約は有効か

事実の要約

　Y 社（被告、控訴人、上告人）は、昭和 57 年 11 月 16 日、医師である A との間に、同人に対する債権の回収のため、同人が同年 12 月から平成 3 年 2 月までの 8 年 3 カ月の間に社会保険診療報酬支払基金（以下「基金」という）から支払いを受けるべき各月の診療報酬債権の一定額分を目的とする債権譲渡契約（以下「本件契約」という）を締結した。正確な債権譲渡金額は、昭和 57 年 12 月から昭和 59 年 10 月までは毎月 44 万 1,451 円、昭和 59 年 11 月から平成 3 年 1 月までは毎月 91 万 674 円、平成 3 年 2 月は 101 万 4,679 円、の合計 7,946 万 8,602 円である（したがって本件においては、譲渡債権額も譲渡期間も確定している）。そしてこの債権譲渡は、昭和 57 年 11 月 24 日に、確定日付のある証書をもって基金に通知された（これに基づき、基金は Y 社に対し、2 年数カ月分にわたり支払いを継続したことが別訴中で明らかにされている）。A は、昭和 59 年 6 月以降、国税を滞納したため、X ＝国（原告、被控訴人、被上告人）は、平成 1 年 5 月 25 日、A が同年 7 月から平成 2 年 6 月までの 1 年間に基金から支払いを受けるべき診療報酬債権を、滞納処分として差し押さえ、同日、基金に対してその旨の差押通知書が送達された。これに対して基金は、本件債権部分にかかる各債権について、平成 1 年 7 月 25 日から平成 2 年 6 月 27 日までの間に、債権者不確知等を原因として、被供託者を A または Y として、合計 519 万 6,009 円を供託をした（この供託は別訴で争われ、有効と確定している）。

　X は、右各供託金についての A の還付請求権を順次差押え、平成 1 年 10 月 5 日から平成 2 年 8 月 3 日までの間に、法務局にその旨の各差押通知書を送達した上で、右請求権を差し押さえて取立権を取得したとして、その旨の確認を求めたのが本件訴訟である。そこで、A と Y 社との間に締結された本件契約のうち本件債権部分に関する部分（譲渡の始期から 6 年 8 カ月目以降 1 年間分）の有効性についての判断によって、本件債権が Y に帰属するか、国 X が取得するかが左右されることになった。

裁判の流れ

　1 審（秋田地判平 8・5・21 金法 1480 号 62 頁）：X の請求認容　2 審（仙台高秋田支判平 8・10・30 金法 1480 号 59 頁）：Y の控訴棄却　最高裁：破棄自判

　1 審判決は、上記本件契約部分の効力を否定して、X の請求を認容した。Y 社は控訴したが、原判決は控訴を棄却した。その判断の要点は、将来発生すべき診療報酬債権を目的とする債権譲渡契約は、始期と終期を特定して譲渡にかかる範囲が特定されれば、一定額以上が安定して発生することが確実に期待されるそれほど遠い将来のものではないものを目的とする限りにおいて、有効というべきであるが、医師である A は本件契約の締結時にすでに信用状態が悪化しており、Y 社もこれを認識していたと推認でき、本件債権部分にかかる各債権は安定し

て発生することが確実に期待されるものであったとは言えない、というものであった。Y 社から上告。

判旨

　〈破棄自判〉「将来発生すべき債権を目的とする債権譲渡契約にあっては、契約当事者は、譲渡の目的とされる債権の発生の基礎を成す事情をしんしゃくし、右事情の下における債権発生の可能性の程度を考慮した上、右債権が見込みどおり発生しなかった場合に譲受人に生ずる不利益については譲渡人の契約上の責任の追及により清算することとして、契約を締結するものと見るべきであるから、右契約の締結時において右債権発生の可能性が低かったことは、右契約の効力を当然に左右するものではないと解するのが相当である」（原判決を破棄し、1 審判決を取消し、X の請求を棄却）。

判例の法理

● 将来債権譲渡の実務的需要

　本判決は、複数年の長期にわたる将来債権譲渡の有効性を最高裁が初めて認めた、重要判決である。将来発生すべき債権を目的とする債権譲渡契約の有効性について、これまでわが国の判例（および学説）の集積は、十分ではなかった。いくつかの古い大審院判例もあったが、あまり注目されず（古い大審院判決（当時は、将来債権の譲渡について特段限定的には考えていなかったと思われる）については、後掲参考文献欄の池田真朗「将来債権譲渡の効力　最判平 11・1・29 をめぐって」を参照）、最高裁判決としては、最判昭和 53 年 12 月 15 日裁判集民 125 号 839 頁が唯一のものであり、民集登載判例（はっきりとした先例拘束性を持つ）は皆無であった。この昭和 53 年判決は、本判決と同じく医師の診療報酬債権の譲渡に関するものであるが、当事者が将来一年にわたって発生すべき分の債権の譲渡について争い、これを最高裁が認めたものであって、決して最高裁のほうが契約時から一年分に限定して将来債権譲渡を認めたものではなかった。しかし、他に最高裁判決がなかったために、これに依拠する形で、下級審判決や執行実務が、1 年分だけ将来債権の譲渡や差押を認めるという状況が生まれていた。これに対して、資金調達のために積極的に債権譲渡を用いる最近の実務では、将来発生する売掛債権等をまとめて売却したり譲渡担保に供したりするために、複数年の長期にわたる将来債権の譲渡を行う必要性が高く、その法的承認が強く望まれていたのである。

● 先例による実質的制約

　上記昭和 53 年判決は、月々の診療報酬の支払額は、医師が通常の診療業務を継続している限り、一定額以上の安定したものであることが確実に期待されるものとした上で、「したがって右債権は、将来生じるものであっても、それほど遠い将来のものでなければ、特段の事情のない限り、現在すでに債権発生の原因が確定し、その

発生を確実に予測し得るものであるから、始期と終期を特定してその権利の範囲を確定することによって、これを有効に譲渡することができるというべきである」と判示した。このような表現を判決文に盛り込んだ結果、（同判決には限定的要件を付す積極的意図があったとは必ずしも認められないのであるが）結局のところ同判決は、「遠い将来のものは認められない」「特段の事情があれば認められない」「始期と終期を特定していなければ認められない」という、将来債権譲渡に新たな制限的条件を創設した判決と評価されるに至ったのである（高木多喜男「集合債権譲渡担保の有効性と対抗要件（上）」NBL234号9頁等参照。本判決の原審も、まさにこの論理を述べている）。

●債権発生可能性と契約の有効性の関係

これに対して本判決は、長期の将来債権譲渡契約（実際は8年3カ月の契約のうちの6年8カ月目から1年間のもの）の有効性に最高裁が明確な承認を与えたという意味で、確かに実務界待望の判決であり、高い評価が与えられる。とりわけ、最高裁が、将来の債権の発生可能性の低さは債権譲渡契約の有効性を左右しないとして、将来債権譲渡を、債権発生についての譲受人のリスク負担を前提にされる契約、と明確に認識して有効性を認めた点が注目される。

●公序良俗違反との関係

もっとも、本判決も、長期にわたる債権譲渡契約が「右期間の長さ等の契約内容が譲渡人の営業活動に対して社会通念に照らし相当とされる範囲を著しく逸脱する制限を加え、又は他の債権者に不当な不利益を与えるものであると見られるなどの特段の事情の認められる場合には、右契約は公序良俗に反するなどとして、その効力の全部又は一部が否定されることがある」としている。このような留保を付すことに問題はなかろう（逆にこの点を強調して将来債権譲渡の有効性に一定の制限をしたものと評するのは適切ではないと思われる）。

判例を読む

●本判決の評価と射程距離

本判決は、実務界から非常な歓迎を受けた（参考文献欄の荒木、須磨、堀論文等を参照）。世界的趨勢（国連の国際債権譲渡条約（2001年12月12日に国連総会で採択）の起草作業中でも、5年程度の将来債権譲渡が認められて当然という見解が示されていた。池田真朗『債権譲渡法理の展開』（弘文堂、2001）238頁参照）からいえば当然の判決であり、学説上でも、とくに目立った反対はない。

ただ、本判決が扱った医師の保険診療報酬債権の譲渡は、債務者が特定していて（保険診療報酬債権の債務者は、各患者ではなく、社会保険診療報酬支払基金であることに注意）、しかも本事案では期間はもちろん債権総額まで特定しているという、将来債権の中でも非常に問題の少ないケースである。それゆえ、本判決の論理がそのまま他のさまざまな将来債権の長期譲渡にも敷衍し得るか、という点が問題になるが、前掲判旨は、診療報酬債権に限った説示ではなく、将来発生すべき債権の譲渡契約全般にわたって、発生可能性の高さを問題としないということであるから、一方で判旨が（上掲引用部分の前で、始期と終期の特定等を挙げて）53年判決と同様に要求している「特定性」の基準さえ満たせば、売掛金債権、賃料債権、立替金債権等、他の種類の将来債権譲渡にも敷衍可能としてよかろう。

●「特定性」の内容についてのその後の判例

本11年判決の事案は、上記のように、対象債権の「特定性」については、全く疑念のないケースであった。したがって、複数年にわたる将来債権の譲渡契約の有効性については明瞭な結論が出たものの、その将来債権（あるいは既存債権と将来債権を含む集合債権）の特定性の内容については、最高裁による実質的な検討は未だほとんどなされていない状態であった。しかしその後、最判平成12年4月21日民集54巻4号1562頁（判時1718号54頁）（この平成12年判決の評釈としては、浅生重機・金法1604号13頁以下、池田真朗・判評507号173頁以下（同・『債権譲渡法理の展開』264頁以下所収）、千葉恵美子・民研（民事研修）528号18頁以下）が、まさにその問題を正面から扱う、初の最高裁判決として登場した。同判決は、将来集合債権の譲渡予約の事案で、「債権譲渡の予約にあっては、予約完結時において譲渡の目的となるべき債権を譲渡人が有する他の債権から識別することができる程度に特定されていれば足りる。そして、この理は、将来発生すべき債権が譲渡予約の目的とされている場合でも変わるものではない。本件予約において譲渡の目的となるべき債権は、債権者及び債務者が特定され、発生原因が特定の商品についての売買取引とされていることによって、他の債権から識別ができる程度に特定されているということができる」と判示して、識別可能性という基準で、この特定性が判断できるとしたのである。

●残された問題

ただし、この12年判決の事例でも、いわゆる第三債務者（譲渡される債権の債務者）は特定している。この、第三債務者不特定のケースで特定性が認められるかという点が、残された問題となったが、平成16年の債権譲渡特例法の改正によって、第三債務者不特定でも債権譲渡登記ができるようになり、実質的に承認された（池田・前掲『債権譲渡法理の展開』278〜279頁参照。平成16（2004）年に債権譲渡特例法が改正されて動産債権譲渡特例法となった改正内容の詳細については、池田真朗『債権譲渡の発展と特例法』（弘文堂、2010）264頁以下参照）。さらに、今後より明瞭にされるべき論点としては、将来債権譲渡の第三者対抗要件の効力発生時期（各将来債権の発生時でなくその通知の時になるべき）、対抗要件の有効期間（規定がない以上債権の存続期間は有効としてよいはず）等の問題がある（池田・前掲『債権譲渡法理の展開』378〜380頁参照。将来債権譲渡の権利移転時期については、**59事件**の解説参照）。

なお、平成29年改正民法は、将来債権の譲渡性に関する466条の6を新設したが、譲渡性に関する1項2項の規定は判例を超えるものはなく、3項で譲渡制限特約との優先関係を対抗要件具備時基準と新規に規定した。つまり将来債権譲渡契約の後で譲渡制限特約を付した場合、譲受人の対抗要件具備が先なら特約は主張できない。

【参考文献】 池田真朗「将来債権譲渡の効力最判平11・1・29をめぐって（上）（下）」NBL665号6頁以下、666号27頁以下（同・債権譲渡法理の展開234頁以下所収）、荒木新五＝須磨美博＝道垣内弘人＝冬木千成＝堀龍兒「将来の診療報酬債権の譲渡に関する最三小判平11・1・29を読んで」金法1544号19頁以下、八木一洋・最判解民平成11年度（上）79頁以下。

池田真朗

58 将来債権譲渡担保設定通知と債権譲渡の第三者対抗要件たる通知

最高裁平成 13 年 11 月 22 日判決　民集 55 巻 6 号 1056 頁、金法 1635 号 38 頁

【467 条】

論点　「譲渡担保権を設定する」という通知は債権譲渡の第三者対抗要件たる通知となるか

事実の要約

　Aは、Xとの間で、AがBに対して有し、また今後一年の間に発生する売掛代金債権をXに譲渡する旨の債権譲渡担保設定契約を締結した。同契約では、Xが譲渡担保権の実行通知をする時までは、AがBから本件目的債権の弁済を受けられるとされていた。そしてAは、平成9年6月4日に、Bに対し、内容証明郵便をもって債権譲渡担保設定通知（以下「本件通知」という）をし、同通知は翌日Bに到達した。同通知には、要旨、「Aは、同社がBに対して有する本件目的債権につき、Xを権利者とする譲渡担保権を設定したので、民法 467 条に基づいて通知する。XからBに対して譲渡担保権実行通知がされた場合には、この債権に対する弁済をXにされたい」との記載がなされていた。翌平成 10 年 3 月 25 日、Aは期限の利益を喪失し、XはBに対し、同月 31 日に、書面をもって本件譲渡担保設定契約について譲渡担保権実行を通知した。一方Y₁（国）は、平成 10 年 4 月 3 日付及び同月 6 日付けの差押通知書をBに送達して、同年 3 月 11 日から 30 日までの商品売掛代金債権等（以下「本件債権」）について、Aに対する国税滞納処分による差押えをした。Bは、債権者を確知できないことを理由に、被供託者をAまたはXとする供託をした。なおAは同年6月に破産宣告を受け、Y₂がその破産管財人となった。Xは、Y₁およびY₂に対し、本件債権の弁済供託金の還付請求権の確認を求めて、本訴を提起した。

```
被上告人（国）Y  H10.4.3, H10, 4.6
              ⇓  Aに対する滞納処分による差押え
        商品売掛代金債権等
A ─────────────────────→ B ┄┄┄┄→ 供託所
譲渡人  H9.6.4 債権譲渡担保設定通知        H10.5.26
      （H9.6.5 同通知Bに到着）        訴外会社
│ H9.3.31
│ 債権譲渡担保
│ 設定契約          H10.3.25
X                 （譲渡担保権実行通知）
上告人（譲受人）
```

裁判の流れ

　1審（東京地判平 11・2・24 民集 55 巻 6 号 1074 頁）：棄却　2審（東京高判平 11・11・4 民集 55 巻 6 号 1084 頁、判時 1706号 18 頁、金判 1083 号 10 頁）：棄却　最高裁：破棄自判

　1審は、本件債権は担保権実行通知まではBに帰属しているとし、かつ本件通知はその後の譲渡担保権実行による債権の移転についての第三者対抗要件にはあたらないとしてXの請求を棄却した。2審もまた、本件通知は債権の移転を通知したものとはいえず第三者対抗要件たりえないとし、かつ将来譲渡担保権の実行を通知した時点で債権が移転するという契約であったとしても、本件通知をその対抗要件と認めることもできないとして、再度Xを敗訴させた（この原審判決に対して、実務界からは、ようやく定着してきた集合債権譲渡担保による資金調達手法の発展に対して、この判決が障害になるという強い懸念が表明された（小野傑・金法 1574 号 1 頁等））。X上告。

判旨

　〈破棄自判〉「甲が乙に対する金銭債務の担保として、発生原因となる取引の種類、発生期間等で特定される甲の丙に対する既に生じ、又は将来生ずべき債権を一括して乙に譲渡することとし、乙が丙に対して担保権実行として取立ての通知をするまでは、譲渡債権の取立てを甲に許諾し、甲が取り立てた金銭について乙への引渡しを要しないこととした甲、乙間の債権譲渡契約は、いわゆる集合債権を対象とした譲渡担保契約といわれるものの1つと解される。この場合は、既に生じ、又は将来生ずべき債権は、甲から乙に確定的に譲渡されており、ただ、甲、乙間において、乙に帰属した債権の一部について、甲に取立権限を付与し、取り立てた金銭の乙への引渡しを要しないとの合意が付加されているものと解すべきである。したがって、上記債権譲渡について第三者対抗要件を具備するためには、指名債権譲渡の対抗要件（民法 467 条 2 項）の方法によることができるのであり、その際に、丙に対し、甲に付与された取立権限の行使への協力を依頼したとしても、第三者対抗要件の効果を妨げるものではない。」

判例の法理

　問題にされたのは、このような将来債権譲渡担保では債権は移転しているのか、「債権譲渡担保設定通知」が指名債権譲渡の対抗要件としての通知に当たるのか、取立権限付与文言を付すことが通知の性質に影響するのか等の点である。本判決は、「既に生じ、又は将来生ずべき債権は、甲から乙に確定的に譲渡されており」とし、さらに、本件通知の記載は「担保として本件目的債権を上告人に譲渡したことをいうものであることが明らかであり、本件目的債権譲渡の第三者対抗要件としての通知の記載として欠けるところはない」とし、譲渡担保権実行通知云々の記載についても、「この記載があることによって、債権が上告人に移転した旨の通知と認めることができないとすることは失当」とした（この結果、国は、差押えが本件通知に劣後するため敗訴。なお国は即日別訴を提起して争ったが、再び最高裁で敗訴した（→ **59 事件**）。

判例を読む

　債権譲渡について、これまでの判例の基本的な態度は、譲渡担保か否かを問わず、「譲渡がなされたか否か」を判断するというものである（→ **59 事件**も参照）。その意味で、最判平 13・11・27 民集 55 巻 6 号 1090 頁が、予約と本契約を峻別して、指名債権譲渡の予約について確定日付ある通知をしても、本契約についての第三者対抗要件の具備と認めえないとしたのも、最高裁の態度として一貫性があるといえる。

【参考文献】　三村晶子・最判解民平成 13 年（下）681 頁、池田真朗・私判リマ 2002（下）30 頁、藤井徳展・民商 130 巻 3号 124 頁、小山泰史・銀法 608 号 82 頁。

池田真朗

59 将来債権譲渡担保と国税債権の優劣

最高裁平成 19 年 2 月 15 日判決　民集 61 巻 1 号 243 頁、判時 1963 号 57 頁、判タ 1237 号 140 頁
【467 条】

論点　①将来債権譲渡担保と国税徴収法 24 条に基づく譲渡担保権者の物的納税責任の優劣決定基準
②将来債権譲渡の権利移転時期

事実の要約

①A 社は、X（原告、被控訴人、上告人）との間で、平成 9 年 3 月 31 日、B 社が X に対して負担する一切の債務の担保として、A 社が C 社に対して現在取得し、また同日から 1 年間の間に取得する、商品売掛債権・商品販売受託手数料債権（以下「本件目的債権」という）を、X 社に譲渡する旨の債権譲渡担保契約を締結した。②A 社は C 社に対し、6 月 5 日到達の内容証明郵便で本件契約に基づく債権譲渡担保の設定を通知した。③同年 9 月から平成 10 年 1 月まで、A 社は法定納期限の到来した国税を滞納した。④平成 10 年 4 月 3 日に被上告人 Y（国）は A 社に対する国税滞納処分として、本件目的債権のうち同年 3 月に発生した債権（以下「本件債権」）を差し押さえ、⑤同年 4 月 10 日、上記滞納国税について国税徴収法 24 条 1 項の規定により譲渡担保財産である本件債権から徴収するため、X 社に対して同条 2 項所定の告知をした。⑥C 社は、債権者不確知を理由に供託した。⑦X 社は Y あてに、上記内容証明郵便を呈示し、本件債権を譲渡担保としたのは本件国税の法定納期限前である旨を述べた書面を提出した。以上の事案で、まず②の譲渡担保通知と④の差押えの優先関係が争われ、最高裁は、②を債権譲渡の対抗要件たる通知と認め、X 社の優先が認められて国が敗訴した（最判平成 13・11・22 民集 55 巻 6 号 1056 頁）。⑧そこで国 Y は上記最高裁判決の同日に、国税徴収法 24 条 3 項の規定に基づき、譲渡担保権者である X 社を第二次納税義務者とみなして、X が勝訴によって得た上記⑥の供託金の還付請求権を差し押さえた。これに対して X が、同法 24 条 6 項（現在は 8 項）は、「譲渡担保権者が国税の法定納期限等以前に譲渡担保財産となっている事実を、その財産の売却決定の前日までに証明した場合」等には、譲渡担保権者の物的納税責任について定めた同条 1 項の規定は適用しない旨規定していることを理由に、本件債権は本件国税の法定納期限等以前に譲渡担保となっていたものであり、上記証明をしたので、本件差押えは違法としてその取消しを求めた。

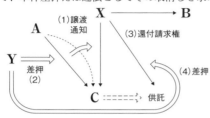

裁判の流れ

1 審（さいたま地判平 15・4・16 民集 61 巻 1 号 258 頁）：X 勝訴　2 審（東京高判平 16・7・21 民集 61 巻 1 号 273 頁、金法 1723 号 43 頁）：Y 勝訴　最高裁：破棄自判

1 審は X の主張を容れたが、原審は、（本件債権は、本件国税の法定納期限等が到来した後に発生したものであって、

本件国税の法定納期限等以前に譲渡担保財産となっていたものではないから）本件において、被控訴人 X が国税徴収法 24 条 6 項所定の証明をしたとはいえず、本件差押えに違法はないとして、国 Y を勝訴させた。X より上告。

判旨

〈破棄自判（原判決破棄、Y の控訴棄却）〉まず従来の最高裁判例を掲げて、①「将来発生すべき債権を目的とする債権譲渡契約は、譲渡の目的とされる債権が特定されている限り、原則として有効なものである」（最判平 11・1・29 民集 53 巻 1 号 151 頁を引用）。②「将来発生すべき債権を目的とする債権譲渡担保契約が締結された場合には、債権譲渡の効果の発生を留保する特段の付款のない限り譲渡担保の目的とされた債権は譲渡担保契約によって譲渡担保設定者から譲渡担保権者に確定的に譲渡されているのであり、この場合において、譲渡担保の目的とされた債権が将来発生したときには、譲渡担保権者は、譲渡担保設定者の特段の行為を要することなく当然に、当該債権を担保の目的で取得することができるものである」。③「そして、前記の場合において、譲渡担保契約に係る債権の譲渡については、指名債権譲渡の対抗要件（民法 467 条 2 項）の方法により第三者に対する対抗要件を具備することができるのである」（最判平 13・11・22 民集 55 巻 6 号 1056 頁を引用）と説示した上で、「以上のような将来発生すべき債権に係る譲渡担保権者の法的地位にかんがみれば、国税徴収法 24 条 6 項の解釈においては、国税の法定納期限等以前に、将来発生すべき債権を目的として、債権譲渡の効果の発生を留保する特段の付款のない譲渡担保契約が締結され、その債権譲渡につき第三者に対する対抗要件が具備されていた場合には、譲渡担保の目的とされた債権が国税の法定納期限等の到来後に発生したとしても、当該債権は『国税の法定納期限等以前に譲渡担保財産となっている』ものに該当すると解するのが相当である」。

判例の法理

●国税徴収法の論理と将来債権譲渡担保の優劣関係

国税徴収法 24 条は、一定の場面で譲渡担保権者に物的納税責任を課している。この規定と将来債権譲渡担保との関係については、将来債権譲渡の対抗要件具備と国税の法定納期限との先後で優劣が決まるのか、あるいは、対抗要件具備が先でも、法定納期限到来の後に将来債権が具体的に発生した場合には納税責任が生ずるのかという論点について、原審東京高判平 16・7・21（金法 1723 号 43 頁）が後者の見解をとり、学界・実務界に大きな議論と困惑を生じさせた。この問題は、将来債権譲渡における債権移転時期という問題を含み、債権譲渡による資金調達実務に大きな影響を与えるためである。そうした中で、本判決は、債権譲渡の効果発生を留保するような特段の付款のない債権譲渡担保契約であれば、その目

的債権が国税の法定納期限到来の後に発生した場合でも、当該債権は法定納期限等以前に譲渡担保財産となっているとして、上記東京高判を破棄し、国税側を逆転敗訴させた。結果的に、国税徴収法24条と将来債権譲渡担保の優劣は、対抗要件具備と法定納期限の先後で決することになる。本判決については、一口に言って、最高裁の当然かつ適切な判断が示されたものといってよい。また、これまでの最高裁判例との整合性の高い判決といえる。

●本判決の結論と債権譲渡による資金調達

　原審判決は、この事案をあえて将来債権譲渡担保における債権移転時期の問題として、しかもそれを将来債権の発生時と構成して、譲渡担保権者に国税徴収法24条の物的納税責任を認めた（そう構成すること以外には、このケースで国税の勝利はあり得ない。本件事案では、最初から将来債権の権利移転時期が争われていたわけではなく、これを持ち出した国側の主張を原審が容れたものである）。この原審判決に対しては多数の強い反対の評釈が出されたが（最高裁では逆転されるべきものと主張したものとして池田真朗・金法1736号8頁、ストラクチャード・ファイナンスの安定という観点からの強い懸念を表したものとして、江口直明・金法1739号9頁。租税回避の論点からの疑問を呈した菅原胞治・NBL825号4頁もある）、一方で裁判官から同判決を擁護する評釈も出されていた（井上繁規・金法1766号52頁）。本判決は、債権譲渡担保法理の展開を正しい軌道に戻し、資金調達に関する実務を適切に発展させるものとして、大方の歓迎を受けている（特集「決着！将来債権譲渡担保と国税債権の優劣」NBL854号10頁以下の各論考参照）。

　この訴訟は、そもそも国税が当該将来債権に関する譲渡担保通知と差押えの競合の紛争において、最高裁で敗訴した事案である、最判平13・11・22民集55巻6号1056頁（→58事件）に国が別訴を提起し、結局再び敗訴したものである。実体関係で国税の差押えに対して対抗要件上優先し、債権の正当な取得者であると判示された譲受人（譲渡担保権者）が、しかし国税徴収法の規定によって納税義務を負わされるという原審判決の結論は、それ自体客観的に見て矛盾を含んだものであった。

判例を読む

●将来債権の権利移転時期

　正確に言えば、本判決は、将来債権の権利移転時期については明示的に言及してはいない。つまり、本事案は、これまでの最高裁判決の積み重ねに素直に従えば、それだけで問題なく譲受人側が勝訴できるものであった。あえて権利移転時期の問題を強調して、かつ債権発生時移転という基準をとることによって国税勝訴を導いた原審高裁判決に対して、本判決は、前記引用①から③（ことに②）のように、従来からの判断の筋を述べて、本件のような場合債権が確定的に譲渡されているとして、高裁判決の、債権発生時移転という構成による論理を否定した。今回の判決の判示としては、これで必要十分ということになろうが、あえて本判決に整合的・親和的な権利移転時期はいつかと言えば、契約時ということになるのが最も自然であり、契約時移転と限定しなくても、少なくとも本判決からすれば、当該将来債権は発生時には譲受人つまり譲渡担保権者のものとして取得されているということになろう（発生すると契約時に遡及して譲渡担保権者のものとなるという考え方もある）（ユニドロワ国際商事

契約原則2004は、第9・1・5条で契約時移転説を明記しているが（内田貴「ユニドロワ国際商事契約原則2004──改訂版の解説(1)」NBL811号46頁参照）、その解説書では、将来債権は発生によって契約時に遡及して譲受人のものとなるという説明がされている。池田・新標準講総論178頁も参照）。

　なお、そもそも複数年にわたる将来債権譲渡契約の有効性を認めた最判平11・1・29民集53巻1号151頁（→57事件）は、将来債権譲渡の第三者対抗要件の効力発生時期が各将来債権の発生時ではなく、対抗要件具備時期であることを前提にして通知を差押えに優先させており、対抗要件を権利移転の公示対抗手段と考えるならば、具備時点では既に権利は移転していると考えるのが素直であるということになろう（池田真朗『債権譲渡法理の展開』（弘文堂、2001）379頁。もっとも、この11年判決は、なんら権利移転時期に言及したものではない）。

●本判決の論理構成と最高裁判例との整合性

　本判決は、「債権譲渡の効果の発生を留保する特段の付款のない」ことに二度にわたって言及している。これは、これまでの最高裁判例との整合性という観点からいえば、最高裁は、停止条件付きの債権譲渡や債権譲渡の予約のケースでなければ、債権譲渡契約がなされたのであれば、それが真正譲渡であろうと、譲渡担保であろうと、そこで債権は譲渡されたという考え方（逆に言えば予約型や停止条件では契約時に権利移転は生じない）、つまり、債権譲渡担保について言えば、いわゆる権利移転構成をとってきた（池田真朗「債権譲渡に関する判例法理の展開と債権譲渡取引の変容」川井健＝田尾桃二編『転換期の取引法──取引法判例10年の軌跡』（商事法務、2004）310頁以下）ということにはっきりと符合する（予約型について予約に通知承諾を具備してもその後の予約完結による本契約の対抗要件にならないとした最判平成13・11・27民集55巻6号1090頁、停止条件型について条件成就時になされた債権譲渡と同視して危機否認を認めた最判平成16・7・16民集58巻5号1744頁も参照）。

　本件では、X社がC社に対して担保権の実行通知をするまでは、A社がその計算においてC社から本件目的債権につき弁済を受けることができるとされていたが、この点についても本判決は、最判平13・11・22を引用して（同判決は、「既に生じ、又は将来生ずべき債権は、AからXに確定的に譲渡されており、ただ、A、X間において、Xに帰属した債権の一部について、Aに取立権限を付与し、取り立てた金銭のXへの引渡しを要しないとの合意が付加されているものと解すべき」としている）、「これをもって、本件契約による債権譲渡の効果の発生を留保する付款であると解することはできない」と明示している。ここでも本判決は、従来の最高裁判例に正確に則った判断をしているといえる。

●補注：平成29年民法改正の規定について

　なお、改正法は判例法理のリステイトにとどまっており、466条の6も将来債権の権利移転時期を明文化していない。

【参考文献】　解説・評釈として、池田真朗・金法1812号30頁、潮見佳男・NBL856号11頁、高野幸大・判時1987号178頁等。実務家の評価を示す鼎談として、池田真朗＝江口直明＝小林明彦・金法1804号6頁。

池田真朗

60 債権譲渡と相殺

最高裁昭和 50 年 12 月 8 日判決　民集 29 巻 11 号 1864 頁、金法 775 号 48 頁、金判 514 号 44 頁
【旧 468 条 2 項、新 469 条】

論点　債権の譲渡通知を受けた債務者は、通知前に譲渡人に対して取得していた債権を自働債権とする譲渡債権との相殺によって、譲受人に対抗できるか

事実の要約

　Ｙは、Ａ社に対し、買掛金支払のために、買掛残債務金額の約束手形 1 通を振出して、Ａの従業員で取締役のＸに交付したが、Ｘは、この手形を紛失したので、その手形金額をＡに弁償し、ＡからＹに対する売掛金債権（Ａの買掛金債務）の譲渡を受けた。Ａは、Ｙに債権譲渡の通知をなし、紛失手形の除権判決も得た。他方、Ｙは、Ａに対し、手形金債権を有していたが、Ａが倒産し、その期限の利益の喪失により、Ｙの手形金債権の期限が到来した。Ｘは、譲り受けた売掛金債権を、Ｙに対して訴求した。Ｙは、1 審口頭弁論期日に、Ｙの手形金債権を反対債権として相殺の意思表示をして争った。

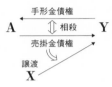

裁判の流れ

　1 審（大阪地判昭 43・9・4 民集 29 巻 11 号 1879 頁）：請求全部認容　2 審（大阪高判昭 44・3・28 民集 29 巻 11 号 1884 頁）：控訴棄却　最高裁：一部破棄自判・一部棄却
　原審がＹの相殺の抗弁を排斥したのは、最大判昭和 39 年 12 月 23 日（民集 18 巻 10 号 2217 頁）の多数意見（いわゆる制限説）が、債権譲渡と相殺の問題の場合には、適用があるとの前提で、これにしたがったことによる。
　Ｙの上告理由は、上記最大判昭和 39 年の考え方（制限説）に依拠し（上告は、最大判昭和 45 年の前の昭和 44 年であったことによるものと推測される）、反対債権である本件手形債権の弁済期が、紛失した手形についての除権判決があるときまでに延期されたことを前提に、相殺の抗弁が認められるべきである、などというものである。

判　旨

　〈一部破棄自判・一部棄却〉「原審の確定した…事実関係のもとにおいては、Ｙは、本件売掛債権を受働債権とし本件手形債権を自働債権とする相殺をもってＸに対抗しうるものと解すべきである」。
　本判決の多数意見は、5 名の裁判官のうち、3 名により構成されたが、3 名の意見が一致をみたのは、本件の事実関係のもとではＹの相殺が認められるとした結論のみで、その理論については、2 名の裁判官が同一意見であったが、3 名のうち 1 名が、これに同調しなかった。1 名の裁判官が述べてもう 1 名が同調した補足意見は、最大判昭和 45 年 6 月 24 日民集 24 巻 6 号 587 頁（**80 事件**）の多数意見の理論（無制限説）が 468 条 2 項についてもとられるべきであるとして、「民法 468 条 2 項の立法趣旨は債務者の意思に関係なく行われる債権譲渡により債務者の地位が譲渡前より不利益になることを防止することにあると考えられるところ、債権者のした債権譲渡によって、債務者が相殺をなしうべき地位を失うこと

が債務者にとって不利益であることは…相殺制度の目的及び機能に徴し明らかであるから、債務者が、債権譲渡の通知を受けた時点において、債権者に対し法律上相殺に供しうる反対債権（自働債権）を取得しているときには、これをもって同条項にいう『通知を受くるまでに譲渡人に対して生じたる事由』にあたるものとして、譲受人に対抗することができるものとすると解するのが相当である。…譲渡があった当時債務者が譲渡人に対し反対債権を有する以上、たとえ反対債権の弁済期が、被譲渡債権のそれより後であって、かつ、債権譲渡通知のあった時より後に到来すべきものであっても、債務者は、両債権の弁済期が到来したときには、譲受人に対し、反対債権による相殺を主張しうるものというべきである」。
　これに対して、2 名の裁判官の反対意見は、最大判昭和 45 年の事案は、旧国税徴収法による「債権の差押、取立事案であったが、本件は債権譲渡事案であるから、債権の帰属主体の変動の有無についての差異があるばかりでなく、一方は差押という強制手段によるものであるのに対し、他方は通常の取引によるものであるという違いがあり、判断の拠るべき法律の規定も、民法 511 条と 468 条 2 項というように、異なることである。次ぎに、大法廷事件は銀行と取引先との間に生じた債権債務に関する事案であったが、本件は通常の取引から生じた債権債務に関するものであるゆえに、継続的商取引から生じた一方の債権が他方の債権の担保的機能を営まなければならないというような要請もなく、また、相殺に対するいわゆる正当な期待利益というようなものも存しないということである。…民法 468 条 2 項の…中に相殺事由をどの程度まで含ませるかは、利益衡量の問題にならざるを得ないが、39 年判決〔最大判昭和 39 年 12 月 23 日前掲〕の線をもって妥当と考える。債権譲渡の通知又は転付命令の送達時に相殺適状にあるか、反対債権の弁済期が譲受債権の弁済期前に到来する関係にある場合には、譲渡された債権の債務者は、相殺をもって債権譲受人又は転付債権者に対抗しうるが、これとは反対に、譲受債権の弁済期が反対債権の弁済期よりも先に到来する関係にある場合には、相殺を主張しえないものと考えるので」、Ｙの相殺の主張は理由がない、としている。
　なお、上記 3 名の裁判官のうち補足意見に同調しない 1 名の裁判官が、結論的にＹの相殺がＸに対抗しうるとしたのは、要旨次のような理由であるとされる（柴田保幸・最判解民昭和 50 年度 658 頁）。①債権譲渡といってもその態様は様々で、債権譲渡のうちにもその譲受人を強く保護すべき場合とそれほど保護に値しない場合が存在するから、債権譲渡一般と相殺との関係といった抽象的論議は不当な結果を招来するおそれがある。②Ｘは、Ａ社とＹとの取引に関与しており、本件売掛債権の譲渡を受けた際には、Ｙに反対債権があることを知っていたか、少なくとも容易に知りえたので、相殺の対抗を受けても不測の損害とはいえない。③Ａ社が倒産し、Ｙの本件手

形債権が回収不能となるのに、A社の取締役Xが本件売掛債権全額を回収しうると解するのは不公平である。

判例の法理

本判決は、平成29年民法改正前の、旧468条2項（「譲渡人が譲渡の通知をしたにとどまるときは、債務者は、その通知を受けるまでに譲渡人に対して生じた事由をもって譲受人に対抗することができる」）の問題であり、現在は改正後の469条で処理される。

いわゆる差押と相殺の問題では、いったん最大判昭和39年で弁済期の先後を基準とする制限説が取られてから、最大判昭和45年が、無制限説に改めるという変遷があったが、債権譲渡と相殺の問題についても、同様に無制限説をとって処理すべきであるかどうかには争いがあった。本判決も、3対2と意見が分かれたもので、判決後も、債権譲渡と相殺の場合の基準については、議論が残った。本判決の2名の補足意見は、差押と相殺の場合と同様に、そこでの無制限説（自働債権、受働債権の弁済期の先後を問わず相殺を認める）を取るが、2名の反対意見は、差押の場合と利益状況等が異なるなどとして、最大判昭和39年が示した制限説（自働債権の弁済期が受働債権の弁済期よりも先に到来する場合に相殺を認める）を取っている。

判例を読む

● 民法改正前の理論状況

債権譲渡と相殺の問題は、まず、旧468条2項の「譲渡人に対して生じたる事由」の中に相殺が含まれるか否かの問題になり、この点については、判例・学説ともに肯定する。次に、相殺適状になっているが相殺の意思表示がなされていない場合、あるいは、相殺適状にはなっていないが相殺の原因が存在する場合に、相殺をもって、債権譲受人に対抗できるかの問題がでてくる。この問題も、判例・学説ともに肯定する。そして、自働債権（反対債権）の取得が債権譲渡の通知前であることを要求する。そして、意見が分かれるのは、自働、受働両債権の弁済期の関係で、譲渡通知後に弁済期が到来する場合をどのように考えるかにあった。

この問題については、差押と相殺の問題で論議されてきた考え方と同様の学説が展開された。ただ、同一の学者が、債権譲渡と相殺の問題では、差押えと相殺の問題で取った説と異なる説を取る例が比較的多かった。つまり、差押と相殺の場合（ことに銀行預金の差押えと相殺の場合）では、無制限説を取るが、債権譲渡と相殺の場合については、制限説に立つ学説が多かったのである。

異議を留めない承諾がないかぎり、債権譲渡が原因で、債務者の不利益を増加させるべきではないとする旧468条2項の立法趣旨を強調すれば、債権譲渡の通知の当時すでに相殺をすることができる原因が存すればそれで十分で、両債権が相殺適状になっていることまで要求されない、という結論にもなってくる。しかしながら、差押えと相殺の場合と債権譲渡と相殺の場合とを区別して考え、旧468条2項の解釈としても、制限説が維持されるべきとする学説が比較的多かったのである。

その理由は、両者の相違点は、①債権譲渡と相殺の問題では、差押えと相殺の場合と異なり、債権回収をめぐる優劣の問題という側面に加えて、対価がともなわれる新たな取引であるという側面も有するから、取引の安全

ということを考慮する必要性がでてくる。②そもそも、相殺の担保的機能に対する期待を保護するために、当事者間で、債権譲渡の禁止特約をしておくことも可能であるのだから、それが対抗できないような第三者との関係において、相殺の担保的機能までも認めるべきものかどうかは、疑問である。③よって、差押えに対する銀行取引における相殺予約の効力などは無制限説で認めざるを得ないにしても、一般取引における法定相殺については、制限説が妥当である、などというものであった。また、文理解釈においても、旧511条と旧468条2項とでは、その要件並びに効果の表現が異なるから、これらに違った意義を認めることについても法文上も支障はないとして、債権譲渡と相殺については、制限説で処理すべきとする学説が有力になっていた。つまり、平成29年民法改正前の理論状況は、債権譲渡と相殺の場合は、差押えと相殺の場合よりも相殺できる範囲が狭い（債務者の保護が薄い）ということが有力に言われていたのである。

● 民法改正後の規定のあり方

しかし、奇妙なことに、改正後の条文はその反対になった。債権譲渡と相殺のほうが、相殺可能となる範囲が広い（債務者がより保護される）という規定になったのである（上記有力説の論者が審議会に多く加わっていたのだが、論拠としていた譲渡禁止（制限）特約の効力が弱められたので（新466条2項）、そのつじつまを合わせたためともみられる）。以下に新法の規定を概説する。

新法は、「債権の譲渡における相殺権」と題した469条を新設した。その1項で、「債務者は、対抗要件具備時より前に取得した譲渡人に対する債権による相殺をもって譲受人に対抗することができる。」とした。これは、対抗要件具備時を基準として、その前に反対債権があれば相殺できるとして、本判決と同旨の無制限説を採用したものである（これは差押えと相殺のほうの新511条と同旨となる）。

しかし新469条2項は、「債務者が対抗要件具備時より後に取得した譲渡人に対する債権であっても、その債権が次に掲げるものであるときは、前項と同様とする。ただし、債務者が対抗要件具備時より後に他人の債権を取得したときは、この限りでない。1号　対抗要件具備時より前の原因に基づいて生じた債権　2号　前号に掲げるもののほか、譲受人の取得した債権の発生原因である契約に基づいて生じた債権」という規定を加えて、さらに本判決よりも相殺範囲を拡大したのである。

ただしこの2項1号の「前の原因に基づいて生じた債権」まで広げるのは、差押えのほうの新511条2項でも同様の規定が置かれた。したがって、2項2号の分が、差押えと相殺よりも相殺の範囲を広げた規定ということになる。これは、実質的に将来債権譲渡の場合を想定しているということだが、それだけ債務者保護を広げる（逆に言えば資金調達のための将来債権譲渡等に不利になる）ことが適切かどうか疑問とされている。

【参考文献】　米倉明「債権譲渡と相殺」手形研究256号4頁、小杉茂雄「いわゆる『債権譲渡と相殺』についての一考察」判タ613号2頁（以上は旧法のもの）、池田真朗「民法改正案債権譲渡部分逐条解説」慶應法学36号41頁以下（同『債権譲渡と民法改正』（弘文堂、2022年）所収）。

池田真朗

61 免責的債務引受の要件

大審院大正 14 年 12 月 15 日判決　民集 4 巻 710 頁

【472 条、472 条の 2】

論点　①債務者と引受人との免責的債務引受契約には、相手方（債権者）の承諾が必要か
②債権譲渡を受けた譲受人は、債務者に対して契約解除権を行使できるか

事実の要約

Aは、大正 8 年 10 月、Yとの間で、Yから大豆一貨車分を買いその履行期を同年末とする旨の契約をし、内金として 100 円をYに交付した。Xは、履行期をすぎた翌年 2 月 6 日、Aよりその「権利一切の譲渡を受け」、かつ、Yの負担する代金支払債務を引き受けた。ただし、AよりYに対し債権譲渡の通知をしたが、債務引受についてはYの承諾がなかった。その後Xは、Yに相当の期間を定めて履行を催告したがYが応じないので売買契約を解除し、内金の返還および損害賠償を求めて訴えを提起した。これに対してYは、AX間の債務引受契約に関与していないため、XがYに売買契約上の債務を負うことはなく、したがってXには解除権もないと抗弁した。

裁判の流れ

1 審（盛岡地一関支判）：一部認容　2 審（宮城控訴院大 14・9・10）：請求棄却　大審院：上告棄却

判旨

〈上告棄却〉「売買契約に基く買主の権利が第三者に譲渡せられたる場合に於ても、其の代金支払の債務は第三者が特に適法なる債務の引受を為さざる限りは依然として買主に残存するものにして、買主の権利の譲渡に当然随伴して第三者に移転するものに非ざるなり」。そして、債務引受は債務者Aと引受人Xの契約だけでは認められず、「必ずや更に其の債権関係の相手方たるYの同意を要する。」

解除権は「契約当事者たる地位に在る者に非ざれば之を有すること能は」ず、「売買契約に基く買主の権利を譲受けたる者は単に其の権利の譲受人たるに止まり、売買契約の当事者たる地位を承継する者に非」ず。

判例の法理

●免責的債務引受の要件

債権譲渡と異なり免責的債務引受においては、資力の十分でない者を債務の引受人とすると債権の担保力を不当に弱めるおそれがある。そこで、債権者の意思的関与が不可欠であり、その程度が問題となる。この点につき判旨は、AとXとの引受契約にYの「同意」が必要であり、その同意のない本件では免責的債務引受が認められないとした。

●解除権の帰趨

また、XのYに対する解除については、解除権が契約当事者の地位に付着し、単なる債権の譲受人であるXはこれを行使し得ないとした。

判例を読む

●債権法改正前の問題状況

免責的債務引受は、伝統的には、債務の同一性を失わずに、債務者から引受人に債務を移転させる旨の契約であると解されてきた。もっとも、明治民法の起草者は、フランス民法にならい、債務者の交替については更改を規定する（民旧 514 条）のみで、債務引受を否定に解していた。しかし、現実の取引においては、債権関係の簡易な決済手段として債務引受が有用であり、ドイツ民法に規定があったことも手伝って、判例（大判大正 10 年 5 月 9 日民録 27 輯 899 頁）および学説は早くからその有効性を承認してきた。ただし、前述のように債務引受けは、債権の担保力を不当に弱めるおそれがあるため、債務者の意思的関与が不可欠となる。まず、債権者が引受契約の当事者である場合には問題がない。問題となるのは、債務者と引受人との引受契約に債権者が承諾を与える方法によって、債務引受が認められるか否かであった。

●本判決の位置づけ

この問題につき、本判決当時の通説はこれを明確に否定していた（石坂音四郎『改纂民法研究下巻』（有斐閣、1920）387 頁以下）。しかし、本件は債務者と引受人との契約によるものであり、これに債権者の同意が加わらなければならないとする原審の判断を「相当」としていることから考えると、判旨は、債権者を引受契約の当事者とする趣旨ではないと解される。そしてその後の学説も、債務者と引受人との債務引受契約に債権者の同意（承諾）があれば「必要にして充分」であるとし（我妻・講義Ⅳ 568 頁）、判旨に異論がない。したがって、債務引受は、債権者の承諾がなければ効力を生じないが、債権者が承諾すれば遡及的に効力を生ずるものとされた。

●債権法改正による明文化

平成 29 年の債権法改正では、債権譲渡の規定の後に「債務の引受け」の節が新たに設けられ、併存的債務引受（470 条以下）と免責的債務引受（472 条以下）とが明文化された。その規律によれば、免責的債務引受とは、「債務者が債権者に対して負担する債務と同一の内容の債務」を引受人が負担し、「債務者は自己の債務を免れる」制度である（472 条 1 項）。そして、免責的債務引受は、「債権者と引受人となる者との契約によってすることができる」（472 条 2 項前段）ほか、「債務者と引受人となる者が契約をし、債権者が引受人となる者に対して承諾をすること」によっても可能である（472 条 3 項）。しかし、債権者の承諾のない本件では、免責的債務引受は否定に解される。また、新法は、債務者が債権者に対して取消権または解除権を有する場合に、引受人に履行拒絶権を認めている（472 条の 2 第 2 項）。しかし、免責的債務引受が否定される本件では、同条も無関係である。

●契約上の地位の移転との関係

本件は、AY間の売買契約上の買主の地位がXに譲渡された事案であるとも解される（四宮和夫『債務の引受』（有斐閣、1960）7 頁）。しかし、契約上の地位の移転は継続的契約において実益を有し、本件のような単発的な売買の事案には必ずしも妥当しない。

【参考文献】　加藤一郎「債務引受と契約引受」『判例演習債権法①』（有斐閣、1973）167 頁。

野澤正充

62 併存的債務引受の効力

最高裁昭和41年12月20日判決　民集20巻10号2139頁、判時475頁33頁、判タ202号108頁

【439条】

論点　併存的債務引受がなされると、債務者と引受人の債務は連帯債務となり、前者の債務の時効消滅の効果が後者の債務にも及ぶか否か

事実の要約

AはY₁会社の代表取締役の一人として、鉄鉱石の買付けに必要な資金をXから借り入れた。ところが、AとY₁会社の社長であるY₂との確執により、Aは代表取締役を解任され、その旨の登記がなされた。Xは、Y₁会社に右貸金の返還を求めると同時に、Y₂が債務につき連帯保証をしたとしてその弁済を求めた。

裁判の流れ

1審（東京地判昭34・11・6民集20巻10号2147頁）：請求棄却　2審（東京高判昭38・6・27民集20巻10号2153頁）：一部認容　最高裁：破棄差戻

1審は、XのY₁に対する債権が商事債権であり、5年の経過によってすでに時効消滅していること、および、Y₂が連帯保証をした事実が認められないことを理由に、Xの請求を棄却した。そこでXは、Y₂がY₁会社の債務について連帯保証をした事実が認められないとしても、右債務につきY₁会社と重畳的に債務引受をしたとの主張を追加して控訴した。2審は、XのY₁に対する債権は時効により消滅しているが、Y₂が、Y₁の債務につき、Y₁とともに支払義務を負担した事実が認められ、この債務の消滅時効は完成していないとして、XのY₂に対する請求を認めた。Y₂が上告し、最高裁は、原判決を破棄して、事件を原審に差戻した。

判旨

〈破棄差戻〉「重畳的債務引受がなされた場合には、反対に解すべき特段の事情のない限り、原債務者と引受人との関係について連帯債務関係が生ずるものと解するのを相当とする」。そして、Y₁の債務につきY₂が重畳的債務引受をした本件においては、「連帯債務関係が生じない特段の事情があるとは解されず、したがって、右原債務者の債務の時効消滅の効果は、民法439条〔旧法〕の適用上、右原債務者の負担部分について債務引受人にも及ぶものと解するのを相当とする。」

判例の法理

判例は、併存的債務引受がなされると、債務者と引受人との間には原則として連帯債務関係が生じ、時効の絶対的効力（旧439条）の適用があるとした。

判例を読む

●問題の所在

債務引受には、①併存的（重畳的）債務引受、②免責的債務引受、および、③履行の引受けの3つの類型がある。このうち、債権法改正では、①および②が明文化され、①については、「債務者が債権者に対して負担する債務と同一の内容の債務」を引受人が、「債務者と連帯して」負担することが明らかにされた（470条1項。なお、②については、**61事件**参照）。また③は、引受人が債務者に対してのみ、その者が負担する特定の債務を履行する義務を負う旨の契約である。

ところで、併存的債務引受は、債権者からすれば、債務者に加えて新たに引受人も同一内容の債務を負担するため、自己の債権のための責任財産が増加したことを意味する。すなわち、併存的債務引受は、保証債務や連帯債務と同じく債権の人的担保として機能する。そして、債務者の債務と引受人の債務のいずれか一方が弁済されれば他方の債務も消滅するという点では異論がなかった。しかし、債権法改正前においては、明文がなかったこともあり、この両債務の関係をいかに法的に説明するかが問題となった。

●債権法改正前の判例・学説

判例は、併存的債務引受がなされると、債務者と引受人との間に旧432条以下の連帯債務関係が生ずるとした。そして大審院は、「民法439条（旧法）に依り債務者の為に時効が完成したときは、其の債務者の負担部分に付ては引受人も亦其の義務を免るるに至る」と判示し（大判昭和14年8月24日新聞4467号9頁）、本判決もこれを踏襲した。

学説も、かつては判例と同様に連帯債務が生じると解していた（石坂音四郎『改纂民法研究下巻』（有斐閣、1920）427頁、鳩山・総論382頁）。しかし、旧法下の連帯債務においては、債務者の一人について生じた事由が絶対的に効力を生ずる場合が多く（旧434条～旧439条）、併存的債務引受が常に連帯債務を生ぜしめるとすると、債務者が増加したことによる債権者の通常の期待に反するおそれがあった（星野・総論225頁、奥田・総論478頁）。そこで、多数説は判例に反対し、債務者と引受人との間に主観的共同関係がある（例えば、債務者と引受人との契約で重畳的債務引受がなされた）場合には連帯債務が生ずるが、そのような関係のない場合には絶対的効力事由のない不真正連帯債務関係が成立すると解していた。本件においても、XはYの債務引受によって、それ以後はYに請求すればよいと安心し、Aへの時効中断手続を怠っていた場合もあり得るため、安易に旧439条を適用するのは妥当でなかったと解される。

●債権法改正後の規律

新法は、連帯債務の絶対的効力事由を限定し、不真正連帯債務の概念を不要とした。というのも、連帯債務者相互に主観的共同関係がない事例が現実には少なくないからである。具体的には、新法は、更改・相殺・混同のみを絶対的効力事由とし（438～440条）、その他を相対的効力事由としている。ただし、債権者と他の連帯債務者の一人が別段の意思表示（合意）をしたときは、他の連帯債務者に対する効力はその意思に従うとする（441条）。それゆえ、併存的債務引受も連帯債務の規定に従うものとし、本件のような時効の完成は相対的効力に止まるとした。

【参考文献】　安倍正三・最判解民昭和41年度541頁、沖野眞巳・百選Ⅱ6版66頁。

野澤正充

63 貸金業者の貸金債権の移行と過払金返還債務の帰趨

最高裁平成 23 年 9 月 30 日判決　判時 2131 号 57 頁、判タ 1357 号 76 頁、裁判集民 237 号 655 頁
【91 条、703 条】

論点 子会社の再編を目的として、大手消費者金融会社の子会社が顧客に対して有する貸金債権を親会社に移行した場合に、親会社は、子会社と顧客との間に生じていた過払金返還債務を承継するか

事実の要約

　Xは、消費者金融会社Yの完全子会社であるAとの間で、金銭消費貸借取引に係る基本契約を締結し、これに基づき、平成 5 年 7 月 6 日から平成 19 年 8 月 1 日までの間、継続的な金銭消費貸借取引（以下、「本件取引 1」という）を行った。この本件取引 1 につき、制限超過部分を元本に充当すると、同日（8 月 1 日）時点で過払金が発生していた。

　Yは、国内の消費者金融子会社の再編を目的として、平成 19 年 6 月 18 日、Aとの間で上記再編に係る基本合意書を取り交わし、Aが顧客に対して有する貸金債権をYに移行し、Aの貸金業を廃止することとした。そしてYは、Aとの間で、同日、次の①から③のような業務提携契約を締結した。①Aの顧客のうちYに債権を移行させることを勧誘する顧客は、YおよびAの協議により定めるものとし、そのうち希望する顧客との間で、Yが金銭消費貸借取引に係る基本契約を締結する（以下、Yとの間で基本契約を締結したAの顧客を「切替顧客」という）。②Aが切替顧客に対して負担する利息返還債務、同債務に付帯して発生する経過利息の支払債務その他同社が切替顧客に対して負担する一切の債務（以下、「過払金等返還債務」という）について、YおよびAが連帯してその責めを負うものとし、この連帯債務の負担部分の割合は、Yが 0 割、Aが 10 割とする（以下、「本件債務引受条項」という）。③YおよびAは、切替顧客に対し、今後の全ての紛争に関する申出窓口をYとする旨を告知し、Yは、切替顧客からの過払金等返還債務の請求に対しては、申出窓口の管理者として善良なる注意をもって対応する。

　Xは、Yの勧誘に応じて、平成 19 年 8 月 1 日、Yとの間で金銭消費貸借取引に係る基本契約（以下、「本件切替契約」という）を締結した。この際、Xは、Yから、Yグループの再編により、Aに対して負担する債務をYからの借入れにより完済する切替えについて承諾すること、本件取引 1 に係る約定利息を前提とする残債務が48 万 5676 円であることを確認し、これを完済するため、同額をA名義の口座に振り込むことをYに依頼すること、本件取引 1 に係る紛争等の窓口が今後Yとなることに異議はないことなどが記載された「残高確認書兼振込代行申込書」（以下「本件申込書」という）を示され、これに署名してYに差し入れた。

　Yは、平成 19 年 8 月 1 日、Xに対し、本件切替契約に基づき、本件取引 1 に係る約定残債務金額に相当する48 万 5676 円を貸し付けた上、同額をA名義の口座に振込送金した。そして、Xは、Yに対し、同年 9 月 2 日から平成 21 年 2 月 14 日までの間、弁済を行った（以下、この弁済に係る取引を「本件取引 2」という）。YとAは、平成 20 年 12 月 15 日、本件業務提携契約のうち本件債務引受条項を変更し、過払金等返還債務につき、Aのみが負担し、Yは切替顧客に対し何らの債務および責任を負わないことを内容とする契約（以下「本件変更契約」という）を締結した。

　Xは、Yに対し、本件取引 1 に係る過払金の返還を求めて訴えを提起した。

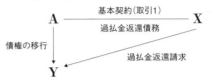

裁判の流れ

　1 審（東京地判平 22・8・30 金判 1381 号 28 頁）：Xの請求棄却　2 審（東京高判平 22・12・8 金判 1381 号 27 頁）：Xの控訴棄却　上告審：破棄差戻

　2 審は、YA間の業務提携契約において、YがAと連帯して、Aが顧客に対して負担する一切の債務を引き受ける旨の併存的債務引受条項が存在し、これが第三者のためにする契約であるとしつつ、Xの受益の意思表示がないとした。Xが上告受理申立て。

判　旨

　〈破棄差戻〉Yは、Aの顧客であったXに対し、「Yとの間で本件切替契約を締結することを勧誘しているのであるから、Yの意図は別にして、上記勧誘に当たって表示されたYの意思としては、これを合理的に解釈すれば、Xが上記勧誘に応じた場合には、Yが、XとAとの間で生じた債権を全て承継し、債務を全て引き受けることをその内容とするものとみるのが相当である」。そして、Xも、「Aとの間で生じた債権債務をYが全てそのまま承継し、又は引き受けることを前提に、上記勧誘に応じ、本件切替契約を締結したものと解するのが合理的である」。それゆえ、「XとYとは、本件切替契約の締結に当たり、Yが、Xとの関係において、本件取引 1 に係る債権を承継するにとどまらず、債務についても全て引き受ける旨を合意したと解するのが相当であり、この債務には、過払金等返還債務も含まれていると解される。したがって、Xが上記合意をしたことにより、論旨が指摘するような第三者のためにする契約の性質を有する本件債務引受条項について受益の意思表示もされていると解することができる。そして、YがXと上記のとおり合意した以上、その後、YとAとの間において本件変更契約が締結されたからといって、上記合意の効力が左右される余地は」ない。したがって、Yは、Xに対し、「本件取引 1 と本件取引 2 とを一連のものとして制限超過部分を元本に充当した結果生ずる過払金につき、その返還に係る債務を負うというべきである。」

判例の法理

●併存的債権引受における当事者

　本件では、ＡＹ間の業務提携契約に、Ａの顧客に対す

る過払金返還債務についての併存的債務引受条項が存在する。この併存的債務引受とは、債務者がその債務を免れることなく、引受人がこれと並んで新たに同一内容の債務を負担するものである。もっとも、債務者（A）と引受人（Y）との契約によって併存的債務引受を行う場合には、引受人が債務者の債務を支払う旨を定めただけでは、その効力は当事者間に及ぶにすぎない。そこで、債権法改正前の判例・通説は、債務者と引受人とが債権者を第三者とする「第三者のためにする契約」（537条1項）をすることにより、併存的債務引受を有効にすることができる、と解していた（野澤正充『債務引受・契約上の地位の移転』（一粒社、2001）58頁）。債権法改正では、このような判例・通説を受けて、「債務者と引受人となる者との契約によって（470条1項）」する併存的債務引受は、「債権者が引受人となる者に対して承諾をした時」（470条3項）、すなわち、「契約の利益を享受する意思を表示した時」（537条3項）に効力を生じるとした。さらに、この場合における併存的債務引受は、「第三者のためにする契約に関する規定に従う」とされている（470条4項）。

●債権者の受益の意思表示

ところで、第三者のためにする契約と解すると、債権者の受益の意思表示が必要となる（旧537条2項）。本件事案においては、まさにこの点が争われ、2審は、本件申込書に併存的債務引受の記載がなく、Xもこれを「全く認識していなかった」ため、その受益の意思表示を否定した。そして、Xも、AY間の業務提携契約における「併存的債務引受条項の存在を具体的に認識はしていなかった」ことを認めている（上告受理申立理由参照）。しかし、Xは、その上告受理申立理由において、顧客が切替契約に応じた場合には、民法537条所定の受益の意思表示が認められるとし、本件取引1に係る紛争等の窓口が今後Yとなることに異議はない旨が記載された本件申込書へのXの署名をもって、「受益の意思表示をしたと判断すべきである」と主張した。最高裁は、このXの主張を容れ、切替契約における両当事者の意思を「合理的に解釈」し、Yが過払金返還債務をも含む、全ての債務を「引き受ける旨を合意したと解するのが相当であり」、かつ、「第三者のためにする契約の性質を有する本件債務引受条項について受益の意思表示もされている」と解釈した。

判例を読む

●本判決の意義

貸金業者の再編に係る過払金返還債務の承継について、最高裁は、相次いでその判断を公にしている。

まず、貸金業者間の事業譲渡契約において、事業の譲受業者が過払金返還債務を承継しない旨を明示的に定めているときは、併存的（重畳的）債務引受も契約上の地位の移転も認められないとして、その承継を否定した（最三小判平23・3・22判時2118号34頁、最一小判平23・7・7裁時1535号1頁、最二小判平成23・7・8裁時1535号2頁）。

これに対して、本判決は、貸金業者間の業務提携渡契約において、譲受業者（Y）が譲渡業者（A）の過払金返還債務を併存的に引き受ける旨の債務引受条項が存在する事案である。ただし、上記のように、AY間の業務提携契約は、当然にはその顧客であるXに対して効力を生じ

ない。それゆえ、AY間の併存的債務引受契約が第三者のためにする契約であるとして、Xの受益の意思表示（旧537条2項）の有無、具体的には、XY間の切替契約が受益の意思表示であるか否かが争われた。

本判決の意義は、XY間の切替契約における当事者の意思の合理的解釈をとおして、過払金返還債務の引受を認めたことにある。

●本判決の射程

しかし、本判決の射程は、必ずしも広くはない。すなわち、本判決が妥当するのは、貸金業者間に過払金返還債務についての併存的債務引受契約があり、かつ、新しい貸金業者と顧客との間で切替契約が締結され、顧客の受益の意思表示がなされたと解しうる事案に限られる。そして最高裁も、貸金業者間の債権譲渡契約に併存的債務引受条項が存在するものの、上記の切替契約がなされていない事案においては、「債務引受条項に係る受益の意思表示をしたものとみる余地はない」とした（最判平24・6・29判時2160号20頁）。

●判例の評価

以上の一連の最高裁判決は、理論的には適切である。すなわち、貸金業者間において事業譲渡等がなされても、既発生の過払金返還債務は当然に譲受業者に承継されるものではなく、その承継には個別の契約が必要である。そして、貸金業者間の業務提携契約において併存的債務引受契約がなされても、それに対する顧客の受益の意思表示（旧537条2項）が必要であり、顧客が全く関与しない場合には、その意思表示を認める「余地はない」。しかし、その結果、貸金業者が過払金返還債務を免れうることには、なお疑問が残る。

確かに、一般的には、1つの契約から生じる債権と債務とを分離して、その債権のみを、あるいは債務のみを第三者に移転する、ということも可能である。しかし、継続的な取引に係る基本契約上の債権と債務とを「一括して」譲受業者に移転する譲渡契約は、当事者がいかなる法律構成をとるにせよ、下級審裁判例が認定するように、実質的には、契約上の地位の移転を内容とするものであると解される。そして、金銭消費貸借取引に係る基本契約上の地位の移転が認められれば、貸主は譲渡業者から譲受業者に交替するにせよ、同一の基本契約が存続するものであり、顧客の側からしても、そのように考えるのが通常であろう。そうだとすれば、過払金の計算も、事業譲渡等の前後を通じてなされることが期待され、そのような顧客の期待は正当なものとして保護されるべきである。そうだとすれば、契約上の地位の移転がなされても、譲受業者は、既発生の過払金返還債務を当然に承継するものではないが、債権のみを譲り受け、過払金返還債務を承継しない旨を主張することは、信義則に反して許されない、とも解されよう。しかし、このように解すると、事業譲渡の実が上がらず、譲渡当事者間の期待に反することになる。問題は、事業譲渡の当事者と顧客のいずれの利益を優先するか、ということになると思われる。（野澤正充「企業の再編と契約譲渡」金法1999号75頁）。

【参考文献】　鈴木重信・最判解民昭和46年度108頁、野澤正充『契約譲渡の研究』（弘文堂、2002）358頁。

野澤正充

64 預託金会員制ゴルフクラブ会員権譲渡の第三者対抗要件

最高裁平成8年7月12日判決　民集50巻7号1918頁、判時1608号95頁、判タ947号193頁
【467条2項】

論点　預託金会員制ゴルフクラブの会員権（契約上の地位）の譲渡をゴルフ場経営者以外の第三者に対抗するためには、指名債権譲渡の対抗要件の規定（467条2項）が準用されるか

事実の要約

　Aは、預託金会員制ゴルフクラブBの会員権を有し、平成4年3月16日にこれをゴルフ会員権売買業者Cに譲渡した。同日、Cが本件会員権を会員権売買業者Dに譲渡し、Dは、さらにそれをYに譲渡した。そしてDは、Yの委託に基づきAとYの連名の名義書換請求書を作成し、同年5月19日にBを経営するB社に提出した。他方Dは、同月22日、ゴルフ会員権担保融資を業とするXから2,300万円を借り受け、その債務を担保するために、Xに対して本件会員権を譲渡担保として譲渡した。ところで、B社は、6月16日頃Yに対し、確定日付のない入会承諾書により入会の承認を通知するとともに、名義書換料の支払を請求し、Yは同月22日にこれを支払った。他方Xは、会員権譲渡通知書の譲受人欄にXの住所および名称を記載し、同月25日にこれを内容証明郵便で発送し、同郵便が同月26日にB社に到達した。XはYに対して、Xが本件会員権を有することの確認を求めて提訴した。

裁判の流れ

　1審（東京地判平7・1・25民集50巻7号1941頁）：請求認容　2審（東京高判平7・6・27民集50巻7号1949頁）：控訴棄却　最高裁：上告棄却
　1審は、ゴルフ会員権の譲渡が指名債権の譲渡を伴うものであるから、第三者に対抗するには467条2項の手続が必要であるとし、これを具備したXの請求を認容した。2審は、Yの控訴を棄却し、最高裁もYの上告を棄却した。ただし、補足意見と反対意見が付されている。

判旨

　〈上告棄却〉「会員権の…譲渡を受けた者は、B社の承認を得た上、会員権について名義書換えの手続をしなければならないものとされている。右の趣旨は、会員となろうとする者を事前に審査し、会員としてふさわしくない者の入会を認めないことにより、ゴルフクラブの品位を保つことを目的とするものというべきであるから、B社との関係では、会員権の譲渡を受けた者は、その承認を得て名義書換えがされるまでは会員権に基づく権利を行使することができないが、譲渡の当事者間においては、名義書換えがされたときに本件ゴルフクラブの会員たる地位を取得するものとして、会員権は、有効に移転するものというべきである。そして、この場合において、右譲渡をB社以外の第三者に対抗するには、指名債権の譲渡の場合に準じて、譲渡人が確定日付のある証書によりこれをB社に通知し、又はB社が確定日付のある証書によりこれを承諾することを要し、かつ、そのことをもって足りるものと解するのが相当である。」

判例の法理

　判旨の論理は次の通りである。まず、①ゴルフ会員権の譲渡につき、クラブ（相手方）の承諾（および名義書換手続）が必要であるとする。その趣旨は、会員候補者の事前審査にあり、会員権の譲渡が自由でないことを明らかにする。ついで、②この承諾がない場合には、譲受人がクラブに対して会員であることを主張できないが、譲渡当事者間においては会員権が有効に移転するとする。そして、③会員権の譲渡を相手方以外の第三者に対抗するには、467条2項が準用されるとする。

判例を読む

　①は、合意に基づく契約上の地位の移転の要件と一致する（→63事件）。また、③に関しては、従来、ゴルフ会員権の譲渡につき確定日付ある証書による通知・承諾がなされることは極めて少なかった（補足意見（福田博）および反対意見（河合伸一）はこの点を指摘する）ものの、相手方以外の第三者に対する関係では467条2項を準用することが明快であることから、学説の多くはこれを支持する（三村量一・曹時51巻3号228頁、新井剛・法協117巻5号735頁など）。ただし、河合伸一裁判官の反対意見は、ゴルフクラブの名義書換手続の完了をもって第三者対抗要件とする従来の慣行を重視し、ゴルフ会員権の譲渡のような「契約上の地位の譲渡については、全体として法が欠缺しているのであるから」467条2項を適用するいわれはなく、これを適用すると、「かえって紛争を誘発し、多数の善良なゴルファーの地位を予期しない危険にさらすおそれがある」とする。そして学説にも、かかる反対意見を支持して、467条2項の手続を履践しなくとも、ゴルフクラブが名義書換手続を完了すれば第三者に対抗し得るとする見解が存する（池田真朗・平成8年度重判65頁、同・民商116巻6号944頁、潮見佳男・金法1492号56頁）。

　ところで、指名債権に譲渡制限特約が付されている場合には、相手方の承諾なしに当該債権が譲渡されても無効である（物権的効力説）、というのが債権法改正前の判例（最判昭48・7・19民集27巻7号823頁ほか）・通説であった。しかし、②はこれと異なる。ゴルフ会員権には取引市場が存在し、その流通性が指名債権よりも確保されなければならない、という事情を考慮すると、ゴルフ会員権の譲渡については、同じく取引市場を形成する株券譲渡の法理（商204条以下、特に204条の5＝取締役会の承認がなくとも、譲渡当事者間では有効）が妥当すると解される（野澤正充『契約譲渡の研究』（弘文堂、2002）363頁）。なお、債権法改正により、現在では、譲渡制限特約に反する債権譲渡も、原則としては有効である（民466条2項）。

【参考文献】　三村量一・最判解平成8年度 下559頁。

野澤正充

65 第三者の弁済と利害関係の有無

最高裁昭和63年7月1日判決　判時1287号63頁、判タ680号118頁

【474条2項】

論点　借地上の建物賃借人による地代債務についての第三者弁済の可否

事実の要約

　訴外AはYから借りた土地上にA所有の建物を建設し、建物の1階部分をXに賃貸した。本件以前にXYA間で紛争が生じた際に「Aが地代の支払を引き続き3回怠った場合には土地賃貸借契約は解除され、Aは建物を収去して土地を明け渡し、Xは建物から退去する」旨の裁判上の和解が成立した。その後、AがYに対する地代の支払を怠るようになり、地代の滞納により土地賃貸借契約が解除されるとXも建物からの退去を余儀なくされることから、XはYに対してAの代わりに地代を弁済したい旨を申し出たが、Yが拒絶したので、Xは地代を供託した。和解調書を債務名義とした強制執行に対してXは請求異議の訴えを提起し強制執行の不許を求めた。

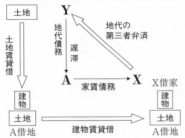

裁判の流れ

　1審（広島地判昭59・2・28公刊物未登載）はXによる弁済の提供がなかったことを理由にXの請求を棄却したが、2審（広島高判昭62・9・30公刊物未登載）は、借地上の建物賃借人が地代の弁済について法律上の利害関係を有すること、Xの口頭の提供により地代債務の不履行状態が解消されたことを理由に、1審判決を取り消してXの請求を認容した。Yが上告。

判旨

　〈上告棄却〉改正前民法474条2項の解釈について、「借地上の建物の賃借人はその敷地の地代の弁済について法律上の利害関係を有すると解するのが相当である。けだし、建物賃借人と土地賃貸人との間には直接の契約関係はないが、土地賃借権が消滅するときは、建物賃借人は土地賃貸人に対して、賃借建物から退去して土地を明け渡すべき義務を負う法律関係にあり、建物賃借人は、敷地の地代を弁済し、敷地の賃借権が消滅することを防止することに法律上の利益を有するものと解されるからである。」

判例の法理

　改正前民法474条2項は弁済について利害関係を有しない第三者は債務者の意思に反して弁済できないと定めていたが、本判決は、借地上の建物の賃借人が地代の弁済について「法律上の利害関係を有する第三者」に該当

するとして、債務者である借地人の意思に反しても地代の第三者弁済が許されるとした。

判例を読む

　改正前民法474条2項を反対解釈すると弁済について「利害関係を有する第三者」であれば債務者の意思に反して弁済した場合でも弁済の効力が認められる。「利害関係を有する第三者」について、従来の判例（最判昭39・4・21民集18巻4号566頁）によると、「物上保証人、担保不動産の第三取得者などのように弁済をすることに法律上の利害関係を有する」ことが必要とされる。この基準のもとで、債務者の親族（大判昭14・10・13民集18巻1165頁）や債務者会社の第二会社（最判昭39・4・21）は「事実上の利害関係」を有するにすぎないとされたが（富越和厚・ジュリ922号71～72頁）、本判決は同じ基準に従い借地上の建物の賃借人を地代の弁済について「法律上の利害関係を有するもの」と認定した。

　なお、本件のようなXYA間の事前の和解が存在しない場合でも、判例によると、土地賃貸人が土地賃借人の債務不履行を理由に土地賃貸借契約を法定解除することによって、借地上の建物賃借人は建物から退去して土地を明け渡す義務を負うとされているので（最判昭45・12・24民集24巻13号2271頁）、借地上の建物賃借人は建物からの退去を免れるために地代の弁済について法律上の利害関係を有するといえることから、第三者弁済が許される（住田英穂・百選II 67頁）。

　また、500条によると、弁済について「正当な利益を有する者」は弁済によって当然に債権者に代位できるが、弁済による代位では第三者弁済が認められることが前提となる場合が多いので、以前から両者の整合性が問われていたところ（富越・前掲72～73頁、住田・前掲66～67頁）、2017年の民法改正において両条の関係を明確にするために改正前民法474条2項の「利害関係を有しない第三者」が「正当な利益を有する者でない第三者」という文言に変更され、両条の用語が統一された（一問一答債権関係改正189頁）。これにより、改正前民法500条の「正当な利益を有する者」と認定された者、具体的には、物上保証人（大判昭4・1・30新聞2945号12頁）、抵当不動産の第三取得者（大判明40・5・16民録13輯519頁）、抵当不動産の賃借人（最判昭55・11・11判時986号39頁）、抵当不動産の後順位担保権者（最判昭61・7・15判時1209号23頁）等とともに、本判決によって認められた借地上の建物の賃借人が、改正後の民法474条2項における「正当な利益を有する第三者」に該当する（中田・総論380～383頁、潮見・総論II 98～99頁）。

【参考文献】　本文に挙げたもの以外の評釈として、伊藤進・昭和63年度重判解69頁、小野秀誠・判タ695号101頁、船越隆司・民商100巻2号310頁、内田勝一・判評370号43頁。

川地宏行

66 預金担保貸付け・相殺への民法 478 条類推適用と注意義務の判断基準時

最高裁昭和 59 年 2 月 23 日判決　民集 38 巻 3 号 445 頁、判時 1108 号 82 頁

【478 条】

論 点
①表見預金者への預金担保貸付けならびにその後の貸金債権と定期預金債権との相殺に対する民法 478 条の類推適用の可否
②預金債権の債務者である金融機関の善意無過失（注意義務）の判定基準時

事実の要約

　Y 信用金庫 Z 支店の取引先である A の紹介により、X は Y に定期預金をすることになり、昭和 51 年 7 月 17 日に A の事務所において、X は自分名義で期間を 6 か月とする 150 万円と 300 万円の 2 口の定期預金を Z 支店の行員 S に申し込み、450 万円を預けた。X は後日 Y から交付される定期預金証書の受領を A に依頼し、届出印を A に手渡した。それから約 1 週間後に A は X に届出印を返還したが、A が Y から受領した定期預金証書の原本は A から X に交付されず、その複写のみが交付された。同年 8 月 18 日に A は B を帯同して Z 支店に赴き、B は自らを X と名乗り、X の 2 口の定期預金証書ならびに届出印と同じ印影がある借入申込書等を呈示して定期預金を担保に融資の申入れをした。Z 支店の行員 T は以前から面識があった A が付き添っていたこと、印鑑照合の結果、書面に押印された印影が届出印と一致したことから、B を X と誤認して、弁済期を同年 11 月 30 日とする 450 万円の貸付けを B に対して行い、2 口の定期預金に質権が設定された。X は昭和 52 年 4 月 20 日頃に Z 支店の支店長と面談した際に本件預金担保貸付けがなされた事実を初めて知り、本件貸付契約と質権設定契約がいずれも X の意思に基づかないで締結されたことを Y も知るに至ったが、昭和 52 年 5 月 29 日に Y は貸金債権を定期預金債権と相殺する旨の意思表示をした。X は Y に対して 450 万円の預金の払戻しを求めて訴えを提起した。

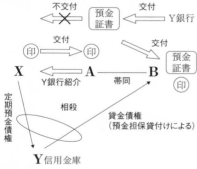

●裁判の流れ

　1 審（東京地判昭 54・5・30 民集 38 巻 3 号 463 頁）は、民法 478 条を類推適用して Y による相殺の主張を認め、定期預金元利合計額と貸付金元利合計額の差額についてのみ請求を一部認容した。これに対して 2 審（東京高判昭 54・12・18 民集 38 巻 3 号 469 頁）は、Y が先例と主張する最判昭 48・3・27 民集 27 巻 2 号 376 頁は無記名定期預金の案件であり、同判決の射程は記名式定期預金を対象とした本件には及ばないこと、Y は相殺の意思表示時において B が預金者ではないことに気付いており悪意になっていたことを理由に、民法 478 条の類推適用を否定して 1 審判決の X 敗訴部分を取り消し、請求を認容した。Y が上告。

判 旨

　〈破棄差戻〉定期預金証書ならびに届出印と同一の印影を呈示した第三者（表見預金者）に対して金融機関が預金担保貸付に応じ、その後に貸金債権と定期預金債権とを相殺することは、「少なくともその相殺の効力に関する限りは、これを実質的に定期預金の期限前解約による払戻と同視することができ、また、そうするのが相当であるから、右金融機関が、当該貸付等の契約締結にあたり、右第三者を預金者本人と認定するにつき、かかる場合に金融機関として負担すべき相当の注意義務を尽くしたと認められるときには、民法 478 条の規定を類推適用し、右第三者に対する貸金債権と担保に供された定期預金債権との相殺をもって真実の預金者に対抗することができるものと解するのが相当である（なお、この場合、当該金融機関が相殺の意思表示をする時点においては右第三者が真実の預金者と同一人でないことを知っていたとしても、これによって上記結論に影響はない。）」。

判例の法理

●預金担保貸付けと相殺事案に対する民法 478 条の類推適用

　従来の判例において預金通帳ならびに届出印と同じ印影を呈示した無権利者（表見預金者）に対する普通預金の払戻し（預金債権の弁済）が民法 478 条の典型的な適用事案とされ、「定期預金の期限前払戻し」事案にも同条の直接適用が認められてきたが（最判昭 41・10・4 民集 20 巻 8 号 1565 頁）、本判決では表見預金者に対して預金担保貸付けに応じた金融機関がその後に貸金債権を定期預金債権と相殺した事案において、預金担保貸付けから相殺までの一連の流れが定期預金の期限前払戻しと実質的に同視できることを理由に民法 478 条の類推適用が認められた。

●金融機関の善意無過失の判定基準時

　本判決ではさらに、預金債権の債務者である金融機関の善意無過失の判定基準時（金融機関が注意義務を尽くしたか否かが判定される基準時）が貸付時とされ、貸付時に金融機関が善意無過失であれば相殺時までに悪意になっても相殺が認められる。

判例を読む

●民法 478 条の改正

　民法 478 条は、債権者や受領権者のような外観を有する無権限者（表見受領権者）に対して弁済した債務者が善意無過失であれば、弁済を有効として債務者を保護する規定である。平成 29 年の民法改正前の条文では「債権の準占有者に対する弁済」と定められていたが、用語をわかりやすくするため、「受領権者としての外観を有する者（表見受領権者）に対する弁済」に改められた（一問一答債権関係改正 186 ～ 187 頁）。ただし、条文の意味は変更されていないので、改正前の判例は改正後も継承

される（中田・総論389頁）。

● 民法478条の類推適用

論点①について。判例によると、普通預金の払戻事案を典型的な適用事案とする民法478条は、定期預金の期限前払戻事案にも直接適用される。満期前に定期預金の解約に応じる場合には普通預金の利息に引き下げる旨の商慣習に従うので、期限前払戻しにおける弁済の具体的内容が預金契約成立時にすでに合意により確定されていることを理由に、定期預金の期限前払戻しは民法478条の弁済に該当するとされた（昭和41年判決）。さらに本判決では、定期預金の期限前払戻しと実質的に同視できることを理由に「預金担保貸付けと相殺」事案に同条が類推適用されている。本判決以前に同条の類推適用を認めた初期の判例では、預金の原資を拠出した出捐者と預入行為者等が別人である場合にいずれが預金者であるかを確定する「預金者認定問題」が絡む事案において、出捐者を預金者と認定する客観説を採用して出捐者の利益を保護する一方で、出捐者以外の者（預入行為者や預金名義人等）に対して預金担保貸付けに応じた金融機関は無権利者に対して貸付けをしたことになるので、善意無過失の金融機関を保護するために民法478条が類推適用された（最判昭48・3・27民集27巻2号376頁（無記名定期預金）、最判昭52・8・9民集31巻4号742頁（記名式定期預金）。加藤雅信・昭和59年度重判83〜84頁、中舎・債権法360頁）。ところが、本判決では預金者がXであることについて争いがなく預金者認定問題が絡まない事案であるにもかかわらず民法478条の類推適用が認められた（松岡靖光・最判解民昭和59年度94頁、野田和裕・百選II 71頁）。

● 民法478条と表見法理の関係

民法478条は、民法94条2項や表見代理規定（109条、110条、112条）において具現化されている表見法理（権利外観法理）と似ているが、表見法理規定では真の権利者の帰責事由が要件とされているのに対し、民法478条では真の債権者の帰責事由を不要と解するのが判例通説である。①弁済は日常的に大量に処理することを要するので、債務者を免責しやすくする必要があること、②他の表見法理規定は契約を締結する段階に適用されることから保護の対象である第三者は契約を締結するか否かを決定する自由を有しており、そのような第三者を保護するために真の権利者に犠牲を強いることから、犠牲を正当化するために真の権利者の帰責事由が要件とされるが、民法478条で保護される債務者はすでに債務を負っており、弁済を拒絶すると債務不履行責任を課せられるおそれがある弱い立場にあることから、他の表見法理規定の第三者よりも民法478条の債務者を手厚く保護する必要があるので、真の債権者の帰責事由を要件から外して債務者の手厚い保護を実現すべきであることが理由に挙げられている。さらに、③他の表見法理規定では真の権利者は所有権を失ったり新たな債務を負わされるのに対し、民法478条において真の債権者が被る不利益は既存債権の消滅にすぎないので帰責事由のない真の債権者に犠牲を強いることが許容される点も理由とされている（佐久間毅「民法478条による取引保護」法学論叢154巻4=5=6号383〜387頁参照）。判例通説によると、無権利者である表見預金者への預金払戻しに応じた金融機関は自身が善意無過失であれば預金者に帰責事由がなくても預金払戻しを有効とされ、表見預金者に預金担保貸付けをした金融機関は自身が善意無過失であれば預金者に帰責事由がなくても相殺が許される。

● 民法478条類推適用の理論的課題

しかしながら、民法478条の射程を拡張する一連の判例には理論的な問題がある。まず、定期預金の期限前払戻しの法律構成は「定期預金の解約合意＋預金払戻し」であるが、解約合意は定期預金を満期前に解約する「合意（法律行為）」であることから、弁済を対象とする民法478条の適用のみで足りるのかが問題となる。もっとも、最終的に預金払戻しの形態がとられているので、学説の多くは判例に好意的である（潮見・総論II 222〜223頁は期限前払戻の法律構成を「解約申出という方法による払戻請求」と捉えるべきと説く。その他に、河上正二「債権の準占有者に対する弁済」法セ728号99頁、佐久間・前掲395〜398頁）。

次に、預金担保貸付けと相殺事案の法律構成は「金銭貸借契約＋担保設定契約＋相殺」であり、複数の法律行為が含まれる一方で、弁済の要素がなく、預金払戻しという外形的行為も存在しない（潮見・総論II 223〜224頁）。また、預金担保貸付けは金融機関の義務ではない（佐久間・前掲400頁）。それ故、民法478条を類推適用する判例に対しては、他の表見法理規定の適用もしくは類推適用によって処理すべきとの批判が少なくない（加藤・前掲84〜85頁、潮見・総論II 225頁、中舎・債権法361頁）。

本判決は、「預金担保貸付けと相殺」事案が「定期預金の期限前払戻し」事案と実質的に同視できることを理由に民法478条の類推適用を正当化している。たしかに、預金担保貸付けは定期預金の期限前払戻しの代替手段といえるが、類推適用を正当化できるほどの同質性が両者間にあるといえるのか疑問が提起されている（副田隆重・判タ529号161〜162頁、潮見・総論II 225頁）。

● 善意無過失の判定基準時

論点②について。本判決は善意無過失の判定基準時を貸付時とし、相殺の意思表示時に悪意であることは考慮されないとした。定期預金の期限前払戻時と実質的に同視できるのが預金担保貸付時であることに加え、将来の相殺を期待して貸付けを行った金融機関の信頼を保護する趣旨と解されている（松岡・前掲94〜95頁、河上・前掲100頁、野田・前掲71頁、副田・前掲163頁）。また、預金担保貸付けという制度を保護することからの当然の帰結と解する説もある（中舎・債権法361頁、佐久間・前掲401頁）。これに対して、預金担保貸付けの問題を民法478条の枠組みのもとで処理するのであれば、弁済と同視されるのは相殺の場面であり、相殺時に真の預金者が判明している場合には金融機関は預金者のために損害を回避すべきであるとして、金融機関の善意無過失は貸付時のみならず相殺時においても判定されるべきとの有力な批判がある（潮見・総論II 226〜227頁）。

【参考文献】　本文で挙げたもの以外に、評釈として、石外克喜・判評317号27頁、木内宜彦・金判701号47頁。論文として、千葉恵美子「預金担保貸付と民法478条類推適用の限界」山畠正男先生＝五十嵐清先生＝藪重夫先生古稀記念『民法学と比較法学の諸相II』（信山社、1997）1頁以下、安永正昭「民法478条の適用・類推適用とその限界」林良平先生献呈『現代における物権法と債権法の交錯』（有斐閣、1998）421頁以下。

川地宏行

67 債権の二重譲渡と民法478条

最高裁昭和61年4月11日判決　民集40巻3号558頁、判時1200号61頁

【478条】

論点　債権の二重譲渡における劣後譲受人に対する弁済と民法478条の適用の可否

事実の要約

　AのYに対する債権（本件債権）がAからXに譲渡され、Aからの確定日付のある証書による通知が6月28日にYに到達した。その後、Aの債権者Bが本件債権について8月15日に仮差押命令を、11月1日に差押え・取立命令を得て、それぞれの通知が同日頃にYに送達された。Bの弁護士が再三にわたって支払を請求してきたので、Yは、裁判所が命令を発し、弁護士が請求しているのであるから、Bに弁済すべきであると判断してBに弁済した。XはYに対して本件債権について支払を求めて訴えを提起した。

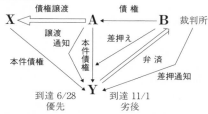

裁判の流れ

　1審（名古屋地豊橋支判昭56・3・24民集40巻3号575頁）と2審（名古屋高判昭56・12・22民集40巻3号578頁）はいずれも民法478条の適用を認め、Yが善意無過失であることを理由にBに対する弁済を有効とし請求を棄却した。Xが上告したが、Yは2審の口頭弁論終結後に破産宣告を受け、破産管財人に就任したZは、Xから届け出がなされた本件債権について異議の申立をして、上告審において本件訴訟手続を受継した。Xは破産債権の確定判決を求める訴えに変更し、Zは訴えの変更に同意した。

判旨

　XがYに対して破産債権を有することを確定〈請求認容〉。「〔民法〕467条2項の規定は、指名債権が二重に譲渡された場合、その優劣は対抗要件具備の先後によって決すべき旨を定めており、右の理は、債権の譲受人と同一債権に対し仮差押命令及び差押・取立命令の執行をした者との間の優劣を決する場合においても異ならないと解すべきであるが（最判昭49・3・7民集28巻2号174頁参照）、右規定は、債務者の劣後譲受人に対する弁済の効力についてまで定めているものとはいえず、その弁済の効力は、債権の消滅に関する…民法478条の規定により」決すべきである。「右優先譲受人は、債権の準占有者たる劣後譲受人に対して弁済にかかる金員につき不当利得として返還を求めること等により、対抗要件具備の効果を保持しえないものではないから、必ずしも対抗要件に関する規定の趣旨をないがしろにすることにはならない」。「債務者において、劣後譲受人が真正の債権者であると信じてした弁済につき過失がなかったいうためには、優先譲受人の債権譲受行為又は対抗要件に瑕疵があるためその効力を生じないと誤信してもやむを得ない事

情があるなど劣後譲受人を真の債権者であると信ずるにつき相当な理由があることが必要である」。

判例の法理

　債権二重譲渡事案において確定日付のある証書による通知（467条2項）がそれぞれの譲渡についてなされた場合、確定日付の先後ではなく、通知が債務者に到達した日時の先後で優劣が決定される（到達時説、最判昭49・3・7民集28巻2号174頁）。債権譲渡と債権差押が競合した場合も同様であり、確定日付のある証書による譲渡通知と裁判所が発する差押通知のいずれが先に債務者に到達したかで優劣が決まる。本件では債権譲受人Xが差押債権者Bに優先するので、Yは優先譲受人Xに弁済することを要するが、誤って劣後譲受人（劣後差押債権者）Bに弁済した債務者Yの保護については民法478条が適用される。弁済が有効とされてもBに対してXは不当利得返還請求権を取得するので、優先的地位は保持される（本田純一・百選II 69頁）。もっとも、債務者の善意無過失が認定されるためには、劣後譲受人を真の債権者であると信ずるにつき相当な理由が必要であり、相当な理由がないYは善意有過失とされ、Bに対する弁済は無効となる。

判例を読む

　劣後譲受人に対する弁済に民法478条の適用を認める判例に対しては、「対抗要件の公示に反する外観」を備えない劣後譲受人は債権の準占有者（平成29年改正後の表見受領権者）に該当しないとの批判がある（池田眞朗・判評340号185頁）。また、債権者の善意無過失が認定されるために「相当な理由」が必要とされた根拠として、調査官解説によると、民法467条において「債務者に対する通知もしくは債務者による承諾」が第三者対抗要件とされているのは債務者の認識とその表示を通じて債権の帰属が公示されるからであり、債務者の認識と表示に対する第三者の信頼を保護するためには、債務者により対抗関係における優劣が正確に判定されることが必要であり、それ故、債務者が優劣を誤認して劣後譲受人等に弁済した場合には安易に無過失を認定して債務者を免責させるべきではないという理由が示されている（加藤和夫・最判解民昭和61年度229頁）。本判決によると、判例である到達時説を理解できないが故に債権譲渡と債権差押の優劣を正確に判断できない債務者でも、相当な理由がなければ善意有過失とされるが、これに対し、法律の専門家ではない債務者に判例の内容を正確に理解して優劣を正しく判定するように要求することは酷であり、一般人を基準にして善意無過失を認定すべきではないかとの疑いが提起されている（藤原弘道・民商95巻6号918-923頁）。

【参考文献】　本文に挙げたもの以外の本件の評釈として、下森定・昭和61年度重判74頁、吉田光碩・判タ625号79頁。

川地宏行

68 キャッシュカードが不正に使用された場合の銀行の免責

最高裁平成 5 年 7 月 19 日判決　判時 1489 号 111 頁、判タ 842 号 117 頁

【478 条、カード規定】

【論点】　他人のキャッシュカードを使用した預金不正払戻しと金融機関の免責約款の効力

事実の要約

　XはY銀行に普通預金口座を有しているが、Yの支店ならびに提携行の支店の現金自動支払機において無権限者AによりXのキャッシュカードが無断で使用されるとともに正確な暗証番号が入力され短時間のうちに複数回にわたり預金が不正に払い戻された。X自身は本件キャッシュカードを一度も使用した経験がなく、また、本件キャッシュカードは磁気ストライプ上に暗証番号が印磁されている「非ゼロ化」カードであり、市販のカードリーダーで暗証番号を読みとることが技術的に可能であった。Y銀行の約款には、「支払機によりカードを確認し、支払機操作の際使用された暗証と届出の暗証との一致を確認のうえ預金を払い戻しました場合には、カードまたは暗証につき、偽造、変造、盗用その他の事故があっても、そのために生じた損害については、当行及び提携行は責任を負いません」という内容の免責約款が定められていた。XはYに対して預金の払戻しを求めて訴えを提起した。

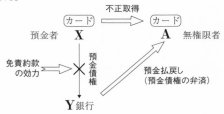

裁判の流れ

　Yは免責約款による免責と民法 478 条の適用による免責を主張したが、1 審（東京地判平元・1・31 判時 1310 号 105 頁）と 2 審（東京高判平元・7・19 判時 1321 号 129 頁）は、いずれも民法 478 条の適用の可否に関する判断を回避したうえで、本件の機械払システムにおいて安全性に不備があるとしながら、免責約款の効力を否定しなければならないほど安全性が欠如していたわけではないとして、免責約款の効力を認め、請求を棄却した。Xが上告。

判旨

　〈上告棄却〉「銀行の設置した現金自動支払機を利用して預金者以外の者が預金の払戻しを受けたとしても、銀行が預金者に交付していた真正なキャッシュカードが使用され、正しい暗証番号が入力されていた場合には、銀行による暗証番号の管理が不十分であったなど特段の事情がない限り、銀行は、現金自動支払機によりキャッシュカードと暗証番号を確認して預金の払戻しをした場合には責任を負わない旨の免責約款により免責される」。

判例の法理

　本判決は無権限者が他人のキャッシュカードと暗証番号を無断で使用して現金自動支払機から預金の払戻しを受ける「機械払の預金不正払戻事案」において、免責約款の効力を認めて金融機関の責任を免除したが、免責約款の効力が認められる場合を、預金者に「交付済み」の「真正カード」が使用された場合、ならびに、金融機関による暗証番号の管理が不十分であったなどの特段の事情がない場合に限定している。その結果、偽造カードが使用された場合、真正カードが預金者に交付される前に盗取された場合等、預金者にカード管理上の責任を問えない場合や、暗証番号の漏洩など金融機関が自ら運営する機械払システムの安全性に不備があった場合には、免責約款の効力が否定され、金融機関は免責されない。

判例を読む

●免責約款の効力と民法 478 条の関係

　本件発生当時、預金払戻の際に人間が介在しない機械払事案における民法 478 条の適用の可否が学説でも争われていたことから、本判決では民法 478 条の適用が回避され、金融機関が作成した免責約款の効力によって金融機関の免責が認められた。民法 478 条では預金債権者である預金者に帰責事由がなくても預金債権の債務者である金融機関は自身が善意無過失であれば免責されるが、本判決では免責約款の効力を縮減する解釈が採用された結果、機械払システムの安全性確保を金融機関が怠った場合、もしくは、偽造カードが用いられた事案のように預金者に帰責事由がないことが明らかな場合には、免責約款の効力が否定されており、民法 478 条が適用された場合と比較して金融機関が有利に扱われたわけではない。なお、平成 18 年に預貯金者保護法が施行されたことに伴い同法の内容に従って約款が改訂されており（潮見・総論Ⅱ 231 頁）、それによると、キャッシュカードを使用した機械払の預金不正払戻事案において、無過失の（帰責事由のない）預金者は損失の負担を免れ、預金者が全損失を負担するのは悪意もしくは善意重過失の場合のみとされており、預金者の帰責事由を要件と明記していない本件の免責約款とは正反対の内容になっている。

●金融機関の注意義務と平成 15 年判決との関係

　本判決以降、最判平 15・4・8 民集 57 巻 4 号 337 頁（→ 70 事件）において機械払の預金不正払戻事案に民法 478 条の適用が認められ、金融機関に厳格な注意義務が課されたが、民法 478 条で要求される金融機関の注意義務を免責約款によって軽減すべきではないので（最判昭 50・6・24 金法 763 号 34 頁（窓口払事案））、当該注意義務に違反した金融機関は、民法 478 条による免責のみならず、免責約款による免責も否定される。

【参考文献】　本件の評釈として、河上正二・百選Ⅱ（5 版）88 頁、尾島茂樹・消費者取引判例百選 138 頁、山本豊・金法 1396 号 7 頁等。

川地宏行

保険契約者以外の者への契約者貸付けと民法478条

最高裁平成9年4月24日判決　民集51巻4号1991頁、判時1603号69頁

【478条】

論点　詐称代理人への保険契約者貸付けに対する民法478条の類推適用の可否

事実の要約

　Xは生命保険会社Yとの間で被保険者X、保険金額800万円、保険期間15年、保険金受取人をXの妻Aとする生命保険契約（本件保険）を締結しており、本件保険の約款には保険契約者が解約返戻金の9割の範囲内でYから借入ができる契約者貸付け制度が定められていた。昭和61年7月2日に、AはXに無断で保険証券とXの印鑑を持ち出し、YのZ支店においてXの代理人を詐称して契約者貸付制度に基づき約27万円の借入れを申し込んだ。YはAから呈示された保険証券や委任状等の書類を確認するとともに印鑑照合を経て、AをXの代理人であると信じ、約27万円の貸付け（本件貸付け）を行った。平成4年4月1日に本件保険の満期が到来し、満期保険金から貸付元利合計額が控除される旨の通知がYからXに送られた。XはYに対して本件貸付けに基づく債務が存在しないことの確認を求めて訴えを提起した。

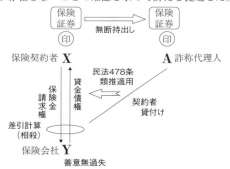

裁判の流れ

　1審（東京地判平4・5・7民集51巻4号1997頁）は民法110条の表見代理の成立を認めて請求を棄却したが、2審（東京高判平5・7・20民集51巻4号2002頁）は基本代理権の不存在を理由に民法110条の表見代理の成立を否定する一方で、民法478条を類推適用して、詐称代理人Aへの契約者貸付けに応じたYは貸金債権と保険金請求権との「相殺をもって保険契約者たるXに対抗することができる」とし、控訴を棄却した。Xが上告。

判旨

　〈上告棄却〉「本件貸付けは、…いわゆる契約者貸付制度に基づいて行われたものであ〔り〕、…約款上の義務の履行として行われる上、貸付金額が解約返戻金の範囲内に限定され、保険金等の支払の際に元利金が差引計算されることにかんがみれば、その経済的実質において、保険金又は解約返戻金の前払と同視することができる」。「そうすると、保険会社が、右のような制度に基づいて保険契約者の代理人と称する者の申込みによる貸付けを実行した場合において、右の者を保険契約者の代理人と認定するにつき相当の注意義務を尽くしたときは、保険

会社は、民法478条の類推適用により、保険契約者に対し、右貸付けの効力を主張することができる」。

判例の法理

　本判決は、生命保険契約の契約者貸付け制度を利用して借入れを申し込んだ無権限の詐称代理人に対して保険会社が善意無過失で貸付けに応じた事案において、契約者貸付けが約款上の義務とされていること、契約者貸付けが実質的に保険金等の「前払い」と同視しうること等を理由に、民法478条の類推適用により、保険会社は詐称代理人への契約者貸付けの効力を保険契約者に対して主張できるとした。

判例を読む

●預金担保貸付け事案と民法478条の類推適用

　本判決では保険契約者貸付け事案に民法478条が類推適用されているが、これについては同じく「貸付け」事案に同条の類推適用を認めた最判昭和59年2月23日民集38巻3号445頁（→66事件）との関係が問題となる。昭和59年判例では、表見預金者に預金担保貸付けをした金融機関が貸付債権と定期預金債権とを相殺した事案において、預金担保貸付けにおける貸付けから相殺までの一連の流れを民法478条の適用対象である「定期預金の期限前払戻し」と実質的に同視することにより、民法478条の類推適用が正当化された。そして、相殺を予定して貸付けをした金融機関の信頼を保護する趣旨から善意無過失の判定基準時は貸付時とされた。

●契約者貸付けを満期保険金の前払いと捉えることの意義

　本判決は、預金担保貸付け事案に民法478条の類推適用を認めた昭和59年判例を踏襲して、保険契約者貸付事案に同条の類推適用を認めている。保険契約者貸付の法的性質については相殺予約付金銭消費貸借であると一般に解されているが（山田剛志・保険法百選194頁）、本判決は契約者貸付を経済的実質において「保険金の前払い」と同視しうるとしている。しかしながら、これにより契約者貸付の法的性質について保険金等の前払いと捉える「前払説」を本判決が採用したとは解されず（孝橋宏・最判解民平成9年度619頁、山田・前掲195頁）、昭和59年判例が「預金担保貸付けとその後の相殺」を「定期預金の期限前払戻し」と実質的に同視することにより民法478条の類推適用を正当化したのと同じ理論構成を試みたものとみられる（幡野弘樹・法協117巻3号475～476頁、山田・前掲195頁）。これに対して、保険契約者貸付けは本体の保険取引とは直接関係しない金融サービスとして提供されているものであり、満期保険金や解約返戻金の前払いと同視できるとは言い難いとする疑問が一部の学説から提起されている（潮見・総論II230頁）。

●表見代理規定との関係

　本件では契約者貸付けを受けたAが詐称代理人である

ことから表見代理規定の適用も問題となり得る。現に本件の1審と2審では民法110条の表見代理の成否が問題とされている。その一方で、平成29年改正前民法478条の「債権の準占有者」に詐称代理人が含まれると解するのが確立した判例であり（最判昭37・8・21民集16巻9号1809頁）、平成29年民法改正において「債権の準占有者」概念が「受領権者としての外観を有する者（表見受領権者）」に用語変更されたことにより、詐称代理人が表見受領権者に含まれることが条文の文言からも明らかとされているので、詐称代理人が関わる事案であることは民法478条の類推適用を妨げる理由にはならない。それを裏付けるように、最判平6・6・7金法1422号32頁において詐称代理人への預金担保貸付事案に民法478条が類推適用されている。

それでは、本件のような詐称代理人への保険契約者貸付事案に民法478条が類推適用されることにより、表見代理規定が適用される場合と比較してどのような違いが生ずるのであろうか。これについて、表見代理規定において「代理権授与表示」（109条）や「基本代理権の授与」（110条）が要件とされているように、表見代理規定や民法94条2項で具現化されている表見法理（権利外観法理）では虚偽の外観を信じた第三者を保護するために真の権利者（表見代理の場合は本人）の帰責事由の存在が要件とされているが、民法478条では債務者を保護するための要件として真の債権者の帰責事由は不要と解されており、真の債権者に帰責事由がない場合でも債務者は自身が善意無過失であれば保護される。そして、民法478条が類推適用されると、預金者や保険契約者に帰責事由がない場合でも金融機関や保険会社は自身が善意無過失であれば保護されるので、表見代理規定が適用される場合よりも金融機関や保険会社は手厚い保護を受けられる（高橋眞・金法1524号78頁、千葉惠美子・平成9年度重判72頁）。

そこで次に問題となるのが、民法478条が真の債権者の帰責事由を不要とする理由であるが、表見代理規定や民法94条2項は契約締結の局面で適用される規定であり保護の対象である第三者は契約を締結するか否か自由に決定できる立場にあるのに対して、民法478条は弁済の局面で債務者を保護する規定であり、①債務者はすでに債務を負っているので弁済を拒絶すれば債務不履行責任を負わされる弱い立場にあり、契約を締結するか否かの自由を有する表見代理規定等の第三者よりも要保護性が高く、また、②弁済は日常大量に処理されることを要するので、大量の弁済業務を迅速に処理するために債務者をできるだけ免責されやすい状況に置くことが要請される。加えて、③弁済を有効とすることで真の債権者が被る不利益は既存債権の消滅にすぎないので、帰責事由のない真の債権者に犠牲を強いることが許容される（佐久間毅「民法四七八条による取引保護」法学論叢154巻4＝5＝6号383～387頁参照）。以上に挙げた①②③の理由により、他の表見法理規定における第三者よりも民法478条の債務者を手厚く保護することが必要とされるとともに、犠牲を強いられる真の債権者に重大な不利益を与えないことから、他の表見法理規定において第三者保護の要件とされている「真の権利者の帰責事由」を民法478条の要件から除外することが正当化されるとして、真の債権者の帰責事由を不要とする判例通説が形成されている。

民法478条が債務者の置かれた地位や状況の特殊性に

着目して債務者に手厚い保護を与える規定であることから、同条の類推適用の可否は、類推適用によって保護される第三者が民法478条の直接適用で保護される債務者と同等の状況に置かれているか否かで決定されることになり、その際の基準として重視されるのが、行為の「義務性」と「大量取引性」である（佐久間・前掲403～406頁、中田・総論403頁。これに対し、中舎・百選II（5版）87頁は判例において行為の「義務性」は類推適用の可否を決するのにそれほど重視されていないとする）。

● 契約者貸付けを約款上の義務と捉えることの意義

前述のように行為の「義務性」は民法478条の類推適用を正当化する要素の一つとされているので、本判決が契約者貸付を約款上の義務と捉えているのは同条の類推適用を正当化するためといえる（幡野・前掲469、476頁）。これに対し、弁済をする義務と貸す義務を同列に論ずることはできないとする批判がなされている（潮見・総論II230頁、池田眞朗・判評468号33頁）。なお、大量取引性については、保険会社による契約者貸付けが金融機関による預金払戻しと同様の大量取引性を有するかは定かでないとされている（佐久間・前掲404頁、千葉・前掲72頁）。

● 民法478条類推適用の限界

昭和59年判例は預金担保貸付事案に民法478条を類推適用することにより、貸金債権と定期預金債権との「相殺を預金者に対抗できる」としており、本件の原判決も契約者貸付により生じた貸金債権と保険金請求権との「相殺を保険契約者に対抗できる」としている（孝橋・前掲618～619頁）。民法478条を類推適用することによって、貸付けと相殺を一体として保護しようとする趣旨といえる（池田・前掲34頁、幡野・前掲476～477頁）。相殺という弁済類似行為の保護を図るために弁済保護規定である民法478条を類推適用するのであれば、そのような類推適用は許容範囲内といえるであろう。ところが本判決は、民法478条を類推適用することにより「貸付の効力を保険契約者に主張できる」としており、「貸付け」自体の保護に主眼が置かれ、「相殺」がなされたことが要件とされていない（中舎・前掲87頁、池田・前掲34頁、吉田光碩・判タ955号95頁）。本来は「弁済」を保護する規定である民法478条を「貸付け」保護のために類推適用することは、もはや民法478条の類推適用の限界を超えており、同条を「借用」した独自の利益調整と呼んだ方がよい（池田・前掲32頁、千葉・前掲72頁）、表見代理規定を適用して処理すべき（潮見・総論II230-231頁、高橋・前掲79頁）、民法478条の類推適用に固執するのであれば保険契約者の帰責事由を要件とすべき（池田・前掲35頁）、本判決の射程は金銭消費貸借一般には拡張できない（中舎・前掲87頁）などの批判がなされている。

【参考文献】　本文で挙げたもの以外の文献として、千葉惠美子「預金担保貸付と民法478条類推適用の限界」山畠正男先生＝五十嵐清先生＝藪重夫先生古稀記念『民法学と比較法学の諸相II』（信山社、1997）1頁以下、安永正昭「民法478条の適用・類推適用とその限界」林良平先生献呈『現代における物権法と債権法の交錯』（有斐閣、1998）421頁以下。

川地宏行

現金自動入出機による預金の払戻しと民法478条

最高裁平成15年4月8日判決　民集57巻4号337頁、判時1822号57頁

【478条】

論点　①機械払の預金不正払戻しに対する民法478条適用の可否
②機械払の預金不正払戻しを防止するための金融機関の注意義務

事実の要約

　Xが口座を有する金融機関Yの現金自動入出機（ATM）ではカードの代わりに預金通帳を使用して預金の払戻しを受けることができるが（通帳機械払）、Xは通帳機械払のことを知らなかった。Xは自分が所有する自動車の登録番号と同じ4桁の数字を暗証番号にしており、自動車のダッシュボード内に預金通帳を保管していたが、無権限者Aに自動車ごと預金通帳が窃取され、その後、Aにより預金通帳と正確な暗証番号が用いられATMから預金が不正に払い戻された。Yの約款（カード規定）には通帳機械払が可能であることの記載がなく、通帳機械払により預金が不正に払い戻された場合にYの責任を免除する免責約款も定められていなかった。XはYに対して預金の払戻しを求めて訴えを提起した。

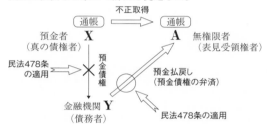

裁判の流れ

　1審（福岡地判平13・4・18民集57巻4号347頁）と2審（福岡高判平13・12・25民集57巻4号360頁）はいずれも民法478条を適用したうえでYの善意無過失を認定して請求を棄却した。Xが上告。

判　旨

　〈破棄、1審判決取消、請求認容〉「無権限者のした機械払の方法による預金の払戻しについても、民法478条の適用がある」。機械払の方法により「無権限者に払戻しがされたことについて銀行が無過失であるというためには、払戻しの時点において通帳等と暗証番号の確認が機械的に正しく行われたというだけでなく、機械払システムの利用者の過誤を減らし、預金者に暗証番号等の重要性を認識させることを含め、同システムが全体として、可能な限度で無権限者による払戻しを排除し得るよう組み立てられ、運営されるものであることを要する」。「Yは、通帳機械払のシステムを採用していたにもかかわらず、その旨をカード規定等に規定せず、預金者に対する明示を怠り」、「Xは、通帳機械払の方法により預金の払戻しを受けられることを知らなかった」。「無権限者による払戻しを排除するためには、預金者に対し暗証番号、通帳等が機械払に用いられるものであることを認識させ、その管理を十分に行わせる必要がある」。それを怠ったYは「本件払戻しについて過失があったというべきである」。また、暗証番号の設定や通帳の管理においてXに

帰責事由があるが、「この程度の帰責事由をもってYに過失があるとの前記判断を覆すには足りない」。善意有過失であるYは民法478条により免責されない。

判例の法理

　本判決は、①機械払の預金不正払戻事案にも民法478条の適用を認め、②金融機関は払戻時のカード、通帳、暗証番号等の形式的・機械的な確認だけではなく、無権限者による不正払戻をできるだけ排除し得るように機械払システムを組み立て運営する義務を負い、通帳機械払が可能であるが故に預金通帳と暗証番号の厳重な管理が必要であることを預金者に認識させる義務もそれに含まれるとした。さらに、③預金者の帰責事由により金融機関の過失が否定される可能性にも言及している。

判例を読む

　①について。機械払事案における最判平5・7・19判時1489号111頁（→**68事件**）では免責約款の効力が問題とされたが、免責約款が存在しない本件では民法478条適用の可否が正面から問われ（松並重雄・最判解民平成15年度230〜233頁）、同条の適用が肯定された。②について。民法478条は受領権者の外観を有する無権限者（表見受領権者）に対する弁済が有効となるための要件として債務者の善意無過失を要求しているが、本判決は、預金債権の債務者である金融機関の善意無過失について、ATMでの弁済時（預金払戻時）における預金通帳、カード、暗証番号の確認をめぐる過失の有無だけで判断するのではなく、不正払戻を防止するために金融機関に厳格な機械払システム設置管理義務を課したうえで、当該義務に違反したことを理由に、金融機関の過失を認定した。金融機関の機械払システム設置管理義務は、窓口払事案と異なり払戻請求者の挙動を観察できず追加の確認措置をとることもできない機械払事案に特有の注意義務であるが（河上正二・百選Ⅱ73頁）、組織過失やシステム構築責任の観点から、窓口払事案でも同様の義務を課すべきとの見解が有力である（中舎寛樹・民商129巻6号845頁、佐久間毅・私判リマ28号39〜40頁、潮見・総論Ⅱ213〜214頁）。③について。金融機関の過失を預金者の帰責事由と連動させることは、預金者の帰責性が低い場合でも金融機関の注意義務が軽減される危険性がある一方で（中舎・前掲850〜851頁）、過失相殺的な処理に道を開く（笠井修・NBL774号34頁）。なお、平成18年に施工された、預貯金者保護法のもとでも金融機関の注意義務について本判決は先例的意義を有する。

【参考文献】　本文で挙げたもの以外の本件の評釈として、尾島茂樹・判評541号164頁、吉田光碩・判タ1124号88頁、中原太郎・法協122巻10号117頁。

川地宏行

71 口頭の提供の要否

最高裁昭和 32 年 6 月 5 日大法廷判決　民集 11 巻 6 号 915 頁、判時 116 号 12 頁、判タ 72 号 56 頁
【493 条】

論点　債権者が弁済の受領を拒絶する意思が明確である場合、債務者は、債務不履行責任を免れるために、口頭の提供をする必要があるか

事実の要約

　X は、昭和 17 年 1 月 1 日、Y に本件ビルの一室（甲）を賃貸し（本件契約）、それ以来 Y が甲を占有している。昭和 25 年 7 月頃、Y は、X に無断で電灯用の電気引込線工事（本件工事）を施した。その当時、X による賃料値上げを発端として X と本件ビルの賃借人等との間に賃料の額について争いがあり、X が自分の要求を強引に押し通そうと本件ビル全体の電力供給を停止するなどして賃借人をおびやかしていたという事情があった。X は、本件工事が本件契約の無断工事禁止特約に違反すると主張して、無催告解除特約により本件契約を解除し（第 1 解除）、甲の明渡し等を請求した。

裁判の流れ

　1 審（大阪地判昭 27・6・19 民集 11 巻 6 号 929 頁）：請求棄却　2 審（大阪高判昭 29・4・21 民集 11 巻 6 号 933 頁）：控訴棄却　最高裁：上告棄却

　1 審は、Y のした「違反行為（本件工事）を X が誘発したという事情を考慮しつつ、Y の特約違反が X に重大な損害をもたらすものではないなどとして、X のした第 1 解除の効力を否定した。X は、2 審で解除原因を追加し、昭和 27 年 5 月から 7 月分の賃料不払いを理由として同年 6 月 27 日に本件契約を無催告解除特約により解除した（第 2 解除）と主張した。大阪高裁は、第 1 解除について 1 審の判断を維持するとともに、X は第 2 解除をした当時本訴で甲室の明渡し等を求めていたのであるから、賃料の受領をあらかじめ拒絶していたものと認め、Y の履行遅滞を否定し、第 2 解除も無効とした。X は、本訴の提起によって賃料の受領をあらかじめ拒絶していると認められるとしても、Y が賃料不払いによる債務不履行責任を免れるには、賃料を「現実に提供」しなければならないなどと主張して、上告した。

判旨

　〈上告棄却〉「債権者が予め弁済の受領を拒んだときは、債務者をして現実の提供をなさしめることは無益に帰する場合があるから、これを緩和して民法 493 条但書において、債務者は、いわゆる言語上の提供、すなわち弁済の準備をなしその旨を通知してその受領を催告するを以て足りると規定したのである。そして、債権者において予め受領拒絶の意思を表示した場合においても、その後意思を翻して弁済を受領するに至る可能性があるから、債権者にかかる機会を与えるために債務者をして言語上の提供をなさしめることを要するものとしているのである。しかし、債務者が言語上の提供をしても、債権者が契約そのものの存在を否定する等弁済を受領しない意思が明確と認められる場合においては、債務者が形式的に弁済の準備をし且つその旨を通知することを必要とするがごときは全く無意義であって、法はかかる無意義を要求しているものと解することはできない。それ故、かか

る場合には、債務者は言語上の提供をしないからといって、債務不履行の責に任ずるものということはできない。」

判例の法理

●債権者が弁済の受領を拒絶する意思が明確である場合

　債務者は、現実の提供をしなければ債務不履行責任を免れないのが原則である。しかし、債権者があらかじめ弁済の受領を拒んだときは、債務者は、例外的に口頭の提供（言語上の提供）をするだけで債務不履行責任を免れる（492 条・493 条）。なぜなら、債務者が口頭の提供をすれば、債権者が翻意して弁済を受領する可能性があるからである。**本判決は、債権者があらかじめ弁済の受領を拒絶しているだけでなく、受領拒絶の意思を明確にしている場合には、債務者は、口頭の提供すらしなくても債務不履行責任を免れることを明らかにした。そのような場合にまで債務者に口頭の提供を要求するのは、無意味だからである。**

判例を読む

　第 2 解除の原因となっている賃料不払いは、昭和 27 年 5 月から 7 月分の賃料が対象である。この 3 か月分の賃料の履行期は第 1 解除の後に到来しており、その当時、X と Y は、X が契約の解除による終了に基づいて目的物の返還を請求する訴訟（本件訴訟）の審理中であった。このような事情から、X は、当該 3 か月分の賃料の受領を拒絶しただけではなく、弁済を受領しない意思を明確にしたと判断され、Y の口頭の提供は不要とされた。

　これに対して、たとえば Y が 4 月分の賃料を提供したにもかかわらず、X がその受領を拒絶し、Y が 5 月から 7 月分の賃料を提供しなかった場合に、X が当該 3 か月分の賃料不払いを理由に賃貸借契約を解除するときは、口頭の提供の要否の問題とならない。このような場合には、X は、4 月分の賃料の受領拒絶により受領遅滞に陥り（413 条）、受領遅滞を解消しなければ、Y の債務不履行責任を問うことはできないとされている（最判昭 45・8・20 民集 24 巻 9 号 1243 頁）。回帰的ないしは継続的給付の一部の受領遅滞の場合に、この判例と同じ立場を主張する見解があるのに対して（於保・総論 382 頁、奥田・総論 537 頁）、不動産賃料の受領拒絶を受領遅滞と構成すると、両当事者の事情を十分に汲み取れなくなると懸念する見解もある（星野英一・法協 92 巻 2 号 1249 ～ 1251 頁。鈴木禄弥『借地法（下）〔改訂版〕』（青林書院、1980）809 ～ 810 頁参照）。

【参考文献】　全般的に、潮見・総論 II 37 頁以下、中田・総論 368 頁以下。本論点の詳細な検討として、北居功『契約履行の動態理論 I』（慶應義塾大学出版会、2013）295 ～ 355 頁。

坂口　甲

72 供託金取戻請求権と時効

最高裁昭和 45 年 7 月 15 日大法廷判決　民集 24 巻 7 号 771 頁、判時 597 号 55 頁、判タ 251 号 166 頁、
金法 587 号 26 頁　　　　　　　　　　　　　　　　　　　　　　【旧 166 条 1 項、496 条 1 項　会計 30 条】

論点　弁済供託における供託金取戻請求権の消滅時効の起算点

事実の要約

　X は、A 所有の宅地（甲地）に賃借権を有するとして、A に対し賃料を提供したが、受領を拒絶されたため、昭和 27 年 5 月 7 日から A を被供託者として東京法務局に対し賃料を供託してきた。その後、A は、X を相手方として、甲地の明渡しを求める別訴を提起したが、昭和 38 年 1 月 18 日に裁判上の和解が成立した。この和解により、X は、甲地に賃借権を有しないことを認めて A に甲地を明け渡し、A は、昭和 27 年 3 月 14 日から甲地の明渡しに至るまでの賃料相当の損害金債権を放棄した。X は、昭和 38 年 5 月 9 日、Y（東京法務局供託官）に対して、昭和 27 年 5 月 7 日から翌年 2 月 27 日までに供託した供託金の取戻しを請求したところ（496 条 1 項）、Y は、X の取戻請求権が時効消滅したとして請求を却下した。X は、Y のした却下処分の取消しを求めて訴えを提起した（行訴 3 条 2 項）。

裁判の流れ

　1 審（東京地判昭 39・5・28 民集 24 巻 7 号 800 頁）：請求認容　2 審（東京高判昭 40・9・15 高民集 18 巻 6 号 432 頁）：控訴棄却　最高裁：上告棄却

　1 審で X の請求が認容され、Y 控訴。2 審は、供託金取戻請求権の消滅時効期間を 5 年としたうえで（会計 30 条）、供託原因が消滅した時（和解の成立時）を起算点とし、Y の控訴を棄却した。Y 上告。

判旨

〈上告棄却〉「もとより、債権の消滅時効が債権者において債権を「行使スルコトヲ得ル時ヨリ進行ス」るものであることは、民法 166 条 1 項〔現同項 2 号〕に規定するところである。しかし、弁済供託における供託物の払渡請求、すなわち供託物の還付または取戻の請求について「権利ヲ行使スルコトヲ得ル」とは、単にその権利の行使につき法律上の障害がないというだけではなく、さらに権利の性質上、その権利行使が現実に期待のできるものであることをも必要と解するのが相当である。けだし、本来、弁済供託においては供託の基礎となった事実をめぐって供託者と被供託者との間に争いがあることが多く、このような場合、その争いの続いている間に右当事者のいずれかが供託物の払渡を受けるのは、相手方の主張を認めて自己の主張を撤回したものと解せられるおそれがあるので、争いの解決をみるまでは、供託物払渡請求権の行使を当事者に期待することは事実上不可能にちかく、右請求権の消滅時効が供託の時から進行すると解することは、法が当事者の利益保護のために認めた弁済供託の制度の趣旨に反する結果となるからである。したがって、弁済供託における供託物の取戻請求権の消滅時効の起算点は、供託の基礎となった債務について紛争の解決などによってその不存在が確定するなど、供託者が免責の効果を受ける必要が消滅した時と解するのが相

当である。」

判例の法理

●供託金取戻請求権の消滅時効の起算点

　従来の判例・通説によれば、旧 166 条 1 項の「権利を行使することができる時」（客観的起算点）とは、権利の行使に法律上の障害がない時をいうとされていた（大判昭 12・9・17 民集 16 巻 1435 頁等）。この立場によれば、本事件の X は、賃料を供託後いつでも供託物を取り戻すことができた（496 条 1 項）のであるから、賃料を供託した日が消滅時効の起算点となるはずである。しかし、**本判決は、権利行使の現実的な期待可能性を客観的起算点の判断基準として考慮し、供託者が債務の消滅という供託の効果（494 条）を受ける必要が消滅した時を起算点とした。**本判決によれば、現実的な期待可能性があるかどうかは、権利の性質によって決まるとされるところ、供託金取戻請求権の性質を考慮して、供託者が免責の効果を受ける必要のなくなった時が起算点と判断された。

　本判決が示した考え方は、現民法 166 条 1 項 2 号のもとでも妥当する（四宮和夫＝能見善久『民法総則〔第 9 版〕』（弘文堂、2018）425 頁、佐久間毅『民法の基礎 1〔第 5 版〕』（有斐閣、2020）410 頁、松岡ほか・コンメン 164 頁〔香川崇〕）。

判例を読む

●本判決の射程

　本判決の射程は、当初、①受領拒絶を原因とする弁済供託における②供託金払渡請求権に限られるとみられていた（水本浩・法セミ 222 号 50 頁）。しかし、最判平 8・3・5 民集 50 巻 3 号 383 頁は、自賠法 72 条 1 項前段による請求権の消滅時効について、本判決を引用しながら、「民法 166 条 1 項にいう『権利ヲ行使スルコトヲ得ル時』とは、単にその権利の行使につき法律上の障害がないというだけではなく、さらに権利の性質上、その権利行使が現実に期待のできるものであることをも必要と解するのが相当である」と判示し、自賠法 3 条の請求権の不存在確定した時を起算点とした。これにより、**判例は、②について、供託金払渡請求権に限らず、旧 166 条 1 項の客観的起算点の判断基準として権利行使の現実的期待可能性を考慮している**と理解されるに至った。さらに、①について、最判平 13・11・27 民集 55 巻 6 号 1334 頁は、債権者不確知を原因とする弁済供託でも本判決と同様の結論を採った。

【参考文献】　消滅時効の起算点につき、松久三四彦『時効制度の構造と解釈』（有斐閣、2011）375-406 頁。供託金取戻請求が却下された場合における訴訟の形式につき、宇賀克也他編『行政判例百選 II〔第 8 版〕』（有斐閣、2022）296 頁（戸部真澄）。

坂口　甲　

73 求償権と原債権との関係

最高裁昭和61年2月20日判決　民集40巻1号43頁、判時1184号53頁、判タ592号71頁、金判741号3頁

【499条、501条1項・2項】

論点　弁済による代位における求償権と原債権との関係

事実の要約

昭和38年11月10日、A信用金庫は、B会社との間で、債権元本極度額を350万円、利息を日歩2銭7厘（年利9.855%）、遅延損害金を日歩4銭（年利14.6%）とし、Aの所有する動産類を譲渡担保に供する約定で与信を行う旨の契約を締結するとともに、Bの代表取締役Cを、上記契約によりBが負担する債務の連帯保証人とした。その後、Aは、Bに対して350万円の融資を行った。昭和43年8月20日頃には、AのBに対する貸金債権合計額は370万円を超えていたが、Bには支払能力がなかった。Bの同業者であるDは、Bの依頼を受けてBの債務のうち379万7500円をAに弁済し、Aの承諾を得て（旧499条1項）、AのBに対する貸金債権（本件貸金債権）と、その担保であるCに対する連帯保証債権（本件連帯保証債権）を代位取得した。昭和53年6月14日、Dは、Xに対し、代物弁済として、本件貸金債権と本件連帯保証債権を譲渡し、Bは、同年10月8日頃までに上記債権譲渡を承諾した。Xは、Cの相続人であるYに対し、連帯保証債務の履行として379万7500円と代位弁済の日の翌日から支払済みまで日歩4銭の割合による遅延損害金の支払を求める訴えを提起した。

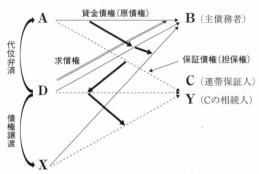

裁判の流れ

1審（静岡地判昭55・7・8民集40巻1号54頁）：請求一部認容　2審（東京高判昭58・4・28民集40巻1号57頁）：請求認容　最高裁：破棄差戻

1審は、Yに対する請求は棄却し、事実の要約では省略した他の連帯保証人に対する請求は認容した。X控訴。2審は、XがDの代位取得した本件連帯保証債権を取得したとして、Xの請求を認容した。Y上告。

判旨

〈破棄差戻〉「弁済による代位の制度は、代位弁済者の債務者に対する求償権を確保することを目的として、弁済によって消滅するはずの債権者の債務者に対する債権（以下「原債権」という。）及びその担保権を代位弁済者に移転させ、代位弁済者がその求償権を有する限度で右の原債権及びその担保権を行使することを認めるものであ

る。それゆえ、代位弁済者が代位取得した原債権と求償権とは、元本額、弁済期、利息・遅延損害金の有無・割合を異にすることにより総債権額が各別に変動し、債権としての性質に差違があることにより別個に消滅時効にかかるなど、別異の債権ではあるが、代位弁済者に移転した原債権及びその担保権は、求償権を確保することを目的として存在する附従的な性質を有し、求償権が消滅したときはこれによって当然に消滅し、その行使は求償権の存する限度によって制約されるなど、求償権の存在、その債権額と離れ、これと独立してその行使が認められるものではない。」

判例の法理

●求償権と原債権との関係

本判決は、弁済による代位について制度の基本的な構造（最判昭59・5・29（→75事件））を確認したうえで、求償権と原債権との関係を整理した。**第1に、求償権と原債権は別異の債権であり、総債権額は別々に変動するし、各債権は別々に消滅時効にかかる**（起算点が異なる場合等）。**第2に、代位弁済者に移転した原債権とその担保権は、求償権を確保するために存在する。**そうすると、求償権が消滅すれば原債権は当然に消滅するし、原債権の行使は求償権の債権額の範囲内に制約されるほか、求償権の弁済期が未到来であれば、原債権の弁済期が到来していても原債権を行使することはできない。民法は、第2で述べたことを次のように定める。弁済による代位により取得した「権利の行使は、債権者に代位した者が自己の権利に基づいて債務者に対して求償をすることができる範囲内…に限り、することができる」（現501条2項）。

判例を読む

●求償権の行方

本事件では、代位弁済者であるDは、原債権（本件貸金債権）とその担保権（本件連帯保証債権）をXに譲渡した（ただし、担保権は譲渡しなくても、担保権の随伴性により被担保債権（原債権）とともに当然に移転する）。その際、求償権は移転するだろうか。本判決はこの点を明らかにはしていないが、求償権とは独立に原債権だけを譲渡することはできないと解すべきだろう（塚原朋一・手形研究368号16頁）。原債権は求償権を確保するために代位弁済者に移転するのであって、原債権のみを処分することは許されないからである（山田誠一・民商96巻3号412頁）。

【参考文献】　控訴審の事実認定の問題点と判決主文の表示方法につき、塚原朋一・最判解民昭和61年度25頁。求償権と原債権の関係につき、本判決後の展開も含めて、潮見・総論II 104～125頁。

坂口　甲

74 保証人と物上保証人の両方を兼ねる者と代位の割合

最高裁昭和61年11月27日判決　民集40巻7号1205頁、判時1216号69頁、判タ624号113頁、
金判759号3頁　　　　　　　　　　　　　　　　　　　　　　　　　　　　　　　【501条3項】

論点　保証人と物上保証人の資格を兼ねる者（二重資格者）がいる場合に、代位者相互間で代位できる割合はどうなるか

事実の要約

事実を単純化すれば、次のとおりである（㋐から㋙は図中の記号に対応）。A会社は、B銀行から2400万円を借り受け（以下文脈に応じて「本件債務」または「本件債権」という〔㋐〕）、Y、C、D、Eは、Aの委託を受けて、Aの本件債務について連帯保証人となった（㋑）。本件債務を担保するために、YはY所有の甲土地（時価3600万円）に、CはC所有の乙土地（同1200万円）に、それぞれ抵当権を設定した（㋒）。F信用保証協会は、Aの委託を受けて、本件債務につき連帯保証人となった（㋓）。その際、FはY・C・D・Eとの間で、Fが代位弁済したときは全部についてAに代位できる旨の特約を結んだ。Aは、本件債務を返済できなくなり、FがBに2400万円を代位弁済した（㋔）。それに先立って、Cは、Xに対して負う1500万円の債務（㋕）を担保するため、乙土地に2番抵当権を設定していた（㋖）。Yは、Aの委託を受けて、FのAに対する求償権（㋗）の連帯保証人となっていたところ（㋘）、その求償債務全額（2400万円）をFに代位弁済した（㋙）。これにより、Yは、Fが代位弁済によりすでに取得していた求償権、本件債権、上記各抵当権等を代位取得した。Yの申立てによって乙土地の抵当権が実行され、その競落金1200万円のうち、300万円をYに、残額900万円をXに、それぞれ配当する旨の配当表が作成された。Yへの配当は、保証人と物上保証人の資格を兼ねる者（二重資格者〔YとC〕）を頭数各1名と数え、1200万円をY・C・D・Eの頭数に応じて4等分した結果である。Xは、二重資格者は頭数各2名と数え、保証人が4名、物上保証人が2名あるものとして代位割合を定めるべきであると主張し、配当異議の訴えを提起した。Xの主張によれば、保証人の負担部分が6分の4（800万円）、物上保証人の負担部分が6分の2（400万円）となり、物上保証人の間では各財産の価格に応じて代位するから（旧501条但書5号、現501条3項4号ただし書）、Yが乙土地の抵当権に代位できる範囲は、甲土地と乙土地の価格に応じて400万円の4分の1（100万円）となり、Xへの配当は残額1100万円に増えることになる。

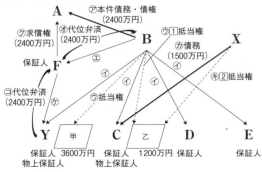

A　　㋐本件債務・債権
　　　　（2400万円）

㋗求償権　　㋔代位弁済　　　　㋒①抵当権
（2400万円）（2400万円）　　
　　　　　　　　　　　B　　　　　　　　X
　　　　　　　　　　　　　㋕債務
保証人　　　　㋑　　　（1500万円）
　　　㋘F　　　　㋑　　　　㋑
　　　　　　　　㋑　　　　　㋑
　　　　　　　　　　　　㋖②抵当権
㋙代位弁済　　　　　㋑
（2400万円）　　㋒抵当権

Y　甲　　　C　乙　　　D　　　　E
保証人　3600万円　保証人　1200万円　保証人　　　保証人
物上保証人　　　物上保証人

裁判の流れ

1審（静岡地富士支判昭55・7・1民集40巻7号1218頁）：請求棄却　2審（東京高判昭57・3・30民集40巻7号1226頁）：控訴棄却　最高裁：上告棄却

1審も2審も、二重資格者を頭数1人として計算し、単純に頭数に応じて代位すると解すべきであるとして、上記配当表を正当と判断した。X上告。

判旨

〈上告棄却〉「民法501条但書4号、5号〔現501条3項3号、4号〕の規定は、保証人又は物上保証人が複数存在する場合における弁済による代位に関し、右代位者相互間の利害を公平かつ合理的に調整するについて、代位者の通常の意思ないし期待によって代位の割合を決定するとの原則に基づき、代位の割合の決定基準として、担保物の価格に応じた割合と頭数による平等の割合を定めているが、右規定は、物上保証人相互間、保証人相互間、そして保証人及び物上保証人が存在する場合における保証人全員と物上保証人全員との間の代位の割合は定めているものの、代位者の中に保証人及び物上保証人の二重の資格をもつ者が含まれる場合における代位の割合の決定基準については直接定めていない。したがって、右の場合における代位の割合の決定基準については、二重の資格をもつ者を含む代位者の通常の意思ないし期待なるものを捉えることができるのであれば、右規定の原則に基づき、その意思ないし期待に適合する決定基準を求めるべきであるが、それができないときは、右規定の基本的な趣旨・目的である公平の理念にたち返って、代位者の頭数による平等の割合をもって決定基準とするほかはないものといわざるをえない。しかして、右の場合に、二重の資格をもつ者は他の代位者との関係では保証人の資格と物上保証人の資格による負担を独立して負う、すなわち、二重の資格をもつ者は代位者の頭数のうえでは二人である、として代位の割合を決定すべきであると考えるのが代位者の通常の意思ないし期待でないことは、取引の通念に照らして明らかであり、また、仮に二重の資格をもつ者を頭数のうえであくまで一人と扱い、かつ、その者の担保物の価格を精確に反映させて代位の割合を決定すべきであると考えるのが代位者の通常の意思ないし期待であるとしても、右の二つの要請を同時に満足させる簡明にしてかつ実効性ある基準を見い出すこともできない。そうすると、複数の保証人及び物上保証人の中に二重の資格をもつ者が含まれる場合における代位の割合は、民法501条但書4号、5号の基本的な趣旨・目的である公平の理念に基づいて、二重の資格をもつ者も一人と扱い、全員の頭数に応じた平等の割合であると解するのが相当である。」

判例の法理

●二重資格者がいる場合の代位者相互の代位の割合

本判決は、保証人と物上保証人の二重資格者を頭数2人ではなく、頭数1人として数えることを明らかにした。このことは、複数の二重資格者相互の関係にも、二重資格者以外の代位者との関係にもあてはまる。頭数を1人として数える理由としては、現501条3項3号、4号の趣旨・目的である公平の理念があげられる。さらに、本判決は、二重資格者の頭数を2人として代位割合を決定するのは、代位者の通常の意思または期待ではないとして、2人説（後述）を排除し、二重資格者の頭数を1人としたうえで担保物の価格を精確に反映させる簡明で実効性ある基準がないとして、各資格の負担の重なり合う範囲で両資格が競合するとみる責任競合説（参考文献参照）も排除した。

判例を読む

金融実務では物上保証人が連帯保証人を兼ねることが常態となっている（高山満・金法1147号6頁）。現501条3項は、保証人と物上保証人のように代位者が複数いる場合における代位者相互の関係を定めているが、二重資格者がいる場合の代位者相互の関係を定める規定はない。このため、学説上は、二重資格者を頭数1人とみる「1人説」と、二重資格者を保証人と物上保証人の頭数2人とみる「2人説」が長年対立してきた。本判決は、この問題に一応の決着をつけた重要判例であるが、その射程には争いがある。

●2人説

2人説によると、本事案では、代位者の頭数は保証人と物上保証人で計6人となるから、Y・C・D・Eは保証人として6分の1ずつを負担する。残りの6分の2は、YとCが物上保証人として担保物の価格に応じて負担することとなる。本事案でXの主張する配当方法は、この考え方を前提とする。2人説の論拠としては、債権者に対してより重い負担を引き受けた者（二重資格者）は、他の者よりも重い出捐を負担すべきであることがあげられる（我妻・講義IV 261頁、前田達明・総論482頁、松岡久和・田原睦夫古稀『現代民事法の実務の理論（上）』（金融財政事情研究会、2013）373頁、潮見・総論II 160頁）。

●1人説

1人説は、いくつかの見解に分かれる。

第1に、二重資格者を保証人1人として数える見解がある（保証人1人説）（中井美雄『債権総論講義』（有斐閣、1996）356頁、林ほか・総論299頁〔石田喜久夫〕）。本事案でいえば、Y、C、D、Eは保証人として4分の1ずつを負担する。この説の論拠としては、①保証人は総財産を一般担保に供しており、その一部にすぎない特定財産に担保権を設定しても、それによって責任が重くなるわけではないこと、②保証も物上保証も被担保債権は同一であって、二重資格者が2倍の被担保債権について担保的負担を負っているわけではないことなどがあげられる（塚原朋一・最判解民昭和61年度445頁、454頁）。

第2に、二重資格者を物上保証人1人として数える見解がある（物上保証人1人説）。本事案でいえば、YとCが物上保証人、DとEが保証人である場合と同じ結果となる。この説の論拠は、前記②は前説と共通し、これに加えて、③501条3項や392条から、物上保証人相互間では担保物の価格を考慮すべきであり、物上保証人とし

ての資格を重視すべき点をあげることができる（寺田正春・ジュリスト増刊『担保法の判例II』239頁参照）。

第3に、二重資格者を保証人兼物上保証人として頭数1人と数える見解がある（頭数1人説）（平野・総論400頁、内田III 96頁、近江IV 287頁）。この説の論拠としては、前記①②に加えて、④二重資格者に対して代位する場合に、保証債権と抵当権のいずれを代位行使するかの選択を代位者に許すべきであることがあげられる。④の論拠が前提としているのは、保証人1人説を徹底すれば、二重資格者の物上保証人としての地位が無視される、という理解である（安永正昭・金法1152号10頁）。この理解を前提としても代位者間での負担の大きさは頭数1人説と同じであるが、代位者は、頭数1人説とは異なり、二重資格者の抵当権には代位できないこととなる。しかし、保証人1人説による場合も二重資格者の「物上保証人としての資格自体がなくなるわけではない」として、二重資格者の抵当権を代位行使することもできるという指摘があり（松岡・前掲334頁。沖岡眞己・法協105巻7号1004頁参照）、保証人1人説の内容には曖昧な点が残る。

●学説のまとめと本判決の位置づけ

上記の各説を前提とした場合、本事案の被担保債権（本件債権、原債権、2400万円）についてみれば、Y・C・D・Eの負担の大きさは次のようになる。

	Y	C	D	E
保証人1人説／頭数1人説	600万円	600万円	600万円	600万円
物上保証人1人説	800万円	400万円	600万円	600万円
2人説　保証人としての負担	400万円	400万円	400万円	400万円
2人説　物上保証人としての負担	600万円	200万円		

本判決の立場について、保証人1人説とみる読み方（前田達明・総論481頁、林ほか・総論299頁〔石田〕、淡路剛久『債権総論』（有斐閣、2002）563頁）と、頭数1人説とみる読み方（潮見II 162頁、内田III 96頁、中田・総論427頁）が、いずれの読み方とも決しがたい（沖野・前掲1006頁参照）。

●射程

民法501条3項3号および4号は頭数による平等と担保物の価格比による平等を代位の割合の決定基準としているところ、本判決は、代位者が単なる保証人と二重資格者であるというケースで、頭数による平等を決定基準に据えた。しかし、**本事案とは異なり、代位者全員が二重資格者である場合や他に単なる物上保証人がいる場合にも本判決の射程が及ぶかについては、争いがある**（肯定するのは、沖野・前掲1011頁、潮見佳男・金判1218号1頁）。その場合には、担保物の価格比による平等を考慮すべきであるという要請がより強く働くからである。下級審には、二重資格者1名、単なる連帯保証人1名、単なる物上保証人3名というケースで、物上保証人1人説をとった例がある（仙台高判平16・7・14判時1883号69頁）。学説でも、①代位者全員が二重資格者である場合と②他に単なる物上保証人がいる場合には、担保物の価格比を決定基準に反映させるべきであるとする見解がある（中田・総論429頁〔①のみ〕、寺田・前掲239頁、寺田正春・判例講義民法II 109頁、上原由紀夫・判評561号34頁、池田真朗・金法1780号36頁〔①と②〕）。

【参考文献】 以上で説明できなかった責任競合説につき、塚原・前掲455～463頁。1人説の問題点につき、松岡・前掲346～349頁。2人説の問題点につき、塚原・前掲455頁。

坂口　甲

75 求償権についての特約と代位の範囲

最高裁昭和59年5月29日判決　民集38巻7号885頁、判時1117号3頁、判タ530号133頁、金判698号3頁 【501条】

論点
①保証人は、債務者との間でした求償権の内容に関する特約を前提として、弁済による代位により取得した原債権とその担保権を行使できるか
②保証人は、物上保証人との間でした代位割合に関する特約を前提として、弁済による代位により取得した原債権とその担保権を行使できるか

事実の要約

A会社は、昭和46年5月22日、B信用金庫との間で信用金庫取引約定を結び、Aの代表取締役であるCは、上記信用金庫取引による債権を被担保債権として、その所有する甲建物に極度額を600万円とする根抵当権を設定し、かつ、同債権について連帯保証人となった。

昭和49年5月29日、Aは、Bから上記約定に基づき480万円を借り受けた（利息年11％、遅延損害金年18.25％）。X信用保証協会は、Aの委託を受けて、Aの債務を連帯保証した。その際、Xは、①Aとの間で、求償権の内容について、XがAに代位弁済したときは、AはXに対しXの代位弁済額全額と代位弁済した日の翌日から年18.25％の割合による遅延損害金を支払う旨の特約（求償特約）をし、②さらに、Cとの間で、旧501条但書5号（現501条3項4号）の定める代位の割合について、Xが代位弁済したときは、Xは根抵当権の全部につきBに代位し、①の特約による求償権の範囲内でBの有していた根抵当権の全部を行使できる旨の特約（代位割合特約）をした。

昭和49年12月25日、Aが割賦金の弁済を怠って残債務の弁済期が到来し、Xは根抵当権の元本確定後である昭和51年7月19日、残元本454万円を代位弁済し、根抵当権について移転の付記登記を行った。甲建物の不動産競売手続が開始され、Xは、元本454万円と年18.25％の割合による遅延損害金83万余円の債権額を届け出たのに対して、東京地裁は、同元本の2分の1である227万円（旧501条但書5号）と商事法定利率年6％（当時）の割合による遅延損害金27万余円（459条2項、442条2項）に限ってXに配当する旨の配当表を作成した。Xは、甲建物の後順位抵当権者であるYに対して配当異議の訴えを提起し、Xに対する配当額を元本454万円および遅延損害金83万余円と変更するように求めた。

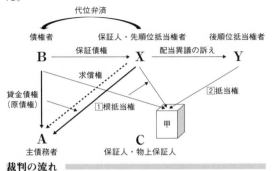

代位弁済

債権者　　　保証人・先順位抵当権者　　後順位抵当権者
　　　　保証債権　　　　配当異議の訴え
B ─────────→ **X** ─────────→ **Y**
　　　　求償権
貸金債権
（原債権）　　　　　　　　　　　②抵当権
　　　　①根抵当権　　　　　　甲
A　　　　　　　　**C**
主債務者　　　　保証人・物上保証人

裁判の流れ

1審（東京地判昭54・2・23民集38巻7号902頁）：請求棄却　2審（東京高判昭54・12・24民集38巻7号909頁）：請求認容　最高裁：上告棄却

1審はXの請求を棄却、2審は全部認容した。Yは上告し、求償特約も代位割合特約も第三者であるYに対

してはその効力を対抗できないと主張した。

判旨

〈上告棄却〉①「弁済による代位の制度は、代位弁済者が債務者に対して取得する求償権を確保するために、法の規定により弁済によって消滅すべきはずの債権者の債務者に対する債権（以下「原債権」という。）及びその担保権を代位弁済者に移転させ、代位弁済者がその求償権の範囲内で原債権及びその担保権を行使することを認める制度であり、したがって、代位弁済者が弁済による代位によって取得した担保権を実行する場合において、その被担保債権として扱うべきものは、原債権であって、保証人の債務者に対する求償権〔ではない〕」。受託保証人の求償権規定（459条2項、442条2項）は、「任意規定であって、保証人と債務者との間で…法定利率と異なる約定利率による…遅延損害金を支払う旨の特約をすることを禁ずるものではない。また、弁済による代位の制度は保証人と債務者との右のような特約の効力を制限する性質を当然に有すると解する根拠もない。けだし、…根抵当権はその極度額の範囲内で原債権を担保することに変わりはなく、保証人と債務者が約定利率による遅延損害金を支払う旨の特約によって求償権の総額を増大させても、保証人が代位によって行使できる根抵当権の範囲は右の極度額及び原債権の残存額によって限定されるのであり、また、原債権の遅延損害金の利率が変更されるわけでもなく、いずれにしても、右の特約は、担保不動産の物的負担を増大させることにはならず、物上保証人に対しても、後順位の抵当権者その他の利害関係人に対しても、なんら不当な影響を及ぼすものではないからである。」

②501条3項4号の「窮極の趣旨・目的とするところは代位者相互間の利害を公平かつ合理的に調節することにあるものというべきであるから、物上保証人及び保証人が代位の割合について同号の定める割合と異なる特約をし、これによってみずからその間の利害を具体的に調節している場合にまで、同号の定める割合によらなければならないものと解すべき理由はなく、…同号はいわゆる補充規定であると解するのが相当である。したがって、物上保証人との間で同号の定める割合と異なる特約をした保証人は、後順位抵当権者等の利害関係人に対しても右特約の効力を主張することができ、その求償権の範囲内で右特約の割合に応じ抵当権等の担保権を行使することができるものというべきである。このように解すると、物上保証人（根抵当権設定者）及び保証人間に本件のように保証人が全部代位できる旨の特約がある場合には、保証人が代位弁済したときに、保証人が同号所定の割合と異なり債権者の有していた根抵当権の全部を行使することになり、後順位抵当権者その他の利害関係人は右のような特約がない場合に比較して不利益な立場におかれることになるが、…代位弁済をした保証人が行使する根抵当権は、その存在及び極度額が登記されているのであ

り、特約がある場合であっても、保証人が行使しうる根抵当権は右の極度額の範囲を超えることはありえないのであって、もともと、後順位の抵当権者その他の利害関係人は、債権者が右の根抵当権の被担保債権の全部につき極度額の範囲内で優先弁済を主張した場合には、それを承認せざるをえない立場にあり、右の特約によって受ける不利益はみずから処分権限を有しない他人間の法律関係によって事実上反射的にもたらされるものにすぎず、右の特約そのものについて公示の方法がとられていなくても、その効果を甘受せざるをえない立場にあるものというべきである。」

判例の法理

●弁済による代位の基本的な構造

本判決は、弁済による代位の基本的な構造を明らかにした。すなわち、原債権は弁済によって本来消滅するはずである（473条）が、弁済による代位は、①代位弁済者の求償権を確保するために、②消滅するはずであった原債権とその担保権を代位弁済者に法律上当然に移転させ、③求償権の範囲で原債権とその担保権の行使を認める制度である。つまり、**代位弁済者に移転する担保権の被担保債権は、原債権であって求償権ではない**。本判決は、以上の制度理解に基づき求償特約と代位割合特約という2つの特約の有効性と対外的効力を明らかにした。

●求償特約の有効性と対外的効力

ＸＡ間の求償特約がなければ、受託保証人であるＸが代位弁済により取得する求償権の内容は、代位弁済額と弁済日以後の法定利息等となる（459条2項、442条2項）。求償特約の趣旨は、法定利率よりも高率の遅延損害金の特約をし（442条2項の「法定利息」と遅延損害金との関係につき、香川保一・金法263号28頁、島川勝＝寺田正春・法時53巻1号151頁を参照）、求償権の総額を民法の規定よりも大きくすることである。当事者であるＸＡ間でそのような特約をすることは妨げられず、公序良俗（90条）に反しない限り、求償特約が有効であることに異論はなかった（柳川俊一・金法758号10頁、山本進一ほか・法律論叢49巻6号98頁、伊藤進・判評235号22頁、石田喜久夫・法時52巻9号126頁、関口晃・手形研究307号57頁）。本判決も、459条2項、442条2項は任意規定であり、ＸＡ間の求償特約は有効であることを確認している。

それでは、この求償特約は、後順位担保権者、担保目的物の第三取得者等の第三者との関係でも効力を有するだろうか。契約はその当事者のみを拘束するという原則（契約の相対効）を考慮して、保証人は、求償特約を第三者に主張できず（柳川・前掲10頁）、法定利率による遅延損害金を含む求償権の範囲でしか代位できないと解する余地もあった。しかし、多数説は、代位弁済者は債権者の有していた権利の範囲でしか代位できないから、求償特約によって第三者が不利益を受けることはないとし、その特約の対外的効力を承認していた（伊藤・前掲24頁、石田・前掲129頁、関口・前掲57頁、中馬義直・ジュリ758号153頁）。下級審裁判例も分かれていたが（加藤一郎＝林良平編代『担保法大系(5)』483〜495頁（金融財政事情研究会、1984）［島田禮介］）、本判決は、多数説と同様に、**Ｘが行使する根抵当権が極度額の範囲内で原債権を担保することに変わりはなく、求償特約によって求償権を増大させても後順位抵当権者Ｙが不測の損害を被るわけではない点**等を理由にあげて、弁済による代位の制度が求償特約の効力を当然に制限するものではないと結論づけた。

●代位割合特約の有効性と対外的効力

ＸＣ間の代位割合特約がなければ、Ｘは保証人、Ｃは物上保証人であるから、Ｘは2分の1の割合でしか債権者に代位できないこととなる（501条3項4号）。代位割合特約の趣旨は、民法の規定とは異なり、①Ｘが代位弁済すれば全部代位できるが、②Ｃが代位弁済しても一切代位できないという形で代位割合を変更し、ＸとＣの負担割合を0対1とすることにある（②は事実の要約では省略した）。このような代位割合特約が有効であることには、ほとんど争いはなかった（山本ほか・前掲104頁、関口・前掲57頁、中馬・前掲152頁、島田・前掲483頁。石田・前掲128頁は有効としつつも、協会保証につきやや消極的）。

しかし、代位割合特約がなければ、Ｘは2分の1の割合でしか甲建物の1番抵当権を代位行使できないこととなるから、その分だけ2番抵当権者Ｙへの配当は増えたはずである。そのため、旧501条但書（現501条3項）がＹのような第三者の利益まで考慮した規定であるとすれば、代位割合特約は、第三者との関係では効力がないとみる余地もあった（結論同旨、柳川・前掲13頁）。しかし、多数説は、旧501条但書が第三者との利害を調整する規定ではないこと、特約があっても代位弁済者は債権者が有していた以上の権利を行使できるわけではなく、第三者が不測の損害を受けることはないとして、代位割合特約の対外的効力を肯定した（伊藤・前掲138頁、石田・前掲129頁、関口・前掲57頁、中馬・前掲138頁）。下級審裁判例も分かれていたが（島田・前掲483〜495頁）、本判決は、**ＸがＣとの特約により2分の1の割合を超えて代位しても、Ｘは弁済による代位によって取得した根抵当権を極度額の範囲内で行使できるにすぎず、その根抵当権の存在を前提として抵当権の設定を受けたＹに不当な影響を及ぼすものではないこと**、そして、そのことを前提とした501条3項4号の規定は、任意規定であるなどとして、ＸＣ間の特約で定められた割合による代位が認められることを明らかにした。

判例を読む

改正前501条によれば、「債権者に代位した者は、…債権の効力及び担保としてその債権者が有していた一切の権利を行使することができる」と定められていた。現501条1項も同じである。「一切の権利」の中に債権者の有していた債権（原債権）も含まれるだろうか。代位弁済によって原債権は消滅するのだから、原債権の担保権のみが求償権確保のために代位弁済者に移転するという考え方もあった（接ぎ木説）。ただし、接ぎ木説によれば、求償特約は後順位抵当権者に不測の損害を与えることとなる。**本判決は、接ぎ木説を明確に否定し、原債権が代位弁済者に移転することを明らかにした（債権移転説）**。求償権と原債権との関係については、最判昭61・2・20（→**73事件**）が本判決の考え方を展開した。

本判決は、Ｃを単純な物上保証人とみているようであるが、正確には、Ｃは保証人兼物上保証人（二重資格者）である。この問題については、最判昭61・11・27（→**74事件**）がある。

【**参考文献**】 本判決の解説として、判例講義民法Ⅱ〔第2版〕110〜111頁［寺田正春］、百選Ⅱ74-75頁［森永淑子］。判旨②に対する異論として、潮見・総論Ⅱ179〜180頁。

坂口　甲

76 一部弁済と代位

最高裁昭和 60 年 5 月 23 日判決　民集 39 巻 4 号 940 頁、判時 1158 号 192 頁、判タ 560 号 117 頁、金判 724 号 3 頁 【502 条】

論点　債権の一部が代位弁済された場合に、競落代金の配当について代位弁済者と債権者のいずれが優先するか

事実の要約

事実を単純化すれば、次のとおりである。X 銀行は、A 会社に対する債権 α を担保するため、A 所有の甲建物と B 所有の乙土地を共同抵当の目的として、極度額を 1 億 5000 万円とする第一順位の根抵当権の設定を受けた。Y は、B に対する債権 β（1000 万円）を担保するため、乙土地に第二順位の抵当権の設定を受けた。さらに、X は、債権 α を担保するため、極度額を 5 億円として甲建物に第二順位、乙土地に第三順位の根抵当権の設定を受けた。X は根抵当権を実行し、債権 α の金額は 10 億円に確定した。まず、乙土地が競売され、競落代金 2000 万円全部が X に配当された。次に、甲建物が競売され、その競落代金 6 億円について、第一順位として X に 1 億 2000 万円、第二順位として Y に 1000 万円、第三順位として X に 4 億 7000 万円を配当する旨の配当表が作成された。X は、Y への配当 1000 万円を X に配当するように主張して、配当異議の訴えを提起した。

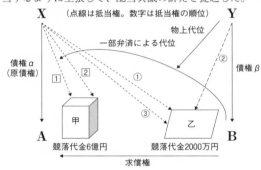

X　（点線は抵当権。数字は抵当権の順位）　Y
物上代位
一部弁済による代位
債権 α（原債権）　債権 β
甲　乙
A　B
競落代金 6 億円　競落代金 2000 万円
求償権

裁判の流れ

1 審（仙台地判昭 55・7・10 民集 39 巻 4 号 953 頁）：請求棄却　2 審（仙台高判昭 56・7・31 民集 39 巻 4 号 958 頁）：控訴棄却　最高裁：上告棄却

1・2 審ともに X の請求を認めず、X 上告。X は、Y が B の代位取得した甲建物上の一番抵当権にかかっていけるとしても、乙土地の競落代金の配当額（2000 万円）を差し引いた残額（1 億 3000 万円）については、X が優先的に配当を受けるべきだと主張した。

判旨

〈上告棄却〉「債権者が物上保証人の設定にかかる抵当権の実行によって債権の一部の満足を得た場合、物上保証人は、民法 502 条 1 項の規定により、債権者と共に債権者の有する抵当権を行使することができるが、この抵当権が実行されたときには、その代金の配当については債権者に優先されると解するのが相当である。けだし、弁済による代位は代位弁済者が債務者に対して取得する求償権を確保するための制度であり、そのために債権者が不利益を被ることを予定するものではなく、この担保

権が実行された場合における競落代金の配当について債権者の利益を害するいわれはないからである。」

判例の法理

●一部代位弁済と「債権者とともにその権利を行使する」の意義

本判決は、「債権の一部について代位弁済があったときは、代位者は、その弁済をした価額に応じて、債権者とともにその権利を行使する。」という旧 502 条 1 項について、**一部代位者が債権者の抵当権を行使する場合、競落代金の配当について債権者が優先する**とした。

判例を読む

●従来の議論状況と民法改正

改正前 502 条 1 項により一部代位者が「債権者とともにその権利を行使する」場合、①一部代位者は単独で債権者の権利を行使できるか、②競落代金の配当のような権利の満足面で債権者と一部代位者の優劣関係をどう捉えるべきかが問題となった。

①については、一部弁済者が単独で債権者の権利を行使できるという判例があった（大決昭 6・4・7 民集 10 巻 535 頁）。しかし、通説は、「代位弁済制度の目的は求償権の保護に尽きるのであるから、債権者を害してまでこれを認めることはその目的を逸脱する」として、判例に反対していた（我妻・講義Ⅳ 255 頁等）。通説の立場が平成 29 年民法改正により明文化された（現 502 条 1 項）。

②についても、通説は、債権者が優先的に満足を受けられると解すべきであると主張していた。本判決は、この立場を採用したものであり（詳しくは、潮見・総論Ⅱ 141 ～ 144 頁）、この立場は、一部代位弁済者の行使する権利を抵当権に限らず一般化して明文化された（新 502 条 3 項）（一般化に伴う問題状況につき、債権法研究会・詳説改正債権法 317 ～ 325 頁［日比野俊介］）。

●配当額の計算方法

本判決によれば、競落代金は、まず、X に 1 億 3000 万円（X の一番抵当権の極度額は 1 億 5000 万円であり、X は乙の競売によりすでに 2000 万円の配当を受けているから、2000 万円を控除した額が X に配当される。これが上記論点の帰結である）、次に、Y と X に 1000 万円ずつ（Y と X は、B が一部弁済により代位取得した甲建物上の X の一番抵当権に物上代位し、乙に設定された抵当権の順位に応じて配当を受ける）、最後に、X に残額の 4 億 5000 万円を配当すべきこととなる。その結果、本件では X の配当額に総額では違いは生じなかったため、X の上告は棄却された。

【参考文献】　本判決につき、他の論点も含めて、池田雅則・百選Ⅰ 190 頁。前掲大決昭 6・4・7 につき、下村信江・百選Ⅱ 7 版 84 頁。

坂口　甲

77 担保保存義務免除特約の効力

最高裁平成7年6月23日判決　民集49巻6号1737頁、判時1534号35頁、判タ880号140頁

【504条、91条、1条】

論点

①債権者が物上保証人に対して担保保存義務免除特約の効力を主張することは、どのような場合に信義則違反または権利濫用にあたるか

②上記特約により504条の免責の効果が生じなかった場合に、その後に物上保証人から担保物件を譲り受けた第三取得者は、債権者に対して、免責の効果を主張できるか

事実の要約

A会社は、BにY信用金庫を連帯保証人として融資することとなった。Aは、まず1億5000万円をBに貸し付け（第一次融資）、Yは、Bに対する求償権を担保するためにBの姉であるC所有の甲土地に抵当権の設定を受けた。その際、YC間で債権者の担保保存義務（504条）を免除する特約（本件特約）が結ばれた。その後、AがBに2億5000万円の追加融資をする際に、Yは、Bに対する求償権を担保するために上記抵当権の共同担保としてB所有の乙建物に抵当権の設定を受けた。Yは、Cの死亡後にBがAに追加融資分を全額弁済した際、乙建物に設定されていた抵当権を放棄した。その後、Bは行方不明となり、Yは、保証人として第一次融資の残債務をAに弁済した。そして、Cの子であるXは、遺産分割または他の相続人からの買受けにより甲土地の所有権を取得し、Yに対して、504条による免責の効果を主張して、抵当権設定登記の抹消を求めて訴えを提起した。

数字は事実の順序を表す

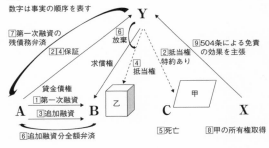

⑦第一次融資の残債務弁済
②④保証
求償権
④抵当権
貸金債権
①第一次融資
③追加融資
⑥追加融資分全額弁済
⑥放棄
②抵当権特約あり
⑨504条による免責の効果を主張
⑤死亡
⑧甲の所有権取得
A　B　乙　C　甲　X　Y

裁判の流れ

1審（京都地判平3・11・25民集49巻6号1766頁）：請求認容　2審（大阪高判平6・5・20民集49巻6号1775頁）：原判決取消・請求棄却　最高裁：上告棄却

1審はXの請求を認容し、2審は棄却した。Xは、①Yが本件特約の効力を主張することは信義則違反または権利の濫用に当たる、②物上保証人Cからの第三取得者であるXに本件特約の効力は及ばないと主張して、上告した。

判旨

〈原判決取消・自判〉①保証人等が債権者の担保保存義務を免除する旨の「特約は、原則として有効であるが…、債権者がこの特約の効力を主張することが信義則に反し、又は権利の濫用に当た〔って〕…許されない場合」もある。「しかしながら、当該保証等の契約及び特約が締結された時の事情、その後の債権者と債務者との取引の経緯、債権者が担保を喪失し、又は減少させる行為をした時の状況等を総合して、債権者の右行為が、金融取引上の通念から見て合理性を有し、保証人等が特約の文言にかかわらず正当に有し、又は有し得べき代位の期待を奪うものとはいえないときは、他に特段の事情がない限り、債権者が右特約の効力を主張することは、信義則に反するものではなく、また、権利の濫用に当たるものでもない。」

②「債権者が担保を喪失し、又は減少させた後に、物上保証人として代位の正当な利益を有していた者から担保物件を譲り受けた者も、民法504条による免責の効果を主張…できるのが原則である…。しかし、債権者と物上保証人との間に…担保保存義務免除の特約があるため、債権者が担保を喪失し、又は減少させた時に、右特約の効力により民法504条による免責の効果が生じなかった場合は、担保物件の第三取得者への譲渡によって改めて免責の効果が生ずることはないから、第三取得者は、免責の効果が生じていない状態の担保の負担がある物件を取得したことになり、債権者に対し、民法504条による免責の効果を主張することはできない」。

判例の法理

論点①について、本判決は、以下の3つの事情を考慮して、Yが本件特約の効力を主張することは信義則違反にも権利の濫用にも当たらないと判断した。第1に、Bへの各融資が各抵当不動産の担保価値に見合うものとして行われたこと、第2に、追加融資分の弁済が追加担保の目的物件（乙建物）の売却代金によってされたこと、第3に、Yが追加担保を放棄する際に、Bに対してCの相続人らの了解を得ることを求めたが、Bが、その時間的余裕がないので直ちに前記放棄をするよう強く要請し、かつ、Cの相続人らには異議の申立てをさせない旨の念書を差し入れたので、Bの前記物件売却に協力する趣旨でこれに応じたことである。

論点②について、本判決は、本件特約により504条の免責の効果が生じなかった場合に、その後に物上保証人から担保物件を譲り受けた第三取得者は、債権者に対して、免責の効果を主張できないことを明らかにした。

判例を読む

判旨①は直接には特約の効力に関する判示であるが、その判断枠組は、特約がない場合にもあてはまると解される傾向にあった（中田・総論（第3版）375頁等）。この考え方が現504条2項に明文化された。同規定にいう「合理的な理由がある」かどうかは、判旨が述べるように、債権者の行為の合理性と代位権者の代位への期待の正当性の両面を考慮して決せられる（潮見・総論II 187頁）。

【参考文献】　改正法の問題点につき、中原太郎・法時90巻1号126頁（『債権法改正と判例の行方』（日本評論社、2021）194頁）。

坂口　甲

78 同一交通事故から生じた物的損害賠償債権相互間の相殺

最高裁昭和54年9月7日判決　判時954号29頁、判タ407号78頁、金商586号48頁

【509条】

論点　同一交通事故から生じた物的損害賠償債権同士の相殺に対する509条の適用の可否

事実の要約

　Xの自動車とYの自動車とが交差点に進入、双方の不注意で衝突し、それぞれの車が破損し損害を被った。Xが賠償を求めて時効完成の直前に本訴を提起したところ、Yは、同事故によるXに対する損害賠償請求権をもって相殺する旨を抗弁し、それが認められなければ、反訴として損害賠償を請求するとした。この反訴請求に対して、Xは、消滅時効を援用した。

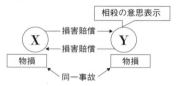

裁判の流れ

　1審（東京地判昭51・11・12判時860号132頁）：本訴請求・反訴請求ともに認容　2審（東京高判昭53・7・21判タ370号151頁）：本訴請求認容・反訴請求棄却　最高裁：上告棄却（少数意見（反対意見）がある）

　控訴審は、不法行為による損害賠償債権の相殺は許されないとし、また、反訴におけるXの時効援用を認めた（本訴・反訴ともにXの勝訴）。Y上告。

判　旨

　〈上告棄却〉「本件のようにY、X双方の各被用者の過失に基因する同一事故によって生じた物的損害に基づく損害賠償債権相互間において民法〔旧〕509条の規定により相殺が許されないことは、当裁判所の判例（昭和47年（オ）第36号49年6月28日第三小法廷判決・民集28巻5号666頁）とするところであり、このことは、双方がいずれも運送業を営む会社であっても同様であるというべきである。」

　裁判官大塚喜一郎の反対意見は次の通り。「双方的不法行為の場合であっても、それによって生じた損害のうち治療費、逸失利益等による人的損害については、人の生存にかかわるものであるから現実の弁済を受けさせる必要があるとすべきであるが、物的損害にあっては、右のように解すべき合理的理由を見出しえないから、本件のような双方的不法行為によるもので、受働債権が物的損害賠償債権の場合は、民法〔旧〕509条は適用されないと解するのが相当であり、当裁判所の判例は、この限度において変更されるべき」である。

判例の法理

　旧509条は、債権が不法行為によって生じたときには、これを受働債権とする相殺を禁止していた。その趣旨は、①被害者に現実の弁済を得させて速やかに損害のてん補を受けさせること、②弁済が得られないときに債権者が債務者に対して報復的な不法行為を行って相殺を主張す

るという不法行為の誘発を防止することであるとされてきた（最判昭42・11・30民集21巻9号2477頁を参照）。本判決の引用する最判昭和49・6・28民集28巻5号666頁は、この趣旨①などを挙げて、過失に基因する同一交通事故によって生じた物的損害に基づく損害賠償債権相互間においても、旧509条の規定により相殺が許されないとしており、本判決は、これを踏襲するものである。

判例を読む

　学説には、判例の上記見解を支持するものがある一方で、同一事故に起因する物的損害に基づく損害賠償請求権相互の相殺には、旧509条は適用されないとする主張も示されてきた（百選Ⅱ4版96〜97頁を参照）。後者の主張は、同条の上記趣旨①について、むしろ、相殺を認めることで当事者双方が弁済を得られたと同等の状況になって公平であり、また、趣旨②について、不法行為誘発の防止という目的はこの場合にはあてはまらず、この場合には、むしろ、相殺を許すことが紛争の一体的解決になるというものである。

　現509条（平成29年改正。以下同じ）は、①「悪意による不法行為に基づく損害賠償の債務」（同条1号）、および、②「人の生命又は身体の侵害による損害賠償の債務」（同条2号）を受働債権とする場合には、その債務者は、相殺をもって債権者に対抗することができないことを定める。そこで、本件事案のように、当事者双方の過失によって（同条1号の要件を満たさない）、互いに物的損害が生じ（同条2号の要件を満たさない）、不法行為に基づく損害賠償請求権を取得したという場合には、その債権間相互の相殺は許される。よって、現509条のもとでは、本判決は維持されないことになろう。

　旧509条について、不法行為被害者の損害の現実のてん補という観点からは、責任保険の適用がある場合には、同条を適用すべきという議論がなされていた（百選Ⅱ4版97頁）。現509条の下でも、相殺によって相互に自働債権を喪失するために、損害は、相殺された額も含めて、それぞれになお残っているものとして、双方が保険給付を得られると考える必要があろう（部会資料3集2巻4〜5頁）。

【参考文献】　本文に挙げたもののほか、本判決の評釈として、青野博之「判批」法時52巻8号140頁以下。また、現509条の適用と責任保険との関係について、山田八千子「双方物損事故における新民法509条の適用と責任保険」中央ロー・ジャーナル14巻4号115〜132頁。

深川裕佳

時効消滅した債権による相殺と相殺適状

最高裁平成 25 年 2 月 28 日判決　民集 67 巻 2 号 343 頁、判タ 1388 号 101 頁、判時 2182 号 55 頁、
金法 1972 号 89 頁、金商 1418 号 28 頁
【508 条】

論点 民法 508 条適用における時効完成前の相殺適状の意味

事実の要約

　本件は、本訴請求として、X が、貸金業者 Y に対し、根抵当権の被担保債権である貸付金債権（平成 15 年 1 月 6 日に Y が貸主の地位を承継し、平成 22 年 7 月 1 日に X が期限の利益を喪失）が、過払金返還請求権（弁済期は継続的な貸付の終了した平成 8 年 10 月 29 日）を自働債権とする相殺（相殺の意思表示は平成 22 年 8 月 17 日）等により消滅したとして、所有権に基づき、根抵当権設定登記の抹消登記手続を求めるものであり、2 審において、反訴請求として、Y が、X に対し、平成 18 年 10 月 29 日の経過によって過払金返還請求権の消滅時効期間が満了し、平成 22 年 9 月 28 日に Y が時効を援用したことによって、同請求権が消滅して相殺は無効であるとして、貸付金の残元金等の支払を求めるものである。

裁判の流れ

　1 審（札幌地判平 22・11・30 民集 67 巻 2 号 354 頁）：認容　2 審（札幌高判平 23・7・8 民集 67 巻 2 号 356 頁）：控訴棄却・反訴請求棄却　最高裁：一部破棄自判、一部破棄差戻

　第 1 審および原審は、受働債権について X が期限の利益を放棄しさえすれば、自働債権と相殺することができたとして、両債権の対立関係が生じた平成 15 年 1 月 6 日に相殺適状にあったとして、508 条により相殺の効力を認めた（第 1 審は、本訴請求認容。原審は、本訴請求認容・反訴請求棄却）。これに対して、Y が上告受理申立て。

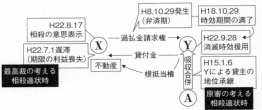

判　旨

　〈一部破棄自判、一部破棄差戻〉民法 505 条 1 項の「文理に照らせば、自働債権のみならず受働債権についても、弁済期が現実に到来していることが相殺の要件とされていると解される。また、受働債権の債務者がいつでも期限の利益を放棄することができることを理由に両債権が相殺適状にあると解することは、上記債務者が既に享受した期限の利益を自ら遡及的に消滅させることとなって、相当でない。したがって、既に弁済期にある自働債権と弁済期の定めのある受働債権とが相殺適状にあるというためには、受働債権につき、期限の利益を放棄することができるというだけではなく、期限の利益の放棄又は喪失等により、その弁済期が現実に到来していることを要するというべきである。」

　「当事者の相殺に対する期待を保護するという民法 508 条の趣旨に照らせば、同条が適用されるためには、消滅時効が援用された自働債権はその消滅時効期間が経過する以前に受働債権と相殺適状にあったことを要すると解される。」

判例の法理

　508 条は、①時効によって消滅した債権が②その消滅以前に相殺に適するようになっていた場合には、その債権者は、相殺をすることができると規定する。

　①時効によって消滅した債権　本件の自働債権は、利息制限法所定の制限を超える利息の約定に基づいて支払われた過払金返還請求権であるが、期限の定めのない債権であって、債権の発生時である平成 8 年 10 月 29 日において弁済期となって、平成 18 年 10 月 29 日の経過によって消滅時効期間が満了し、平成 22 年 9 月 28 日に Y が時効を援用している。

　②その消滅以前に相殺に適するようになっていた場合　本判決は、本件において、本件過払金返還請求権と本件貸付金残債権とが相殺適状になったのは、X が期限の利益を喪失し、受働債権の弁済期が到来した平成 22 年 7 月 1 日経過時点であるとする。確かに、受働債権の弁済期は放棄することができる（136 条 2 項前段）。しかし、本判決は、X がすでに期限の利益を享受していることに鑑みて、期限の利益の放棄又は喪失等によって、受働債権の弁済期が現実に到来していることを要するとするのである。

　また、本判決は、508 条の定める「その消滅以前」とは、自働債権の消滅時効期間が経過する以前であるとして、消滅時効の援用がいつであるかを考慮しない。

　そこで、本件では、相殺適状時において既にその消滅時効期間が経過していたので、相殺することができないと考えられることになる。

判例を読む

　自働債権が時効で消滅した場合には、債務者が時効の利益を放棄しない限りは、相殺は効力を生じないはずである。相殺の効力は遡及する（506 条 2 項）としても、意思表示の時点において、相殺適状になければならないからである（505 条 1 項）。しかし、508 条は、この例外を定めて、相殺適状において債権債務が清算されたものと期待する当事者の期待を保護した（我妻・講義 IV325 頁）。

　受働債権の期限の利益は放棄できるから、「相殺に適するようになっていた」というには、自働債権のみが弁済期にあればよいようにもみえる。しかし、本判決は、期限の利益の放棄又は喪失等によって、受働債権の弁済期が現実に到来していることを要するとする。学説には、この判断を支持するものがある一方で、自働債権が過払金返還請求権であるという特殊性から、X の相殺を認めるべきとの批判もある（金山直樹「判批」『民事判例 VII（2013 年前期）』7 頁（日本評論社、2013）、深谷格「判批」法時 86 巻 8 号 125 頁）。

【**参考文献**】　本文に引用したもののほか、本判決の評釈として、久保宏之「判批」私判リマ 48 号 30～33 頁、北居功「判批」民商 148 巻 3 号 316-336 頁。

深川裕佳

差押えと相殺

最高裁昭和 45 年 6 月 24 日大法廷判決　民集 24 巻 6 号 587 頁、判タ 249 号 125 頁、判時 595 号 29 頁、
金法 584 号 4 頁、金商 215 号 2 頁　　　　　　　　　　　　　　　　　　　　　　　　　　　【511 条】

論点 ①差押えを受けた債権を受働債権とする相殺の可否
　　　②相殺予約の第三者に対する効力

【事実の要約】

　Ａの国税滞納によってＸ（国）がＡのＹ銀行に対する預金債権を差し押さえ、Ｙに支払を求めたところ、Ｙは、Ａに対して、この差押前に手形貸付債権を有しており、第一審口頭弁論において相殺の意思表示をした。なお、ＡＹ間では、Ａについて差押等があったときは、ＡがＹに負う債務の全額について弁済期が到来したものとして、これと預金債権とを相殺されても異議ない旨の特約（以下「期限の利益喪失特約」という）があった。

【裁判の流れ】

　1 審（長崎地佐世保支判昭 36・9・18 金商 215 号 20 頁）：請求一部認容　2 審（福岡高判昭 38・11・13 判時 363 号 30 頁）：請求全部棄却　最高裁：上告棄却（意見、反対意見および補足意見がある）

　第 1 審および第 2 審は、期限の利益喪失特約に基づいて相殺を認めた。Ｘが上告。

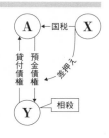

【判旨】

　〈上告棄却〉（補足意見、意見および反対意見がある）「相殺の制度は、互いに同種の債権を有する当事者間において、相対立する債権債務を簡易な方法によって決済し、もつて両者の債権関係を円滑かつ公平に処理することを目的とする合理的な制度であって、相殺権を行使する債権者の立場からすれば、債務者の資力が不十分な場合においても、自己の債権について確実かつ十分な弁済を受けたと同様な利益を受けることができる点において、受働債権につきあたかも担保権を有するにも似た地位が与えられるという機能を営むものである。相殺制度のこの目的および機能は、現在の経済社会において取引の助長にも役立つものであるから、この制度によって保護される当事者の地位は、できるかぎり尊重すべきものであつて、当事者の一方の債権について差押が行なわれた場合においても、明文の根拠なくして、たやすくこれを否定すべきものではない。」

　「債権が差し押えられた場合においては、差押を受けた者は、…その取立をすることを禁止され…、第三債務者もまた、債務者に対し弁済することを禁止され…るけれども、これは、債務者の権能が差押によって制限されることから生ずるいわば反射的効果に過ぎないのであつて、第三債務者としては、右制限に反しないかぎり、債務者に対するあらゆる抗弁をもつて差押債権者に対抗することができるものと解すべきである。すなわち、差押は、債務者の行為に関係のない客観的事実または第三債務者のみの行為により、その債権が消滅またはその内容が変更されることを妨げる効力を有しないのであつて、第三債務者がその一方的意思表示をもつてする相殺権の

行使も、相手方の自己に対する債権が差押を受けたという一事によって、当然に禁止されるべきいわれはないというべきである。」

　「民法 511 条〔現 511 条〕…の文言および前示相殺制度の本質に鑑みれば、同条は、第三債務者が債務者に対して有する債権をもつて差押債権者に対し相殺をなしうることを当然の前提としたうえ、差押後に発生した債権または差押後に他から取得した債権を自働債権とする相殺のみを例外的に禁止することによって、その限度において、差押債権者と第三債務者の間の利益の調節を図ったものと解するのが相当である。したがって、第三債務者は、その債権が差押後に取得されたものでないかぎり、自働債権および受働債権の弁済期の前後を問わず、相殺適状に達しさえすれば、差押後においても、これを自働債権として相殺をなしうるものと解すべきである」り、これと異なる論旨は採用することができない。

　ＡＹ間の期限の利益喪失「特約は、訴外会社またはその保証人について前記のように信用を悪化させる一定の客観的事情が発生した場合においては、Ｙの訴外会社に対する貸付金債権について、訴外会社のために存する期限の利益を喪失せしめ、一方、同人らのＹに対する預金の債権については、Ｙにおいて期限の利益を放棄し、直ちに相殺適状を生ぜしめる旨の合意」であり、「かかる合意が契約自由の原則上有効であることは論をまたないから、本件各債権は、遅くとも、差押の時に全部相殺適状が生じた」ため、「Ｙのした前示相殺の意思表示は、右相殺適状が生じた時に遡って効力を生じ」た。

判例の法理

● 法定相殺について（論点①）

　旧 511 条は、「支払の差止めを受けた第三債務者は、その後に取得した債権による相殺をもって差押債権者に対抗することができない」と定めていた。

　最高裁は、本判決以前に、「差押当時両債権が既に相殺適状にあるときは勿論、反対債権が差押当時未だ弁済期に達していない場合でも、被差押債権である受働債権の弁済期より先にその弁済期が到来するものであるときは、前記民法 511 条〔現 511 条〕の反対解釈により、相殺を以って差押債権者に対抗し得る」との判断を示していた（最大判昭 39・12・23 民集 18 巻 10 号 2217 頁〔補足意見および反対意見がある〕）。

　本判決は、この判断を変更して、自働債権と受働債権の弁済期の前後関係による制限は不要であって、旧 511 条は、差押後に発生した債権または差押後に他から取得した債権を自働債権とする相殺のみを例外的に禁止したものであるとして、**受働債権の差押前に自働債権を取得しさえすれば、第三債務者は、相殺を差押債権者に対抗できる**との考えを示した。

● 期限の利益喪失特約について（論点②）

　期限の利益喪失特約は、弁済期に関する特約であるが、

いわゆる相殺予約の一つと考えられている。前掲最大判昭39・12・23は、一定の条件が発生した場合に、当事者双方の債権債務の弁済期を問わず直ちに相殺適状を作り出す旨の相殺予約についても、法定相殺が認められる限度でその効力を認めた。同判決は、法定相殺が認められる限度では、相殺予約は、「第三債務者の将来の相殺に関する期待を正当に保護するもの」であるのに対して、法定相殺が認められない場合に相殺予約の効力を認めることは、「私人間の特約のみによって差押の効力を排除するものであって、契約自由の原則を以ってしても許されない」というのである。

本判決は、この判断を変更して、**契約自由の原則から、本件における期限の利益喪失特約も有効**であるとする。もっとも、本判決は、法定相殺について、上記のように、受働債権の差押前に自働債権を取得しさえすれば、第三債務者は、相殺を差押債権者に対抗できるとの立場をとっており、上記特約の効力は、相殺適状の時期を確定する前提として判断したものにすぎない。

判例を読む

●問題の所在

本件で問題となっているのは、論点①第三債務者は、その債務者に対して有している債権を自働債権として、被差押債権を受働債権としてする相殺をどのような要件のもとに差押債権者に対抗しうるかということ、および、論点②第三債務者は、相殺予約の効力を差押債権者にも主張することができるかということである。従来、これらの問題は、①を中心に論じられ、これに付随して②についても論じられるという傾向にあった。

①の問題は、「差押えと相殺」とよばれ、旧511条の解釈の問題として捉えられてきた。すなわち、旧511条が「支払の差止めを受けた第三債務者は、その後に取得した債権による相殺をもって差押債権者に対抗することができない」と規定していたので、第三債務者の相殺に対する期待を保護するのに、同条の反対解釈によって、どこまで相殺の主張を認めてよいかということが問題とされてきたのである。

●先例・学説

前述**判例の法理**のとおり、前掲最大判39・12・23は、旧511条を反対解釈するにあたって、自働債権の弁済期が受働債権の弁済期より先に到来する場合にのみ相殺の主張が認められるべきとする考え方（制限説）に立っている。これに対して、本判決は、旧511条を無制限に反対解釈する立場（無制限説）をとっている。

本判決において、無制限説は、8対7の僅差によって支持されたものであり（制限説を支持する3名の裁判官の意見および4名の裁判官の反対意見がある）、学説においては、本判決後も、制限説を支持するもの、無制限説を支持するものなど、様々な立場が示されており、見解の一致を見ない状況であった。

他方、相殺予約の有効性は、本判決において、11対4の多数意見で支持されている（4名の反対意見がある）。これに対して、学説では、非典型担保とも評しうる相殺予約の優先的効力を認める要件が問題とされている（百選Ⅱ81頁）。

●債権法改正による本判決の意義

現511条1項は、この本判決の立場（無制限説）を明文化した。前述の通り、本判決は、僅差によって支持さ

れたものであって、本件は、相殺予約が付されている事案であって銀行側の相殺を優先したとして、その特殊性を強調する解説もあった（最判解民昭和45年度478頁）。しかし、最高裁は、その後も無制限説を維持していて、実務ではこれが定着していると考えられることが条文化の理由である（内田Ⅲ318頁）。そこで、**本判決が「相殺適状に達しさえすれば、差押後においても、これを自働債権として相殺をなしうる」**と述べる点は、**現511条1項の適用に当たって維持される**ことになろう。

●差押え後に取得した自働債権による相殺

現511条では、2項が新設されて、差押え後に取得した債権でも「差押え前の原因に基づいて生じたものであるときは」相殺を対抗できるとした。これは、本判決の採用する無制限説を超えて相殺の範囲を拡大するものであり、破産手続において、破産手続開始決定後に発生した債権であっても、破産手続開始前の原因に基づくものであるときには、これを自働債権とする相殺が許容される（破2条5項、67条1項）のと平仄を併せた改正である（内田Ⅲ318頁）。

現511条2項に基づいて相殺が認められる場面としては、差押前に締結されていた賃貸借契約に基づき差押え後に発生した賃料債権や、差押前に主債務者の委託に基づいて保証をしていた場合において差押後にその保証人が弁済をして取得した事後求償権などが考えられている（一問一答債権関係改正205頁）。なお、破産上の相殺に関する事案であるが、最決令和2年9月8日民集74巻6号1643頁は、請負人（破産者）と注文者との間で締結された複数の異なる請負契約から生じた違約金債権と報酬債権との間の相殺について、請負人の支払停止を知った後に請負契約によって留保された解除権を注文者が行使して違約金債権を取得したことは、破産法72条2項2号に定められた場合にあたって、自働債権と受働債権とが同一の請負契約に基づくものであるか否かにかかわらず、相殺は許されるとしている。現511条2項における「前の原因」を解釈するにあたって比較検討の対象になろう。

●相殺予約の効力

相殺予約の効力については、改正後も、解釈にゆだねられている。本件で問題となっているのは、弁済期についての定めである期限の利益喪失特約である。無制限説を条文化した現511条1項を前提にすれば、本判決の相殺予約の効力に関する判示もそのまま維持されることになろう。問題は、同条2項によって法定相殺の範囲が広がっているので、相殺予約の効力を認めることができる範囲も、これに伴って、本判決よりも広く解する余地があるのかということである。この問題は、現511条2項の解釈問題と密接に絡むものであって、同条に関する議論の深化が必要となっている。

【参考文献】 旧511条について、伊藤進「差押と相殺―第三者の権利関与と相殺理論」民法講座④373頁、林良平「相殺の機能と効力」加藤一郎ほか編『担保法大系第5巻』（金融財政事情研究会、1984）532頁。現511条について、本文に挙げたもののほか、森田修・債権法改正587～641頁。

深川裕佳

81 事情変更による解除

大審院昭和 19 年 12 月 6 日判決　民集 23 巻 613 頁

【1 条 2 項】

論点　契約成立後の事情変更を理由とする契約解除の可否

事実の要約

　Xは、昭和 14 年 7 月 20 日、Yらから、本件土地を、代金 31 万余円で購入する契約を締結し、所有権移転の登記日を同年 10 月 17 日と定め、手付金 5 万円を交付した。その後、当事者間で補充契約が締結され、登記日を昭和 16 年 7 月 31 日とし、XはYらにさらに手付金 10 万円を交付すること、登記日にXが代金を支払わない場合には、Yらが契約を解除して手付金を没収すること、登記日にYらが移転登記をしない場合、YらはXに手付金を倍返しすることが合意された。Xは、所定の手付金を交付した。ところが、昭和 15 年 1 月 25 日に宅地建物等価格統制令が施行され、本件契約の譲渡価格につき知事の認可が必要となり、Yらは認可申請したものの、本件契約の履行期日（登記日）前に認可は到達しなかった。Xは、売買契約中の代金に関する条項は当然認可価格を支払うべき約定に変更された

とし、認可価格による代金の支払準備があることを告げて、Yに所有権移転登記を請求したが、Yらが拒絶した。そこで、Xは、Yらに対し手付に関する特約に基づく契約の解除、手付金の倍額 30 万円のうち 20 万円を請求した。

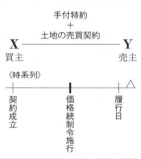

手付特約
＋
土地の売買契約

X ———————— Y
買主　　　　　　　　　売主

〈時系列〉

契約成立　　価格統制令施行　　履行日

裁判の流れ

　1 審（大阪地判年月日不明）　2 審（公刊物未登載）：Xの請求棄却　大審院：破棄差戻
　2 審は、Yらの債務不履行の存在、統制令施行による契約の失効または事情変更による解除権の取得というXの主張をいずれも退けた。

判旨

　〈破棄差戻〉「本件土地ニ付テハ区劃整理完了スルカ若クハ少クトモ換地ニ関スル計画ガ確定スルニ非サレハ本件土地ノ評価困難ニシテ実際上認可ヲ受ケ得ラレサル状態ニ在ルモノト認定スヘキ余地ナシトセス」…「結局本件契約ハ右認可ヲ受クル迄ハ約旨ニ従ヒ履行スルコト能ハサルモノト謂ハサルヘカラス加之右認可セラレタル価格ガ約定代金ニ比シ著シク低額ナルニ於テハ当事者ノ意思解釈上本件売買契約ヲ無効ト為スヘキ場合ナキヲ保セス」…「斯クノ如ク契約締結後其ノ履行期迄ノ間ニ於テ統制法令ノ施行等ニ因リ契約所定ノ代金額ヲ以テシテハ所定ノ履行期ニ契約ノ履行ヲ為スコト能ハス其ノ後相当長期ニ亘リ之ガ履行ヲ延期セサルヲ得サルニ至リタルノミナラス契約ハ結局失効スルニ至ルヤモ知レサルカ如キ事態ヲ生シタル場合ニ於テ当事者尚此ノ長期ニ亘不安定ナル契約ノ拘束ヨリ免ルルコトヲ得スト解スルガ如キハ信義ノ原則ニ反スルモノト謂フヘク従テ斯カル場合ニ於テハ当事者ハ其ノ一方的意思表示ニ依リ契約ヲ解除シ得

ルモノト解スルヲ相当トス。」

判例の法理

●事情変更の原則の適用と効果

　本判決は、土地の売買契約の成立後に、本件事案の下で、**信義則を根拠として、事情変更による解除の可能性を認めた**ものである。事情変更の原則について、その要件の詳細を展開するものではないが（事情変更の要件については、**82 事件**を参照）、本判決は、履行期前に価格統制令が施行され、その他の事情も相まって認可の見通しが立たないうえ、低価格である場合には契約失効の可能性もあるという契約締結時に基礎とされていた事情の変更の存在を前提に、当事者がなおこの長期にわたる不安な契約の拘束より免れることができないと解することは信義則に反するとして、事情変更の原則の適用を肯定し、当事者は解除権を取得するものとした。

判例を読む

●事情変更の原則

　契約締結後、その基礎となった事情が、当事者の予見し得なかった事情の変動によって変更し、このため当初の契約内容に当事者を拘束し続けることがきわめて過酷となった場合に、契約の解除または契約内容の改訂を認める法理を、「事情変更の原則」という（注民⑬補訂版 66 頁［五十嵐清］参照）。判例は、事情変更の原則を一般的に承認しつつも、同原則の適用には慎重な態度をとっており、**本判決は、同原則による解除の可能性を認めた唯一の判決**であり、事情変更の原則による解除権発生のリーディング・ケースと評されているものである。

●事情変更の原則の効果

　事情変更の原則が適用される場合の効果については、契約の解除と契約の改訂があり得ると言われている。契約の解除のみならず、裁判所による契約の改訂が認められるかについて、最高裁の立場は明らかではなく、本判決も契約解除の可能性を認めるものである。下級審裁判例には、契約の改訂を行った例があるものの（曽野ほか『民法Ⅳ 契約』（有斐閣、2021）92 頁参照）、裁判所による契約の改訂は私的自治への介入となり、裁判官が契約の調整を最適になし得るかが問題となる。そこから、むしろ、まずもって**当事者に再交渉義務**を課し、その違反者に不利益を課すことで問題を解決するほうが適切ではないかなど、再交渉義務と契約の改訂・解除との関係が議論されている（石川博康『再交渉義務論』（有斐閣、2011）229 頁以下、中田・契約法 47 頁、潮見・総論Ⅰ 111 頁以下参照）。

【参考文献】　本判決の評釈として、百選Ⅱ 3 版 98 頁［五十嵐清］、百選Ⅱ 4 版 100 頁［渡辺達徳］等。主要文献として、本文掲載のもののほか、**82 事件**に記載の文献を参照。

丸山絵美子

ゴルフ場ののり面崩壊と事情変更の原則の適用

最高裁平成 9 年 7 月 1 日判決　民集 51 巻 6 号 2452 頁、判時 1617 号 64 頁、判タ 953 号 99 頁 **【1 条 2 項】**

論点　事情変更の原則の適用要件と解釈

事実の要約

A社は、昭和 48 年、本件ゴルフ場を開設し、預託金会員制クラブの経営を開始した。Xらは、昭和 46 年から翌年に、Aとゴルフクラブ会員契約を締結し、またはAの承認を受けて既存会員から会員権の譲渡を受けることによって、本件ゴルフ場の会員となった。昭和 62 年に、AからB社に対し本件ゴルフ場の営業譲渡（契約上の地位の移転）が行われた。本件ゴルフ場は、当初より施工不良があり、長雨も影響して、のり面（傾斜面）が崩壊し、営業が不可能となった。そこで、Bは、平成 2 年 5 月末日にすべてのコースを閉鎖して、約 130 億円を投じてクラブハウスの建築を含む改良工事を行った。その後、BからY社に対し営業譲渡が行われ、工事費用はYが負担することとなった。Yは、会員Xらに対して、工事に多額の費用がかかったこと等を理由に、1000 万円の追加預託金を支払って、会員資格を維持するか、または、預託金（50~60 万円）の償還を受けて退会するように求めた。これに対して、Xらは、会員資格（本件ゴルフ場の優先的優待的利用権）を有することの確認を求める訴えを提起した。Yは、事情変更の原則または権利濫用の法理の適用によって、Xらは本件ゴルフ場施設の優先的優待的利用権を有しないと主張した。

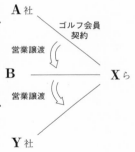

裁判の流れ

1 審（大阪地判平 6・11・25 民集 51 巻 6 号 2479 頁）：一部認容・一部棄却　2 審（大阪高判平 7・9・21 民集 51 巻 6 号 2494 頁）：取消自判　最高裁：破棄自判

1 審は、本件改良工事について、のり面崩壊に対する防災という目的だけでなく、コース改造という営業政策上の目的も有していたと考えられ、また、Yにおいてのり面崩壊に対する防災処置を施す必要が生じることを予見しておらず、かつ、予見しえなかったと認めるに足りる証拠はないなどとして、事情変更による解除権の取得等のYの主張をいずれも退け、Xらの会員権確認請求を認容した。

2 審は、本件改良工事は防災という観点からみて、必要最小限度のやむをえない工事および費用であるとし、また、Bは、Aから営業譲渡を受けたとき、このような大規模な工事が必要となることについて予見可能性がなかったこと、Bが多額の費用を要した改良後のゴルフ場の使用について追加預託金の負担を拒むXらに優先的優待的利用権を認めることは信義則上著しく不当と認められるのが相当であるとして、事情変更の原則の適用を認め、Xらの請求を棄却した。

Xらは、原判決が、事情変更の帰責事由および予見可能性を契約締結時の当事者であるAではなく、Bについて行った点等を上告理由として、上告。

判旨

〈破棄自判〉「事情変更の原則を適用するためには、契約締結後の事情の変更が、当事者にとって予見することができず、かつ、当事者の責めに帰することのできない事由によって生じたものであることが必要であり、かつ、右の予見可能性や帰責事由の存否は、契約上の地位の譲渡があった場合においても、契約締結当時の契約当事者についてこれを判断すべきである。」

「さらに進んで検討するのに、一般に、事情変更の原則の適用に関していえば、自然の地形を変更しゴルフ場を造成するゴルフ場経営会社は、特段の事情のない限り、ゴルフ場ののり面に崩壊が生じ得ることについて予見不可能であったとはいえず、また、これについて帰責事由がなかったということもできない。けだし、自然の地形に手を加えて建設されたかかる施設は、自然現象によるものであると人為的原因によるものであるとを問わず、将来にわたり災害の生ずる可能性を否定することはできず、これらの危険に対して防災措置を講ずべき必要の生ずることも全く予見し得ない事柄とはいえないからである。」

事情変更の原則の適用にあたっては、Aが本件ゴルフ場におけるのり面の崩壊の発生について予見不可能であったとはいえず、また、帰責事由がなかったということもできないとして、事情変更の原則の適用を否定した。Xらの請求を棄却した部分を破棄し、Xらの請求を認容した第一審判決の結論は正当であるとして、これについてのYの控訴を棄却する旨自判した。

判例の法理

● **事情変更の原則の適用要件、判断基準となる当事者**

本判決は、どのような要件を満たす場合に、事情変更の原則の適用が肯定されるのか、事情変更の原則の要件について判断するものである。また、契約上の地位の移転がある場合、どの時点の当事者を基準に要件の充足を判断すべきかという問題も扱っている。

本判決は、これらの点について、**事情変更の原則を適用するためには、契約締結後の事情の変更について、当事者に予見可能性がないこと、および当事者に帰責事由がないことが必要である**とした。そして、**要件の充足は、契約締結時の当事者を基準に判断される**とした。

● **本判決における具体的判断**

本判決は、事情変更の原則に関する上記要件を前提に、自然の地形を変更しゴルフ場を造成するゴルフ場経営会社は、特段の事情のない限り、ゴルフ場ののり面に崩壊が生じ得ることについて予見不可能であったとはいえず、また、帰責事由がなかったということもできないとし、

自然の地形に手を加えて建設されたかかる施設は、自然現象によるものであると人為的原因によるものであるとを問わず、将来にわたり災害の生ずる可能性を否定することはできず、これらの危険に対して防災措置を講ずべき必要の生ずることも全く予見し得ない事柄とはいえないため、Aには、契約締結時に、のり面崩壊の発生について予見可能性があり、また、帰責事由もあるとして、事情変更の原則の適用はできないと判断した。

判例を読む

●事情変更の原則

契約締結後、その基礎となった事情が、当事者の予見し得なかった事情の変動によって変更し、このため当初の契約内容に当事者を拘束し続けることがきわめて過酷となった場合に、契約の解除または契約内容の改訂を認める法理を、「事情変更の原則」という（→**81事件**参照）。契約を締結した以上はそれに拘束されるのが原則であるが、当初の契約内容に当事者を拘束することがきわめて過酷となった場合に、判例および学説は、信義則（1条2項）を根拠に、事情変更の原則の適用が認められるとしてきた。

明文の規定は存在せず、民法（債権関係）改正作業において、事情変更の原則に関する規定を設けることが検討されたが、明文化は見送られた。明文化により濫用的に適用を求める主張が惹起されることへの懸念や、要件を制限的なものにし過ぎることに対する懸念等が示されたためである（審議経過については、潮見・総論I 103頁以下、吉政知広「事情変更の法理」安永ほか編『債権法改正と民法学II』（商事法務、2018）452頁以下、石川博康「事情変更の法理」松岡ほか・コンメン971頁以下を参照）。

事情変更の原則の理論的説明としては、当初の契約において決定されなかった契約外在的な事情変動のリスクについて、債務者を救済する法理と理解されている（潮見・総論I 108頁以下、石川博康「契約外在的リスクと事情変更の原則」論究ジュリ6号17頁）。もっとも契約外在的リスクかどうかを判断するには、契約によるリスク分配がどのようなものであるか、契約規範の内容確定作業が重要となる（吉政知広『事情変更法理と契約規範』（有斐閣、2014）60頁以下参照）。

●事情変更の適用要件と解釈・適用

通説は、事情変更の原則を適用する要件を、①契約締結時基礎とされていた事情の変更の存在、②事情の変更について当事者に予見可能性がなかったこと、③事情の変更が当事者の責めに帰することのできない事由によって生じたこと、④事情の変更により当初の契約内容に当事者を拘束することが信義則上著しく不当と認められること、と整理してきた（潮見・総論I 99頁、中田・契約法46頁、曽野ほか『民法IV 契約』（有斐閣、2021）88頁参照）。本判決以前の最高裁判決には、①④の要件に言及するものはみられたものの（最判昭29・2・12民集8巻2号448頁）、その他の要件について明確に判断した最高裁判決はなかった。本判決は、②③の要件が必要であるということを、最高裁として明確にしたという意義を有する。②③の要件について、当事者のいずれについても充足が必要か、それとも、事情変更の原則の適用を求める当事者について充足が必要かについては、本判決の判示からは明確ではなく、議論の余地がある。民法（債権関係）改正の要綱仮案原案では、当事者双方にとって予見不可

能であり、適用を求める当事者に帰責事由がないことという要件構成が採用され（部会資料81-3・6頁）、外在的リスクへの対応と捉えるなら、このような要件解釈が合理的であると評されている（石川・前掲コンメン974頁）。

最高裁は、事情変更の原則を一般的に承認しつつも、具体的な事案において適用を肯定する最高裁判決はなく、同原則の適用には慎重な態度をとっている（→大審院判決である**81事件**が適用を肯定し、解除の可能性を認めた唯一のものとなっている）。本判決も、同原則の適用を否定した判決であり、厳格に予見不可能性等の要件判断を行っているようにみえるが、本件事案の特徴として、のり面崩壊は造成当時からの施工不良の顕在化であり、ゴルフ場を利用可能とする債務を負っておいる経営者が、債務の履行として改良工事を行うことは免れず、事情変更の原則の適用が否定される結論自体に異論はないという評価が示されている（石川・後掲評釈138頁、小粥・後掲評釈83頁）。

なお、事情変更の原則の効果（詳細は、**81事件**の解説を参照）という点では、本件のYは、Xらによる追加預託金の支払という契約内容の改訂、またはXらの退会という契約の解除を、事情変更の原則の適用を前提に、主張していたということになる。

●契約上の地位の移転と判断基準の当事者

契約をする当事者は、契約締結時に、様々なリスクを想定し、対策を盛り込み、契約内容を決めるべきであるという発想に立った場合、**契約上の地位の移転**（539条の2参照）があっても、**契約上の権利義務は当初の契約によって定まるので、事情変更の原則の判断基準となるのは、契約締結時の当事者であるということになる。**本件では、動産・不動産・債権・得意先など営業に関する財産を包括的に移転する営業譲渡が、A→B、B→Yと行われているが、営業譲渡は当該営業に関する譲渡会社の契約上の地位の移転を含むものである。**契約上の地位の移転では、原則として、契約上の権利・義務がそのまま包括的に承継されるので、B・Yは、Aの地位を承継する**ものとして、事情変更の原則の適用の可否が判断される。

【参考文献】　本判決の評釈として、小粥太郎・百選II 82頁以下、野山宏・最判解民平成9年度808頁以下、石川博康・法協117巻1号127頁、小野秀誠・平成9年度重判73頁、加藤新太郎・判タ978号18頁、久保宏之・民商118巻4・5号655頁、藤田寿夫・私判リマ17号43頁など。主要文献として、本文引用のもののほか、五十嵐清『契約と事情変更』（有斐閣、1969）、北山修悟「事情変更の原則」争点225頁など。

丸山絵美子

83 同時履行の抗弁——賃貸借終了時における敷金返還義務と目的物の明渡義務

最高裁昭和 49 年 9 月 2 日判決　民集 28 巻 6 号 1152 頁

【533 条】

論点　賃貸借家屋明渡債務と敷金返還債務の同時履行関係の有無

事実の要約

　Yは、Aから、賃貸借期間を昭和 44 年 9 月 1 日から 2 年間、賃料月額 16 万 8000 円で、4 階建てビルの 1 階北側部分と 3 階を賃借する契約を締結した。本件賃貸借契約の締結に際し、敷金は 800 万円と定められ、YはAに敷金を差し入れた。本件賃貸借契約に先立ち、昭和 43 年に本件建物には根抵当権が設定されていたところ、昭和 44 年 10 月に競売申立てが行われ、同年 11 月にXが本件建物を競落し所有権移転登記を経由した。XがYに本件建物の明渡しを請求した。

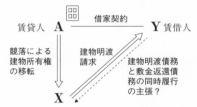

裁判の流れ

　1 審（佐賀地判昭 46・8・4 民集 28 巻 6 号 1157 頁）請求棄却　2 審（福岡高判昭 47・10・18 民集 28 巻 6 号 1163 頁）：一審取消・請求認容　最高裁：上告棄却

　1 審は、A・Y間の賃貸借契約は、Xに対抗できる短期賃貸借であるとして、Xの請求を棄却。2 審において、賃貸借契約期間が経過したため、Yは、造作買取請求権および敷金返還請求権に基づき、本件建物について留置権および同時履行の抗弁権を行使する旨を主張するも、2 審は、造作買取請求権は、建物の留置権および同時履行の抗弁権の対象とならず、敷金返還請求権は賃借物の返還後に生じるので留置権も同時履行の抗弁権も認められないとして、Xの明渡請求を認容した。Y上告。

判旨

　〈上告棄却〉「期間満了による家屋の賃貸借終了に伴う賃借人の家屋明渡債務と賃貸人の敷金返還債務が同時履行の関係にあるか否かについてみるに、賃貸借における敷金は、賃貸借の終了後家屋明渡義務の履行までに生ずる賃料相当額の損害金債権その他賃貸借契約により賃貸人が賃借人に対して取得することのある一切の債権を担保するものであり、賃貸人は、賃貸借の終了後家屋の明渡がされた時においてそれまでに生じた右被担保債権を控除してなお残額がある場合に、その残額につき返還義務を負担するものと解すべきものである（最高裁昭和・・48 年 2 月 2 日第二小法廷判決・民集 27 巻 1 号 80 頁参照）。そして、敷金契約は、このようにして賃貸人が賃借人に対して取得することのある債権を担保するために締結されるものであつて、賃貸借契約に附随するものではあるが、賃貸借契約そのものではないから、賃貸借の終了に伴う賃借人の家屋明渡債務と賃貸人の敷金返還債務とは、一個の双務契約によって生じた対価的債務の関係にあるものとすることはできず、また、両債務の間には著しい価値の差が存しうることからしても、両債務を相対立させてその間に同時履行の関係を認めることは、必ずしも

公平の原則に合致するものとはいいがたい…」

　「…賃借人保護の要請を強調することは相当でなく、また、両債務間に同時履行の関係を肯定することは、右のように家屋の明渡までに賃貸人が取得することのある一切の債権を担保することを目的とする敷金の性質にも適合するとはいえない」とし、家屋明渡債務と敷金返還債務とは同時履行の関係にたつものではないと解するのが相当であるとした。

判例の法理

●敷金の性質と敷金返還請求権の発生時期

　本判決は、まず、敷金とは、賃貸借の終了後家屋明渡義務の履行までに生ずる賃料相当額の損害金債権その他賃貸借契約により賃貸人が賃借人に対して取得することのある一切の債権を担保する金銭であるという敷金の性質を前提に、**敷金の返還請求権発生の時期は、建物明渡時である**という先例を確認する。

●賃貸借家屋明渡債務と敷金返還債務の同時履行関係の否定

　本判決は、**賃貸借家屋明渡債務と敷金返還債務の同時履行関係（533 条）を否定する**。その理由は、①敷金契約は賃貸借契約と別個の契約であり、両債務には双務契約上の対価的牽連関係がないこと、②両債務の間には著しい著しい価値の差が存在すること、③敷金関係について賃借人保護を強調するのは妥当ではなく、④明渡しまでの賃借人の債務を担保する敷金の性質に適合しないことを理由として挙げる。

判例を読む

●賃貸借の敷金に関する規定の明文化

　従前、学説上は、敷金返還請求権の発生時期について、明渡時説のほか、賃借人保護の観点から、契約終了時説も主張されていたが、**622 条の 2 第 1 項 1 号**は、判例の立場である明渡時説を採用した。賃借物が返還されたときに敷金返還債務が発生し、その額は受け取った敷金額から明渡しまでに生じた賃貸借に基づく賃借人の金銭債務を控除した額であることが明らかにされている（一問一答債権関係改正 327 頁、中田・契約法 414 ～ 415 頁）。明渡しがない限り、目的物の損傷の程度は確定できず、敷金返還後に別途請求するのでは、賃貸人の負担が大きいことから、判例の立場が明文をもって採用されたと理解できる。

●同時履行関係

　判例の述べる理由から、改正後も、賃貸借家屋明渡債務と敷金返還債務は同時履行関係に立たないという理解が妥当するといえる。

【参考文献】　本判決の評釈として、川口冨男・最判解民昭和 49 年度 209 頁、岡孝・百選Ⅱ 6 版 120 頁、高嶌英弘・百選Ⅱ 132 頁等。

丸山絵美子

84 設立中の法人と第三者のためにする契約

最高裁昭和 37 年 6 月 26 日判決　民集 16 巻 7 号 1397 頁

【537 条】

論点 現に存しない第三者のためにする契約の可否

事実の要約

　XとYの先代は、A教団の信者であったが、A教団が官憲の取り締まりを受け、壊滅の状態に瀕していた当時、Yの先代は、A教団の再起の場合には、その本部に本件不動産（陶器製造事業の設備等もあわせて）を献納するため入手しておこうと考え、Xも賛同して資金を出すことを承諾し、Xは、姉のBから金員を借りるなどして資金を調達してYの先代に送付し、Yは本件不動産を購入した。その際、登記の所有者名義は一応Yの先代とし、XからA教団のために名義変更をするよう指示があれば、Yの先代は変更に応じる旨を約し、Yの先代よりXにその旨の誓約書の提出がされていた。Yの先代は、本件不動産で陶器製造事業を継続し、A教団の信徒らも本件不動産を神縁の地であるとして何かと寄進していたが、戦後、A教団が再興するに至った。XとYの先代は、当初の目的通りに、本件不動産をA教団に献納することを画策していたが、Yの先代が急死し、Yがその家督を相続し、Y名義に本件不動産の所有名義を移転した。Yは献納に異議を唱えたため、Xは、本件不動産はYの先代に委任して同人名義で購入したが、所有権はXにあるとして、X名義への所有権移転登記手続を請求した。これに対して、Yは、Yの先代は、本件不動産の購入資金を、Xを通じてBから借り受け、自己のために購入したものであり、また数回に分けてXを通じてBに完済していると主張した。

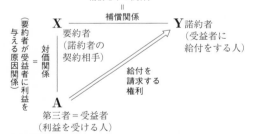

（諾約者が受益者に債務を負担することの補償をする関係）
＝
補償関係
X 要約者（諾約者の契約相手）
Y 諾約者（受益者に給付をする人）
対価関係＝（要約者が受益者に利益を与える原因関係）
A 第三者＝受益者（利益を受ける人）
給付を請求する権利

裁判の経過

　1 審（岡山地判年月日不明民集 16 巻 7 号 1401 頁）請求認容　2 審（広島高判昭 32・10・28 民集 16 巻 7 号 1404 頁）：1 審取消・請求棄却　最高裁：上告棄却

　2 審は、Y主張の事実は認定できないとしたが、XとYの先代との契約は、本件不動産の所有名義を、Xの指名する者に変更する契約であったので、XがA教団に所有権移転登記手続するよう請求するのは格別、X所有を前提にXへの所有権移転登記手続をYに対し求めることはできないとした。Xは、A教団解散後成立前、第三者は不存在なので、XとYの先代との契約が第三者のためにする契約となる理由はないとして、上告。

判旨

　〈上告棄却〉「いわゆる第三者のためにする契約におい

て、その第三者はたとい契約の当時に存在していなくても、将来出現するであろうと予期した者をもって第三者となした場合でも足りるものと解すべきであるから（大審院大正 7 年（オ）第 651 号、同年 11 月 5 日判決、民録 2131 頁参照）、右判示契約の場合にあっても、右契約の当時前記宗教法人愛善苑［A教団］が存在していなくても、何等右契約の成立は左右されないものといわねばならぬ。」

判例の法理

●現に存しない第三者のためにする契約

　第三者のためにする契約は、将来出現するであろうと予期される者をもって第三者とした場合でも有効に成立する。本件では、Yの先代とXとの契約時に、A教団は行政命令による解散によって存在しない状況であったが、537 条の第三者とすることに支障はないとされた。

判決を読む

●第三者のためにする契約

　第三者のためにする契約とは、当事者の一方（諾約者）と他方（要約者）の契約により、当事者の一方（諾約者）が、第三者（受益者）に対しある給付をすることを約することより、その第三者（受益者）がその当事者の一方（諾約者）に対して直接にその給付を請求する権利を取得する契約をいう（537 条 1 項）。本事案では、Yの先代（諾約者）が、A教団（第三者・受益者）に本件不動産を給付することを、X（要約者）と約した第三者のためにする契約と認定された。

●現に存しない第三者の場合の判例法理と明文化

　大審院の判例（大判明 36・3・10 民録 9 巻 299 頁等）においても、第三者のためにする契約が有効に成立するためには、契約当時第三者が現に存在することは必要ないとされており、本判決は、最高裁として大審院判例を踏襲する立場を示した判決である。そして、現に存しない第三者のためにする契約も有効であることは、537 条 2 項に明文化された。将来出現するであろうと予期される者をもって第三者とできるとする本判決および受益者が契約締結時点において特定される必要もないとする判決（大判大正 7 年 11 月 5 日民録 24 輯 2131 頁［廃絶した家を将来再興する者を受益者とした］）を踏まえ、「その成立の時に第三者が現に存しない場合又は第三者が特定しない場合であっても」と規定された。契約締結時に存在しない受益者の典型例としては、胎児や設立中の会社が想定されている（一問一答債権関係改正・230 頁）。

【参考文献】　本判決の評釈として、山下末人・民商 48 巻 3 号 475 頁、中島恒・最判解民昭和 37 年度 236 頁、来栖三郎・法協 81 巻 4 号 446 頁。537 条 2 項の解説として、松岡ほか・コンメン 633 頁以下［荻野奈緒］。

丸山絵美子

85 解除権の発生─信頼関係の破壊と催告の要否

最高裁昭和 27 年 4 月 25 日判決　民集 6 巻 4 号 451 頁

【541 条、542 条 1 項 5 号】

論点　賃貸借契約の当事者の一方に著しい背信行為があった場合の契約の解除と催告の要否

事実の要約

昭和 10 年、X は Y に対して本件家屋を賃貸したが、Y はその後出征して終戦後まで不在勝ちであったため、Y の妻 A および 3 人の子が居住していた。ところが、A らは、建具類を破壊・焼却したり、便所を使用不能のまま放置したり、清掃もしないなど、多年にわたって本件家屋を乱暴に使用したため、建具類は全部失われ、外壁数か所が破損した状態となった。昭和 22 年 6 月、X は Y に対し、14 日間の期間を定めて上記破損個所の修繕等を求めたが、Y がこれに応じなかったため、X は Y に対し、上記の賃貸借契約を解除する旨の意思表示を行うとともに、本件家屋の明渡しを求めて本訴に及んだ。

裁判の流れ

1 審（東京地判判例年月日不明）：X の請求認容　2 審（東京高判昭 24・5・25 民集 6 巻 4 号 458 頁）：Y の控訴棄却　最高裁：Y の上告棄却

Y は、戦時下のやむをえない事情および催告期間の不当性などを主張して争ったが、2 審がこれを容れなかったため、上告。

判旨

〈上告棄却〉「およそ、賃貸借は、当事者相互の信頼関係を基礎とする継続的契約であるから、賃貸借の継続中に、当事者の一方に、その信頼関係を裏切って、賃貸借関係の継続を**著しく困難ならしめるような不信行為**のあった場合には、相手方は、賃貸借を将来に向かって、解除することができるものと解しなければならない。そうして、この場合には**民法 541 条〔現 541 条〕所定の催告は、これを必要としない**ものと解すべきである。」

判例の法理

●信頼関係破壊の法理と無催告解除

債務不履行解除については催告解除（改正前 541 条）が原則であるが、賃貸借契約が当事者間の信頼関係を基礎とする継続的契約であることにかんがみ、定期行為（旧 542 条）および履行不能（旧 543 条）以外の債務不履行であっても、それが**信頼関係を破壊する著しい背信行為にあたる場合**においては、541 条を修正して無催告解除を認めるべきである。

判例を読む

●賃貸借における信頼関係破壊の法理

判例は、賃貸借につき信頼関係破壊の法理により 541 条を修正してきた。その意義は次の 2 つの方向に大別される。第 1 に、債務不履行があっても、それが信頼関係

を破壊するに至らない場合、信義則上解除が制限される。たとえば、賃料不払い（最判昭 39・7・28 民集 18 巻 6 号 1220 頁）や用法違反（最判昭 41・4・21 民集 20 巻 4 号 720 頁）が軽微な場合などは、催告解除も認められない。また、賃借権の無断譲渡・転貸による解除（現 612 条）も、それが信頼関係を破壊する程の背信行為にあたらない旨の特段の事情が立証されたときは、制限される（最判昭 28・9・25 民集 7 巻 9 号 979 頁）。

第 2 に、これとは反対に、債務不履行が著しい背信行為にあたる場合は、催告を要さずにただちに解除することができる。本判決はこの方向に属する。

●改正法における解除の要件と信頼関係破壊の法理

原則＝催告解除・例外＝無催告解除とする基本的立場は改正後も維持されたが、次のような補充が行われた。第 1 に、催告解除（改正後 541 条）については、従来の催告＋相当期間経過だけでなく、軽微な不履行を除く旨が明文化された（同条ただし書）。信頼関係破壊の法理による改正前 541 条の制限は、改正後は同条ただし書の問題となろう。

第 2 に、無催告解除（現 542 条）の対象として、従来の履行不能（1 項 1 号・3 号）および定期行為（4 号）に履行拒絶（2 号・3 号）が付加された上、これらに準じて催告不要とすべき場合が一般化されて、「催告をしても契約をした目的を達するのに足りる履行がされる見込みがないとき」（5 号）が加わった。

本判決は、賃借人の債務不履行が著しい背信行為にあたり、催告しても信頼関係回復の見込みがなく、賃貸借契約を維持することに対する合理的期待が失われたと評価できる場合において、無催告解除を認める旨を明らかにしたものである。現 542 条 1 項 5 号は継続的契約において信頼関係が破壊された場合に関するこのような判例法理を具現化したものといえよう（中間試案補足説明 134 頁、松岡ほか・コンメン 646 頁〔渡辺達徳〕、潮見・総論 I 574 頁、中田・契約法 213 頁など）。改正前は無催告解除の対象が限定されていたため、541 条の解釈・運用上の修正を要したが、改正後において本判決は 542 条 1 項 5 号の適用例として位置づけられよう。

【参考文献】　本判決の評釈として、渡辺達徳・判例講義民法 II **86 事件**、杉本好央・判プラ II 224 頁。信頼関係破壊の法理と改正法の関係につき、秋山靖浩ほか編著『債権法改正と判例の行方』（日本評論社、2021）308 頁〔松井和彦〕。

武川幸嗣

86 付随的債務の不履行と解除

最高裁昭和43年2月23日判決　民集22巻2号281頁、判時513号34頁

【541条、542条1項5号】

論点 付随的債務の不履行を理由とする解除の可否

事実の要約

Xを売主、Yを買主として、X所有の本件土地に関する売買契約（以下、「本件売買契約」という）が締結され、①所有権移転登記手続は代金完済と同時にすること、②それまではYは本件土地上に建物その他の工作物を築造しないこととする旨の特別の約款（以下、「本件特約」という）が付された。ところが、Yは、Xの妻Aを通してXの承諾が得られたものと誤信して、Aから託されたXの実印、印鑑証明書、権利証等および、同じくXからの依頼に基づくものと誤信した司法書士を通して作成されたXの委任状等の登記申請書類を冒用して、売買代金を支払わないうちに、本件土地に関する所有権移転登記手続ならびに同地上に工作物を築造する工事を行った。そこでXはYに対して、本件特約違反を理由として本件売買契約を解除する旨の意思表示をするとともに、本件土地に関する所有権移転登記の抹消登記手続ならびに、上記の工作物の収去および本件土地の明渡しを求めて本訴に及んだ。

抹消登記手続＋工作物収去土地明渡請求

裁判の流れ

1審（福岡地判昭40・4・12民集22巻2号289頁）：Xの請求認容　2審（福岡高判昭40・9・20民集22巻2号294頁）：Yの控訴棄却　最高裁：Yの上告棄却

1審は本件特約違反を理由とする解除を認め、2審も本件特約違反は著しい背信行為にあたると認定してXの主張を容れたため、Yは背信性の有無を争って上告した。

判旨

〈上告棄却〉「特別の約款が外見上は売買契約の**付随的な約款**とされていることは…明らかであり、したがって、**売買契約締結の目的には必要不可欠なものではない**が、Xにとっては代金の完全な支払の確保のために重要な意義をもつものであり、Yもこの趣旨の下にこの点につき合意したものである…。そうとすれば、右特別の約款の不履行は**契約締結の目的の達成に重大な影響を与える**ものであるから、このような約款の債務は売買契約の**要素たる債務**にはいり、これが不履行を理由としてXは売買契約を解除することができると解するのが相当である。」

判例の法理

●契約の「要素たる債務」と「付随的債務」

債務不履行解除と不履行が生じた債務の種類・態様との関係につき、「要素たる債務」と「付随的債務」に分けて解除の可否を決するのが、伝統的な判例の立場であ

る。すなわち、判例は、1個の契約において同一当事者が複数の債務を負う場合において、そのうちのいずれかの債務について不履行が生じたとき、それがどの債務であっても催告＋相当期間の経過があれば解除ができるというわけではなく、**契約目的の達成にとって必須的な「要素たる債務」**とはいえない「**付随的債務**」の不履行があったにすぎないときは、特段の事情がない限り解除が認められない、と解していた（最判昭36・11・21民集15巻10号2507頁）。

●付随的債務の不履行と契約目的達成の可否

これを受けて本判決は、契約目的の達成にとって必要不可欠とはいえない付随的約款の違反であっても、その不履行が契約目的の達成に「**重大な影響を与えるもの**」であるときは、要素たる債務の不履行を理由とする解除が認められる旨を示した。

本判決と前掲昭和36年判決との関係については、付随的債務の不履行であっても解除が認められる「特段の事情」に当たる場合を示したものとして本判決を位置づける見解（付随的債務の例外）と、本判決は要素たる債務の意義を事案に応じて緩和ないし拡張したものと解する見方（要素たる債務の柔軟化）とに分かれている。

本判決ならびにこれに対する理解の対立からも分かるように、契約上のある債務が要素たる債務に当たるか否かを判断するためには、当該債務がその契約目的の達成にとってどのような意味を持つかに関する解釈を要することから、その認定は必ずしも容易ではない。

判例を読む

●改正法における要素たる債務と付随的債務の区別

本判決の意義については上記の通り理解が分かれるものの、本判決を含む判例法理は、債務不履行によって契約目的の達成が危殆化したか否かという観点を解除における要件判断の基礎に据えている。この基本的な考え方自体は改正法に引き継がれたが、要素たる債務と付随的債務の区別は明文化されなかった。そして、不履行が生じた債務の種類・態様を直接問うことなく、**催告の要否に応じて原則＝催告解除（改正後541条）・例外＝無催告解除（現542条）**とする区分を通して、**契約目的達成の可否を判断する要件構成**が採用された。そのため、ある債務の不履行を理由として契約を解除することができるかどうかについては、契約目的達成の可否および催告の要否に従って決すべきこととなる。改正後において要素たる債務と付随的債務の区別は、これによってただちに解除の可否が決定されるわけではないものの、催告の要否および不履行の軽微性（後述）ならびに契約目的達成の可否を判断する際における考慮要素の一つとしてなお意義を有することになろう。

●催告解除における「不履行の軽微性」要件と契約目的達成の可否

催告解除の要件としては、履行が可能であることを前

提として、**催告＋相当期間経過に加えて、不履行が軽微でないこと**（改正後541条ただし書）が求められている。すなわち、催告＋相当期間の経過にもかかわらずなお債務が履行されないからといって、これをもってただちに解除の要件を充足するわけではなく、不履行の状態ならびに催告期間における債務者の態様等にかんがみて、それが「軽微でない」といえるかどうかがさらに問われる。

そこで、その判断基準につき、契約目的達成の可否との関係が問題となる。同条ただし書の立法経緯に照らせば、この軽微性要件は、必ずしも契約目的の達成が不能となるに至ったことまでを要しないとされており、その理由の一つとして、契約目的の達成にとって必須的とはいえない債務の不履行であっても解除が可能である旨を示した本判決の見解が引用されている（部会78回議事録31頁以下）。この点については、無催告解除が契約目的を達することができない場合を要件（現542条2項3号・4号・5号）とすることの均衡上、催告を行って相当期間が経過することによってそれが緩和される旨をいかにして正当化することができるか、という問題が提起された。そのため、要件面における調和を図るために、催告解除における軽微性要件を契約目的の達成不能に近づけて解釈することによって対応する工夫が考えられる。ただし、催告解除の場合は履行期における履行の可否および不履行の程度だけでなく、その後催告によって履行を促してもなお不履行が改善されないことに対する債務者の態様評価が加味されるため、この点が無催告解除とは異なることに留意を要する（大村＝道垣内・債権法改正のポイント149頁［吉政知広］、中田ほか・講義債権法改正84頁［道垣内弘人］、松岡ほか・コンメン648頁［渡辺達徳］、潮見佳男ほか編著『Before/After民法改正〔第2版〕』（弘文堂、2021）135頁［森田修］、中田・契約法205頁）。そこで、本判決が判示したところを改正法における催告解除の要件判断に反映させるとすれば、催告後における不履行の継続が契約目的の達成に重大な影響を与えるに至ったかどうかを、判断すべきことになろう（一問一答債権関係改正236頁、大村＝道垣内・債権法改正のポイント146頁［吉政知広］、松岡ほか・コンメン647頁［渡辺達徳］）。

たとえば、売買における買主の代金債務、あるいは、賃貸借における賃借人の賃料債務につき不履行があったとしても、その不払額が極めて僅少であった場合は、催告＋相当期間経過においてなお不足分の支払がないとしても、その不履行は依然として軽微であると評価されることがあり得る。これに対して、賃借人に用法違反があり、それがただちに解除できるほど重大なものではないとしても、催告を受けたにもかかわらず賃借人が利用態様を改めようとせず、賃貸人との信頼関係を破壊するに至った場合は、もはや軽微な不履行とはいえず、解除が肯定され得るといえよう。

● **無催告解除における契約目的達成の可否と本判決の意義**

このように、本判決が示した一般論は改正法における催告解除に関する制度設計に影響を与えたのであるが、本判決それ自体は無催告解除を認めたものである点に注意が必要である。本判決によれば、本件特約は本件売買契約上の付随的約款であるが、これに基づくYの債務は、売買代金債務の履行を確保するための手段として重要な意義をもつものである。そうすると、Yが売買代金を支払わずに行った本件土地に関する所有権移転登記手続および工作物の築造は、担保の毀滅に相当する行為であるところ、かかる債務不履行を理由としてXがただちに本件売買契約を解除することの許否が問われる。本件においてXの催告を要すると仮定すれば、Xによる抹消登記手続請求および工作物収去請求は、解除に基づく原状回復請求としてではなく、これとは反対に、本件売買契約を維持してその履行を確保するために、本件特約違反を治癒するための措置として行われるべきものとなるところ、それにもかかわらず、これに対してXが適切に対応しないことにより、代金支払の危殆化を具体的に強めた場合において、解除を認めるべきこととなろう。

これに対して無催告解除を認めた原審は、Yによる本件特約違反を著しい背信行為と捉え、このような場合においてまで、Xがこれを甘受して本件売買契約を維持すべき合理的理由はないと判示した。この判決理由から原審は、催告を要しないとする根拠を不履行の重大性および背信性に求めているように見受けられる。本判決は前述の通り、Yの不履行が契約目的の達成に重大な影響を与えるものであることを理由として解除を認めたものであり、催告の有無ひいては催告を要しないことに関する理由については明らかではないが、このような原審の評価を前提とする判断であると解されようか。

なお、本判決のような事案において無催告解除を認めるか否かにつき、改正後は現542条1項5号の適用の可否が問われるが、条文上要件とされている「催告をしても契約をした目的を達するのに足りる履行がされる見込みがないことが明らかである」ことと、債務不履行が「契約締結の目的の達成に重大な影響を与える」ことを示した本判決との関係が、あらためて問題となろう。

【参考文献】　本文中に挙げたもののほか、本判決の解説として、鈴木重信・最判解民昭和43年度（上）46頁など。本判決と改正法の関係につき、福本忍・百選Ⅱ88頁、秋山靖浩ほか編著『債権法改正と判例の行方』（日本評論社、2021）235頁［松井和彦］。

武川幸嗣

87 同一当事者間での2個の契約のうち1個の契約の債務不履行が他の契約の解除の理由となる場合

最高裁平成8年11月12日判決　民集50巻10号2673頁、判時1585号21頁、判タ925号171頁

【541条】

論点　同一当事者間で締結された複数の契約のうち1個の契約の債務不履行を理由として、他の契約をもあわせて解除することの可否

事実の要約

　Yはリゾートマンションである本件マンションを建築・分譲するとともに、スポーツ施設である本件クラブを管理する会社であり、Xらは、Yから、本件マンションの区分所有権を買い受ける（以下、「本件売買契約」という）とともに、本件クラブの会員権を購入した（以下、「本件会員権契約」という）。Yは、本件マンションの販売に際して、本件会員権付きの物件であり、区分所有権の購入者が本件クラブの会員としてスポーツ施設を利用できることを宣伝しており、本件売買契約の契約書には、本件マンションの買主は購入と同時に本件クラブの会員となる旨が記載されていたほか、本件クラブの会則には、本件マンションの区分所有権を本件会員権と分離して処分することができない旨が定められていた。ところが、本件クラブの施設内容である屋内温水プール（以下、「本件プール」という）の完成が遅延し、XらはYに対して本件プールの建設を再三要求したが、着工もされないため、XらはYに対し、本件売買契約および本件会員権契約を解除する旨の意思表示を行うとともに、売買代金の返還ならびに会員権登録料等の支払を請求して本訴に及んだ。

```
        本件会員権契約（本件クラブ）
X ───────────────────── Y
      本件プール完成遅延 ──→ 解除

   本件売買契約（本件マンション）──→ 解除？
```

裁判の流れ

　1審（大阪地判平6・12・19民集50巻10号2691頁）：Xらの請求認容　2審（大阪高判平8・1・31民集50巻10号2698頁）：Xらの請求棄却　最高裁：破棄自判

　1審が、本件マンションと本件会員権との不可分一体性を理由として、本件プールの建設および利用の提供は本件会員権契約のみならず本件売買契約における要素たる債務にあたるとして、Xらの請求を認容したのに対し、2審は、本件プールの利用が本件売買契約の契約目的の達成に必須的である旨につき、本件売買契約において表示されていたとはいえないとして、これを棄却したため、Xらが上告。

判旨

　〈破棄自判〉「…**同一当事者間の債権債務関係がその形式は甲契約及び乙契約といった二個以上の契約から成る場合であっても、それらの目的とするところが相互に密接に関連付けられていて、社会通念上、甲契約又は乙契約のいずれかが履行されるだけでは契約を締結した目的が全体として達成されないと認められる場合には、甲契約上の債務の不履行を理由に、その債権者が法定解除権の行使として甲契約と併せて乙契約をも解除することができるものと解するのが相当である。**」

　「…Yによる屋内プールの完成の遅延という本件会員権契約の要素たる債務の履行遅滞により、本件売買契約を締結した目的を達成することができなくなったものというべきあるから、…右の履行遅滞を理由として民法541条により本件売買契約を解除することができるものと解するのが相当である。」

判例の法理

●契約の個数と債務不履行の有無および態様

　第1に、本件クラブ会員権付きの本件マンション売買を目的とする取引を1個の契約とみるべきか。本件マンションの区分所有権と本件クラブ会員権は別個独立の財産権であり、スポーツ施設はマンションの共用施設とは異なるため、たとえ両者の購入が同時に行われたとしても、XY間の取引は、両者を一体とする1個の売買契約ではなく、本件マンションに関する本件売買契約と、本件クラブ会員権の購入を目的とする本件会員権契約の2個の契約から成る。本判決はこのような認定を前提としている。

　第2に、本件プールの完成の遅延は債務不履行に当たるか。本件プールは本件クラブのスポーツ施設であり、その利用は本件クラブ会員権の重要な内容であるため、本件プールの完成は本件会員権契約における要素たる債務にあたり、完成の遅延は本件会員権契約の解除事由となる。しかしながら、本件プールは本件マンションの共用施設ではないため、その完成は本件売買契約上の債務ではない。

●複数契約の解除

　第3に、本件プールの完成の遅延を理由として、本件会員権契約だけでなく、本件売買契約を併せて解除することができるか。本件売買契約と本件会員権契約の目的が相互に密接に関連づけられていて、社会通念上、両契約のいずれかが履行されるだけでは契約を締結した目的が全体として達成されないと認められる場合には、本件会員権契約の不履行を理由として、本件売買契約を併せて解除することができる。

　本件マンションは本件プールを含むスポーツ施設の利用を主要な目的とする不動産であり、本件プールの完成の遅延により本件売買契約の目的を達成することができなくなったと認められるため、本件会員権契約の履行遅滞を理由として、本件売買契約を解除することができる。

判例を読む

●契約の個数

　本件におけるXY間の取引について、本件会員権と本件マンションの不可分一体性を重視して、「本件会員権付きマンション」の給付を目的とする1個の売買契約と認定すれば、本件プールの完成の遅延が契約締結の目的の達成に重大な影響を与えると認められる場合（→本書**86事件**）、契約全体を解除することが可能である。これに対して、本判決の判断は上記の通り、本件では本件会

員権契約と本件マンションの区分所有権に関する本件売買契約との2個の契約が締結されたことを前提とするものである。

●同一当事者間における複数契約とその相互関係

同一当事者間において複数の契約が同時に締結されたとしても、それらが別個独立の契約である以上、一方の契約の効力が他方に影響することはないのが原則である（**契約の相対効**）。しかしながら、形式的には別個の契約であっても、それらがつねに無関係であるとは限らず、共通の目的を達成するために締結された場合や、ある契約の履行を確保するための手段として他の契約が締結された場合など、実質的にみて相互に関連性を有することが少なくない。たとえば、被担保債権に対する担保物権の付従性により、同一当事者間において金銭消費貸借契約と抵当権設定契約が別個に締結されたとしても、貸金債権が無効となれば抵当権も効力を失う。また判例には、貸金返済のために借主の娘を酌婦として稼働させることを目的とするいわゆる芸娼妓契約の有効性につき、金銭消費貸借契約と労働契約から成る同契約のうち、少なくとも労働契約は公序良俗に反して無効というべきであるが、貸金債権を存続させたままでは、未成年者の人身自由に対する過度な拘束防止という無効の目的が達成されないとして、金銭消費貸借契約もあわせて無効となる旨を示したものがある（最判昭30・10・7民集9巻11号1616頁）。

本判決は、**契約目的相互間の密接関連性**および、**一方の契約の不履行による契約目的全体の達成不能を要件として、同一当事者間で締結された複数契約における一方の契約の不履行を理由とする他方の契約の解除**を認めたものである。

●解除の可否に関する判断基準

本判決が一般論として示した、契約目的相互間の密接関連性の有無および、契約目的全体の達成の可否については、事案に即して個別具体的に判断されることになる。本件においては、①Yは本件マンションの分譲に際して本件クラブ会員権付き物件である旨を宣伝して購入を勧誘していたこと、②本件売買契約と本件会員権契約が同時に締結されたこと、③本件売買契約書にも、本件マンションは本件クラブ会員権付きであり、買主は本件クラブの会員となって会則を遵守すべき旨が記載されていたこと、④本件クラブの会則上、本件マンションと本件会員権を分離して処分することができないとされてことなどの事実認定に照らせば、本件マンションの販売において、買主が本件クラブの会員とならずにマンションの区分所有権だけを取得することは予定されておらず、上記の「密接関連性」が認められよう。

そのうえで本判決は、本件売買契約締結の目的には、本件マンションへの居住だけでなく本件クラブの会員としてスポーツ施設を利用することが重要なものとして含まれており、本件プールの利用ができないことにより本件マンションの販売・購入目的も達成不能となったという判断に至ったものと解される。

とくに留意すべきは、本件プールの利用を望む買主側の購入動機だけでなく、当事者双方にとって本件プールの利用が重要な意味をもち、その旨が本件売買契約の締結に際して両者に共通の目的として組み込まれたことか求められる点である。本件では、売主であるYの側が主導的な役割を果たしながら、本件マンションを本件会員

権と結合させて販売するとともに、本件売買契約の締結にあたり、本件マンションへの居住とあわせて本件プールを含むスポーツ施設を利用できることを約していたにもかかわらず、その利用を提供することができる見込みが立たないというのであるから、本件マンションの居住自体に支障がないことを理由として本件売買契約のみを維持することにつき、Yに正当な利益があるとはいえないであろう。

●改正法における本判決の位置づけ

本判決は、改正後541条においてどのように理解されるべきであろうか。本件においては、本件プールの完成が遅延し、Xによる再三の要求にもかかわらず着工すらされなかったことから、そのような態様が本件会員権契約において軽微な不履行とはいえないことは明らかであるが、それが本件売買契約においても「軽微でない」といえるのであれば、併せて解除することが認められるのか。本判決が説示するところを改正後541条に反映させるとすれば、複数契約の解除における軽微性要件については、一方の契約の不履行によって契約目的の達成が不能となるに至ったことが求められると解すべきことになろうか。

●本判決の意義および射程

本判決は、複数契約において解除が認められる場合に関する一般論を明示した点に大きな意義がある。もっとも、その射程が本件以外の複数契約について具体的にどこまで及ぶかについては、ある契約それ自体において債務不履行がないにもかかわらず、他の契約上の不履行を理由として解除ができるというのはあくまで例外則であるため、慎重に判断されるべきであると思われる。

また、本判決は同一当事者間における複数契約を対象とするものであり、その射程は異別当事者間の複数契約には及ばないと解すべきであろう。これを本件にあてはめれば、本件マンションと本件会員権の売主が異なる場合が該当するが、本件マンションの売主が、自身の債務を履行したにもかかわらず、自己が当事者となっていない本件会員権契約につき、他人の不履行に関するリスクを負うべき理由はないからである。もっとも、本件マンションの売主および本件会員権の売主ならびに買主の三者間において特段の合意かされた場合のほか、両契約の目的が相互に密接に関連づけられており、一方の契約が効力を失ったときは他方の契約のみを維持する必要がなくなる旨の共通理解を前提として契約が締結されていた場合や、売主間に実質的一体性が認められる場合などにつき、本判決の射程外ではあろうが検討を要しよう。

【参考文献】 本判決の評釈として、近藤崇晴・最判解民平成8年度（下）950頁、大村敦志・重判＝平成8年度重判68頁、鹿野菜穂子・百選Ⅱ90頁など。

武川幸嗣

88 解除の遡及効

大審院大正 8 年 4 月 7 日判決　民録 25 輯 558 頁

【545 条】

論点 解除の効果に関する法的性質についてどのように考えるべきか

事実の要約

　X の子 A と Y の先代 B が養子縁組を行うに際して、X と Y らが居住する地方の慣習に従い、持参分として X 所有の本件土地を B に贈与する旨の本件贈与契約が締結され、引渡しおよび所有権移転登記手続が行われた。その後、A と B は協議上離縁することとなったが、上記慣習によれば、持参分の贈与は離縁の場合に当然解除となって贈与の目的物は贈与者に返還すべきものとされていたため、X が Y に対し、本件土地の返還として所有権移転登記手続ならびに引渡しを求めて、本訴に及んだ。

裁判の流れ

　1 審（福岡地方裁判所）：判例年月日不明　2 審（長崎控訴院大 8・1・25）：X の請求認容　大審院：上告棄却

　Y は、2 審が解除に基づく原状回復のために必要な物権行為としての所有権の復帰ないし移転の有無について判断することなく、債権契約である本件贈与契約の解除を認定しただけでただちに X の請求を認容した点には違法があるなどと主張して、上告。

判旨

　〈上告棄却〉「特定物贈与の契約に因り其の物の所有権が受贈者に移転したる場合に於て、該贈与契約が解除せられたるときは、**贈与なかりしと同一の効果を生じ、目的物の所有権は当然贈与者に帰属するものと解すべきこと**」は、本院の判例の立場であり（大判大 6・12・27 民録 23 輯 2262 頁）、本件においては、養子の離縁により持参分の贈与が当然解除となる旨の慣習に従う意思により、「贈与契約は解除せられたる事実なるを以て本訴土地所の所有権は当然 X に帰属したるものと為さざる可からず。故に原院が X の引渡の請求を認容したるは正当」である。

判例の法理

　特定物の贈与契約が解除された場合、これにより当初から契約がなかったのと同一の効果を生じ（解除の遡及効）、目的物の所有権は初めから受贈者に移転しなかったことになるため、原状回復のための特段の行為を新たに要することなく、当然に贈与者に帰属する。

判例を読む
●解除の法的性質に関する直接効果説

　545 条が定める解除の諸効果を統一的かつ整合的に説明するための理論構成をめぐり、解除の法的性質論が古くから議論されてきた（民法講座⑤ 113 頁［北村実］、潮見・総論 I 595 頁以下、中田・契約法 221 頁以下など）。伝統的な学説は解除の遡及効を認める「**直接効果説**」に立つ（我妻・講義 V 1 188 頁以下、川井・各論 91 頁、野澤・I 96 頁、平野・各論 I 115 頁など）。この見解は、取消しの効果に関する現 121 条のような明文規定は存しないが、解除についても無効・取消しにおけると同じように、契約は初めに遡って効力が生じなかったこととなる、という理解に立脚する。これによれば、解除の諸効果は次のように説明される。①未履行債務は当然に消滅するとともに、既履行債務も遡及的に消滅するため、既履行の給付に関する原状回復義務は不当利得返還義務の性質を有する。現 545 条 1 項本文・2 項・3 項は現 703 条・704 条の特則として位置づけられる。②契約に基づく財産権の移転は当初から生じなかったことになり、所有権等を復帰させるための特段の行為を要しない。ただし、これを貫くと、売買契約などが解除された場合において第三者は無権利者からの譲受人となってその取引安全が害されるため、現 545 条 1 項ただし書は、第三者に対する関係において例外的に遡及効を制限する旨を定めている。その趣旨は取消しにおける現 95 条 4 項・96 条 3 項と軌を一にする。③解除の遡及効を貫徹すると、初めに遡って債務不履行責任が生じなかったことになることから、現 545 条 4 項は、債権者を保護するために例外的に損害賠償請求権を存続させることを明らかにする規定である。

　判例の立場は古くからこの直接効果説に依拠している（大判大 7・12・23 民録 24 輯 2396 頁、最判昭 34・9・22 民集 13 巻 11 号 1451 頁など）。本判決もその中の一つである。

●直接効果説に対する批判

　判例が採用する直接効果説に対しては、理論的な側面からかねてより次のような難点が指摘されていた。①適法に成立した契約が、その後に存続させるべき理由を失って中途で解消された場合に関する解除の効果につき、契約の成立に瑕疵があったためにその効力の発生自体が否定される無効・取消しと同一視するのは、行き過ぎではないか。②第三者の保護について、解除の前後を問わずに対抗要件が必要であるとすれば（大判大 10・5・17 民録 27 輯 929 頁、最判昭 35・11・29 民集 14 巻 13 号 2869 頁〈判例講義民法 I 87 事件〔石田剛〕〉）、本判決が示すように、当初から物権変動が生じなかったことになると解する解除の遡及効と相容れないのではないか。③損害賠償の範囲については現 416 条によって決定され、履行利益の賠償も含まれるとすると、初めからなかったことになるはずの契約上の利益を保証するに等しく、解除の遡及効と矛盾するのではないか。

●原契約内変容説の台頭

　直接効果説に対する批判を受けて、契約の効果が当初から生じなかったものと構成する必要はなく、遡及効を否定または制限しつつ、解除に基づいて契約関係を適切に清算するための諸効果が新たに発生すると捉える見方が、提唱されるに至った。

　このような立場はさらにいくつかの見解に分かれるが、

近時支持を集めているのが、「原契約内容変容説」である（平井・各論Ⅰ240頁以下、近江・Ⅴ95頁以下、潮見・総論Ⅰ597頁以下など）。同説は、解除によって契約が初めから消滅するのではなく、契約自体は存続しながら、履行に向けて合意に基づいて成立した元の契約内容が、法が定めるところに従い原状回復ないし清算を目的とするものへと変容する、という理解を基礎として、概ね以下のように展開する。

①未履行債務につき債務者は解放され、将来に向かって消滅する。②既履行債務は弁済によって消滅するが、既履行の給付について原状回復ないし清算のための新たな返還請求権が発生する。現545条1項本文は①②の旨を定めた規定である。③所有権等の財産権の移転については新たに復帰的物権変動が生じることとなり、これにより解除権者と第三者との間において相容れない物権変動が対立して、両者は対抗関係となる。この理は第三者が解除前後のどちらに現れたかを問わずに妥当するが、同条1項ただし書は、とりわけ解除前の第三者との関係についてこの旨を確認する規定である。④同条4項は解除と損害賠償請求権の併存を認めるが、解除による履行からの解放および既履行給付の清算は、債務不履行責任を免除する趣旨ではなく、不履行によって生じた損害の填補と両立する。それが履行利益の賠償を含むとしても、解除による原状回復ないし清算は、予見すべき契約上の利益を履行とは異なる方法によって保証することを妨げるものではない。

● **解除の法的性質論の意義**

解除の効果に関する法律構成についてはこのような立場の相違があるものの、それは解除によって生じる諸効果をどのように説明すべきかに関する理論的問題であって、必ずしもその法的性質から演繹的に、あるべき効果内容のすべてが導かれるというわけではない。そのため、いずれが平易にして明快であるかに関する優劣はあろうが、妥当な効果内容のあり方については、遡及効の有無にかかわらず、契約当事者間あるいは解除権者と第三者間の公平の確保に努めながら、個々の問題類型ごとに考察することが求められる。

まず基本的効果である原状回復義務の内容については、とくに物の返還に関して、返還不能の場合における価格償還義務の有無・算定および、果実や使用利益の有無・範囲などが問題となるが、これらについては遡及効の有無だけでなく、解除原因に対する考慮の要否や目的物の性質、さらには、双務契約における当事者双方の対価的均衡の維持なども吟味する必要がある（→**89事件**）。

これに対して第三者との関係については、解除による物権的効果の遡及的消滅の有無が第三者の地位に影響し得る。解除権者と第三者を対抗関係と捉える理解は原契約内容変容説に整合的であり、また、学説には解除後の第三者について民法94条2項類推適用法理による保護を示唆するものがあるが（内田Ⅰ449頁以下、川井健『民法概論2物権』（有斐閣、2005）44頁、平野・各論Ⅰ126頁）、このような法律構成は直接効果説に親和的である。もっとも、取消しにおける第三者保護に関する議論（判例講義民法Ⅰ**86事件**〔石田剛〕）から看取できるように、解除の遡及効と対抗関係説は両立可能であり、第三者の権利保護資格要件として登記を要求する法律構成も成り立ち得る。さらに、解除後の第三者については、対抗関係説と94条2項類推適用説をめぐる理論構成上の優劣より、

解除の事実について悪意の第三者を排除すべきか否かが重要であろう。

● **本判決と解除の法的性質論との関係**

すでに確認したように、本判決は直接効果説に立つものである。そのため、本件土地の所有権は、本件贈与契約が解除されたことによって当初からXに帰属していたことになり、Xの請求は当然に肯定されるべきものとなる。

原契約内容変容説によっても、解除によって本件土地の所有権がXに復帰するため、Xの請求の可否に相違が生じるわけではない。

本判決においてYが争ったのは、解除の有無と所有権の復帰を別個に捉えるべきか否かであった。この点につき直接効果説においては、解除によって遡及的に消滅するのはもっぱら債権契約に限られるのか、原契約内容変容説では、解除に基づく復帰的物権変動が解除の意思表示のみによって生じるのか、さらに新たな行為を要するかが問われる。これはすぐれて物権行為の独自性・無因性の肯否に関わる問題であり、解除の法的性質にかかわらず、解除の意思表示によって債権的効果のみならず物権的効果も生じると解すれば、本判決の結論は変わらないことになろう。

● **改正法と解除の法的性質**

解除に関する主要な改正点は、解除の目的を債務不履行責任ではなく、維持すべき合理的期待が失われた契約の拘束力からの解放と捉えたうえで、債務者の帰責事由の有無を問うことなく、不履行が契約目的の達成に与える影響の大小によって解除の可否を決する要件構成を採用したことにある。もっとも、どのような場合に解除を認めるべきかに関するこうした改正は、それが認められた場合における遡及効の有無に反映されるものではない。

解除の効果につき改正法は、金銭以外の物の返還義務の内容に受領後に生じた果実が含まれる旨の現545条3項を新設したが、この帰結は解除の遡及効の有無にかかわらず導かれるものである。

このように、改正法は解除の法的性質に直接影響を与えず、改正後においても引き続き理論的問題として残されることとなった。「解除によって契約が初めに遡って消滅する」という説明は簡明であるが、そのように言わなければならないのかが、今後も解除の諸効果をめぐる具体的検討が進むほどに、問いかけられよう。

【**参考文献**】　本文中に挙げたもののほか、本判決の評釈として、渡辺達徳・判例講義民法Ⅱ**89事件**。

武川幸嗣

89 解除と買主の使用利益の返還義務

最高裁昭和 51 年 2 月 13 日判決　民集 30 巻 1 号 1 頁、判時 808 号 55 頁、判タ 334 号 181 頁

【545 条 3 項】

論点　他人物売買の解除における、買主の他人物売主に対する使用利益の返還義務の有無

事実の要約

中古自動車の販売業者Yは本件自動車をXに売却し（以下、「本件売買契約」という）、Xは代金を支払ってその引渡しを受けた。ところが、本件自動車はAが所有しており、Aが所有権留保特約付きでBに割賦販売した後、Bが代金を完済せずにYに転売したものであった。Aが留保所有権に基づいて本件自動車をXから引き上げたため、XがYに対して 561 条（現 542 条 1 項 1 号）により本件売買契約を解除する旨の意思表示を行い、支払済みの代金の返還および遅延損害金の支払を求めて本訴に及んだ。

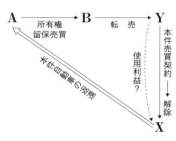

裁判の流れ

1 審（福岡地小倉支判昭 46・6・30 民集 30 巻 1 号 15 頁）：Xの請求認容　2 審（福岡高判昭 49・9・11 民集 30 巻 1 号 18 頁）：Yの控訴棄却　最高裁：破棄差戻

1 審がXの請求を認容したのに対し、Yは、Xが使用利益返還義務を負うことを理由に使用利益の控除を主張して争ったが、2 審が、他人物売買の売主は使用収益権限を有さず使用利益に対応する損失がないとして、これを斥けたため、Yが上告。

判旨

〈破棄差戻〉「**売買契約が解除された場合に、目的物の引渡を受けていた買主は、原状回復義務の内容として、解除までの間目的物を使用したことによる利益を売主に返還すべき義務を負うものであり、この理は、他人の権利の売買契約において、売主が目的物の所有権を取得して買主に移転することができず、民法 561 条〔現 542 条 1 項 1 号・561 条〕の規定により該契約が解除された場合についても同様であると解すべきである。**」最高裁はこのように述べて原審を破棄したうえで、使用利益についてさらに審理を尽くさせるため、本件を原審に差し戻した。

判例の法理

売買契約の解除により買主が売主に対して負うべき原状回復義務の内容には、**目的物の受領後に生じた使用利益の返還も含まれ**（最判昭 34・9・22 民集 13 巻 11 号 1451 頁）、この理は、**他人物売買が売主の債務不履行を理由に解除された場合についても妥当する**。最終的に売主が所有者に対して使用利益を返還すべき立場にあるとしても、それは別問題である。

判例を読む

●他人物売買の解除事由

他人物売買における売主の担保責任（旧 561 条）は、改正後は売主の財産権移転義務に関する債務不履行の問題として位置づけられ（現 561 条）、所有者から追奪された場合は履行不能が確定するため、これが解除事由となる（現 542 条 1 項 1 号）。

●改正法における解除と使用利益の返還

今般の改正により、解除における原状回復義務につき買主は目的物とともに果実を返還すべき旨の規定が新設された（現 545 条 3 項）。使用利益については明文化に至らなかったが、使用利益の有無・内容の不明確性や消耗による減価との関係などが問われたためであり、判例法理を変更する趣旨ではなく、これらについては改正後も解釈に委ねられる（中間試案補足説明 140 頁、中田・契約法 229 頁）。

●他人物売買の解除と使用利益

本判決の根拠は、①解除により当初から給付がなかった状態に復元すべきであるとすれば、買主が受領した使用利益も返還すべきこと、②売主は受領した代金＋利息（改正後 545 条 2 項）、買主は目的物＋果実・使用利益をそれぞれ返還して原状回復における給付の対価的均衡を確保すべきであり、①②は他人物売買にも妥当すること、③最終的な所有者－売主間の清算については別個に処理すべきであることに求められる。

●本判決の検討課題

他人物売買の場合は当事者間だけでなく所有者に対する清算が問題となるため、上記③のように両者を切り離してよいかが問われている（潮見・契約各論 I 109 頁以下など）。すなわち、本件のように目的物を所有者に直接返還すべき場合、もはや当事者間において給付の均衡を保つことができず、使用利益についてのみ原状回復を固持すべき理由はないのではないか。所有者との関係においては不当利得返還（703 条）あるいは占有者の果実返還（189 条 1 項）の対象となるところ、買主または売主が善意であった場合、本判決によれば、買主は無権利の売主に対して所有者に対する以上に重い責任を負い、反対に売主は使用利益を保持できることとなりかねず、不公平ではないか。そこで、目的物のみならず使用利益の帰属についても、所有者に対する清算関係に一元化すべきではないか。

なお、所有権留保売買においては買主に使用収益権限が認められるが、代金不払により解除された場合にも使用利益の保持を正当化できるかについても、残された課題となろう。

【参考文献】　本判決の評釈として、島田禮介・最判解民昭和 51 年度 1 頁、加藤雅信・昭和 51 年度重判 66 頁、田中教雄・百選 II 92 頁など。

武川幸嗣

90 贈与と書面

最高裁昭和60年11月29日判決　民集39巻7号1719頁、判時1180号55頁、判タ582号64頁、金判736号14頁　　　　　　　　　　　　　　　　　　　　　　　　　　　　　　　　　　【550条】

論点　民法550条の「書面」の意義

事実の要約

Aが死亡し、子XらがAを相続した。Aは晩年、本件土地を含む複数の土地および預金債権をYに贈与した。本件土地については、Aの前主Bの名義であったため、Aは司法書士に依頼し、本件土地をYに譲渡したからBからYに所有権移転登記をするようにとBに求める内容証明郵便（本件文書）を作成し、差し出していた。

Xらは、AからYへの各贈与の存在を否定し、本件土地に関しては、Xらが相続により取得したとして各共有持分の確認を求めた。また、贈与が認められた場合には遺留分の侵害が生じることから、予備的請求として、遺留分権に基づき取得した権利の確認を求めた。

贈与に基づくYの主張に対し、Xらは、本件土地の贈与は書面によらない贈与であり、民法550条本文に基づく取消権（現在の条文では解除権）をAから相続したものとして、取消し（解除）の意思表示を行った。

Yはこれに対し、上記の本件文書が贈与の書面であると主張した。

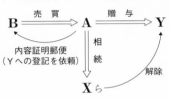

裁判の流れ

1審（名古屋地岡崎支判昭53・7・27民集39巻7号1725頁）：主位的請求を一部認容　2審（名古屋高判昭57・5・24民集39巻7号1732頁）：主位的請求を棄却、予備的請求を一部認容　最高裁：上告棄却

本件土地の贈与について、1審は、本件文書を民法550条本文の書面と認めず、Xらの各共有持分を確認した。他方、2審は本件文書を贈与の書面と認め、Xらの予備的請求のみ、一部を容容した。Xらが上告。

判旨

〈上告棄却〉「民法550条が書面によらない贈与を取消しうるものとした趣旨は、贈与者が軽率に贈与することを予防し、かつ、贈与の意思を明確にすることを期するためであるから、贈与が書面によってされたといえるためには、贈与の意思表示自体が書面によっていることを必要としないことはもちろん、書面が贈与の当事者間で作成されたこと、又は書面に無償の趣旨の文言が記載されていることも必要とせず、書面に贈与がされたことを確実に看取しうる程度の記載があれば足りるものと解すべきである。」本件文書については、「単なる第三者に宛てた書面ではなく、贈与の履行を目的として、…Bに対し、…直接Yに所有権移転登記をすることについて、同意し、かつ、指図した書面であって、その作成の動機・経緯、方式及び記載文言に照らして考えるならば、贈与者である亡Aの慎重な意思決定に基づいて作成され、かつ、贈与の意思を確実に看取しうる書面というのに欠け

るところはなく、民法550条にいう書面に当たる」。

判例の法理

●民法550条の趣旨と「書面」の概念

贈与は諾成契約であるが（549条）、民法550条は、既履行の部分を除き、書面によらない贈与を任意で解除できる旨を定め、無償契約である贈与の拘束力を緩和する。

そこで、何が書面にあたるかが問題となるが、判例は戦前より、550条の趣旨を、①軽率な贈与の予防および②贈与の意思の明確化を期することとし、これに即して書面を広く解する。本判決も、①②を理由に、「贈与がされたことを確実に看取しうる程度の記載があれば足りる」とし、第三者宛の内容証明郵便を書面と認めた。

判例を読む

●判例による「書面」概念の拡大

上記のような判例の法理によるならば、「書面」概念は非常に広いものとなる。内容につき、受贈者の記載は必要なく（大判昭2・10・31民集6巻581頁）、売買と記されていてもよい（大判大3・12・25民録20輯1178頁）。書面の作成・交付についても、最高裁は従前より、県知事に対する農地所有権移転の許可申請書（贈与者と受贈者が連署。最判昭37・4・26民集16巻4号1002頁）、贈与者と第三者との間で行われた調停の調書（受贈者は利害関係人として参加。最判昭53・11・30民集32巻8号1601頁）をいずれも書面と認め、贈与当事者間での作成・交付も不要とされた。

●「書面」概念の拡大の限界

学説の大勢は判例による「書面」の拡大に好意的であった。しかし、作成者や内容が証言等で定まるようでは、書面は紛争の予防機能を果たしえない（塚原朋一・最判解民昭和60年度432頁）。書面の存否は解除を認める基準としては形骸化し、総合判断がなされているともいわれる（池田清治「民法550条（贈与の取消）」民法典の百年Ⅲ303頁）。そのため、書面は一定の枠付けを要することもまた、指摘されてきた（注民⑭43頁〔柚木馨・松川正毅〕等、横山美夏「贈与」潮見ほか・詳解改正民法444頁）。

本判決は、第三者宛の本件文書を書面とし、受贈者の作成への関与も前提としない点では、書面を非常に緩やかに解する。もっとも、本件文書は贈与の履行を目的とするものであり、本判決も、「単なる第三者に宛てた書面ではな」いと述べる。一般的には、「当事者の関与または了解のもとに作成された」（前掲最判昭53・11・30）書面であることが求められていると解されよう。

【参考文献】　本判決の評釈として、上に示したもののほか、加藤永一・民商95巻4号575頁、後藤泰一・昭和60年度重判76頁、森山浩江・百選Ⅱ96頁。

森山浩江

91 書面によらない贈与と「履行の終わった」の意義

最高裁昭和 40 年 3 月 26 日判決　民集 19 巻 2 号 526 頁、判時 406 号 51 頁、判タ 175 号 117 頁、金法 409 号 6 頁　　　　　　　　　　　　　　　　　　　　　　　　　　　　　　　　【550 条】

論点　不動産の贈与は、どのような場合に民法 550 条にいう「履行の終わった」ものといえるか

事実の要約

　X（男性）と Y（女性）は親しく交際し、Y は結婚を待ち望んでいたが、その後 X は Y に対し、結婚を諦めてもらいたい、その償いとして 5 年後に洋装店を開いてやると申し出、Y はやむなくその申し出を受け入れた。Y はその後、他の男性と結婚した。

　5 年が経過し、Y は再三 X に約束の履行を迫った。X は Y に金 130 万円の支払を約し、その確保のため、本件建物に抵当権を設定することを約した。しかしその後 Y は、その金員では洋装店を開くこともできないから本件建物をもらい受けたい旨申し入れ、X は Y に本件建物の贈与を約し、登記上は売買の形式をとることとした。

　X は本件建物の登記済証と印鑑証明書を Y に交付し、Y はこれを司法書士 A 方に預け、後日 X と A 方に同行して、X から Y に対する所有権移転登記がなされた。

　X はその後、贈与の存在を否定し、本件建物の所有権移転登記抹消登記手続を Y に求めた。また、控訴審においては、本件贈与が成立したとしても、書面によるものではなく引渡しもされていないとし、贈与を取り消す旨（現 550 条では「解除」）の意思表示を行った。Y はこれに対し、本件贈与は書面による贈与であり、登記を了していること等から履行も終わっている旨を主張した。

裁判の流れ

　1 審（東京地判昭 37・2・28 民集 19 巻 2 号 530 頁）：請求棄却　2 審（東京高判昭 38・12・16 民集 19 巻 2 号 533 頁）控訴棄却　最高裁：上告棄却

　1 審は、X の請求を棄却。2 審も贈与を認めたうえ、X の贈与の取消し（解除）の主張については、X が Y に交付した本件建物の登記済証により登記がなされており、履行が終わっていないとすることはできないとした。

判旨

　〈上告棄却〉「不動産の贈与契約において、該不動産の所有権移転登記が経由されたときは、該不動産の引渡の有無を問わず、贈与の履行を終わったものと解すべきであり、この場合、当事者間の合意により、右移転登記の原因を形式上売買契約としたとしても、右登記は実体上の権利関係に符合し無効ということはできないから、前記履行完了の効果を生ずるについての妨げとなるものではない。」

判例の法理

●不動産の贈与における履行の終了と所有権移転登記

　贈与は諾成契約であるが（549 条）、書面によらない贈与は、履行の終わった部分を除き、各当事者が任意で解除をすることができる（現 550 条。旧 550 条では「撤回」、平成 16 年改正前の本条では「取消」。以下では「解除」の語を用いる）。不動産の贈与において、民法 550 条ただし書にいう「履行の終わった」とは、目的物の引渡しを要するのか、引渡しか登記のいずれかがあればよいのか、それとも両方が必要か等、複数の解釈がありうる。

　本判決は、引渡しは未了であるが移転登記は了してい

る建物について、引渡しの有無を問わず、登記がなされていれば「履行の終わった」ものとされることを明らかにした。併せて、登記は、売買を原因とする登記の形が取られていてもよいこととされた。

判例を読む

●判例による「履行の終わった」の解釈

　戦前からの判例においては、本事案とは逆に、登記は未了でも引渡しがあれば 550 条の解除ができなくなるか否かが主に問題となってきた。大審院・最高裁ともに、引渡しがあれば、未登記でも解除はもはや許されないとしてきた（大判明 43・10・10 民録 16 輯 673 頁、最判昭 29・7・6 ジュリ 65 号 47 頁ほか）。

　学説には主に、「履行の終わった」といえるには①引渡しと登記の両方を必要とするもの、②**引渡しか登記のいずれか一方があればよいとするもの**、③登記の有無にかかわらず引渡しがあれば足りるとするものがあった。従前の判例は③を採るようにもみえたところ（もっとも、この点の理解については加藤永一・百選 II 2 版 111 頁）、本判決は②を採るに至ったと解されている（高津環・最判解民昭和 40 年度 65 頁）。

●引渡しまたは登記をもって履行終了とする理由

　通説も、引渡しか登記のいずれかがあれば履行は終了したものとする。本判決は理由を明らかにしていないが、学説は主に、登記は慎重になされるもので、贈与者の意思を明確にすることにおいて引渡しに劣らないことを理由とする（我妻・講義 V2 230 頁）。

　民法 550 条本文が、贈与が確定的な効力を有するために書面を要求するのは、贈与者が軽率に贈与することを予防し、贈与者の意思の明確を期するためとされる（→ **90 事件**）。これを前提とすれば、同条ただし書も、履行が終われば贈与意思が明確となり軽率になされた贈与ではないとみるものと解され、「履行の終わった」の解釈も、贈与意思の明確な発現としての履行行為があればよいと捉えることになる。550 条においては厳密な意味での履行の終了が求められるわけではないこと、また、不動産の贈与の場合は引渡しまたは登記のいずれかがあればよいとすることも、このような視点から説明がなされうる。

　これに与しないとしても、日本では贈与書面の存在が非常に容易に認められ（→ **90 事件**）、書面の作成よりも登記のほうが厳格な手続を要することにかんがみれば、いずれにせよ本判決の結論自体は支持されよう。

【参考文献】　本判決の評釈として、上記のほか、来栖三郎・法協 82 巻 6 号 870 頁、中川淳・民商 53 巻 5 号 738 頁、遠藤浩・民研 544 号 20 頁等。

森山浩江

忘恩行為と解除

最高裁昭和53年2月17日判決　判タ360号143頁

【553条】

論点 特別な情誼関係に基づく贈与の後、受贈者が贈与者に対し苛酷な態度を取り関係を破綻させた場合、贈与者は贈与の効力を否定できるか

事実の要約

　Aは資産家Bの妻であり、姑を助け、Bの弟妹の養育等に尽くした。AB間には子がなく、Bの弟Yに家を継がせようと考え、実親にも優る世話をし、Yを大学に進学させ医師となるまでに教育し、開業まで援助を続けた。

　Yとその妻Cは、当初はAに感謝の念を有し、昭和24年にBが死亡した後はAに仕送りをし、昭和39年には、YおよびCをAの養子とする養子縁組届を行った（Aは事後にこれを容認）。Aは、Yを家の後継ぎとするため、Bの全遺産をYに取得させるべく、他の親族を説得し、Aの相続分もYに贈与した結果、本件各土地についてYが相続により所有権を取得した旨の登記がなされた。

　その後、他者への財産の贈与等をめぐり、YはAを疎ましく思うようになり、別訴の法廷でAの名誉を傷つける虚偽の事実を述べたり、仕送りを中止して困窮に陥らせたうえ、近隣にもAに金を貸さないよう手紙を送る等の仕打ちに及んだ。Aはその後YCに対して離縁の訴えを提起した（本件1審係属中に和解し、協議離縁に至った）。

　AはYに対し、不法行為に基づく慰謝料請求に加え、Yへの贈与はAを扶養し孝養を尽くすこと等の負担付であり、負担の不履行により解除した等と主張し、本件土地の共有持分移転登記手続等を求めた。

　なお、Aは第1審の途中で死亡し、包括受遺者Xが訴訟を承継した。

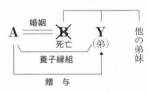

婚姻 A＝B Y 他の弟妹
死亡 （弟）
養子縁組
贈与

裁判の流れ

　1審（東京地判昭50・12・25判時819号54頁）：請求一部認容　2審（東京高判昭52・7・13下民集28巻5-8号826頁）控訴棄却　最高裁：上告棄却

　1審は、贈与の基礎であった情宜関係がYの忘恩行為により破綻消滅し、Aに贈与の撤回権が発生するとして、本件土地にかかる請求および慰謝料請求の一部を認めた。Yは控訴。2審は、後掲のとおり、Aの贈与を負担付贈与とし、Yの負担の不履行によるAからの解除を認め、控訴を棄却した。Yが上告。

判旨

　〈上告棄却〉「原審の認定判断は、原判決挙示の証拠関係に照らし、正当として是認することができ、その過程に所論の違法はない」。

　（2審の判旨）Aの贈与の目的はAの財産のほとんど全部を占め、生活の場所及び経済的基盤を成すものであったから、本件贈与は、AY間の特別の情宜関係および養親子関係に基き、Aの生活に困難を生じさせないことを条件とするもので、「老令に達したAを扶養し、円満な養親子関係を維持し、Aから受けた恩愛に背かないこと」をYの義務とする負担付贈与である。Yは負担の履行を怠っており、催告しても履行の意思がないことが推認され、贈与はAの解除の意思表示により失効した。

判例の法理

●負担の不履行による解除

　1審は、贈与の基礎となった情宜関係が受贈者の忘恩行為により破綻消滅し、贈与者が困窮等に陥り、贈与の効果の維持が諸般の事情に照らし条理上不当である場合は、贈与を「撤回」（債権法改正後の用語では「解除」に当たる）できる旨を述べ、Xの同旨の主張を条理により認めた。Xはこのほか、負担付贈与の負担不履行による解除、および黙示の解除条件の成就を主張した。

　2審は上記のとおり**負担付贈与**を認め、553条により旧541条・旧542条が準用されるとし、**負担の不履行に基づく解除**を認めた。現行法では、542条1項5号の準用による解除を認めたものといえよう。

　上告審は2審の判断を是認し維持したのみであるが、本件のような事案につき、贈与の負担不履行による解除を肯認した例として意味を有する。

判例を読む

●負担付贈与という構成の選択

　本件は受贈者が贈与者を苛酷なまでに冷遇しており（「忘恩行為」とも総称される）、贈与の効力を否定すべきことにはほぼ異論がないが、履行後の贈与の解除等を認める規定は存在せず、様々な構成が模索されてきた（債権法改正過程につき中間試案第36、4および36、5参照）。

　下級審裁判例では、本件1審同様、信義則または条理による特別な「撤回」（解除）も認められてきたが（新潟地判昭46・11・12判時664号70頁等）、負担付贈与という構成は、条文に基づき、より手堅い構成といえる。もっとも、負担と認めるには給付内容の確定性が求められ、扶養はともかく、円満な関係の維持や恩愛に背かないことを負担といえるのか、問題もある。

●その他の構成との関係

　下級審裁判例や学説には、ほかにも、錯誤（現95条1項2号の錯誤、福岡地判昭46・1・29判時643号79頁）、目的不到達等による不当利得返還（最判平16・11・5民集58巻8号1997頁）、受遺欠格（965条・891条）に準じた効力の否定（札幌地判昭34・8・24下民集10巻8号1768頁）等も挙げられるが（注民⑭34頁以下〔柚木馨・松川正毅〕）、単なる人的関係の破綻、贈与者の虐待等、対象としうる事例は各々異なる。そもそも贈与の効力否定には慎重な見解もある（良永和隆・判例講義民法Ⅱ135頁）。忘恩行為と一括りにせず、各構成における要件の充足を事案に即して検討する必要がある。負担または黙示の解除条件の存在が認められる事案であれば、これらの構成は根拠とする条文も明確であり、支持を得やすいであろう。

【参考文献】 判決の評釈として、中川淳・法時50巻10号160頁、平井一雄＝岸上晴志・判タ363号77頁。

森山浩江

93 売買予約完結権譲渡の対抗要件

最高裁昭和 35 年 11 月 24 日判決　民集 14 巻 13 号 2853 頁、判時 243 号 18 頁、判タ 115 号 46 頁
【177 条、467 条、567 条、不登 105 条（旧 2 条）】

論点　仮登記によって保全された不動産売買予約の予約完結権が譲渡された場合に、仮登記への権利移転の付記登記が予約完結権譲渡の対抗要件となるか

事実の要約

　昭和 29 年 12 月に B は A が所有する建物について売買予約を締結し、それに基づく所有権移転請求権を保全するために昭和 30 年 1 月 21 日に仮登記をして、7 月 10 日に B は X にその予約完結権を A の承諾を得て譲渡した。ところが、A に対して貸金債権を有する Y がその執行保全のために同建物について仮差押えを求め、8 月 2 日にその旨が登記された。

　他方、8 月 17 日に X は B から予約完結権を譲渡された旨の付記登記を終え、直ちに A に対して予約完結の意思表示を行って、仮登記を本登記に改めた。さらに、昭和 31 年 1 月 31 日に X は予約完結権譲渡に対する A の承諾について確定日付を得た。そこで、X は Y の本件建物に対する仮差押えは効力を失ったとして、その取消しを求めた。

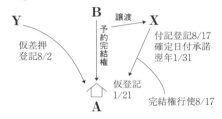

裁判の流れ

　1 審（大阪地判）：X の請求認容　2 審（大阪高判昭 33・3・7）：Y の控訴棄却　最高裁：Y の上告棄却

　Y は予約完結権の譲渡を第三者に対抗するために必要な債権譲渡の対抗要件の具備が Y の仮差押えに遅れると主張したが、原審は仮登記に予約完結権譲渡の付記登記を行えば足りるとして Y の主張を排斥した。

　また、Y は予約完結権譲渡の対抗要件は仮登記への付記登記で足りるとしても、X が Y に対抗できるのはその付記登記時からであると主張したが、原審は本件予約完結権は B の仮登記によってすでに保全されているとして、それに遅れた Y の仮差押の効力を否定した。

　Y は原審で主張したのと同様の理由で上告した。

判旨

　〈上告棄却〉「不動産売買予約上の権利を不動産登記法 2 条 2 号〔現行不動産登記法 105 条 2 号〕の仮登記によって保全した場合に、右予約上の権利の譲渡を予約義務者その他の第三者に対抗するためには、仮登記に権利移転の附記登記をなせば足りるのであり、債権譲渡の対抗要件を具備する必要はないと解するのが相当である。」

判例の法理

　不動産売買の一方の予約（556 条）において、その予約完結の意思表示によって成立する本契約に基づく所有権移転請求権を、予め将来の所有権移転請求権保全のための仮登記（旧不登法 2 条 2 号、現行 105 条 2 号）によって保全することができることは、この方法を用いた仮登記担保にもみられる通り承認されている。

　この売買予約における予約完結権は、本契約を一方的に成立させる形成権であり、その財産権たる性質から譲渡性が認められている。問題となるのは、予約完結権の譲渡の際に、その対抗要件をいかに解するかである。

　すでに判例は、仮登記のされていない売買予約に関する事案について、債権譲渡の対抗要件によるべきことを示していたが（大判大 13・2・29 民集 3 巻 80 頁）、仮登記された売買予約については予約完結権の譲受人が付記登記も債権譲渡の対抗要件も備えていた事案であったため（大判大 4・4・5 民録 21 輯 426 頁）、仮登記された売買予約において両対抗要件が必要であるのか付記登記だけで足りるのかがなお問題として残されていた。この点について、本判決は付記登記だけで足りるとしたのであり、**ここに仮登記のない売買予約における予約完結権譲渡の対抗要件は債権譲渡の対抗要件、仮登記ある場合は付記登記で足りることが明らかにされた。**

判例を読む

　学説も本判決を支持しているが、なお予約完結権の他の譲受人との関係が問題となる。仮登記ある売買予約の予約完結権譲渡の場合に、債権譲渡の対抗要件だけでも対抗要件として機能するとみれば、予約完結権の二重譲渡に伴う付記登記と債権譲渡の対抗要件が競合することがあり得る。

　本判決は対抗要件として付記登記で足りるとするため、債権譲渡の対抗要件を排除するものではないようにみえる。しかし、予約完結権の二重譲渡の場合の対抗要件の競合では、その優劣を決定しなければならないため、**仮登記ある売買予約における予約完結権譲渡の対抗要件は、付記登記に限るべきとの見解が有力である**（米倉明・参考文献 237 頁ほか）。

　反面、仮登記されていない売買予約の予約完結権譲渡の対抗要件は、債権譲渡の対抗要件によるため（登記されていない買戻権の譲渡について、最判昭 35・4・26 民集 14 巻 6 号 1071 頁参照）、複数の対抗要件の競合が生じ得る。それでも、仮登記されていない売買予約は、その目的物に物権を主張する第三者に対抗できないため、予約完結権譲渡に債権譲渡の対抗要件が具備されても、物権を主張する第三者との対抗問題は生じない（米倉明・参考文献 239 頁）。

【参考文献】　本件の解説・評釈は、三淵乾太郎・最判解民昭和 35 年度 407 頁、沢井種雄・民商 44 巻 6 号 1008 頁、廣瀬克巨・不動産取引判例百選 3 版 36 頁、米倉明・法協 104 巻 1 号 230 頁、滝沢昌彦・判プラ II 170 頁。

北居　功

手付契約の解釈

最高裁昭和 24 年 10 月 4 日判決　民集 3 巻 10 号 437 頁、裁判集民 2 号 723 頁、法曹新聞 45 号 13 頁
【557 条 1 項】

論点 違約手付が合意された場合に併せて解約手付の性質を有するものと解釈されるか否か

事実の要約

昭和 19 年、X は、強制疎開により転居するために、Y が A に賃貸している建物を Y から 1 万 500 円で買受け、手付金として代金額の 1 割 (1,050 円) を Y に交付した。X Y 間の売買契約では、Y が A を退去させたうえで所有権移転登記手続をすることが定められるとともに、売買契約書 9 条には、「買主本契約を不履行の時は手付金は売主に於て没収し、返却の義務なきものとす、売主不履行の時は買主へ既収手付金を返還すると同時に手付金と同額を違約金として別に賠償し以て各損害補償に供するものとす」と定められていた。なお、この条項は市販の契約書の不動文字によるものであった。しかし、Y は賃借人の A を退去させることができず、昭和 21 年、Y はやむなく手付金の倍額 (2,100 円) を提供して解除を申し入れた。これに対し、X は、本件手付は解約手付の性質を有しないとして、手付金の倍額の受領を拒み、建物の所有権移転登記手続を求めて訴えを提起した。

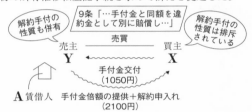

裁判の流れ

1 審 (京都地判年月日不明民集 3 巻 10 号 448 頁):請求棄却　2 審 (大阪高判昭 23・7・28 民集 3 巻 10 号 450 頁):原判決取消　最高裁:破棄差戻

1 審は、X 敗訴。2 審では、本件手付は解約手付ではなく、違約手付であると認定し、Y 敗訴。Y 上告。

判旨

〈破棄差戻〉「売買において買主が売主に手附を交付したときは売主は手附の倍額を償還して契約の解除を為し得ること民法第 557 条の明定する処である、固より此規定は任意規定であるから、当事者が反対の合意をした時は其適用のないこというを待たない、しかし、其適用が排除される為めには反対の意思表示が無ければならない」。本件売買契約書 9 条と民法 557 条とは「相容れないものではなく十分両立し得るものだから同条はたとえ其文字通りの合意が真実あったものとしてもこれを以て民法の規定に対する反対の意思表示とみることは出来ない、違約の場合手附の没収又は倍返しをするという約束は民法の規定による解除の留保を少しも妨げるものではない、解除権留保と併せて違約の場合の損害賠償額の予定を為し其額を手附の額によるものと定めることは少しも差支なく、十分考へ得べき処である。」

判例の法理

●違約手付の合意は「反対の意思表示」たりうるか

557 条 1 項は、手付が交付された場合には、解約手付

の意思によるものと推定することを定めた規定とされる (大判昭 7・7・19 民集 11 巻 1552 頁等。ただし、法律上の事実推定の規定ではなく、解釈規定)。本判決は、あくまで 557 条は任意規定なので、たとえ解約手付と推定されたとしても、相手方において当該手付の交付が解除権留保の趣旨を含まない意思によること (= 反対の意思表示) を証明すれば、557 条の適用が除外されることを認める。では、相手方が交付された手付に違約手付の趣旨があったことを証明すれば、反対の意思表示があったものとして、557 条 1 項の適用が排除されるか。本判決はこの点につき、損害賠償の予定の趣旨と解除権留保は十分両立するから、違約手付の合意だけで当然に反対の意思表示があったとみることはできないと判断した。

判例を読む

●手付の性質

手付に認められうる性質は次のように整理される。① すべての手付に認められる、**証約手付**の性質。② 手付倍返し・手付損の負担さえ覚悟すれば、相手方の債務不履行の有無を問わず解除ができるとして、解除権の留保の効果が付された**解約手付**。557 条は解約手付を規定している。そして、③**違約手付**には、買主の債務不履行に際しては手付没収、売主に際しては手付倍返しの負担が生じる**損害賠償額の予定** (420 条 3 項) の趣旨によるものと、これら負担に加えて別途、損害賠償も必要となる**違約罰**の趣旨によるものがある。

●解約手付と契約の拘束力

学説には、解約手付は契約の拘束力を弱めるものであり近代契約法にそぐわないので慎重に認定すべきとするものや、契約の拘束力を強めようとする違約手付との併存は矛盾するとするものがある (広中・各論 50 頁など)。これに対し、不動産などの重要な契約で慎重を期するうえで、解除権を留保することに合理性が認められること (宅建業法 39 条 2 項・3 項も参照)、手付金額のみの負担により契約からの離脱を認めることを当事者が合意することは、自己決定の結果として尊重されるべき (潮見・新契約各論Ⅰ 102 頁) などの理由から、多くの学説は本判決を支持している。

●反対の意思表示の認定

本判決を踏まえてもなお、個別・具体的事情のもと、ある違約手付を解約手付の推定を排除できる反対の意思表示と認定する余地は残されている。本判決では、市販の契約書に違約手付条項があったに過ぎず、解約手付の原則を貫きやすい事情があった。また、本判決の射程を解約手付の慣習が定着している不動産売買における意思解釈に限定する分析もありうる (横山美夏「民法 557 条 (手附)」民法典の百年』Ⅲ 321 頁)。

【参考文献】　本文に掲げたもののほか、吉田豊「解約手附と違約手附との関係」争点Ⅱ (加藤＝米倉編) 108 頁など。

髙　秀成

95 手付と履行の着手

最高裁昭和 40 年 11 月 24 日大法廷判決　民集 19 巻 8 号 2019 頁、判時 428 号 23 頁、判タ 185 号 88 頁
【557 条】

論点　①履行の着手の意義
②履行着手者からの解除の可否

事実の要約

　昭和 34 年 12 月 22 日、X 建設会社と Y との間で、Y が大阪府所有の土地・建物（本件物件）の払下げを受けたうえで、代金 220 万円で X に売り渡す旨の売買契約が締結され、X は Y に手付金 40 万円を交付した。その際、昭和 35 年 2 月末日までに、本件物件の所有権移転登記と引換えに残代金の支払をなすことが合意された。昭和 35 年 2 月 9 日、Y は大阪府から本件不動産の払下げを受け、所有権移転登記を具備した。しかし、同年 2 月 19 日、Y は X に手付金の倍額 80 万円を提供して、本件売買契約について解除の意思表示をした（当時の背景として本件物件の近隣一帯の地価の高騰が指摘されることがある）。X が 80 万円の受領を拒絶したため、Y は同額を供託した。そして、X は Y に対して所有権移転登記および引渡しを求めて訴えを提起した。

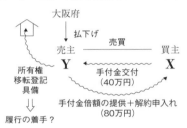

裁判の流れ

　1 審（大阪地判昭 36・7・18 民集 19 巻 8 号 2033 頁）：請求棄却　2 審（大阪高判昭 37・3・14 民集 19 巻 8 号 2037 頁）：控訴棄却　最高裁：上告棄却

　1 審は、本件手付は違約と同時に解約手付たる性質をも有するとして、557 条による解除を認めて、X の請求を棄却した。X は控訴し、Y は X への譲渡の前提として所有権移転登記名義を得たことにより履行着手があるとして、解除は無効であると主張した。2 審では、Y の行為は履行着手ではなく履行の準備に過ぎないとして、控訴棄却。X 上告。

判旨

　〈上告棄却〉「民法 557 条 1 項にいう履行の着手とは、債務の内容たる給付の実行に着手すること、すなわち、客観的に外部から認識し得るような形で履行行為の一部をなし又は履行の提供をするために欠くことのできない前提行為をした場合を指すものと解すべきところ、本件において、原審における X の主張によれば、Y が本件物件の所有者たる大阪府に代金を支払い、これを X に譲渡する前提として Y 名義にその所有権移転登記を経たというのであるから、右は、特定の売買の目的物件の調達行為にあたり、単なる履行の準備行為にとどまらず、履行の着手があったものと解するを相当とする」。従って、Y の行為を、単なる契約の履行準備にすぎないとした原審の判断は、民法 557 条 1 項の解釈を誤った違法があるが、この違法は、判決に影響を及ぼすものではなく、原判決破棄の理由とはならない。その理由は、次のとおりである。「当事者の一方が既に履行に着手したときは、その当事者は、履行の着手に必要な費用を支出しただけ

でなく、契約の履行に多くの期待を寄せていたわけであるから、若しかような段階において、相手方から契約が解除されたならば、履行に着手した当事者は不測の損害を蒙ることとなる。従って、かような履行に着手した当事者が不測の損害を蒙ることを防止するため、特に民法 557 条 1 項の規定が設けられたものと解するのが相当である。

　同条項の立法趣旨を右のように解するときは、同条項は、履行に着手した当事者に対して解除権を行使することを禁止する趣旨と解すべく、従って、未だ履行に着手していない当事者に対しては、自由に解除権を行使し得るものというべきである。このことは、解除権を行使する当事者が自ら履行に着手していた場合においても、同様である。すなわち、未だ履行に着手していない当事者は、契約を解除されても、自らは何ら履行に着手していないのであるから、これがため不測の損害を蒙るということはなく、仮に何らかの損害を蒙るとしても、損害賠償の予定を兼ねている解約手附を取得し又はその倍額の償還を受けることにより、その損害は填補されるのであり、解約手附契約に基づく解除権の行使を甘受すべき立場にあるものである。他方、解除権を行使する当事者は、たとえ履行に着手していても、自らその着手に要した出費を犠牲にし、更に手附を放棄し又はその倍額の償還をしても、なおあえて契約を解除したいというのであり、それは元来有している解除権を行使するものにほかならないばかりでなく、これがため相手方には何らの損害を与えないのであるから、右 557 条 1 項の立法趣旨に徴しても、かような場合に、解除権の行使を禁止すべき理由はなく、また、自ら履行に着手したからといって、これをもって、自己の解除権を放棄したものと擬制すべき法的根拠もない」。

　なお、本判決には横田正俊裁判官の反対意見が付されている（下記「判例を読む」を参照）。

判例の法理

●本判決の意義

　本判決の意義は、「履行の着手」の定義（ないし一般的な認定基準）を示し、改正前 557 条 1 項の立法趣旨を明らかにしたうえで、履行に着手した当事者から、未着手の相手方に対する解除が認められることを明らかにした点に認められる。

●「履行の着手」の意義

　本判決は、「履行の着手」とは、「債務の内容たる給付の実行に着手すること、すなわち、客観的に外部から認識し得るような形で履行行為の一部をなし又は履行の提供をするために欠くことのできない前提行為をした場合を指す」とする。この基準のもと、Y が本件物件の所有者たる大阪府に代金を支払い、X に譲渡する前提として Y 名義の所有権移転登記を経た行為は、特定の売買の目的物件の調達行為に当たり、単なる履行の準備行為にとどまらず、履行の着手があったものと判断した。

●改正前 557 条 1 項の立法趣旨と履行着手者からの解除

　改正前 557 条 1 項は、「当事者の一方」が契約の履行に着手するまでは買主は手付解除ができると規定していた。この「当事者」に手付解除しようとするものが含まれるか、自ら履行に着手した者から、いまだ履行に着手していない者に対する解除が認められるのか否かについて見解の対立があった。そこで、本判決は、改正前 557 条 1 項の立法趣旨は、解除により「履行に着手した当事者が不測の損害を蒙ることを防止する」ため、「履行に着手した当事者に対して解除権を行使することを禁止する」ことにあるとした。そして、履行着手者から、「未だ履行に着手していない当事者に対しては、自由に解除権を行使し得る」と判断した。この判例法理は、改正557 条 1 項ただし書において明文化されている。

●判例を読む

●「履行の着手」の定義と具体的適用

　本判決に先立ち、「履行の着手」を、履行の準備ではなく履行行為自体に着手することと定義する学説があった（我妻V₂ 263 頁。ただし、同学説自身がその区別は必ずしも明瞭でないと認める）。大審院判例にも、「履行の準備と履行の着手とは相違すること勿論なる」という区別論に立ち、木材売買において、履行期日に履行するため、買主が前日に代金を用意して引渡場所に赴き、木材受渡しの手配をしたうえで売主に通知した行為は、「履行の準備」があったにとどまり、着手はないと判断したものがあった（大判昭 8・7・5 裁判例 7 巻民 166 頁。なお、我妻V₂ 263 頁は結論に反対。また、この大審院の判断は最判昭41・1・21 民集 12 巻 9 号 1359 頁によって実質的に変更されたといえる）。本判決は、大審院判例の区別論からさらに進めて、履行の着手の定義を提示した。本判決が示す557 条 1 項の立法趣旨と併せて読めば、この定義に該当する行為をした者は、契約の履行に多くの期待を寄せ、解除によって不測の損害を蒙る段階に至っていると評価されよう（奥富晃・百選Ⅱ 99 頁も参照）。

　本判決以前に示されることのなかった履行の着手の一般的基準を示した点で本判決は大きな意義を有するかにみえる。しかし、実際には、本判決以後の最高裁判決においては、本判決の示す抽象論への当てはめを行うことなく、事案に即して直接に履行の着手の有無を判断しているとの指摘がある（横山美夏「民法 557 条（手附）」民法典の百年Ⅲ 326 頁）。本判決以後の事案を含めて、履行期の到来、弁済の準備、相手方に対する履行の催告、第三者からの目的物の調達などを考慮しつつ、具体的に判断されているという分析もなされている（中田・契約法 121頁。なお、これらにはあくまで傍論として売主の履行の着手を認定した事案に基づく要素も含まれている。履行期と履行の着手との関係について **96 事件** を参照）。

　また、本判決を除くほぼ全ての最高裁判決が、売主による手付解除を否定するべく買主側の履行の着手が問題とされる事案であった点にも留意が必要である（売主・買主双方の履行の着手を認めている最判昭 30・12・6 民集 9巻 14 号 2140 頁や、最判昭 43・6・21 民集 22・6・1311 頁も同様である）。買主の履行の着手を認めたものとして、例えば、不動産の売買において、履行をしばしば催促し、履行に応じて、いつでも残代金の支払を支払い得る状態にあったという事案（最判昭 26・11・15 民集 5 巻 12 号735 頁、前掲最判昭 30・12・6、最判昭 33・6・5 民集 12 巻 9号 1359 頁、最判昭 57・6・17 判時 1058 号 57 頁〔農地売買に

おいて、再三の催告の間、支払に十分な預金を保有していた場合に履行の着手を認める余地があるとして、破棄差戻しした事案〕）や、売主・買主が連署のうえ、農地法 5 条の許可申請書を知事宛に提出したとき（前掲最判昭 43・6・21）が挙げられる。

　これらに対し、本判決は、売主の履行の着手を認めているものの、事案としては履行着手者からの解除の可否の判断で決着が付くものであるため、売主の履行の着手の認定はいわば傍論と位置付けられる（本判決は、手付授受を伴う不動産取引の重要性に鑑み、上告理由に応じて履行の着手の有無を判断したうえで、557 条 1 項の法意を明らかにすべくあえて大法廷で判断したという指摘について、宮田信夫・最判解民昭和 40 年度 431 頁以下を参照）。そのため、本判決の抽象論の具体的適用のあり方と、売主の履行の着手を認めたことの先例的意義については今後の裁判例を踏まえて、慎重に見極める必要があろう（本判決の定義に沿って判断した例として、東京地判平 21・10・16 判タ1350 号 199 頁。特約に基づき、売主が売買目的物の不動産に係る賃借権を解除して消滅させた行為につき履行の着手を認めた）。

●履行着手者からの解除の制限の可能性

　横田正俊裁判官による反対意見は、以下の要点のもと、履行に着手した当事者からの解除を否定する。①履行に着手した当事者は手付解除権を放棄したとも見うる（また、これが〔改正前〕557 条 1 項の法意である）、②そればかりか、履行の着手があれば、その相手方も履行に多くの期待を寄せ解除されないと思うのが当然であるから、解除が認容されると、手付と同額の利益を取得しても償えない不測の損害を蒙ることがありうるし、③履行着手者の解除も否定する方が〔改正前〕557 条 1 項の文理への適合する、④履行の大部分を終った場合においても、相手方が履行に着手しないかぎり、その当事者の都合次第で解除できるとすると、相手方の利益を不当に害し（履行の期待を裏切られ、原状回復義務を負わされるなど）、信義に反する。

　これに対し、改正 557 条 1 項は、改正前条文の文言を改め（「当事者の一方が契約の履行に着手」から「相手方が契約の履行に着手」へ）、本判決の多数意見を明文化した（部会資料 75A、第 3、1 説明 1(1)）。そのため、以後、反対意見の解釈は採り得ないこととなる。

　ただし、557 条 1 項に依拠するのでなく、具体的事情に応じて、履行の着手に対する相手方の認識の有無、相手方の準備状況や履行を受けることを前提とした投下費用の多寡、これら過程を通じた履行着手側の行為態様などを踏まえて、履行に着手した当事者による手付解除が信義則（禁反言）によって認められないことは考えられよう（以上につき、曽野裕夫＝松井和彦＝丸山絵美子『リーガルクエスト　民法Ⅳ 契約』（有斐閣、2021）155 頁〔曽野裕夫〕も参照）。

【参考文献】　本文に掲げたもののほか、宮下修一・不動産取引判例百選 3 版 40 頁、良永和隆・判例講義Ⅱ 138 頁、松井和彦・判プラⅡ 173 頁、曽野裕夫「本件判批」川井健ほか編『新判例マニュアル民法Ⅳ〔債権各論〕』（三省堂、2000）64頁、岡本坦・百選Ⅱ 3 版 108 頁。

高　秀成

履行期前の履行の着手

最高裁平成 5 年 3 月 16 日判決　民集 47 巻 4 号 3005 頁、裁時 1095 号 12 頁

【557 条】

論点　履行期前における履行の着手の有無の判断方法

事実の要約

　Y_1 は、その所有する本件土地建物を売却し、その代金で長男 Y_2 家族と同居するための住宅地を購入したいと考え、昭和 61 年 3 月 1 日に X と本件土地建物の売買契約を締結し、当日 X は手付金 100 万円を Y_1 に交付した。代金額については、後日、X が土地を測量し、その実測面積に基づいて最終決定されることとされ、また、引渡期日については、Y_1 が買換物件を探す必要があることから、約 1 年 9 ヶ月後の昭和 62 年 12 月 25 日を限度として、代金完済後も 5 ヶ月間本件土地建物の引渡しを延期できる旨の特約が結ばれた。Y_1 の売却の目的が買換えにあることは、契約書に記載があり、X も了知していた。X は、契約直後に、本件土地の境界確定に立ち会い、自らの費用（13 万 8,000 円）で土地の測量を行い、代金額も約 8600 万円に決まった。しかし、バブル期の地価高騰により、Y_1 は本件売買代金で新住居を取得することは困難となり、Y_1 は本件売買契約の解消を考え、手付倍返しによる契約解除を X に申し出た。しかし、X はこれを拒絶し、残代金の資金を調達して Y_1 に履行の催告をした。Y_1 が手付金倍額の口頭の提供をした上で解除の意思表示をしたので、X は、本件土地建物の引渡しおよび所有権移転登記を求めて訴えを提起した。

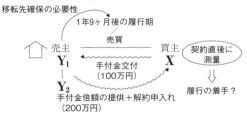

移転先確保の必要性

1 年 9 ヶ月後の履行期

売主　売買　買主
Y_1　←→　X　契約直後に測量

手付金交付（100 万円）

Y_2
手付金倍額の提供＋解約申入れ（200 万円）

履行の着手？

裁判の流れ

　1 審（東京地八王子支判昭 63・2・3 民集 47 巻 4 号 3021 頁）：請求認容　2 審（東京高判平 1・4・20 判時 1313 号 131 頁）：控訴棄却　最高裁：破棄自判
　1 審は、X の履行の着手を認めて、請求を認めた。2 審では、土地測量や履行催告が履行の着手に該当するとして、Y の控訴を棄却。Y_1 が死亡し、Y_2 が訴訟承継し上告。

判旨

　〈破棄自判〉「解約手付が交付された場合において、債務者が履行期前に債務の履行のためにした行為が、民法 557 条 1 項にいう『履行ノ着手』に当たるか否かについては、当該行為の態様、債務の内容、履行期が定められた趣旨・目的等諸般の事情を総合勘案して決すべきである」。そして、債務に履行期の約定があっても、ただちに履行期前に履行の着手が生じ得ないとは解さないとするのが判例（最二小判昭 41・1・21 民集 20 巻 1 号 65 頁）であり、「履行の着手の有無を判定する際には、履行期が定められた趣旨・目的及びこれとの関連で債務者が履行期前に行った行為の時期等もまた、右事情の重要な要素として考慮されるべきである」。履行期が定められた

趣旨・目的からすると、履行期は「移転先を物色中の売主 Y_1 にとっては死活的重要性を持つことが明らかであり」、X による土地測量や「書面による口頭の提供が、最終履行期に先立つこと 1 年 9 ヶ月余ないし 1 年 2 ヶ月弱の時期になされたものであることに、特段の留意を要する」。行為の態様については、X による土地測量とその費用負担は、「本件売買契約の内容を確定するために必要であるとはいえ、買主（X）の売主（Y_1）に対する確定した契約上の債務の履行に当たらない」。そして、履行期の到来している場合に買主が代金支払の用意をしたうえで口頭の提供を行い履行を催告したことが「履行の着手」ありといいうる場合があることは否定できないとしても、「約定の履行期前において、他に特段の事情がないにもかかわらず、単に支払の用意ありとして口頭の提供をし相手方の反対債務の履行の催告をするのみで、金銭支払債務の『履行ノ着手』ありとするのは、履行行為としての客観性に欠ける」ため、履行の着手があったとは認められない。

判例の法理

　本判決は、履行期前の履行の着手を判断するうえで、履行期が定められた趣旨・目的との関連で行為の時期等を評価した点に特色がある。そのうえで、最終の履行期まで約 1 年 2 ヶ月前に行われた①買主による土地測量とその費用負担、②口頭の提供および履行の催告のいずれも「履行の着手」とは認められないとした。

判例を読む

　本判決が引用する最判昭 41・1・21 民集 12 巻 9 号 1359 頁は、履行期前の履行着手が生じうることを既に認めていた。そして、本判決は総合考慮のもと、とりわけ履行期の趣旨・目的との関係から行為を評価して、履行の着手を判断することを明らかにした。本判決は、履行期が「死活的重要性」を有していたとする。すなわち、本家土地建物に居住してきた Y_1 にとって、移転先の入手が不可欠の条件であり、その入手の可否は不確定要素を含むため、とりわけ Y_1 の立場を考慮して長期の手付解除権を行使する期間を保証する趣旨で履行期が定められたということである（西謙二・最判解民平成 5 年度 448 頁）。
　これに対し、前掲昭和 41 年最判は、死期の近い妻の住み慣れた家で命を全うさせようとする売主の希望を反映して、（妻の平癒又は回復という）不確定期限の履行期が定められた事案であり、そこには手付解除による契約の見直しという契機が含まれていなかった（西・前掲 447 頁）。このような事案においては、契約から 1 年経過後、履行期前に売買残代金を現実に提供する行為などは、履行の着手に該当し得た。

【参考文献】　松井和彦・判プラ II 174 頁、宮下修一・名古屋法政論集 161 号 539 頁、石崎泰雄・法学会雑誌［首都大学東京］48 巻 1 号 257 頁など。

髙　秀成

他人物売主の相続人の地位

最高裁昭和49年9月4日大法廷判決　民集28巻6号1169頁、判時753号3頁、判タ311号132頁
【415条（旧561条）、561条（旧560条）、896条】

論点 土地を無断で売却した売主を当該土地の所有者が相続した場合に、その土地の所有者は買主からの履行請求を拒絶できるか

事実の要約

昭和39年4月に、AはXから80万円を借りるにあたって、Aは無断で配偶者Y₁の土地建物について、Xとの間で代物弁済の予約を締結し、その旨の仮登記を経由した。同年6月の弁済期が到来しても、Aは債務を返済できなかったため、Xは同年8月に代物弁済予約の予約完結権を行使して、本件土地建物について所有権移転登記を了した。しかし、同月Aが死亡しその共同相続人であるY₁とその子供であるY₂らが本件土地建物を占有していたため、XはY₁らに対して土地建物の明渡しを求めて訴えを提起した。これに対して、Y₁らは本件土地建物は元来Y₁の所有物である旨抗弁した。

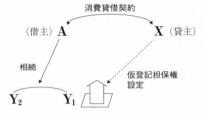

裁判の流れ

1審（大分地判昭43・2・23）：Xの請求認容　2審（福岡高判昭43・9・19）：Yの控訴棄却　最高裁：原判決破棄差戻

1審は本件土地建物がAの所有ではなくY₁の所有物であっても、AはY₁からその所有権を取得してXに移転する義務を負うものであり、Aを相続したY₁らもその義務を承継することから、所有権はXに移転したものと認めて、Xの明渡請求を認容した。

2審も1審判決と同様にXの請求を認容したため、Y₁らは本人が無権代理人を相続した場合には、なお追認拒絶の余地があるのと同様に、権利者がその権利を売却した売主の地位を相続しても、当然に所有権が買主に移転するものではないとして上告した。

判旨

〈破棄差戻〉「他人の権利の売主が死亡し、その権利者において売主を相続した場合には、権利者は相続により売主の売買契約上の義務ないし地位を承継するが、そのために権利者自身が売買契約を締結したことになるものでないことはもちろん、これによって売買の目的とされた権利が当然に買主に移転するものと解すべき根拠もない。また、権利者は、その権利により、相続人として承継した売主の履行義務を直ちに履行することができるが、他面において、権利者としてその権利の移転につき諾否の自由を保有しているのであって、それが相続による売主の義務の承継という偶然の事由によって左右されるべき理由はなく、また権利者がその権利の移転を拒否したからといって買主が不測の不利益を受けるというわけで

もない。それゆえ、権利者は、相続によって売主の義務ないし地位を承継しても、相続前と同様その権利の移転につき諾否の自由を保有し、信義則に反すると認められるような特別の事情のないかぎり、右売買契約上の売主としての履行義務を拒否することができるものと解するのが、相当である。

このことは、もっぱら他人に属する権利を売買の目的とした売主を権利者が相続した場合のみでなく、売主がその相続人たるべき者と共有している権利を売買の目的とし、その後相続が生じた場合においても同様であると解される。それゆえ、売主及びその相続人たるべき者の共有不動産が売買の目的とされた後相続が生じたときは、相続人はその持分についても右売買契約における売主の義務の履行を拒みえないとする当裁判所の判例（昭和37年（オ）第810号同38年12月27日第二小法廷判決・民集17巻12号1854頁）は、右判示と牴触する限度において変更されるべきである。

そして、他人の権利の売主をその権利者が相続した場合における右の法理は、他人の権利を代物弁済に供した債務者をその権利者が相続した場合においても、ひとしく妥当するものといわなければならない。」

判例の法理

他人物売主は、その目的物の権利者から目的物の所有権を取得して、買主に移転する義務を負う（新561条・旧560条）。その場合に、目的物の権利者は所有権を売主に移転することに応じるか否かの諾否の自由を有している。そのため、権利者から売主が目的物の所有権を取得して買主に移転することができない場合には、売主は買主に対して、民法改正前は担保責任を負うとされていたが（旧561条）、改正後は債務不履行の責任を負うことになる（415条）。

ところで、**その売主が死亡して売買目的物の権利者自身が売主を相続した場合には、権利者は権利者としてなお所有権を移転するか否かについて諾否の自由を有しているものの、相続した売主の地位に基づいて売買目的物の所有権を買主に移転する義務を負う**。相続を契機として生じたこの2つの地位を、法律上いかに調整するのかが問題となる。

すでに判例は、不動産の共有者の1人甲がその不動産を他に売却した後死亡し、他の共有者乙がその地位を相続した場合について、乙は甲の地位を相続することから買主からの履行請求を拒絶できないとしていた。すなわち、「相続人は、無限に売主である被相続人の権利義務を承継するから、右売買契約成立当時、共有者の一員として、当該不動産に持分を有していたことを理由とし、その持分について右売買契約における売主の義務の履行を拒みえないものと解するのが相当である」（最判昭38・12・27民集17巻12号1854頁）。この判例によれば、乙は権利者として有するはずの諾否の自由を甲の地位を

相続することによって当然に剥奪され、甲が買主に対して負担していた権利取得移転義務に拘束されることとなる。**本判決は大法廷でこの判例を変更し、権利者が本来有している諾否の自由を、なお尊重すべきこととした。**

この問題に類似するのが、本人の所有物を勝手に売却した無権代理人が死亡して、本人がその地位を相続する場合の問題である。これについて、すでに判例は、本人が無権代理人の地位を相続した場合には、本人は本来追認の自由を有するのであるから、それに基づいて追認を拒絶しても信義則に反することはなく、無権代理行為は相続によって当然に有効となるわけではないとしていた（最判昭37・4・20民集16巻4号955頁）。本判決は、この判例と歩調をあわせる態度を採用したと評することができるであろう。

判例を読む

●他人物売主を権利者が相続する場合

本判決によって、無権代理人や他人物売主の地位が本人や権利者自身に相続によって承継される場合には、なお本人や権利者は、その者が元来有する追認や諾否の自由を享受できるとされたと考えることができよう。しかし他方で、相続された無権代理人や他人物売主の地位はどのように扱われることとなるのか。

判例は、無権代理人を本人が相続した事例について、本人は追認を拒絶した場合に無権代理人の地位に基づいて無権代理人の責任（117条）をなお負わなければならないとする（最判昭48・7・3民集27巻7号751頁）。**この判例に沿うならば、他人物売主を相続した権利者は、権利の移転を拒絶した場合、なお他人物売主の地位に基づいて本来売主が負うべき債務不履行責任を負わなければならないこととなる。**そこでは、他人物売買における売主は、権利者から目的物の所有権を取得して、買主に移転する義務を負うため、なお権利者は、相続した売主の義務として、目的物の所有権を買主に移転しなければならないとも映る（561条・旧560条）。また、無権代理人の責任は履行または損害賠償の責任であるから（117条）、仮に相手方が履行責任を請求してきた場合に、本人が追認を拒絶しても、本人はなお相続した無権代理人が負うべき履行責任によって、特定財産の権利を喪失すると考える余地もある。

先の昭和48年判決の事案は金銭債務の事案であったため、117条の履行責任も損害賠償責任も内容は同じく金銭支払となることから問題はなかった。しかし、不動産の権利移転などの特定物債務が問題となる場合には、相手方の117条に基づく履行請求に対して、本人はいかなる対応を求められるであろうか。学説では、本人や権利者が追認や処分の承認を拒絶しても、無権代理人や他人物売主が負うべき履行義務は残る以上、本人に履行責任を負担させるべきであるとの見解もある（鈴木禄弥・法学28巻1号134頁、川井健・参考文献50頁、加藤雅信・参考文献20頁）。しかし他方で、本人としての追認拒絶の趣旨を生かすために、無権代理人としての履行責任を制限する見解も有力である（星野英一・参考文献419頁、藤井正雄・参考文献90頁）。

本人が無権代理人を相続した場合はもちろん、権利者が他人物売主を相続した場合でも、追認や処分の承認を拒絶した本人または権利者が、なお履行義務を負うとするのは、あたかもいったん与えた物を再び取り上げるに等しい扱いとなるため、認められるべきではないであろう。

●他人物売主が権利者を相続する場合

本判決の事案は、他人物売主の地位が権利者とそれ以外の相続人に共同相続された事案であるが、その反対に、権利者の地位を他人物売主が相続する場合はどうなるか。

判例は、本人の地位を無権代理人が単独で相続した場合に、無権代理は本人が法律行為をしたのと同様に有効とする（大判昭2・3・22民集6巻106頁、最判昭40・6・18民集19巻4号986頁）。この場合に、判例は、無権代理人は信義則上追認を拒絶することができないともするが（前掲最判37・4・20）、本人が無権代理人を相続した事案での説示であって、本人が追認を拒絶できる結論の前提にすぎない。また、本人の地位が無権代理人と他の相続人との共同相続となる場合には、追認権は不可分であって共同相続人全員によって行使されなければならないことを根拠に、なお無権代理人も追認を拒絶できるとしている（最判平5・1・21民集47巻1号265頁）。つまり、**判例は、単独相続でも、共同相続でも、無権代理人が本人を相続する際に、無権代理行為を有効とする論理を重視しているのである。**

無権代理人が本人を相続する場合に、追認拒絶を信義則で制限しただけでは、無権代理行為が直ちに有効となるわけではない。これに対して本来有効な他人物売買では、権利者が死亡して他人物売主が単独相続する場合には、権利者が本来有する諾否の自由を主張して履行を拒絶することは信義則に反するとしてよいであろう。しかし、共同相続の場合には、他人物売買に関わりのない他の共同相続人が有する諾否の自由を尊重する必要がある。したがって、他の相続人が権利の移転を承諾しない場合に、なお他人物売買を締結した売主は、相手方が他人物売主の持分の移転を求めれば、それを拒絶することは信義則上許されないであろう。

ここまで、他人物売主の場合と無権代理の場合をパラレルに論じてきた。しかし、買主からみれば、両者では信頼に違いがある。すなわち、買主は、無権代理の場合に信頼するのは、代理人と称する者の代理権の存在であるのに対して、他人物売主が自己の物と称する場合には、売主が所有者であることを信頼する。そのため、買主は、無権代理の場合には表見代理による有効な代理行為を主張する余地があるのに対して、他人物売買の場合には94条2項の類推適用による所有権取得を主張する余地がある（藤井・参考文献84頁、磯村・参考文献不動産取引判例百選147頁）。

【参考文献】　本件の解説・評釈は、田尾桃二・最判解昭和49年度431頁、藤井正雄・民商73巻1号80頁、星野英一・法協93巻3号415頁、五十嵐清・判評191号22頁、磯村保・不動産取引判例百選3版146頁、大村敦志・家族法百選5版170頁、川井健・ジュリ576号46頁、松川正毅・判プラⅡ176頁。無権代理および他人物売買と相続に関する一般的な論述は、磯村保ほか『民法トライアル教室』（有斐閣、1999）79頁［磯村］、加藤雅信・民事研修386号9頁、辻正美・法教131号39頁。

北居　功

98 土壌汚染と契約不適合

最高裁平成 22 年 6 月 1 日判決　民集 64 巻 4 号 953 頁、判時 2083 号 77 頁、判タ 1326 号 106 頁
【562 条（旧 570 条）】

論点　売買契約締結時に危険と認識されていなかった土壌汚染が、その後に危険として規制されるようになった場合に、当該土壌汚染は品質の契約不適合に該当するか

事実の要約

　X が Y からふっ素を含む本件土地を買い受けた平成 3 年 3 月 15 日当時、土壌に含まれるふっ素には法令による規制もなく、取引観念上もふっ素が土壌に含まれることで人の健康に被害を生ずるおそれがあるとは認識されていなかった。ところが、平成 13 年 3 月 28 日、環境基本法 16 条 1 項に基づく環境庁告示第 46 号の改正により、土壌に含まれるふっ素についての環境基準が新たに告示された。平成 15 年 2 月 15 日、土壌汚染対策法及び土壌汚染対策法施行令が施行され、土壌に含まれるふっ素が人の健康に被害を生ずるおそれがある特定有害物質と定められ、その基準値も定められた。都民の健康と安全を確保する環境に関する条例および条例施行規則でも、有害物質であるふっ素に係る汚染土壌処理基準として上記と同一の基準値が定められた。本件土地につき、上記条例に基づく土壌の汚染状況の調査が行われた結果、平成 17 年 11 月 2 日ころ、土壌に上記基準値を超えるふっ素が含まれていることが判明したため、X は Y に対して、汚染土壌の除去費用の賠償を求めた。

裁判の流れ

　1 審（東京地判平 19・7・25 民集 64 巻 4 号 977 頁）：X の請求棄却　2 審（東京高判平 20・9・25 民集 64 巻 4 号 987 頁）：X の控訴認容　最高裁：破棄自判

　1 審は、売買当時に存在しなかった都条例による規制を瑕疵（旧 570 条）と主張する X の請求を棄却した。しかし、2 審は、居住等の利用のために締結された土地の土壌に、人の健康を損なう危険のある分量の有害物質が含まれていないことは、土地が通常備えるべき品質・性能に当たるとしたうえで、旧 570 条に基づく損害賠償請求権の消滅時効の起算点を、土壌中のふっ素が有害であると社会的に認識された平成 13 年 3 月 28 日であるとして、X の請求を認容した。そこで、Y は、本件土地にはそもそも瑕疵がないとして上告した。

判　旨

　〈破棄自判〉「売買契約の当事者間において目的物がどのような品質・性能を有することが予定されていたかについては、売買契約締結時の取引観念をしんしゃくして判断すべきところ…本件売買契約締結当時、取引観念上、ふっ素が土壌に含まれることに起因して人の健康に係る被害を生ずるおそれがあるとは認識されておらず、X の担当者もそのような認識を有していなかったのであり、ふっ素が、それが土壌に含まれることに起因して人の健康に係る被害を生ずるおそれがあるなどの有害物質として、法令に基づく規制の対象となったのは、本件売買契約締結後であった…。そして、本件売買契約の当事者間において、本件土地が備えるべき属性として、その土壌に、ふっ素が含まれていないことや、本件売買契約締結当時に有害性が認識されていたか否かにかかわらず、

人の健康に係る被害を生ずるおそれのある一切の物質が含まれていないことが、特に予定されていたとみるべき事情もうかがわれない。そうすると…本件土地の土壌に溶出量基準値及び含有量基準値のいずれをも超えるふっ素が含まれていたとしても、そのことは、民法 570 条にいう瑕疵には当たらない…。」

判例の法理

　本判決は、売買契約当時の取引観念をしんしゃくして、当事者が予定していた売買目的物の品質・性能を判断すべきとの基準に立って、売買契約当時に取引観念でも危険が認識されず、法令でも規制されていなかった本件土地のふっ素による土壌汚染を瑕疵とは認めなかった。それとは対照的に、原審は、ふっ素の含有が土地の価値を下げ、人体にも害を及ぼす可能性を重視して、瑕疵を認定したうえで、引渡しから起算されるべき瑕疵担保責任に基づく損害賠償請求権の消滅時効についても（→ **103 判決**）参照）、ふっ素の土地含有の危険が社会的に認識された時点を起算点とした。

判例を読む

　売買の目的物の瑕疵とは、通常の品質を備えないことではなく、当事者の合意から逸脱することと解されてきた。たとえば、耐震用に特に太い鉄骨による建物建築が合意されていたが、それよりも細いが通常の耐震基準を満たす鉄骨による建築仕事について、原審は通常の品質を備えているため瑕疵に該当しないが特約に反するとしたのに対して、最高裁は当事者の合意から逸脱しているため瑕疵と認定した（最判平 15・10・10 判時 1840 号 18 頁）。このような合意を基準とする瑕疵の判断は、民法改正による種類・品質の契約不適合の概念に引き継がれている（562 条）。

　本判決は、特に合意されていなかった品質・性能について取引通念に照らして判断すべきとして、取引通念をしんしゃくした当事者の仮定的意思を**補充的に解釈**した。したがって、契約解釈から通常の品質が合意されたと解釈される場合もあり得るが、あくまで当事者の合意の解釈からの逸脱が瑕疵である。原審の解釈のように、当事者が将来あり得る危険がないことを合意するなら、それだけ売買代金は高額となろう。本判決が示す瑕疵（旧 570 条）の解釈基準は、民法改正後の種類・品質の契約不適合（562 条）の解釈にとっても意義は大きい。

【参考文献】　本件の解説・評釈は、榎本光宏・最判解民平成 22 年度 341 頁、大塚直・ジュリ 1407 号 66 頁、潮見佳男・私判リマ 43 号 38 頁、田中宏治・平成 22 年度重判 96 頁、田中洋・神戸法学雑誌 60 巻 3=4 号 163 頁、半田吉信・判評 625 号 10 頁、吉政知広・民商 143 巻 4=5 号 476 頁。

北居　功

99
法令上の制限と契約不適合

最高裁昭和41年4月14日判決　民集20巻4号649頁、判時449号43頁
【542条、562条、564条（旧566条、旧570条）、568条（旧568条）】

論点 法令（法律）によって売買目的物の利用が制限される場合に、その制限は種類・品質の契約不適合か、それとも、移転された権利の契約不適合か。

事実の要約

　Xは居宅を建築するために、昭和37年3月4日に、Yが所有する本件土地を代金627万円余で買い受けて、手付120万円を交付した。ところが、本件土地の約8割が昭和25年3月2日建設省告示第112号による東京都市計画街路補助第54号巾員15メートルの境域内にあり、予算措置がつけば同第54号が実施されて、Xが本件土地上に建物を事実上建築できないため、Xは、同年6月24日に、本件土地の売買契約を解除して、手付金120万円の返還を求めた。

裁判の流れ

　1審（東京地判昭38・6・20民集20巻4号653頁）：Xの請求認容　2審（東京高判昭40・3・26民集20巻4号657頁）：Yの控訴棄却　最高裁：上告棄却
　1審は旧570条・旧566条により、Xの請求を認め、2審もYの控訴を棄却したため、Yは東京都市計画街路補助第54号が実施されれば適正な補償があるため実際の土地の価値は下がらず、また、街路補助線は告示されていて周知の事実であるため隠れた瑕疵には該当しない旨を上告した。

判旨

　〈上告棄却〉「Xは本件土地を自己の永住する判示規模の居宅の敷地として使用する目的で、そのことを表示してYから買受けたのであるが、本件土地の約8割が東京都市計画街路補助第54号の境域内に存するというのである。かかる事実関係のもとにおいては、本件土地が東京都市計画事業として施行される道路敷地に該当し、同地上に建物を建築しても、早晩その実施により建物の全部または一部を撤去しなければならない事情があるため、契約の目的を達することができないのであるから、本件土地に瑕疵があるものとした原判決の判断は正当であり、所論違法は存しない。／また、都市計画事業の一環として都市計画街路が公示されたとしても、それが告示の形式でなされ、しかも、右告示が売買成立の10数年以前になされたという原審認定の事情をも考慮するときは、Xが、本件土地の大部分が都市計画街路として告示された境域内にあることを知らなかつた一事により過失があるとはいえないから、本件土地の瑕疵は民法570条にいう隠れた瑕疵に当るとした原判決の判断は正当である。」

判例の法理

　売買された目的物に法令上の利用制限があるため、それを知らずに買い受けた買主が目的物の利用を制限される場合に、このような法令（法律）上の瑕疵が、権利の瑕疵（旧566条）に当たるのか、それとも、物の瑕疵（旧570条）に当たるのかが論じられてきた。民法改正により、この問題は、法令上の目的物の利用制限による契約不適合が、種類・品質の契約不適合に該当するのか（562条）、それとも、移転された権利の契約不適合に該当するのか（565条）という問題へと変わる。この議論の実益は、当該土地が競売にかけられたときに、買受人は、移転された権利の契約不適合（権利の瑕疵）であれば権利を行使できるのに対して（旧568条1項・新568条1項）、種類・品質の契約不適合（物の瑕疵）であれば権利を行使できない（旧570条ただし書・新568条4項）点にある。

　大審院は、売主が伐採許可があると称する山林の立木を購入して伐採を始めた買主が、当局より許可がないため伐採を禁じられた事案で、物の瑕疵に基づく買主の損害賠償請求を認めた（大判昭5・4・16民集9巻376頁）。本判決も、土地の利用を制限する行政規制があることを「隠れた瑕疵」（旧570条）として、買主の解除に基づく手付金の返還請求を認めた（同旨、大判大4・12・21民録21輯2144頁、最判昭56・9・8判時1019号73頁）。したがって、民法改正後は、法令上の瑕疵は、種類・品質上の契約不適合（562条）に対応することになる。

判例を読む

　判例は、このように法令上の利用制限を目的物の利用を妨げる障害として、種類・品質の契約不適合（物の瑕疵）と評価する。これに対して、土地の利用が法令によって制限されているのは、他人の権利によって土地の利用が制限されるのに類比すべきとして、移転された権利の契約不適合（権利の瑕疵）と扱うべきことも有力に主張されてきた。

　もっとも、判例は、実際に差異が生じる競売事例を扱ってこなかった。しかし、近時の裁判例には、競売された土地に法令上の制限があるのに、その制限がないものとして最低売却価額が決定され、それに基づいて土地を購入した買受人が、旧568条・旧566条の類推適用に基づいて、配当を受けた債権者に対して売却代金の減額を請求することを認める判決がある。その際に、他人の利用権による土地利用制限に類比することが根拠とされる（名古屋高判平23・2・17判時2145号42頁）。それにもまして、競売手続において法令上の規制が評価書に記載されなければならないにもかかわらず（民執規30条1項5号ロ）、それが記載されずに最低売却価額が決定された場合に、種類・品質上の契約不適合（物の瑕疵）と扱うことで買受人の救済を否定することには、疑念の余地があろう（同旨、東京高判平15・1・29判時1825号71頁）。

【参考文献】　本件の解説・評釈は、蕪山嚴・最判解民昭和41年度601頁、北川善太郎・民商55巻5号818頁、下森定・法協84巻3号423頁、山下末人・街づくり・国づくり判例百選20頁。東京高裁平成15年判決の評釈として、七戸克彦・判評542号9頁。

北居　功

100 建物の敷地の欠陥と敷地賃借権の契約不適合

最高裁平成 3 年 4 月 2 日判決　民集 45 巻 4 号 349 頁

【559 条、562 条（旧 566 条、旧 570 条）、569 条、新 562 条】

論点 建物とその敷地の借地権の売買において敷地に瑕疵があった場合に売主は品質の契約不適合に基づく責任を負うのか

事実の要約

　昭和 55 年 3 月に、X は Y から本件建物とその敷地の借地権を 650 万円で購入したが、その敷地は北側が崖となっていて、高さ約 4 m の擁壁で補強されていた。しかし、この擁壁には水抜き穴が作られておらず、雨水による圧力を受けやすい構造であったため、昭和 56 年 10 月の台風の大雨でこの崖に崖崩れと傾斜が生じ危険な状態となったことから、X は本件建物を取り壊して、Y に対して瑕疵担保に基づく契約解除と損害賠償を求めた。

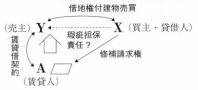

裁判の流れ

　1 審（東京地判昭 61・2・21 民集 45 巻 4 号 358 頁）：X の請求棄却　2 審（東京高判昭 62・1・29 民集 45 巻 4 号 362 頁）：X の控訴認容　最高裁：原判決破棄自判

　1 審は、売買契約の目的物は建物と借地権であって土地自体ではないため売主の瑕疵担保責任（旧 570 条）は認められないとしたが、2 審は、この場合でも買主は売主に対して売買に基づく瑕疵担保責任を追及できるとした。そこで Y は、賃貸借の目的物である本件敷地に瑕疵があるというのは賃借人が賃貸人に債務不履行や瑕疵担保責任を追及すべき問題であり、賃借権の売主に責任を追及することはできないとして上告した。最高裁はこの上告を容れて、原判決を破棄して 1 審判決を支持した。

判　旨

　〈破棄自判〉「建物とその敷地の賃借権とが売買の目的とされた場合において、右敷地についてその賃貸人において修繕義務を負担すべき欠陥が右売買契約当時に存したことがその後に判明したとしても、右売買の目的物に隠れた瑕疵があるということはできない。けだし、右の場合において、建物と共に売買の目的とされたものは、建物の敷地そのものではなく、その賃借権であるところ、敷地の面積の不足、敷地に関する法的規制又は賃貸借契約における使用方法の制限等の客観的事由によって賃借権が制約を受けて売買の目的を達することができないときは、建物と共に売買の目的とされた賃借権に瑕疵があると解する余地があるとしても、賃貸人の修繕義務の履行により補完されるべき敷地の欠陥については、賃貸人に対してその修繕を請求すべきものであって、右敷地の欠陥をもって賃貸人に対する債権としての賃借権の欠陥ということはできないから、買主が、売買によって取得した賃借人たる地位に基づいて、賃貸人に対して、右修繕義務の履行を請求し、あるいは賃貸借の目的物に隠れた瑕疵があるとして瑕疵担保責任を追求することは格別、

売買の目的物に瑕疵があるということはできないのである。なお、右の理は、債権の売買において、債務の履行を最終的に担保する債務者の資力の欠如が債権の瑕疵に当たらず、売主が当然に債務の履行について担保責任を負担するものではないこと（民法 569 条参照）との対比からしても、明らかである。」

判例の法理

　建物とその敷地の賃借権が売買されたところ、その敷地に隠れた瑕疵があった場合に、買主は売主に対して瑕疵担保責任を追及できるのかが問題となる。本判決は、賃借権の目的物の瑕疵は賃貸借契約上の問題であり、買主は賃借人として賃貸人に修繕義務の履行等を追及すべきであって、売主に対して責任を追及できないとした。

　つまり、売買の対象は建物と敷地の賃借権であるから、敷地の瑕疵は売買の対象たる賃借権の瑕疵ではなく、賃借権の対象たる目的物の瑕疵であるとして賃貸借契約の問題へと還元する。そして、債権の売主が債務者の履行を当然に担保するものではないことを借地権という債権の売買に援用し、敷地の瑕疵は賃借権という債権の瑕疵ではないとする（富越和厚・参考文献 163 頁以下を参照）。もっとも、本判決は敷地に面積不足や利用制限等があれば売主の担保責任を認める余地があるともしており、賃貸人の修繕義務によってカヴァーされる瑕疵か否かが売主の責任を左右する論理にもみえる（宮川博史・参考文献 196 頁）。

判例を読む

　契約解釈の視点からみると、本件で契約当事者が建物所有の目的を確実にできる内容で売買契約を締結していたなら、対価と売主の給付の不均衡が生じる瑕疵となるが（潮見佳男・参考文献 245 頁）、建物所有が賃貸人の修繕義務により実現されることが合意されていれば、売買には瑕疵がないとみることができる（森田宏樹・参考文献 1403 頁）。本判決は、本件契約では後者の合意があったと解釈したともいえよう。

　他方、地主に修繕義務がない地上権付き建物売買であれば、敷地の瑕疵は売買目的物の瑕疵になると解されるため、借地権の場合との実質的な不均衡を認めることには疑問も提起されている（前田達明・参考文献 59 頁）。

　この問題は、民法改正後の売買目的物の品質の契約不適合（562 条）の問題へと引き継がれる。

【参考文献】　本件の解説・評釈は、富越和厚・最判解民平成 3 年度 157 頁、潮見佳男・民商 106 巻 2 号 240 頁、前田達明・私判リマ 5 号 56 頁、宮川博史・ジュリ 993 号 193 頁、森田宏樹・法協 109 巻 8 号 1390 頁、笠井修・判プラ II 188 頁、中田邦博・百選 II 110 頁。

北居　功

101 数量指示売買（量的不適合と損害賠償）

最高裁昭和 57 年 1 月 21 日判決　民集 36 巻 1 号 71 頁、判時 1030 号 34 頁、判タ 462 号 68 頁
【415 条、562 条、563 条、564 条（旧 563 条、旧 565 条）】

論点　数量指示売買で引き渡された土地の数量が不足した場合に、買主は売主に対して、契約締結以降に値上がりした土地価格を基準にした不足数量分の損害賠償を請求できるか

事実の要約

X₁・X₂は、Yが所有する甲・乙山林を代理人Aを介してYから、それぞれ昭和 38 年 4 月 1 日と昭和 43 年 4 月 29 日に、坪当たりそれぞれ単価 2 万円と 3 万 8000 円で買い受けて、代金全額を支払った。その際、甲・乙山林ともに実測図に示された隣地との境界基点が見つけられなかった個所もあったが、現地検分に際してYが境界を見定めて指示して、実測図の面積に基づいた代金額が確定されていたところ、その後昭和 49 年になって甲・乙山林ともに実測が行われ、それぞれ 7.11 坪および 8坪の不足があることが判明したため、XらはYに対して、数量不足に基づく損害賠償は数量不足がなければ買主が得たはずの履行利益となる旨主張して、それぞれの土地の値上がり益を含む時価相当の坪単価 25 万円に不足した山林面積を掛け合わせた損害額 177 万 7500 円と 200万円の賠償を請求した。

裁判の流れ

1 審（千葉地判昭 53・2・28 金判 642 号 10 頁）：Xの請求一部認容　2 審（東京高判昭 54・8・28 判時 940 号 41 頁、判タ 398 号 90 頁、東高民時報 30 巻 8 号 213 頁、金判 642 号 6 頁）：Xの控訴棄却　最高裁：Xの上告棄却

1 審は、甲・乙山林の不足面積をそれぞれ 7.11 坪と 7.98 坪と認定したうえで、数量不足に基づく信頼利益の賠償額は売買契約での坪単価に不足面積を乗じた、それぞれ 2 万円 × 7.11 ＝ 14 万 2200 円と 3 万 8000 円 × 7.98 ＝ 30 万 3240 円の金額であるとして、その額の賠償請求を認容した。2 審も、履行利益の賠償が担保責任の趣旨に照らして相当でないとして、1 審と同様の損害賠償額を認容したため、Xが上告した。

判旨

〈上告棄却〉「土地の売買契約において、売買の対象である土地の面積が表示された場合でも、その表示が代金額決定の基礎としてされたにとどまり売買契約の目的を達成するうえで特段の意味を有するものでないときは、売主は、当該土地が表示どおりの面積を有したとすれば買主が得たであろう利益について、その損害を賠償すべき責めを負わないものと解するのが相当である。しかるところ、原審の適法に確定したところによれば、本件の各土地の売買において売主であるYの代理人が目的土地の面積を表示し、かつ、この面積を基礎として代金額を定めたというのであるが、さらに進んで右の面積の表示が前記の特段の意味を有するものであったことについては、Xらはなんら主張、立証していない。そうすると、不足する面積の土地について売買が履行されたとすればXらが得たであろう利益として、右土地の値上がりによる利益についての損害賠償を求めるXらの請求を理由がないものとした原審の判断は、結局正当として肯認することができ、原判決に所論の違法はない。」

判例の法理

数量指示売買とは、「当事者において目的物の実際に有する数量を確保するため、その一定の面積、容積、重量、員数または尺度あることを売主が契約において表示し、かつ、この数量を基礎として代金額が定められた売買を指称するものである」（最判昭 43・8・20 民集 22 巻 8号 1692 頁、最判平 13・11・22 判時 1772 号 49 頁）。本件でも、坪単価に面積を乗じた代金額が決定されており、対象不動産の面積が不足するときには、代金額との不均衡が生じることは疑いない。この給付間の均衡を是正するために、数量不足の担保責任制度が介入する（旧 565 条）。

数量指示売買において、代金減額（旧 565 条・旧 563 条 1 項）は、売買代金額×（不足数量÷全体数量）で計算されるが、これは、（売買代金額÷全体数量）＝数量単価×不足数量と等しい。そのため、本件で認められた損害賠償額（旧 565 条・旧 563 条 3 項）は、損害賠償名目で、実質的には代金減額が認められたに等しい。

そこで、問題となるのは、売買代金額ではなく、現在の値上がりした数量単価を基礎にした不足分の得られたはずの履行利益の賠償が認められるかどうかである。本件では、この損害賠償が否定されたが、原告が必要な「特段の事情」の主張・立証に成功すれば、数量不足がなければ得られたはずの履行利益の賠償も認められる余地を残した（淺生重機・参考文献 76 頁）。

判例を読む

民法改正によって、数量不足は、数量の契約不適合となる（562 条 1 項）。数量指示売買で引き渡された目的物に数量不足があった場合に、買主は追完請求ができないため（特定の 90 坪の土地を 100 坪にはできない）、直ちに代金減額を請求できる（563 条 2 項）。数量単価×数量で代金額が決定されている以上、数量単価×数量不足によって買主の救済は図られる。

しかし、「特段の事情」があれば、買主は売主に対して損害賠償を請求できる（564 条・415 条）。たとえば、土地面積が不足しては予定された建物が建築できないといったように、契約された数量が不足しては買主が契約目的を達成できない場合が想定できるであろう。ここで認められる損害賠償は、債務不履行に基づく損害賠償であって、数量不足がなければ買主が得られたはずの履行利益の賠償を意味する。こうして、本判決は、民法改正後にも意味を持つ重要判決である。

【参考文献】　本件の解説・評釈は、淺生重機・最判解民昭和 57 年度 59 頁、好美清光・金判 650 号 45 頁、円谷峻・基本判例 2 版 146 頁、潮見佳男・判タ 717 号 4 頁、執行秀幸・判プラⅡ 182 頁、田中洋・法時 90 巻 2 号 128 頁、森田宏樹・百選Ⅱ 106 頁。

北居　功

102 数量指示売買（量的超過と代金増額）

最高裁平成 13 年 11 月 27 日判決　民集 55 巻 6 号 1380 頁、判時 1768 号 81 頁、判タ 1079 号 190 頁、金法 1633 号 65 頁、金判 1140 号 11 頁　　【562 条、563 条（旧 563 条、旧 565 条）】

論点　数量指示売買において引き渡された目的物が数量を超過していた場合に、売主は買主に対して代金の増額を請求できるか

事実の要約

Aは所有する本件土地を、X・Bに各持分2分の1で、1㎡当たり 15 万円余に実測面積を乗じた額を代金額として売却するため、A側で測量を行うこととした。Aは測量をC事務所に依頼し、CはD会社に依頼した。Dは、真実の面積が 399㎡余であったのに、誤って 59㎡余少ない 339㎡余を実測面積とした求積図をCを介してAに交付した。AとXらは、本件土地につき実測面積に単価を乗じた額を売買代金とする売買契約を締結したが、真実の面積による代金額と売買代金額との差額は 941 万円余である。Cは、測量結果の誤りによる損害賠償として上記差額と迷惑料合計 1000 万円をAに支払い、DはCに測量結果の誤りによる損害賠償 600 万円を支払う示談をし、Y保険会社は、Dとの測量士賠償責任保険契約に基づいて、上記示談に係るDのCに対する債務のうち 550 万円をCに支払った。そこで、YはXに対して、旧 565 条の類推適用により、または、本件売買契約の清算条項に基づき、AがXらに対して有していた上記差額の代金請求権について、損害賠償者の代位（422 条）および保険者の代位（商旧 662 条・現行保険 25 条）によって 550 万円を取得したとして、その半額 275 万円と遅延損害金の支払を求める反訴を提起し、XはYに対して上記代金債務の不存在確認を求める本訴を提起した。

測量委託／賠償金／A／C／測量委託／売却／示談／D／測量ミス／B・X／Y／保険金支払／超過分の代金支払請求

裁判の流れ

1審（東京地判平 11・6・4 民集 55 巻 6 号 1398 頁）：Xの本訴請求認容・Yの反訴請求棄却　2審（東京高判平 11・12・20 民集 55 巻 6 号 1404 頁）：Yの控訴認容、最高裁：原判決破棄・差戻

1審は、本件売買を数量指示売買として、旧 565 条が数量不足を定めるだけで、売買契約書も同様であって、数量超過について定めがない以上、代金増額請求は認められないとした。2審は、①数量超過の場合には、「公平の理念」に基づいて買主に「不測の不利益」を及ぼさない限り、旧 565 条・旧 563 条1項を類推適用して、超過部分につき売主の代金増額請求を認め、②C・Dは賠償者代位、Yは保険者代位によって代金請求権を順次取得したとして、Yの反訴請求を認めたため、Xが上告した。

判旨

〈破棄・差戻〉①について、「民法 565 条にいういわゆる数量指示売買において数量が超過する場合、買主において超過部分の代金を追加して支払うとの趣旨の合意を認め得るときに売主が追加代金を請求し得ることはいうまでもない。しかしながら、同条は数量指示売買において数量が不足する場合又は物の一部が滅失していた場合における売主の担保責任を定めた規定にすぎないから、数量指示売買において数量が超過する場合に、同条の類推適用を根拠として売主が代金の増額を請求することはできないと解するのが相当である。」

②について、AがXらに対して面積超過部分について代金請求権を有するならAに損害は生じないため、賠償者代位・保険者代位による権利移転は生じない。しかし、Yの主張には、合意された超過分の代金請求権を順次譲渡する合意があったとの主張を含むと解する余地があるため、審理を原審に差し戻す。

判例の法理

数量指示売買（→101 事件参照）において数量が超過していた場合に、当事者が代金増額を合意していれば、売主は買主に代金増額を請求できる。しかし、本件売買契約も、民法も、数量不足での代金減額請求を定めるだけである（旧 565 条、旧 563 条1項）。そのため、本判決は、数量超過の場合に売主は旧 565 条を類推適用することで超過分の代金増額を請求できないとした先例（大判明 41・3・18 民録 14 輯 295 頁）を踏襲した。

判例を読む

民法改正後は、数量指示売買における数量不足も、数量超過も、数量の契約不適合（562 条）である。数量不足で買主は代金減額を請求できるが（563 条）、数量超過について民法に定めはない。

それでも、種類売買で数量が超過して引き渡されれば売主の債務不履行であり、買主は不当利得として超過分を売主に返還しなければならない。特定物売買でも同様に、買主は超過分を不当利得として売主に返還すべきであるが、特定物の数量超過分は切り離せないため、買主は超過分相当の特定物持分を売主に返還すべきである。これにより、当該特定物は売主と買主の共有となり、買主は共有物分割請求として（256 条以下）、超過分に相当する価額を売主に支払って単独所有にできる（武川幸嗣「土地の売買と数量指示売買」澤野順彦編『不動産法論点大系』（民事法研究会、2018）38 頁）。売主との共有を回避したい買主は、契約不適合に基づいて契約を解除できよう（564 条、541 条以下）。

【参考文献】　本件の解説・評釈は、小野憲一・最判解民平成 13 年度 780 頁、磯村保・平成 13 年度重判 80 頁、今西康人・判評 523 号 17 頁、平野裕之・私判リマ 26 号 46 頁、松岡久和・不動産取引判例百選 3 版 150 頁、執行秀幸・判プラ II 183 頁。

北居　功

103 契約不適合の責任と消滅時効

最高裁平成 13 年 11 月 27 日判決　民集 55 巻 6 号 1311 頁、判時 1769 号 53 頁、判タ 1079 号 195 頁
【166 条（旧 167 条）、415 条、562 条、564 条（旧 566 条、旧 570 条）】

論点　契約不適合に基づく損害賠償請求権の消滅時効とその起算点

事実の要約

　XはYから、昭和48年2月18日、本件宅地とその地上建物等を買い受け、その代金を支払い、同年5月9日、本件宅地につきYからXへの所有権の移転登記を受け、Yからその引渡しを受けた。ところが、本件宅地の一部には、昭和47年10月27日付けの道路位置指定がされていたため、本件宅地上の建物の改築にあたり床面積を大幅に縮小しなければならないなどの支障が生じた。Xは、平成6年2・3月ごろ、上記道路位置指定の存在をはじめて知り、同年7月ごろ、Yに対して、道路位置指定を解除するための措置を講ずるよう求め、それができないときは旧570条に基づく損害賠償を請求する旨を通知し、その後に訴えを提起するに至ったところ、Yは平成7年3月15日の本件口頭弁論期日に、Xの本訴請求債権につき旧167条1項による消滅時効を援用した。

裁判の流れ

　1審（浦和地判平9・4・25金判1134号9頁）：Xの請求棄却　2審（東京高判平9・12・11金判1134号8頁）：Xの控訴認容　最高裁：破棄・差戻
　1審は、Xの旧570条に基づく損害賠償請求権の成立を認めたうえで、Xが瑕疵を知ってから1年以内に損害賠償請求権を行使しても、売買契約締結時点もしくは登記あるいは引渡しのいずれの時点からみてもすでに20年を経過している以上、不法行為に基づく損害賠償請求権の主張と比較しても消滅時効にかかるとして、Xの請求を棄却した。しかし、2審は、瑕疵担保責任が売買契約上の債務とは性質を異にするから旧167条1項の適用はなく、旧566条3項は、起算点を瑕疵の認識にかからせることで法律関係の早期の安定以上の趣旨を含んでおり、そう解さなければ、買主に売買目的物を検査して瑕疵を発見すべき義務を与えるに等しく公平ではないとして、Xの請求を認容したため、Xが上告した。

判旨

　〈破棄差戻〉「買主の売主に対する瑕疵担保による損害賠償請求権は、売買契約に基づき法律上生ずる金銭支払請求権であって、これが民法167条1項〔現166条1項〕にいう『債権』に当たることは明らかである。この損害賠償請求権については、買主が事実を知った日から1年という除斥期間の定めがあるが（同法570条、566条3項）、これは法律関係の早期安定のために買主が権利を行使すべき期間を特に限定したものであるから、この除斥期間の定めがあることをもって、瑕疵担保による損害賠償請求権につき同法167条1項〔現166条1項〕の適用が排除されると解することはできない。さらに、買主が売買の目的物の引渡しを受けた後であれば、遅くとも通常の消滅時効期間の満了までの間に瑕疵を発見して損害賠償請求権を行使することを買主に期待しても不合理でないと解されるのに対し、瑕疵担保による損害賠償請求権に消滅時効の規定の適用がないとすると、買主が瑕疵に気付かない限り、買主の権利が永久に存続することになるが、これは売主に過大な負担を課するものであって、適当といえない。」
　したがって、瑕疵担保による損害賠償請求権には消滅時効の規定の適用があり、この消滅時効は、買主が売買の目的物の引渡しを受けた時から進行すると解するのが相当である。

判例の法理

　本判決は、従来の判例に倣って、法令上の瑕疵を物の瑕疵として扱い（→ **99 事件**参照）、その上で、旧570条に基づく損害賠償請求権が引渡時から10年の消滅時効（旧167条1項）に服するとした。通常の売買では、引渡しによってはじめて買主は瑕疵に気がつくことが期待されるため、起算点を引渡時とすることに合理性があろう（長谷川浩二・参考文献760頁注(22)）。ただし、本事案では、すでに売買目的物の引渡しから20年以上が経過していたところ、最高裁は、売主の時効援用が権利の濫用とならないかの審理を命じて、原審に差し戻した。

判例を読む

　瑕疵担保責任に基づく損害賠償請求権の除斥期間は、買主が「瑕疵を知った時」（旧570条・旧566条3項）、すなわち、「買主が売主に対し担保責任を追及し得る程度に確実な事実関係を認識したことを要する」（最判平13・2・22判時1745号85頁）という主観的な起算点に依って立つ。この期間制限は、買主が瑕疵に気がつかなければ永遠に起算されないが、いつまでも権利行使を受け得る売主の不利益を回避するために、この永遠化を防ぐ必要もある。そのための方策が**二重の期間制限**である。主観的な起算点による短期の期間制限と客観的な起算点による長期の期間制限を組み合わせる解決は、とりわけ民法改正後の時効制度の根幹となっている（166条1項。その他、126条、426条、724条などを参照）。
　契約不適合に基づく追完請求権の消滅時効も、買主が権利を行使できることを知った時から5年（166条1項1号：改正前の除斥期間に関する上記判例を参照できよう）、または、引渡し（562条）を起算点にして10年の消滅時効が進行する（166条1項2号）。追完に代わる損害賠償請求権はもとより、判例によれば解除権も債権の消滅時効制度に服すると解されるため（最判昭62・10・8民集41巻7号1445頁）、解除権はもちろん、解除権と同じ形成権とされる代金減額請求権も、同様と解されよう。

【参考文献】　本件の解説・評釈は、長谷川浩二・最判解平成13年度743頁、河上正二・判評530号7頁、田中宏治・阪大法学55巻2号485頁、吉川吉樹・法協120巻9号1873頁、山口康夫・判プラⅡ185頁、松井和彦・百選Ⅱ108頁。

北居　功

104 売主の果実収取権

大審院大正 13 年 9 月 24 日連合部判決　民集 3 巻 440 頁

【412条、415条、575条】

論点　引渡時まで認められる売主の果実収取権は、売主の履行遅滞後にも実際に引き渡される時まで認められるか

事実の要約

大正 7 年 7 月に、X は、Y らにその所有する土地を売却して内金を受け取り、残代金の支払は土地の引渡しおよび登記の移転が完了したときに行うことを契約した。しかし、X がその後、契約を否認して Y らに土地の引渡しを拒絶したため、Y らは土地の引渡しおよび所有権移転登記を求めて訴えを提起し、X は敗訴により Y らに対して大正 10 年 5 月に土地を引き渡して所有権の移転登記に応じた。

ところが、Y らが残代金を支払わなかったため、X はその支払を求めて訴えを提起したところ、X が大正 7 年から 10 年まで土地の小作料を収受していたため、Y らはその小作料の返還債権と残代金支払債務とを相殺する旨主張した。

裁判の流れ

1 審（水戸地判）：X の請求認容　2 審（東京控訴院判）：Y の控訴棄却　大審院：Y の上告棄却

2 審は、575 条によって、売主が目的物の引渡しを遅滞していたときでも、実際に目的物が引き渡されるまで売主に果実収取権があるとして X の請求を認めたため、Y らは、X が一旦売買契約を否定して土地の引渡しを拒んでおきながら、他方で果実を収受できるとするのは不合理であるとして、上告した。

判　旨

〈上告棄却〉「民法第 575 条第 1 項ニハ未タ引渡ササル売買ノ目的物カ果実ヲ生シタルトキハ其ノ果実ハ売主ニ属ストアリテ引渡ヲ為ササル事由ニ付何等ノ区別ヲ設ケサルノミナラス元来同条ハ売買ノ目的物ニ付其引渡前ニ果実ヲ生シ若ハ売主カ目的物ヲ使用シタル場合ニ買主ヨリ売主ニ対シテ其ノ果実若ハ使用ノ対価ヲ請求スルコトヲ得セシムルトキハ売主ヨリ買主ニ対シテ目的物ノ管理及保存ニ要シタル費用ノ償還並代金ノ利息ヲ請求シ得ルコトトナリ相互間ニ錯雑ナル関係ヲ生スルニヨリ之ヲ避ケントスルノ趣旨ニ外ナラサルヲ以テ此ノ趣旨ヨリ推考スルモ同条ハ売買ノ目的物ノ引渡ニ付期限ノ定アリテ売主カ其ノ引渡ヲ遅滞シタルトキト雖モ其引渡ヲ為ス迄ハ之ヲ使用シ且果実ヲ収得スルコトヲ得ヘキトキト同時ニ代金ノ支払ニ付期限ノ定アリテ買主カ其ノ支払ヲ遅滞シタルトキハ勿論同時履行ノ場合ニ於テ買主カ目的物ノ受領ヲ拒ミ遅滞ニ付セラレタルトキト雖目的物ノ引渡ヲ受クル迄ハ代金ノ利息ヲ支払フコトヲ要セサルモノト謂ハサルヘカラス蓋同条ノ第 2 項但書ニ目的物ノ引渡後ニ代金支払期限ノ到来スヘキ場合ニ付テノ規定ヲ設ケタルニ拘ラス目的物ノ引渡ニ付期限ノ定アル場合及其ノ引渡前ニ代金支払ノ期限到来スヘキ場合ニ付其ヲ区別アルコトヲ規定セサル法意ヨリ推スモ同条ハ当事者カ遅滞ニ付セラレタルト否トヲ問ハス適用スヘキモノト解スルヲ相当トスレハナリ」。

判例の法理

本来、果実収取権を有するのは所有者であり、売買契約時に所有権が買主に移転するとするなら（176 条参照）、その時から買主が果実収取権を有するため、売主は引渡しまでの果実を買主に移転すべき義務を負う。**民法の起草者はこれを危険負担の債権者主義で説明しつつ（旧 534 条 1 項）、反面で売主は買主に対して目的物の保管費用や代金の利息の償還を求めることができるため、これらの複雑な関係を引渡時を基準に清算できるように 575 条を定めた**（池田真朗・参考文献 123 頁）。

大審院はすでに、575 条 2 項ただし書以外の場合には全て 575 条の清算原理が機能するとして、履行遅滞となっていた買主の利息支払義務を否定した（大判大 4・12・21 民録 21 輯 2135 頁）。**この判例に沿って、本判決は 575 条の趣旨を売主の履行遅滞の場合に敷衍したのである。**もっとも、代金がすでに支払われていた場合にはこの清算原理は働かないため、判例は目的物の引渡しまでの間、売主が目的物を賃貸して得た賃料額を買主に返還することを命じている（大判昭 7・3・3 民集 11 巻 274 頁）。

判例を読む

学説も判例と同様に、複雑な清算関係を簡便にするのが 575 条の趣旨であると理解して、575 条を 189 条以下の特則と解しつつ、履行遅滞後にも 575 条を適用する（我妻・講義 V2・269 頁）。このことは、所有権の移転時期を契約時とする見解はもとより、引渡しや登記によって移転すると解する見解でも、引渡しと果実収取権を関連づける限り異ならない（広中・各論 55 頁）。また、これを危険負担における債務者主義（536 条 1 項）で考えてみても、物の引渡しまで危険を負担する売主の許に、引渡しまでの果実収取権も帰するのは当然となろう。

これに対して、**果実と保管費用および利息との調整は、それらが均衡する限度で機能する問題であって、履行遅滞後に発生する不履行責任によりその均衡が崩れる場合には、もはや 575 条の適用は認められないとする見解もある**（鳩山秀夫・参考文献 2136 頁、池田恒男・参考文献 121 頁）。起草者同様に、この問題を危険負担との関係からみると、履行遅滞後の不能は債務者に帰責性のある履行不能として扱われ（413 条の 2 第 1 項）、遅滞者の責任に帰されるため、債務者は損害賠償の責任を負う。したがって、履行遅滞後にはもはや危険負担を基礎とする 575 条の適用はないとみる余地もあると思われる。

【参考文献】　本件の評釈は、池田恒雄・百選 II 第 5 版新法対応補正版 120 頁、池田真朗・不動産取引判例百選 2 版 122 頁、鳩山秀夫・法協 43 巻 11 号 2132 頁、村田大樹・判プラ II 191 頁。

北居　功

105 **準消費貸借──既存債権に対する詐害行為との関係**

最高裁昭和50年7月17日判決　民集29巻6号1119頁、判時790号58頁、判タ327号181頁
【424条、588条】

論点 債務者による詐害行為の後に、債権者の既存債権（被保全債権）について準消費貸借契約が締結された場合、債権者は詐害行為取消権を行使することができるか

事実の要約

　Xは、Aに対する下請負代金債権を担保する目的で、AのYに対する元請負代金債権（以下「本件債権」という）をAから譲り受け、その旨の確定日付（昭和40年2月20日）のある証書による通知が翌日にYに到達した（②）。他方で、Zは、AX間の債権譲渡の前に、Aに対して複数の債権を取得しており（①）、昭和40年2月24日、Aとの間で準消費貸借契約を締結した（③）。XがYに対して本件債権の履行を求める訴訟を提起したところ、Zは、AからXへの本件債権の譲渡（②）が詐害行為に当たるからその取消しを求めるとして、この訴訟に参加した。

裁判の流れ

　1審（大阪地判昭44・4・9民集29巻6号1112頁）：Zの請求棄却　2審（大阪高判昭48・11・22民集29巻6号1127頁）：Zの請求認容　最高裁：Xの上告棄却

　1審ではXの請求が認容されたため、Zが控訴。2審は、AからXへの本件債権の譲渡が詐害行為に当たるとしてZの請求を認容し、Xの請求を棄却した。Xは、詐害行為取消権を行使する債権者の被保全債権は詐害行為の前に発生している必要があるところ、③の準消費貸借契約に基づくZのAに対する債権は、②の債権譲渡の後に発生しているから、詐害行為取消権は認められないとの理由で上告。

判　旨

　〈上告棄却〉「準消費貸借契約に基づく債務は、当事者の反対の意思が明らかでないかぎり、既存債務と同一性を維持しつつ、単に消費貸借の規定に従うこととされるにすぎないものと推定されるのであるから、既存債務成立後に特定債権者のためになされた債務者の行為は、詐害行為の要件を具備するかぎり、準消費貸借契約成立前のものであっても、詐害行為としてこれを取り消すことができるものと解するのが相当である。」

判例の法理

●**準消費貸借**　債務者が債権者に対して金銭その他の物を給付する義務を負っている場合に、その物を消費貸借契約の債務にする旨の両者間の契約をいう（588条）。本件では、AがZに対して複数の債務を負っており、これらを1つの消費貸借契約の債務にするためにAZ間で準消費貸借契約が結ばれている。
●**詐害行為取消権の被保全債権の存在時期**　詐害行為取消権を行使する債権者の債権（被保全債権）は、「詐害行為の前の原因に基づいて生じたもの」でなければならない（424条3項）。債権者は、債権発生の原因があった時点での債務者の責任財産を自己の債権の引当てとして期待しているところ、その後の債務者の行為によってその期待が裏切られたがゆえに、詐害行為取消権を行使して債務者の責任財産を保全することが必要になるからである。逆にいえば、債務者の行為後に債権発生の原因があった場合には、債権者は債務者の行為によって既に減少した責任財産しか引当てにしておらず、詐害行為取消権を認める必要はない。
●**本判決の立場**　準消費貸借契約により、ZのAに対する①の既存の債権（既存債務）が消滅して新たな債権が発生したと見れば、準消費貸借契約に基づくZのAに対する債権は、詐害行為（②のAX間の債権譲渡）の後の原因（③の準消費貸借契約）に基づいて生じたことになり、詐害行為取消権の被保全債権にはならないはずである（現424条3項参照）。

　しかし、本判決は、準消費貸借契約をする当事者の通常の意思によると、準消費貸借契約に基づく債務は既存債務と同一性を有するとした。これによると、準消費貸借契約に基づくZのAに対する債権は、詐害行為（②のAX間の債権譲渡）の前の原因（①の既存債務を発生させる契約）に基づいて生じたといえるから、詐害行為取消権の被保全債権となる。

判例を読む

　本判決によると、準消費貸借契約に基づく債務（新債務）と既存債務（旧債務）との関係は、準消費貸借契約をする当事者の意思によって決まる。両債務の関係については、①旧債務のために存在していた担保等（抵当権や保証など。詐害行為取消権もこれに含まれる）が新債務のためにも存続するか、②同時履行の抗弁権の付着した売買代金債務が旧債務に含まれていた場合に、新債務についても同抗弁権を行使できるか、などが議論されているが、本判決の立場によると、いずれも当事者の意思（とその解釈）によって決まる。《両債務に同一性があるから○○の結論になる》わけではないことに注意する必要がある（潮見・契約各論I 255頁、中田・契約法361頁等。ただし、消滅時効期間については、当事者の意思によって左右されるべきではないから、準消費貸借契約の性質に従って新債務の消滅時効期間が決まると解されている）。

【参考文献】　本判決の評釈として、飯原一乗・判タ332号110頁、甲斐道太郎・民商74巻5号841頁、星野英一・法協93巻11号1715頁、岨野悌介・最判解民昭和50年度357頁がある。

秋山靖浩

期間の定めのない使用貸借の解除

最高裁昭和 42 年 11 月 24 日判決　民集 21 巻 9 号 2460 頁、判時 506 号 37 頁、判タ 215 号 91 頁

【598 条 1 項】

論点　期間の定めのない使用貸借において使用貸借の目的が達成不可能になった場合に、貸主は 598 条 1 項の類推適用によって使用貸借を解除することができるか

事実の要約

　Y₁ とその父 A・母 X₁ の間には、A 所有の本件土地 1 および X₁ 所有の本件土地 2 (両土地を合わせて「本件土地」という) について、Y₁ が期間を定めずにこれを無償で借りて使用する旨の本件使用貸借が成立していた。本件使用貸借の目的は、Y₁ が本件土地に建物を所有して居住し、Y₁ を代表取締役とする会社 Y₂ を経営することに加えて、他の兄弟と協力しながら Y₂ を主宰して A の家業を承継すること、さらに、Y₂ の経営によって生じた収益から A・X₁ を扶養し、なお余力があれば Y₁ の兄弟 (X₂ ら) にもその恩恵を与えることであった。ところが、A が家業を引退し、Y₁ が名実ともに家業を承継して采配を振るい始めた頃から、Y₁ と X らの間にあつれきが生じ、Y₁ は特に理由もないのに A・X₁ を扶養しなくなり、X₂ らとも往来を絶った。最終的には、相互に仇敵のごとく対立する状態となった。A はその後、本件土地 1 を X₂ らに贈与した。X らは、Y₁ が本件土地を数年間にわたり使用収益したから、使用収益をするのに足りる期間が経過したことを理由に本件使用貸借を解約したと主張し、Y₁・Y₂ に対し、建物を収去して本件土地を明け渡すよう請求した。

$$A\text{(本件土地1)} \cdot X_1\text{(本件土地2)} \xrightarrow{\text{本件使用貸借}} Y_1$$

$$\downarrow \text{贈与} \qquad\qquad\qquad (\text{会社 } Y_2 \text{ が使用})$$

$$X_2\text{ら}$$

裁判の流れ

　1 審 (大阪地判昭 39・10・3 民集 21 巻 9 号 2465 頁)：X らの請求認容　2 審 (大阪高判昭 42・3・31 民集 21 巻 9 号 2469 頁)：Y らの控訴棄却　最高裁：Y らの上告棄却

　Y らは、1 審では本件土地を所有していると主張したが認められず、2 審において、本件使用貸借に基づいて本件土地の使用権原を有すると主張した。2 審は、本件使用貸借の成立を認めたうえで、旧 597 条 2 項ただし書 (現 598 条 1 項) を類推適用して X らの解約を認めた。Y らから上告。

判旨

　〈上告棄却〉本件の事実関係によると、「使用貸借契約当事者間における信頼関係は地を払うにいたり、本件使用貸借の貸主は借主たる Y₁ 並びに Y₂ に本件土地を無償使用させておく理由がなくなってしまったこと等の事実関係のもとにおいては、民法第 597 条第 2 項但書〔現 598 条 1 項〕の規定を類推し、使用貸主は使用借主に対し、使用貸借を解約することができるとする原判決の判断を、正当として是認することができる。」

判例の法理

　期間の定めのない使用貸借では、当事者が使用収益の目的を定めた場合において、その目的に従って借主が使用収益をするのに足りる期間を経過したときには、借主が現実には使用収益を終えていないとしても、貸主は契約を解除することができる (新 598 条 1 項 (旧 597 条 2 項ただし書)。なお、以上の場合において、その目的に従って借主が使用収益を終えたときには、597 条 2 項により使用貸借が終了する)。

　本判決は、Y₁ が使用収益をするのに足りる期間を経過したこと (したがって新 598 条 1 項が適用されること) を認めたわけではない。しかし、新 598 条 1 項は、借主が使用収益をするのに足りる期間を経過した場合には、貸主が自己の物を借主に無償で使用させる理由はもはや消滅した以上、貸主を使用貸借契約の拘束力から解放する趣旨のルールだと捉えることができる。そうだとすれば、本件のように、(Y₁ と X らの信頼関係が失われたことによって) 本件使用貸借の目的が達成不可能になった場合も、X らが甲土地を Y₁ に無償で使用させる理由はもはや消滅したといえ、同項の趣旨が当てはまる。そこで、本判決は、同項を類推適用して X らの解除を認めたと理解される (小粥太郎・判例講義民法 II 157 頁、後藤静思・最判解民昭和 42 年度 610 ～ 611 頁)。

判例を読む

　本件使用貸借は A・X₁ の扶養という負担が付いたもの (負担付使用貸借) と捉えることができるから、X らの解除は、Y₁ がこの負担を履行しなかったこと＝債務不履行を理由とする解除 (541 条) と構成することもできた。本件は以上のように構成して解決することが可能であったから、新 598 条 1 項 (旧 597 条 2 項ただし書) の類推適用という構成を採用する必要はなかったと批判されている (平井宜雄・法協 86 巻 3 号 407 頁等)。

　しかし、学説では、使用貸借の貸主と借主の間に特殊な人的信頼関係が存在する場合には、信頼関係の破壊を理由として使用貸借の解除を認める見解が有力である。この見解によると、本判決は、新 598 条 1 項を類推適用するという構成で、貸主と借主の間の信頼関係の破壊を理由とする解除を認めたものであると理解される (山野目章夫『民法概論 4 債権各論』(有斐閣、2020) 162 ～ 163 頁、潮見・契約各論 I 325 頁等)。

【参考文献】　本判決の評釈として、本文中に掲げたもののほか、森孝三・民商 59 巻 1 号 66 頁がある。

秋山靖浩

107 対抗力を具備しない土地賃借人に対する新地主の明渡請求と権利濫用

最高裁昭和 38 年 5 月 24 日判決　民集 17 巻 5 号 639 頁

【1 条、177 条、605 条、借地借家 10 条 1 項】

論点　対抗要件を備えていない土地賃借人に対する新地主の明渡請求が認められない場合

事実の要約

　A は、昭和 21 年、建物所有の目的で本件土地を B から賃借して、その上に本件建物を建築し、A の子 Y に電気器具商を営ませていた。Y は、昭和 27 年、A の賃借権を承継して本件土地の賃借人となったが、賃借権の登記も本件建物の保存登記もされていなかった。昭和 33 年に Y が建物の増築をした際に、B と紛争になった。本件土地は、B から C、C から X 会社へと順次譲渡され、それぞれ所有権移転登記が具備された（その後、本件建物の保存登記がされた）。X は、本件土地の所有権に基づき、Y に対し、本件建物の収去と本件土地の明渡しを請求した。

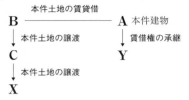

裁判の流れ

　1 審（鹿児島地川内支判年月日不明民集 17 巻 5 号 639 頁）：X の請求棄却　2 審（福岡高宮崎支判昭 36・10・30 民集 17 巻 5 号 652 頁）：X の控訴棄却　最高裁：X の上告棄却

　1 審では X の請求が棄却されたため、X が控訴。2 審は、Y は本件土地の賃借権の対抗要件を備えていないから、X の請求に対して賃借権を対抗することができないとした上で、「判旨」に挙げた①〜③の事実を認定し、X が Y の賃借権の対抗力を否定して上記請求をすることは権利濫用に当たり許されないとした。X は、権利濫用には当たらないなどと主張して上告。

判　旨

　〈上告棄却〉原審は、① C は B の実子、X は B C およびその血族・姻族関係にある者の同族会社であり、かつ、X の営業所や工場設備は B の個人企業のものをそのまま移行しており、営業の実態は会社組織に変更後も変わっていない、② C も X も、Y の賃借権の存在をよく知っていながら、Y を立ち退かせることを企図して本件土地を買い受けた、③ Y が建物の保存登記をしようとした際に、B はそれを妨げるような行為をしていた、などの事実を認定している。これらの事実によると、「原審が、X が…Y の前記賃借権の対抗力を否定し本件建物の収去を求めることは権利の濫用として許されないとした判断も正当として是認しえられる。」

判例の法理

●賃借権の対抗のルール

　賃借権は債権であるから、Y は、賃貸人 B にしか本

件土地の賃借権を主張できず、本件土地を譲り受けた第三者 X には賃借権を対抗できない（賃借権の存在を理由に X の請求を拒むことはできない）のが原則である。

　しかし、不動産の賃借権は、対抗要件（賃借権の登記）を備えていれば、その不動産について物権を取得した者その他の第三者に対抗することができる（605 条）。さらに、建物所有を目的とする土地賃借権（借地権。借地借家 2 条 1 号）については、土地の上に賃借人（借地権者）が登記されている建物を所有することも、対抗要件となる（借地借家 10 条 1 項）。

　本件では、Y は賃借権の登記を備えていない。また、本件建物の保存登記よりも先に X が本件土地の所有権移転登記を備えているので、X は Y の賃借権の負担がついていない本件土地の所有権を取得する。以上より、Y は本件土地の賃借権を X に対抗することができず、X の請求は認められるはずである。

●権利濫用構成

　本判決は、Y が本件土地の賃借権を X に対抗できないことを原則としつつ、X の所有権に基づく請求が権利濫用（1 条 3 項）に当たり許されないとして、例外的に賃借人を保護した。権利濫用に当たるかどうかは、一般に、当事者の利益状況の比較（客観的要件）と権利行使者の害意（主観的要件）を総合的に考慮して判断されるが、本判決は、BCX 間の密接な関係（判旨①）、Y を立ち退かせる目的（判旨②）、本件建物の保存登記の妨害（判旨③）など、X 側の主観的要件を重視した点に特徴がある。

判例を読む

　権利濫用構成によると、Y は、賃借権を X に対抗できるわけではないから、本件土地を無権原で占有していることになる。その結果、Y は、X に対し、不当利得あるいは不法行為を理由に本件土地の賃料相当額を支払わなければならない反面、賃借人としての権利を行使することはできない。

　学説では、X のような背信的悪意者（賃借権が設定されていることを知っており、かつ、対抗要件の欠缺を主張することが信義に反する者）は第三者に当たらないから、Y は対抗要件を備えていなくても賃借権を X に対抗できると解する見解が有力である（広中・各論 205 頁等）。これによると、Y は賃借人として適法に本件土地を占有することができる。そして、本件土地の賃貸人たる地位が X に移転するので（605 条の 2 第 1 項参照）、Y は、賃貸借契約に基づき、X に対し、賃料を支払いつつ賃借人としての権利を行使することが可能である。

【参考文献】　本判決の評釈として、真船孝允・最判解民昭和 38 年度 170 頁、星野英一・法協 82 巻 3 号 70 頁、広中俊雄・民商 50 巻 2 号 235 頁、内田勝一・不動産取引判例百選 2 版 60 頁、山田卓生・百選 II 4 版 124 頁等がある。

秋山靖浩

108 他人名義で保存登記された建物と借地権の対抗力

最高裁昭和 41 年 4 月 27 日大法廷判決　民集 20 巻 4 号 870 頁、判時 443 号 16 頁、判タ 190 号 106 頁
【605 条、借地借家 10 条（旧建物保護ニ関スル法律 1 条）】

論点　建物所有を目的とする土地の賃貸借において、土地上の建物の登記が借地権者ではなく他人の名義になっている場合に、借地権の対抗力は認められるか

事実の要約

Yは、本件土地の所有者Aから、建物所有の目的で本件土地を賃借し、本件土地に建物を建築した。Yは、胃を害して手術を受けるため長くは生きられないかもしれず、建物につき、家族として共同生活を送っていた未成年の長男Bの名義にしておけば後々面倒がないと考え、Bに無断でB名義の保存登記をした。その後、Xは、交換により本件土地を取得しその旨の登記をした。Xは、B名義の登記ではYは本件土地の賃借権（借地権）をXに対抗できないと主張して、本件土地の所有権に基づき、Yに対し、建物の収去と本件土地の明渡しを求めた。

```
          本件土地の賃貸借
A ───────────────── Y 建物 （長男B名義の保存登記）
│
│ 本件土地の所有権
↓
X
```

裁判の流れ

1 審（松山地判昭 35・8・15 民集 20 巻 4 号 892 頁）：Xの請求棄却　2 審（高松高判昭 35・10・25 民集 20 巻 4 号 892 頁）：Xの控訴棄却　最高裁：破棄自判（Xの請求認容）

2 審は、Yが氏を同じくするB名義で登記された建物を所有する場合には、YとBが同じ家族に属し共同で建物や敷地を利用する関係にあるから、Yの借地権は、B名義の登記によって、Y名義で登記された建物を所有する場合と同様に公示されていると解され、Yは借地権をXに対抗することができるとした。Xから上告。

判旨

〈破棄自判〉①旧建物保護ニ関スル法律 1 条（現借地借家 10 条 1 項）が、土地の上に借地権者（賃借権者）が登記されている建物を所有する場合にも借地権（土地賃借権）の対抗力を認めているのは、「当該土地の取引をなす者は、地上建物の登記名義により、その名義者が地上に建物を所有し得る土地賃借権を有することを推知し得るが故である」。したがって、「地上建物を所有する賃借権者は、自己の名義で登記した建物を有することにより、始めて右賃借権を第三者に対抗し得るものと解すべく、…自らの意思に基づき、他人名義で建物の保存登記をしたような場合には、当該賃借権者はその賃借権を第三者に対抗することはできない。」②上記規定の法意は、自己の建物の所有権を対抗できる登記があることを前提として、これを土地賃借権の登記の代わりにする点にある。しかし、「他人名義の建物の登記によっては、自己の建物の所有権さえ第三者に対抗できない」のだから、上記規定の保護を受けるに値しない。

判例の法理

建物所有を目的とする土地の賃借権（借地権。借地借家 2 条 1 号）は、賃借権の登記（605 条）がなくても、「土

地の上に借地権者が登記されている建物を所有する」場合には第三者に対抗することができる（借地借家 10 条 1 項）。本件では、建物登記が借地権者（本件土地の賃借人）Yではなくその長男Bの名義になっているが、それでもYの借地権の対抗力が認められるかが問題となった。

本判決は、次の①②の理由を挙げて、建物登記は借地権者の名義でなければならないことを明らかにした。①土地の取引をする者は、建物登記の名義を見て借地権者を推知できる必要がある（判旨①）。Xは、B名義の建物登記を見ても、Yが本件土地の借地権者であると推知することはできない。それにもかかわらずYの借地権の対抗力を認めれば、Xの取引の安全が害される。②他人名義の建物登記は無効な登記であり、建物の所有権すら第三者に対抗できない以上、土地賃借権の登記の代用にならない（判旨②）。

判例を読む

特に理由①に対して、批判が強い。建物登記のうち、建物の所在の地番表示が実際と多少相違している事案において、判例は、土地の取引をする第三者は現地を検分して借地権の存在を推知できるから、第三者の取引の安全が不当に害されることはなく、借地権の対抗力を認めてよいとしている（最大判昭和 40・3・17 民集 19 巻 2 号 453 頁）。ここにいう現地検分を出発点にすると、本件のように建物登記が他人名義の事案であっても、第三者は現地に行って調査をすれば借地権の有無や借地権者が誰かを容易に知ることができ、取引の安全が害されるおそれはないから、借地権の対抗力を認めてよいはずである。しかも、本件では、建物登記がYと氏を同じくするB名義になっていたから、Xは、B名義の登記を手がかりにして現地調査をすれば、Yが本件土地の借地権者であると推知することがますます容易であった。そこで、学説では、以上の見方を基本的に支持して、本判決に反対する見解が有力である。

しかし、判例はその後も、建物登記が他人名義の事案では本判決の解釈を堅持し、借地権の対抗力を認めていない（最判昭和 47・6・22 民集 26 巻 5 号 1051 頁〔妻名義の事案〕等）。この解釈に従うと、具体的な諸事情を考慮して第三者の建物収去土地明渡請求が権利濫用に当たり許されないと判断される場合に限って、借地権者は保護されることになる（→ 107 事件）。

【参考文献】　本判決の評釈として、高津環・最判解民昭和 41 年度 238 頁、内田勝一・不動産取引判例百選 3 版 110 頁、副田隆重・百選Ⅱ 118 頁、および、これらに掲げられたものがある。

秋山靖浩

正当事由と建物賃借人の事情

最高裁昭和58年1月20日判決　民集37巻1号1頁、判時1073号63頁、判タ494号81頁

【借地借家5条1項・6条（旧借地4条1項）】

論点　借地借家法6条所定の正当事由の有無を判断する際に、借地権者側の事情として、借地上の建物賃借人の事情を考慮することができるか

事実の要約

　Y₁は、X所有の本件土地について、Xとの地上権設定契約に基づいて建物所有を目的とする地上権（借地権）を有しており、本件土地上に本件建物を所有している。Y₁は本件建物の一部をY₂・Y₃に賃貸し、Y₁～Y₃が本件建物内で営業・居住などをしている。借地権の存続期間が満了する半年ほど前に、XはY₁に対して同契約の更新を拒絶する旨の申入れをしたが、Y₁はXに対して同契約の更新を請求し、存続期間満了後も本件土地の使用を継続している。Xは、X側には本件土地を使用する必要性があるが、Y側にはその必要性が乏しいことなどを挙げて、更新拒絶には正当事由があり地上権は消滅したと主張し、Y₁に対しては本件建物の収去と本件土地の明渡しを、Y₂・Y₃に対しては本件建物からの退去をそれぞれ求めた。

$$X \xrightarrow{\text{本件土地の地上権設定契約}} Y_1$$
$$\searrow \text{本件建物の賃貸借契約}$$
$$Y_2 \cdot Y_3$$

裁判の流れ

　1審（広島地判昭52・5・30民集37巻1号5頁）：Xの請求棄却　2審（広島高判昭54・7・31民集37巻1号12頁）：Xの控訴棄却　最高裁：破棄差戻

　2審は、本件の事実関係を総合すると、X側の本件土地の必要性は肯定できるが、借地上建物の賃借人Y₂・Y₃を含めた借地権者Y₁側の事情も軽視できず、Xの更新拒絶につき正当事由があるとは認められないとした。Xは、借地上建物の賃借人の事情は考慮すべきでないと主張して上告。

判旨

　〈破棄差戻〉借地法4条1項（現借地借家6条）所定の正当事由は土地所有者側の事情と借地権者（借地人）側の事情を比較衡量して判断されるが、その判断の際に、「借地人側の事情として借地上にある建物賃借人の事情をも斟酌することの許されることがあるのは、借地契約が当初から建物賃借人の存在を容認したものであるとか又は実質上建物賃借人を借地人と同一視することができるなどの特段の事情の存する場合であり、そのような事情の存しない場合には、借地人側の事情として建物賃借人の事情を斟酌することが許されないものと解するのが相当である。」原審は、特段の事情に触れることなく、借地上建物の賃借人の事情をも考慮して正当事由を否定しており、破棄を免れない。

判例の法理

　借地権（建物所有を目的とする土地賃借権・地上権。借地借家2条1号）の存続期間の満了にあたり借地権者が更新請求をしたときに、借地権設定者（土地所有者）は、遅滞なく異議を述べれば借地契約の法定更新を阻止することができる（借地借家5条）。もっとも、その異議申立

には正当事由が必要であり、正当事由の有無は基本的に土地所有者側の事情と借地権者側の事情を比較衡量して判断される（借地借家6条。→**115事件**も参照）。

　借地上の建物賃借人（本件のY₂・Y₃）の事情も借地権者（本件のY₁）側の事情として考慮することが許されるかについて、借地借家法6条は特に定めていない。本判決は、原則として許されないとした（なお、本判決は旧借地法4条1項に関する判断であるが、借地借家6条にも当てはまると解されている）。その理由は明確に述べられていないが、学説では、①地上権設定契約（借地契約）の当事者はY₁であるから、正当事由の有無はY₁について判断するべきである、②X・Y₁の借地契約とY₁・Y₂らの建物賃貸借契約は別個であり、正当事由の有無も別々に判断される、③Xは、Y₁が本件建物をY₂らに賃貸するのを阻止できないにもかかわらず、Y₂らの事情を考慮して正当事由の有無を判断するのはXに酷である、④Y₂らの事情を考慮して正当事由を否定すると、法定更新された借地契約がその後も長期間存続してしまう（借地借家4条参照）、などが挙げられている。

判例を読む

●特段の事情

　本判決は、特段の事情がある場合には、借地上の建物賃借人の事情も借地権者側の事情として考慮することを例外的に認めた。この例外のうち、「借地契約が当初から建物賃借人の存在を容認したもの」とは、賃貸用建物（マンションやテナントビル等）の所有を目的とする借地契約を意味する。このような借地契約では建物賃借人の存在が不可欠である以上、借地契約の終了に関わる正当事由の判断においても、建物賃借人の事情を考慮するのが契約目的に適うからである。

●建物賃借人の保護

　本件で特段の事情がなければ、Y₂らの事情は考慮されないが、Y₂らの利益は別の形で保護される。すなわち、Xの更新拒絶に正当事由が認められてX・Y₁の地上権設定契約が終了しても、Y₁がXに対して建物買取請求権（借地借家13条）を行使すると、Y₁を売主、Xを買主とする本件建物の売買契約が成立し、本件建物の所有権がY₁からXに移転する結果、本件建物の賃貸人たる地位もY₁からXに承継される。そして、XがY₂らに対して本件建物の賃貸借契約の更新拒絶または解約申入れをするには、正当事由が必要になる（借地借家28条）。その上で、Y₁が建物買取請求権を行使しない場合には、Y₂らがこれを代位行使できると解する見解が有力である（ただし、最判昭和38・4・23民集17巻3号536頁はこれを否定している）。

【参考文献】　本判決の評釈として、太田豊・最判解民昭和58年度1頁、武川幸嗣・百選Ⅱ124頁、および、これらに掲げられたものがある。

秋山靖浩

110 無断転貸と解除

最高裁昭和 28 年 9 月 25 日判決　民集 7 巻 9 号 979 頁

【612 条】

論点　賃借人が賃借物を無断転貸した場合、賃貸人は契約を解除することができるか

事実の要約

Aは昭和 7・8 年頃、その所有地（約 201 坪。本件土地）をY₁に普通建物所有を目的として賃貸した。Y₁は本件土地に倉庫 1・2 を建築し、昭和 19 年 11 月、倉庫 1 をBに賃貸した。しかし、両倉庫は昭和 20 年 6 月の戦災で焼失した。Aは昭和 20 年 11 月、本件土地をXに売却し、昭和 21 年 4 月、所有権移転登記をした。Bは昭和 21 年 10 月、罹災都市借地借家臨時処理法 3 条（当時）に基づき、Y₁に旧倉庫 1 の敷地（約 48 坪）の賃借権の譲渡を申し入れ、Y₁はこれを承諾し、賃借権譲渡は効力を生じた。Bは昭和 22 年 3 月、旧倉庫 1 の敷地と本件土地のその他の部分にまたがる建物（建坪 20 坪。本件建物）を建築し、Bの子Y₂名義で保存登記した。Y₁はBの建築が旧倉庫 1 の敷地の坪数の範囲内でY₁借地上であれば同敷地と別の箇所でも差し支えないと考え、許可した。これに対し、XはY₁・Y₂に対し、本件土地の所有権に基づき、建物収去・土地明渡しを請求した。

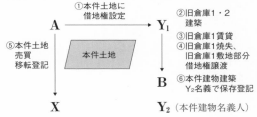

裁判の流れ

1 審（静岡地判昭 25・3・25 民集 7 巻 9 号 999 頁）：請求棄却　2 審（東京高判昭 25・3・25 民集 7 巻 9 号 1000 頁）：控訴棄却　最高裁：上告棄却

1 審は、Y₁は本件土地の借地権をもち、その借地権は罹災都市借地借家臨時処理法により、Xに対抗しうること、Y₁の借地権の一部を承継したBがY₁の承諾を得て本件建物を建築したことから、XのY₂に対する請求にも理由がないとする、Y₁・Y₂の主張を認め、Xの請求を棄却した。

Xは控訴し、2 審ではY₁の本件土地の借地権を認める一方、Y₁が旧倉庫 1 の敷地以外の本件土地部分をY₂に無断賃貸したことが、無断転貸等をした場合は土地に対する権利を失うとしたA・Y₁間の特約により、また民法 612 条 2 項に基づく解除の意思表示を昭和 25 年 1 月 20 日Y₁到達の書面でしたことにより、賃貸借は終了したと主張した。これに基づき、Xは、Y₁に対しては賃貸借終了に基づく本件土地の明渡しを、Y₂に対しては不法占拠を理由に所有権に基づく建物収去・敷地の明渡しを請求した。

2 審は、AY₁間の前記特約は、無断転貸等が「賃貸借当事者間の個人的信頼関係を破る…背信的行為ある場合の制裁」であり、民法 612 条 2 項もかかる「信頼関係

を保護する趣旨」であるから、Y₁に「何等背信的な廉のあることを認め難い」以上、前記特約も民法 612 条 2 項に基づく解除も「効力を生じるに由なきもの」とし、Xの控訴を棄却した。Xが上告。

判旨

〈上告棄却〉多数意見①「元来民法 612 条は、賃貸借が当事者の個人的信頼を基礎とする継続的法律関係であることにかんがみ、賃借人は賃貸人の承諾がなければ第三者に賃借権を譲渡し又は転貸することを得ないものとすると同時に、賃借人がもし賃貸人の承諾なくして第三者をして賃借物の使用収益を為さしめたときは、…賃貸人において一方的に賃貸借関係を終止せしめ得ることを規定したものと解すべきである。」②「したがつて、賃借人が賃貸人の承諾なく第三者をして賃借物の使用収益を為さしめた場合においても、賃借人の当該行為が賃貸人に対する背信的行為と認めるに足らない特段の事情がある場合においては、同条の解除権は発生しないものと解するを相当とする。」③本件では、Y₁の行為をもって「賃貸借関係を継続するに堪えない著しい背信的行為となすに足らない…から、Xの同〔民法 612〕条に基く解除は無効」である。また、④無断転貸等をした場合は賃借権を失う旨のA・Y₁間の特約は、「賃貸借当事者間の個人的信頼関係を破る…背信的行為ある場合」にのみ妥当する制裁であると解した原審判断は「正当」である。

藤田八郎裁判官、霜山精一裁判官の少数意見、谷村唯一郎裁判官の補足意見あり。

判例の法理

●**民法 612 条 2 項に基づく解除権の発生要件**　賃借人が賃貸人の承諾なしに賃借権の譲渡または賃借物の転貸をし、賃借物を第三者に使用・収益させても、それが賃貸人に対する背信的行為と認めるに足らない特段の事情がある場合は、民法 612 条 2 項の解除権は発生しない（判旨①～③）。

●**無断譲渡・転貸による賃借権消滅等の特約の効力**　賃借人が賃借物の無断転貸等をした場合は賃借権を消滅させる等の特約は、「賃貸借当事者間の個人的信頼関係を破る…背信的行為ある場合」の制裁であり、背信的行為と認めるに足らない特段の事情がある場合は妥当しない（判旨④）。

判例を読む

●**民法 612 条の解釈の変容**　賃借人が賃貸人の承諾を得ずに賃借権の譲渡または賃借物の転貸をし、第三者に賃借物の使用・収益をさせたときは、それだけの理由で賃貸人は契約を解除できるとするのが、民法 612 条の当初の趣旨であった（広中俊雄・ジュリ 200 号 130 頁）。賃貸借は賃借人その人に対する信用に基づいて成立するゆえ

に、賃貸人に無断で賃借物を使用させることは、それ自体「背信の行為」（大判昭3・8・8新聞2907号11頁〔12頁〕）であり、「此の〔賃貸借〕契約の本質上」認められない（大判昭4・6・19民集8巻675頁〔678頁〕）と解された。無断譲渡・転貸自体を背信的行為とみて解除を認める解釈は、昭和10年代に一般化し（大判昭和10・4・22民集14巻571頁、大判昭15・3・1民集19巻501頁等）、本判決の藤田・霜山反対意見にもその影響が残っているとされる（広中・前掲131頁）。

しかし、第2次大戦後の都市における借地・借家需要の増大は、民法612条2項の解除に抑制を求めた。下級審裁判例は、①賃借権の譲渡や賃借物の転貸自体を否定する、②賃貸人の黙示の承諾を認める等の事実認定により、または③解除権行使を信義則違反または権利濫用を理由に否定する等の一般法理の解釈・適用により、もしくは④無断譲渡・転貸があっても賃貸人に対する背信的行為に当たらないときは解除権が発生しないとの解釈により、解除を制限した。本判決は、最高裁として④の解釈を採用した点に意義がある。それは、賃貸借の基礎にある信頼関係の維持という民法612条の「根本的な理由」に立ち返ったものともいえるが（田尾桃二・百選Ⅱ3版130頁）、「社会法的」な要素を考慮したともみられる（白羽祐三・民法の判例2版147頁）。この判例法理は昭和30年代には確立した（最判昭30・9・22民集9巻10号1294頁〔借家〕、最判昭31・5・8民集10巻5号475頁〔借家〕、最判昭36・4・28民集15巻4号1211頁〔借家〕、最判昭39・6・30民集18巻5号991頁〔借地〕等）。

●「背信」性の判断基準　賃貸借契約が賃貸人・賃借人間の「信頼関係」を基礎とするという理解は、本判決前後で変わりない。しかし、信頼関係の実質については、賃貸人と賃借人の人格の繋がりを重視する賃貸借契約観から、経済的利害関係を重視する賃貸借契約観への変容がみられる。もっとも、前者を「前近代的契約観」（広中・前掲131頁）として考慮外とすることには慎重な見解もある（星野・後掲342頁参照）。「背信」性の判断基準として、①賃借権譲渡・賃借物転貸に至った賃借人の動機・事情、②解除を主張する賃貸人の事情、③賃借物の利用状況の変化、④譲受人・転借人の信用等を総合的に考慮すべきである（田尾・前掲131頁参照）。このうち、①について、営利性のなさや親族等へのやむをえない譲渡・転貸、③について、使用・収益の実態が変わらず、譲渡・転貸部分が軽微である等の事情は、背信性を否定する要素となる。また、①・②は居住用借家と営業用借家で異なり、③は借地と借家では状況が異なる。さらに、借地に関しては、その後、譲渡・転貸に対する地主の承諾に代わる許可の裁判の制度が設けられた（旧借地9条の2・9条の3。借地借家19条・20条）。したがって、この制度を利用せずに借地権譲渡や借地転貸をすることは、背信性を高める要素となるであろう。

●信頼関係破壊の法理への展開　本判決以降、判例は賃貸人に対する「背信（的）行為と認めるに足りない特段の事情」があるときは解除できないとしていたが、その後、賃貸人の承諾がなくても賃貸借契約上の「信頼関係を破壊するに足りない特段の事情」があるときは契約を解除できないとし（最判昭40・6・18民集19巻4号976頁）、賃借人の債務不履行を理由とする賃貸借契約解除の制限法理として形成された信頼関係破壊の法理に融合した（広中俊雄・争点246頁、中田・契約法440頁）。同法理は、

賃借人の賃料延滞、増改築禁止特約違反（最判昭39・7・28民集18巻6号1220頁、最判昭41・4・21民集20巻4号720頁、最判昭51・12・17民集30巻11号1036頁）等、不動産賃貸借の債務不履行解除一般に通じる法理となった。もっとも、改正民法は同法理を規定せず（中田・契約法428頁）、解除制限の一般法理として改正民法541条ただし書を定めた。信頼関係破壊の法理は、賃借人が賃貸人との信頼関係を裏切る不信行為をした場合は、民法541条の催告なしの解除も肯定する（最判昭27・4・25民集6巻4号451頁〔家屋賃貸借における用法義務違反〕）。この場合、信頼関係を破壊する行為の主張・立証責任は賃貸人にある）。

●信頼関係を破壊するに足りない「特段の事情」の主張・立証責任　賃貸人に対する背信的行為と認めるに足りない、または賃貸借契約上の信頼関係を破壊するに足らない「特段の事情」の存在は、賃借人が主張・立証責任を負うものと解される（最判昭41・1・27民集20巻1号136頁、最判昭44・2・18民集23巻2号379頁）。なぜなら、賃借人は賃貸人の承諾を得るのが原則であり（612条1項）、承諾がなくとも解除権の発生を阻止しうる例外事情の存在は、賃借人が負うと解するのが公平だからである。

●解除が認められない場合の法律関係　「特段の事情」が認められ、契約解除できない場合、転貸であれば転貸人と賃貸人の関係は維持される。賃借権譲渡であれば旧賃借人の賃借権は新賃借人に承継される（星野・後掲347頁）が、敷金関係は承継されない（最判昭53・12・22日民集32巻9号1768頁、最判平9・2・25民集51巻2号398頁、改正民法622条の2第1項2号）。また、転借人または譲受人の占有は「不法のもの」とはいえず、「承諾があつたと同様」となり、賃貸人に「対抗」できるから、賃貸人は明渡請求できないことになる（最判昭36・4・28民集15巻4号1211頁〔建物転借人〕、最判昭39・6・30民集18巻5号991頁〔借地権譲受人〕）。これは、本判決の谷村補足意見（XのBに対する旧倉庫1の敷地以外の本件土地部分における本件建物の収去請求が可能とする）とは異なる解釈である。それは賃貸人の解除が認められないことによる違法性阻却または反射的効果と説明されうる（広中・前掲131頁、白羽・前掲147頁）。

【参考文献】　広中俊雄・争点246頁、星野・借地・借家法318～351頁、原田純孝「賃借権の譲渡・転貸」民法講座⑤295～383頁。

松尾　弘

賃借人である法人の経営者の交代と賃借権の譲渡

最高裁平成 8 年 10 月 14 日判決　民集 50 巻 9 号 2431 頁

【612 条】

論点　借地人である小規模で閉鎖的な有限会社の実質的な経営者の交代は賃借権の譲渡に当たるか

事実の要約

昭和 45 年 4 月、A は所有地 α・β・γ（本件土地）を、A の妹の娘婿で A が信頼する P の兄 B が代表者となる予定で設立中の Y に、運送事業経営施設を所有する目的で賃貸した。Y は運送事業を目的とする有限会社で、昭和 46 年 6 月に設立され、代表者 B が経営し、B 以外の持分と役員は B の家族が占めていた。Y は本件土地上に車庫（本件建物）を建築・所有し、運送業を営んでいた。昭和 60 年、A が死亡し、C が相続した。A・C と B は、本件土地の賃料をめぐって争い、平成 3 年 8 月、C は B に本件土地の賃貸借契約の解除を主張した。こうした中、同年 9 月、B は Y の持分および営業権・本件建物等の一切の営業資産を D に 9800 万円で売却し、Y の経営から手を引いた。Y は D が代表者となり、D 以外の持分と役員は D の家族が占めた。同年 12 月、C は土地 α・β を X₁ 会社に、土地 γ を X₂ 会社に各 6125 万円で売却した。平成 4 年 8 月、X₁・X₂ は Y に対し、本件土地の賃借権の無断譲渡を理由に、賃貸借契約の解除の意思表示をし、本件建物の収去・本件土地の明渡し、および明渡済みまでの賃料相当損害金の支払を請求した。

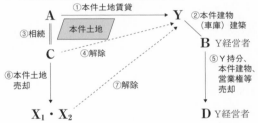

裁判の流れ

1 審（静岡地判平 5・7・27 民集 50 巻 9 号 2439 頁）：請求認容　2 審（東京高判平 5・12・15 民集 50 巻 9 号 2449 頁）：控訴棄却　最高裁：破棄・差戻

1 審は、賃借人 Y の代表者が B から D に変わっても、法人格に変更はないから、賃借権譲渡は認められないとした。しかし、賃料をめぐって破綻に瀕していた B C の信頼関係は、B から D への経営権譲渡によって完全に失われて D に解除権が発生し、その地位を承継した X₁・X₂ がそれを行使したことにより、本件賃貸借契約は解除されたとして、X₁・X₂ の請求を認容した。Y が控訴。

2 審は、B が Y の全持分と本件建物・営業権等を D に譲渡したことにより、Y の法人格は形式的には同じでも、小規模な個人会社では経営者が地主との個人的信頼関係に基づいて不動産賃貸借契約を締結するのが通常であるから、実体的には B から D に本件土地の賃借権が譲渡されたとみるのが相当とした。そして、無断譲渡が賃貸人に対する背信行為と認めるに足りない特段の事情の存在は肯認できないとして、X₁・X₂ の解除を認め、Y の控訴を棄却した。Y が上告。

判旨

〈破棄・差戻〉①「賃借人が法人である場合」、「法人の構成員や機関に変動が生じても、法人格の同一性が失われるものではないから、賃借権の譲渡には当たらない。」②この理は「特定の個人が経営の実権を握り、社員や役員が右個人及びその家族、知人等によって占められているような小規模で閉鎖的な有限会社が賃借人である場合についても基本的に変わるところはない。」③他の解除事由について審理を尽くすべく、2 審に差し戻す。

判例の法理

●**賃借人である法人の経営者が交代しても賃借権の譲渡には当たらない**　賃借人が法人の場合、代表者等の機関、構成員、実質的経営者等が変わっても、法人格の同一性は失われないゆえに、賃借権の譲渡は生じない。

判例を読む

賃借人である法人の実質的経営者が変わっても賃借権譲渡に当たらないとする理由は、賃借権の譲渡に当たるとすると、「賃借人の法人格を無視するもの」となり、「正当ではない」からである。法人に賃貸する場合、法人の代表者、構成員等が変更する可能性は当然に予想される。賃貸人が賃借人の経営者の交代等を望まないのであれば、経営者個人を賃借人として契約を締結し、または賃貸人の承諾なしに役員や資本を移動させたときは契約解除できる等の特約を付せばよい。もっとも、賃借人の「法人格が全く形骸化している」場合は例外である。また、実質的経営者の交代が賃借権譲渡に当たらなくとも、「その他の事情と相まって」、賃貸人・賃借人間の信頼関係を悪化させ、民法 612 条 2 項とは別の契約解除原因となる可能性（1 審判決参照）を本判決も排除していない。これについて、信頼関係の破壊のみを理由とする解除を認める趣旨ではなく、信義則等に基づく義務違反が先行する必要があるとの見解がある（渡辺達徳・百選 II 8 版 123 頁）。

本判決の射程は、小規模の閉鎖的な株式会社等にも及ぶものと解される（山下郁夫・最判解民平成 8 年度 799 頁、800 頁注 7 参照）。

【参考文献】　石外克喜・判評 461 号 23 頁、金子敬明・法協 118 巻 3 号 466 頁、河内宏・民商 116 巻 6 号 961 頁、後藤元伸・私判リマ 1998（上）42 頁、菅野佳夫・判タ 941 号 72 頁、田原睦夫・金法 1480 号 4 頁、本田純一・法教 199 号 142 頁、升田純・NBL630 号 67 頁、吉田克己・百選 II 6 版 118 頁、和根崎直樹・判タ 978 号 80 頁。

松尾　弘

112 土地賃借権の移転と敷金の承継

最高裁昭和 53 年 12 月 22 日判決　民集 32 巻 9 号 1768 頁

【612 条、622 条の 2】

論点　土地賃借権が譲渡され、賃貸人がこれを承諾した場合、敷金に関する旧賃借人と賃貸人の権利・義務関係は新賃借人と賃貸人に承継されるか

事実の要約

昭和 38 年 3 月頃、Y は大阪市北区曾根崎に所有する宅地（本件土地）を A に賃貸し、A から敷金として 3,000 万円を受領した。Y は本件土地上に建物（本件建物）を建築し、所有していた。A は昭和 46 年から国税を滞納し、同年 6 月 24 日、X（国）は A の Y に対する将来生ずべき敷金返還請求権を差し押さえ、同月 29 日、その差押通知が Y に送達された。昭和 47 年 5 月、B が本件建物を競落し、所有権を取得した。同年 6 月初め、B は Y に対し、本件土地賃借権の譲渡の承諾を求め、数日後、Y は承諾した。昭和 48 年 5 月 14 日、B は Y に承諾料として 1,900 万円を支払った。X は、B への賃借権譲渡の承諾により、A の Y に対する敷金返還請求権の履行期が到来したとして、Y に対し、敷金 3,000 万円および同月 15 日以降完済までの遅延損害金の支払を請求した。

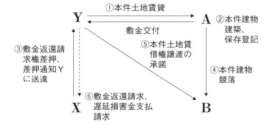

裁判の流れ

1 審（大阪地判昭 51・6・29 民集 32 巻 9 号 1778 頁）：請求認容　2 審（大阪高判昭 52・3・31 民集 32 巻 9 号 1782 頁）：控訴棄却　最高裁：上告棄却

1 審は、敷金を差し入れた旧賃借人は新賃借人に生ずべき債務について当然には責任を負わないと解し、Y の承諾によって敷金返還請求権の履行期が到来したとして、X の請求を認容した。Y が控訴した。

2 審も、敷金交付契約は賃貸借契約に付随する契約で、賃貸借契約そのものではないから、新旧賃借人と賃貸人の三者間合意がなければ、新賃借人に当然には承継されないとした。そして、賃借権譲渡への「Y の承諾と同時に」Y A 間の賃貸借契約は終了し、A の明渡義務は履行されたとみなされ、Y は敷金返還債務を負うに至ったとして、Y の控訴を棄却した。Y が上告した。

判旨

〈上告棄却〉①土地賃貸借契約における敷金契約は、「賃貸借に従たる契約ではあるが、賃貸借とは別個の契約である」。そして、「賃借権が旧賃借人から新賃借人に移転され賃貸人がこれを承諾したことにより旧賃借人が賃貸借関係から離脱した場合」、「敷金交付者が、賃貸人との間で敷金をもって新賃借人の債務不履行の担保とすることを約し、又は新賃借人に対して敷金返還請求権を譲渡するなど特段の事情のない限り」、「敷金に関する敷

金交付者の権利義務関係は新賃借人に承継されるものではない。」当該敷金をもって将来新賃借人が新たに負担する債務についてまで担保しなければならないと解することは、「敷金交付者にその予期に反して不利益を被らせる」結果となり、相当でないからである。

判例の法理

●土地賃借権の移転と敷金関係の承継　土地賃借権が賃貸人の承諾を得て旧賃借人から新賃借人に移転した場合、敷金に関する権利・義務関係は新賃借人と賃貸人に当然には承継されない。

判例を読む

●本判決と改正民法 622 条の 2 第 1 項 2 号　不動産賃借権が賃貸人の承諾を得て譲渡された場合、敷金関係は賃貸借契約の一内容であることを理由に当然承継を肯定した裁判例（東京地判昭 33・9・9 下民集 9 巻 9 号 1818 頁。借家）もあったなか、本判決は否定説をとった。その理由は、①敷金契約は、賃貸借契約に付随するが、それとは別個の契約であること、②敷金関係の当然承継は敷金交付者の予期に反する不利益を与えることである。学説には、賃貸人は承諾に際して敷金関係の承継を期待するのが通常の意思であること、旧賃借人は賃借権譲渡の際に譲受人から敷金相当額の支払を受けうることを理由に肯定説もある（井上靖雄・判タ 384 号 45 頁）。しかし、賃貸人は承諾に際して敷金の移転や差入れを求めうる一方（平田浩・最判解民昭和 53 年度 636 頁）、旧賃借人が新賃借人から敷金相当額の支払を受けることが困難な場合もある。改正民法 622 条の 2 第 1 項 2 号は、当然承継を明文で否定した。もっとも、本判決が示す「特段の事情」は同改正民法の解釈にも妥当するであろう。

当然承継を否定する場合、敷金返還請求権の発生時期が問題になる。判例は、敷金が賃貸借終了後・明渡時までの賃料相当損害金にも及ぶと解し、明渡時説をとる（最判昭 48・2・2 民集 27 巻 1 号 80 頁）。第 2 審判決は、賃貸人の承諾による旧賃借人の明渡義務の履行を擬制した。改正民法 622 条の 2 第 1 項 2 号は、賃貸人が「適法に賃借権を譲り渡したとき」は敷金返還請求権が発生することを明文で定めて解決した。承諾はこれに当たる。なお、X が差し押さえ、差押通知が Y に到達した A の敷金返還請求権は将来債権であったが、X は債権発生時にそれを当然に取得する（判旨、改正民法 466 条の 6 第 2 項）。

【参考文献】　本文中のほか、池田恒男・百選 II 6 版 124 頁、石外克喜・百選 II 2 版 138 頁、伊藤進・判タ 411 号 92 頁、國井和郎・法セ 311 号 147 頁、小林和子・百選 II 8 版 134 頁、篠塚昭次・金法 892 号 4 頁、高山満・金法 996 号 41 頁、田中整爾・判評 249 号 169 頁、永田真三郎・民商法雑誌 82 巻 3 号 397 頁、山本豊・法学 43 巻 4 号 116 頁。

松尾　弘 ◉

借地上建物の増改築禁止特約の違反と借地契約の解除

最高裁昭和41年4月21日判決　民集20巻4号720頁
【540条、601条、旧借地11条（借地借家9条・16条・21条参照）】

論点　借地上の建物について解除権留保付きで増改築禁止特約がされたが、賃借人がこれに違反した場合、賃貸人は解除権を行使して賃貸借契約を解除することができるか

事実の要約

　昭和27年10月、Aは所有地*a*をYに普通建物所有の目的で賃貸した。その際、Yが借地上建物を増改築または大修繕するときは賃貸人の承諾を受けること、これに違背したときは催告せずに契約解除され、賃借物の返還を請求されても異議がない旨の解除権留保付き無断増改築禁止特約（本件特約）を付した。Yは木造2階建て居宅（1階約17坪、2階約5坪。本件建物）を建築した。昭和35年6月、Aが死亡し、同年10月、Xが遺産分割によって土地*a*を取得した。同年9月下旬、Yは無断で本件建物の1階部分の根太・柱を取り換えて3坪の応接室を設け、2階を取り壊して独立した入口をもつ5室のアパートとし、外部に直接通じる階段を設けた。同年10月、Xは土地*a*の賃貸借契約を解除し、Yに建物収去・土地明渡しおよび賃料相当損害金の支払を請求した。

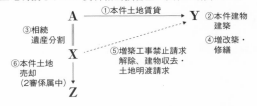

裁判の流れ

　1審（東京地判昭36・12・25民集20巻4号726頁）：請求認容　2審（東京高判昭39・7・31民集20巻4号730頁）：原判決取消　最高裁：上告棄却
　1審は、本件特約は契約自由を制約する旧借地法11条に抵触せず、かつYの増改築は建物の通常の用法を超えているとし、Xの請求を認容した。2審係属中にXは土地*a*を含む土地をZに売却し、Zが訴訟参加してXはYの同意を得て脱退した。2審は、借地の効率的利用のために通常予想される程度を超えない増改築・大修繕をも禁止する特約は旧借地法11条に反して無効であり、かつYの増改築は借地の効率的利用のため通常予想される合理的な範囲を出ないとし、1審判決を取り消した。

判旨

　〈上告棄却〉「一般に、建物所有を目的とする土地の賃貸借契約中に」、解除権留保付き無断増改築禁止があるにかかわらず、賃借人が無断増改築をした場合においても、「この増改築が借地人の土地の通常の利用上相当であり、土地賃貸人に著しい影響を及ぼさないため、賃貸人に対する信頼関係を破壊するおそれがあると認めるに足りないときは、賃貸人が前記特約に基づき解除権を行使することは、信義誠実の原則上、許されない。」
　本件では、Yが「二階の居室全部をアパートとして他人に賃貸するように改造したが、住宅用普通建物であることは前後同一であり、建物の同一性をそこなわない」。したがって、「本件建物の増改築は、その土地の通常の

利用上相当」であり、賃貸人の地位に著しい影響を及ぼさないため、「賃貸借契約における信頼関係を破壊するおそれがあると認めるに足りない事由が主張立証された」といえるから、解除権の行使は効力を生じない。

判例の法理

●借地上建物の増改築禁止特約への信頼関係破壊の法理の適用　本件当時の旧借地法11条は、借地権の存続期間・更新・建物等買取請求に関する規定に反する契約条件で借地権者に不利なものは定めないものとみなした（借地借家9条、16条、21条参照）。本判決は、借地契約における借地上建物に関する解除権留保付き無断増改築禁止特約は旧借地法11条に抵触せず、有効と解した。この点は1審判決と同じである。そのうえで、①増改築が借地人の土地の通常の利用上相当で、賃貸人に著しい影響を及ぼさないため、②信頼関係を破壊するおそれがあると認めるに足りない（その主張・立証責任は借地人にある）ときは、同特約に基づく解除権行使は信義則上許されないとした。①と②が並列的要件か、②要件に収斂するかは明確でない（奈良・後掲159～160頁）。本判決以後の裁判例は、②を最終的判断基準としている（副田・後掲129頁）。
　本判決が、信頼関係を破壊する「おそれがある」と認めるに足りないという表現をしている点は、無断増改築禁止特約が、賃料支払のような賃貸借契約の本質的要素でない（しかも、借地自体でなく借地上の建物のそれ）が考慮されている可能性もある。いずれにせよ、信頼関係破壊の法理は、解除権留保付きでない無断増改築禁止特約にも、その違反による債務不履行解除（541条）の可否を判断する際に適用されるものと解される。

判例を読む

●信頼関係を破壊する（おそれがある）と認めるに足りない事情の判断方法　本判決は、借地人が自己の居住用建物の2階部分を賃貸用アパートに増改築しても、住宅用普通建物として同一性は保たれているとし、土地の通常の利用上相当で、賃貸人との信頼関係を破壊するおそれがあると認めるに足りないと判断した。この点は、個別事案ごとに、周囲の土地利用状況やその変化を考慮して判断する必要がある。なお、昭和41年の借地法改正により、増改築制限特約がある場合も借地権設定者の承諾に代わる許可の裁判の制度が設けられた（旧借地8条の2第2項。借地借家17条2項参照）。この制度を用いない無断増改築は、信頼関係破壊の法理の適用に際し、借地人に不利に作用しうることに留意する必要がある。

【**参考文献**】　副田隆重・百選Ⅱ5版128頁、中井美雄・立命館法学69=70号107頁、武藤節義・不動産法律セミナー6巻12号68頁、奈良次郎・最判解民昭和41年度150頁。

松尾　弘

114 更新料支払義務の不履行を理由とする土地賃貸借契約の解除

最高裁昭和 59 年 4 月 20 日判決　民集 38 巻 6 号 610 頁

【541 条、旧借地 4 条、6 条】

論点　土地の賃借人が賃貸人と合意した更新料を支払わなかった場合、賃貸人は更新料の支払義務の不履行を理由に土地の賃貸借契約を解除することができるか

事実の要約

昭和 9 年 12 月、X は横浜元町の所有地（本件土地）を Y₁ に普通建物所有目的、存続期間 20 年、無断譲渡・転貸をしない約定で賃貸した。本件土地賃貸借は、昭和 29 年 12 月に更新され、昭和 38 年 1 月までに借地上建物の無断増改築禁止特約が付され、Y₁ の妻 Y₂ が同賃貸借から生じる債務の連帯保証人となった。同年 2 月、借地上建物 α が Y₂ 名義で登記された。同年 2 月および 7 月、Y₁・Y₂ は建物 α の増改築を始め、後に Y₁ が X の承諾を求めて拒否されたが、工事を完成させた。昭和 49 年 12 月、X は更新に先立ち更新料の支払を求め、Y₁ は拒否したが、本件土地賃貸借は更新された。X は Y₁ が賃料支払を怠り、建物の無断増改築等もあったことから、昭和 50 年 10 月宅地調停を申し立てた。Y₁ は同年 12 月頃までに建物 β（物置）を X に無断で建築した。昭和 51 年 12 月、Y₁ が X に更新料 100 万円を 2 回に分けて支払う旨の調停が成立した。Y₁ は最初の 50 万円は支払ったが、残り 50 万円を期限までに支払わなかった。X は昭和 52 年 4 月 4 日、支払を催告したが Y₁ が支払わなかったため、同月 10 日、本件賃貸借を解除する旨の意思表示をした。Y₁ は同月 16 日、弁済の提供をしたが X が受領拒否したことから、同月 18 日供託した。X は昭和 53 年 11 月および 54 年 6 月、Y₁ の更新料不払いと不信行為を理由に本件賃貸借を解除し、Y₁・Y₂ に建物 α・β の収去・本件土地の明渡しを請求した。

裁判の流れ

1 審（横浜地裁昭 57・5・21 民集 38 巻 6 号 631 頁）：請求棄却　2 審（東京高判昭 58・7・19 民集 38 巻 6 号 645 頁）：原判決取消、請求認容　最高裁：上告棄却

1 審は、更新料支払合意は賃貸借契約と密接な関係にあり、その不払いは賃貸借の解除権を発生させるが、Y₁ の行為は本件賃貸借における信頼関係を完全に破壊するには至っていないとして X の請求を棄却した。X の控訴を受け、2 審は、本件更新料の支払義務は Y₁ の不信行為を不問とし、かつ更新後の賃料の一部の性質をもつゆえに、その不払いは更新後の賃貸借契約の信頼関係を維持する基盤を失わせ、その解除原因となり、他に信頼関係を破壊しない特別の事情は認められないとして、原判決を取り消し、X の請求を認容した。

判　旨

〈上告棄却〉①「本件更新料の支払は、賃料の支払と同様、更新後の本件賃貸借契約の重要な要素として組み込まれ、その賃貸借契約の当事者の信頼関係を維持する基盤をなしている…から、その不払は、右基盤を失わせる著しい背信行為として本件賃貸借契約それ自体の解除原因となりうる。」②「本件において、賃貸人に対する信頼関係を破壊すると認めるに足りない特段の事情があるとは認められないとした原審の認定判断は、…正当」である。

判例の法理

●更新料支払合意の不履行は賃貸借契約の解除原因となるか　更新料支払が賃料支払と同様、更新後の賃貸借契約の重要な要素として組み込まれ、契約当事者の信頼関係を維持する基盤をなしているときは、その不払いは同基盤を失わせる著しい背信行為として、賃貸借契約自体の解除原因となりうる。この場合、信頼関係を破壊すると認めるに足りない特段の事情の主張・立証責任は賃借人の側にある。

判例を読む

●更新料の支払合意は有効か　更新料の支払義務は法律が定めるものではなく、その慣習が認められない（最判昭 51・10・1 判時 835 号 63 頁。借地）限り、賃貸人と賃借人の合意に基づいて生じる。それゆえ、その法的性質は合意の解釈によるが（塩崎勤・最判解民昭 59 年度 150 頁）、地価上昇に賃料値上げが伴わない差額の後払い、同前払い、更新に対する異議権放棄の対価、増改築制限特約排除の対価、賃借人との紛争解決金等、多様な意味をもちうる（内田勝一・判タ 536 号 142 頁）。それゆえ、更新料には経済合理性がないとはいえず、その額が賃料の額、更新期間等に照らして高額にすぎる等の特段の事情がない限り、消費者契約法 10 条、借地借家法 30 条にも反しない（最判平 23・7・15 民集 65 巻 5 号 2269 頁。借家）。

●更新料支払合意の不履行はどのような効果を発生させるか　更新料支払合意の不履行があっても履行請求を認めればよく（野口恵三・NBL315 号 45 頁）、更新料支払合意の解除（その場合、法定更新の成否が問題となる）ができるにとどまるとの消極説もある（内田・前掲 144 頁）。しかし、同合意が更新後の賃貸借契約の基盤となり、その不履行が賃貸人に対する背信行為ともなりうる等の理由から、賃貸借契約自体の解除も認める積極説（伊東秀郎・判タ 265 号 72 頁、荒川昂・判タ 281 号 25 頁）および裁判例（東京高判昭 54・1・24 判タ 383 号 106 頁）もあった。本判決は、積極説に従い（塩崎・前掲 156 頁）、更新料支払合意の不履行による賃貸借契約の解除に信頼関係破壊の法理を適用した点に意義がある（新田敏・百選 II 5 版 135 頁）。

【参考文献】　本文中のほか、池田眞朗・法セ 363 号 134 頁、野村豊弘・ジュリ 838 号 92 頁、中田・契約法 469 〜 472 頁。

松尾　弘

立退料の提供と正当の事由

最高裁平成6年10月25日判決　民集48巻7号1303頁

【借地借家5条・6条（旧借地4条1項・6条）】

論点　土地所有者が借地借家法5条2項所定の異議申立てをした後に立退料の提供の申出をしたことは、借地借家法6条所定の正当事由の判断において考慮することができるか

事実の要約

Aは、Bとの間で、存続期間を定め、建物所有を目的として自己所有の本件土地をBに賃貸する旨の契約（以下「本件契約」という）を結び、本件土地をBに引き渡した。Bは本件土地に旧建物を建築した。本件土地の賃借権（以下「借地権」という）と旧建物は、転々譲渡された後、Yがこれらを譲り受けた。Yは、旧建物を取り壊し、本件建物を建築して所有している。他方で、この間にAが死亡し、Aの子Xが本件土地の賃貸人の地位を相続により承継した。本件契約の期間が昭和60年8月31日をもって満了したが、その後もYが本件土地を明け渡さないことから、Xは、同年9月5日、Yに対し、Yによる本件土地の使用継続について異議を述べたうえで、本件建物の収去と本件土地の明渡しを求めた。Xは、X側には本件土地を使用する必要性があるが、Y側にはその必要性がないことなどを挙げて、異議申立てにつき正当事由があると主張した。

本件土地の賃貸借契約（本件契約）

A → 相続 → X

B（転々譲渡） 旧建物

Y　旧建物→本件建物

裁判の流れ

1審（前橋地判昭63・9・19民集48巻7号1318頁）：Xの請求棄却　2審（東京高判平1・11・30民集48巻7号1331頁）：Xの請求一部認容　最高裁：Yの上告棄却

1審は、本件の事実を総合すればXの異議申立てに正当事由は認められないとして、Xの請求を棄却。2審において、Xは予備的請求を追加し、同請求として、第一次的に立退料1350万円（本件建物と同一規模の建物の建築費用相当額）、第二次的に立退料2350万円（上記建築費用相当額に1000万円を加えた額）の各支払と引換えに、本件建物の収去と本件土地の明渡しを求めた。2審は、XがYに対して2500万円の立退料を支払う場合はXには正当事由があるとして、2500万円の支払と引換えに建物収去土地明渡しを求める限度でXの請求を認容した。Yは、正当事由は異議申立時に具備していなければならないところ、Xが立退料の提供の申出をしたのは異議申立時から4年以上経過後であるから、正当事由を補完することはできないなどと主張して上告。

判旨

〈上告棄却〉「土地所有者が借地法6条2項〔現借地借家5条2項〕所定の異議を述べた場合これに同法4条1項〔現借地借家6条〕にいう正当の事由が有るか否かは、右異議が遅滞なく述べられたことは当然の前提として、その異議が申し出られた時を基準として判断すべきであるが、右正当の事由を補完する立退料等金員の提供ないしその増額の申出は、土地所有者が意図的にその申出の時期を遅らせるなど信義に反するような事情がない限り、事実審の口頭弁論終結時までにされたものについては、原則としてこれを考慮することができるものと解するのが相当である。」なぜなら、①「右金員の提供等の申出は、異議申出時において他に正当の事由の内容を構成する事実が存在することを前提に、土地の明渡しに伴う当事者双方の利害を調整し、右事由を補完するものとして考慮されるのであって、その申出がどの時点でされたかによって、右の点の判断が大きく左右されることはなく、土地の明渡しに当たり一定の金員が現実に支払われることによって、双方の利害が調整されることに意味があるからである。」また、②「金員の提供等の申出により正当の事由が補完されるかどうか、その金額としてどの程度の額が相当であるかは、訴訟における審理を通じて客観的に明らかになるのが通常であり、当事者としても異議申出時においてこれを的確に判断するのは困難であることが少なくない。また、金員の提供の申出をするまでもなく正当事由が具備されているものと考えている土地所有者に対し、異議申出時までに一定の金員の提供等の申出を要求するのは、難きを強いることになるだけでなく、異議の申出より遅れてされた金員の提供等の申出を考慮しないこととすれば、借地契約の更新が容認される結果、土地所有者は、なお補完を要するとはいえ、他に正当の事由の内容を構成する事実がありながら、更新時から少なくとも20年間土地の明渡しを得られないこととなる。」

判例の法理

● **借地契約の法定更新および更新拒絶に関するルール**
借地契約において、存続期間満了にあたり借地権者（土地賃借人あるいは地上権者）が更新請求をしたとき、または、存続期間満了後も借地権者が土地使用を継続するときは、建物がある限り、契約が更新されたものとみなされる（法定更新）。借地権設定者（土地所有者）が更新を阻止するためには、遅滞なく異議を述べる必要があるが、この異議申立てには正当事由がなければならない。正当事由の有無は、借地権設定者と借地権者それぞれの土地の使用を必要とする事情を基本的要素として比較衡量し、これに補完的要素（借地に関する従前の経過、土地の利用状況、財産上の給付の申出）も加味して判断される（以上について、借地借家5条・6条）。

本件で問題となった、土地所有者による立退料の提供の申出ないしその増額の申出（以下「立退料の申出」という）は、財産上の給付の申出の典型例であり、正当事由の判断の補完的要素に位置付けられる。

● **正当事由の判断基準時**　正当事由の有無は、存続期間満了前に異議申立てがされた場合には存続期間満了時を基準として、また、存続期間満了後に異議申立てがされた場合には異議申立時を基準として、それぞれ判断される（最判昭和39・1・30裁判集民71号557頁、最判昭和49・9・20裁判集民112号583頁。以下では、両基準時を合わせて「異議申立時」と表記する）。この時以降に生じた

事情も考慮して正当事由の有無を判断したならば、（基準時の事情によると正当事由がないので法定更新されたと期待・信頼した）借地権者の権利の安定性が害されてしまうからである（内田勝一・私法リマ12号57-58頁）。

以上によると、正当事由の判断の一要素である立退料の申出も、異議申立時が基準となり、本件のように異議申立後に立退料の申出をしても、それを考慮して正当事由を判断することはできないことになる。従来の下級審裁判例でも、そのような立場を原則的に支持する（そのうえで、異議申立後の立退料の申出が予見可能な場合にはその申出も考慮してよいとするなど、例外的に基準時を緩和する）ものが多かった（西謙二・最判解民平成6年度533〜536頁）。

● **本判決の意義**　本判決は、借地権者Yが存続期間満了後も本件土地の使用を継続しているのに対して土地所有者Xが異議を述べた事案において、正当事由の判断基準時は異議申立時としつつ、立退料の申出が異議申立後であっても事実審の口頭弁論終結時までにされていれば、原則としてこれを考慮して正当事由の有無を判断してよいとした。立退料の申出を正当事由の補完的要素として考慮できる基準時について、正当事由の判断基準時＝異議申立時から切り離したわけである（なお、本判決の判断は、旧借地法4条1項・6条2項に関するものであるが、これらの規定を承継した借地借家法5条2項・6条にも、さらに、借地権者の更新請求に対して土地所有者が異議を述べた場合（借地借家5条1項）にも当てはまると解されている）。

本判決は、次の2つの理由を挙げている（以下について、西・前掲538〜540頁、武川幸嗣・百選II 7版129頁、橋口祐介・百選II 127頁、および、これらに掲げられた文献を参照）。

● **立退料の機能**　第1に、立退料の機能という理由である（判旨の①）。立退料の申出は、正当事由の補完的要素の1つとはいえ、他の補完的要素とはかなり異なっている。立退料は、異議申立時に正当事由の内容となる諸事実（基本的要素や他の補完的要素）が存在することを前提として、このまま土地の明渡しを認めると借地権者に損害が生じるので、金銭を支払うことによってその損害を補填し、当事者の利害を調整する機能を果たすものだからである。正当事由の内容を補完するのではなく、利害調整という意味での補完と理解されるわけである。

そうであれば、異議申立後に立退料の申出があったとしても、異議申立時における正当事由の判断が影響を受けることはない。むしろ、裁判所がその申出を受けて、立退料の支払と引換えに土地の明渡しを命ずることによって、立退料はその機能を果たすことが可能である。

● **契約終了に対する土地所有者の期待**

第2に、借地契約の終了に対する土地所有者の期待という理由である（判旨の②）。第1で述べたことによると、正当事由の内容となる諸事実が示され訴訟で審理されることによって初めて、立退料による利害調整が必要か、その相当額はいくらかが明らかになる。したがって、異議申立時にこれらについても判断せよと土地所有者に求めるのは、実際上困難である。

以上の状況において、仮に異議申立時までの立退料の申出しか正当事由の判断で考慮できないとすると、土地所有者に次のような重大な影響が及ぶ。異議申立後に立退料による補完が必要なことが判明して立退料の申出をしても、それは考慮されず、異議申立てには正当事由がないと判断される。その結果、法定更新によって借地契約はさらに10年または20年（借地借家4条。旧借地法5条・6条の下では20年または30年）継続するので、土地所有者はこの期間、借地契約を終了させる機会を失う。これでは、借地契約の終了に対する土地所有者の期待が大きく制限されてしまう。そこで、異議申立後の立退料の申出によっても、正当事由の補完が認められるべきである。

判例を読む

● **借家契約との比較**　借家契約についても、借地契約とほぼ同様の法定更新および更新拒絶のルールが設けられている（借地借家26条〜28条）。そして、本判決よりも前に、判例は、建物の賃貸人が解約申入れ（借地契約における異議申立てに該当）後に立退料の申出をした場合であっても、これを考慮して解約申入れの正当事由を判断することができると判示していた（最判平成3・3・22民集45巻3号293頁。その理由も本判決と同様である）。したがって、本判決は、借家契約において既に示されていた立退料の申出と正当事由に関する解釈を、借地契約においても採用したものである。

もっとも、この解釈の持つ実際上の意味は、借家契約と借地契約で大きく異なる。借家契約では、仮に解約申入れ後に立退料の申出をしても正当事由の判断で考慮されず、法定更新されるとしても、法定更新後は期間の定めのない賃貸借となる（借地借家26条1項ただし書）。そして、解約申入れ後の立退料の申出を新たな解約申入れと捉えて、それに正当事由が認められるならば、賃貸借は6か月の猶予期間をもって終了する（借地借家28条・27条1項）。つまり、建物所有者は、6か月の期間延長さえ甘受すれば、借家契約を終了させる機会を有しているわけである。これに対して、借地契約では、〈判例の法理〉でみたように、土地所有者は10年または20年の間、借地契約を終了させる機会を失う。上述の解釈は、このような重大な不利益から土地所有者を保護する意味を持つことになる。

● **信義に反するような事情**　本判決は、土地所有者による異議申立後の立退料の申出に「信義に反するような事情」が認められる場合には、正当事由の判断でこれを考慮しない余地を例外的に認めている。もっとも、土地所有者が意図的にその申出の時期を遅らせる場合を例示するにとどまり、具体的にどのような場合が例外に当たるかは今後の課題である。学説では、異議申立時の事情によると土地所有者の異議申立てに正当事由がないことが確実である場合には、借地権者に法定更新される（借地権が存続する）ことへの期待・信頼が発生する点を重視して、そのような期待・信頼を害して法的安定性が損なわれることのないように、「信義に反するような事情」を緩やかに解する見解が有力に主張されている。この見解をベースにして、立退料の申出に至るまでの経緯、法定更新に対する借地権者の期待・信頼の正当性などを考慮して判断するべきだろう（内田・前掲59頁、武川・前掲129頁等参照）。

【参考文献】　本判決の評釈として、本文中に掲げたものの他、吉田克己・判例セレクト1995年23頁、山田誠一・平成6年度重判85頁、小宮山茂樹・判タ1020号69頁等がある。

秋山靖浩

内縁の妻による借家権の承継

最高裁昭和 42 年 2 月 21 日判決　民集 21 巻 1 号 155 頁

【601 条、896 条】

論点　借家人が死亡した場合、内縁（または事実婚）の配偶者は借家権を承継するか。この場合に賃貸人が借家契約の解除をするためには、誰に対して意思表示すべきか

事実の要約

　Aは所有する家屋（本件家屋）をBに賃貸した。Bはそこで内縁の妻Y₁、Y₁との子Y₂・C・D・E（いずれもBが認知）と居住した（Dは後に転居）。Bは昭和 32 年 5 月分以降の賃料を滞納したまま、同年 12 月に死亡し、Y₂・C・D・E（未成年でY₁が親権者）が相続した。Y₁・Y₂は、昭和 33 年 7 月までに昭和 32 年 12 月末日までの賃料を支払ったが、昭和 33 年 1 月以降賃料を支払わなかった。Aは昭和 35 年 1 月、Y₁・Y₂に対し、家賃の支払を催告したが、支払がなかったことから、同年 8 月、Y₁・Y₂に対して賃貸借契約解除の意思表示をし、本件家屋の明渡しおよび昭和 33 年 1 月 1 日から昭和 35 年 8 月 2 日までの賃料ならびに同年 8 月 3 日から明渡済みまでの賃料相当損害金の支払を請求した。Aは昭和 37 年 1 月に死亡し、Xが相続して、Aの訴訟を承継した。

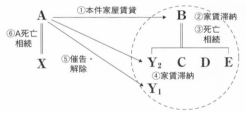

裁判の流れ

　1 審（大阪地判昭 39・6・1 民集 21 巻 1 号 159 頁）：請求一部認容　2 審（大阪高判昭 40・8・9 民集 21 巻 1 号 167 頁）：控訴棄却　最高裁：一部棄却、一部破棄自判

　1 審は、家屋賃借権はBの死亡によってY₂・C・D・Eが共同相続したが、Y₁もBの「家族共同体の一員」としてBの賃借権をAに援用できた関係は、B死亡後も変わりなく、その「居住権」をAに主張できるから、Y₁も本件家屋の「賃借人の地位」にあるとした。そして、C・D・EはY₁・Y₂に本件家屋の賃借権を「代理せしめていた」ゆえに、Y₁・Y₂に対する解除の意思表示がC・D・Eにも及ぶとし、Xの本件家屋明渡請求および昭和 33 年 1 月 1 日から昭和 35 年 8 月 2 日までの賃料および同月 3 日から明渡済みまでの賃料相当損害金（請求額を賃料と同額に減額）の支払請求を認めた。Y₁・Y₂の控訴に対し、2 審は、1 審判決を認容し、Y₁・Y₂の控訴を棄却した。Y₁・Y₂が上告。

判　旨

　〈一部棄却、一部破棄自判〉①Y₁はBの内縁の妻で相続人ではないから、「Bの死亡後はその相続人であるY₂ら 4 名の賃借権を援用してXに対し本件家屋に居住する権利を主張することができる」。しかし、Y₁が前記 4 名と並んで「本件家屋の共同賃借人となるわけではない」。したがって、原判決がY₁に「賃料の支払」を命じた部分は破棄を免れない。

　②Y₁・Y₂は「C、DおよびEの 3 名の代理人としてXの先代Aのした本件催告ならびに賃貸借契約解除の意思表示を受領したものと認めるべきであるから右 3 名にも本件解除の効力が及ぶ」とした原判決は正当である。

判例の法理

● **借家人が死亡した場合の内縁配偶者の法的地位**　家族共同体の一員であった内縁配偶者は、賃貸人の相続人が相続した賃借権を援用して居住権を主張できるが、家屋の共同賃借人とはならない。

● **家屋賃借権の共同相続人に対する契約解除の意思表示**　家屋賃借権の共同相続人の代理人が意思表示を受領したと認めるべきときは、共同相続人に解除の効力が及ぶ。

判例を読む

● **借家人が死亡した場合の内縁（事実婚）配偶者による借家権の承継**　借家人と同居する等家族共同体を形成していた内縁配偶者は、相続人の意思に反しない限り、相続人が相続した賃借権を援用して居住権を主張できる（最判昭 25・7・14 民集 4 巻 8 号 333 頁、最判昭 37・12・25 民集 16 巻 12 号 2455 頁、最判昭 42・4・28 民集 21 巻 3 号 780 頁）。本判決は、その居住権は賃借権とは異なり、内縁配偶者は賃料債務を負わないとした。しかし、居住権をもちながら、賃料債務を負わないのは不自然である。そこで、相続人が非居住の場合は居住する内縁配偶者への賃借権譲渡が認められ、その場合、賃貸人の承諾（612 条 1 項）を得ずとも、信頼関係を破壊すると認めるに足りない特段の事情が認められうる（長岡敏満・法協 85 巻 2 号 281 頁）。昭和 41 年の改正借家法 7 条の 2（借地借家 36 条）は居住用建物の賃借人が相続人なしに死亡した場合に限り、事実上の夫婦・親子による賃借権の承継を認めたが、相続人のある場合については、借地借家法改正要綱試案（昭和 34 年 10 月）第 42 のような同居非相続人および同居相続人による承継は立法されなかった。しかし、賃貸人が契約解除するには、非同居相続人にも意思表示しなければならない（544 条 1 項）ことになる判例法理は非現実的である。これを補うべく、本判決は代理人に対する意思表示の有効性を認めた。しかし、代理権授与が黙示的または擬制的に認められるのは同居者間に限られであろうし（泉久雄・百選Ⅱ 3 版 145 頁）、受働代理における賃貸人の顕名（99 条 2 項）も必要となる。借家権の相続性自体を再考する必要があろう。

【参考文献】　篠塚昭次・家族法百選新版 30 頁、高津環・最判解民昭 42 年度 38 頁、中川淳・法セ 178 号 142 頁、星野・借地・借家法 580 ～ 597 頁、松倉耕作・百選Ⅱ 5 版（新法対応補正版）140 ～ 141 頁、水本浩・家族法百選 3 版 18 頁、谷田貝三郎・民商 57 巻 2 号 293 頁。

松尾　弘

サブリースと賃貸料減額請求

最高裁平成 15 年 10 月 21 日判決　民集 57 巻 9 号 1213 頁、判時 1844 号 37 頁、判タ 1140 号 68 頁

【借地借家 32 条】

論点　賃料自動増額特約のあるサブリース契約に借地借家法 32 条の適用が認められるか

事実の要約

Xは、その所有する土地上に賃貸用高層ビルを建築することを計画し、1988 年 12 月、Yとの間で、Yにビルを一括して賃貸する予約をした。そしてXは、Yから支払われる敷金 50 億円に加え、銀行から 180 億円の融資を受けることによってビルの建設資金を調達した。1991 年 4 月にビルが完成し、Xは、Yとの間で、上記の予約に基づき次のような契約を締結した。すなわち、①Xは、Yに対し、ビルを一括して 15 年間賃貸し、Yは、これを自己の責任と負担において第三者に転貸する。賃貸期間中は、当事者に重大な違約違反等が生じた場合のほかは、中途解約できない。②賃料は年額 20 億円、共益費は年額 3 億円とし、Yは、毎月末日に賃料の 12 分の 1 を支払う。③賃料は、3 年を経過するごとに、その直前の賃料の 10% 相当額の値上げをする（賃料自動増額特約）。ただし、経済事情の著しい変動によって値上げ率および敷金が不相当になったときは、XとYの協議の上、値上げ率を変更することができる（調整条項）。

その後、バブル経済の崩壊によって賃料水準が著しく低下し、1994 年 2 月以降、Yは、Xに対し、繰り返し賃料の減額請求を行った。そこで、XがYに対し、賃料自動増額特約に従って賃料が増額したと主張して、未払賃料の支払を求めて訴えを提起した。これに対して、Yは、Xに対し、借地借家法 32 条 1 項に基づき賃料が減額されたことの確認を求める反訴を提起した。

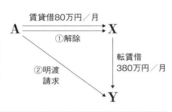

裁判の流れ

1 審（東京地判平 10・8・28 判時 1654 号 23 頁）：請求認容　2 審（東京高判平 12・1・25 判タ 1020 号 157 頁）：一部認容・一部棄却　最高裁：破棄差戻

1 審は、Yの賃料保証を重視し、当事者間では借地借家法 32 条の適用を排除していたこと、および、本件では賃借人保護の要請がないことから、賃料の増額を認めてXの請求を認容した。2 審も、本件契約が典型的な賃貸借ではなく、事業委託的無名契約の性質をも有し、借地借家法 32 条の適用が調整条項によって制限されるとして、Xの請求を一部認容した。XY双方が上告受理申立て。

判　旨

〈破棄差戻〉①「本件契約における合意の内容は、XがYに対して本件賃貸部分を使用収益させ、YがXに対してその対価として賃料を支払うというものであり、本件契約は、建物の賃貸借契約であることが明らかであるから、…本件契約には、借地借家法が適用され、同法 32 条の規定も適用されるものというべきである。」②「本件契約には本件賃料自動増額特約が存するが、借地借家法 32 条 1 項の規定は、強行法規であって、本件賃料自動増額特約によってもその適用を排除することができないものであるから、本件契約の当事者は、本件賃料自動増額特約が存するとしても、そのことにより直ちに上記規定に基づく賃料増減額請求権の行使が妨げられるものではない。」③Yの「減額請求の当否及び相当賃料額を判断するに当たっては、賃貸借契約の当事者が賃料額決定の要素とした事情その他諸般の事情を総合的に考慮すべきであり、本件契約において賃料額が決定されるに至った経緯や賃料自動増額特約が付されるに至った事情、とりわけ、当該約定賃料額と当時の近傍同種の建物の賃料相場との関係（賃料相場とのかい離の有無、程度等）、Yの転貸事業における収支予測にかかわる事情（賃料の転貸収入に占める割合の推移の見通しについての当事者の認識等）、Xの敷金及び銀行借入金の返済の予定にかかわる事情等をも十分に考慮すべきである。」

判例の法理

サブリースとは、建物の所有者が不動産事業者に対して一括してその建物を賃貸し、不動産事業者がその各フロアや部屋を第三者に転貸するものである。その多くは、不動産事業者が建物所有者との間の契約において、空室保証・賃料保証という形で一定額の賃料収入を所有者に保証し（賃料保証条項）、また、地価の上昇を見込んで、一定期間ごとに賃料を自動増額する旨の条項を含んでいる。

バブル経済の崩壊に伴う地価の下落により、オフィスビルの賃料も急激に下落したため、不動産事業者が建物の所有者に対してサブリースにも借地借家法 32 条の適用があるとして、賃料の減額を求める訴訟が頻発した。最高裁は、本判決を含む一連の判決（最判平 15・10・21 判時 1844 号 50 頁、最判平 15・10・23 判時 1844 号 54 頁、最判平 16・11・8 判時 1883 号 52 頁）により、サブリース契約に借地借家法 32 条の適用を認めつつ、「減額請求の当否」については、「諸般の事情を総合的に考慮」して決すべきであるとした。

判例を読む

本判決に対しては、Yは、「長期契約の賃料相場変動リスクを自ら引き受ける趣旨で本件合意をしているのである」から、当事者が予測していないリスクを対象とする事情変更の原則と、この原則を明文化した借地借家法 32 条が「適用されることはありえない」との批判がある（内田貴「判批」平成 15 年度重判 82 頁、同・法協 121 巻 12 号 2164 頁以下参照）。しかし、賃貸人の借入金利も下落し、その金利負担も減少したこと（最判平 16・11・8 の滝井繁男裁判官による補足意見参照）をも含め、「諸般の事情を総合的に考慮」して「減額請求の当否」を決する判旨は、妥当な解決を導くものとなろう。

【参考文献】内田貴・百選Ⅱ 6 版 130 頁、野澤・Ⅰ200 頁以下、松並重雄・最判解民平成 15 年度（下）535 頁。

野澤正充

118 賃貸借の合意解除の転借人への対抗

最高裁昭和 38 年 2 月 21 日判決　民集 17 巻 1 号 219 頁、判時 331 号 23 頁、判タ 144 号 42 頁

【613 条 3 項】

論点　土地賃貸借の合意解除は地上建物の賃借人に対抗できるか

事実の要約

　昭和 21 年 8 月 1 日、X は、自己の所有する土地を期間 10 年の約定で A に賃貸した。A は、本件土地上に建物を建築して製材業を営んでいたが、昭和 30 年 3 月、本件建物を、期間を定めずに Y に賃貸した。Y は、本件建物に居住して家具製造業を営んできた。その後、X は、A に対して、10 年の約定期間の満了により本件土地の賃貸借契約が消滅したとして、建物収去土地明渡しの調停を申し立てた。その結果、昭和 31 年 12 月 13 日、X A 間において、本件土地の賃貸借契約が昭和 31 年 7 月 31 日限りで解除消滅した旨の調停が成立した。X は、この調停により A の賃借権が消滅したとして、Y に対し建物収去土地明渡しを請求した。

裁判の流れ

　1 審（松山地今治支判民集 17 巻 1 号 225 頁）：請求認容、2 審（高松高判昭 35・5・27 下民集 11 巻 5 号 1202 頁）：請求棄却、最高裁：上告棄却

　1 審は、X A 間の合意解除により、Y は本件土地の占有使用について何らの権原を有しないとした。これに対して、2 審は、土地の賃貸借が賃貸人と賃借人との間で合意解除されても、特段の事情のない限り、土地賃貸人は合意解除の効果を建物賃借人に対抗できないとした。

判旨

　〈上告棄却〉「X と A との間で、右借地契約を合意解除し、これを消滅せしめても、特段の事情がない限りは、X は、右合意解除の効果を、Y に対抗し得ないものと解するのが相当である。」なぜなら、「建物所有を目的とする土地の賃貸借においては、土地賃貸人は、土地賃借人が、その借地上に建物を建築所有して自らこれに居住することばかりでなく、反対の特約がないかぎりは、他にこれを賃貸し、建物賃借人をしてその敷地を占有使用せしめることをも当然に予想し、かつ認容しているものとみるべきであるから、建物賃借人は、当該建物の使用に必要な範囲において、その敷地の使用収益をなす権利を有するとともに、この権利を土地賃貸人に対し主張し得るものというべく、右権利は土地賃借人がその有する借地権を拋棄することによって勝手に消滅」させることはできず、また、「土地賃貸人とその賃借人との合意をもって賃貸借契約を解除した本件のような場合には賃借人において自らその借地権を拋棄したことになるのであるから、これをもって第三者たる Y に対抗し得ないものと解すべきであり、このことは民法 398 条、538 条の法理からも推論することができるし、信義誠実の原則に照らしても当然のことだからである。」

判例の法理

　X から土地を賃借した A が当該土地上に建物を所有し、この建物を Y に賃貸した場合において、土地の賃貸借契約が合意解除されたときに、X は合意解除の効果を Y に対抗することができるか。この問題を本判決は、否定に解した。その理由としては、①「建物所有を目的とする土地の賃貸借においては、土地賃貸人は、土地賃借人が、その借地上に建物を建築所有して自らこれに居住することばかりでなく、反対の特約がないかぎりは、他にこれを賃貸し、建物賃借人をしてその敷地を占有使用せしめることをも当然に予想し、かつ認容している」から、後にこれを覆すことはできないこと、および、②土地賃貸人とその賃借人との合意による解除は、第三者に対抗できないこと、が挙げられている。そして、形式的根拠としては、一方的な権利の放棄（398 条）および合意（538 条）によって他人の権利を害することができないとの「法理」と、「信義誠実の原則」とが摘示された。

判例を読む

●本判決の意義

　本判決以前の伝統的な見解は、借地上の建物の賃借人の敷地使用権が土地の賃借権に従属し、土地の賃貸借契約が解除されれば建物の賃借人も土地所有者の退去請求に応じざるを得ないとした（大判昭 4・3・13 民集 8 巻 160 頁）。しかし、本判決が引用した大判昭 9・3・7（民集 13 巻 4 号 278 頁）は、土地の転借権につき、賃貸借契約の当事者間の「合意」をもってこれを「消滅」させることができないことは、「信義の原則」からも「当然のこと」であるとした（同旨・最判昭 37・2・1 裁判集民 58 号 441 頁）。もっとも、この判決は、賃貸人の承諾のある適法な転貸借の事案に関するものであり、賃貸人が承諾をした以上は、転借人の権利を一方的に覆すことは信義則に反するとの評価が可能であった。これに対して、本件事案は、転貸借ではなく、借地上の建物の賃借人に関するものであり、伝統的な見解を明確に否定した本判決は、「実務の上に多大の影響」を与えた（瀬戸正二・最判解民昭和 38 年度 34 頁）と考えられる。

●本判決の射程──債務不履行解除との関係

　本判決は、賃貸人と賃借人との合意解除に関するものであり、賃借人の債務不履行を理由とする解除には適用されない。すなわち、最高裁は、「賃借人がその債務の不履行により賃貸人から賃貸借契約を解除されたときは、賃貸借契約の終了と同時に転貸借契約も、その履行不能により当然終了する」とした（最判昭 36・12・21 民集 15 巻 12 号 3243 頁）。しかし、債務不履行解除と合意解除とは、「実際上は紙一重」であるとの指摘があり（星野・借地・借家法 375 頁）、実際にも、賃貸人が賃借人の債務不履行を理由に解除することができたにもかかわらず、合意解除をすることが考えられる（最判昭 62・3・24 金法 1177 号 47 頁）。そこで、債権法改正では、賃貸借の合意解除をもって「転借人に対抗することができない」（613 条 3 項本文）とするとともに、「その解除の当時、賃貸人が賃借人の債務不履行による解除権を有していたときは、この限りでない」とした（同項ただし書）。

【参考文献】　本判決の評釈として、星野英一・法協 82 巻 1 号 143 頁、椿寿夫・法時 35 巻 7 号 84 頁などがある。

野澤正充

119 債務不履行による賃貸借契約の解除と承諾がある転貸借の帰趨

最高裁平成9年2月25日判決　民集51巻2号398頁、判時1599号69頁、判タ936号175頁

【601条・612条】

論点 賃借人の債務不履行によって賃貸借契約が解除された場合に、転貸借はどの時点で終了するか

事実の要約

Xは、本件建物をAから賃料月額80万円で賃借し、Aの承諾を得てこれをスイミングスクール用施設に改造し、Yらに賃料月額380万円で転貸した。Yらは、本件建物で、スイミングスクールを営業していた。ところが、XがAに対する昭和61年5月分以降の賃料の支払を怠ったため、Aは、Xに対し、昭和62年1月31日までに未払賃料を支払うよう催告するとともに、同日までに支払のないときは賃貸借契約を解除する旨の意思表示をした。そして、Xが同日までに未払賃料を支払わなかったため、AX間の賃貸借契約が解除によって終了し、昭和62年2月25日、Aは、YらおよびXらに対して、本件建物の明渡し等を求める訴訟を提起した。ところで、Yらは、昭和63年12月1日以降、Xに対して本件建物の転借料の支払をせず、Xは、平成2年10月30日、Yらに対し、転貸借契約を解除する旨の意思表示をした。平成3年6月12日、前記訴訟につきAのYらとXに対する本件建物の明渡請求を認容する旨の第1審判決が言い渡され、同判決のうちYらに関する部分は確定して、平成3年10月15日、Aは、確定判決に基づく強制執行により、Yらから本件建物の明渡しを受けた。Xは、平成4年7月22日、Yらに対し、昭和63年12月1日から平成2年10月30日までの転借料、および、平成2年10月31日から平成3年10月15日までの転借料相当損害金の合計1億3110万円の支払を求めて、訴えを提起した。

裁判の流れ

1審（東京地判平5・3・22民集51巻2号413頁）：一部認容・一部棄却　2審（東京高判平5・10・27民集51巻2号418頁）：請求認容　最高裁：破棄自判

2審の東京高裁は、AとXとの間の賃貸借契約がXの債務不履行により解除されても、XとYらとの間の転貸借は終了せず、Yらは現に本件建物の使用収益を継続している限り転借料の支払義務を免れないとして、Xの転借料債権を認めた。Y上告。

判　旨

〈破棄自判〉「賃貸人の承諾のある転貸借においては、転借人が目的物の使用収益につき賃貸人に対抗し得る権原（転借権）を有することが重要であり、転貸人が、自らの債務不履行により賃貸借契約を解除され、転借人が転借権を賃貸人に対抗し得ない事態を招くことは、転借人に対して目的物を使用収益させる債務の履行を怠るものにほかならない。そして、賃貸借契約が転貸人の債務不履行を理由とする解除により終了した場合において、賃貸人が転借人に対して直接目的物の返還を請求したときは、転借人は賃貸人に対し、目的物の返還義務を負うとともに、遅くとも右返還請求を受けた時点から返還義務を履行するまでの間の目的物の使用収益について、不

法行為による損害賠償義務又は不当利得返還義務を免れないこととなる。他方、賃貸人が転借人に直接目的物の返還を請求するに至った以上、転貸人が賃貸人との間で再び賃貸借契約を締結するなどして、転借人が賃貸人に転借権を対抗し得る状態を回復することは、もはや期待し得ないものというほかはなく、転貸人の転借人に対する債務は、社会通念及び取引観念に照らして履行不能というべきである。したがって、賃貸借契約が転貸人の債務不履行を理由とする解除により終了した場合、賃貸人の承諾のある転貸借は、原則として、賃貸人が転借人に対して目的物の返還を請求した時に、転貸人の転借人に対する債務の履行不能により終了すると解するのが相当である。」ゆえにXは、昭和63年12月1日以降の転借料を請求することができない。

判例の法理

賃貸人と賃貸人が賃貸借契約を合意解除しても、特別の事情のない限り、転借人の権利は消滅しない（大判昭9・3・7民集13巻278頁ほか多数。民613条3項本文。本書**118事件**参照）。当事者間の合意のみによって、第三者の権利を覆すことはできないからである。しかし、賃借人の債務不履行による解除の場合には、転借人は転借権を賃貸人に対抗することができない（最判昭36・12・21民集15巻12号3243頁。民613条3項ただし書参照）。

問題となるのは、賃貸借解除後における転借料支払義務との関連で、転貸借がいつ終了するかであり、本判決は、「賃貸人が転借人に対して目的物の返還を請求した時に、転貸人の転借人に対する債務の履行不能により終了する」とした。

判例を読む

転貸借の終了時は、論理的には、①賃貸借終了時、②明渡請求時、③明渡義務の確定時、④明渡時が考えられ、判旨は②とした。この時には、「転貸人が賃貸人との間で再び賃貸借契約を締結するなどして、転借人が賃貸人に転借権を対抗し得る状態を回復することは、もはや期待」できないとともに、転借人も、賃貸人に対する損害賠償債務を免れえない（山下郁夫・参考文献234頁）からである。

これに対しては、本件のように、賃料と転貸料との間に極めて大きな差があり、それが転貸人の改良行為によってもたらされた場合には、転借人が使用収益を続ける以上、転借料を転貸人に支払うべきであるとの考えも存在する。しかし、建物の使用権原を失った転貸人に収益権を認める必要はなく、本判決の結論には合理性が認められる（鎌田薫・参考文献127頁）。

【参考文献】 鎌田薫・百選II 6版126頁、山下郁夫・最判解民平成9年度220頁、内田勝一・平成9年度重判75頁。

野澤正充

120 通常損耗の原状回復特約

最高裁平成 17 年 12 月 16 日判決　判時 1921 号 61 頁、判タ 1200 号 127 頁

【621 条】

論点　建物賃貸借終了時における原状回復義務の内容および通常損耗の修復義務の有無

事実の要約

　Xは、Y供給公社が所有する共同住宅を賃借し、敷金 35 万 3700 円を交付した。その賃貸借契約書には、賃借人が賃借住宅を明け渡すときは、別紙の修繕費負担表に基づいて補修費を負担するとの条項が定められていた。その後、賃貸借の解約により住宅を引き渡したXに対し、Yは、本件敷金から通常損耗についての補修費用を含む 30 万 2547 円を差し引いた 5 万 1153 円を返還した。そこでXは、Yに対して、本件敷金のうちの未返還分の支払を求めて訴えを提起した。争点となったのは、通常損耗補修特約の成否である。

裁判の流れ

　1 審（大阪地判平 15・7・16）：請求棄却　2 審（大阪高判平 16・5・27 判時 1877 号 73 頁）：請求棄却　最高裁：破棄差戻
　2 審は、賃借人が賃貸借契約終了により負担する賃借物件の原状回復義務には、特約のない限り、通常損耗に係るものは含まれず、その補修費用は、賃貸人が負担すべきであるが、これと異なる特約を設けることは、契約自由の原則から認められるとした。そして、本件負担区分表は、本件賃貸借契約書の一部を成すものであり、その内容が明確であること、本件負担区分表は、通常損耗ということができる損耗に係る補修費用も退去者が負担するものとしていること、Xは、本件負担区分表の内容を理解した旨の書面を提出していることなどからすると、XとYとの間には、通常損耗補修特約が成立しているとした。Xが上告受理申立。

判　旨

　〈破棄差戻〉「賃借人は、賃貸借契約が終了した場合には、賃借物件を原状に回復して賃貸人に返還する義務があるところ、賃貸借契約は、賃借人による賃借物件の使用とその対価としての賃料の支払を内容とするものであり、賃借物件の損耗の発生は、賃貸借という契約の本質上当然に予定されているものである。それゆえ、建物の賃貸借においては、賃借人が社会通念上通常の使用をした場合に生ずる賃借物件の劣化又は価値の減少を意味する通常損耗に係る投下資本の減価の回収は、通常、減価償却費や修繕費等の必要経費分を賃料の中に含ませてその支払を受けることにより行われている。そうすると、建物の賃借人にその賃貸借において生ずる通常損耗についての原状回復義務を負わせるのは、賃借人に予期しない特別の負担を課すことになるから、賃借人に同義務が認められるためには、少なくとも、賃借人が補修費用を負担することになる通常損耗の範囲が賃貸借契約書の条項自体に具体的に明記されているか、仮に賃貸借契約書では明らかでない場合には、賃貸人が口頭により説明し、賃借人がその旨を明確に認識し、それを合意の内容としたものと認められるなど、その旨の特約（以下「通常損耗補修特約」という。）が明確に合意されていることが必要であると解するのが相当である。」これを本件についてみると、「本件契約書には、通常損耗補修特約の成立

が認められるために必要なその内容を具体的に明記した条項」はなく、また、入居説明会においても、「通常損耗補修特約の内容を明らかにする説明はなかった」。そうすると、「Xは、本件契約を締結するに当たり、通常損耗補修特約を認識し、これを合意の内容としたものということはできないから、本件契約において通常損耗補修特約の合意が成立しているということはできないというべきである。」

判例の法理

　建物の賃貸借契約において、その終了に際し、目的物の通常の使用に伴い生じる損耗について賃借人が原状回復義務を負う旨の特約（通常損耗補修特約）がなされることがある。このような特約は有効か。
　この問題につき、下級審裁判例の判断は分かれていた（内田勝一・平成 17 年度重判 86 頁参照）。すなわち、①特約を有効とするもの（本件原審）、②特約を有効としつつ、その成立要件を厳格化するもの（大阪高判平 15・11・21 判時 1853 号 99 頁）、および、③特約を無効とするもの（大阪高判平 16・7・30 判時 1877 号 81 頁―公序良俗違反、大阪高判平 16・12・17 判時 1894 号 19 頁―消費者契約法 10 条に該当）である。
　本判決は②の立場を採用し、通常損耗補修特約を有効としつつ、その成立のためには当該特約が「明確に合意されていることが必要である」として、合意の成立を否定した。

判例を読む

　賃貸借契約における賃貸人は、賃貸物の使用収益に必要な修繕をする義務を負う（606 条 1 項）。この義務は、目的物を賃借人に使用収益させる義務（601 条）から当然に導かれる。そして、賃貸人に修繕義務を負わせるということは、その費用を減価償却費等とともに、必要経費として賃料に含ませることをも認めるものである。本判決も、このことを前提に、「建物の賃貸人にその賃貸借において生ずる通常損耗についての原状回復義務を負わせるのは、賃借人に予期しない特別の負担を課すことになる」とした。そして、通常損耗補修特約の有効性を認めつつ、賃借人にあえてこの義務を負わせるためには、「少なくとも、賃借人が補修費用を負担することになる通常損耗の範囲が賃貸借契約書の条項自体に具体的に明記されているか、仮に賃貸借契約書では明らかでない場合には、賃貸人が口頭により説明し、賃借人がその旨を明確に認識し、それを合意の内容としたものと認められるなど」、通常損耗補修特約が明確に合意されていることが必要であるとした。その論理は明快であり、結論も妥当であると解される。債権法改正も、賃借人の原状回復義務の規定を設けている（621 条）が、本判決を前提に、「通常の使用及び収益によって生じた賃借物の損耗」と「賃借物の経年変化」は、原状回復の対象から除外した。

野澤正充

消費者契約である建物賃貸借契約における敷引特約の効力

最高裁平成 23 年 3 月 24 日判決　民集 65 巻 2 号 903 頁、判時 2128 号 33 頁、判タ 1356 号 81 頁①事件
【消費契約 10 条】

論点　建物の賃貸借契約における敷引特約（賃貸人に差し入れた敷金のうち、契約締結から明渡しまでの経過年数に応じた額を控除して、残額を賃借人に返還する旨の特約）は、消費者契約法 10 条に反して無効か

事実の要約

平成 18 年 8 月 21 日、X は、Y から京都市のマンションの一室を 2 年間借り受けた。その賃貸借契約によれば、賃料 96,000 円、保証金 40 万円であり、保証金については次のような敷引特約が存在した。すなわち、「本件保証金をもって、家賃の支払、損害賠償その他本件契約から生ずる X の債務を担保する」（賃貸借契約 3 条 2 項）とともに、Y は、「契約締結から明渡しまでの経過年数に応じた額を本件保証金から控除してこれを取得し、その残額を X に返還する」（賃貸借契約 3 条 4 項）とした（その控除額は、「経過年数 1 年未満 18 万円、2 年未満 21 万円、3 年未満 24 万円、4 年未満 27 万円、5 年未満 30 万円、5 年以上 34 万円」であった）。また、X が「本件建物を Y に明け渡す場合には、これを本件契約開始時の原状に回復しなければならないが、賃借人が社会通念上通常の使用をした場合に生ずる損耗や経年により自然に生ずる損耗（以下、併せて「通常損耗等」という。）については、本件敷引金により賄い、X は原状回復を要しない」（賃貸借契約 19 条 1 項）とした。本件賃貸借契約は、平成 20 年 4 月 30 日に終了し、X は同日、Y に本件建物を明け渡した。そこで Y は、同年 5 月 13 日、本件契約書 3 条 4 項に基づき、本件保証金から本件敷引金 21 万円を控除し、その残額 19 万円を X に返還した。X は、本件特約が消費者契約法 10 条により無効であるとして、敷引金の返還を求めて訴えを提起した。

裁判の流れ

1 審（京都地判平 20・11・26 民集 65 巻 2 号 920 頁）：X の請求棄却　2 審（大阪高判平 21・6・19 民集 65 巻 2 号 932 頁）：X の控訴棄却　最高裁：上告棄却

判旨

〈上告棄却〉(1)「本件特約は、敷金の性質を有する本件保証金のうち一定額を控除し、これを賃貸人が取得する旨のいわゆる敷引特約であるところ、居住用建物の賃貸借契約に付された敷引特約は、契約当事者間にその趣旨について別異に解すべき合意等のない限り、通常損耗等の補修費用を賃借人に負担させる趣旨を含む」。「ところで、賃貸物件の損耗の発生は、賃貸借という契約の本質上当然に予定されているものであるから、賃借人は、特約のない限り、通常損耗等についての原状回復義務を負わず、その補修費用を負担する義務も負わない」。そうすると、「本件特約は、任意規定の適用による場合に比し、消費者である賃借人の義務を加重するもの」である。(2)「賃貸借契約に敷引特約が付され、賃貸人が取得することになる金員（いわゆる敷引金）の額について契約書に明示されている場合には、賃借人は、賃料の額に加え、敷引金の額についても明確に認識した上で契約を締結するのであって、賃借人の負担については明確に合意されている。そして、通常損耗等の補修費用は、賃料にこれを含ませてその回収が図られているのが通常だとしても、これに充てるべき金員を敷引金として授受する

旨の合意が成立している場合には、その反面において、上記補修費用が含まれないものとして賃料の額が合意されているとみるのが相当であって、敷引特約によって賃借人が上記補修費用を二重に負担するということはできない。また、上記補修費用に充てるために賃貸人が取得する金員を具体的な一定の額とすることは、通常損耗等の補修の要否やその費用の額をめぐる紛争を防止するといった観点から、あながち不合理なもの」ではない。「敷引金の額が高額に過ぎる」場合には、消費者契約法 10 条により無効となるが、本件敷引金の額は、賃料の「2 倍弱ないし 3.5 倍強に」とどまり、更新時に「1 か月分の賃料相当額の更新料」を支払うほかに一時金の支払義務を負わないため、高額に過ぎるとはいえない。

判例の法理

敷引特約は、主に通常損耗の補修費用を賃借人に負担させるものであるが、そのほかにも、賃料の補充・前払、空室損料、更新料免除の対価など、複数の趣旨を有する。

消費者契約法 10 条は、契約条項と任意規定との関係を問題とする前段要件と、信義則に反しないかを問題とする後段要件から成り、本判決は、敷引特約が前段要件を満たすとした（判旨(1)参照）。なぜなら、通常損耗は当然に生じるものであり、賃借人は、特約がない限り、その補修費用を負担しないからである。しかし、本判決は、同特約が、原則として後段要件を満たさないとした（判旨(2)参照）。なぜなら、賃借人は、「敷引金の額についても明確に認識した上で契約を締結」しているからである（もっとも、本判決は、「敷引金の額が高額に過ぎる」場合には後段要件を満たすとし、その目安として、賃料の 2 倍弱ないし 3.5 倍強という数字を提示した）。本判決に続く最判平 23・7・12 判時 2128 号 43 頁も、敷引金の額が賃料の 3.5 倍程度にとどまる特約を有効とした。

判例を読む

建物の賃貸借における通常損耗の補修費用については、最判平 17・12・16 判時 1921 号 61 頁がある（→ **120 事件**）。本判決も、この平成 17 年判決を受けて、賃借人が「敷引金の額についても明確に認識した上で契約を締結する」ことを必要とした。半面、本判決は、敷引特約が付されている場合には、通常損耗の補修費用が賃料に含まれていないことを前提とし、かつ、敷引特約によって「補修の要否やその費用の額をめぐる紛争を防止」しうることも指摘している。

【参考文献】　丸山絵美子・平成 23 年度重判 64 頁、山本豊・NBL954 号 13 頁、澤野順彦・NBL952 号 10 頁、城内明・TKC 速解解 88 号 228 頁、潮見佳男・消費者法ニュース 88 号 230 頁、牛尾洋也・龍谷法学 44 巻 1 号 182 頁、長野浩三・市民と法 70 号 33 頁、山本和義・税理 2011 年 8 月号 199 頁、武藤貴明・ジュリ 1431 号 143 頁、大澤彩・現代消費者法 13 号 110 頁。

野澤正充

122 消費者契約である建物賃貸借契約における更新料条項の効力

最高裁平成 23 年 7 月 15 日判決　民集 65 巻 5 号 2269 頁、判時 2135 号 38 頁、判タ 1361 号 89 頁
【消費契約 10 条、憲 29 条 1 項】

論点　建物の賃貸借契約における更新料条項は、消費者契約法 10 条に反して無効か

事実の要約

　Xは、平成 15 年 4 月 1 日、Yとの間で、京都市内の共同住宅の一室につき、期間を同日から平成 16 年 3 月 31 日まで（1 年契約）、賃料を月額 3 万 8000 円、更新料を賃料の 2 か月分、定額補修分担金を 12 万円とする賃貸借契約を締結し、同日、引渡しを受けた（また、Zは、同日、Yとの間で、本件賃貸借契約に係るXの債務を連帯保証する旨の契約を締結した）。本件賃貸借契約書によれば、Xが契約を更新するときは、法定更新か合意更新かにかかわりなく、1 年経過するごとに、更新料として賃料の 2 か月分をYに支払わなければならない旨の条項があった。そして、Xは、平成 16 年から平成 18 年までの毎年 2 月ころ、3 回にわたり本件賃貸借契約をそれぞれ 1 年間更新する旨の合意をし、その都度、Yに対し、更新料として 7 万 6000 円を支払った。

　Xが、平成 19 年 4 月 1 日以降も本件建物の使用を継続したことから、本件賃貸借契約は、同日更新されたものとみなされた。しかし、Xは、更新料 7 万 6000 円の支払をせず、Yに対し、更新料条項が消費者契約法 10 条に反し無効であるとし、すでに支払った更新料 22 万 8000 円の不当利得返還請求をした。

裁判の流れ

　1 審（京都地判平 21・9・25 民集 65 巻 5 号 2310 頁）：Xの請求認容　2 審（大阪高判平 22・2・24 民集 65 巻 5 号 2345 頁）：Yの控訴棄却　上告審：破棄自判

判　旨

　〈破棄自判〉(1)更新料が「いかなる性質を有するかは、賃貸借契約成立前後の当事者双方の事情、更新料条項が成立するに至った経緯その他諸般の事情を総合考量し、具体的事実関係に即して判断されるべきであるが（最高裁昭和 59 年 4 月 20 日判決・民集 38 巻 6 号 610 頁参照）、更新料は、賃料と共に賃貸人の事業の収益の一部を構成するのが通常であり、その支払により賃借人は円満に物件の使用を継続することができることからすると、更新料は、一般に、賃料の補充ないし前払、賃貸借契約を継続するための対価等の趣旨を含む複合的な性質を有するものと解するのが相当である」。(2)消費者契約法 10 条にいう「任意規定には、明文の規定のみならず、一般的な法理等も含まれる」。そして、「更新料条項は、一般的には賃貸借契約の要素を構成しない債務を特約により賃借人に負わせるという意味において、任意規定の適用による場合に比し、消費者である賃借人の義務を加重するものに当たる」。また、消費者契約法 10 条の後段要件は、「消費者契約法の趣旨、目的（同法 1 条参照）に照らし、当該条項の性質、契約が成立するに至った経緯、消費者と事業者との間に存する情報の質及び量並びに交渉力の格差その他諸般の事情を総合考量して判断されるべき」であり、更新料条項については、その趣旨から、「更新料の支払にはおよそ経済的合理性がないなどということはできない。また、一定の地域において、期間満了の際、

賃借人が賃貸人に対し更新料の支払をする例が少なからず存することは公知であることや、従前、裁判上の和解手続等においても、更新料条項は公序良俗に反するなどとして、これを当然に無効とする取扱いがされてこなかったことは裁判所に顕著であること」からすると、「賃貸借契約書に一義的かつ具体的に記載された更新料条項は、更新料の額が賃料の額、賃貸借契約が更新される期間等に照らし高額に過ぎるなどの特段の事情がない限り」、消費者契約法 10 条の後段要件には当たらないと解するのが相当である。

判例の法理

　本判決は、まず、更新料の法的性質につき、「賃料の補充ないし前払、賃貸借契約を継続するための対価等の趣旨を含む複合的な性質を有する」とする。そして、消費者契約法 10 条前段要件の「任意規定には、明文の規定のみならず、一般的な法理等も含まれる」とし、更新料条項が、民法 601 条の「賃料」以外の負担を賃借人に課すものであるから、同要件を満たすとした。しかし、後段要件については、更新料条項が「賃貸借契約書に一義的かつ具体的に記載」されている以上、更新料の額が「高額に過ぎるなどの特段の事情がない限り」、これに当たらないとする（その法理は、敷引特約に関する最判平 23・3・24（→ 121 事件）と同様である）。

判例を読む

　不動産の賃貸借契約の存続期間の満了に際しては、賃借人が賃貸人に対し更新料を支払うことが多い。この更新料には、賃料の補充、更新拒絶権の放棄の対価または賃借権強化の対価としての性質があるとされてきた。そして、本判決の引用する最判昭 59・4・20（本書 114 事件）は、更新料の性質については、「単にその更新料の支払がなくても法定更新がされたかどうかという事情のみならず、当該賃貸借成立後の当事者双方の事情、当該更新料の支払の合意が成立するに至った経緯その他諸般の事情を総合考量したうえ、具体的事実関係に即して判断されるべき」であるとした。本判決もこの先例を踏襲して、更新料が「複合的な性質を有する」とした。この法的性質論を前提に、本判決は、民法 601 条との対比で、更新料条項が消費者契約法 10 条前段要件に該当するとしつつ、契約当事者間の合意を重視し、かつ、更新料授受の慣行を考慮して、後段要件に当たらないとした。妥当な判断であるといえよう。

【参考文献】　磯村保・平成 23 年度重判 66 頁、大澤彩・判セ 2011〔 I 〕（法教 377 号別冊付録）21 頁、幡野弘樹・法協 130 巻 2 号 254 頁、松本恒雄・私判リマ 46 号 34 頁、平尾嘉晃・法セ 685 号 36 頁、島川勝・法時 84 巻 2 号 107 頁など。

野澤正充 ●

123 請負契約における出来形部分の所有権の帰属

最高裁平成5年10月19日判決　民集47巻8号5061頁

【632条】

論点　①下請負人が自己の材料で建物を建築する場合に、その未完成の出来形部分（建前）の所有権（および完成した建物の所有権）は誰に帰属するか
②元請契約において出来形部分の所有権帰属につき特約がなされている場合に、下請負人もこれに拘束されるか

事実の要約

Yは、建設業者Aと代金3500万円で自己所有の宅地上に建物を建築する工事請負契約を締結したが、AはYの承諾なしにこの工事を一括してXに下請させた。Xが材料を提供して工事を進行中にAが倒産したため、Xは工事を取り止めた（出来高3割弱）。そこで、YはAとの契約を解除し、新たに他の業者Bと本件出来形を基に建物を完成させる請負契約を締結し、まもなく建物が完成して、代金支払、引渡し、Yへの所有権保存登記がなされた。すでにYは代金の一部として1950万円をAに支払っていたが、Xは、Aから下請代金の支払を全く受けていなかったので、本件建物の所有権は自己に帰属するとして、Yに対し建物明渡しと家賃相当額の損害金支払を求め、予備的に民法248条、704条に基づく償金の支払を求めて訴えを提起した。なお、YA間の請負契約には、注文者は工事中に契約を解除することができ、その場合の出来形は注文者の所有とする旨の条項があったが、下請契約には、完成建物や出来形（建前）の所有権帰属に関する約定はなかった。

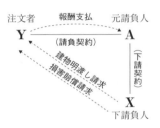

注文者　　報酬支払　　元請負人
Y ← （請負契約） → **A**
建物明渡し請求　　　下請契約
損害賠償請求
X
下請負人

裁判の流れ

1審（京都地判昭62・10・30民集47巻8号5082頁）：請求棄却　2審（大阪高判昭63・11・29民集47巻8号5089頁）：原判決変更・一部認容　最高裁：破棄自判

1審は、本件建前がYの所有に属するとしてXの請求を退けた。2審は、Xに建物所有権は帰属せず（246条2項）明渡し等の請求は理由がないとしたが、建前については材料を提供したXに所有権が帰属するとし、またYAの元請負契約における特約もXを拘束しないから、その所有権はYによる解除後もXに帰属していたとした。それゆえ建前の価額を除外した代金を他の業者Bに支払って建物所有権を取得したYには償金を支払う義務があるとし、765万余円の限度でXの請求を認容した。Yが上告して、下請負人は下請契約の内容を主張して元請契約の内容を阻害することはできないと主張した。

判　旨

〈破棄自判〉「建物建築工事請負契約において、注文者と元請負人との間に、契約が中途で解除された際の出来形部分の所有権は注文者に帰属する旨の約定がある場合に、当該契約が中途で解除されたときは、元請負人から一括して当該工事を請け負った下請負人が自ら材料を提供して出来形部分を築造したとしても、注文者と下請負人との間に格別の合意があるなど特段の事情のない限り、当該出来形部分の所有権は注文者に帰属すると解するの

が相当である。けだし、建物建築工事を元請負人から一括下請負の形で請け負う下請契約は、その性質上元請契約の存在及び内容を前提とし、元請負人の債務を履行することを目的とするものであるから、下請負人は、注文者との関係では、元請負人のいわば履行補助者的立場に立つものにすぎず、注文者のためにする建物建築工事に関して、元請負人と異なる権利関係を主張し得る立場にはないからである。」これを本件についてみると、「Yへの所有権の帰属を肯定すべき事情こそあれ、これを否定する特段の事情を窺う余地のないことが明らかである。してみると、たとえXが自ら材料を提供して出来形部分である本件建前を築造したとしても、Yは、本件元請契約における出来形部分の所有権帰属に関する約定により、右契約が解除された時点で本件建前の所有権を取得したものというべきである。」（可部裁判官の補足意見がある）

判例の法理

建物建築請負契約の完成建物、未完成建物（出来形・建前）の所有権帰属については、かねてから判例・学説上の議論があるが、本判決は、一括下請負人が自己の材料で建物を建築する場合に、注文者・元請負人間の請負契約に中途解除時の場合の出来形の所有権について注文者帰属とする特約があったという点に事例的な特色があり、このような場合には、その特約の効力が下請負人にも及び、出来形が注文者帰属するとしたものである。

このような判断の根拠として、本判決は、下請負人が注文者との関係で元請負人の履行補助者的立場にあり、注文者に対して元請負人と異なる権利関係を主張しうる立場にないという理解を示しており、このような認識を出来形の所有権帰属の判断に取り込んだことも注目される。

判例を読む

建物の建築請負契約において、請負人が仕事を完成することを内容とする役務を提供し、完成した仕事の目的物を注文者に引き渡すプロセスのなかで、その所有権がいつ注文者の所有に属することになるのかは、主として完成した建物について、その担保的価値の把握を動機として議論されてきたが、本件は、未完成建物（出来形）の所有権帰属が問題となっており、また、一括下請負人がそれを争っていること、さらに、未完成建物の帰属について注文者・元請負人間に特約が結ばれていることなどの特徴がある。

まず、完成した建物の所有権帰属について、判例は、材料の提供者に着目して判断するものが一般的であった。すなわち、建築請負で請負人が材料の全部または主要部分を提供した場合について、判例は、目的物の所有権は（通常材料を提供する）請負人に帰属し、引渡しによってはじめて注文者に移転するものとしていた（請負人帰属説。例えば、大判大4・5・24民録21輯803頁、最判昭40・

5・25 裁判集民 79 号 175 頁など）。

ただ、特約などの当事者意思に着目して注文者への原始的帰属を肯定した先例もあった。また、学説は、より広い観点から請負人帰属説を説き、判例の原則を支持するのが一般的であったが、今日では、注文者帰属を解くものも増えている。このような状況のもとで、判例は、未完成建物の所有権帰属についても同様の判断方法を用いてきた。

他方、下請契約が結ばれた場合にも、仕事の目的物の所有権帰属は、完成建物・未完成部分のそれぞれについて検討を要することになるが、特に本件のように、下請関係が存在し、元請契約には中途解除の際の出来形部分が注文者に帰属する旨の約定があるものの、下請契約にはこれに関する約定がない場合において、元請負契約が中途解除されたが、材料を提供した一括下請負人は代金を受領していないというような特殊性のあるケースでは問題のとらえ方にいくつかの可能性がある。本判決は、これを注文者・元請負人間の特約の効力の問題として、未完成部分の注文者帰属を導いたものである。

判例は、上記の材料提供者を基準とする考え方が下請負関係にも妥当するとしており（最判昭 54・1・25 民集 33 巻 1 号 26 頁）、古くは、下請負人が自ら材料を供給して建築した建物は、元請負人に引き渡されない以上、下請負人の所有に属するとしたものがあった（大判大 4・10・22 民録 21 輯 1746 頁）。これによれば、下請負人にとっては請負代金の回収が確かとなるが、他方で、注文者は、一括下請負の事実を知らない元請負人に請負の報酬を支払った場合でさえ出来形部分の所有権を取得できないこととなり、二重払を余儀なくされる危険が生じる（元請負人が請け負った仕事をさらに下請負に出すか否かは注文者には容易に知りえないことが多い）。逆に、（注文者・元請負人間の合意が下請負人にも及んで）注文者に所有権が帰属するとすれば、元請負人の支払能力によっては、下請負人が請負代金の回収について不安定な状態に置かれることになる。

両者の調整は困難な問題となるが、これまでの下級審の裁判例は、完成建物に関する従来の判例理論を前提としつつも、下請負人の所有権の主張は信義則違反、権利濫用であるとしたり（例えば、東京高判昭 58・7・28 判タ 512 号 129 頁）、下請負は元請負の履行補助者・履行代行者にすぎないとして（仙台高決昭 59・9・4 判タ 542 号 220 頁）、または注文者・元請負・下請負三者間に暗黙の合意があるなどとして（東京高判昭 59・10・30 判時 1139 号 42 頁）、注文者の保護を図るものが多かった（裁判例の状況について詳しくは、坂本武憲・〔判批〕法協 112 巻 4 号 560 頁）。

この点について、上記のようなケースにおける注文者と元請負人との間の所有権帰属に関する取決めは、それが下請契約とは別個のものであることを重視すれば、債権関係の相対性から考えて下請負人の地位に影響することはないはずである。しかし、本判決は、注文者と元請負人との間に注文者帰属とする特約がある場合には、下請負人は、注文者との関係では、元請負人のいわば「履行補助者的立場」に立つものにすぎず、元請負人と異なる権利関係を主張しうる立場にないものとして、注文者と下請負人との間で格別の合意がない限りは、その出来形部分の所有権は注文者に帰属するとした。

学説にも、建築請負契約は注文者に新築建物の所有権を取得させる契約であって、下請負人は元請負人の履行補助者ないし履行代行者にすぎないとして、端的に注文者が原始的に完成建物の所有権を取得すると解するもの（下請負人の留置権も否定する）が多い（鎌田薫・〔判批〕判タ 522 号 101 頁、鎌田薫ほか編著『民事法 III ——債権各論〔第 2 版〕』（日本評論社、2010）170 頁〔武川幸嗣〕など。他方、下請負人に所有権帰属を認めることによりそれが注文者に対する下請負人の交渉材料となるという見方もある。内田 II・280 頁）。

ただ、本判決のように解すると、下請負人はあらかじめ代金を確保する手段（担保の取得または工事中断等）をとらなければならないことになるが、もともと下請負人の代金回収の可能性は、元請負人の資力に依存するものであったことを考えれば、下請負人に不当な帰結となるわけではない（本判決における可部裁判官の補足意見を参照）。

平成 29 年民法改正の過程では、本判決の判例規範の明文化が検討されたが（部会資料 46 第 1、8(3)）、見送られた（部会第 56 回議事録 56 頁以下の議論参照）。

なお、未完成のまま契約が解除された結果出来形部分の所有権が請負人に帰属すると判断されたケースにおいて、注文者が他の請負人と別の請負契約を結び、その請負人が出来形をもとに追加工事を行って建物を完成させ、その完成建物の所有権帰属について争いとなる場合には別途検討が必要となる。ここでは、2 つの請負契約が存在し、当事者意思による判断は困難であることが多いからである。

判例には、この問題を加工の論理によって決したものがある（前掲最判昭 54・1・25）。この判例は、材料に対して施される工作が特段の価値を有し、完成した建物の価格が原材料のそれよりも相当程度増加する場合には（付合ではなく）加工の規定（246 条 2 項）に基づいて所有権の帰属を判断するべきであるとした（そのうえで、当該事案のもとでは第 1 の請負人の施工部分の価値と第 2 の請負人の施工部分の価値とを比較して、第 1 の請負人の施工部分の価値が低いとしてその所有権帰属を否定した）。

他方、学説にも、添付の規定の適用によって解決するべきであるとするものがある（佐久間毅ほか『事例から民法を考える』（有斐閣、2014）289 頁〔曽野裕夫〕は、付合の規定によるべきであるとする。瀬川信久・〔判批〕判評 249 号（判時 938 号）13 頁・17 頁は、加工の規定の類推適用を主張する）。

【参考文献】 本文中に引用したもののほか、大橋弘・ジュリ 1014 号 84 頁、鎌田薫・NBL549 号 69 頁、奥田昌道・私法リマ 10 号 38 頁。

笠井　修 ●

124 注文者の責めに帰すべき事由による仕事の完成不能と報酬請求

最高裁昭和 52 年 2 月 22 日判決　民集 31 巻 1 号 79 頁

【536 条 2 項】

論点　請負契約において注文者の責に帰すべき事由によって履行不能となった場合に、請負人の報酬請求権は、どのような法律構成によって、どのような範囲において認められるか（出来高に応じた報酬か、全額の報酬か）

事実の要約

Y₂ 方の冷暖房設備工事を請け負った Y₁ は、この工事を X に下請けに出した。この際 Y₂ は、Y₁ が X に対して負担すべき債務を連帯保証した。X がこの工事を約 70 〜 80％完成し残りは地下室の設備工事を残すのみの段階になって、Y₂ は、自己が行うべき防水工事が済むまで据付工事を待つように X に要請したため工事は一時中断した。その後、X の再三の請求にもかかわらず Y₂ は防水工事を拒んだため、X は残工事を行うことができなかった。そこで X は、Y₁、Y₂ に対し請負代金および遅延損害金の支払を請求した。

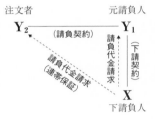

注文者　　　　　　　　　元請負人
Y₂　　　　　　　　　　　Y₁
（請負契約）
請負代金請求
下請契約
請負代金請求
（連帯保証）
X
下請負人

裁判の流れ

1 審（京都地判昭 48・6・20 民集 31 巻 1 号 85 頁）：一部請求認容、2 審（大阪高判昭 51・2・12 民集 31 巻 1 号 89 頁）：請求棄却　最高裁：上告棄却

1 審・2 審とも、X の請け負った行為は Y₂ の責めに帰すべき事由によって履行不能となったものであるが、Y₁ が第一次請負人として X に対してその責めに任ずべきものと解したうえで、民法 536 条 2 項を適用して、工事の出来高の限度で X の請求を認容した。Y₂ より上告。

判　旨

〈上告棄却〉「本件契約関係のもとにおいては、前期防水工事は、本来、Y₁ が自らこれを行うべきものであるところ、同人が Y₂ にこれを行わせることが容認されていたにすぎないものというべく、したがって、Y₂ の不履行によって X の残余工事が履行不能となった以上、右履行不能は Y₁ の責に帰すべき事由によるもの」と解される。また、「請負契約において、仕事が完成しない間に、注文者の責に帰すべき事由によりその完成が不能となった場合には、請負人は、自己の残債務を免れるが、〔平成 29 年改正前〕民法 536 条 2 項によって、注文者に請負代金残額を請求することができ、ただ、自己の債務を免れたことによる利益を注文者に償還するべき義務を負うに過ぎないものというべきである。」

判例の法理

●注文者の責めに帰すべき仕事完成義務の履行不能が生じた場合の請負人の報酬請求　注文者の責めに帰すべき事由による仕事完成義務の履行不能が生じた場合に、改正前 536 条 2 項の適用によって請負人の報酬請求を肯定するべき場合がありうることは大審院時代から認められてきたが（大判大元・12・20 民集 18 輯 1066 頁、大判昭 6・10・21 法学 1 巻上 378 頁、大判昭 13・7・5 判決全集 5 輯 16

号 4 頁）、本判決は、①民法 536 条 2 項の適用を肯定し、事例に即して請負人が報酬全額を請求することができることをはじめて認めた点で先例的意義を持つ。また、②請負債務の履行不能の評価について一判断例を提供した点、③注文者 Y₂ の先行工事の履行拒絶を元請負人 Y₁ の下請負人 X に対する責めに帰すべき事由とした点、さらに、④請求の際に償還するべき利得をあらかじめ控除して報酬請求する必要はないものとした点に意義がある。

判例を読む

①の点は、改正前 536 条 2 項の適用肯定例として意義はあるが、むしろ、先例としての意味は、以下の点が大きい。まず、②本件の事実関係のもとで仕事完成義務の履行が不能となったとする評価については、従来の社会通念上の履行不能の先例に連なるものである。

次に、③本件の場合に、X が工事を行うことができなくなったのは Y₂ が行うべき防水工事の拒絶によるものであるが、これを Y₁ の責めに帰すべき事由によるものとした点である。本判決は、本来 Y₁ が行うべき防水工事を Y₂ に行わせることが容認されていたにすぎないという点を挙げるが、加えて、Y₂ が下請負について同意を与えていること、Y₂ が、Y₁ が X に対して負担するべき債務を連帯保証していたことも重要であるように思われる。学説には、注文者の支配領域にある事由が完成不能の原因となったということをもって 536 条 2 項の帰責事由として足りるとする（そして、このような意味での帰責事由があるにとどまる場合には出来高の報酬支払とする）主張もみられる（能見善久・下記評釈）。

そして、536 条 2 項が適用された場合に認められるのは、請負代金全額の支払請求とした点は、注文者の帰責事由を基礎とする以上妥当であった。ただし、工事の進行度合いによっては、出来高相当額にとどめることが相当な場合もありえよう（563 条 2 項を適用しつつも信義則を根拠にして出来高相当額に限定した先例として、東京地判平 5・10・5 判時 1497 号 74 頁参照）。

さらに、④ 536 条 2 項後段に基づき請負人がなすべき利得の償還は、本判決のいうように、債権者の主張・立証をまって判断すべきものであって、債務者があらかじめ請負代金からこれを控除して請求しなければならないものではない。

なお、注文者に帰責事由が認められない場合には、現行 634 条 1 号に基づいて割合的報酬の問題となる可能性もある。

【参考文献】　能見善久・法協 95 巻 9 号 177 頁、斎藤次郎・曹時 32 巻 10 号 103 頁、米倉暢大・百選 II 8 版 138 頁。

笠井　修

125 建築請負契約の建替費用相当額の損害賠償

最高裁平成 14 年 9 月 24 日判決　判時 1801 号 77 頁

【564 条・415 条・559 条（旧 634 条）】

論点　建築された建物に重大な瑕疵があって建て替えるほかはない場合における、請負人の瑕疵担保請求としての建替費用相当額の損害賠償請求の可否

事実の要約

　X は、Y に対し、本件建物の建築工事を代金約 4350 万円で請け負わせた。ところが、Y が建築した本件建物は、その全体にわたって極めて多数の欠陥があるうえ、それらは主要な構造部分について本件建物の安全性および耐久性に重大な影響を及ぼすものであった。そこで X は、本件建物においては、個々の継ぎはぎ的な補修によっては根本的な欠陥を除去することはできず、土台を取り除いて基礎を解体し、木構造についても全体をやり直す必要があり、技術的・経済的にみても、本件建物を建て替えるほかはないとして、Y に対し、瑕疵担保責任等に基づき建替費用等の損害賠償を請求した。

```
                    建替費用相当額の
                    損害賠償請求
注文者  ──────────────────→  請負人
  X         （請負契約）          Y
```

裁判の流れ

　1 審（横浜地小田原支判平 13・8・9D1-Law.com 判例体系 28172016）：一部認容、一部棄却　2 審（東京高判平 14・1・23D1-Law.com 判例体系 28172015）：原判決一部変更　最高裁：上告棄却

　1 審は、本件建物はその欠陥の数と重大さから見て建て直す必要があるとして、Y に対し、未払工事代金を控除した賠償責任を認めた。控訴審は、本件建物の建替えに必要な費用の損害を認めたが、X が本件建物の居住による一定の利益を受けているとしてその分を控除し、さらに未払工事代金を除いて賠償を認めた。Y は、建替費用相当額の損害賠償を請求することは改正前民法 635 条ただし書の趣旨に反して許されないとして、上告受理申立て。

判旨

　〈上告棄却〉「請負契約の目的物が建物その他土地の工作物である場合に、目的物の瑕疵により契約の目的を達成することができないからといって契約の解除を認めるときは、何らかの利用価値があっても請負人は土地からその工作物を除去しなければならず、請負人にとって過酷で、かつ、社会経済的な損失も大きいことから、民法 635 条は、そのただし書において、建物その他土地の工作物を目的とする請負契約については目的物の瑕疵によって契約を解除することができないとした。しかし、①請負人が建築した建物に重大な瑕疵があって建て替えるほかはない場合に、当該建物を収去することは社会経済的に大きな損失をもたらすものではなく、また、②そのような建物を建て替えてこれに要する費用を請負人に負担させることは、契約の履行責任に応じた損害賠償責任を負担させるものであって、請負人にとって過酷であるともいえないのであるから、建て替えに要する費用相当額の損害賠償請求をすることを認めても、同条ただし書の規定の趣旨に反するものとはいえない。したがって、建築請負の仕事の目的物である建物に重大な瑕疵がある

ためにこれを建て替えざるを得ない場合には、注文者は、請負人に対し、建物の建て替えに要する費用相当額を損害としてその賠償を請求することができるというべきである。」〔①、②は筆者による〕

判例の法理

●建築された建物の重大な瑕疵と建替費用相当額の損害賠償請求　改正前民法 634 条 2 項に基づく仕事の目的物の瑕疵修補に代わる損害賠償の請求において、建替費用（通常、既設建物の解体費用と再築費用を含む）相当額の損害賠償請求が認められるかについては、従来、裁判例において肯定例と否定例とがみられたが、本判決は、この論点につき、特に改正前民法 635 条ただし書の趣旨との関係に即して、上記①②の根拠のもとで、はじめて肯定的見解を示しひとまず決着を付けたものである。

判例を読む

　建物建築請負における改正前民法 634 条 2 項に基づく損害賠償の範囲の問題は、改正前民法 635 条ただし書に基づく土地工作物の解除制限の問題と結びつけられて（相互に他方の論点に影響する形で）論じられていた。そのようななかで、建て替えるほかないほどの重大な瑕疵がある完成建物の場合に請負人の瑕疵担保請求としての損害賠償責任が建替費用相当額に及ぶかについて、本判決は肯定的な立場で決着をつけ、その論拠として、（改正前 635 条ただし書の趣旨を考慮して）①、②の点をあげた。本判決を受けて、先般の民法改正においては、改正前 635 条ただし書の解除制限はもはや意義がないとされて削除された。

　今後にわたる 1 つの問題は、極めて重大な瑕疵がある建物について建替費用の損害賠償を肯定する判例は、それが解除に関する規範に影響して、そのような場合には解除することもできるというようなルールがそこから出てくるのかということである。この点について、上記の趣旨（上記①②）は、635 条が削除された現行民法下でも、建築請負における解除規定（564 条、541 条、542 条、559 条）の適用場面でなお考慮されることになると見る余地はある（藤澤治奈・法時 91 巻 12 号 131 頁）。

　また、本件を修補に代わる損害賠償の問題として扱ったことも、修補と建替の関係の理解につながることになる。

【参考文献】　本文中に引用したもののほか、永岩慧子・消費者法判例百選 2 版 168 頁。

　　　　　　　　　　　　　　　　　　　笠井　修 ●

瑕疵修補に代わる損害賠償請求権と報酬請求権との同時履行

最高裁平成9年2月14日判決　民集51巻2号337頁

【533条（旧634条2項）】

論点　注文者の瑕疵修補に代わる損害賠償請求権と請負人の報酬請求権の同時履行関係に基づいて注文者が支払を拒絶することができるのは、報酬額全額に及ぶか損害賠償額との対当額に限られるか

事実の要約

　Xは、Yとの間で住宅新築工事を1650万円で請負工事を完成させて建物を引き渡した。残代金は1184万円余となっていた。ところが、引き渡された建物には多数の瑕疵が存在したためYはXに修補を求めたが、不首尾となったばかりか、Xは、請負残代金および建物引渡日の翌日以降の約定の率による遅延損害金の支払を求めて訴えを提起した。これに対し、Yは瑕疵修補に代わる損害賠償との同時履行を主張して争ったところ、Xはこの同時履行の抗弁として注文者が支払を拒むことができるのは修補に代わる損害賠償額に対応する額の範囲に限られると反論した。

裁判の流れ

　1審（広島地判平4・3・24民集51巻2号350頁）：一部認容・一部棄却　2審（広島高判平5・7・20民集51巻2号355頁）：原判決変更・一部棄却　最高裁：上告棄却
　1審は、工事残代金債権と瑕疵修補に代わる損害賠償との引換給付判決を命じた。控訴審は、工事残代金義務と瑕疵修補に代わる損害賠償義務との間にその全額につき牽連関係があるとした。Xは上告して、同時履行の抗弁権が認められるのは、損害賠償債権と請負代金債権のそれぞれの見合う額の範囲に限られる等と主張した。

判旨

　〈上告棄却〉「請負契約において、仕事の目的物に瑕疵があり、注文者が請負人に対して瑕疵の修補に代わる損害の賠償を求めたが、契約当事者のいずれからも右損害賠償債権と報酬債権とを相殺する旨の意思表示が行われなかった場合又はその意思表示の効果が生じないとされた場合には、民法634条2項により右両債権は同時履行の関係に立ち、契約当事者の一方は、相手方から債務の履行を受けるまでは、自己の債務の履行を拒むことができ、履行遅滞による責任も負わないものと解するのが相当である。しかしながら、瑕疵の程度や各契約当事者の交渉態度等に鑑み、右瑕疵の修補に代わる損害賠償債権をもって報酬残債権全額の支払を拒むことが信義則に反すると認められるときは、この限りではない。そして、同条1項但書は「瑕疵カ重要ナラサル場合ニ於テ其修補カ過分ノ費用ヲ要スルトキ」は瑕疵の修補請求はできず損害賠償請求のみをなし得ると規定しているところ、右のように瑕疵の内容が契約の目的や仕事の目的物の性質等に照らして重要でなく、かつ、その修補に要する費用が修補によって生ずる利益と比較して過分であると認められる場合においても、必ずしも前記同時履行の抗弁が

肯定されるとは限らず、他の事情をも併せ考慮して、瑕疵の修補に代わる損害賠償債権をもって報酬残債権全額との同時履行を主張することが信義則に反するとして否定されることもあり得るものというべきである。

判例の法理

　本判決は、瑕疵修補に代わる損害賠償請求権と報酬請求権の同時履行関係（改正前民法634条2項後段）に基づいて注文者が支払拒絶をすることができるのは報酬全額に及ぶが、瑕疵の程度や各当事者の交渉態度等からみて、報酬残債務全額の支払を拒むことが信義則に反すると認められる場合はこの限りではなく、瑕疵の内容が重要でなく、かつ、その修補に要する費用が過分であると認められる場合には上の報酬残債権全額に及ぶ同時履行関係が信義則上否定されることもありうる、というものである。これまでの先例において明確ではなかった点を明らかにした。

判例を読む

　改正前634条2項後段は修補に代わる損害賠償と報酬支払に533条を準用していたが、この同時履行関係は、その後の、両債権の相殺を予定したものであった（八木一洋・曹時50巻4号150頁）。このような目的から考えて、本判決がこの同時履行関係を報酬全額にわたって認めたのは必然的なものであった。そして、このような限定的な目的のための同時履行関係であったから、抗弁権が付された債権を自動債権とする相殺を否定してきた大審院の判例（大判昭13・3・1民集17巻318頁）とも抵触しないものと理解されてきた。
　他方、このように考えてもその後に実際に相殺された場合にその効果が相殺適状時まで遡及すると（506条2項）、差額分につき遅滞が生じてしまうので、判例は、注文者は相殺後の報酬残債務について相殺の意思表示をした日の翌日から履行遅滞の責任を負うものとして対応した（最判平9・7・15民集51巻6号2581頁）。
　このように形成されていた判例規範は、現行民法下（同時履行の根拠につき533条の括弧書）でも妥当であろうが、他方で、注文者は563条の準用により直截に報酬減額を請求することができることとなったから、上記のような同時履行とそれに続く相殺の機能の重要性は相対的に低下したことも否めない（なお、減額分の数額と比べ差異が生じる余地は残る）。
　また、報酬減額によって同様の処理を行う場合に減額した残債分に関する遅滞責任の発生について同様の配慮が別途必要となることが考えられる。

　【参考文献】　本文中で引用したもののほか、森田修・百選II8版142頁。

笠井　修　●

127 受任者の利益のためにも締結された委任と解除

最高裁昭和56年1月19日判決　民集35巻1号1頁、裁判集民132号1頁、裁時811号2頁、
判時996号50頁、判タ438号93頁、金法958号49頁、金判617号3頁　　【646条・651条】

論点　①受任者の利益をも目的とする委任を委任者が解除することの可否
②解除に伴う不利益填補の態様

事実の要約

　昭和37年、AはBに対し、所有建物を、賃料月額52万8000円、保証金880万円で賃貸するとともに、Yと建物の管理契約を締結した。同契約に基づき、Yは、賃料の徴収など、建物の賃貸に関する事務の一切、ならびに保証金の保管を行った。その際に、管理は無償とされた一方で、Yは、保管する保証金を、自身の事業資金として常時自由に利用した。昭和48年、YはBに対して賃料増額を請求するとともに、Aに管理の有償転換を求め、2か月分の賃料を引き渡さなかった。そこでAは、債務不履行（管理契約上の義務違反）を理由とする契約解除の意思表示をし、Aより保証金返還債権を譲り受けたXが、Yに対し、保証金の支払を求めた。

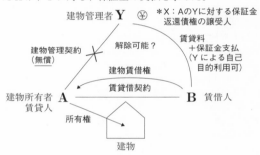

裁判の流れ

　1審（東京地判昭51・3・17民集35巻1号20頁）：請求棄却　2審（東京高判昭53・12・14民集35巻1号28頁）：控訴棄却　差戻控訴審（東京高判昭60・4・24判タ578号8項）：取消、自判　最高裁

　1審は、建物管理契約が当事者の双方に利益を資するものであり、その告知は、「当事者間に右管理契約における信頼関係を破壊する等もはやこれを継続することは困難であると認められるような特段の事情」がある場合に限って許されるとしたうえで、YのBおよびAに対する一連の行為が、前記特段の事情や管理契約上の義務違反に該当しないとして、契約解除の意思表示の効力を否定した（論点①）。

　2審もまた、1審の前記判断を是認するとともに、前記特段の事情が、契約期間満了時における更新拒絶の場合にも同様に顧慮されるとして、契約終了予告の効力を否定した（論点①）。Xから上告

判　旨

　〈破棄差戻〉「本件管理契約は、委任契約の範ちゅうに属するものと解すべきところ、本件管理契約の如く単に委任者の利益のみならず受任者の利益のためにも委任がなされた場合であっても、委任契約が当事者間の信頼関係を基礎とする契約であることに徴すれば、受任者が著しく不誠実な行動に出る等やむをえない事由があるとき

は、委任者において委任契約を解除することができるものと解すべきことはもちろんであるが（…）、さらに、かかるやむをえない事由がない場合であっても、委任者が委任契約の解除権自体を放棄したものとは解されない事情があるときは、該委任契約が受任者の利益のためにもなされていることを理由として、委任者の意思に反して事務処理を継続させることは、委任者の利益を阻害し委任契約の本旨に反することになるから、委任者は、民法651条に則り委任契約を解除することができ、ただ、受任者がこれによって不利益を受けるときは、委任者から損害の賠償を受けることによって、その不利益を填補されれば足りるものと解するのが相当である。」

判例の法理

●**受任者の利益をも目的とする委任を委任者が解除することの可否、ならびに受任者の不利益の填補**　本判決によれば、**委任が当事者双方の利益をも目的とする場合において、委任者は、「受任者が著しく不誠実な行動に出る等やむをえない事由」がない場合であっても、自身による解除権放棄があったと解されない限り、契約を解除することできる**（論点①）。このとき、**解除により受任者に生じる不利益は、委任者からの損害賠償を通じて填補されることで足りる**（論点②）。

判例を読む

　委任両当事者による任意解除を定める651条の無条件適用の可否をめぐっては、激しい議論があった。判例はかつて、受任者の利益の著しい阻害を理由に、委任者による解除を否定したが（大判大9・4・24民録26輯562頁）、その後、「受任者が著しく不誠実な行動に出た等やむをえない事由」がある場合の解除を認めた（最判昭43・9・20・判タ227号147頁等）。本判決は、前記先例と一体として、**委任者の本来的受益者が委任者であることを根拠に、651条が受任者の利益をも目的とする委任にも適用されうること、受任者に生じた不利益は、損害賠償の対象として顧慮されることを明示した意義がある**（もっとも、解除権放棄特約による制限可能性は残存する）。

　以上を受けて、民法（債権関係）改正に際しては、「**受任者の利益（専ら報酬を得ることによるものを除く。）をも目的とする委任**」の委任者による解除を認める651条2項2号が創設され、（やむを得ない事由があるときを除く）**受任者への損害賠償義務が再確認される**に至った。

【参考文献】　本判決の評釈として、一木孝之・百選Ⅱ144頁、ならびにその本文及び参考文献に掲記されたもの、有償委任解除の可否をめぐる考察として、広中俊雄「委任契約の『解除』」同『契約法の理論と解釈』（創文社、1992）198頁）、改正前651条に関する総合研究として、岡孝「民法651条（委任の解除）」民法典の百年Ⅲ439頁がある。

一木孝之

死後の事務処理を目的とする委託の効力

最高裁平成 4 年 9 月 22 日判決　金法 1358 号 55 頁

【646 条、653 条、709 条】

📖 **論点**　死後の事務処理を目的とする委任契約の成否

事実の要約

　昭和 63 年、入院加療中の A は、自身名義の預貯金通帳、印章および現金を Y に交付し、病院に対する入院中諸費用の支払、自身の死後の葬式等法要の施行と費用の支払、ならびに入院中世話になった家政婦と知人への謝礼金の支払に関する契約を締結した。同年に A が死亡すると、Y は、前記依頼の趣旨に従い、病院関連費用、葬儀関連費用その他法要費用、ならびに謝礼金を支払った。これに対して、A の全相続財産を相続した X は、A からの受取物の返還、ならびに不法行為に基づく損害賠償を請求した。

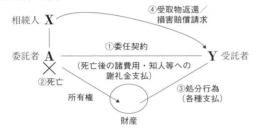

裁判の流れ

　1 審（判例年月日不明）：不明　2 審（高松高判平 3・8・29 公刊物未登載）：X の請求（一部？）認容
　1 審の判旨は不明。
　2 審は、A の Y に対する金員等の交付が、前記各費用などの支払に関する委任であり、委任者である A の死亡により終了したとして、Y が A より受け取った預貯金通帳および印章、ならびに Y 支払済み各費用を控除した残金の返還を肯定した（また、知人に対する謝礼金の支払は、X の承諾がないまま独自の判断でなされたものであり、不法行為に当たるとして、損害賠償が命じられた）。Y から上告。

判旨

　〈破棄差戻〉「自己の死後の事務を含めた法律行為等の委任契約が A と Y の間に成立したとの原審の認定は、当然に、委任者 A の死亡によっても右契約を終了させない旨の合意を包含する趣旨のものというべく、民法 653 条の法意がかかる合意の効力を否定するものでないことは疑いを容れない。」
　最高裁判所は、死後の事務処理の委任の成立を認定しつつ、653 条により A の死亡と同時に当然に終了するとした点で、理由齟齬の違法があるとして原審判決を破棄し、当事者間の契約が、委任契約と負担付贈与のいずれであったかも含めて審理を尽くさせるために、原審に差し戻した。

判例の法理

●**死後の事務処理を目的とする委任契約の成否**　委任者

死亡後に生じる事務の処理を目的とする委任契約成立の可否は、委任者の死亡を委任の終了原因の 1 つとして明記する 653 条 1 号との関係で問題となる。この点に関して、本判決は、当事者間の委任の内容を一般的な諸費用支払と解したうえで、当該契約が民法 653 条に基づき終了するとした原審の判断を退け、「**委任者の死後の事務を含めた法律行為**」が委任契約の目的となりうること、この場合には、「**民法 653 条の法意**」により、当事者の合意の効力は否定されえないことを明示した。

判例を読む

　委任は、当事者による任意解除（正確には、652 条の規定に従い、将来効を伴う解約告知）のほか、両当事者の死亡および破産手続開始決定、ならびに委任者の後見開始審判に基づき終了する（653 条）。委任終了後、受任者は、もはや事務処理の履行を求められず（ただし、654 条に基づき、必要な処分としての応急措置義務が発生する場合がある）、顛末報告（645 条）、ならびに受取物引渡し（646 条）および私用金銭に関する利息支払（647 条）を義務づけられる。また、委任者は、受任者の請求により、費用の償還、債務の代弁済や損害賠償について責任を負い（650 条）、特約がある場合の報酬を支払わなければならない（648 条および 648 条の 2）。かくして、委任の終了は、当事者間の清算にとって重要な意味を持つ。
　その一方で、委任者の意向が、自身の死亡後に発生する事務に向けられることがあり（委任事務の中に、死後のそれが含まれる場合もある）、死後になされる財産処分をめぐって、受任者と委任者の相続人間で紛争が生じることになる。本判決は、**最高裁判所が、委任者の死後の事務処理を目的とする委任に関する合意が有効であることを肯定した判例として**意義がある。委任者の死亡が、当事者間に存在する特別な人的信頼関係の基礎の消滅を意味するがゆえに、契約は終了に至るというのが、653 条の法意であるならば、受任者に特別な信頼を寄せる委任者が、自身の死亡によって発動する委任を望むという意思は、否定されることはないであろう。そのうえで、相続、さらには後見との関連で、受任者が負う具体的な義務内容や、履行の当否が問われることになる。なお、受任者の死後事務処理着手前に、委任者の地位を継承する相続人が委任を解除することの可否が問題となりうる。

【参考文献】　本判決の評釈として、一木孝之・加藤新太郎ほか編『実務精選 120　離婚・親子・相続事件判例解説』（第一法規、2019）138 頁、ならびにその本文および参考文献に掲記されたもの、死後事務委任契約の限界づけを考察するものとして、黒田美亜紀・明治学院大学法学研究 93 号 84 頁、成年後見と死後事務委任の関係を検討するものとして、蓮田哲也・白鴎法学 22 巻 2 号 101 頁がある。

一木孝之

在学契約（大学）の解除と納付金の不返還特約

最高裁平成 18 年 11 月 27 日判決　民集 60 巻 9 号 3437 頁、裁判集民 222 号 359 頁、裁時 1424 号 11 頁、
判時 1958 号 12 頁、判タ 1232 号 97 頁　　　　　　　　　　　**【90 条、651 条、656 条、消費契約 9 条】**

論 点　①在学契約の法的性質および成立時期　②在学契約の終了　③入学金返還の要否　④授業料等返還
の要否　⑤不返還特約の公序良俗違反該当性　⑥不返還特約の性質および消費者契約法上の効力

事実の要約

X_1 は、学校法人 Y 大学が設置する大学の平成 14 年度
推薦入学試験に合格し、また、X_2 は、同大学の平成 14
年度一般入学試験に合格し、入学試験要項や入学手続要
項に従って、所定の期間までに、入学金および授業料等
の学生納付金（「入学者納入金」「入学時納入金」ともいう）
を納め、入学手続書類を提出して、入学手続を行った。
その際に、各要項には、提出済み入学手続書類および納
付金が、いかなる理由のもとでも返還されない旨の記載
があった。その後、X_1 は、平成 14 年 3 月 13 日、同大
学に対して「退学願」を提出して入学辞退の申出をした。
また、X_2 は、同年 3 月 29 日、同大学に対して電話で
入学辞退を連絡し、同年 4 月 3 日、同人発送の「入学辞
退届」と題する書面が、同大学に到達した。以上に基づ
き、X らは、大学への入学を辞退して在学契約を解除し
た等を主張し、Y に対して、不当利得返還請求権に基づ
き、学生納付金相当額および遅延損害金の支払を求めた。

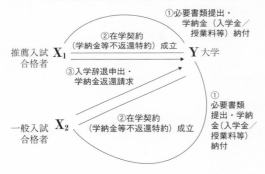

裁判の流れ

1 審（東京地判平 16・3・30　D1-Law.com 判例体系判例
ID28092247〈最終閲覧日令和 5 年 1 月 20 日〉）：請求一部認
容、一部棄却　2 審（東京高判平 17・3・10 民集 60 巻 9 号
3514 頁）：原判決変更、請求一部認容、一部棄却

1 審では、X らと大学間に成立した在学契約が、準委
任契約的側面はあるものの、私法上の特殊な無名契約と
される（論点①）。次に、在学契約の終了に関しては、
委任の任意解除を定める 651 条の適用又は類推は困難で
あるが、原則として書面等の客観的で明確な方法でなさ
れる学生の入学辞退の申入れたる解除（解約告知）によ
り、将来に向かって解消されるという（論点②）。さらに、
入学金については、対価享受があるとして、返還の必要
性が否定されるが（論点③）、授業料等については、対
価享受がないとして、大学の返還義務が肯定される（論
点④）。おわりに、大学と学生間に成立した不返還特約
をめぐって、一方で、90 条の観点から、不返還特約の
公序良俗違反性が否定される（論点⑤）。他方で、消費
者契約法 9 条 1 項との関連で、不返還特約は、同条所定
の「損害賠償の額を予定し、又は違約金を定める条項」

であり、平均的損害を超える損害賠償の予定だったとし
て、授業料等に係る部分が無効とされる（論点⑥）。以上、
1 審は、X らの入学時納付金のうち、授業料等相当額に
ついて、大学に返還を命じた。

2 審では、当事者間の在学契約が、1 審と同じく、準
委任契約的側面を有する私法上の特殊な無名契約と解さ
れる（論点①）。次に、在学契約の終了に関しては、1 審
と同様に、651 条の類推適用が否定されつつ、入学試験
合格者が書面等による客観的明確な方法でなす入学辞退
の申入れ（解約）を通じた、在学契約の将来的解消が肯
定される（論点②）。さらに、X らが納入した入学金に
ついて、対価享受の存在から、不返還特約にかかわらず、
大学の返還義務が否定される（論点③）。また、授業料
等では、在学契約の解消が 4 月 1 日以前であった X_1 に
つき、利益享受を否定したうえで、不返還特約の有効可
能性が指摘されるが、同日以後である X_2 につき、学生
たる地位の取得と大学による教育役務の提供の開始を理
由に、授業料等返還請求が退けられた（論点④）。おわ
りに、不返還特約をめぐって、一方で、90 条の観点から、
1 審と同じく不返還特約の公序良俗違反が否定される
（論点⑤）。他方で、消費者契約法 9 条との関連では、同
条 1 号をめぐる 1 審と同様の解釈から、不返還特約中授
業料等に係る部分は無効であると判断され、X_1 の入学
時納付金のうち、授業料等相当額について、大学に返還
が命じられた（論点⑥）。大学と X_2 が上告。

判 旨

〈一部破棄差戻、一部破棄自判、一部棄却〉論点①につ
いて「在学契約は、有償双務契約としての性質を有する
私法上の無名契約と解するのが相当であ」り、「…特段
の事情のない限り、学生が要項等に定める入学手続の期
間内に学生納付金の納付を含む入学手続を完了すること
によって、両者の間に在学契約が成立するものと解する
のが相当である」。もっとも、「入学手続を完了して在学
契約を締結した者が当該大学の学生の身分を取得する
のは、当該大学が定める入学時期すなわち通常は入学年度
の 4 月 1 日であり、大学によって教育役務の提供等が行
われるのも同日以降であるから、双務契約としての在学
契約における対価関係は、同日以降に発生することにな
る。」

論点②について「教育を受ける権利を保障している憲
法 26 条 1 項の趣旨や教育の理念にかんがみると、大学
との間で在学契約を締結した学生が、当該大学において
教育を受けるかどうかについては、当該学生の意思が最
大限尊重されるべきであるから、学生は、原則としてい
つでも任意に在学契約等を将来に向かって解除すること
ができる一方、大学が正当な理由なく在学契約等を一方
的に解除することは許されないものと解するのが相当で
ある。……入学辞退（在学契約の解除）は、その学生の
身分、地位に重大な影響が生ずるものであり、また、大

学は多数の学生に係る事務手続を取り扱っているから、個別の学生の入学辞退の意思は、書面等によりできるだけ明確かつ画一的な方法によって確認できることが望ましいといえるけれども、入学辞退の方式を定めた法令はなく、入学辞退の申出が当該学生本人の確定的な意思に基づくものであることが表示されている以上は、口頭によるものであっても、原則として有効な在学契約の解除の意思表示と認めるのが相当である。」

論点③について「学生が大学に入学し得る地位を取得する対価の性質を有する入学金については、その納付をもって学生は上記地位を取得するものであるから、その後に在学契約等が解除され、あるいは失効しても、大学はその返還義務を負う理由はない。」

論点④について「在学契約は、解除により将来に向かってその効力を失うから、少なくとも学生が大学に入学する日（通常は入学年度の4月1日）よりも前に在学契約が解除される場合には、学生は当該大学の学生としての身分を取得することも、当該大学から教育役務の提供等を受ける機会もないのであるから、特約のない限り、在学契約に基づく給付の対価としての授業料等を大学が取得する根拠を欠くことになり、大学は学生にこれを返還する義務を負うものというべきであるし、同日よりも後に在学契約が解除された場合であっても、前納された授業料等に対応する学期又は学年の中途で在学契約が解除されたものであるときは、いまだ大学が在学契約に基づく給付を提供していない部分に対応する授業料等については、大学が当然にこれを取得しうるものではない。」

論点⑤について「不返還特約は、その目的、意義に照らして、学生の大学選択に関する自由な意思決定を過度に制約し、その他学生の著しい不利益において大学が過大な利益を得ることになるような著しく合理性を欠くと認められるものでない限り、公序良俗に反するものとはいえない。」

論点⑥について「入学金については、その納付後に在学契約等が解除され、あるいは失効しても、その性質上大学はその返還義務を負うものではないから、不返還特約のうち入学金に関する部分は注意的な定めにすぎない。…不返還特約のうち授業料等に関する部分は、在学契約の解除に伴う損害賠償額の予定または違約金の定めの性質を有するものと解するのが相当である」。そして「…一般に、4月1日には、学生が特定の大学に入学することが客観的にも高い蓋然性をもって予測されるものというべきである。そうすると、在学契約の解除の意思表示がその前日である3月31日までにされた場合には、原則として、大学に生ずべき平均的な損害は存しないものであって、不返還特約はすべて無効となり、在学契約の解除の意思表示が同日よりも後になされた場合には、原則として、学生が納付した授業料等……が、それが初年度に納付すべき範囲内のものにとどまる限り、大学に生ずべき平均的な損害を超えず、不返還特約はすべて有効となるというべきである。もっとも、入学試験要項の定めにより、その大学、学部を専願あるいは第1志望とすること、又は入学することを確約することができることが出願資格とされている推薦入学試験…に合格して当該大学と在学契約を締結した学生については、…学生が在学契約を締結した時点で当該大学に入学することが客観的にも高い蓋然性をもって予測されるものというべきであるから、当該在学契約が解除された場合には、その

時期が当該大学において当該解除を前提として他の入学試験等によって代わりの入学者を通常容易に確保することができる時期を経過していないなどの特段の事情がない限り、当該大学には当該解除に伴い初年度に納付すべき授業料等…に相当する平均的な損害が生ずるものというべきである。」

最高裁判所は、X_1に係る不返還特約は全部有効であり、大学は、授業料等の返還義務を負わず、X_2に係る不返還特約は全部無効であり、大学は、授業料等の返還義務を負うとして、原判決を一部破棄した。

判例の法理

● **在学契約の性質と解除可能性、ならびに不返還特約に抗する学生納付金返還請求の可否** 本判決は、一連の学納金返還訴訟の1つである（同日の最高裁判所判決として、民集60巻9号3597頁、60巻9号3732頁など）。本判決は、**在学契約を私法上の無名契約と位置づけたうえで（論点①）、同契約が、学生の口頭または書面による入学辞退の意思表示に基づき将来に向かって解消されるとし（論点②）、学生の地位取得の観点から、入学金の返還を否定し（論点③）、授業料については、不返還特約が存しない限り、契約解消が4月1日以前の場合には全額が、同日以後である場合にも給付未提供部分に相当する額が返還されるべきとし（論点④）、授業料等に関する不返還特約は、公序良俗に反しないないか（論点⑤）、消費者契約法9条1項所定の損害賠償額または違約金の定めであり、契約解除の意思表示が3月31日以前である場合には、平均的損害の不存在ゆえに無効（推薦入学の場合を除く）なのに対し、4月1日以後である場合には、平均的損害を超えない限りで有効と判示した（論点⑥）。**

判例を読む

民法上の委任規定は、当事者の任意解除を明言する651条をはじめ、債権総則および契約法上特異な内容を含んでおり、実務上は、その効果に注目し、非典型的事務処理関係の法的性質を、委任（または準委任）に求める向きがある（委任の否定例として、マンション分譲業者が購入者に駐車場専用使用権を分譲して受領した対価につき、マンション管理組合の管理者が、委任契約上の委任者の受任者に対する金銭引渡請求権を行使することの可否が争われた最判平10・10・22民集52巻7号1555頁など）。**本判決を含む学納金返還訴訟においても、在学契約の準委任契約該当性、ならびに651条適用による学生契約解消の自由が主張されたが、同契約の性格や目的の観点から否定された。これを受けて、判例は、希求された効果を、委任とは異なる法解釈により達成するための根拠として、学生の契約解消の意思を尊重し、消費者契約法上の不当条項規制を用いる。その場合には、学納金上の入学金と授業料等の区別、ならびに、契約解除の意思表示がなされる時期が重要となる。**

【参考文献】 本判決の評釈として、松本恒雄・消費者法判例百選2版108頁、ならびにその本文および参考文献に掲記されたもの、本判決の調査官解説として、加藤正男・最判解民平成18年度〔下〕1183頁、学納金返還訴訟の考察として、大木満・明治学院大学法学研究88号139頁などがある。

一木孝之

130 司法書士の注意義務

最高裁令和2年3月6日判決　民集74巻3号149頁、裁時1743号1頁、判時2464号3頁、
判タ1477号30頁、金法2148号64頁、金判1603号8頁、1604号24頁　【644条、709条】

論点
①登記申請代理における司法書士の注意義務の存否と内容
②注意義務に違反した司法書士が依頼者以外の者に対して負う責任の根拠

事実の要約

　平成27年、A所有の不動産につき、Aの代理人を装っていたBとCの間の第1売買契約、CとXの間の第2売買契約、ならびにXとDの間の第3売買契約が順次締結されることになった。その際に、C、XおよびDは、第2売買契約および第3売買契約を原因とする所有権移転につき中間省略登記を経由すること、前の登記名義人となる者が後の登記義務者として、登記の前後を明らかにして同時に申請するという連件申請によることを合意した。その後、連件申請上の前件申請および後件申請用書面の確認等のための会合が開かれ、各売買契約の当事者、Xから前件申請を委任されたY₁弁護士事務所の事務員E、ならびにDから後件申請を委任された司法書士であるY₂が出席した。その席上、Aを名乗る者の生年月日に関する言明と、Bから事前に印鑑証明書として提出された書面上の記載の間に齟齬が確認された。Y₂は、同会合に際し、Eより、前記の印鑑証明書のほか、前件申請用書面（Y₁によるA本人確認書面を含む）を示され、相互の整合性を形式的に点検するなどして確認したが、特段の指摘をしなかった。やがて、各契約書の調印、ならびに前件および後件申請用書面の確認と代金決済を経て、Y₂は、前件申請との連件申請により後件申請を行ったが、後日、前記印鑑証明書が偽造であるとの説明を受け、申請を取り下げた。前件申請は、申請権限を有しない者による申請であるとの理由で却下された。そこで、Xは、Yらが専門職としての有資格者に要求される注意義務に違反し、申請書類の不備を見落としたとして、共同不法行為に基づき、Dへの返還金員相当額の支払を求めた。

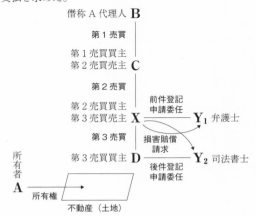

僭称A代理人 **B**

第1売買

第1売買主
第2売買売主 **C**

第2売買

第2売買主　　前件登記
第3売買売主 **X** 申請委任
　　　　　　　　　　　Y₁ 弁護士
　　　　　　損害賠償
　　　　　　請求
第3売買

第3売買主 **D** ──── **Y₂** 司法書士
　　　　　　後件登記
　　　　　　申請委任

所有者

A ── 所有権 →

不動産（土地）

裁判の流れ

　1審（東京地判平29・11・14民集74巻3号178頁）：請求一部認容、一部棄却　2審（東京高判平30・9・19民集74巻3号206頁）：原判決変更、請求一部認容、一部棄却

　1審は、はじめに、依頼者の用意した登記申請書類の真偽は、同人の確認事項であって、弁護士や司法書士は、原則として調査義務を負わないとする。次いで、1審は、Y₁の責任に関して、弁護士の例外的な申請書類真偽調査確認義務を前提に、履行補助者であるEの同義務懈怠をY₁の過失として、Xへの賠償請求を全額肯定する（Y₁に対する請求は、控訴なく確定している）。これに対し、1審は、Y₂の責任の所在（論点①）について、登記申請代理上、一定の場合に司法書士が申請書類真偽調査義務を負うことを認める一方で、連件の登記申請上、前件の登記手続関連資料の調査義務は、第一義的には前件の登記手続代理人にあり、後件の登記手続代理人の義務は、原則として、前件の登記が受理される程度に書類が形式的に整っているか否かの確認にとどまり、依頼者との合意や、前件手続代理人の明らかな職務違反などの特段の事情がない限り、同人は真偽確認義務を負わないとし、本件における上記特段の事情の不存在を理由に、損害賠償責任を否定した。

　2審は、連件申請上、後件申請を代理する司法書士は、登記義務者の本人性を含めて、前件申請における却下事由その他の問題の有無につき、相応の注意を払うべき義務を負うとする。この点、2審によれば、後件申請のみを代理する司法書士は、前件申請の形式的要件充足の確認のみならず、職務遂行の過程で、前件申請の却下事由その他の前件申請通りの登記が実現しない相応の可能性を疑わせる事由が明らかになる場合には、「前件申請に関する事項も含めて速やかに必要な調査を行い、その結果も踏まえて、登記申請委任者その他の重要な利害関係人に必要な警告…をすべき注意義務」を負うという。そのうえで、2審は、地面師詐欺事案たる本件には上記相応の可能性があるとし、Y₂は、弁護士であるY₁と面談、電話その他で接触をせず、印鑑登録証明書の真偽につき役所への照会をしないなど、諸々の不正常に接しながら確認を怠っており、「前件登記申請の却下を防止すべき注意義務」に違反したとする（論点①）。このことを受けて、2審は、Y₂には、単に形式的に整った登記申請であることのみを踏まえて後件申請代理を行った点で、上記注意義務に違反する過失があり、それによって地面師詐欺グループによるXの詐欺被害を未然に防止せず、送金による損害を生じさせたとして、不法行為に基づく損害賠償責任があるとした（論点②。なお、Xがリスクある取引を敢行したとの理由で、5割の過失相殺がなされている）。Y₂が上告。

判旨

　〈破棄差戻〉論点①について「…司法書士の職責及び職務の性質と、不動産に関する権利の公示と取引の安全を図る不動産登記制度の目的（不動産登記法1条）に照らすと、登記申請等の委任を受けた司法書士は、その委任者との関係において、当該委任に基づき、当該登記申

請に用いるべき書面相互の整合性を形式的に確認するなどの義務を負うのみならず、当該登記申請に係る登記が不動産に関する実体的権利に合致したものとなるよう、上記の確認等の過程において、当該登記申請がその申請人となるべき者以外の者による申請であること等を疑うべき相当な事由が存在する場合には、上記事由についての注意喚起を始めとする適切な措置をとるべき義務を負うことがあるものと解される。そして、上記措置の要否、合理的な範囲および程度は、当該委任に係る委任契約の内容に従って定まるものであるが、その解釈に当たっては、委任の経緯、当該登記に係る取引への当該司法書士の関与の有無及び程度、委任者の不動産取引に関する知識や経験の程度、当該登記申請に係る取引への他の資格者代理人や不動産仲介業者等の関与の有無及び態様、上記事由に係る疑いの程度、これらの者の上記事由に関する認識の程度や言動等の諸般の事情を総合考慮して判断するのが相当である。」

　論点②について「しかし、上記義務は、委任契約によって定まるものであるから、委任者以外の第三者との関係で同様の判断をすることはできない。もっとも、上記の司法書士の職務の内容や職責等の公益性と不動産登記制度の目的及び機能に照らすと、登記申請の委任を受けた司法書士は、委任者以外の第三者が当該登記に係る権利の得喪又は移転について重要かつ客観的な利益を有し、このことが当該司法書士に認識可能な場合において、当該第三者が当該司法書士から一定の注意喚起等を受けられるという正当な期待を有しているときは、当該第三者に対しても、上記のような注意喚起を始めとする適切な措置をとるべき義務を負い、これを果たさなければ不法行為法上の責任を問われることがあるというべきである。そして、これらの義務の存否、あるいはその範囲及び程度を判断するに当たっても、上記に挙げた諸般の事情を考慮することになるが、特に、疑いの程度や、当該第三者の不動産取引に関する知識や経験の程度、当該第三者の利益を保護する他の資格者代理人あるいは不動産仲介業者等の関与の有無及び態様等も十分に検討し、これら諸般の事情を総合考慮して、当該司法書士の役割の内容や関与の程度等に応じて判断するのが相当である。」

　最高裁判所は、本件につき、司法書士であるY_2が、委任者ではないXとの関係で、注意喚起をはじめとする適切な措置義務や、積極的調査により代金決済の中止等を勧告する等の注意義務を負っていたとは直ちにいえないとして原判決を破棄し、Y_2に正当に期待されていた役割の内容や関与の程度等に関するさらなる審理のため、原審に差し戻した。なお、本判決には、職業的専門家からの知見の提供に対して、依頼者以外の者が期待を抱くことに正当事由が認められる場合があるとし、印鑑証明書の偽造性判明の経緯、ならびに本人認証における公証人の関与が職業的専門家である公証人に影響を及ぼす可能性を指摘する意見が付されている。

判例の法理
●**登記手続委任における司法書士の注意義務の内容、ならびに第三者に対する責任の所在**　本判決は、**登記申請を受任した司法書士の注意義務が、書類相互の整合性といった形式的確認にとどまらず、登記と実体的権利関係の一致という目的上、登記申請人の本人性が疑われる相当な事由がある場合には、注意喚起等の適切な措置にま**

で及ぶこと、措置の要否、合理的な範囲および程度を決定する委任契約の内容を解釈する際には、「委任の経緯、当該登記に係る取引への当該司法書士の関与の有無及び程度、委任者の不動産取引に関する知識や経験の程度、当該登記申請に係る取引への他の資格者代理人や不動産仲介業者等の関与の有無及び態様、上記事由に係る疑いの程度、これらの者の上記事由に関する認識の程度や言動等の諸般の事情」が総合考慮されることを明示する（論点①）。また、本判決によれば、司法書士と直接の契約関係に立たない依頼者以外の第三者が、申請登記に係る権利の得喪または移転につき客観かつ具体的な利害を有し、司法書士がこれを認識可能な場合には、司法書士は同人に対し、委任者に対すると同様の適切な措置義務を負うこと、同義務の存否、範囲および程度を判断に際しては、上記諸般の事情、なかんずく「疑いの程度や、当該第三者の不動産取引に関する知識や経験の程度、当該第三者の利益を保護する他の資格者代理人あるいは不動産仲介業者等の関与の有無及び態様等」が斟酌されること、司法書士の同義務違反は、不法行為責任を発生させることが明らかになった（論点2）。

判例を読む
　弁護士や司法書士といった専門家が依頼者のために法律行為をなす場合に生じる過誤をめぐっては、債務不履行責任または不法行為責任が追及される。このとき、司法書士が依頼者と締結する委任契約に基づいて課される善管注意義務（644条）が、債務不履行の存否、または不法行為上の過失認定にとって重要な前提となる。本判決は、**登記申請代理業務において、司法書士が、形式的な書類審査に加えて、状況によっては、注意喚起といった適切な措置につき義務を負いうることを認め、その存否と内容が、委任の経緯、受任者（司法書士）の事務処理の実態、当事者の関与や認識等に基づき決定される旨を明らかにした**（論点①）。

　司法書士の責任と範囲を確定する根拠を、依頼者との間の委任契約に求めるとき、本件のような連件申請において、後件申請を担当する司法書士が、直接契約関係にない前件申請の依頼者に対して責任を負うことの是非が問題となりうる。本判決は、**登記申請委任に無関係の第三者が、申請登記上の権利関係に重大かつ具体的な利害を有し、このことが司法書士に認識可能である場合には、同人は、委任契約上と同様の措置義務を負うことがあり、その違反は、第三者に対する不法行為責任を発生させる旨を明示した点で重要である**（論点②）。

　なお、本判決は、不動産取引上のいわゆる地面師詐欺事件をめぐり、最高裁判所が、登記手続における専門家の責任の所在と内容について明言した点でも参照に値する。

【参考文献】　本判決の評釈として、七戸克彦・民商157巻2号267頁、ならびにその注に掲記されたもの、本判決の調査官解説として、土井文美・曹時73巻7号131頁、不法行為とのかかわりで司法書士の注意義務や責任が問題となった近時の裁判例および判例を概観するものとして、能見善久・加藤新太郎編『論点体系判例民法9不法行為Ⅱ〔第3版〕』（第一法規、2019）275頁〜287頁〔一木孝之〕などがある。

一木孝之　◉

131 預金債権の帰属

最高裁平成 15 年 2 月 21 日判決　民集 57 巻 2 号 95 頁、判時 1816 号 47 頁、判タ 1117 号 211 頁、
金法 1677 号 57 頁、金商 1167 号 2 頁　　　　　　　　　　　　　　　　　　　　　　　　　【666 条】

論点　損害保険代理店が開設した保険料保管専用の口座の預金債権の帰属

事実の要約

　Aは、損害保険会社Xの代理店でありXを代理して保険契約の締結等の業務を行っていたが、昭和 61 年 6 月、収受した保険料のみを入金するためにY信用組合に「X代理店A」名義の普通預金口座を開設した。通帳および届出印はAが保管しており、Aは、毎月Xの指示に従い預金口座から保険料相当額の払戻しを受け、そこからA自身の手数料を差し引いてXに送金していた。平成 9 年 5 月 6 日には口座には 342 万円余があったが（以下「本件預金債権」という）、Aが倒産することが確実となったので通帳および届出印をXに交付し、XがYに対して本件預金債権の払戻しを請求したところ、Yは、本件預金債権はAに帰属すると主張し、YのAに対する債権と本件預金債権とを相殺した。

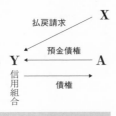

裁判の流れ

　1 審（札幌地小樽支判平 10・12・2 民集 57 巻 2 号 108 頁）：認容　2 審（札幌高判平 11・7・15 民集 57 巻 2 号 121 頁）：控訴棄却　最高裁：破棄自判

　1 審および 2 審は、Aが収受した保険料は他の金銭と区別されていたので所有権はXにあり、したがって本件預金債権は出捐者であるXに帰属するとし、仮に保険料の所有権がAにあるとしても、実質的または経済的にはXに帰属するのでやはりXが出捐者であるとした。Yは、金銭の所有権がXにあるとされた点等を争って上告。

判旨

　〈破棄自判〉最高裁は、①口座を開設したのはAである、②口座名義である「X代理店A」はXを表示しているものとは認められないし、XがAに預金契約締結の代理権を授与していた事実もない、③通帳および届出印はAが保管していた等口座の管理者はAであった、④金銭については占有と所有とが結合しているので、本件預金債権の原資はA所有の金銭であった等の事実を指摘し、「本件事実関係の下においては、本件預金債権は、被上告人（X）にではなく、訴外会社（A）に帰属するというべきである」とした。なお、反対意見があり、上記②について、XがAを代理人として口座を開設したものと解している。

判例の法理

　預金者の認定に際して、従来の判例は、預金の名義人や預入行為者ではなく、出捐者を預金者とする「**客観説**」を採用していた（無記名定期預金について最判昭 48・3・27 民集 27 巻 2 号 376 頁。そして、最判昭 57・3・30 金法 992 号 38 頁により記名式定期預金についても同様であるとされた。判例については、福井章代「預金債権の帰属について」判タ 1213 号 25 頁が詳しく分析している）。しかし、本判決は—客観説をはっきりとは否定しないものの—預入行為者、口座名義、口座の管理者、原資の所有者等を総合的に考慮して預金債権の帰属者を定めている点に特徴があ

り、また、その後も、同様の最高裁判決がある（最判平 15・6・12 民集 57 巻 6 号 563 頁）。

判例を読む

　上述のように従来の判例は客観説を採用していたが、学説には反対もあった（河合伸一「記名式定期預金の預金者—出捐者説、それでよいのか」金法 1047 号 6 頁等）。また、客観説を採用した従来の判例は定期預金に関する事案であったが、これが、普通預金にも通用するかには疑問も呈されていた（雨宮啓・銀法 549 号 26 頁、特に 27 頁）。さらに、振込みがあった場合には、それが原因関係のない振込みであっても振込額相当の普通預金が成立するとした最判平 8・4・26 民集 50 巻 5 号 1267 頁（→ **132 事件**）が出ると、これが客観説と整合するのかも問題となる（塩崎勤・金法 1299 号 11 頁、特に 15 頁）。このような状況において本判決が出たので、最高裁は客観説から離れつつあるのではないかが問題となったのである。

　従来の客観説は、預金者の認定に際して**銀行の主観**を問題としない点に特徴があった。そうすると預金者以外の者に銀行が払戻しをしたり貸付けをして相殺したりする「事故」が生じるが、そのときには 478 条を適用すれば銀行は保護されるのだから、逆に言えば、預金者の認定の段階で銀行の利益を考える必要はないと考えられたのである。しかし、本判決は、口座名義や預入行為者等銀行に認識される事情をも考慮しているのであるから、確かに従来考えられていた客観説とは異なる判断方法を採っているとも言える（森田宏樹・ジュリ 1269 号 83 頁等）。他方、客観説を採用したとされる判決においても通帳や届出印の保管者などが認定されており、単純に出捐者のみで決めていたわけではなさそうである。そうであるなら、諸事情を総合的に考慮する本判決は、従来の判決と異質なものではなく、むしろ連続性があると評価することもできよう（片山直也・金法 1716 号 11 頁は、従来の客観説の準則に新たな準則を加えた「新客観説」を提唱する）。また、上述のように、従来の客観説は定期預金を念頭に置いたものなので、普通預金の場合には異なる判断基準が通用すると考えることもできるし、また、普通預金でも、一定目的でのみ使用される**専用口座**については別の考慮が必要となる可能性もあるが、なお、検討を要する課題であろう。

　なお、原審は、「原資となった金銭の所有権は誰にあるのか」という観点を導入した。しかし、金銭の所有者と出捐者とは必ずしも一致しないのだから—原審も認めているように—これは決定的な問題ではない。また、本件のような保険代理店については、XがAを代理人として間接占有しているとする見解もあり（中西正昭・私判リマ 28 号 2004（上）106 頁、特に 109 頁）、これによればXが（も？）金銭の所有権を有すると解する余地はある。

【参考文献】　本文で紹介した本判決評釈のほか、尾島明・最判解民平成 15 年度（上）53 頁、中田裕康・判セ（2003）18 頁。

滝沢昌彦

誤振込金の返還請求と預金債権

最高裁平成 8 年 4 月 26 日判決　民集 50 巻 5 号 1267 頁、判時 1567 号 89 頁、判タ 910 号 80 頁、
金法 1455 号 6 頁、金商 995 号 3 頁　　　　　　　　　　　　　　　　　　　　　　【666 条】

論点　振込みの原因となる法律関係が存在しない場合における預金債権の成否

事実の要約

Xは、A（株式会社透信）から通信用紙等を購入し、代金をB銀行のAの口座に振り込んでいたが、昭和62年からはAとの取引は途絶えていた。他方、Xは、C（株式会社東辰）から建物を賃借し、賃料をD銀行のCの口座に振り込んでいたが、平成元年5月分の賃料558万3030円については、平成元年4月28日に、誤ってB銀行のAの口座に振り込んでしまった。Xは、銀行振込みの受取人名をカタカナで表示してコンピュータ処理していたために、このようなミスが生じたのである。

他方、Yは、平成元年7月31日に、公正証書に基づいてAのB銀行に対する預金債権572万2898円を差し押さえた。しかし、その内558万3030円は、上のような経緯でXが誤って振り込んだ賃料であったので、Xは、第三者異議の訴え（民執38条）により差押えの排除を求めた。

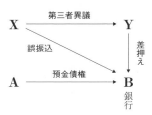

裁判の流れ

1審（東京地判平2・10・25民集50巻5号1290頁）：認容　2審（東京高判平3・11・28民集50巻5号1293頁）：控訴棄却　最高裁：破棄自判（Xの請求を棄却）

1審がXの請求を認めて強制執行を許さなかったのに対して、Yが控訴した。2審では、Xは、①Xの振込依頼は錯誤により無効であるのでAはB銀行に対する預金債権を取得せず、したがって、Yの差押えも無効である、②銀行と受取人間の合意を合理的に解釈するなら、預金が成立するためには振込依頼人と受取人との間に取引上の原因関係が必要であると解すべきところ、AにはXからの振込金を受領すべき原因関係がないのでAのB銀行に対する預金債権は成立せず、したがって、Yの差押えは無効である、③仮にAがB銀行に対する預金債権を取得したとしても、XはAに対して不当利得返還請求権を有し、これはYにも対抗できる権利であるので、Xは、本件預金債権につき「目的物の譲渡又は引渡しを妨げる権利」（民執38条）を有すると主張した。他方Yは、①に対しては、振込依頼については依頼人の錯誤は問題とするべきではない、また、振込依頼に錯誤があったとしても銀行間の送金が無効となるわけではない、さらに、Xには重大な過失がある、②に対しては、振込みによる預金債権が成立するためには原因関係が必要であると解釈することは、預金契約の趣旨等からして不合理である、③Aに対する不当利得返還請求権を有するXと、Aの預金債権を差し押さえたYとは平等な債権者であり、XがYに優先する関係にはないと反論した。

2審は、①については、Xの振込みには要素の錯誤があったと認めたもののXには重過失があるとし、しかし、

②について、振込金による預金債権が成立するためには基本的には原因関係が存在することが必要であり、たしかに原因関係を欠くとされる場合を広く認めると振込取引の機能を損なうおそれがあるものの、本件のように明白、形式的な手違いについてまで預金債権が成立するとすることは著しく公平の観念に反し、通常の預金契約の合理的解釈とはいいがたいと判断した。そして、③については、上記のとおりAはB銀行に対する預金債権を取得しておらず、その金銭価値は実質的にはなおXに帰属しているというべきであるところ、その金銭価値が、本件預金債権の差押えによりあたかもAの責任財産を構成するものとして取り扱われる結果となっているのであるから、Xは、この金銭価値の実質的帰属者たる地位に基づき、これを保全するために預金債権に対する差押えの排除を求めることができるとして、Yの控訴を棄却した。Yは、振込みによる預金債権の成立に原因関係が必要であるとされた点、預金が成立しないとされたにもかかわらず第三者異議が認められた点を批判して、上告した。

判旨

〈破棄自判〉「1　振込依頼人から受取人の銀行の普通預金口座に振込みがあったときは、振込依頼人と受取人との間に振込みの原因となる法律関係が存在するか否かにかかわらず、受取人と銀行との間に振込金額相当の普通預金契約が成立し、受取人が銀行に対して右金額相当の普通預金債権を取得するものと解するのが相当である。けだし、前記普通預金規定には、振込みがあった場合にはこれを預金口座に受け入れるという趣旨の定めがあるだけで、受取人と銀行との間の普通預金契約の成否を振込依頼人と受取人との間の振込みの原因となる法律関係の有無に懸からせていることをうかがわせる定めは置かれていないし、振込みは、銀行間及び銀行店舗間の送金手続を通して安全、安価、迅速に資金を移動する手段であって、多数かつ多額の資金移動を円滑に処理するため、その仲介に当たる銀行が各資金移動の原因となる法律関係の存否、内容等を関知することなくこれを遂行する仕組みが採られているからである。

2　また、振込依頼人と受取人との間に振込みの原因となる法律関係が存在しないにかかわらず、振込みによって受取人が振込金額相当の預金債権を取得したときは、振込依頼人は、受取人に対し、右同額の不当利得返還請求権を有することがあるにとどまり、右預金債権の譲渡を妨げる権利を取得するわけではないから、受取人の債権者がした右預金債権に対する強制執行の不許を求めることはできないというべきである。」

判例の法理

①原因関係のない振込みによってAがB銀行に対する**預金債権**を取得するか否か、②Yによる預金債権の差押えに対してXが**第三者異議の訴え**を提起することができ

るか否かが論点である。

論点①については、原審でも争われたように、（振込依頼人の）振込依頼が錯誤によって無効なので、Ａも預金債権を取得できないのではないかという**錯誤**の観点からのアプローチと、（銀行と受取人との）預金契約の趣旨から、原因関係が存在しない振込みによっては預金債権は成立しないのではないかという**契約解釈**からのアプローチとが考えられるが、最高裁は、後者のアプローチから原因関係の有無にかかわらず預金債権は成立するとした。もっとも、前者のアプローチについては、原審でＸに重過失があるとされたので最高裁では問題とならず、したがって、本判決が前者のアプローチそのものを否定したのか否かは明確ではない（木南敦・本判決評釈・金法1455号11頁、特に18頁）。

論点②については、Ａが預金債権を取得するときにはＸはＡに対して不当利得返還請求権を有するに過ぎないので、預金債権の譲渡を妨げる権利はないとされた。すると、論点①で預金債権の成立を認めたことからの論理的な帰結であるかのように見えるが、しかし、後述するように、Ａが預金債権を取得するとしてもＸに第三者異議の訴えを認めてもよいという主張もある。他方、預金債権の取得を否定するなら、Ｙの差押えは「空振り」に帰するわけであるからＸに第三者異議を認める必要はないようにも思われるが、原審のように、預金債権の成立を否定しつつ第三者異議の訴えを認める見解もあり得る。

判例を読む

振込みの手続の過程を考えてみると、まず、振込人が仕向銀行に振込みを依頼し、仕向銀行が被仕向銀行にその旨を通知し（本件では仕向銀行と被仕向銀行とは同一であるが）、被仕向銀行が受取人の預金口座に「**入金記帳**」（被仕向銀行にある元帳への記載）をすることになる（もっとも、その前提として（一種の）基本契約、つまり、（仕向銀行と被仕向銀行間の）為替取引契約および（被仕向銀行と受取人間の）普通預金取引契約が必要である。前田達明・本判決評釈・判時1585号（判評456号）30頁、特に32頁以下で、振込みの法律関係の詳しい分析がされている）。そして、実務上の慣行では、振込依頼がされた後でも受取人の預金口座に入金記帳される前ならば振込人は「**組戻し**」によって振込みを撤回することができるが、入金記帳後の組戻しには受取人の承諾または同意が必要とされる。つまり、実務では入金記帳によって預金債権が発生すると意識されているのであり、だからこそ入金記帳後の組戻しには受取人の承諾が必要とされるのである（もっとも、平成7年には、仕向銀行のミスによる振込みについては受取人の承諾がなくとも入金記帳を取り消すことができるように普通預金規定等が改められた）。

だが、受取人には振込金を受領すべき理由はないのだから、これは不当にも見える。もちろん、通常は受取人は組戻しを承諾するのであろうし、仮に承諾しなくとも、不当利得として振込人に返還すべきものである。しかし、受取人が行方不明であるときには承諾も得られず、また、不当利得の返還請求もできない。さらに、本件のように、受取人の債権者が預金債権を差し押さえたり、あるいは、被仕向銀行が（受取人に対する貸付債権と預金債権とを）相殺したりした場合には、受取人の債権者や銀行は、振込人の損失において元来は回収できなかったはずの債権を回収できたことになり不公平である。そこで、本件当

時の下級審裁判例は、誤振込みによる預金債権の成立を否定していた（名古屋高判昭51・1・28金法795号44頁および鹿児島地判平1・11・27金法1255号32頁。前者は受取人の債権者が預金債権を差し押さえたケースであり、後者では、銀行が受取人に対する債権と預金債権とを相殺したことが問題となった）。しかし、最高裁は、振込による資金移動が円滑に行われるべきことを優先し、預金債権の成立を認めたのである。本判決に対する学説の評価は分かれ、最高裁と同様に預金債権の成立を認めるものもあるが（野村豊弘「誤振込みと預金契約の成否」金商999号2頁（ただし一般化には慎重である）等）、否定するものもあった（秦光昭・本判決評釈・私判リマ1997(下)47頁、岩原紳作・本判決評釈・金法1460号15頁等。また、前田・前掲注2）33頁も、振込依頼の錯誤無効を理由として預金債権は不成立となるとする。なお、否定説も、あらゆる原因関係の瑕疵すべてについて預金債権の成立を否定するわけではなく、本文で述べたように、本判決の原審も「明白、形式的な手違い」に限定していた）。また、預金債権の成立を認めつつもＸを保護する主張として、預金債権の成立と帰属とを区別し、預金債権は成立するが振込依頼人に留保されていると解するほか（菅原胞治「振込取引と原因関係4」金法363号27頁。また、前田・前掲注2）34頁も、Ｘに重過失があるとき（つまり錯誤無効の主張はできない）には同様に考える）、Ｘが第三者異議の訴えを提起することを認める見解があり（早川徹・本判決評釈・法論（関西大学）47巻3号49頁、特に73頁）、さらに、金銭についても（一種の）物権的返還請求権（**価値返還請求権**）が認められるべきことを前提として、振込金の返還請求を認める見解や（花本広志・本判決評釈・法セ502号88頁）、預金債権に対する差押え等を権利濫用として制限する提案もある（中田裕康・本判決評釈・法教194号130頁）。

本判決後も、誤振込みによる預金債権については幾つかの重要な判決が出されている。まず、最決平成15年3月12日刑集57巻3号322頁は―刑事事件ではあるが―受取人が誤振込みであることを知りながら（それを秘して）銀行に対して払戻しを請求したときには詐欺罪（刑法246条1項）が成立するとし、さらに、名古屋高判平成17年3月17日金法1745号34頁は、受取人が組戻しに承諾しているにもかかわらず銀行がした（受取人に対する債権と預金債権との）相殺の効力を否定した。他方、最判平成20年10月10日民集62巻9号2361頁（→ **133事件**）は、原因関係のない振込みがあった場合に受取人が払戻請求することは、それが詐欺罪等の犯罪の一環を成す場合など著しく正義に反するような場合には権利の濫用になることもあるが、受取人が振込依頼人に対して（振込金額を）不当利得として返還すべき立場にあるという理由だけでは（払戻請求は）権利濫用にはならないと判断したが、上記の最決平成15年3月12日との関係が問題となろう。判例は、未だ安定していないと言える。

【参考文献】 評判となった判決であるので文献は多数あるが、とりあえず、本文で紹介した本判決評釈のほかに、大坪丘・最判解平成8年度(上)364頁、松岡久和・平成8年度重判73頁、榊素寛・手形小切手判例百選6版222頁、道垣内弘人・手形小切手判例百選5版220頁を挙げておこう。

滝沢昌彦

133 原因関係を欠く振込みに係る預金の払戻請求と権利濫用

最高裁平成 20 年 10 月 10 日判決　民集 62 巻 9 号 2361 頁　判時 2026 号 13 頁　判タ 1285 号 65 頁

【1 条】

論点　原因関係のない振込みに係る預金の払戻請求と権利の濫用

事実の要約

XはY銀行に普通預金口座（以下「本件普通預金口座という）を有しており、また、Xの夫Aは、B銀行に元本1100万円の定期預金口座を開設していた。平成16年6月6日の午前4時ころXの自宅から上記（普通預金および定期預金）口座の通帳や届出印等が窃取され、翌7日の午後1時50分ころ、窃取者から依頼を受けたCらが、B銀行において通帳等を提示してAの定期預金口座を解約し、元利合計1100万7404円を本件普通預金口座に振り込むように依頼した（以下「本件振込み」とする）。これにより本件普通預金口座の残高は1100万8255円になったが、Cらは、同日午後2時29分ころY銀行において本件普通預金口座から1100万円の払戻しを受けた。XがY銀行に対して1100万円の払戻しを請求したのに対して（1審等ではそれ以外の払戻しも問題となっていたが本稿では省略する）、Y銀行は、本件振込による1100万円はXに帰属しない、また、Y銀行は478条により免責されるなどと主張して争った。

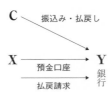

裁判の流れ

1 審（東京地判平 17・12・16 民集 62 巻 9 号 2393 頁）：請求認容　2 審（東京高判平 18・10・18 民集 62 巻 9 号 2407 頁）：請求棄却（預金がXに帰属することは認めたが払戻請求は権利濫用になるとした）

判　旨

〈破棄差戻〉「振込依頼人から受取人として指定された者…の銀行の普通預金口座に振込みがあったときは、振込依頼人と受取人との間に振込みの原因となる法律関係が存在するか否かにかかわらず、受取人と銀行との間に振込金額相当の普通預金契約が成立し、受取人において銀行に対し上記金額相当の普通預金債権を取得するものと解するのが相当であり…、上記法律関係が存在しないために受取人が振込依頼人に対して不当利得返還義務を負う場合であっても、受取人が上記普通預金債権を有する以上、その行使が不当利得返還義務の履行手段としてのものなどに限定される理由はないというべきである。そうすると、受取人の普通預金口座への振込みを依頼した振込依頼人と受取人との間に振込みの原因となる法律関係が存在しない場合において、受取人が当該振込みに係る預金の払戻しを請求することについては、払戻しを受けることが当該振込みに係る金員を不正に取得するための行為であって、詐欺罪等の犯行の一環を成す場合であるなど、これを認めることが著しく正義に反するような特段の事情があるときは、権利の濫用に当たるとしても、受取人が振込依頼人に対して不当利得返還義務を負担しているというだけでは、権利の濫用に当たるという

ことはできないものというべきである。」

判例の法理

後述する平成 8 年 4 月 26 日の最高裁判決に従い、振込みがあった場合には原因関係がなくとも預金債権が成立することを前提とし、受取人が振込依頼人に対して（振り込まれた金額を）不当利得として返還すべき場合であっても、受取人が銀行に対して払戻しを請求することは原則として権利の濫用にならないとした。ただし、例外を認めていることには注意を要する。

判例を読む

原因関係のない振込みがされた場合に受取人が（原因関係がないにもかかわらず）預金債権を取得するかという問題について、最判平 8・4・26 民集 50 巻 5 号 1267 頁（→ 132 事件）は、誤振込みの事案であったが、預金債権は成立するとした。そうすると、受取人は（原因関係がないにもかかわらず）銀行に対して払戻請求ができることになりそうであるが、しかし、これには異論も多く（132 事件の解説参照）、判例も安定していないように見えた。例えば最決平 15・3・12 刑集 57 巻 3 号 322 頁は事情を秘して払戻しを請求すれば詐欺罪になるとし、また、銀行が受取人に対して債権を有している場合に銀行がその債権と預金債権とを相殺することを否定した下級審判決もある（名古屋高判平 17・3・17 金法 1745 号 34 頁等）。そうすると今度は、受取人は債権を取得するが、それを行使することは認められないのではないかという疑義も生じたが（権利行使を否定するなら法律構成としては権利濫用の法理が適切であろう）、本判決は、受取人が預金債権を行使（払戻請求）することは原則として権利濫用にはならないとして、一応の決着を付けた。

しかし、残された問題も多い。まずは、払戻請求が詐欺罪になるとした上記の平成 15 年決定との関係である。これは、民事責任と刑事責任の関係という問題を含む他（林幹人「預金についての民法と刑法」判時 2141 号 21 頁参照）、それぞれが想定している場面に食い違いがあるように思われる（拙稿・本件評釈・判セ 353 号 21 頁）。また、本件では実質的には被害者が返還請求しているのであるから結論は妥当であろうが、どのような場合に（例外的に）権利濫用となるのかも検討されなければならない。さらに、B 銀行の払戻しに過失があるとされた場合に、A の B 銀行に対する払戻請求権と X の Y 銀行に対する払戻請求権との関係や B 銀行の過失を Y 銀行に転嫁することになってしまう点も問題であろう（浅生重機・金法 1867 号 21 頁）。

【参考文献】　既出のものの他、石丸将利・最判解民平成 20 年度 489 頁、松岡久和・平成 20 年度重判 75 頁等。

滝沢昌彦

134 預金の取引開示義務

最高裁平成 21 年 1 月 22 日　民集 63 巻 1 号 228 頁、判時 2034 号 29 頁、判タ 1290 号 132 頁、
金法 1864 号 27 頁、金商 1309 号 62 頁、同 1314 号 32 頁

論点　①金融機関の預金者に対する預金口座の取引経過を開示する義務の有無
②預金者の共同相続人の一人が取引経過開示請求権を単独で行使することの可否

事実の要約

　A は X の父であり B は X の母であるところ、A は平成 17 年 11 月 9 日に、B は平成 18 年 5 月 28 日に死亡した。平成 17 年 11 月 9 日当時、A も B も、Y 信用金庫に普通預金口座と（複数の）定期預金口座を有していた。X は A および B を相続したが、X 以外にも共同相続人がいる。X は、A および B の預金口座の取引の経過の開示を Y に対して求めたが、Y は、他の共同相続人全員の同意がないとして応じなかった。
（X の主張によれば）平成 18 年 5 月 9 日に B の口座に不自然な多額の振込があったので調査が必要であるが、預金通帳は他の共同相続人が管理しているので、Y に対して開示を請求したのである。

裁判の流れ

　1 審（東京地判平 18・11・17 民集 63 巻 1 号 238 頁）：棄却、2 審（東京高判平 19・8・29 民集 63 巻 1 号 241 頁）：原判決取消・認容、最高裁：上告棄却

　1 審では B の口座についてのみ取引経過の開示が求められたが棄却されたので、X は控訴し、さらに、A の口座についての開示を求める訴えも追加した。2 審では原判決が取り消されて請求が認容された（開示が認められた）ので Y が上告したが、上告棄却。

判旨

　〈上告棄却〉（論点①）最高裁は、預金契約は消費寄託の性質を有するとしつつも、「しかし、預金契約に基づいて金融機関の処理すべき事務には、預金の返還だけでなく、振込入金の受入れ、各種料金の自動支払、利息の入金、定期預金の自動継続処理等、委任事務ないし準委任事務…の性質を有するものも多く含まれている」と述べた。そして、委任契約等においては委任事務処理の状況を正確に把握して事務処理の適切さについて判断するために受任者の報告義務が認められているところ（民法 645 条）、これは預金契約についても同様であり、預金の状況について正確に把握して金融機関の事務処理の適切さについて判断するためには取引経過の開示を受けることが必要不可欠であるので、「金融機関は、預金契約に基づき、預金者の求めに応じて預金口座の取引経過を開示すべき義務を負うと解するのが相当である」。

　（論点②）「預金者が死亡した場合、その共同相続人の一人は、預金債権の一部を相続により取得するにとどまるが〔その後の最判平成 28 年 12 月 19 日民集 70 巻 8 号 2121 頁にも注意〕、これとは別に、共同相続人全員に帰属する預金契約上の地位に基づき、被相続人名義の預金口座についてその取引経過の開示を求める権利を単独で行使することができる（同法 264 条、252 条ただし書〔令和 3 法 24 による改正後は 252 条 5 項（未施行）〕）というべきであり、他の共同相続人全員の同意がないことは上記権利行使を妨げる理由となるものではない」。そして、Y の主張する他の共同相続人のプライバシーの保護についても「開示の相手方が共同相続人にとどまる限り、そのような問題が生ずる余地はない」とした。

判例の法理

●金融機関の開示義務の有無（論点①）

　本判決は、預金契約は消費寄託契約であるとしつつも委任の性質も有するとして、預金契約の本質的義務として報告義務を認めた。

●共同相続人の一人が単独で開示請求権を行使することの可否（論点②）

　本判決は、契約上の地位が相続されたときには開示請求権は共同相続人の準共有となる（264 条）と解した上で、保存行為として（各共同相続人が）単独で行使できるとした（252 条ただし書〔令和 3 法 24 による改正後は 252 条 5 項（未施行）〕）。

判例を読む

●金融機関の開示義務（論点①）

　貸金業者の取引履歴開示義務については、消費貸借契約上の付随義務として信義則上取引履歴を開示する義務があるとした最判平成 17・7・19 民集 59 巻 6 号 1783 頁があるが、本件では金融機関に預金をした場合の金融機関の取引経過の開示義務が問題となった。預金契約は消費寄託契約であるところ、寄託契約には、委任契約の報告義務を定めた 645 条のような規定はないので（665 条参照）、これを否定する見解もあった（東京高判平 14・12・4 金法 1693 号 98 頁等）。しかし、肯定する見解も多かったところ、その根拠については信義則、付随的義務、さらに預金契約には消費寄託の他に委任の要素も含まれていると解する説もあったが、本判決は、この最後の見解により、消費寄託の本質的義務として報告義務を認めた点が注目される。消費貸借の付随義務とした前掲最判平成 17・7・19 との違いに留意されたい。

●共同相続人の一人による開示請求権の単独行使（論点②）

　預金契約に基づいて開示請求権を認めるなら、次には、その契約上の地位を相続した共同相続人の一人が単独で開示請求を求めることができるのかが問題となる。可分ではないとして否定する見解もある一方で（上記東京高判平成 14・12・4）、本件原審は、預金債権の行使に開示が必要であるとして肯定した。本判決は、保存行為であることを根拠としたが、相続財産の維持を目的としているわけではないとう批判があり得ないわけではない。また、他の共同相続人のプライバシーの保護についても問題がないわけではなく、本判決も開示請求が権利濫用になる可能性を留保している。

【参考文献】　田中秀幸・最判解民平成 21 年度 54 頁、瀬戸口裕素・百選Ⅱ 150 頁、石綿はる美・法協 128 巻 1 号 252 頁、石畝剛志・法政理論 43 巻 2 号 39 頁、同 44 巻 1 号 17 頁等。

滝沢昌彦 ●

135 組合財産の帰属

大審院昭和 11 年 2 月 25 日判決　民集 15 巻 4 号 281 頁

【668 条】

論点　組合員が組合に対して債権を取得した場合に当該債権は混同により消滅するか否か

事実の要約

　Aは、漁業を営むことを計画し、Yから木材の供給を受け、Bから機械金物類の材料の供給を受け、Cに帆船（盛徳丸）の建造を請け負わせて完成した。これにより、Y・B・Cはそれぞれ、Aに対して債権を取得した（Yにつき 2400 円の債権 α、Bにつき 1200 円の債権 β、Cにつき 3480 円の債権 γ）。その後、ABCDを組合員とする民法上の組合が成立したので、帆船は組合の所有に移され、AがYBCに対して負う各債務（$\alpha \cdot \beta \cdot \gamma$ 債権に対応）を組合が引き受けた。なお、帆船の登記は、組合に法人格がないため、便宜上ABD名義とされた。その後、Bは β 債権を、Cは γ 債権をそれぞれYに譲渡し、Yは $\alpha \cdot \beta \cdot \gamma$ 債権を有するに至った。そして、Yと組合の間で、これら債権をひと口にまとめるために準消費貸借が締結され、これにより発生した新債権（δ 債権）を担保するために、帆船にYを第一順位の抵当権者とする抵当権が設定された。帆船にはXが後順位の抵当権を設定している。以上の事実のもと、Xは、Yの抵当権不存在確認を求めて訴えを提起した。

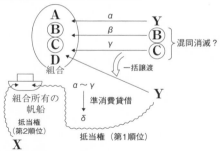

裁判の流れ

　1 審（静岡地判大 15・12・23 民集 15 巻 293 頁）：（当時の欠席判決の手続により）訴え却下　2 審（東京控判年月日不明民集 15 巻 294 頁）：控訴棄却　大審院：上告棄却

　Xは、$\beta \cdot \gamma$ 債権の混同消滅を主張した。しかし、2 審は、組合の団体性を理由にXの主張をしりぞけた。Xから上告。

判旨

　〈上告棄却〉「組合財産は特定の目的（組合の事業経営）の為めに各組合員個人の他の財産（私有財産）と離れ、別に一団を為して存する特別財産（目的財産）にして、其の結果此の目的の範囲に於ては或程度の独立性を有し組合員の私有財産と混同せらるることなし…。されば…組合の業務執行により取得さるる財産の如きは、総て組合財産中に帰属し直接組合員の分割所有となることなし。又之と同く組合財産による債務…、其の他組合事業の経営によりて生ずる債務…は総て組合財産によりて弁済せらるるを本筋とし、組合員の私有財産より支弁せらるるは常態に非ず。此は組合員の 1 人が債権者たる場合に於ても異るべき理由なきが故に、例へば組合員の 1 人が…組合に対する第三者の債権を譲受けたる如き場合に

於ても、其の弁済は組合財産より為さるるものと云うべく、此の場合に於ては…譲受けたる債権の金額に付弁済を受け得ざるべからず。蓋し、組合財産は各組合員の共有なるが故に組合財産より弁済を受くるは即ち自己の共有財産中より之を受くるに外ならず。…若反之初より負担部分を控除したる額のみの弁済を受くるものとせば、実質上の利益は其の受けたる額より更に其の額に対する自己の持分を控除したるものに過ぎず、従て、其の組合員は計算上不当に不利益を受くる結果となるべきが故なり。以上説示の如く組合財産が一の特別財産として存する結果、組合と組合員との間には相互に債権関係成立し得るものと云ふべく…従て組合員が組合に対する債権を取得したる場合、其の組合員の負担部分に付債権者と債務者との混同を生じ債権消滅するものとなす所論は妥当なりと云ひ難」い。

判例の法理

　本判決は、組合に対して組合員が債権を取得した場合でも、組合員の当該債権は、（組合と組合員との間に債権関係が成立し得るとして）負担部分の限度においても混同（520 条）は生じないとした。その理由に、①組合財産の特別財産としての独立性と、②もし混同を認めると組合員の持分も同時に減少し、債権を取得した組合員に計算上不当な不利益が生じるという実質論を挙げる。

判例を読む

　組合財産は総組合員の「共有」に属する（668 条）。しかし、持分処分が制限されており（676 条 1 項、677 条）、清算前に分割請求できず（676 条 3 項）、通常の共有（249 条以下）とは異なる。また、組合債権に（通説によれば共有の特則たる）427 条の適用はなく、各組合員に分割帰属しない（676 条 2 項も参照）。有力説（我妻・講義 V₃ 809 頁）は、これら組合財産の扱いに関し、通常の共有と区別し、組合財産の「合有」を説く。本判決は「合有」概念については明言しないものの、組合財産は特定の目的のための特別財産であり、独立性があることを認める。

　本判決は、組合債務は「組合財産によりて弁済せらるるを本筋とし、組合員の私有財産より支弁せらるるは常態に非ず」という。これは、可分であろうと組合債務は、各組合員に分割帰属（427 条）はせず、組合財産を引当てとして、全組合員に帰属することを意味するとみられる（金子敬明・百選Ⅱ 8 版 153 頁）。この点は、改正 675 条 1 項によって、一定程度明らかにされた。なお、組合員の個人的責任（675 条 2 項）は補充的責任（会社 580 条 1 項参照）ではなく、併存的な分割無限責任と解される（中田・契約法 586 頁）。

【参考文献】　本文に掲げたもののほか、我妻栄・判例民事法昭和 11 年度 71 頁、坂口甲・判例プラⅡ 261 頁、伊藤栄寿「組合財産の帰属関係」秋山靖浩ほか編『債権法改正と判例の行方』（日本評論社、2021）394 頁など。

高　秀成

136 和解の効果

最高裁昭和43年3月15日判決　民集22巻3号587頁、判時511号20頁、判タ218号125頁

【696条】

論点　示談契約の解釈と後遺症による追加賠償の可否

事実の要約

昭和32年4月16日、Y運輸会社の被用者Cは、貨物自動車を運転していた際に、B建材会社の運転手Aに接触し、左前腕複雑骨折の傷害を与えた。事故直後、この傷害は全治15週間の見込みと診断され、A自身も、傷は比較的軽微なものであり、治療費等は自動車損害賠償保険金で賄えると考えていたので、まだ事故後間もない入院中の昭和32年4月25日に、Y会社から自動車損害賠償保険金（10万円）の支払を受けた。その際、Y・A間で、自動車損害賠償保険金（10万円）をAに支払い、Aは今後本件事故による治療費その他慰藉料等の一切の要求を申し立てない旨の示談契約を締結した。しかし、事故後1ヶ月以上経ってから上記傷害は予想に反した重傷であることが判明し、再手術を余儀なくされ、手術後も左前腕関節の用を廃する程度の機能障害が残った結果、17ヶ月の入通院が必要となり、77万円余円の損害が生じた。一方、本件は、AはX（国）から労災法20条（現行12条の4）に基づき39万円の保険給付を受けたことから、XはCの雇用者Yに対し労災法20条に基づきAに代位して右金額支払請求訴訟を提起したものである。Yは、AY間で示談契約が成立しているので、Xが保険給付をしても、Yに対する求償権を取得することはないと主張して争った。

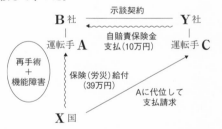

裁判の流れ

1審（大津地判昭38・9・30訴月10巻2号329頁）：請求認容　2審（大阪高判昭39・12・21高民集17巻8号635頁、判時400号16頁）：控訴棄却　最高裁：上告棄却

1審は、示談による請求権放棄の合意は不成立であるとしてY敗訴。2審では、著しい事態の変化に応じた解除条件が付されていたとして、Y敗訴。Y上告。

判　旨

〈上告棄却〉「一般に、不法行為による損害賠償の示談において、被害者が一定額の支払をうけることで満足し、その余の賠償請求権を放棄したときは、被害者は、示談当時にそれ以上の損害が存在したとしても、あるいは、それ以上の損害が事後に生じたとしても、示談額を上廻る損害については、事後に請求しえない趣旨と解するのが相当である」。しかし、「このように、全損害を正確に把握し難い状況のもとにおいて、早急に小額の賠償金をもって満足する旨の示談がされた場合においては、示談によって被害者が放棄した損害賠償請求権は、示談当時

予想していた損害についてのもののみと解すべきであって、その当時予想できなかった不測の再手術や後遺症がその後発生した場合その損害についてまで、賠償請求権を放棄した趣旨と解するのは、当事者の合理的意思に合致するものとはいえない。」

判例の法理

本判決は、「当事者の合理的意思」に依拠した示談契約の解釈により、示談当時に予想できなかったような、後に発生した不測の再手術や後遺症による損害賠償請求の途を開いた。本判決の解釈は次のとおりである。本来、被害者が一定額の支払を受けることで満足し、その余の賠償請求権を放棄する条項を含む示談契約が締結された場合、実際には当該額以上の損害が後に発生したとしても、もはや請求できない趣旨と解釈される。しかし、「全損害を正確に把握し難い状況」のもと、「早急に小額の賠償金をもって満足する旨」の示談がされた場合には、この示談によって放棄された損害賠償請求は、示談当時予想していた損害に限ると解される。

判例を読む

●示談の法的性質

示談が「争いの存在」および「互譲」の要件を満たす場合、和解（695条）と法性決定できる。「互譲」要件を欠く一方の全面的譲歩でも、和解類似の無名契約として、696条（和解の確定効）の（類推）適用が認められる。

●追加的請求のための法律構成

損害額の蒸し返し禁止原則（696条）に対し、例外的な追加的請求を認めるための法律構成としては、①例文解釈のもと、ただちに権利放棄条項に従う意思が認められるわけではないというもの、②合理的意思に依拠した解釈により、追加的損害に合意が及んでいないとするもの（「別損害説」・本判決）、③増大損害の発覚を黙示的な解除条件としていたとするもの（原判決）、④一定範囲の損害を行為基礎事情とした錯誤があるとするもの、⑤公序良俗違反による無効とするもの、などがある。

③④⑤構成は増大損害に合意の射程が及ぶことが前提となり、（再）抗弁として主張されうる。しかし、本判決もまた、追加的損害に合意が及んでいないという主張を契約解釈の問題としつつ、否認（事実認定の問題）ではなく、（再）抗弁に位置づけているとみられる。明示の意思表示における解釈リスクの分属を認めた一例といえよう（山城一真・百選II8版211頁を参照）。

【参考文献】　本文に掲記したもののほか、瀬戸正二・最判解民集昭和43年度（上）135頁以下、星野英一・法協86巻6号699頁、窪田充見・百選I6版184頁、竹中悟人・交通事故判例百選5版176頁、橋本恭宏・判例講義II185頁、神田英明「示談後の損害の増大と示談の拘束力」法律論叢［明治大学］67巻4=6号217頁。

髙　秀成

137 和解と錯誤

最高裁昭和 33 年 6 月 14 日判決　民集 12 巻 9 号 1492 頁

【旧 95 条、旧 570 条、696 条】

論点
①和解契約における前提に錯誤があった場合の和解契約の効力
②有償契約において錯誤の主張は契約不適合の規定によって阻まれるか

事実の要約

XはYに対し、Yに売却した水飴の代金53万円余および、Yから購入したリンゴジャムの返品に伴う清算金9万円余の合計62万円余の支払を求めて訴えを提起した（本件訴訟）。そして、同訴訟の口頭弁論期日にXY間で和解が成立した。この和解の内容は、①YはXに対して上記合計金額の支払義務を負うことを認め、内金40万円の支払に代えて、すでにXが仮差押えをしていたY所有の「特選金菊印苺ジャム」150箱（45万円相当）を代物弁済として譲渡することとし、②Xはその引渡しと引換えにYに対して5万円を支払うとともに、③残金22万円余の支払を免除する、というものであった。しかし、Xによって実際に仮差押えされていたものは、大部分が林檎やアンズを材料とし、苺はわずか1,2割にすぎない粗悪品で、到底「金菊印苺ジャム」として通用するものでなく、その販売価格は混合ジャムとして1個38円程度であった。なお、「特選金菊印苺ジャム」は当時市価80円から85円程度であった。そこで、Xは上記代金の支払を求める本件訴訟を続行し、上記和解は錯誤による無効（旧95条）であると主張した。

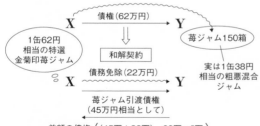

差額の債権（(45万＋22万)−62万＝5万)

裁判の流れ

1審（大阪地判　年月日不明　民集12巻9号1498頁）：Xの請求認容　2審（大阪高判昭32・9・16民集12巻9号1500頁）：控訴棄却　最高裁：上告棄却

1審は、和解の錯誤無効を理由にXの請求を認め、2審も、Yの控訴を棄却した。Yが上告。

判旨

〈上告棄却〉「原判決の適法に確定したところによれば、本件和解は、本件請求金額62万…〔余〕円の支払義務あるか否かが争の目的であって、当事者であるX、Yが原判示のごとく互に譲歩をして右争を止めるため仮差押にかかる本件ジャムを市場で一般に通用している特選金菊印苺ジャムであることを前提とし、これを1箱当り3000円（1缶平均62円50銭相当）と見込んでXからYに代物弁済として引渡すことを約したものであるところ、本件ジャムは、原判示のごとき粗悪品であったから、本件和解に関与したXの訴訟代理人の意思表示にはその重要な部分に錯誤があったというのであるから、原判決には所論のごとき法令の解釈に誤りがあるとは認められない」とした。「原判決は、本件代物弁済の目的物である

金菊印苺ジャムに所論のごとき瑕疵があったが故に契約の要素に錯誤を来しているとの趣旨を判示しているのであり、このような場合には、〔改正前〕民法瑕疵担保の規定は排除されるのであるから（大正10年12月15日大審院判決、大審院民事判決録27輯2160頁以下参照）、所論は採るを得ない」とした。

判例の法理

本判決は、本件和解の紛争の目的は、Xの請求金額の支払義務があるか否かであるとし、紛争を止めるための手段たる代物弁済の前提（ジャムの品質）に要素の錯誤があった場合には、錯誤規定（改正前95条）の適用が認められるとした。そのうえで、瑕疵担保規定（旧570条）を優先し錯誤規定の適用を排除すべきというYの主張を斥けている。

判例を読む

●和解と錯誤

伝統的通説（我妻・講義 V₃ 880 頁）は、①当事者が争いの対象とし、互譲によって決定した事項自体、②両当事者とも疑いを持たず、互譲の内容とせず、争いの対象となる事項の前提（ないし基礎）としていた事項、③それ以外の事項に分類し、①に錯誤があっても、錯誤規定の適用は認められないとする。もし錯誤取消しを認めると、たとえ真実と一致しないとしても譲歩し紛争をやめ、内容を確定するという和解の意義（不可争効・696条）が没却されるからである。②・③に関してはいずれも行為基礎事情の錯誤（95条1項2号）が認められうる。①に錯誤がある例は、和解によって決定された額と異なる額の証拠が後に現れた場合などである。②に錯誤がある例は、債務の存在に疑いを容れないまま弁済方法が争われ、弁済方法について和解に至ったが、実は債務が不存在であった場合などである。本判決の事案は③に分類される。本判決は「前提」という語を用いるが、争いの対象の「前提」（②）ではなく、互譲の手段となった代物弁済の「前提」が問題とされた点に注意が必要である（中田・契約法607頁も参照）。

●錯誤と契約不適合責任

本判決は文面上、錯誤優先説のように読める。しかし、その趣旨は、（旧）瑕疵担保責任が優先するというYの主張を斥ける点にあり、実際は、選択的主張の余地を残しているとみられる。改正後も、行為基礎事情の錯誤と契約不適合（562条以下）の競合の議論は残る（詳細は、潮見・新契約各論Ⅰ201頁）。また、選択的主張を認めたうえで、錯誤取消しの5年の期間制限（126条）を566条（1年の期間制限）に服せしめるべきとの議論もある。売主（など）の早期解決の期待の保護をどこまで貫徹するかが問題とされよう。

【参考文献】　本文に掲げたもののほか、北居功・判例講義Ⅱ144頁、曽野裕夫・百選Ⅱ8版154頁。

髙　秀成

138 事務管理者が本人の名でした法律行為の効果──事務管理者の代理権の許否

最高裁昭和 36 年 11 月 30 日判決　民集 15 巻 10 号 2629 頁、裁判集民 56 号 473 頁、判時 282 号 19 頁
【697 条】

論点　事務管理者が本人の名でした法律行為の効果が本人に帰属することの是非

事実の要約

　昭和 26 年、建物甲の所有者 A が死亡し、妻 B、A と B の子である Y_1 および Y_2、ならびに B と亡前夫 C の子である Y_3 の 4 名が相続した。同年、B が死亡し、Y_1 および Y_2 が相続した。X は、昭和 25 年 7 月に、①A から甲を買い付けた、②上記①が認められないとしても、A の代理人である D から甲の贈与を受けた、③上記①が認められないとしても、A の事務管理者である D から甲の贈与を受けたと主張し、Y らに対し、甲の所有権移転登記手続を求めた。これに対し Y らは、A および D による売買または贈与を否定するとともに、仮にそれらの事実が認められるとしても、自身らは昭和 28 年に甲を D に贈与して所有権移転登記手続を完了しており、請求は失当であると反論した。

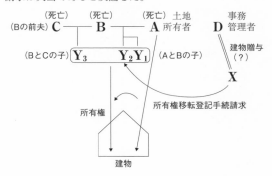

裁判の流れ

　1 審（札幌地判決年月日不明民集 15 巻 10 号 2632 頁）：請求認容　2 審（札幌高判昭 36・1・20 民集 15 巻 10 号 2633 頁）：原判決取消し、請求棄却

　1 審の理由は、省略のため不明。2 審は、①X と A の間で甲に関する売買契約が成立したこと、ならびに②A が、甲を X に贈与するための代理権を D へ付与したことのいずれも否定する。そのうえで、③仮に D が A の事務管理者であり、A の名で、甲贈与の意思を X に対して表示していたとしても、不動産処分という法律行為が、本人である A を拘束する法律効果を直接発生させるわけではなく、本人に対する効力の主張のためには、さらに別の根拠が必要であると判示し、この点に関する主張および立証の欠如を理由に、X の請求を棄却した。X が上告。

判旨

　〈上告棄却〉「事務管理は、事務管理者と本人との間の法律関係を謂うのであって、管理者が第三者となした法律行為の効果が本人に及ぶ関係は事務管理関係の問題ではない。従って、事務管理者が本人の名で第三者との間に法律行為をしても、その行為の効果は、当然には本人に及ぶ筋合のものではなく、そのような効果の発生する

ためには、代理その他別個の法律関係が伴うことを必要とするものである。」

判例の法理

　●事務管理としてなされた行為の第三者に対する効果の有無　本判決は、事務管理が、本人と事務管理者の関係を規律するものであり、事務管理者と第三者の間の法律行為の効果が本人に及ぶためには、事務管理自体では足りず、代理など別の法律関係を必要とする旨を明示した。

判例を読む

　法定債権関係の一種である事務管理は、本人と事務管理者間の合意なき役務提供をめぐる関係である。事務管理の成立が認められる場合には、事務管理者による他者の権利領域への干渉における違法性が阻却されるとともに、同人は、「他人（＝事務管理上の本人）の事務」を、当該事務の性質に従い、本人の利益に最適合する方法で、かつ、本人の実際上の、または推知可能な意思に従って管理しなければならない（697 条）。その際に、事務管理者は、本人に対して管理の開始を通知しなければならず（699 条）、同じく利他的事務処理を目的とする委任の場合に準じた義務を負う（701 条）。これに対して、本人は、事務管理に際して発生する費用の償還、ならびに債務の代弁済につき責任を負う（702 条）。

　このように、事務管理は、本来的には本人と事務管理者という当事者間の関係を規律する制度であるが、事務管理者による事務処理が、第三者とかかわりつつなされる場合には、本人への効果帰属の是非が問題となりうる。この点をめぐり、かつて大審院は、売買契約に際し、買主の代理人が、売主の代金増額請求を権限なくして買主の名で承諾したことを事務管理と認めて、買主の代金支払を有効とし（大判大 6・3・31 民録 23 輯 619 頁）、または、共同買主の 1 人が全員の利益において、売主に対し解除の意思表示をしたことは、他の共同買主のための事務管理に当たるとしつつ、本人（他の共同買主）への効果帰属には追認を必要とする旨を判示した（大判大 7・7・10 民集 24 輯 1432 頁）。これら先行判決では、事務管理者と第三者の法律行為の効果が本人に及びうることが、事務管理自体から導かれたのに対し、**最高裁判所は、事務管理上の行為の対第三者効にとって、事務管理以外の制度、とりわけ代理が必要である旨を明示した**。上記のような事務管理の構造、ならびに委任と代理の関係にかんがみて、本判決は正当なものと認められる。

【参考文献】　本判決の評釈として、谷口知平・民商 46 巻 5 号 158 頁、星野英一・法協 80 巻 4 号 114 頁ほか、事務管理に関する最新の総合的考察として、平田健治・新注民⑮ 1 頁～ 67 頁（本判例との関係ではとりわけ 61 頁～ 67 頁）がある。

一木孝之

139 自己のためになされた事務処理と事務管理に基づく請求権行使の可否

大審院大正 7 年 12 月 19 日判決　民録 24 輯 2367 頁、民抄録 81 巻 19142 頁

【646 条、697 条、701 条】

論点 自己のためになされた事務処理において、事務管理を根拠する費用償還請求権を行使することの可否

事実の要約

　Y は、X と共同所有する船舶につき、自身の個人所有名義で登録したうえで、X には無断で、他人（A）に 2500 円で売却した。そこで、X は Y に対し、代金の半額の支払を請求した。

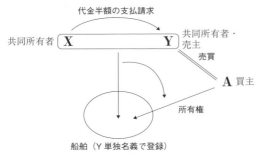

裁判の流れ

　1 審（山口地判判決年月日不明）：不明　2 審（広島控判大 7・9・2）：請求認容

　1 審の判旨は不明。

　2 審は、事務管理の法理を適用し、X の請求を認容した。Y が上告し、自己のためになした事務処理について、義務なしに、または他人のための事務処理の場合に成立が認められる事務管理に基づいて判断することは違法であると主張した。

判　旨

　〈上告棄却〉「共有者の一人甲が他の共有者乙の同意を得ることなく、自己の持分と共に擅に他の共有者乙の持分を他に売却する行為は、不法行為を組成するものなること言を竢たざる所なれども、他の共有者乙が後日その売買行為を承認したるときは、事務管理の法則に依り、乙は、民法第 701 条、第 646 条の規定に基づき、甲が乙の持分を売却して受け取りたる代金の引渡を請求することを得るや明らかなり。」

　大審院は、本件で X が Y に対して、売買代金半額の支払を請求したことは、Y による売却のうち、X の持分に関しては同人のためになされたものである旨の主張に当たると判断し、事務管理の規定を適用して持分 2 分の 1 に相当する金額の支払を命じた原審の判断を相当であるとした。

判例の法理

●**義務および同意を欠く利己的事務処理と事務管理規定適用の可否**　本判決によれば、**共有者の 1 人が、他の共有者に無断で同人の持分を他人に売却することは不法行為を構成するが、他の共有者からの事後承認により、事務管理の法理を適用することが可能となる。その結果、他の共有者は、（受取物引渡しに関する）701 条および 646 条に基づき、自己の持分売却対価に相当する金額の引渡しを求めることができる。**

判例を読む

　事務管理の効果のうち、他人の権利領域への干渉における違法性が阻却されるのは、事務処理が「義務なく他人のために」開始される点に求められる（697 条）。そうすると、利己的になされた他人の事務処理は、利他的意思（事務管理意思）の欠如ゆえに、不法行為を構成する（その意味では、本件における代金半額の支払が、不法行為上の損害賠償（709 条）、さらには不当利得の返還（703 条）として請求されることも、理論的には可能であった）。

　しかしながら、とりわけ事務処理上発生した金銭上の負担をめぐって、委任や事務管理に関する諸規定の直接または類推適用に対する要請が根強く存在する。そのためには、合意なき利己的事務処理に関して、事務管理法理を適用することの可否と根拠が重要となる。この問題に関して、**本判決は、共有者の 1 人による他の共有者の持分の無断処分が、同人に対する不法行為であるのは当然であるが、他の共有者が当該処分を承認することで、事務管理に基づく請求が可能となる旨を判示し、701 条が準用する 646 条を適用して、利己的事務処理者たる共有者に受取物引渡義務を負わせ、対価の半額につき支払を命じた。**こうした本判決をめぐる学説の評価は、ドイツ民法典では明文で規定される「準事務管理」と同様の思考と評価するものと、「本人の追認による事務管理の正当化」と位置づける見解に二分している。

　なお、利己的事務処理を事務管理とする主張は、事務処理者からもなされうる。その場合に目指される効果は、702 条が定める本人の有益費償還責任である。事務管理に基づく費用償還は、たとえば、共同相続人の 1 人が他の共同相続人のために租税を納付する場合に、事務管理に基づく処理として請求が肯定されている（最判平 18・7・14 判時 1946 号 45 頁）。しかしながら、共同相続した不動産を単独名義で賃貸した共同相続人の 1 人が、他の共同相続人から賃料の半額の支払を請求されたのに対し、賃貸に関連して納付した所得税等につき、702 条に基づく費用償還を請求した（賃料支払債務との相殺を主張した）事案において、最高裁判所は、所得税等の申告納付が自己の事務であり、他人のためになされる事務管理は成立しないとの判断を下した（最判平 22・1・29 判時 2070 号 51 頁）。利己的事務処理に対する事務管理法理適用の要件を、事務処理に対する本人の承認に求める本判決によっても、こうした場合において、事務管理に基づく請求権の行使が許容される余地はないであろう。

【参考文献】　本判決の評釈として、遠藤浩・みんけん〔民事研修〕570 号 15 頁、本判決につき準事務管理的理解を見出すものとして、広中・各論 388 頁など、本人の追認による事務管理の補完と解釈するものとして、加藤雅信・事務管理等 26 頁がある。

一木孝之

140 不当利得の利益の現存の主張・立証

最高裁平成 3 年 11 月 19 日判決　民集 45 巻 8 号 1209 頁、判時 1404 号 30 頁、判タ 772 号 126 頁、
金判 888 号 3 頁

【703 条】

論点　①金銭の非債弁済に基づく不当利得返還請求において、利得消滅の主張・立証責任は誰にあるか
②利得者が利得につき法律上の原因がないことを認識した後の利得消滅は、返還義務の範囲を減
少させるか

事実の要約

　X 銀行は、Y から、Y が A から取立ての依頼を受けた額面 1700 万円の約束手形（「本件約束手形」）を取り立て、その取立金を Y の普通預金口座に入金する旨の依頼を受けた。本件約束手形は不渡りとなったが、X の担当者は、これが決済されて Y の預金口座に取立金相当額の入金があったと誤解し、Y の預金払戻請求に応じて 1700 万円を支払った。X は、その 1 時間後に過誤に気付き、払戻しから 3 時間後に Y に対して払戻金の返還を求めた。Y がこれに応じなかったため、X は、主位的に取立委任契約に付随する金員返還請求権に基づき（全審級とも棄却したため、詳細は割愛。）、予備的に不当利得返還請求権に基づき、払戻金の返還を求めて Y を訴えた。予備的請求に対して、Y は、払戻金を受領後ただちに A に交付したと主張した。

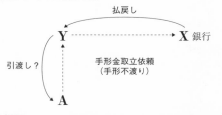

払戻し
Y ----→ X 銀行
引渡し？　　手形金取立依頼
（手形不渡り）
A

裁判の流れ

　1 審：請求棄却（名古屋地判昭 60・11・15 判タ 583 号 80 頁）　2 審：一部変更（名古屋高判昭 62・4・22 民集 45 巻 8 号 1223 頁）　最高裁：一部破棄自判
　1 審は、Y が払戻金を受領後ただちに A に交付したことを認めたうえで、YA 間の取立委任関係から、払戻金の取得と喪失は密接不可分の関係にあるとして、Y の現存利益の消滅を認めた。2 審は、Y から A への交付を認めず、仮にそうだとしても YA の経済的一体性から Y ないし A において費消の事実が立証されるべきところ、それがないとして、現存利益を肯定した。もっとも、X の過誤を考慮して、Y の現存利益を請求額の 4 割と認定した。X から上告。

判旨

　〈一部破棄自判〉論点①について、「本件約束手形は不渡りとなりその取立金相当額の普通預金口座への寄託はなかったのであるから、右取立金に相当する金額の払戻しを受けたことにより、Y は X の損失において法律上の原因なしに同額の利得をしたものである。そして、金銭の交付によって生じた不当利得につきその利益が存しないことについては、不当利得返還請求権の消滅を主張する者において主張・立証すべきところ、本件においては、Y が利得した本件払戻金を A に交付したとの事実は認めることができず、他に Y が利得した利益を喪失した旨の事実の主張はないのである。そうすると、右利益は Y に現に帰属していることになるのであるから、原審の認定した諸事情を考慮しても、Y が現に保持する利益の返

還義務を軽減する理由はないと解すべきである。」
　論点②について、「なお…善意で不当利得をした者の返還義務の範囲が利益の存する限度に減縮されるのは、利得に法律上の原因があると信じて利益を失った者に不当利得がなかった場合以上の不利益を与えるべきでないとする趣旨に出たものであるから、利得者が利得に法律上の原因がないことを認識した後の利益の消滅は、返還義務の範囲を減少させる理由とはならないと解すべきところ、本件においては、Y は本件払戻しの約 3 時間後に X から払戻金の返還請求を受け右払戻しに法律上の原因がないことを認識したのであるから、この時点での利益の存否を検討すべきこととなる。…Y が本件払戻しに法律上の原因がないことを認識するまでの約 3 時間の間に A が受領した金銭を喪失し、又は右金銭返還債務を履行するに足る資力を失った等の事実の主張はない。したがって、Y は本件利得に法律上の原因がないことを知った時になお本件払戻金と同額の利益を有していたというべきである。」

判例の法理

①金銭の非債弁済に基づく不当利得返還請求において、**利得消滅の主張・立証責任は利得者側に**ある。
②利得者が利得につき法律上の原因がないことを認識した後の利得消滅は、返還義務の範囲を減少させない。

判例を読む

　金銭の利得について、判例は古くから**現存利益の存在を推定**しており（大判明 35・10・14 民録 8 輯 9 号 72 頁）、利得者が利得消滅を主張・立証しなければならないとしてきた（利得消滅の抗弁　大判昭 8・11・21 民集 12 巻 2666 頁）。本判決は、このことを最高裁として改めて確認したことに意義がある。もっとも、判例は、金銭の費消について、**有益に支出**されたものとして利得消滅を認めない傾向にある（大判大 12・2・21 民集 2 巻 56 頁）。
　傍論であるが、善意の利得者も、その後悪意となれば、その時から悪意者として扱われるところ（訴訟係属により悪意者とみなすことにつき、最判平 17・7・11 判時 1911 号 97 頁）、本判決は、一般論として、利得者が善意である間の利得消滅に限り、返還範囲の減少を認めた。
　なお、類型論によれば、本判決のような一方的給付の場合と異なり、双務契約の清算では、利得消滅の抗弁の可否を**給付受領者の善意・悪意によって決しない**のが原則である（121 条の 2）。

【参考文献】　本判決の評釈として、富越和厚・最判解民平成 3 年度 443 頁、本田純一・平成 3 年度重判 77 頁、平田健治・民商 106 巻 6 号 845 頁、磯村保・私判リマ 5 号 70 頁、土田哲也・判評 401 号 44 頁。類型論の概要につき、瀧久範「不当利得の一般規定と類型論」法教 478 号 13 頁。

瀧　久範

141 運用利益の返還義務

最高裁昭和 38 年 12 月 24 日判決　民集 17 巻 12 号 1720 頁、判時 362 号 24 頁、判タ 157 号 103 頁
【703 条】

論点　非債弁済された金銭の返還範囲に、民法 189 条 1 項に基づきその運用利益が含まれるか

事実の要約

A 株式会社は、設立に当たり Y 銀行に対する本件債務を含む B 会社の債務を一括して引き受けた。しかし、このことは定款に記載されていなかった。A は、設立後に本件債務を Y に支払った。その後破産した A の管財人 X が、債務引受を無効として、Y に対して弁済額に加えて運用利益として年 6%（旧法下の商事法定利率、商法旧 514 条。2 審では、臨時金利調整法に基づき時期に応じて 4.7% ～ 6% に変更された。）の割合について返還を求めた。

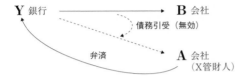

裁判の流れ

1 審：一部認容（東京地判昭 33・5・26 民集 17 巻 12 号 1728 頁）　2 審：一部変更（東京高判昭 35・2・25 民集 17 巻 12 号 1739 頁）　最高裁：一部破棄自判

1 審は、Y が銀行であることから、善意であっても受領時から年 6% の運用利益を得ていることを認めつつも、これは占有物から生じる果実であり、善意占有者 Y が取得できるとして、弁済額のみ請求を認めた。2 審は、189 条を参照しつつ、債務引受が定款に記載なく無効であるとの主張がなされた口頭弁論期日の翌日から Y が悪意となるとして、弁済額に合わせてこの時点からの運用利益（年 6%）の返還を認めた。X から上告。

判旨

〈一部破棄自判〉「不当利得における善意の受益者が利得の原物返還をすべき場合については、占有物の返還に関する民法 189 条 1 項を類推適用すべきであるとの説があるが、かかる見解の当否はしばらくおき、前記事実関係によれば、本件不当利得の返還は価格返還の場合にあたり、原物返還の場合には該当しないのみならず、前記運用利益をもつて果実と同視することもできないから、右運用利益の返還義務の有無に関して、右法条の適用を論ずる余地はないものといわなければならない。すなわち、たとえ、Y が善意の不当利得者である間に得た運用利益であっても、同条の適用によつてただちに Y にその収取権を認めるべきものではなく、この場合右運用利益を返還すべきか否かは、もっぱら民法 703 条の適用によって決すべきものである。

そこで、進んで本件におけるような運用利益が、民法 703 条により返還されることを要するかどうかについて考える。およそ、不当利得された財産について、受益者の行為が加わることによって得られた収益につき、その返還義務の有無ないしその範囲については争いのあると

ころであるが、この点については、社会観念上受益者の行為の介入がなくても不当利得された財産から損失者が当然取得したであろうと考えられる範囲においては、損失者の損失があるものと解すべきであり、したがつて、それが現存するかぎり同条にいう『利益ノ存スル限度』に含まれるものであつて、その返還を要するものと解するのが相当である。本件の事実関係からすれば、少なくとも X が主張する前記運用利益は、受益者たる Y の行為の介入がなくても破産会社において社会通念に照し当然取得したであろうと推認するに難くないから、Y はかりに善意の不当利得者であってもこれが返還義務を免れないものといわなければならない。」

判例の法理

株式会社の非債弁済により金銭を利得した善意の銀行は、703 条に基づき、法定利率による利息相当額の運用利益を返還する義務を負う。

判例を読む

本判決は、金銭の非債弁済を受けた善意の利得者の返還義務の範囲について、189 条ではなく 703 条が適用されることを明らかにした。そして、本判決は、金銭の運用利益の返還範囲について、学説において争いのあったところ（概要につき、高津環・最判解昭和 38 年度 418 頁）、判旨のとおり利得者の利得と損失者の損失という双方の要件で限定し、銀行 Y が法定利率に相当する運用利益を取得したことを前提に、株式会社 A が Y の行為の介入がなくても同額の運用利益を取得したはずであり、その範囲で A に損失ありとして、その返還義務を認めた。本判決以降の学説では、金銭の善意の利得者は、**現実に運用利益を取得していなくとも**原則として利息返還義務を負う（取得しなかったことは、利得消滅の抗弁となる。）と解する立場が有力である（損失要件も不要とする）が、判例は利得者悪意の時点以降の利息の返還（704 条）のみを認めている（前掲判平 17・7・11。この点につき、大久保邦彦・百選 II 8 版 157 頁）。

なお、類型論によれば、189 条は侵害利得で適用されるものであり、**給付利得では適用されない**と解される。また、本判決のような一方的給付の場合と異なり、双務契約の清算では、果実・使用利益（金銭の利息を含む。）**は、給付受領者の善意・悪意に関わりなく給付物から当然に生じるもの**と解される（121 条の 2 第 1 項参照）。

【参考文献】　本判決の評釈として、本文の注に掲載したもののほか、谷口知平・判評 68 号 44 頁、星野英一・法協 83 巻 9＝10 号 1408 頁。近時の論稿として、藤原正則「非債弁済の善意の弁済受領者の利息の返還義務—ドイツ法を参照して」道垣内弘人ほか編『社会の発展と民法学〔下巻〕—近江幸治先生古稀記念論文集』（成文堂、2019 年）501 頁。

瀧　久範

不当に利得した物を処分した場合の返還額

最高裁平成 19 年 3 月 8 日判決　民集 61 巻 2 号 479 頁、判時 1965 号 64 頁、判タ 1237 号 148 頁、金判 1272 号 58 頁　　　　　　　　　　　　　　　　　　　　　　　　　　　　　　【703 条】

論点　法律上の原因なく取得された代替性のある物が第三者に売却された場合における、不当利得返還義務の内容

事実の要約

　Xらは、上場会社 A の株式を取得したが、名義書換手続をする前に同株式について株式分割がされ、本件株式の株主名簿上の株主Ｙに増加した新株（「本件新株式」）が交付された。Ｙが本件新株式を第三者に売却して5350 万余円を取得したので、Xは、Ｙに対して、不当利得返還請求権に基づき、売却代金相当額の返還を求めた（配当金の返還については割愛）。

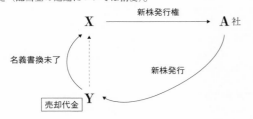

裁判の流れ

　1 審：請求認容（東京地判平 17・2・17 民集 61 巻 2 号488 頁）　2 審：一部変更（東京高判平 17・7・27 民集 61 巻2 号 503 頁）　最高裁：一部破棄自判、一部上告棄却

　1 審は、返還内容について、損失者は本件新株式に相当する株式の返還またはこれと同価値の価額償還のいずれを請求することもできるとしたうえで、後者の場合、口頭弁論終結時の時価（1 株当たり 23 万余円）が原則となるが、この点につき当事者双方が裁判所の釈明に応じなかったため、売却代金相当額をXの損失と認め、Xの請求を全部認容した。2 審は、Ｙが本件新株式の口頭弁論終結時の前日の時価（1 株当たり 16 万余円）を主張したため、これを基準とした金額の限度でXの請求を認容した。Xから上告。

判旨

　〈一部破棄自判〉「受益者が法律上の原因なく代替性のある物を利得し，その後これを第三者に売却処分した場合，その返還すべき利益を事実審口頭弁論終結時における同種・同等・同量の物の価格相当額であると解すると，その物の価格が売却後に下落したり，無価値になったときには，受益者は取得した売却代金の全部又は一部の返還を免れることになるが，これは公平の見地に照らして相当ではないというべきである。また，逆に同種・同等・同量の物の価格が売却後に高騰したときには，受益者は現に保持する利益を超える返還義務を負担することになるが，これも公平の見地に照らして相当ではなく，受けた利益を返還するという不当利得制度の本質に適合しない。

　そうすると，受益者は，法律上の原因なく利得した代替性のある物を第三者に売却処分した場合には，損失者に対し，原則として，売却代金相当額の金員の不当利得返還義務を負うと解するのが相当である。〔無効な契約に基づいて交付された上場株式に関する不当利得返還請求において，損失者が同種同量の株式の返還を求めている以上，特段の事情のない限り売却代金相当額の返還は認められないとした〕大審院昭和 18 年（オ）第 521 号同年 12 月 22 日判決・法律新聞 4890 号 3 頁は，以上と抵触する限度において，これを変更すべきである。」

判例の法理

　法律上の原因なく代替物を利得した者は、これを第三者に売却した場合、原則として売却代金相当額の不当利得返還義務を負う。

判例を読む

　利得者が原物を保持している場合には、原物返還が原則となるが、代替物である原物が返還不能になった場合における不当利得返還義務の内容について、前掲昭和 18 年判決以降、学説ではこれに反対する見解が優勢であった。その理由として、判旨のほか（我妻・講義 V₁1068 頁）、代替物を調達させることは利得者に過重な負担となる（四宮・事務管理等上 75 頁）といったことが挙げられていた。本判決は、判旨のとおり、昭和 18 年判決を変更し、原則として価額償還によるべきことを明らかにした。

　また、本判決は、価額償還の内容についても、原審のいう口頭弁論終結時の客観的価値ではなく、原則として売却代金相当額とした。判例は、特定物である不動産が売却された場合についても売却代金相当額の返還を認めていることから（大判昭 11・6・30 判決全集 3 輯 7 号 17 頁）、特定物か代替物かを問わず、売却代金相当額を不当利得返還請求の対象としているとの評価がなされている（加藤雅信・平成 19 年度重判 86 頁、野澤正充・速報判例解説 2 号 102 頁、潮見・債権各論 I 332 頁は、判例は代位物を返還対象としていると述べる）。

　なお、類型論によれば、原物返還不能の場合には、返還内容は不能時の客観的価値（市場価格）による価額償還と解するのが一般的である（その範囲で代償請求権（422条の 2）が認められる）。この立場からは、本判決は上場株式の売却であり、売却代金相当額と利得物の客観的価値が等しい場合であったということが重要である。本判決は、売却代金相当額が返還義務の内容とならない場合について言及していないが、売却代金相当額が利得物の客観的価値を下回る場合には、その差額について利得消滅の抗弁の問題となり、上回る場合には、その差額についていわゆる準事務管理の問題となる。

【参考文献】　本判決の評釈として、本文の注に掲記したもののほか、磯村保・金法 1844 号 71 頁、原恵美・百選 II 8 版158 頁、中村心・最判解民平成 19 年度 169 頁、平田健治・判評 587 号 18 頁。

瀧　久範

143 騙取金による弁済

最高裁昭和 49 年 9 月 26 日判決　民集 28 巻 6 号 1243 頁、判時 757 号 63 頁、判タ 313 号 213 頁、金判 430 号 2 頁 【703 条】

論点 ①金銭騙取における被騙取者の損失と弁済受領者の利得との間の因果関係
②弁済受領者の法律上の原因

事実の要約

農林事務官 A（判旨における「甲」）は、X 農協連（「乙」）の経理課長 B と共謀し、国庫交付金を詐取していたところ、これを隠蔽するために、B（「甲」）に X 名義の約束手形を振り出させ、それを用いて X 名義で取引銀行から借り入れを行わせた。B は、借入金を資金にして 2 通の小切手を振り出し、1 通を A の上司 C に、もう 1 通を A に交付した。C は、受領した小切手を用いて Y（「丙」）に支払った（金員 1）。A は、受領した小切手について、自己の事業資金に流用すべく、これを自己の預金口座に振込み、その一部を引き出して定期預金にし、これを担保に借り入れて元の口座に戻すなどいくつかの預金操作をしたうえで、受領した小切手と同額の小切手を振り出し、これを用いて Y に支払った（金員 2）。

```
                金員1の小切手
           ┌─────────────────┐
           │  金員2の小切手   借入金を小切手化 │
     C ────┘                           │
     │ B ───────── A ───────── X │損失│
     │  共謀                        │
 金員1 金員2  不法行為に  表見代理       │
 の入金 の入金 基づく              貸金債権
           損害賠償           取引銀行
           請求権
     │         │           │
     国 Y ──────┘───────────┘
     │利得│
```

裁判の流れ

1 審：請求棄却（東京地判昭 42・8・15 民集 28 巻 6 号 1263 頁）　2 審：控訴棄却（東京高判昭 45・3・20 民集 28 巻 6 号 1274 頁）　最高裁：一部破棄差戻

1 審は、各金員について、B の借入行為が表見代理により X に帰属するとして、X の損失を認めた。金員 1 について、X の損失と Y の利得との間に直接の因果関係を認めたうえで、A の Y に対する損害賠償義務の弁済に充てられたとして、法律上の原因ありとした。金員 2 について、上記の預金操作等を考慮して、X の損失と Y の利得との間に社会通念上も因果関係が認められないとした。2 審も、1 審と同様の判断をした。X から上告。

判旨

〈一部破棄差戻〉「およそ不当利得の制度は、ある人の財産的利得が法律上の原因ないし正当な理由を欠く場合に、法律が、公平の観念に基づいて、利得者にその利得の返還義務を負担させるものであるが、いま甲が、乙から金銭を騙取又は横領して、その金銭で自己の債権者丙に対する債務を弁済した場合に、乙の丙に対する不当利得返還請求が認められるかどうかについて考えるに、騙取又は横領された金銭の所有権が丙に移転するまでの間そのまま乙の手中にとどまる場合にだけ、乙の損失と丙の利得との間に因果関係があるとなすべきではなく、甲が騙取又は横領した金銭をそのまま丙の利益に使用しようと、あるいはこれを自己の金銭と混同させ又は両替し、あるいは銀行に預入れ、あるいはその一部を他の目的のため費消した後その費消した分を別途工面した金銭によって補填する等してから、丙のために使用しようと、社会通念上乙の金銭で丙の利益をはかったと認められるだけの連結がある場合には、なお不当利得の成立に必要な因果関係があるものと解すべきであり、また、丙が甲から右の金銭を受領するにつき悪意又は重大な過失がある場合には、丙の右金銭の取得は、被騙取者又は被横領者たる乙に対する関係においては、法律上の原因がなく、不当利得となるものと解するのが相当である。」

判例の法理

騙取者が騙取金を自己の債務の弁済に充てた場合、①被騙取者の損失と弁済受領者の利得との間に**社会通念上の連結**があり、かつ、②弁済受領者が**騙取金であることにつき悪意または重過失**であるときは、被騙取者は、弁済受領者に対して不当利得返還請求権を取得する。

判例を読む

●金銭の特殊性

騙取金による弁済というテーマにおいて判例で問題となった事例は、騙取者が騙取金を自己の債務の弁済に充てた場合（自己債務弁済型：被騙取者の弁済受領者に対する不当利得返還請求が問題となる）と、騙取者が騙取金によって第三者弁済をした場合（第三者受益型：被騙取者の債務者に対する不当利得返還請求権が問題となる）に大別することができ、前者についてはさらに、金銭が騙取者または第三者を経由して弁済受領者が取得する場合（介在型：本判決）と、弁済受領者が被騙取者から直接取得する場合（直接型）に分けることができ、また亜種として騙取者の債務が先に行われた騙取の填補となる場合（二重騙取型。無権代理行為による場合もある）がある（以上の分類は松岡・後掲 94 頁以下による）。

この問題について大審院は、金銭を一般の動産と同様に扱うことを前提に、騙取者のもとで騙取金が他の金銭と混和したかどうかによって、被騙取者の損失と弁済受領者の利得との間の因果関係の直接性を判断したり、弁済受領者が騙取金の所有権を即時取得したかどうかによって、一方では同じく因果関係を判断し、他方で弁済受領者の債権の弁済として法律上の原因を判断したりするなど、概ね金銭所有権の帰属に着目しているとはいえるものの、上記の通り事例類型の多様性も相まって整合的に理解することは難しい（以上につき、磯村・後掲 251 頁）。

しかし、最高裁は、金銭の高度の代替性・流通性から、**金銭所有権は原則として占有とともに移転する**という見解を採用し（最判昭 29・11・5 刑集 8 巻 1675 頁、最判昭 39・1・24 判時 365 号 26 頁）、これが通説となった。封金

等の場合を除き騙取金を受領した騙取者はその所有権を取得し、金銭の即時取得は問題にならなくなったのである。したがって、大審院の諸判決は再検討を迫られることとなった。

● 昭和42年判決と本判決

そのような中で、最高裁は、まず本判決と類似の事案において、因果関係に触れることなく、弁済受領者Yは、騙取者Aの自己に対する「債務の弁済として本件金員を善意で受領したのであるから、法律上の原因に基づいてこれを取得した」として、被騙取者XのYに対する不当利得返還請求を否定した（最判昭42・3・31民集21巻2号475頁）。これに続けて、本判決は、判旨の通り、Xの損失とYの利得との間に社会通念上の連結がある場合に因果関係を認め、Yが騙取金であることにつき悪意または重過失である場合に、XのYに対する不当利得返還請求を認めた。これまで利得と損失との間の因果関係について、表現としては「直接性」が用いられてきたが、本判決では、「社会通念（観念）上の因果関係」が採用された（判旨で示された具体例は、我妻・講義V₄979頁の表現とほぼ同じである）。また、Yが保護される要件として、昭和42年判決では騙取金による弁済であることについての善意であったが、本判決では、悪意・重過失でないことに変わった（これも、我妻・講義V₄1022頁の影響を受けていることは明らかである）。立証責任を踏まえると（昭和42年判決ではYが自己の善意を、本判決ではXがYの悪意・重過失を立証しなければならない）、Yが保護されやすくなったといえる。本判決により、自己債務弁済型・介在型について、被騙取者が騙取者の他の一般債権者に優先するための判断基準が確立した。

● 学説の評価

前述のとおり、本判決は、我妻・講義V₄の影響を受けていることは明らかであるが、Yの主観的態様を要件とすることについて理論的枠組みは明示されてないと評されており（平田・百選Ⅱ8版162頁）、学説は、本判決の理論的枠組みの提示、あるいは、本判決とは異なる基準の提示に苦心している。

まず、前者に当たるものとして、金銭の所有と占有が一致することを前提としつつ、金銭的価値の帰属割当を想定し、侵害利得の問題として、Xに割り当てられるべき金銭的価値がYに帰属している場合に、XのYに対する侵害利得返還請求権を認める見解がある。これによると、動産所有権の即時取得（192条）に基づく原所有者の所有権喪失の抗弁に対応するものとして、Xがその金銭的価値の支配権原を失ったというYの抗弁に対して、Yが騙取金による弁済であることにつき悪意・重過失であること（有価証券の即時取得（手形16条など）に準じる）をXが再抗弁として主張・立証することになると解する（潮見・債権各論Ⅰ360頁以下）。このように即時取得に準じた構成をとる見解のなかには、Xが帰属割当を変更する合意なく価値を失った場合には、価値の同一性を認識しうる限りで、物権的効力をもった価値返還請求権（物権的価値請求権、価値のレイ・ヴィンディカチオ）を取得することを認めるものもある（四宮・事務管理等上77頁以下。この見解に賛同する好美・後掲29頁は、「価値所有権をも即時取得」すると述べる）。この見解は、価値の同一性の例として、両替金・帳簿上の金銭に変形した場合が挙げられており、価値の同一性が認められる限りで第三者に追及することを認め、かつ、第三者の他の一般債権者に優先することをも認める（ただし、本判決は、このような優先効を認めるものではない）。そして、価値の同一性を失った場合には、不当利得返還請求権に転化する。

次に、後者に当たるものとして、債権の対外的効力の問題とする見解がある。金銭の高度の代替性から、AのYに対する弁済がXからの騙取金によってなされたことにつき、Yが悪意であったとしても、Aの資力が十分であれば、Xは不当利得や不法行為等に基づきAに対して請求すれば足りる。したがって、問題が生じるのはAが無資力の場合であり、実定法は債権の対外的効力として詐害行為取消権および債権者代位権を定めているのであるから、それによるべきであるとする（前者は自己債務弁済型、後者は第三者受益型に用いられる）。この見解によると、前者におけるYの悪意の対象は、Aの無資力となる（偏頗弁済に当たるので、厳密には、Aと通謀して他の債権者を害する意図が要件となる。改正424条の3第1項）。そして、この見解のなかには、金銭の価値が特定されていれば、Yの他の債権者との関係で優先効を認めるものもある（以上につき、加藤・後掲663頁以下）。

ひとくちに騙取金といっても、詐欺・横領・窃盗が念頭に置かれており、金銭を逸失した者Xの、逸失した事情に対する関与の程度は大きく異なる。いずれの場合も、Xは、行為者Aに対して、不法行為に基づく損害賠償請求権が成立することは同じだが、加えて、横領の場合には契約上の債権が既に発生しており（債務不履行に基づく損害賠償請求権のときもある）、詐欺の場合には給付利得返還請求権が、窃盗の場合には侵害利得返還請求権が成立する。前二者の場合に、さらに金銭的価値の帰属を検討しうるとする理論的根拠（侵害利得の補充性は、A無資力で覆われてよいのか）が必要である。

● 実務への影響

本判決は、多くの裁判例で引用されている。最高裁では、引用した判旨冒頭の一文の前半部分が、衡平説に拠るものとして、当事者間の利益衡量をする導入として用いられたり（142事件）、不当利得制度は不法行為制度と別の目的を有していることの理由づけに用いられたりしている（最判平21・11・9民集63巻9号1987頁）。また、下級審では、騙取金事例の別の類型における判断基準として用いられている（自己債務弁済型・直接型に対して、東京地判平26・6・20判例集未登載（被騙取者が振出した約束手形の現金化）、東京地判平28・10・4判例集未登載（被騙取者による貸付金の交付）、京都地判令3・1・19金法2173号75頁（インターネットバンキングの不正利用）、第三者受益型に対して、東京高判平7・3・29金法1424号43頁（被騙取者が振出した小切手の現金化））。

【参考文献】　本判決の評釈として、本文の注に掲記したもののほか、石田穣・法協93巻4号620頁、谷口知平・民商73巻1号116頁、井田友吉・最判解民昭和49年度56頁。本文で引用した、好美清光「騙取金銭による弁済について─不当利得類型論の視点から」一橋95巻1号12頁、加藤雅信『財産法の体系と不当利得法の構造』（有斐閣、1986）、磯村保「騙取金銭による弁済と不当利得」石田喜久夫ほか記念論集『金融法の課題と展望　下』（日本評論社、1990）251頁、松岡久和「騙取金による債務の弁済」『法形式と法実質の調整に関する総合研究Ⅱ』（トラスト60研究叢書、2000）91頁。

瀧　久範

144 転用物訴権

最高裁平成 7 年 9 月 19 日判決　民集 49 巻 8 号 2805 頁、判時 1551 号 69 頁、判タ 896 号 89 頁、
金判 987 号 3 頁　　　　　　　　　　　　　　　　　　　　　　　　　　　　　　　　【703 条】

論点　賃借人との契約に基づき賃借物に工事をした請負人は、賃借物の所有者たる賃貸人に対して、
請負代金相当額について不当利得返還請求できるか

事実の要約

　Y（判旨における「丙」）は、A（「乙」）に対して、賃料
月額 50 万円、期間 3 年でビルを賃貸したが、A が権利
金を支払わない代わりに、ビル（「本件建物」）の改装工
事の費用をすべて負担し、本件建物返還時に金銭的要求
を一切しないことが合意された。X（「甲」）は、A から
本件建物の改装工事を請け負い、下請会社を使って工事
を完成させ、A に本件建物を引き渡したが、請負代金
の 5 割以上を受け取れなかった（そのため、X は下請代金
を完済していない）。その後、Y は、A の無断転貸を理由
に賃貸借契約を解除したうえで、本件建物の明渡しと賃
料相当損害金の支払を求めて A を提訴し、勝訴判決を
得た。その後、A が所在不明となり、X は残代金を事
実上回収できなくなった。X は、Y に対して、主位的に
不当利得返還請求権に基づき、予備的に債権者代位権を
行使して A の Y に対する費用償還請求権に基づき、残
代金相当額の支払を求めた。

裁判の流れ

　1 審：一部認容（京都地判平 2・2・28 民集 49 巻 8 号
2815 頁）　2 審：取消・請求棄却（大阪高判平 3・12・17
民集 49 巻 8 号 2825 頁）　最高裁：上告棄却
　1 審は、ブルドーザー事件判決（最判昭 45・7・16 民集
24 巻 7 号 909 頁）の基準に従って、X の主位的請求をビ
ルの価格増加が現存している限りで認容した。Y は工事
費用を負担しなくてよいことから、Y の利得は無償であ
り、X の損失との間に因果関係を認められ、Y の利得に
法律上の原因はないと判断したのである。2 審は、X が
改装工事の下請代金を支払っていないことから損失がな
いとして主位的請求を棄却し、A の Y に対する費用償
還請求権が放棄されている以上、X は債権者代位権を行
使できないとして予備的請求も棄却した。X から上告。

判　旨

　〈上告棄却〉「甲が建物賃借人乙との間の請負契約に基
づき右建物の修繕工事をしたところ、その後乙が無資力
になったため、甲の乙に対する請負代金債権の全部又は
一部が無価値である場合において、右建物の所有者丙が
法律上の原因なくして右修繕工事に要した財産及び労務
の提供に相当する利益を受けたということができるのは、

丙と乙との間の賃貸借契約を全体としてみて、丙が対価
関係なしに右利益を受けたときに限られるものと解する
のが相当である。けだし、丙が乙との間の賃貸借契約に
おいて何らかの形で右利益に相応する出捐ないし負担を
したときは、丙の受けた右利益は法律上の原因に基づく
ものというべきであり、甲が丙に対して右利益につき不
当利得としてその返還を請求することができるとするの
は、丙に二重の負担を強いる結果となるからである。」
　「本件建物の所有者である Y が X のした本件工事によ
り受けた利益は、本件建物を営業用建物として賃貸する
に際し通常であれば賃借人である A から得ることができ
た権利金の支払を免除したという負担に相応するもの
というべきであって、法律上の原因なくして受けたもの
ということはでき」ない。

判例の法理

　請負人の賃借人に対する**請負代金債権が無価値**となる
場合において、**賃貸人が賃借人との関係で対価関係がな
い**ときは、請負人の仕事によって利益を受けたというこ
とができ、賃貸人の利得は法律上の原因がなく、請負人
は、賃貸人に対して不当利得返還請求権を取得する。

判例を読む

●転用物訴権の意義とブルドーザー事件判決
　転用物訴権とは、「契約上の給付が契約の相手方以外
の第三者の利益になった場合に、給付をした契約当事者
が第三者（受益者）に対してその利益の返還を請求でき
る権利」などと定義されている（潮見・債権各論 I 369 頁）。
ドイツ法は立法時に（「因果関係の直接性」という概念を用
いて）転用物訴権を否定し、これを肯定する国でもその
根拠は不当利得、事務管理、占有者の費用償還請求権な
どに求めており、法律構成も結論も一致していない（松
岡・百選 II 8 版 160 頁）。わが国では、主に不当利得法で
議論されている。
　わが国で転用物訴権を認めた判例とされるのが、ブル
ドーザー事件判決であり、賃貸人 Y からブルドーザーを
賃借した賃借人 A がこれを X に修理に出したが、A が
請負代金を支払う前に破産したという事案に対し、最高
裁は、「A の無資力のため、右修理代金債権の全部また
は一部が無価値であるときは、その限度において、Y の
受けた利益は X の財産および労務に由来したものという
ことができ、X は、右修理（損失）により Y の受けた利
得を、訴外会社に対する代金債権が無価値である限度に
おいて、不当利得として、Y に返還を請求することがで
き」ると判断し、このことは括弧書きではあるものの、
「修理費用を A において負担する旨の特約が A と Y と
の間に存したとしても、X から Y に対する不当利得返還
請求の妨げとなるものではない」と述べた。そして、差
戻審は、A が修繕義務を負う代わりに、賃料が相場か
らみて安価に定められ、さらに修理費が高額になる場合

には賃料の値引きも予定されていたことを認定しつつも、Yの利得に法律上の原因がないと判断した（福岡高判昭47・6・15判時692号52頁）。

このようにブルドーザー事件判決は、Aの無資力を要件にXの損失とYの利得との間の直接の因果関係を認め（文言上「直接の因果関係」は、その後まもなく、騙取金による弁済に関する**143事件**において、「社会通念（観念）上の因果関係」に置き換えられた）、（前記括弧書を踏まえるなら）広く転用物訴権の成立を認めたように解しうる。学説では、衡平説からこれを支持するもの（我妻・講義V₄1040頁以下）と、類型論から反対するものとに大別することができ、以下では2つの主要な反対説を挙げる。

まず、この判決の対極にあるのが全面的否定説である。物権行為の無因性を認めないわが国では貫徹されないが、①契約当事者に、相手方に対する抗弁を維持させるべきであること、②契約当事者は、その相手方と第三者との契約関係に基づく抗弁から保護されるべきであること、③契約当事者は、その相手方の倒産リスクさえ負担すればよいこと、をその根拠とする（**「契約関係自律性の原則」**と呼ぶ）。そして、一部肯定説が転用物訴権を認めた、AY間が無償である場合（③）についても、無償取得といえども適法な権利取得原因（法律上の原因）があるとして、これを認めない（四宮・事務管理等上242頁以下）。この見解によると、Xは、A無資力の場合、AがYに対して費用償還請求権を有しているときは、これを代位行使するか、Yが無償で利得したときは、詐害行為取消権を行使して、直接Yに対して価額償還を請求することになる（424条の9）。

次に、転用物訴権の成立範囲を限定する見解として、本判決の基礎となったと評されているのが、次の一部肯定説である。大要は以下のとおりである。AY間の関係は、①AがYの利得保有に対応する反対債権をもっている場合（例：Aが費用償還請求権（608条）を取得する場合）、Aがこのような反対債権をもたない場合で、②Yの利得保有がAY間の関係全体からみて有償と認められる場合（例：Aが反対債権をもたない代わりに、賃料が低く設定される場合や権利金等が免除される場合）と、③無償と認められる場合（Yの費用償還義務が対価なく免除される場合）に分けることができる。①について、Y既履行の場合には、Yに不当利得はない。しかし、Y未履行の場合には、XのYに対する転用物訴権が認められると、AのYに対する反対債権は消滅し、Aの一般財産について偏頗弁済に類する状況が生じる。Aが支払不能の場合には、Yは合理的な理由なく、Aの他の一般債権者に対して優先的な地位を獲得することになるため、転用物訴権を承認すべきでない。②について、AY間では、Yの利得が契約全体としては有償であるため、転用物訴権が認められるとYは二重の経済的負担を強いられることになり、妥当ではない。以上に対し、③について、一般に有償契約と無償契約とでは契約保護の程度に差異が存在してもやむを得ないとして、**無償で利益を得たYよりXを保護すべきであり**、転用物訴権が認められる（加藤雅信・百選II 6版149頁）。なお、上記契約関係自律性の原則を出発点としつつ、同じく無償利益者YはXとの関係で保護に値しないとして、Yが無償で利得した場合にXのYに対する請求を認める見解もある（好美・後掲（下）28頁）。

● **注文者が所有者ではない場合における請負人の保護**

転用物訴権は主に請負事例で問題となるところ（無効・取消に基づく契約の清算への拡張については、後述）、実質的な問題は、**A無資力のリスクをXYのいずれに負担させるのが妥当なのか**である。契約関係自律性の原則を貫徹すると、請負人は通常、自己の債務を先履行しなければならないことから、請負代金債権の回収不能リスクとして、A無資力のリスクを常に負担することの当否である。

注文者所有の動産の修繕の場合には、請負人は動産保存の先取特権を取得し（320条）、動産が第三者に売却された場合には、代金債権に物上代位する（304条）。しかし、ブルドーザー事件判決は、注文者以外の者の動産の修理に関するものであり、先取特権は成立しないと解されている。また、注文者所有の不動産の工事の場合にも、請負人は不動産工事の先取特権を取得するが（325条2号）、本判決は、注文者以外の者の不動産の工事に関するものであり、先取特権は成立しない（そもそも注文者の不動産でも公示前に登記が必要であるため、ほとんど用いられていない（338条1項））。したがって、その限りにおいて転用物訴権は、注文者が所有者ではない場合における担保法秩序の不備を補完する機能を有することになる（藤原・新注民⑮165頁以下）。類型論は、**各財産法秩序に存在する制度の趣旨**を踏まえて、対象となる秩序に違反した財産的利益の変動を不当利得返還請求権として調整するものである。したがって、各秩序の不備や秩序間の衝突があった場合には、まずもって**当該領域内の規定の解釈、類推適用、信義則等によって解決**を試みるべきであり、それが尽きたところで不当利得法が俎上に載せられる（その試みとして、松岡・前掲161頁）。

● **転用物訴権の範囲**

本判決はYの利得に法律上の原因ありとして転用物訴権を認めなかったので、転用物訴権の算定基準は明らかではないが、転用物訴権を侵害利得とみるのであれ、支出利得とみるのであれ、客観的価値の増加額（1審判決参照は、本件建物の工事直後の価格から工事施行前の価格を控除した額に損耗原価率を乗じた額を現存利益とした）が原則となる。ブルドーザー事件判決では、A無資力によりXの債権が無価値となった限りで因果関係を認めており（「無価値であるときは、その限度において」）、それが上限となるが、本判決では明らかではない（「無価値である場合において」）。また、仕事の内容（価値の増加）が全てYの主観的事情に沿うものとは限らないので、「利得の押し付け」からYを保護することが必要となる。

【参考文献】　本判決の評釈として、本文の注に掲記したもののほか、磯村保・平成7年度重判68頁、平田健治・民商115巻6号942頁、田中豊・最判解民平成7年度（下）900頁。本文で引用した、好美清光「不当利得法の新しい動向について（上）（下）」判タ386号15頁、387号22頁。

瀧　久範

145 借入金を第三者に給付させたのち借主が契約を取り消した場合と不当利得関係

最高裁平成10年5月26日判決　民集52巻4号985頁、判時1642号97頁、判タ976号138頁、金判1049号37頁　【121条の2、703条】

論点　契約の相手方から第三者に対して交付するよう指示された者は、当該契約が取り消された場合に、相手方と第三者のいずれに対して不当利得返還請求権を有するか

Y（判旨における「甲」）は、A（「丙」）から強迫を受けて、X（「乙」）との間で金銭消費貸借契約（「本件消費貸借」）を締結した。この契約において、貸付金は、Yの指示で、XからBの銀行口座へ振り込まれた。YがAの強迫を理由に本件消費貸借を取り消したところ、Xは、Yに対して、主位的に本件消費貸借に基づく貸金の返還、予備的に不当利得に基づく返還を求めた。

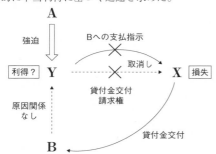

裁判の流れ

1審：請求認容（大阪地判平6・3・22公刊物未登載）　2審：控訴棄却（大阪高判平7・11・17民集52巻4号1021頁）　最高裁：破棄自判

1審は、AによるYへの強迫を認めず、Xの主位的請求を認容した。2審は、Aの強迫に基づく本件消費貸借の取消しを認め、YB間の原因関係を認めなかったが、予備的請求を認容した。Yから上告。

判旨

〈破棄自判〉「消費貸借契約の借主甲が貸主乙に対して貸付金を第三者丙に給付するよう求め、乙がこれに従って丙に対して給付を行った後甲が右契約を取消した場合、乙からの不当利得返還請求に関しては、甲は、特段の事情のない限り、乙の丙に対する右給付により、その価額に相当する利益を受けたものとみるのが相当である。けだし、そのような場合に、乙の給付による利益は直接には右給付を受けた丙に発生し、甲は外見上は利益を受けないようにも見えるけれども、右給付により自分の丙に対する債務が弁済されるなど丙との関係に応じて利益を受け得るのであり、甲と丙との間には事前に何らかの法律上又は事実上の関係が存在するのが通常だからである。また、その場合、甲を信頼しその求めに応じた乙は必ずしも常に甲丙間の事情の詳細に通じているわけではないので、このような乙に甲丙間の関係の内容及び乙の給付により甲の受けた利益につき主張立証を求めることは乙に困難を強いるのみならず、甲が乙から給付を受けた上で更にこれを丙に給付したことが明らかな場合と比較したとき、両者の取扱いを異にすることは衡平に反するものと思われるからである。

しかしながら、本件の場合、前記事実関係によれば、

YとBとの間には事前に何らの法律上又は事実上の関係はなく、Yは、Aの強迫を受けて、ただ指示されるままに本件消費貸借契約を締結させられた上、貸付金をBの右口座へ振り込むようXに指示したというのであるから、先にいう特段の事情があった場合に該当することは明らかであって、Yは、右振込みによって何らの利益を受けなかったというべきである。」

判例の法理

借主による貸付金を第三者に交付する指示の付された金銭消費貸借契約が、強迫を理由に借主により取り消された場合、**原則として**、**貸主は借主に対して不当利得返還請求権を取得する**。

判例を読む

独立した第三者が、少なくとも履行関係当事者の間では給付仲介者として履行関係に介入するケース（いわゆる三角関係型）において、いずれかの関係に瑕疵が場合における、不当利得の当事者決定問題は、不当利得法上の難問の1つと考えられている。学説では、思考モデルとして指図給付が用いられる。指図とは、指図者Yが被指図者Xに対して行う、指図受領者Bに給付せよとの指示であり、通常、XのYに対する債務（XY間の原因関係を「補償関係」という）、及び、YのBに対する債務（YB間の原因関係を「対価関係」という）を、XからBの1つの財産移転（XB間を「出捐関係」という）により一挙に消滅させることを目的に付与される。このとき、**契約関係自律性の原則**を貫徹すれば（→144事件参照）、原因関係に瑕疵（契約に無効・取消原因）があれば、**瑕疵ある原因関係当事者間のみ**が不当利得関係になる（XY間、YB間）。そして、例外的に、指図そのものに瑕疵があれば、出捐関係（XB間）が不当利得関係となる。本判決は、この原則・例外ルールに即したものと評価できる。しかし、契約関係自律性の原則の基礎となったドイツの議論は、物権行為の無因性と転用物訴権の否定を出発点とするものであり、多数当事者間での契約の無効・取消しに基づく清算での適用には慎重にならなければならない。XY間の金銭消費貸借が取り消されると、Bに対して貸付金を交付せよとの**Xの指示も無効**となるので、**原則と例外が逆転**することになる。XのYに対する不当利得返還請求権を原則としたうえで、仮にBがYに対して債権（法律上の原因）を有する場合には、例外としてBの保護の在り方を検討しなければならない。

【参考文献】　本判決の評釈として、潮見佳男・金法1539号24頁、1540号26頁、小野秀誠・金判1070号54頁、平田健治・私法リマ19号52頁、八木一洋・最判解民平成10年度526頁、藤原正則・百選Ⅱ8版164頁。

瀧　久範

146 不法原因の比較

最高裁昭和 29 年 8 月 31 日判決　民集 8 巻 8 号 1557 頁、判時 34 号 14 頁、金法 48 号 12 頁

【90 条、708 条】

📖 **論点**　双方不法の場合には、常に不法利得返還請求権は遮断されるのか

事実の要約

昭和 25 年 5 月中旬頃、Y は X に対して、韓国に苛性ソーダを密輸出し、豪国からアヘンを密輸入するという共同事業を持ちかけ、X は 15 万円の出資を約束した。その後、X は翻意し、同約束を解消することを Y に申し出たが、Y から、「既に密輸出の準備を進めたことでもあるから、せめて一航海の経費として金 15 万円を貸与して貰いたい」と要請されたので、やむなく同金額を利息年 1 割で、期限の定めなく貸与した（「本件消費貸借」）。Y はこの金員を密輸出の目的には使用せず、遊興費等に費消した。X は、Y に対して、契約に基づく貸金返還請求を提訴した（X は、契約が不法の原因に基づくものであるとの Y の答弁を受けて、詐欺取消に基づく不当利得返還請求を合わせて主張した）。

貸付金交付
（密輸出資金？）

X → Y

貸金債権

裁判の流れ

1 審：請求認容（横浜地横須賀支判年月日不明高民集 4 巻 12 号 397 頁）　2 審：取消、請求棄却（東京高判昭 26・12・26 民集 8 巻 8 号 1565 頁）　最高裁：破棄差戻

1 審は、利得者である Y にのみ不法の原因があるとして本件消費貸借の有効性を認め、請求を認容した。2 審は、動機が不法である以上、給付受領者が不法な目的のために貸付金を使用せず欺罔行為によるものであっても返還請求は認められないとして、1 審判決を取り消し、請求を棄却した。X から上告。

判旨

〈破棄差戻〉「民法第 708 条は社会的妥当性を欠く行為を為し、その実現を望む者に助力を拒まんとする私法の理想の要請を達せんとする民法第 90 条と並び社会的妥当性を欠く行為の結果の復旧を望む者に助力を拒まんとする私法の理想の要請を達せんとする規定であるといわれて居る。社会的妥当性を欠く行為の実現を防止せんとする場合はその適用の結果も大体右妥当性に合致するであろうけれども、既に給付された物の返還請求を拒否する場合はその適用の結果は却って妥当性に反する場合が非常に多いから、その適用については十分の考慮を要するものである。本件は給付の原因たる行為の無効を主張して不当利得の返還請求をするものではなく、消費貸借の有効を主張してその弁済を求めるものである。それ故第一次においては民法 90 条の問題であるけれども、要物契約である関係上不法の動機の為めの金銭の交付は既に完了してしまつて居り、残るはその返還請求権だけであってこの請求は何等不法目的を実現せんとするものではない。それ故実質的には前記民法 90 条に関する私法理想の要請の問題ではなく、同 708 条に関する該要請の問題であ」る。

「X は一旦 Y の密輸出計画に賛同したけれども、後にこれを思い止まり Y に対して出資を拒絶した処、Y から『既に密輸出の準備を進めたことでもあるから、せめて一航海の経費として金 15 万円を貸与して貰いたい』と要請され，（1 審判決では強制といって居る）止むを得ず金 15 万円を貸与するに至ったのであって、密輸出に対する出資ではなく通常の貸借である。即ち利益の分配を受けるのでもなく、損失の分担もしないのであり、又貸した金につき Y がこれを密輸出に使用する義務を負担したとか、密輸出に使用することを貸借の要件としたとかいうものでもない（原審認定）。即ち密輸出に使用することは契約の内容とされたわけではなく、X は只密輸出の資金として使用されるものと告げられながら貸与したというだけのことである。さればX は Y の要請により已むを得ず普通の貸金をしたに過ぎないもので、本訴請求が是認されてももともと貸した金が返って来るだけで何等経済上利益を得るわけではない。しかるに若し 708 条が適用されて請求が棄却されると丸々 15 万円の損失をしてしまうわけである。これに対して Y を欺岡して 15 万円を詐取し、これを遊蕩に費消して居ながら（原審認定）民法 90 条、708 条の適用を受けると右 15 万円の返還義務もなくなり、甚しい不法不当の利得をすることになるであろう。此の場合 X の貸金の経路において多少の不法的分子があつたとしても右法条を適用せず本訴請求を是認して弁済を得させることと、右法条を適用して前記の如く X の損失において被上告人に不法の利得をさせることと、何れがより甚しく社会的妥当性に反するかは問う迄もあるまい。考えなければならない処である。前記の如き事実であって見れば、X が本件貸金を為すに至った経路において多少の不法的分子があつたとしても、その不法的分子は甚だ微弱なもので、これを Y の不法に比すれば問題にならぬ程度のものである。殆ど不法は Y の一方にあるといつてもよい程のものであつて、かかる場合は既に交付された物の返還請求に関する限り民法第 90 条も第 708 条もその適用なきものと解するを相当とする。」

判例の法理

給付受領者のみに不法性がある場合だけでなく、給付者・受領者双方の不法性の程度を比較し、**後者が微弱で前者がはるかに大きい場合**には、不当利得返還請求権は遮断されない。

判例を読む

●708 条概観

不法な原因のために行われる給付は、法律上の原因を欠く給付となり、不当利得返還請求権が発生するはずのところ、708 条はこれを遮断する。本条と 90 条は表裏一体として、**不法な法律行為に対する法的な保護を拒絶**するものと解されており、英米法に由来する「衡平法の

救済を求める者は、きれいな手で訴えなければならない」という原則（クリーン・ハンズの原則）や、フランス古法に由来する「何人も自己の醜悪な申立を聴許されない」という原則（nemo auditur 原則）に基づくものといわれている（藤原正則『不当利得法』（信山社、2002）88 頁）。公序良俗論の発展に伴い、仮に本条の「不法」を公序良俗違反と解するなら、その適用範囲は広範なものとなり、かえって当該原因を公序良俗違反と評価したことと矛盾が生じてしまう。というのも、当該行為が公序良俗に反するとして無効とされたにもかかわらず、既履行の部分についてはその巻戻しが否定されることになり、**その限りで当該行為の有効性を保障してしまうからである**。この問題は、**給付者だけでなく給付受領者にもその不法を帰責できる場合**に先鋭化する。そこで、わが国の判例・学説は、さまざまな方法で同条本文の適用を制限し、不当利得返還請求を認めることに努めてきた。判例では、具体的には、「不法」を単なる公序良俗違反と解するのではなく、それに加えて**醜悪性**を要求し（最判昭 35・9・16 民集 14 巻 11 号 2209 頁）、「給付」を**終局的**なものに限定し（最判昭 46・10・28 民集 25 巻 7 号 1069 頁。この点については、→ **147 事件**の解説参照）、本判決のように、「受益者についてのみ」不法性がある場合だけでなく、給付者・受領者双方の**不法性の程度を比較**し、後者が微弱で前者がはるかに大きい場合にも同条ただし書を適用し、不当利得返還請求を認める。このようにして各要件の解釈によって柔軟な対応が図られている一方で、相互の関連性を見出すことが困難で見通しのきかないものとなっている。学説でも、衡平説に対しては判例と同じ批判が妥当する。また、類型論は、給付利得の特則として、同条の趣旨（**法的保護の拒絶・不法の抑止**など）と当該行為の禁止規範の保護目的との調和を重視するが、なお議論が十分に尽くされているわけではない（瀧久範・後掲 1 頁以下）。

●**708 条ただし書の適用範囲**

708 条ただし書は、不法な原因が給付受領者についてのみ存在する場合には、不法原因給付であってもその返還請求権を認める。しかし、給付者に不法性がないのに同条本文が適用される場面はほとんどない（例外として、私通をやめさせるための給付（大判大 12・12・12 民集 2 巻 668 頁）、暴利行為に基づく給付（札幌高判昭 27・5・21 高民集 5 巻 5 号 194 頁）など）。初期の判例・学説は、同条ただし書を文言通り厳格に適用していたが、給付者に不法性がある場合であっても、給付者と受領者の不法性の程度を比較して、後者の方が大きい場合にも適用すべきとの見解が現れ、本判決は、この見解の影響を受けた初めての最高裁判決といえる。本判決には後述のような問題があるものの、このような手法は、その後の判例・学説に受け入れられている（708 条本文ではなく、ただし書を適用するのが多数説である）。

例えば、最高裁は、不法行為の事案であるが、男性に妻のあることを知って情交関係を結んだ女性の男性に対する慰謝料請求について、男性の不法性の程度が女性のそれより「著しく大きい」から、慰謝料請求を認めても「民法 708 条に示された法の精神に反するものではない」と判断した（最判昭 44・9・26 民集 23 巻 9 号 1727 頁）。ただし、本判決は、単なる大小の比較ではなく、給付者の不法性が「甚だ微弱」であることを指摘していることから、いかに受領者の不法性の方が大きかったとしても、

給付者にも一定程度の不法性が認められるのであれば、なお同条ただし書は適用されないだろう。

もっとも、本判決は、本件消費貸借の有効性の判断に当たり、90 条に加えて 708 条の適用を検討し、結果的に両条とも適用せず、契約が有効であると判断している。契約が公序良俗違反で無効となるからこそ、708 条の適用が問題となるのであり、その点で批判は多い（青山義武・最判解昭和 29 年度 130 頁、幾代通・百選 I 3 版 41 頁、石田喜久夫・阪法 13 号 164 頁）。

●**705 条との関係**

本判決では否定されたが、2 審のとおり、本件消費貸借が動機の不法により無効となるなら、X はこれを認識しつつ Y に給付を行ったことになる。そのうえで本判決のように、XY の不法性の程度の比較により、なお X の Y に対する不当利得返還請求権の成立を認める場合、さらに 705 条によってこれが否定されるのか、705 条と 708 条ただし書の優先関係が問題となる。理由づけは様々であるが、両条が競合する場合には、後者を優先させるのが多数説である（川角由和・新注民⑮ 223 頁。判例は、地代家賃統制令違反の家賃の支払について、708 条の適用を判断せずに、705 条により借主の返還請求を遮断するが（最判昭 32・11・15 民集 11 巻 12 号 1962 頁）、「不法」要件を厳格に解しているが故である）。なお、後述のとおり、多様な考慮要素を総合的に判断して不法原因給付の返還を決するのであれば、給付者の認識はその一要素となり、705 条は適用されない。

●**比較法**

前述のとおり、わが国の判例・学説は、708 条の各要件の解釈によって妥当な解決を目指すものであるが、これに対して、比較法的には、広く公序良俗違反の場合を対象としたうえで、列挙した考慮要素を総合的に考慮すべきという提案が有力になってきている。例えば、ユニドロワ国際商事契約原則では、強行規定違反の契約の有効性および返還請求権の遮断の可否について、①違反された規定の目的、②当該規定が保護することを目的としている人の類型、③違反された規定に基づいて課され得る制裁、④違反の重大性、⑤当事者の一方または双方が、当該違反を知り、または知っているべきであったか否か、⑥契約を履行することから必然的に違反が生じるか否か、⑦当事者の合理的な期待、を総合的に考慮して決定される（第 3.3.1 条および第 3.3.2 条、訳は、私法統一国際協会著内田貴ほか訳『ユニドロワ国際商事契約原則 2016』（商事法務、2020）102 頁。このほか、ヨーロッパ契約法原則第 15:102 条、第 15:104 条も参照）。

【参考文献】 本判決の評釈として、本文の注に掲記したもののほか、牛山積・民法の判例 2 版 164 頁、谷口知平・百選 II 2 版 158 頁、月岡利男・百選 II 5 版 156 頁。本文で引用した、瀧久範「民法 708 条本文の目的論的縮減—ドイツにおける贈与サークル Schenkkreis に関する諸判決を素材に」民研 695 号 1 頁。

瀧　久範

147 所有物返還請求権と不法原因給付

最高裁昭和 45 年 10 月 21 日大法廷判決　民集 24 巻 11 号 1560 頁、判時 609 号 3 頁、判タ 254 号 137 頁
【177 条、206 条、708 条】

📖 **論点**
①未登記建物の引渡しは、708 条本文の「給付」に当たるか
②給付者は、708 条本文により給付物の返還請求ができない場合でも、なお所有権に基づき返還請求できるか

事実の要約

妻子のある X は、Y と情交関係を結び、不倫関係維持のために未登記の新築建物（「本件建物」）を贈与し、そこに Y を居住させた。両者の関係が不和となった後、X は、Y に対して、贈与は公序良俗に反し無効であるとして、所有権に基づく本件建物の明渡請求を提訴した（X は、Y の占有が不法占有になるとして損害賠償請求も行っているが、2 審において認められず、上告されていないため割愛）。X が第 1 審係属中に本件建物について自己名義の保存登記を行ったので、Y は、所有権に基づき所有権移転登記（真正な登記名義の回復）を求めて反訴を提起した。

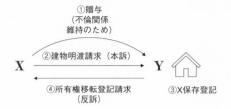

①贈与
（不倫関係
維持のため）

X　②建物明渡請求（本訴）　Y　🏠
　④所有権移転登記請求　　　③X保存登記
　　（反訴）

裁判の流れ

1 審：本訴・反訴請求棄却（東京地判昭 38・5・31 民集 24 巻 11 号 1568 頁）　2 審：本訴・反訴請求棄却（東京高判昭 40・12・24 民集 24 巻 1 号 1575 頁）　最高裁：破棄自判

1 審は、本訴・反訴ともに請求を棄却した（理由は不明）。2 審は、本件建物の贈与を公序良俗に反し無効であるとしたうえで、708 条の趣旨から、所有権に基づく明渡請求を認めなかった。他方、その反射的効果として本件建物の所有権は Y に事実上帰属するとしながら、Y もまた公序良俗に反し法の保護に値せず、所有権の帰属と登記名義が異なることによる不利益は両者が甘受すべきであるとして、Y の移転登記請求も認めなかった。Y から上告。

判旨

〈破棄自判〉①について、「右贈与は公序良俗に反し無効であり、また、右建物の引渡しは不法の原因に基づくものというのを相当とするのみならず、本件贈与の目的である建物は未登記のものであつて、その引渡しにより贈与者の債務は履行を完了したものと解されるから、右引渡しが民法 708 条本文にいわゆる給付に当たる旨の原審の前示判断も、正当として是認することができる。」

②について、「右贈与が無効であり、したがつて、右贈与による所有権の移転は認められない場合であつても、X がした該贈与に基づく履行行為が民法 708 条本文にいわゆる不法原因給付に当たるときは、本件建物の所有権は Y に帰属するにいたつたものと解するのが相当である。けだし、同条は、みずから反社会的な行為をした者に対しては、その行為の結果の復旧を訴求することを許さな

い趣旨を規定したものと認められるから、給付者は、不当利得に基づく返還請求をすることが許されないばかりでなく、目的物の所有権が自己にあることを理由として、給付した物の返還を請求することも許されない筋合であるというべきである。かように、贈与者において給付した物の返還を請求できなくなったときは、その反射的効果として、目的物の所有権は贈与者の手を離れて受贈者に帰属するにいたつたものと解するのが、最も事柄の実質に適合し、かつ、法律関係を明確ならしめる所以と考えられるからである…不法原因給付の効果として本件未登記建物の所有権が Y に帰属したことが認められる以上、Y が X に対しその所有権に基づいて右所有権保存登記の抹消登記手続を求めることは、不動産物権に関する法制の建前からいつて許されるものと解すべきであつて…Y が右保存登記の抹消を得たうえ、改めて自己の名で保存登記手続をすることに代え、X に対し所有権移転登記手続を求める本件反訴請求は、正当として認容すべきものである。」

判例の法理

①未登記建物の引渡しは、708 条本文の「給付」に当たる。

②給付者は、708 条本文により給付物の返還請求ができない場合には、その**所有権は反射的に給付受領者に帰属**するため、所有権に基づく返還請求もできない。

判例を読む

●708 条本文の「給付」の意義

給付者がどの程度まで給付行為を行ったのであれば、その返還請求を遮断されてしまうのか。708 条の趣旨である不法の抑止を強調するなら、給付行為の途中で翻意した給付者にその回復を認めて、**不法な行為の反復・継続を阻止**することも必要である（英米法では、「改悛の機会（locus poenitentiae）」と呼ばれている。ただし、この理論は、給付行為が完了しているが、不法な目的がまだ達成されていない場合（例えば、贈賄者が賄賂を委託者に交付したが、委託者が相手方に申込む前に翻意して返還を求める場合）にも、適用される）。わが国では、この問題は 708 条本文の「給付」の解釈で論じられている。

判例は、本判決以前は、賭博によって生じた債務を担保するために抵当権が設定された場合について、「Y が右抵当権を実行しようとすれば、X において賭博行為が民法 90 条に違反することを理由としてその行為の無効、したがつて被担保債権の不存在を主張し、その実行を阻止できるものというべきであり、被担保債権の存在しない抵当権の存続は法律上許されないのであるから、このような場合には、結局、民法 708 条の適用はな」いとして、X の抵当権の抹消登記請求を認めた（最判昭 40・12・17 民集 19 巻 9 号 2178 頁）。また、708 条には触れられていないものの、賭博の負け金を支払うために為替手

形が裏書譲渡された場合の所持人の支払請求も認めていない（大判大11・12・28新聞2084号21頁）。そのような中で、本判決は、未登記建物の引渡しで「給付」を認めたのである（その後、賭博の負け金に関する和解契約に基づいて振出された小切手の支払請求も否定した。最判昭46・4・9民集25巻3号264頁）。本判決後、既登記建物の贈与について、「贈与が不法の原因に基づくものであり、同条にいう給付があつたとして贈与者の返還請求を拒みうるとするためには、本件のような既登記の建物にあっては、その占有の移転のみでは足りず、所有権移転登記手続が履践されていることをも要する」として、引渡しのみでは「給付」を認めなかった（前掲最判昭46・10・28）。以上より、判例は**給付の終局性**を要件していると解されている。なお、本判決や昭和46年判決とは異なり、既登記建物について、登記は移転しているが引渡しがされていない場合に関する判例はないが、不動産取引における登記の重要性に鑑みれば、登記の移転のみで給付を認めることができると解されている（我妻・講義V₄1168頁）。

このほか、貸借型の契約（例えば、売春宿の経営のための建物賃貸借や暴利の金銭消費貸借）において貸主が借主に何を「給付」したのかについても問題となる。すなわち、貸付金の交付は、借主に一定期間その金銭を使用させることを給付したにすぎないと考えれば、貸主が返還請求を遮断される範囲は、その一定期間に限られ、一定期間経過後は、貸主は借主に対して元本の返還を求めることができると解することができる（この場合、利息については、全く取れない、法定利率のみ取れる、利息制限法の制限利率のみ取れるということが考えられる）。しかし、最高裁は、ヤミ金融による不法行為に基づく損害賠償請求における貸付金相当額の損益相殺を否定する前提として、ヤミ金融による貸付金の給付が不法原因給付に当たり貸主の不当利得返還請求が遮断されると判断し、借主が貸付金を終局的に保持できることを認めた（→ **148事件**）。他方で、売春宿を経営させるために建物を賃貸した者の返還請求も同様に遮断してしまうと、経営者は、賃料を払わずに売春宿を経営できてしまう。わが国では裁判例はないようであるが、売春宿の経営を抑止すべく、賃貸人の返還請求が認められると解される（藤原・前掲99頁）。

●708条の適用範囲

古くは、708条は不当利得返還請求にしか適用されず、所有権に基づく訴えには適用されないと解するのが判例・通説であったが（大判明42・2・27民録15輯171頁：「不当利得の訴は債権を基本と為すものなれども本訴は物権を基本とすること勿論なれば之を混視することを許さざればなり」。ただし、本判決は、差押免脱を目的とする仮装譲渡はそもそも708条の不法にあたらないと判示する）、そうであるとすると結局給付者が給付物を取り戻せることになってしまうとして、708条を物権的請求権に適用すべきとする見解が大きくなっていった（我妻・事務管理等83頁以下、谷口知平『不法原因給付の研究』（有斐閣、1949）160頁以下）。そのような中で、本判決は、708条の趣旨からXの所有権に基づく明渡請求を初めて否定し、さらにその反射的効果として、本件建物の所有権がYに帰属すると判断した（評釈類では、前掲最判昭35・9・16がすでに708条を所有権に基づく返還請求にも適用していると解するものがあるが、最高裁は、差押免脱を目的とする仮装譲渡には708条が適用されないから、所有権が給付者のもとに残り、給付者は

物権的請求権を有すると論じており、適切ではない）。

なお、類型論では、**契約法が適用される場面では所有権法の適用は排除される**と考え、無効・取消に基づく契約の清算において生じる給付利得返還請求権が成立する場合、所有権等の財貨帰属秩序の違反を矯正する侵害利得返還請求権は生じないと解するのが有力であり（侵害利得の補充性）、この立場から、そもそも給付者の物権的請求権（侵害利得は物権的請求権の延長である。）は生じないとする学説もある（好美・後掲（上）25頁）。裁判における主張・立証責任の分配とも関係し、請求権競合の問題の1つとして検討を要する問題である。

他方で、不法行為に基づく損害賠償請求権については、708条の趣旨から、加害者と被害者の不法を比較して、加害者の違法性の有無を決定することが古くから行われている（不貞行為につき、大判昭15・7・6民集19巻1142頁、前掲最判昭44・9・26。利回り保証を約束した投資勧誘につき、最判平9・4・24判時1618号48頁）。そして、近時、最高裁は708条の趣旨に反する損益相殺を否定した（→ **148事件**）。

●給付受領者による請求

708条の趣旨について、**不法な行為をした者に法の保護を与えない**という点を強調すれば、2審のとおり、Yの所有権移転登記請求（さらには所有権の取得）も認めないと考える余地もある（好美・後掲（上）25頁）。しかし、そうであるとすると、Xは第三者に本件建物を売却し、この者に登記を移転すると、売却代金という形で本件建物の財産的価値を取り戻すことができることになる。とくに本判決のように、ＸＹ間の不倫関係がX主導で行われている場合には妥当ではない（→ **146事件**参照）。

本判決とは直結しないが、**不法の抑止**を強調するなら、昭和46年判決のように既登記建物の贈与において引渡しのみ完了している場合について、建物が受贈者の生計にとって重要であり、その利用のためにやむなく不倫関係を継続しているときは、不倫関係の解消を促進すべく、贈与者の返還請求を遮断し、建物所有権を受贈者に帰属させたうえで、移転登記請求を認めるべきと解することもできる。また、既登記の土地と未登記の建物が贈与され、それらが引き渡されたが、土地の移転登記が未了の間に贈与者が返還を求めた場合、昭和46年判決を前提とすると、土地所有権は贈与者に、建物所有権は受贈者に帰属することになり、権利関係が複雑になってしまう。708条の適用にあたっては、多様な考慮が必要となる。

【参考文献】 本判決の評釈として、水本浩・法セ220号54頁、松阪佐一・民商65巻2号325頁、杉田洋一・最判解民昭和45年度508頁、水津太郎・百選II8版166頁。本文で引用した、好美清光「不当利得法の新しい動向について（上）（下）」判タ386号15頁、387号22頁。

瀧　久範

148 708条の趣旨の考慮—ヤミ金業者による貸付金交付と損益相殺

最高裁平成20年6月10日判決　民集62巻6号1488頁、判時2011号3頁、判タ1273号130頁、金判1286号21頁　　　　　　　　　　　　【708条、709条、719条】

論点　著しく高利の利息を取り立てられた借主からのヤミ金融業者に対する不法行為に基づく損害賠償請求において、ヤミ金融業者は借主に交付した貸付金相当額について損益相殺を主張できるか

事実の要約

　Yは、著しく高利の貸付により多大な利益を得ることを企図してヤミ金融の組織を構築し、その統括者として自らの支配下にある各店舗の店長や店員をヤミ金融業に従事させていた。Xらは、各店舗から、年利数百％から数千％という著しく高利で借入れを行い、元利の返済を行っていた。Xらは、各店舗に対して交付した金員について損害を被ったとして、Yに対して、不法行為に基づき損害賠償を請求した。

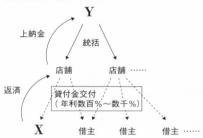

裁判の流れ

　1審：一部認容（松山地判平18・6・7民集62巻6号1517頁）　2審：一部認容（高松高判平18・12・21民集62巻6号1612頁）　最高裁：破棄差戻

　1審は、Yと各店舗の店長らとの共同不法行為を認めたうえで、Xらが自らの意思で借入れを申し込んだことを指摘しつつ、貸付金相当額の損益相殺を認めた。また、貸付金は不法原因給付に当たるが、借主は返済後に改めてその返還を求めることはできないとした。2審も同じく、貸付金相当額の損益相殺を認めた。Xらから上告。

判旨

　〈破棄差戻〉「民法708条は、不法原因給付、すなわち、社会の倫理、道徳に反する醜悪な行為（以下「反倫理的行為」という。）に係る給付については不当利得返還請求を許さない旨を定め、これによって、反倫理的行為については、同条ただし書に定める場合を除き、法律上保護されないことを明らかにしたものと解すべきである。したがって、反倫理的行為に該当する不法行為の被害者が、これによって損害を被るとともに、当該反倫理的行為に係る給付を受けて利益を得た場合には、同利益については、加害者からの不当利得返還請求が許されないだけでなく、被害者からの不法行為に基づく損害賠償請求において損益相殺ないし損益相殺的な調整の対象として被害者の損害額から控除することも、上記のような民法708条の趣旨に反するものとして許されないものというべきである。

　これを本件についてみると、前記事実関係によれば、著しく高利の貸付けという形をとってXらから元利金等の名目で違法に金員を取得し、多大の利益を得るという反倫理的行為に該当する不法行為の手段として、本件各店舗からXらに対して貸付けとしての金員が交付されたというのであるから、上記の金員の交付によってXらが得た利益は、不法原因給付によって生じたものというべきであり、同利益を損益相殺ないし損益相殺的な調整の対象としてXらの損害額から控除することは許されない。」

判例の法理

　反倫理的行為に該当する不法行為の被害者が、当該反倫理的行為に係る給付を受けて利益を得た場合に、被害者からの損害賠償請求において同利益を損益相殺等の対象として被害者の損害額から控除することは、**708条の趣旨に反し許されない**。

判例を読む

　不当利得返還請求権の遮断を認める708条の趣旨は、すでに不法行為責任における加害者の違法性の判断に用いられていた（前掲最判昭44・9・26、前掲最判平9・4・24）。本判決は、下級審で判断の分かれていた、ヤミ金融による不法行為に基づく損害賠償請求における貸付金相当額の損益相殺の可否について、708条の趣旨からこれを否定した初めての最高裁判決である。わが国の不法行為法は、原状回復が原則であり、損益相殺のほか懲罰的損害賠償を認めないなど（最判平9・7・11民集51巻6号2573頁）、被害者の焼け太りに否定的である。しかし、本判決は、**708条の趣旨から焼け太りを認めても、ヤミ金融という暴利行為を抑止すべきという価値判断**を示したと評価されている（金山直樹・消費者法百選2版145頁）。

　また、ヤミ金融による貸付金の給付が不法原因給付に当たり貸主の不当利得返還請求が遮断されるかどうかについても、下級審で判断の分かれていたところであるが、本判決は、損益相殺を否定する前提として、遮断すなわち**借主の貸付金の保持を肯定**しており、この点でも重要な判決である（貸付金の給付が不法原因給付に当たるかについて、→147事件の解説参照）。

　その後まもなく、最高裁は、投資詐欺の事案においても、同様の判断を下した（最判平20・6・24判時2014号68頁）。学説では支持が多いが、本判決が暴利行為であるのに対し、この判決は詐欺行為があるにすぎず、勧誘者の行為の不法性の程度が小さいため、損益相殺を認めるべきであるとする批判もある（久須本かおり・後掲668頁）。

【参考文献】　本判決の評釈として、本文の注に掲載したもののほか、藤原正則・法教338号8頁、平田健治・金法1876号67頁、高橋譲・最判解民平成20年度326頁。本文で引用した、久須本かおり「不法原因給付と損益相殺」法政論集227号647頁。

瀧　久範

権利侵害と違法性【大学湯事件】

大審院大正 14 年 11 月 28 日判決　民集 4 巻 670 頁

【709 条】

論点　平成 16 年改正前 709 条にいう「権利侵害」の意義

事実の要約

Xは先代以来、Y₁から建物を賃借し、「大学湯」という名称で湯屋（銭湯）を営んでいた。しかし、かかる賃貸借が終了する際、Y₁がXに無断で「大学湯」の建物および造作等をY₂およびY₃に売却したため、Xは「大学湯」の営業を継続することができなくなった。そこでXは、Y₁らに対し、①賃貸借契約終了時にXが「老舗」を買い取るか他に売却することが可能であるとの特約があったとして、その債務不履行を主張するとともに、②先代以来有していた「大学湯」という「老舗」（判決文においては特段の説明がないが、「営業上の諸利益の総合したもので一種の営業権」（加藤一郎・不法行為 34 頁）とされる）を失った、として不法行為に基づき損害賠償を請求した。

裁判の流れ

1 審（京都地裁、裁判年月日不明）：結論不明　2 審（大阪控訴院、裁判年月日不明）：請求棄却　大審院：破棄差戻

2 審は、主張①について特約の存在を否定し、また主張②については「老舗」が権利ではないとして不法行為の成立を否定し、Xの請求を棄却したのでXが上告。

判　旨

〈破棄差戻〉「第 709 条は故意又は過失に因りて法規違反の行為に出て以て他人を侵害したる者は之に因りて生じたる損害を賠償する責に任す、と云ふか如き広汎なる意味に外ならす、其の侵害の対象は、或は夫の所有権、地上権、債権、無体財産権、名誉権等、所謂一の具体的権利なることあるへく、或は此と同一程度の厳密なる意味に於ては未た目するに権利を以てすへからさるも而も法律上保護せらるる一の利益なることあるへく、否詳く云はは吾人の法律観念上其の侵害に対し不法行為に基く救済を与ふることを必要とすと思惟する一の利益なることあるへし。夫権利と云ふか如き名辞は其の用法の精疎広狭固より一ならす、各規定の本旨に鑑み以て之を解するに非さるよりは争てか其の真意に中つるを得めや。当該法条に「他人の権利」とあるの故を以て必すや之を夫の具体的権利の場合と同様の意味に於ける権利の義なりと解し、凡の不法行為ありと云ふときは、先つ其の侵害せられたるは何権なりやとの穿鑿に腐心し、吾人の法律観念に照して大局の上より考察するの用意を忘れ求めて自ら不法行為の救済を局限するか如きは思はさるも亦甚しと云ふへきなり。本件を案するに、X先代か大学湯の老舗を有せしことは原判決の確定するところなり。老舗か売買、贈与其の他の取引の対象と為るは言を俟たさるところなるか故に、若Y₁等にして法規違反の行為を敢し、以てX先代か之を他に売却することを不能ならしめ其の得へかりし利益を喪失せしめたるの事実あらむか、是猶或人か其の所有物を売却せむとするに当り第三者の

詐術に因り売却は不能に帰し為に所有者は其の得へかりし利益を喪失したる場合と何の択ふところかある。此等の場合侵害の対象は売買の目的物たる所有物若は老舗そのものに非す、得へかりし利益即是なり。斯る利益は吾人の法律観念上不法行為に基く損害賠償請求権を認むることに依りて之を保護する必要あるものなり」

判例の法理

●不法行為は、確立した具体的な「権利」への侵害に限られず、ひろく法規違反行為によって他人を侵害した場合にも成立する

平成 16 年改正前の民法 709 条は不法行為責任の成立のために「権利」への侵害を要求していたところ（現行法の「法律上保護される利益」は同改正により挿入された）、いわゆる桃中軒雲右衛門事件判決（大判大 3・7・4 刑録 20 輯 1360 頁）において大審院は、浪曲師による即興的な節回しについて著作権が成立しないとして、その複製行為をめぐる不法行為に基づく損害賠償の訴えをしりぞけた。同判決は、不法行為の成立要件論を一般的に展開したわけではなかったが、709 条にいう「権利」の意義を狭く解し、法律上「権利」とされるものに限る趣旨である、と理解されうるものであった（もっとも、同判決における著作権の成否をめぐる解釈論に疑義があることに加え、そもそも同判決が扱ったのは付帯私訴事件であって、著作権侵害を否定した場合にはこれに付随して提起された私訴が認容される余地が制度上存在しなかったのであるから、同判決を「権利」への侵害以外について不法行為の成立を否定したものであるとの一般論を示したものとして理解すべきものであったかどうか、とりわけ近時では疑義が呈されている。能見善久「桃中軒雲右衛門事件と明治・大正の不法行為理論」学習院大学法学会雑誌 44 巻 2 号 183 頁、大村敦志『不法行為判例に学ぶ—社会と法の接点』（有斐閣、2011）80 頁以下）。

これに対して本判決は、不法行為を「法規違反の行為により他人を侵害した」場合に成立するものとし、不法行為が成立する場面を、法律上確立された具体的な「権利」への侵害がある場合に限ることなく、社会観念上その侵害に対して不法行為に基づく救済が必要な利益に対する侵害がある場合にも不法行為が成立する可能性を認めた。

判例を読む

●被侵害利益の拡大・多様化

本判決の直接的な意義は、前述の桃中軒雲右衛門事件判決を否定し、不法行為が成立しうる範囲を拡大した点に求められることに疑いはない。桃中軒雲右衛門事件判決の結論が不当であり、侵害の対象が「権利」であることを要すると厳格に解することが正義・公平に反する（加藤一郎・不法行為 32 頁）とすれば、このような転回は必然であったというべきであり、この点について後続の議論において異論はみられない。

そして本判決による被侵害利益の拡大ないし柔軟化は、その後の判例における、709条の「酷使」（瀬川信久「民法709条」民法典の百年Ⅲ 559頁）とも評される展開にとって重要な役割を果たしている。すなわち、被侵害利益を「具体的な権利」に限定しない判例の態度は、実定法上確立していない種々の「新しい利益」の承認と、その侵害についての不法行為責任の成立をもたらした（あるいは、少なくとも容易にした）。具体例は枚挙に暇がないが、とりわけ、日照・通風の利益（最判昭47・6・27民集26巻5号1067頁）、医療行為についての自己決定権（最判平12・2・29民集54巻2号582頁）といった人格的利益の多様化はその顕著な例といえるだろう。加えて、内縁破棄についても、かつての判例は婚姻予約（債務不履行）構成を採用していたが（大連判大4・1・26民録21輯49頁）、最高裁は本判決を引用した上で不法行為構成へ移行している（最判昭33・4・11民集12巻5号789頁）。

● 権利・利益侵害要件の「違法性」への埋没と復権

もっとも本判決が不法行為の成立範囲の拡大のためにとった手法は、単に被侵害利益の範囲を拡大したというものにとどまらない。というのも、単に桃中軒雲右衛門事件判決の結論を覆すのみであれば、同判決が採用したような狭い「権利」概念を廃棄し、これを拡張することでも可能であったはずである（加藤一郎・不法行為34頁）。しかし、本判決はそれにとどまらず、709条（平成16年改正前）の意義を「故意又は過失に因りて法規違反の行為に出て以て他人を侵害したる者は之に因りて生じたる損害を賠償する責に任す」との意味である、と言い換えており、ここでは「権利侵害」要件が「法規違反の行為」に置き換えられている。

このように権利侵害を「法規違反の行為」と言い換える本判決の態度はドイツ法の分析を基礎にした学説上の主張と結びつけられ、権利侵害要件を「違法性」へと読み替える方向へと踏み出したものであると位置づけられた（権利侵害は違法性の「徴表」に過ぎない、とされる。代表的な見解として末川博『権利侵害論』（弘文堂書房、1930））。そして、かかる「違法性」の有無は被侵害利益の性質と侵害行為の態様との相関関係によって判定する（我妻・事務管理等125頁）、という見解が通説的な地位を占めるに至った。このような理解のもとでは、被侵害利益は行為態様とともに「違法性」判定の一要素としての位置づけにとどまることになる。なお、このように権利侵害要件を「違法性」に置き換える見解に対しては、条文にない「違法性」概念の導入を批判して主観的な要素（故意・過失において考慮されてきたもの）と客観的な要素（違法性において考慮されてきたもの）とをともに「過失」のなかで考慮すべきであるとの見解も有力に主張された。しかし、このような論者においても、もはや権利侵害要件が不法行為の成立を限定する機能を果たしていないとする認識がみられ（平井・各論Ⅱ 21頁以下）、この点では「違法性」論と通底しているといえよう。

もっとも、たしかに判例はしばしば被侵害利益を特定することなく違法性のみを論じて不法行為責任の成立を認めることもある（瀬川・民法典の百年Ⅲ 586頁以下）が、他方で、被侵害利益の有無についての判断がなおも独自の意味を果たす場面もある。たとえば最判昭63・6・1民集42巻5号277頁は、「原審が宗教上の人格権であるとする静謐な宗教的環境の下で信仰生活を送るべき利益なるものは、これを直ちに法的利益として認めることが

できない性質のものである」と述べて、かかる利益に法的な保護を与えなかった。ここでは、その結論の当否はともかくとしても、侵害された利益が「法的に保護される」べきものかどうかを判定するものとして被侵害利益の要件が活用されているのであり、権利（利益）侵害要件が独自の機能を果たしていないというわけではない。加えて、近時の学説においては、不法行為法を権利保護の観点から位置づける見解も有力に主張されており、そのような見解の下では、権利・利益侵害要件は侵害された利益が保護すべきものなのかどうかを検討するものとして、より積極的な位置づけを与えられることになる（潮見・不法行為法Ⅰ 26頁以下、山本敬三「基本権の保護と不法行為法の役割」民法研究5号87頁以下）。

● 権利・利益の性質

故意過失や権利・利益侵害（違法性）要件についていかなる立場をとるにせよ、不法行為の成否の判定において被侵害利益の内容のみならず行為態様の考慮がありうることについては現在では異論がない。とはいえ、あらゆる利益への侵害について行為態様とあわせた総合的衡量によるのかどうかはなお議論があり、いわゆる「絶対権」に対する侵害については行為態様の考慮を必要とすることなく常に違法と解するべきであるとの主張もある（加藤雅信・事務管理等183頁以下など）。現に、平成16年改正後の709条は、不法行為法上保護される利益の対象を「権利」のみならず「法律上保護される利益」にも拡大したことから、このような文言は、被侵害利益が絶対権かそれ以外の利益かによって侵害行為の態様を含めた衡量が行われるかどうかが異なるという見解との親和性が指摘されていた（大塚直「民法709条の現代語化と権利侵害論に関する覚書」判タ1186号18頁）。そして、その後出現した最判平成18・3・30（→ 162事件）は、景観利益について「明確な実体」を有する「私法上の権利」とはいえないとしつつ要保護性を認めており、「権利」と「法律上保護される利益との間には何らかの取り扱いの差異があることを示唆している。もっとも、その差異が具体的にどのようなものかはなお明らかでないし、709条にいう「権利」が、前述した議論の文脈で想定されている「絶対権」と一致する必然性はない（大塚・前掲20頁）。

【参考文献】　本文中に引用したもののほか、錦織成史「違法性と過失」民法講座⑥133頁、前田達明「権利侵害と違法性」山田卓生＝藤岡康宏編『新・現代損害賠償法講座2』1頁。

大澤逸平

150 過失の意義【大阪アルカリ事件】

大審院大正 5 年 12 月 22 日判決　民録 22 輯 2474 頁

【709 条】

論点　過失の意義をどのように理解するべきか

事実の要約

　農地の地主であるX_1および小作人であるX_2ら 36 名（ただし、全員がX_1の小作人であるかは不明であるとされる。川井健『民法判例と時代思潮』（日本評論社、1981）237 頁）は、Y（大阪アルカリ株式会社）が運営する化学工場に設置された煙突から排出された有害物により、稲や麦に被害が生じ、収入が減少したと主張して、Y に対して不法行為に基づく損害賠償を請求した。

裁判の流れ

　1 審（大阪地裁、裁判年月日不明）：請求（一部）認容　2 審（大阪控判大正 4・7・29 新聞 1047 号 25 頁）：控訴棄却、附帯控訴一部認容　大審院：破棄差戻　差戻審（大阪控判大正 8・12・27 新聞 1659 号 11 頁）：控訴棄却、附帯控訴一部認容

　1 審判決は公刊されておらず、その内容は 2 審判決から推測するほかないが、結論としてX_1らの請求を一部認容したので、Y から控訴がされるとともに、X_1らから附帯控訴。2 審は、工場から排出された硫煙によって稲や麦の作柄に影響を及ぼしたことを認定したうえで、化学工場を運営する会社の代理人である取締役であれば、有毒ガスによって農作物等に害があることは知っていたはずであるし、これを知らなかったのであれば調査研究が十分でないことに過失があり、この時点の技術者として最善の注意をしていたとしても責任を免れない、としてY の責任を認めた。Y が上告。なお本判決を受けた差戻審は、Y が煙突を高くするなどして煙害を低減する方法があったにもかかわらずこれをしておらず、これが十分であったと取締役が信じていたとすればそれが過失に当たるとしてY の責任を認めた。

判旨

　〈破棄差戻〉「化学工業に従事する会社其他の者か、其目的たる事業に因りて生することあるへき損害を予防するか為め、右事業の性質に従ひ相当なる設備を施したる以上は、偶他人に損害を被らしめたるも、之を以て不法行為者として其損害賠償の責に任せしむることを得さるものとす。何となれは、斯る場合に在りては右工業に従事する者に民法第 709 条に所謂故意又は過失ありと云ふことを得されはなり」、として、相当な設備を施していたかどうかを審理させるために原審に差し戻した。

判例の法理

●結果を予見し、あるいは予見可能性があったとしても、事業の性質に従い相当の設備を施していれば故意または過失が否定される

　本判決は、控訴審判決が結果の予見ないし予見可能性をもって直ちに故意・過失を認めたのに対して、「相当の設備」を施すことで故意・過失が否定されるという立

論を行っている。ここには、相互に関連するが性質の異なる 2 つの意義がみいだされる。第 1 に、故意・過失が結果の予見または予見可能性から直ちに導かれるわけではない、という点である。これは、過失を「不注意によって結果を知り得なかった」とか、「意思の緊張を欠いた」といったような主観的な概念として把握するのではなく、過失を適切な行為に出なかったという行為義務違反であるとして客観的に把握する立場に親和的である。第 2 に、仮に過失について客観的な概念として把握するとして、行為の適切性をどのように評価するか、という点について、「事業の性質に応じた相当の設備」という基準を示している点である。もっとも、いずれの点についても後述するとおりその先例的意義は疑わしい。

判例を読む

●いわゆる「過失の客観化」と本判決の位置づけ

　前述のように、本判決は、過失を行為者における結果の認識や認識可能性という主観的な概念として捉えるのではなく、行為者が適切な行為に出なかった（義務違反）という客観的概念として把握したものとしてしばしば引用される。

　もっとも、本判決を、そのような立場を意識的に宣言したものとして位置づけることはできない。本判決は、上告理由が仮に損害を生じさせたとしても適法行為であれば不法行為責任を生じるものではないと主張したことに答えたものであり、今日的な意味での過失概念をめぐる議論状況を前提としたものではないからである（潮見・不法行為法 I 270 頁以下）。また、本判決が出された後に、権利侵害要件を違法性要件に置き換え、これに対応して故意過失を主観的概念と位置づける見解が優勢な時代（→ 149 事件解説参照）が訪れたが、そのような学説状況のもとでは、本判決が「相当の設備」の有無を過失の問題として扱ったのは適切でなく、むしろ違法性の問題とすべきであると批判されていた（たとえば我妻・事務管理等 104 頁以下）。

　しかし、裁判例における過失概念の客観化が意識される（東京スモン訴訟として著名な東京地判昭 53・8・3 判時 899 号 289 頁は、過失を「その終局において、結果回避義務の違反をいうのであり、かつ、具体的状況のもとにおいて、適正な回避措置を期待し得る前提として、予見義務に裏づけられた予見可能性の存在を必要とする」と定義する）と、これを受けて学説上も客観的過失概念が有力化（通説化）した（代表的な見解として平井宜雄『損害賠償法の理論』（東京大学出版会、1971））。本判決が現在において過失論の先例として引用されている。このことの帰結という側面がある。その意味で、本判決がそれ自体として先例的意義を有するというよりも、「本判決が過失概念に関する先例的意義を有するものとして位置づけられるようになった」ことが、現在の判例や学説の状況を浮き彫りにするものであるというべきであろう（窪田充見・百選 II 169

頁参照）。

いずれにせよ、本判決をはじめとして、判例のなかに過失を行為義務違反として捉えているとみられる（あるいは、そのような解釈と親和的である）ものがあることは確かであるが、これによって主観的過失概念が客観的過失概念に完全に取って代わられたのかどうかはなお議論がある（瀬川信久「民法709条」民法典の百年Ⅲ 576頁以下は、事案類型に着目して判例における過失概念の変化の要因を分析する）。意思緊張の欠如（主観的過失）と注意義務違反（客観的過失）は過失の2つの側面を表現したものに過ぎないとの主張（澤井94頁など）は、なおも過失概念に主観的な要素が含まれることを含意していよう。また、その行為に法益侵害の高度の危険を伴う場合にのみ行為義務違反としての過失を登場させれば足り、主観的な過失概念はそれ以外の場面ではなお維持されるという主張もある（橋本佳幸ほか『リーガルクエスト民法Ⅴ 事務管理・不当利得・不法行為〔第2版〕』（有斐閣、2020）138頁［橋本］。藤岡康宏『民法講義Ⅴ 不法行為法』（信山社、2013）109頁も、行為義務違反としての過失理解とともに、有責性思想に対応する「過失の意思構成」の存続を主張する）。これは過失責任の帰責根拠として伝統的に掲げられてきた意思に対する非難という理解を維持しうるかどうかという根本的な問いに連なる。

過失の客観化はさらに、違法性概念との緊張関係を生む。かつては権利侵害要件を違法性に読み替える立場（→149事件）が通説的な地位を占めていたが、この見解においては、違法性の判定において行為態様に対する評価を行っていた。しかし、客観的過失概念はかかる違法性の判定と重複してしまう。そこで学説においては、法文にない違法性の要件を放棄し、従前の主観的な過失概念と客観的な違法性概念とをあわせて法文が定める要件である過失のもとで扱うべきである、と論じる見解（平井・各論Ⅱ28頁）や、逆に、権利侵害要件と故意・過失要件を違法性という同一平面において判定すべきとする見解（前田達明・不法行為法123頁）も現れた。もっとも、判例が故意・過失と違法性を明確に使い分けている場面があり（たとえば→157事件）、そもそも判例において「違法性」の用語法自体が一定していないとの指摘もある（瀬川・前掲民法典の百年Ⅲ624頁）。過失と権利侵害（違法性）とをそれぞれ独立の要件とするべきか、そして独立させる場合に両者にどのような内容を割り当てるかはなお検討課題であり続けており、これをめぐる議論は混沌としている（→149事件も参照）。

●過失判断のあり方と本判決の位置づけ

本判決によれば、「事業の性質に応じた相当な設備」を施せば、たとえ実際に被害が生じ、かつその被害について予見ないし予見可能性があったとしても「過失」がないとして不法行為責任を問われない。すなわち、一定の条件のもとでは、行為（事業）を継続して他者に損害を発生させることも不法行為法上許容される余地があるはずである。このような判断の背後に、当時の富国強兵政策からくる産業優先思想を読み取ることもできるだろう（川井・前掲書226頁）。もっとも、本判決は一般論として免責の可能性を認めたに過ぎず、具体的にどのような設備であれば「相当」なものと評価されるのかを明らかにしているものではない。そして本判決を受けた差戻審判決は結論としてYの過失を認めたので、本判決が事業活動による損害の発生を正当化した実例を提供したわ

けではない。また、その後の裁判例においても、「相当の設備」論は加害者の免責にとって有利に活用されたわけではない（瀬川信久「危険便益比較による過失判断」星野英一古稀『日本民法学の形成と課題・下』（有斐閣、1996）841頁、潮見・不法行為法Ⅰ272頁）。

もっとも、本判決の「相当の設備」論は、やや抽象的な次元で、過失判断における危険便益判断を行った先例として位置づけられることがある。すなわち、過失判断の内実を①結果発生の蓋然性および②被侵害利益の重大さと③行為義務を課すことによって犠牲にされる利益との比較衡量によって行うものとする危険便益判断（いわゆるハンドの定式。なお、本判決にハンドの定式の源流となったテリー教授の影響を指摘するものとして瀬川・前掲星野英一古稀論文）とみる立場からは、本判決およびこれを受けた差戻審判決においては、Yにとって経済的にそれほど困難ではないにもかかわらず十分な設備を施していないとしてYの過失を認めた点が注目されることになる。この点は、結果回避に要する費用の小ささ（③）が過失を否定する方向に作用する因子となっているものと理解する余地があるからである（平井・各論Ⅱ55頁。なお、この見解は過失の問題とするが、結果回避義務を課すことによって生じる不利益を不法行為の判定において斟酌するか、という問題は体系的理解を問わず生じる問題であり、論者のよって立つ理解によっては違法性の問題として議論されることもある。大塚直「不法行為における結果回避義務」加藤一郎古稀『現代社会と民法学の動向・上』（有斐閣、1992）37頁）。

もっとも、危険便益判断で考慮される各要素は数量的に算定・比較することは困難であって価値判断が必要であることに加え、危険便益判断が必ずしもあらゆる場面に妥当する考え方ではないことが指摘されている。とりわけ前記③の要素については、これを考慮すべき場面とそうでない場面とがあり、前述のように公害事例においては犠牲になる利益の存在は考慮されない傾向にある（最大判昭56・12・16民集35巻10号1369頁等は損害賠償請求の成否の判定において事業の公益性を重視しない。なお差止事件については→195事件）一方で、医療行為や医薬品の副作用による加害においては、その治療効果が考慮されるのが通常である（たとえば前掲東京地判昭53・8・3）。

【参考文献】 本文中に引用したもののほか、鳩山秀夫・法協35巻8号1471頁、大村敦志『不法行為判例に学ぶ』（有斐閣、2011）7頁、潮見佳男・環境法判例百選3版4頁

大澤逸平

151 不法行為と医師の注意義務【輸血梅毒事件】

最高裁昭和 36 年 2 月 16 日判決　民集 15 巻 2 号 244 頁、判時 251 号 7 頁、判タ 115 号 76 頁、
同 117 号 39 頁

【国賠 1 条】

論点 医師は輸血の際にどのような注意義務を負うか

事実の要約

Xは、国立大学附属病院に入院した際、同病院の医師Aのすすめにより体力補給のために輸血をしたが、輸血の給血者Bは梅毒に感染しており、この輸血のためにXも梅毒に罹患した。なお、輸血の際、Bは輸血の 15 日前の日付の検血証明書を持参しており、Xは、病院を運営するY（国）に対し、梅毒に罹患したのは輸血を担当したAが輸血時点において血清反応検査や視診、触診、問診等をすべきところこれを怠ったためであるとして、国家賠償法 1 条に基づき、治療費、逸失利益および慰謝料を請求した。

裁判の流れ

1 審（東京地判昭 30・4・22 民集 15 巻 2 号 254 頁）：請求一部認容　2 審（東京高判昭 31・9・17 民集 15 巻 2 号 275 頁）：控訴・附帯控訴ともに棄却　最高裁：上告棄却

1 審は、輸血時点において血清反応検査や視診、触診、聴診をしたとしてもBが梅毒に感染している事実を知り得なかったとしたうえで、このような場合であっても問診によって梅毒感染の危険の有無を知りうるとし、梅毒感染後一定期間は検査や診察によって感染の有無を判定することが不可能であるところ、「梅毒感染の危険は、通例その者が意識的に経験する事実に因るものであるから、梅毒感染の危険の有無はその者自身が最もよく了知して居る」として、「Aが相当の問診を為して居たならば、Bの血液をXに輸血するにおいてはXの梅毒に罹患することのあり得べきことを認識し得た」としてAの過失を認めた。2 審も 1 審の判断を概ね支持したので、Yから上告。

判　旨

〈上告棄却〉①「所論は、医師の間では従来、給血者が右のような証明書、会員証等を持参するときは、問診を省略する慣行が行なわれていたから、A医師が右の場合に処し、これを、省略したとしても注意義務懈怠の責はない旨主張するが、注意義務の存否は、もともと法的判断によつて決定さるべき事項であつて、仮に所論のような慣行が行なわれていたとしても、それは唯だ過失の軽重およびその度合を判定するについて参酌さるべき事項であるにとどまり、そのことの故に直ちに注意義務が否定さるべきいわれはない。」

②「いやしくも人の生命及び健康を管理すべき業務（医業）に従事する者は、その業務の性質に照し、危険防止のために実験上必要とされる最善の注意義務を要求されるのは、已むを得ないところといわざるを得ない。

然るに本件の場合は、A医師が、医師として必要な問診をしたに拘らず、なおかつ結果の発生を予見し得なかつたというのではなく、相当の問診をすれば結果の発生を予見し得たであろうと推測されるのに、敢てそれをなさず、ただ単に『からだは丈夫か』と尋ねただけで直ちに輸血を行ない、以つて本件の如き事態をひき起すに至つたというのであるから、原判決が医師としての業務に照し、注意義務違背による過失の責ありとしたのは相当であ」る。

判例の法理

●医師には危険防止のために実験上必要とされる最善の注意義務が課される

本判決は、いわゆる医療過誤事件における過失判断のあり方につきはじめて最高裁が基本的な考え方を示したものである。本判決は、「医業」が「人の生命及び健康」を管理するものであるという業務の性質に着目して、「実験上必要とされる最善の注意義務」を要求し、これによって「梅毒の感染可能性を発見するために十分に問診する」義務を導いた（判旨②）。また、かかる過失の判定が、医師の間の慣行を基準にして行われるものではないことを示している点（判旨①）も重要である。

判例を読む

本判決が結論として梅毒感染の発見のために問診義務を医師に課した点に対しては賛否があり、とりわけ医療関係者から強い疑義が示されている（唄孝一・法協 81 巻 5 号 557 頁参照）。その理由は、問診によって梅毒への感染を明らかにすることは困難であり、過剰な負担を医師や患者に負わせることになる、という点である。

他方、本判決が示した一般論は後続の判例との関係でも意味を持っている。まず、判旨②はその後の判例が医療水準論（→ 152 事件）を展開する際に先例として引用されるのが常であり、その意味では医療水準論の出発点としての役割を果たしたものといえる。とはいえ、判例における医療水準論の展開は本判決を直線的に発展・具体化させたものとはいいにくい。というのも、本判決の文言は一見したところ、およそ医師に対して一般的に相当高度の注意義務を負わせているように見えるが、その後の判例は、本判決を先例として引用しつつも、医療機関の性質によって「医療水準」の内容を変化させるなど（→ 152 事件）、本判決よりもきめの細かい判断を行うようになっているからである。

また、最判平 8 年 1 月 23 日民集 50 巻 1 号 1 頁は、医薬品の添付文書の記載に従って副作用防止のため 2 分間隔で血圧測定をしなかったことについて、医療水準論の枠組みの中で医師の過失を認め、一般の開業医と同様に 5 分間隔で血圧測定をしていたという反論を斥けた。これは、判旨①の延長線上にある判断であるといえよう。

【参考文献】　北村良一・最判解民昭和 36 年度 40 頁、米村滋人・医事法判例百選 2 版 98 頁。1 審・2 審判決につき、四宮和夫・ジュリ 120 号 28 頁

大澤逸平

152 医療機関に要求される「医療水準」の判断【姫路日赤未熟児網膜症事件】

最高裁平成 7 年 6 月 9 日判決　民集 49 巻 6 号 1499 頁、判時 1537 号 3 頁、判タ 883 号 92 頁

【415 条、709 条】

論点　診療において医療機関が負うべき注意義務の内容どのように判定するか

事実の要約

X₁ は、昭和 49 年 12 月 11 日に在胎 31 週、体重 1508 グラムの未熟児として出生した。X₁ はその直後から Y が運営する甲病院に入院し、保育器内での酸素投与等が行われ、昭和 50 年 2 月 21 日に退院した。なお X₁ は、入院中である昭和 49 年 12 月 27 日に甲病院の眼科医師による眼底検査を受けたところ異常なしと判定され、退院まで眼底検査は行われなかった。しかし、退院後の昭和 50 年 4 月 16 日、X₁ は、両眼とも未熟児網膜症瘢痕期三度であると診断された。X₁ の視力は両眼とも 0.06 である。

X₁ およびその両親である X₂・X₃ は、Y に対し、診療契約上の債務不履行に基づく損害賠償を求めて提訴した。X₁ らが主張した Y の義務違反は多岐にわたるが、本判決との関係では眼底検査の不実施についての義務違反のみを取り上げる。すなわち、X₁ らは、X₁ らの出生当時、光凝固法が未熟児網膜症の治療法として知られていたのであるから、Y はその実施のために眼底検査を行う義務があったと主張した。

なお未熟児網膜症の治療等をめぐる状況の概略は以下の通りである。同症の発生機序は訴訟当時においても不明な点が多いものの、昭和 46 年ころから病態についての研究が進んでいた。またその治療法については、昭和 43 年ころから光凝固法による治療例が報告されるようになり、昭和 46 年ころには光凝固法が同症の進行を阻止する効果があるとの報告が相次いだが、昭和 47 年ころには、同症について自然治癒例が多い一方で急激に悪化する例もあることが明らかになり、光凝固法による施術の適応や適期については研究が必要な状況であり、また昭和 49 年当時、未熟児に適切に眼底検査をするための人員や教育施設が不足していることも指摘されていた。このようななか、昭和 49 年に厚生省が同症の診断と治療に関する統一的基準を設けることを目的とした研究班を組織し、同 50 年 3 月、その研究成果が公表され、同年 8 月に専門雑誌に掲載された。そのなかでは、同症についての分類とともに、光凝固法の適応・適期・方法などについて基準が示された。

裁判の流れ

1 審（大阪地判昭 63・7・14 民集 49 巻 6 号 1540 頁）：請求棄却　2 審（大阪高判平 3・9・24 民集 49 巻 6 号 1578 頁）：控訴棄却　最高裁：破棄差戻　差戻審（大阪高判平 9・12・4 判時 1637 号 34 頁、判タ 977 号 204 頁）：請求一部認容

1 審は、X₁ が出生した昭和 49 年当時において光凝固法は有効な治療法として確立しておらず、担当医師に未熟児に対する定期的眼底検査および光凝固法の実施あるいはそのための転医を法的義務として強制することはできないとして請求を棄却し、2 審も 1 審判決を支持して控訴を棄却したので、X₁ らが上告。なお本判決を受け

た差戻審は、昭和 49 年当時において光凝固法に関する知見が甲病院における医療水準であったとして請求を一部認容した。なお、再上告は棄却されたという（最判平 10・12・17 公刊物未登載、丸山英二・年報医事法学 14 号 157 頁）。

判旨

〈破棄差戻〉「Y は、本件診療契約に基づき、人の生命および健康を管理する業務に従事する者として、危険防止のために経験上必要とされる最善の注意を尽くして X₁ の診療に当たる義務を負担したものというべきである（最高裁昭和 36 年 2 月 16 日第 1 小法廷判決・民集 15 巻 2 号 244 頁参照）。そして、右注意義務の基準となるべきものは、診療当時のいわゆる臨床医学の実践における医療水準である（最高裁昭和 57 年 3 月 30 日第 3 小法廷判決・裁判集民事 135 号 563 頁参照）。」「当該疾病の専門的研究者の間でその有効性と安全性が是認された新規の治療法が普及するには一定の時間を要し、医療機関の性格、その所在する地域の医療環境の特性、医師の専門分野等によってその普及に要する時間に差異があり、その知見の普及に要する時間と実施のための技術・設備等の普及に要する時間との間にも差異があるのが通例であり、また、当事者もこのような事情を前提にして診療契約の締結に至るのである。したがって、ある新規の治療法の存在を前提にして検査・診断・治療等に当たることが診療契約に基づき医療機関に要求される医療水準であるかどうかを決するについては、当該医療機関の性格、所在地域の医療環境の特性等の諸般の事情を考慮すべきであり、右の事情を捨象して、すべての医療機関について診療契約に基づき要求される医療水準を一律に解するのは相当でない。そして、新規の治療法に関する知見が当該医療機関と類似の特性を備えた医療機関に相当程度普及しており、当該医療機関において右知見を有することを期待することが相当と認められる場合には、特段の事情が存しない限り、右知見は右医療機関にとっての医療水準であるというべきである。そこで、当該医療機関としてはその履行補助者である医師等に右知見を獲得させておくべきであって、仮に、履行補助者である医師等が右知見を有しなかったために、右医療機関が右治療法を実施せず、又は実施可能な他の医療機関に転医をさせるなど適切な措置を採らなかったために患者に損害を与えた場合には、当該医療機関は、診療契約に基づく債務不履行責任を負うものというべきである。また、新規の治療法実施のための技術・設備等についても同様であって、当該医療機関が予算上の制約等の事情によりその実施のための技術・設備等を有しない場合には、右医療機関は、これを有する他の医療機関に転医をさせるなど適切な措置を採るべき義務がある。」

判例の法理

●医療水準の相対性

本判決は、当時多数の訴訟が提起された未熟児網膜症に対する治療をめぐるものの1つであり、医師に求められる注意義務の判断方法について判示したものとして著名である。

医師の注意義務の内容については、最判昭36年2月16日（→**151事件**）が「危険防止のために実験上必要とされる最善の注意義務」を要求し（なお、最判昭44年2月6日民集23巻2号195頁は、かかる注意義務の内容が「診療当時の医学的知識」に基づいて判断されるとする）、本判決と同じく未熟児網膜症に対する光凝固法の不実施が問題となった最判昭57年3月30日判時1039号66頁は、前掲最判昭36年2月16日を引用しつつ、「右注意義務の基準となるべきものは、診療当時のいわゆる臨床医学の実践における医療水準である」とした。もっとも、前掲最判昭57年3月30日においても「医療水準」の具体的な判定のあり方は明らかにされていなかった。

このようななかで、本判決はかかる「医療水準」があらゆる医療機関に一律に要求されるものではなく所在地域の医療環境の特性等の諸般の事情を考慮するべきものであることを明らかにした。また、本判決が「医療水準」の内容について、知見の広がりと技術・設備の広がりとで時間的に違いが生じることを指摘していることも重要である。これによれば、「知見」が広がっているものの「技術・設備」が備わっていない医療機関においては、適切な技術・設備のある他の医療機関で治療を受けさせるべく患者を転送する義務（転医義務）があることになる（田中豊・最判解民平成7年度下571頁）。

判例を読む

●債務不履行と不法行為との共通性

本判決における原告の請求は「診療契約上の債務不履行」という法律構成によるものであるが、本判決は国家賠償法1条に基づく請求の事例である前掲最判昭36年2月16日や、不法行為責任と債務不履行責任を並列的に根拠とした前掲最判昭59年3月30日を先例として引用し、また本判決後の判例は、不法行為に基づく請求が行われた事例においても本判決を先例と引用している。一般に医療過誤を理由とする損害賠償請求訴訟においては不法行為と債務不履行とがあわせて主張されることが多く、両者の成立要件には内容的に差がないとするのが一般的な理解であり、本判決の法理は法律構成を問わず、医師・医療機関の責任の判定について一般的に妥当する（ただし効果には差異がありうる。近親者の慰謝料請求権について、最判昭55年12月18日民集34巻7号888頁参照）。

●医療水準論の射程

医療水準論は本判決以降もしばしば用いられているが（最判平16・1・15判時1853号85頁、最判平18・1・27判時1927号57頁など）、その一方で、医師や医療機関の責任を判定するにあたって、医療水準に言及しないものも出現している（最判平14・11・8判時1809号30頁、最判平18・4・18判時1933号80頁、最判平18・11・14判時1956号77頁など）。その使い分けの理由については判例が明示的に述べているわけではないが、医療水準論に言及しない判決においては、本判決が扱ったような新規の治療法の定着が問題となっていなかったこと（手嶋豊・医事法判例百選初版142頁）や、具体的な場面において医師が採用すべき治療方法の定型性を欠くこと（米村滋人『医事法講義』（日本評論社、2016）115頁）に違いを求めるものもある。いずれにせよ、各判決において行われているのは、当時の医学的知見を明らかにした上で、当該医療機関の性質等を考慮してその行うべき医療行為の内容を確定するというものであり、「医療水準」という語を用いるかどうかは必ずしも実践的な違いを生み出しているわけではないであろう。

なお、医療機関は、特別な合意がない限り、「医療水準を超えた医療行為を前提としたち密で真しかつ誠実な医療を尽くすべき注意義務まで負うものではな」い（最判平4・6・8判時1450号70頁）。

●実際の判定のあり方

本判決については、その具体的な結論の当否をめぐっても議論がある。本判決以前の未熟児網膜症への治療法に関する最高裁判例においては、厚生省研究班による報告が発表された昭和50年前後を境にして結論が分かれており、本判決が出現するまでは、最高裁はこの時点をもって光凝固法が「医療水準」である治療法として確立したと考えている、という整理が有力であった。しかし本判決の事案は厚生省研究会による報告が公表される前の事案であり、同報告が未熟児網膜症をめぐる当時の医療水準について決定的な役割を与えるものではないことが示されている。

とはいえ、本判決に対しては、昭和49年当時や、厚生省研究会報告後においてすら、未熟児網膜症に対する光凝固法という治療方法は学閥間で評価の対立があり、制度上はなお実験的治療であるにとどまっていたのではないか、という指摘もある（川﨑冨夫「未熟児網膜症姫路日赤事件における医療水準の論考―医学的視点から・認識統合のために」Law & Technology 46号36頁。未熟児網膜症の治療法として光凝固法が医療保険適応となったのは平成2年4月からであり、これ以前は保険外診療として高額な医療費を患者又は医療機関が負担する必要があったとする）。裁判所が判断にあたって必要な専門的知見を得るための訴訟上の工夫として民事訴訟法上専門委員制度が導入された（民訴92条の2以下）ものの、高度・先進的な医療がどこまで「医療水準」として位置づけられるのかは実際上困難な問題であり続けるだろう。

【参考文献】　本文中に引用したもののほか、新美育文・平成7年度重判63頁、前田達明ほか『医事法』（有斐閣、2000）245頁以下〔稲垣喬〕。

大澤逸平

153 未確立な治療方法についての説明義務【乳房温存療法事件】

最高裁平成 13 年 11 月 27 日判決　民集 55 巻 6 号 1154 頁、判時 1769 号 56 頁、判タ 1079 号 198 頁
【656 条、709 条】

論点 未確立な治療方法について医師の説明義務の有無およびその範囲

事実の要約

Xは、医師Yが開設する医院において乳がんと診断され、Yの執刀により、当時一般的であった胸筋温存乳房切除術を受けた。同手術当時、乳房温存療法については、日本では普及が遅れており、厚生省の助成を受けた研究班による乳房温存療法実施要綱に基づく臨床的研究が開始していたもののその成果は未発表であり、専門医の間でも医療水準として確立しているとはいえない状況であった。Yは、同手術当時，乳房温存療法を実施している医療機関も少なくなく，相当数の実施例があり，同療法を実施した医師の間では積極的な評価もされていること，Xの乳がんが上記実施要綱の適応基準を充たし，同療法の適応可能性があることおよび同療法を実施していた医療機関を知っていた。同手術の 12 日前、YはXに対し、乳房を残す方法も行われているが、この方法について現時点で正確には分かっておらず、放射線で黒くなることや、再手術が必要となる可能性があることを説明していた。しかし、手術の 2 日前、XはYに対し、生命の希求と乳房切除のはざまにあって、揺れ動く女性の心情の機微を書きつづった手紙を渡していた。

Xは、Yに対し、診療契約上の債務不履行または不法行為に基づく損害賠償を請求した。以下では、上告審で審理の対象となった、乳房温存療法の説明義務に関する部分のみを扱う。

裁判の流れ

1 審（大阪地判平 8・5・29 民集 55 巻 6 号 1282 頁）：請求一部認容　2 審（大阪高判平 9・9・19 民集 55 巻 6 号 1298 頁）：原判決取消、請求棄却・附帯控訴棄却　最高裁：破棄差戻　差戻審（大阪高判平 14・9・26 判タ 1114 号 240 頁）：請求一部認容

1 審は、YがXに対し乳房切除術と乳房温存術のいずれかを選択する機会を与えてXの意思を確認すべき診療契約上の義務があったとして説明義務違反を認めたが、2 審は、乳房温存療法の実施割合が低く安全性が確立されていなかったとして説明義務違反を否定した。Xが上告。差戻審は慰謝料および弁護士費用の請求を認めた。

判　旨

〈破棄差戻〉「医療水準として確立した療法（術式）が複数存在する場合には、患者がそのいずれを選択するかにつき熟慮の上、判断することができるような仕方でそれぞれの療法（術式）の違い、利害得失を分かりやすく説明することが求められる」。これに対し、「実施予定の療法（術式）は医療水準として確立したものであるが、他の療法（術式）が医療水準として未確立のものである場合には、医師は後者について常に説明義務を負うと解することはできない。とはいえ、このような未確立の療法（術式）ではあっても、医師が説明義務を負うと解される場合がある…。少なくとも、当該療法（術式）が少

なからぬ医療機関において実施されており、相当数の実施例があり、これを実施した医師の間で積極的な評価もされているものについては、患者が当該療法（術式）の適応である可能性があり、かつ、患者が当該療法（術式）の自己への適応の有無、実施可能性について強い関心を有していることを医師が知った場合などにおいては、たとえ医師自身が当該療法（術式）について消極的な評価をしており、自らはそれを実施する意思を有していないときであっても、なお、患者に対して、医師の知っている範囲で、当該療法（術式）の内容、適応可能性やそれを受けた場合の利害得失、当該療法（術式）を実施している医療機関の名称や所在などを説明すべき義務がある…。そして…、手術により乳房を失わせることは、患者に対し、身体的な障害を来すのみならず、外観上の変ほうによる精神面・心理面への著しい影響ももたらすものであって、患者自身の生き方や人生の根幹に関係する生活の質にもかかわるものであるから、胸筋温存乳房切除術を行う場合には、選択可能な他の療法（術式）として乳房温存療法について説明すべき要請は、このような性質を有しない他の一般の手術を行う場合に比し、一層強まる…」。結論として、Yは「乳房温存療法の適応可能性のあること及び乳房温存療法を実施している医療機関の名称や所在を説明しなかった点で、診療契約上の説明義務を尽くしたとはいい難い。」

判例の法理

●医療水準にない治療法の説明義務

本判決は、療法を医療水準（→ 152 事件）として確立したものと未確立のものに分けた上で、前者について説明することを「当然」としつつ、後者についても説明義務が生じる場合があることを認めた。

判例を読む

本判決が未確立の治療法についても説明義務を発生させる根拠として挙げているのは、当該治療法の実績やそれに対する積極的評価の存在、当該治療法の適応可能性および患者の意向である。また、乳房温存療法という治療法が持つ患者の心身に対する影響の大きさを説明義務を基礎づける方向で働く事情としているが、この事情は不可欠とされているわけではない。他方、未確立の治療法について医師は「知っている範囲で」説明すれば足り、これについて適切な知見を得ていることまでを要するわけではない（→ 152 事件が、医療機関が医師に「適切な知見」を獲得させる義務を指摘していたことと比較されたい）。

【参考文献】　中村也寸志・最判解民平成 13 年度 714 頁、手嶋豊・民商 126 巻 6 号 148 頁。医療における説明義務一般について米村滋人『医事法講義』（日本評論社、2016）126 頁以下。

大澤逸平

予見可能性の推定【インフルエンザ予防接種事件】

最高裁昭和 51 年 9 月 30 日判決　民集 30 巻 8 号 816 頁、判時 827 号 14 頁、判タ 340 号 100 頁
【709 条、国賠 1 条、予防接種法 2 条、予防接種実施規則 4 条】

論点　予防接種によって生じた副作用について医師に予見可能性が認められるのはどのような場合か

事実の要約

　A（当時満 1 歳）は Y（東京都）の設置する保健所において、公務員である B によってインフルエンザの予防接種を受けたが、その翌日、間質性肺炎および濾胞性大小腸炎によって死亡した。A の両親である X₁ および X₂ は、B が問診等を行わなかったことによって予診義務を怠ったこと、ならびに保健所長 C において接種会場において予診義務を尽くさせるよう監督する義務を怠ったことを理由として、Y に対し、国家賠償法 1 条に基づき逸失利益や慰謝料等の損害賠償を請求した。

裁判の流れ

　1 審（東京地判昭 48・4・25 民集 30 巻 8 号 826 頁）：請求棄却　2 審（東京高判昭 49・9・26 民集 30 巻 8 号 836 頁）：控訴棄却　最高裁：破棄差戻
　1 審は、「過失とは注意義務の懈怠であるが、その前提として、注意義務の存在することおよび注意義務をつくせば違法な結果を避け得たであろうという予見可能性が存在することが必要である」とし、本件においては「B において、A に対し、体温測定、視診、聴診、打診を行つても、間質性肺炎および濾胞性大小腸炎の存在を推認しえず、従つて予防接種をすればその結果として何らかの副作用を生ずるかも知れないことを認識しえ」ず、また問診についても、B が問診をした際 X₂ が A の体の不具合について申告しなかったとして、B の過失はなく、C の過失に関する主張も B の過失を前提とするものである以上認められないとした。2 審も 1 審判決を支持したので、X₁ らが上告。なお差戻審で和解が成立した。

判　旨

　〈破棄差戻〉「予防接種を実施する医師としては、問診するにあたつて、接種対象者又はその保護者に対し、単に概括的、抽象的に接種対象者の接種直前における身体の健康状態についてその異常の有無を質問するだけでは足りず、禁忌者を識別するに足りるだけの具体的質問、すなわち〔昭和 33 年 9 月 17 日厚生省令第 27 号予防接種〕実施規則 4 条所定の症状、疾病、体質的素因の有無およびそれらを外部的に徴表する諸事由の有無を具体的に、かつ被質問者に的確な応答を可能ならしめるような適切な質問をする義務がある。」「適切な問診を尽さなかつたため、接種対象者の症状、疾病その他異常な身体的条件および体質的素因を認識することができず、禁忌すべき者の識別判断を誤つて予防接種を実施した場合において、予防接種の異常な副反応により接種対象者が死亡又は罹病したときには、担当医師は接種に際し右結果を予見しえたものであるのに過誤により予見しなかつたものと推定するのが相当である。そして当該予防接種の実施主体であり、かつ、右医師の使用者である地方公共団体は、接種者の死亡等の副反応が現在の医学水準からして予知することのできないものであつたこと、若しくは予防接

種による死亡等の結果が発生した症例を医学情報上知りうるものであつたとしても、その結果発生の蓋然性が著しく低く、医学上、当該具体的結果の発生を否定的に予測するのが通常であること、又は当該接種対象者に対する予防接種の具体的必要性と予防接種の危険性との比較衡量上接種が相当であつたこと（実施規則四条但書）等を立証しない限り、不法行為責任を免れないものというべきである。」として、適切な問診によって認識可能な疾病等の範囲や禁忌の有無の識別判断の可否について審理させるために差し戻した。

判例の法理

●結果の予見可能性の証明の要否

　本判決で問題となったインフルエンザの予防接種については、これによって死亡等の重篤な結果が生じることは稀であり、仮に問診によって禁忌者を発見したとしてもそれが直ちに死亡等の重篤な結果についての具体的な予見可能性を基礎づけるかどうかは疑わしい（その意味で、本判決は事実上の推定を認めたものではない。鬼頭季郎・最判解民昭和 51 年度 343 頁）。しかし本判決は、結果発生の具体的な予見可能性について被害者（原告）側の立証を求めることなく責任が成立しうるとした。
　もっとも、適切に問診をしていれば禁忌者と判定するのが医学上相当であったかどうかは差戻審による審理対象であり、問診義務違反の有無や、問診義務を尽くした場合の禁忌者の識別可能性の証明についてはなお原告に要求されているとみられる（鬼頭・前掲同所）。

判例を読む

　過失責任につき結果の予見可能性を要求する現在の一般的理解からみれば、例外的に本判決は原告の立証責任を緩和し、立証責任の転換を図ったものと理解される。その実質的根拠を、予防接種が特定の個人を犠牲にして公共の利益を図るものである点に求める（鬼頭・前掲 342 頁参照）なら、本判決の射程は限定的なものとなろう（なお、予防接種につき厚生大臣の過失を認めたものとして東京高判平 4 年 12 月 18 日高民集 45 巻 3 号 212 頁）。もっとも、過失責任を認めるにあたり、予見の対象となる結果についてどの程度の具体性が必要か、あるいはそもそも行為義務を課すために予見可能性が必要か、といった点に議論の余地がある（潮見・不法行為法 I 293 頁以下）。

【参考文献】　本文中に引用したもののほか、宇都木伸＝平林勝政・ジュリ 631 号 94 頁、前田達明・ジュリ 642 号 76 頁、新美育文・民商 76 巻 5 号 755 頁。

大澤逸平

155 失火責任と債務不履行責任

大審院明治 45 年 3 月 23 日連合部判決　民録 18 輯 315 頁

【415 条、709 条、失火】

論点　失火責任法は債務不履行責任にも適用されるか

事実の要約

　Xは家屋をYに賃貸していたところ、Yの使用人であるAの過失によって家屋が焼失した。そこでXはYに対し、賃貸借契約の目的物返還義務についてYの責に帰すべき事由により履行不能となったとして債務不履行に基づく損害賠償を請求した。

裁判の流れ

　1審（和歌山地判、裁判年月日不明）：請求認容　2審（大阪控判明 44・6・8 公刊物未登載）：原判決変更、請求棄却　大審院：破棄差戻

　1審はXの請求を認めたが、2審は、失火責任法は不法行為のみならずおよそ失火を理由とする損害賠償請求すべてに適用されるとし、Yに重過失があるとの立証がないとして1審判決を変更し、Xの請求を棄却した。Yが上告。

判旨

　〈破棄差戻〉「明治 32 年法律第 40 号〔失火責任法〕…は単に焼失物上の権利侵害に付失火者に重大なる過失なき限りは損害賠償の責任を負はしめさる法意にして、即ち不法行為に因りて生したる損害の賠償責任に関する例外規定なること洵に明瞭なり。抑賃貸人と賃借人との間には賃貸借契約に因りて特別なる債権債務の存在するありて、賃借人は賃貸人に対し其債務を履行せさるを得さるものなれは、家屋の賃借人か火を失して其家屋を焼失せしめ、因て之か返還の義務を履行せさるときは、一面に於ては過失に因りて賃貸人の所有権を侵害したるものにして不法行為たると同時に、他の一面に於ては自己の過失に因りて債務を履行すること能はさるに至りたるものにして債務不履行たること勿論なり。而して其不法行為に付ては、明治 32 年法律第 40 号の規定に依り、重大なる過失なき限り民法第 709 条の適用なくして損害賠償の責任なしと雖も、債務不履行に付ては民法第 415 条の適用あるを以て過失の軽重に拘はらす因りて生したる損害を賠償せさる可からさること更に多言を竢たさるへし。」本件請求が債務不履行責任に基づくものであるにもかかわらず失火責任法を適用した2審判決を破棄し、差し戻した。

判例の法理

●失火責任法は不法行為責任の特別法であり、債務不履行責任には妥当しない

　失火責任法によれば、失火者は重過失の場合にのみ責任を負う（最判昭 32・7・9 民集 11 巻 7 号 1203 頁は「重大な過失とは、通常人に要求される程度の相当な注意をしないでも、わずかの注意さえすれば、たやすく違法有害な結果を予見することができた場合であるのに、漫然これを見すごしたような、ほとんど故意に近い著しい注意欠如の状態を指す」とする）。同法が不法行為責任を対象とすることは法文

上明らかであるようにも思われるが、本判決に先立つ大判明 38・2・17 民録 11 輯 182 頁は、賃借人の失火により賃借目的物の家屋が滅失したとして賃貸人が保管義務の不履行に基づく損害賠償を請求した事案において、失火責任法はおよそ失火者に重大な過失がない限り免責する趣旨であるとして債務不履行責任についても失火責任法を適用していた。本判決はこれを変更し、失火責任法はあくまで不法行為責任の特別法に過ぎないことを強調して、債務不履行責任の成否については失火責任法を考慮しないものとした。その後の最高裁も本判決を踏襲している（最判昭 30・3・25 民集 9 巻 3 号 385 頁）。

判例を読む

　本判決に対しては、軽率な賃借人と契約した賃貸人が保護されるのに無関係の第三者は保護され、また自宅を所有する者は責任を負わないのに賃借する者は責任を負う、といった不均衡をもたらすとの批判がある（谷口知平＝植林弘『損害賠償法概説』（有斐閣、1964）10 頁〔谷口〕）。もっともこれに対しては、債務不履行責任については賃貸人に対する責任のみが問題となり、延焼により賠償責任が無限定に発生することを防止する失火責任法の趣旨が妥当しない（有森隆・法協 93 巻 6 号 989 頁）との反論がある。本判決への評価は失火責任法そのものに対する評価と関連しており、近時においては、同法が定める軽過失免責に対する立法論的批判（澤井裕『失火責任の法理と判例』（有斐閣、1989）20 頁）が強い。このような観点からすると、今日では同法の適用を制限的に解した本判決の結論に異論はなく、平成 29 年改正後も本判決の結論は維持されるべきこととなる。

　失火責任法が特殊不法行為においてどのように適用されるかも問題となる。判例は、714 条については責任無能力者に過失を観念し得ないとして監督義務者について重過失を要求する（最判平 7・1・24 民集 49 巻 1 号 25 頁）が、使用者責任については被用者について重過失を必要としている（最判昭 42・6・30 民集 21 巻 6 号 1526 頁）。717 条については、大判昭 7・4・11 民集 11 巻 609 頁が工作物の設置・保存の瑕疵により失火した場合につき、工作物所有者の重大な過失があるとしたが、同条による責任が失火責任法によって免責されるかどうかを直接判断しておらず、最高裁の立場は依然として明瞭でない。

【参考文献】　本文中に引用したもの。

大澤逸平

156 建物設計者、工事監督者または施工者の不法行為責任

最高裁平成 19 年 7 月 6 日判決　民集 61 巻 5 号 1769 頁、判時 1984 号 34 頁、判タ 1252 号 120 頁

【709 条】

論点
①建物の設計者、工事監督者、施工者は建築された建物の瑕疵について、契約関係にない者に対しても不法行為責任を負うか
②建物の基本的な安全性を損なう瑕疵とはどのような場合に認められるか
③建物の設計者等が不法行為責任を負う場合における損害賠償の内容はどのようなものか

事実の要約

　Ｘらは、Ａから 9 階建ての共同住宅である本件建物を購入し、引渡しを受けた。本件建物は、Ａから委託を受けた Y₁ が設計および工事管理を行い、Y₂ がＡとの請負契約に基づき施工したものであった。Ｘらへの引渡し後、本件建物には廊下、床、壁のひび割れ、鉄筋量の不足、バルコニー手すりのぐらつきなど多数の瑕疵があることが判明した。そこでＸらは、Y₁ および Y₂ に対して不法行為に基づき、瑕疵の補修費用や家賃収入の喪失に基づく損害の賠償を請求した。なお、Ｘらはａから請負契約上の地位を譲り受けたことを前提として、Y₂ に対して瑕疵担保責任に基づく瑕疵修補請求または損害賠償請求を主張しているが、ここでは不法行為に基づく損害賠償についてのみ検討する。

裁判の流れ

　1 審（大分地判平 15・2・24 民集 61 巻 5 号 1725 頁）：請求一部認容　2 審（福岡高判平 16・12・16 民集 61 巻 5 号 1892 頁）：控訴認容　最高裁（第 1 次上告審）：破棄差戻　差戻審（福岡高判平 21・2・6 判時 2051 号 74 頁）：請求棄却　最高裁（第 2 次上告審、最判平 23・7・21 判時 2129 号 36 頁）：破棄差戻　差戻控訴審（福岡高判平 24・1・10 判時 2158 号 62 頁）

　2 審は建物の設計者等について不法行為責任を問うことについて、「本来瑕疵担保責任の範疇で律せられるべき分野において、安易に不法行為責任を認めることは、法が瑕疵担保責任制度を定めた趣旨を没却することになりかねない」として、「請負人が注文者等の権利を積極的に侵害する意図で瑕疵ある目的物を製作した場合や、瑕疵の内容が反社会性あるいは反倫理性を帯びる場合、瑕疵の程度・内容が重大で、目的物の存在自体が社会的に危険な状態にある場合等に限って、不法行為責任が成立する余地が出てくる」として、本件においてはこうした強度の違法性がないことから、不法行為責任は成立しないとした。これに対してＸらが上告受理申立。

判旨

　〈破棄差戻〉「建物は、そこに居住する者、そこで働く者、そこを訪問する者等の様々な者によって利用されるとともに、当該建物の周辺には他の建物や道路等が存在しているから、建物は、これらの建物利用者や隣人、通行人等（以下，併せて「居住者等」という。）の生命、身体又は財産を危険にさらすことがないような安全性を備えていなければならず、このような安全性は、建物としての基本的な安全性というべきである。そうすると、建物の建築に携わる設計者、施工者及び工事監理者（以下，併せて「設計・施工者等」という。）は、建物の建築に当たり、契約関係にない居住者等に対する関係でも、当該建物に建物としての基本的な安全性が欠けることがないように配慮すべき注意義務を負うと解するのが相当である。そして、設計・施工者等がこの義務を怠ったために建築された建物に建物としての基本的な安全性を損なう瑕疵

があり、それにより居住者等の生命、身体又は財産が侵害された場合には、設計・施工者等は、不法行為の成立を主張する者が上記瑕疵の存在を知りながらこれを前提として当該建物を買い受けていたなど特段の事情がない限り、これによって生じた損害について不法行為による賠償責任を負うというべきである。居住者等が当該建物の建築主からその譲渡を受けた者であっても異なるところはない。」

　「建物としての基本的な安全性を損なう瑕疵がある場合には、不法行為責任が成立すると解すべきであって、違法性が強度である場合に限って不法行為責任が認められると解すべき理由はない。例えば、バルコニーの手すりの瑕疵であっても、これにより居住者等が通常の使用をしている際に転落するという、生命又は身体を危険にさらすようなものもあり得るのであり、そのような瑕疵があればその建物には建物としての基本的な安全性を損なう瑕疵があるというべきであって、建物の基礎や構造く体に瑕疵がある場合に限って不法行為責任が認められると解すべき理由もない。」

　そのうえで、建物としての基本的な安全性を損なう瑕疵の有無、およびそれによりＸらが被った損害の有無等について審理を尽くすために原審に差し戻した。

判例の法理

●建物の設計者・施工者等の注意義務（論点①）

　建物の瑕疵については、売買契約の買主から売主に対する契約不適合責任（562 条〜 564 条）（本判決当時においては改正前民法に基づく瑕疵担保責任）を追及することができるが、買主と契約関係にない建物の設計・施行者等に対しても不法行為責任を負うかが問題となった。原審は、建物の瑕疵については契約関係にある当事者間における契約責任の規律に委ねられるべきであるとして、違法性が特に強度である場合に限り、不法行為責任の成立が認められると判示した。同様の判断は下級審裁判例（神戸地判平 9・9・8 判時 1652 号 114 頁）にもみられる。これに対して、建築士の不法行為責任を認めた先例として、最判平 15・11・14 民集 57 巻 10 号 1561 頁がある。同判決は、名義貸しをした建築士の購入者に対する不法行為責任の成否が問題となった事案について、建築士について、「業務を行うに当たり、新築等の建築物を購入しようとする者に対する関係において、建築士法及び法の上記各規定による規制の潜脱を容易にする行為等、その規制の実効性を失わせるような行為をしてはならない法的義務がある」として、かかる義務違反を認めたうえで不法行為の成立を認めている。

　こうしたなか、本判決は、設計者等は契約関係にない居住者等に対する関係でも、**建物としての基本的安全性に欠けることのないよう配慮すべき注意義務**を負い、かかる注意義務の違反により「**居住者等の生命、身体又は財産が侵害された場合には**」不法行為責任を負うと判示した。設計者・施工者等について、居住者等の第三者に

対して建物の安全性を備えるべき注意義務が課される根拠として、居住者らの生命・身体および所有権という一般的な法益を挙げることにより、契約関係にない者に対する不法行為責任が基礎づけられることになる。建物の瑕疵について契約法の規律に服するべきとした原審とは異なり、建物の基本的な安全性を重要な法益である生命・身体と関連付けることにより強度の違法性がない場合でも不法行為の成立を認め得ると考えられる。本判決当時は、建物の耐震構造を偽装することによる被害者の救済が問題となっていたこともあり、こうした問題に対する解決策として、上記の保護法益を認めることにより被害者救済の道を広げたと評価するものもある（円谷・後掲評釈）。

●建物としての基本的な安全性を損なう瑕疵の意義（論点②）

どのような場合に建物としての基本的な安全性を損なう瑕疵が認められるかについては、差戻審以降で審理されているので、ここでは差戻審および第2次上告審の判示事項を参照する。なお、差戻審においては、Xが第1審段階ですでに本件建物の所有権を失っているという事実が新たに考慮されることとなった。そこで、差戻審では建物としての基本的な安全性を損なう瑕疵とは、**生命・身体・財産に対する現実的な危険性を生じさせるもの**であるとして、Xが所有権を有していた時点ではこうした現実的な危険性が生じていないとしてY$_1$およびY$_2$の不法行為責任が否定された。

これに対して、第2次上告審は以下のように判示し、現実的な危険がない場合でも瑕疵が認められるとした。「居住者等の生命、身体又は財産を危険にさらすような瑕疵をいい、建物の瑕疵が、居住者等の生命、身体又は財産に対する現実的な危険をもたらしている場合に限らず、**当該瑕疵の性質に鑑み、これを放置するといずれは居住者等の生命、身体又は財産に対する危険が現実化することになる場合には**、当該瑕疵は、建物としての基本的な安全性を損なう瑕疵に該当すると解するのが相当である」。

●損害賠償の内容（論点③）

設計者・施工者等の不法行為責任が認められたとしても、その損害賠償の内容が問題となる。本判決は注意義務の違反により「居住者等の生命、身体又は財産が侵害された場合」に不法行為に基づく損害賠償義務が発生するとしており、拡大損害の賠償を念頭に置いているようにも思われる。しかし、Xが請求している損害の内容は瑕疵修補費用相当額の賠償であり、建物自体の損害であることから、この点が差戻審を通じて明らかになることが期待された。もっとも、第2次上告審でも、この問題については特に理由を検討することなく、「建物の所有者は、自らが取得した建物に建物としての基本的な安全性を損なう瑕疵がある場合には、第1次上告審判決にいう特段の事情がない限り、設計・施工者等に対し、当該瑕疵の修補費用相当額の損害賠償を請求することができるものと解され、上記所有者が、当該建物を第三者に売却するなどして、その所有権を失った場合であっても、その際、修補費用相当額の補填を受けたなど特段の事情がない限り、一旦取得した損害賠償請求権を当然に失うものではない」と判示し、修補費用相当額の賠償を認めている。これによると建物の設計者・施工者等は、建物の瑕疵自体について不法行為責任を負うことになるが、本来契約法により規律されるべき責任であり、不法行為責任の範囲に含み得るかについては問題が残る。

●建物設計者・施工者等の過失

本判決では瑕疵ある建物の設計者・施工者等が直接の契約関係にない建物の購入者に対して、その瑕疵に基づく責任を負うかが問題となった。本判決以前の裁判例には、強度の違法性がある場合や行政違反がある場合などに限定して不法行為の成立を認めていたが、本判決は、設計者・施工者に建物の基本的安全性が欠けることのないように配慮すべき注意義務を認めている。たしかに安全性を欠く建物が倒壊するなどして生命、身体、財産等を現実に侵害した場合、こうした建物を設計・施工した者に責任を負わせることは妥当であり、倒壊等の危険を考慮して定められた土地工作物責任（717条）の趣旨とも整合的であるといえる。

●被侵害利益、損害との関係

問題となるのは、本判決では瑕疵ある建物によって生命、身体等の侵害が現実に発生しているわけでなく、原告が求める損害賠償の内容が瑕疵修補に関する費用である点にある。本判決の判旨では、上記の注意義務違反を認定するにあたり、被侵害利益として生命、身体、所有権が考慮されている。したがって、これらが侵害され損害が発生した場合、その賠償を認めることは問題ない。しかし、瑕疵修補費用は目的物の契約不適合に基づく損害であり、瑕疵修補費用の賠償を本判決の判旨から導くことには異論もある。

すなわち、実際に支出していない修補費用相当額の賠償を認めることは、自分の取得した建物の価値が低いものであったということが損害賠償として認められるのかという問題につながり、建物所有者が修補費用相当額の賠償を得ながら、修補をせずに別の物に売却した場合の問題も指摘されている（窪田・不法行為法55頁）。こうした考え方によれば、判例法理において過失の前提となる注意義務が居住者等に対する安全性を根拠に認められる一方で、賠償の内容が修補費用相当額、すなわち建物所有者の契約上の利益であることは、両者が対応していないようにも思われ、上記の注意義務違反から修補費用相当額の賠償額を認め得るかが問題になる。

これに対して、生命・身体は現実の侵害に対して絶対的保護を受けるものであることから、それらが侵害されるおそれの段階でも、生命身体に対する危険の除去のために瑕疵修補費用の賠償が認められるべきとして、本来契約法の規律領域に属する契約目的物の瑕疵の問題が、この場合に限って、生命・身体の保護のために不法行為法が介入することになることを認める見解もある（橋本佳幸＝大久保邦彦＝小池泰『リーガルクエスト民法V〔第2版〕』（有斐閣、2020）122頁）。瑕疵修補費用は生命・身体に対する危険を回避するためのものであることから、契約上の利益のみならず生命・身体を保護する目的とするものであり、不法行為法規範による修補費用相当額の賠償を正当化するのである（山本周平・百選Ⅱ173頁）、

【参考文献】　本判決の評釈として、円谷峻・平成19年度重判89～90頁、高橋譲・最判解民平成19年度（下）499頁など多数。解説で示した瑕疵修補費用の賠償について本判決を批判的に検討するものとして、原田剛「建物の瑕疵に関する最近の最高裁判決が提起する新たな課題」法と政治59巻3号719頁以下、古積健三郎・法教406号124頁以下。

加藤雅之

事実の摘示と名誉毀損

最高裁昭和 41 年 6 月 23 日判決　民集 20 巻 5 号 1118 頁、判時 453 号 29 頁、判タ 194 号 83 頁
【709 条、710 条、723 条】

論点　事実を摘示することにより他人の名誉を毀損する行為について免責が認められる要件

事実の要約

1955 年 3 月、Y は自身が発行する新聞に「2 月選挙の内幕」と題する記事を掲載した。本件記事は、「署名狂やら殺人前科」の見出しのもと、同年 2 月施行の衆議院議員の総選挙に関するものであり、記事の中に、立候補者であった X が学歴および経歴を詐称し、これにより公職選挙法違反の疑いにより警察から追及されていること、また X には殺人の前科があった旨の内容が含まれていた。X はこれらの記事により名誉および信用が毀損されたとして、Y に対して慰謝料の支払および謝罪文の掲載を求めた。

裁判の流れ

1 審（東京地判昭 33・12・24 民集 20 巻 5 号 1125 頁）：請求棄却　2 審（東京高判昭 37・3・15 民集 20 巻 5 号 1132 頁）：控訴棄却　最高裁：上告棄却

1 審、2 審ともに X の請求を棄却した。2 審は、民事上の名誉毀損についても刑法 230 条の 2 のような免責事由が認められるとしたうえで、本件記事の内容がいずれも真実であるか、真実であると信ずるに相当の理由がある場合に該当するとして、Y の責任を否定した。

判　旨

〈上告棄却〉「民事上の不法行為たる名誉毀損については、その行為が公共の利害に関する事実に係りもっぱら公益を図る目的に出た場合には、摘示された事実が真実であることが証明されたときは、右行為には違法性がなく、不法行為は成立しないものと解するのが相当であり、もし、右事実が真実であることが証明されなくても、その行為者においてその事実を真実と信ずるについて相当の理由があるときには、右行為には故意もしくは過失がなく、結局、不法行為は成立しないものと解するのが相当である（このことは、刑法 230 条の 2 の規定の趣旨からも十分窺うことができる）。」

判例の法理

●事実摘示による名誉毀損の免責法理

本判決は、事実摘示型の名誉毀損について、刑法における名誉毀損の規定の趣旨を踏まえて、①**その表現行為が公共の利害に関する事項に関するものであり、かつ②その目的がもっぱら公益を図るものである場合に、③摘示された事実が真実であることが証明されたとき**（①〜③までを真実性の抗弁とよばれる）、または④**かかる事実が真実であることが証明されないときでも、当該事実を真実と信じるについて相当の理由があることを証明できたとき**（①②および④の要件を充たすものを相当性の抗弁とよばれる）には不法行為は成立しないとした。本判決の事案では、衆議院選挙の候補者についての記事であることから①および②を充たしているとされたうえで、X の前科に関する部分は真実であることから③が認められ、また経歴詐称については真実ではないが、真実と信ずる相当の理由があるとして④が認められた。なお、本判決では、真実性の抗弁が認められる場合には違法性が否定

されるとする一方、相当性の抗弁については故意過失要件を否定するものとしている。

判例を読む

●名誉毀損とは

名誉とは、**人がその品性、徳行、名声、信用その他の人格的価値について社会から受ける客観的評価**をいう（最判昭 45・12・18 民集 24 巻 13 号 2151 頁）。名誉は人格権ないし人格的利益の一種として不法行為法上の保護法益であり、人の社会的評価を低下する行為があった場合、不法行為の成立要件である権利ないし利益の侵害要件が充足される（当然、不法行為の他の成立要件も充たす必要がある）。今日の判例では、表現行為が社会的評価を低下するか否かは、一般の読者・視聴者の普通の注意と読み方を基準にしている（最判昭 31・7・20 民集 10 巻 8 号 1059 頁、テレビ放送について、最判平 15・10・16 民集 57 巻 9 号 1075 頁）。このように名誉は社会的評価と位置付けられるため、名誉感情が侵害されただけでは名誉毀損は成立しないとされている（もっとも名誉感情の侵害による不法行為の成立が一切認められないわけではない。侵害行為の態様によっては、不法行為の成立が認められる場合もある点に注意）。

●表現の自由との関係

名誉毀損は表現行為によってなされることから行為者の表現の自由についても配慮する必要があるこのため名誉毀損においては、**被害者の名誉（社会的評価）と行為者の表現の自由との調整を図る必要があり**、他人の名誉を侵害する表現行為であっても不法行為責任を否定されるのはどのような場合かが問題となる。本判決が示すように、判例は刑法 230 条の 2 を参照し、公共性を有する事実についてかつ公益目的により事実の摘示がなされた場合、真実性の抗弁または相当性の抗弁により不法行為の成立が否定される。なお、免責のための要件は被告側に立証責任がある。

真実性の抗弁により不法行為の成立が否定されるのは、公共の利害にする、公益目的による真実の伝達は社会的に有益であるため、対象となる者の名誉の保護に優先すると考えられるからである。また、その内容が結果的に真実でなかった場合でも、表現の自由を保護する観点から、相当性の抗弁が認められるのである。ここで相当性の抗弁が認められるための「相当の理由」の有無については、取材源の信用度の高さや慎重な裏づけ取材がなされたか等の事情が考慮されて判断される。

【参考文献】　本判決の評釈として、德本鎮・民商 56 巻 2 号 91 頁、加藤一郎・法協 84 巻 5 号 744 頁。名誉毀損について、憲法との関係も含めて検討するものとして、松井茂記『表現の自由と名誉毀損』（有斐閣、2013）。

加藤雅之

158 意見ないし論評の表明と名誉毀損

最高裁平成 9 年 9 月 9 日判決　民集 51 巻 8 号 3804 頁、判時 1618 号 52 頁、判タ 955 号 115 頁
【709 条、710 条】

論点　一定の事実を前提とした意見ないし論評により名誉毀損について、不法行為の成立が否定されるのはどのような場合か

事実の要約

　X は当時妻に対する殺人未遂事件について逮捕、拘留されて取り調べを受けていたところ、Y が発行する夕刊紙において「『X は極悪人、死刑よ』夕ぐれ族・A が明かす意外な関係」「『B さんも知らない話…警察に呼ばれたら話します』」等の見出しのもと、X について「知能犯プラス凶悪犯で、前代未聞の手ごわさ」と述べる元検事の談話を報じる記事が掲載された。X は、本件記事の見出しや内容により名誉を毀損されたとして、Y に対して慰謝料 500 万円を請求した。

裁判の流れ

　1 審（東京地判平 4・10・2751 巻 8 号 3833 頁）：請求一部認容　2 審（東京高判平 16・1・27 民集 51 巻 8 号 3837 頁）：一部取消、請求棄却　最高裁：破棄差戻
　2 審では、本件記事が前提とした事実が社会的に広く知れ渡った事実であること、また、こうした事実を前提とした意見表明が不当なものではないことなどを理由に不法行為の成立を否定した。X から上告。

判旨

　〈破棄差戻〉「ある事実を基礎としての意見ないし論評の表明による名誉毀損にあっては、その行為が公共の利害に関する事実に係り、かつ、その目的が専ら公益を図ることにあった場合に、右意見ないし論評の前提としている事実が重要な部分について真実であることの証明があった時には、人身攻撃に及ぶなど意見ないし論評としての域を逸脱したものでない限り、右行為は違法性を欠くものというべきである」「そして、仮に右意見ないし論評の前提としている事実が真実であることの証明がないときにも、事実を摘示しての名誉毀損における場合と対比すると、行為者において右事実を真実と信ずるについて相当の理由があれば、その故意又は過失は否定されると解するのが相当である。」

判例の法理

●意見論評型名誉毀損の免責要件

　名誉毀損は、事実の摘示によるものだけでなく、他人についての一定の評価を表明するような意見ないし論評によっても生じる。本判決は意見ないし論評による名誉毀損について不法行為の成立が否定される場面を明らかにしたものである。本判決は、事実摘示型名誉毀損における免責法理に対応して（事実摘示型については→ 157 事件）、意見・論評の前提となる事実について、相当性の抗弁ないし真実性の抗弁が認められる場合、不法行為の成立が否定されるとし、これを前提とした**意見論評については、人身攻撃など意見ないし論評の域を逸脱していない限り、不法行為の成立が否定される**とした。もっとも、本判決は結論として問題となった表現が事実の摘示を含むものとして名誉毀損の成立を認めている。

判例を読む

●名誉毀損の類型──事実摘示型と意見論評型

　名誉毀損については、事実摘示型と意見論評型が区別される。ある者の経歴等を公表することにより社会的評価をもたらすもの等が前者であり、こうした事実を前提として「○○は政治家として不適切である」などと自身の見解を表明することで他人の社会的評価をもたらすものが後者である。両者が区別されるのは、個人の意見表明については表現の自由のもと尊重されるべきであることから、意見自体の妥当性は名誉毀損の免責を判断するにあたり考慮されないことに基づく。判例も「個人攻撃に及ぶものでない限り」、基本的に意見それ自体によって名誉毀損が成立するものではないとしている。しかし、意見の前提となる事実については、事実摘示型名誉毀損と同様に、その公表された事実が真実であるか、または真実であると信ずべき相当の理由があるかによって判断される。

　判例法理のように意見や論評自体について、その妥当性を問わないとする考え方を**公正な論評の法理**という。こうした考え方の背景には、公共の利害にして、公益目的でなされる自由な意見や論評を保護する重要性が考慮されているとともに、意見や論評の内容の正当性についてはそれを受け取る側が判断し、意見等が妥当でないと判断される場合にはその意見や論評の対象となっている者の社会的評価を低下させることにならないことが挙げられている。

●両者の区別

　このように事実摘示型と意見論評型では名誉毀損があった場合の免責法理について、判断構造が異なることから両者をいかに区別するかが問題となる。本判決では、「当該部分の前後の文脈や、記事の公表当時に一般の読者が有していた知識ないし経験等を考慮し、右部分が、修辞上の誇張ないし協調を行うか、比喩的表現方法を用いるか、又は第三者からの伝聞内容の紹介や推論の形式を採用するなどによりつつ、間接的ないしえん曲に前記事項を主張するものと理解されるならば、同部分は、事実を摘示するものとみるのが相当である」として、問題となった表現が事実の摘示であるとしている。

　両者の区別について、法的な見解の表明による名誉毀損が問題となった事例において、法的な見解の表明はその正当性自体が証明の対象となり得ないことから意見ないし論評の表明であるとして、本判決の免責法理を用いて不法行為の成立が否定した判決がある（最判平 16・7・15 民集 58 巻 5 号 1615 頁）。

【参考文献】　本判決の評釈として、八木一洋・最判解民平成 9 年度（下）1146 頁、窪田充見・平成 9 年度重判 82 頁。

加藤雅之

通信社の配信記事を掲載した新聞社の免責

最高裁平成 23 年 4 月 28 日判決　民集 65 巻 3 号 1499 頁、判時 2115 号 50 頁、判タ 1347 号 89 頁
【709 条、710 条】

論点　通信社から配信を受けた新聞記事による名誉毀損と新聞社の免責

事実の要約

　Ｙらは自らが発行する新聞に、大学病院において行われた手術中にＸが人工心肺装置の操作を誤ったことにより患者を死亡させたという内容の記事を掲載した。本件記事はＹらが加盟する通信社Ｚから配信を受けたものであり、Ｙらは独自に裏付け取材をすることなく、配信を受けた記事をほぼそのまま掲載したが、本件記事に配信記事である旨の表示（クレジット）はなかった。Ｘは本件記事の掲載により名誉を毀損されたとして、ＺおよびＹらに対して損害賠償を求めた。

裁判の流れ

　1 審（東京地判平 19・9・18 民集 65 巻 3 号 1530 頁）：請求一部認容　2 審（東京高判平 21・7・28 民集 65 巻 3 号 1558 頁）：請求棄却　最高裁：上告棄却
　通信社Ｚと新聞社Ｙらに対する請求がなされていたところ、Ｚに対する請求については 1 審 2 審ともに、Ｚには本件記事に摘示された事実を真実であると信ずるについて相当の理由があるとして請求を棄却した。Ｙらに対する請求について 1 審が請求を一部認容したのに対して、2 審は、Ｚに上記の相当の理由が認められる場合には、Ｙらもこれに依拠することができるとして、Ｙらに対する請求を棄却した。Ｘは、行為主体ごとに名誉毀損の成否が判断されるべきとした上で、裏付け取材をしていないＹらに相当性の抗弁は認められないとして上告受理申立てをした。

判　旨

　〈上告棄却〉「少なくとも、当該通信社と当該新聞社とが、記事の取材、作成、配信及び掲載という一連の過程において、報道主体としての一体性を有すると評価することができるときは、当該新聞社は、当該通信社を取材機関として利用し、取材を代行させたものとして、当該通信社の取材を当該新聞社の取材と同視することが相当であって、当該通信社が当該配信記事に摘示された事実を真実と信ずるについて相当の理由があるのであれば、当該新聞社が当該配信記事に摘示された事実の真実性に疑いを抱くべき事実があるにもかかわらずこれを漫然と掲載したなど特段の事情のない限り、当該新聞社が自己の発行する新聞に掲載した記事に摘示された事実を真実と信ずるについても相当の理由があるというべきである。」

判例の法理

●配信記事による名誉毀損

　名誉毀損の成否については、名誉毀損が成立する場合であっても、真実性の抗弁および相当性の抗弁によって不法行為の成立が否定される（→ **157 事件**および **158 事件**）。これらの抗弁が認められるかについては被告について判断されるところ、本判決では通信社から配信を受けた記事をそのまま掲載した場合にこれらの抗弁をいかに判断するかが問題となった。この問題については、通信社に相当性の抗弁が認められない事例において、配信記事であることを理由とする新聞社の免責を否定した最高裁の判断が存在する（最判平 14・1・29 民集 56 巻 1 号 185 頁、最判平 14・3・8 裁判集民 206 号 1 頁）。これに対して、本判決は通信社に相当性の抗弁が肯定される場合について、通信社と新聞社が報道主体としての一体性を有すると評価できる時は、新聞社がとくに独自の裏付け取材等をしなくても、新聞社についても相当性の抗弁が認められ、名誉毀損による不法行為の成立が否定されるとした。本判決は、通信社と新聞社の一体性の有無について、両者の関係、記事配信の仕組み、新聞社による記事内容の実質的変更の可否等の事情を総合考慮して判断するとし、クレジットの有無については結論に影響しないとした。

判例を読む

●配信システムと名誉毀損の成否

　本判決が指摘するように、新聞社が通信社からの配信記事を利用して報道内容を充実させることは、国民の知る権利に奉仕する点においても重要な社会的意義を有する。配信システムのもとでは、新聞社が配信記事の内容について独自に裏付け取材をすることは予定されておらず、とくに地方紙の場合には困難であろう。配信記事について新聞社のみが損害賠償責任を負うとすると、上記システムに対する萎縮効果を生むことになり、国民の知る権利が損なわれるおそれがある。学説には、定評ある通信社からの配信記事を掲載した場合新聞社は原則として不法行為責任を負わないとする「**配信サービスの抗弁**」による新聞社の免責を認める見解もあるが、本判決はこれを採用せず、通信社と新聞社の一体性が認められる場合に、通信社の誤信相当性による免責を新聞社が援用できるという構成を採用した。配信記事を掲載した新聞社の免責を無制限で認めるものではないが、配信システムの社会的意義を高く評価した判断といえる。もっとも、名誉の保護という観点からは、新聞社の免責を過度に認めるべきではなく、本件のように、たとえそれが慣例であるとはいっても、配信記事である旨のクレジットがない場合に、かかる免責の枠組みを認めるべきかは問題であろう。

【参考文献】　本判決の評釈として、武藤貴明・最判解民平成 23 年度 417 頁、大塚直・私法リマ 45 号 42 頁。クレジットの有無と不法行為の成否については、前掲最判平 14・3・8 における福田、亀山裁判官の意見も参照。

加藤雅之

プライバシーの侵害【ノンフィクション「逆転」事件】

最高裁平成 6 年 2 月 8 日判決　民集 48 巻 2 号 149 頁、判タ 933 号 90 頁

【709 条】

論点　前科等に関わる事実が公表された場合における損害賠償の可否

事実の要約

　1964 年 8 月、当時アメリカ合衆国統治下にあった沖縄県宜野湾市普天間で、X ら 4 名が米兵 2 名と喧嘩になり、米兵の 1 名が死亡、もう 1 名が負傷する事件が発生した。X はこの事件について、傷害の罪で有罪判決を受け、服役した後、やがて沖縄を離れて東京都内でバス会社に就職していた。X はその後結婚したが、会社にも妻にも前科を秘匿していた。本件裁判に陪審員として関与した Y はその経験をもとに「逆転」と題するノンフィクション作品を執筆し、そのなかで X の実名を使用していた。のちに、本件著作の存在を知った X は Y に対して、前科に関わる事実が公表されたことによりプライバシーが侵害され精神的苦痛を被ったとして慰謝料 300 万円の支払を求めた。

裁判の流れ

　1 審（東京地判昭 62・11・20 民集 48 巻 2 号 218 頁）：請求一部認容　2 審（東京高判平元・9・5 高民集 42 巻 3 号 325 頁）：控訴棄却　最高裁：上告棄却

判　旨

　〈上告棄却〉「前科等にかかわる事実については、これを公表されない利益が法的保護に値する場合があると同時に、その公表が許されるべき場合もあるのであって、ある者の前科等にかかわる事実を実名を使用して著作物で公表したことが不法行為を構成するか否かは、その者のその後の生活状況のみならず、事件それ自体の歴史的又は社会的な意義、その当事者の重要性、その者の社会的活動及びその影響力について、その著作物の目的、性格等に照らした実名使用の意義及び必要性をも併せて判断すべきもので、その結果、前科等にかかわる事実を公表されない法的利益が優越するとされる場合には、その公表によって被った精神的苦痛の賠償を求めることができるものといわなければならない。」

判例の法理

●プライバシー侵害に基づく不法行為の成否

　本判決はまず、前科等に関わる事実は「その者の名誉あるいは信用に直接かかわる事項」であることを根拠に、これを公表されないという法的な利益を有するとする一方で、これが刑事事件という社会一般の関心の対象ともなることから、公表することに歴史的、社会的意義が認められるような場合には、公表を受忍すべき場合もあるとする。そのうえで、不法行為の成否を判断する要素として、その者の生活状況、事件の歴史的・社会的意義、当事者の重要性、その者の社会的活動とその影響力などを挙げ、本件については、事件から著作が刊行されるまでの時間に X が無名の一市民として新たな生活環境を形成していた事実を考慮して、前科にかかわる事実の公表を受忍すべき場合ではないと判断した。本判決は「プラ

イバシー」という言葉を用いていないが、一般にプライバシーと位置づけられる人格的利益の保護の枠組みを示すものである。

判例を読む

●プライバシーとは

　プライバシー権とは、「**私生活をみだりに公開されないという法的保障ないし権利**」と定義され（東京地判昭 39・9・28 下民集 15 巻 9 号 2317 頁（宴のあと事件））、人格権の一つとして不法行為法上の保護法益とされる。本判決以降の最高裁判決においても、プライバシーとこれを公表する利益が優越する場合には「前者が後者に優越する場合に不法行為が成立する」として、両者の比較衡量によって不法行為の成否を判断している（最判平 15・3・14 民集 57 巻 3 号 229 頁）。表現の自由との調整が必要になることからプライバシーと名誉は類似する点もあるが、プライバシーについてはいったん公表されると、その回復が困難である点が名誉と異なる。そのため、内容の真実性よりもプライバシーに関わる事項を公表することが公共の利害に関するか否かが重要になるのである。

●自己情報コントロール権としてのプライバシー

　プライバシーについては、上記のように私的領域を公開されないことに留まらず、**自己に関する情報をコントロールする権利**を含むものとしても位置づけられる。このようにプライバシーを捉える見解に基づくと、たとえば流出した個人情報の削除等を求めるようにより積極的な権利行使が可能となる。これに関連して、近年ではインターネット上にある自己情報の削除を求める権利として、いわゆる「忘れられる権利（the right to be forgotten）」という議論がある。日本では過去の逮捕歴についての記事の検索結果からの削除を求めた事案で「忘れられる権利」を根拠に削除を認めた裁判例がある（さいたま地判平 27・12・22 判時 2282 号 78 頁、ただし本決定は抗告審で取り消された）。プライバシーなど人格的利益のネット社会における保護のあり方を考えるために今後の議論の進展が期待される。

【参考文献】　山野目章夫「私法とプライバシー」田島泰彦＝山野目章夫＝右崎正博『表現の自由とプライバシー──憲法・民法・訴訟実務の総合的研究』（日本評論社、2006）。忘れられる権利については、メグ・レタ・ジョーンズ『Ctrl＋Z 忘れられる権利』（勁草書房、2021）。

加藤雅之

161 氏名を正確に呼称される利益の侵害【NHK日本語読み訴訟事件】

最高裁昭和63年2月16日判決　民集42巻2号27頁、判時1266号9頁、判タ662号75頁
【709条、710条】

論点　氏名を正確に呼称される利益は不法行為法上の保護を受けるか

事実の要約

在日韓国人であるXの氏名は、母国語読みでは「チョエ・チャンホア」と発音され、漢字では「崔昌華」と表記されるものであった。Y（NHK）は、1975年にXが行った記者会見について報道する際、Xの氏名を漢字表記に基づき「サイ・ショウカ」と呼んだ。Yは記者会見に出席した記者からの報告により、Xの氏名が母国語読みでは「チョエ・チャンホア」となることを知っていた。Xは、氏名を正確に呼称されなかったことを理由として、Yに対して謝罪広告および慰謝料（1円）の支払を求めた（このほか、不正確な呼称を差し止める旨の請求もしているが、この点に関する請求は上告理由に含まれていない）。

裁判の流れ

1審（福岡地小倉支判昭52・7・11民集42巻2号39頁）：請求棄却　2審（福岡高判昭58・7・21民集42巻2号54頁）：請求棄却　最高裁：上告棄却

1審は、氏名の呼称を違えたことが法律上人の人格を侵害する違法な行為と評価しうるか否かについて、行為の目的、意図、態様等諸般の具体的事情を総合的に勘案し、一般通常人を基準にして違法ではないとして請求を棄却した。2審もこれを維持し、Xより上告。

判旨

〈上告棄却〉「氏名は、社会的にみれば、個人を他人から識別し特定する機能を有するものであるが、同時に、その個人からみれば、人が個人として尊重される基礎であり、その個人の人格の象徴であって、人格権の一内容を構成するものというべきであるから、人は、他人からその氏名を正確に呼称されることについて、不法行為法上の保護を受けうる人格的な利益を有するものというべきである。しかしながら、氏名を正確に呼称される利益は、氏名を他人に冒用されない権利・利益と異なり、その性質上不法行為法上の利益として必ずしも十分に強固なものとはいえないから、他人に不正確な呼称をされたからといつて、直ちに不法行為が成立するというべきではない。すなわち、当該他人の不正確な呼称をする動機、その不正確な呼称の態様、呼称する者と呼称される者との個人的・社会的な関係などによって、呼称される者が不正確な呼称によって受ける不利益の有無・程度には差異があるのが通常であり、しかも、我が国の場合、漢字によって表記された氏名を正確に呼称することは、漢字の日本語音が複数存在しているため、必ずしも容易ではなく、不正確に呼称することも少なくないことなどを考えると、不正確な呼称が明らかな蔑称である場合はともかくとして、不正確に呼称したすべての行為が違法性のあるものとして不法行為を構成するというべきではなく、むしろ、不正確に呼称した行為であっても、当該個人の明示的な意思に反してことさらに不正確な呼称をしたか、又は害意をもつて不正確な呼称をしたなどの特段の事情

がない限り、違法性のない行為として容認されるものというべきである。」

判例の法理

●氏名を正確に呼称される利益の性質と不法行為の成否

本判決の要点は、氏名は人格権の位置内容を構成し、他人から氏名を正確に呼称される利益は、不法行為上保護される人格的な利益であるとしながら、氏名を冒用されない利益と比較すると、不法行為上の利益として十分に強固なものとはいえないことを理由に、侵害行為の違法性との相関関係により不法行為の成否を判断するとした点にある。かかる判断基準は、不法行為の成立要件である権利侵害について、被侵害利益の重大性と侵害行為の態様により判断する相関関係説の考え方に基づくものと位置づけられる。

本判決では、在日韓国人について漢字表記に基づく読みをした場合であっても、「当該個人の明示的な意思に反してことさらに不正確な呼称をしたか、又は害意をもつて不正確な呼称をしたなどの特段の事情がない限り」不法行為の成立が否定されるとした。

判例を読む

●不法行為法の権利生成的機能

不法行為の成立には権利または法律上保護される利益の侵害が要件となるところ、本判決では、それまで明確に権利ないし利益として承認されていなかった氏名を正確に呼称される利益の保護が問題となった。本判決は結論的には不法行為責任を否定しているものの、氏名を正確に呼称される利益が法的な保護の対象となりうる人格的な利益であるとした点に意義を有する。こうした人格的な利益については、不法行為に関する判例を通じてその保護の必要性が承認されることが認められることから、不法行為法には社会の変化に対応して、新たな権利ないし利益を生成する機能を有しているとみることができる。

●外国人の氏名をめぐる状況の変化

本判決時点と異なり、現在では外国人、とりわけ韓国人朝鮮人の氏名については母国語読みに基づくことが一般的になっているといえる。本判決当時は、漢字表記された外国人の氏名を母国語にのっとり正確に呼称することは一般的ではなかったが、これが一般的になっている現在においては侵害行為の違法性を判断する基準も異なることとなろう。

【参考文献】　本判決の評釈として、飯塚和之・判タ671号81頁、斉藤博・昭和63年度重判74頁。「マイノリティの利益」の観点から、事件の背景も含めて詳細に論じるものとして、大村敦志『不法行為判例に学ぶ』（有斐閣、2011）221頁〜231頁。

加藤雅之

162 景観利益【国立マンション訴訟】

最高裁平成 18 年 3 月 30 日判決　民集 60 巻 3 号 948 頁、裁時 1409 号 5 頁、判時 1931 号 3 頁、判タ 1209 号 87 頁、判例地方自治 279 号 79 頁、裁判集民 219 号 1065 頁
【709 条、憲 13 条、景観 2 条、東京都景観条例 1 条（平成 18 年改正前）、国立市都市景観形成条例 1 条、都計 12 条の 4、12 条の 5（平成 12 年改正前）、建基 3 条、68 条の 2（平成 14 年改正前）、国立市地区計画の区域内における建築物の制限に関する条例 7 条（平成 12 年改正前）】

論点　景観権ないし景観利益は不法行為法（709 条）により保護されうる権利・利益か

事実の要約

　JR 国立駅南口からの大学通りは並木道であり、通り沿いの地域では街路樹（高さ 20 m）と周囲の建物の高さが連続性を保って調和しており、その景観は優れた街路の景観として紹介されるほどであった。国立市も周辺住民も景観の維持には力を注いできた。大学通りの一橋大学より南側の多くは第 1 種低層住居専用地域にあるが、大学通りの南端の本件土地はほぼ第 2 種中高層住居専用地域内にあり絶対高さ制限を受けていなかった。不動産開発業者 Y は本件土地を購入し、高さ約 44 m（計画当初は 55 m）のマンション建設を計画した。国立市は高さ制限のための条例を準備したが、制定直前に建設工事が開始され、マンションは完成し分譲されている。X（住民ら）は Y ら（マンション区分所有者を含む）に対し、景観権ないし景観利益の侵害を理由として（709 条）、本件マンションのうち高さ 20 m を超える部分の撤去、慰謝料・弁護士費用の支払を求めた。

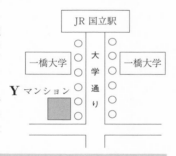

裁判の流れ

　1 審（東京地判平 14・12・18 民集 60 巻 3 号 1079 頁）：請求一部認容（建物一部撤去を認めた）、一部棄却　2 審（東京高判平 16・10・27 民集 60 巻 3 号 1177 頁）：原判決中 Y ら敗訴部分取消し、X の請求・控訴棄却（X 上告受理申立）　最高裁：上告棄却

判　旨

　〈上告棄却〉　最高裁は「都市の景観は、良好な風景として、人々の歴史的又は文化的環境を形作り、豊かな生活環境を構成する場合には、客観的価値を有するものというべきである。」と述べたうえで、本件建物建築着手時、国立市と同様に都市の良好な景観の形成・保全を目的とする条例を制定していた地方公共団体も少なくなく東京都景観条例もすでに制定されていたこと（平成 9 年施行）および平成 16 年公布・施行の景観法の存在とその内容、景観法も良好な景観が有する価値を保護することを目的としていることを指摘し、「良好な景観に近接する地域内に居住し、その恵沢を日常的に享受している者は、良好な景観が有する客観的な価値の侵害に対して密接な利害関係を有するものというべきであり、これらの者が有する良好な景観の恵沢を享受する利益（以下『景観利益』という。）は、法律上保護に値するものと解するのが相当である。」としたが、「この景観利益の内容は、景観の性質、態様等によって異なり得るものであるし、社会の変化に伴って変化する可能性のあるものでもあるところ、現時点においては、私法上の権利といい得

るような明確な実体を有するものとは認められず、景観利益を超えて『景観権』という権利性を有するものを認めることはできない。」とした。

　続けて、「民法上の不法行為は、私法上の権利が侵害された場合だけではなく、法律上保護される利益が侵害された場合にも成立し得るものである（民法 709 条）が、本件におけるように建物の建築が第三者に対する関係において景観利益の違法な侵害となるかどうかは、被侵害利益である景観利益の性質と内容、当該景観の所在地の地域環境、侵害行為の態様、程度、侵害の経過等を総合的に考察して判断すべきである。そして、景観利益は、これが侵害された場合に被侵害者の生活妨害や健康被害を生じさせるという性質のものではないこと、景観利益の保護は、一方において当該地域における土地・建物の財産権に制限を加えることとなり、その範囲・内容等をめぐって周辺の住民相互間や財産権者との間で意見の対立が生ずることも予想されるのであるから、景観利益の保護とこれに伴う財産権等の規制は、第一次的には、民主的手続により定められた行政法規や当該地域の条例等によってなされることが予定されているものということができることなどからすれば、ある行為が景観利益に対する違法な侵害に当たるといえるためには、少なくとも、その侵害行為が刑罰法規や行政法規の規制に違反するものであったり、公序良俗違反や権利の濫用に該当するものであるなど、侵害行為の態様や程度の面において社会的に容認された行為としての相当性を欠くことが求められると解するのが相当である。」と判示した。

判例の法理

　結論として、最高裁は、大学通り周辺の景観に近接する地域内の居住者が景観利益を有することを認める一方、本件建物の建築は、行為の態様その他の面において社会的に容認された行為としての相当性を欠くものであるとは認めがたく、X らの景観利益を違法に侵害する行為に当たるということはできないと判断した。

判例を読む

　景観利益（≠景観権）は、本判決によって、709 条により保護されうる利益のカタログに加えられた（景観権は否定）。つまり景観を享受する利益が公共的利益であるにとどまらず個人の利益（人格的利益）でもあるということが認められた（原審はこれを認めなかった）。違法性の判断は相関関係説に基づいている。違法性が認められるには、景観利益があまり強固な利益でないことから、侵害行為の不法性の大きさ（社会的に容認された行為としての相当性を欠くこと）が要求される。

　【参考文献】　本判決の解説・評釈として、大塚直・ジュリ 1323 号 70 頁、吉田克己・平成 18 年度重判 83 頁、秋山靖浩・百選 II 180 頁。

鈴木清貴 ●

163 不貞行為の相手方の不法行為責任

最高裁昭和54年3月30日判決　民集33巻2号303頁、家月31巻8号28頁、裁時762号1頁、
判時922号3頁、判タ383号46頁、金判577号43頁、裁判集民126号361頁　【709条、820条】

論点
①配偶者の不貞行為の相手方に対する他方配偶者の慰謝料請求は認められるか
②親の不貞行為の相手方に対する子（未成年）の慰謝料請求は認められるか

事実の要約

昭和22年7月に事実婚を開始したX₁（妻）とA（夫）は、昭和23年婚姻届を提出した夫婦である。2人の間には昭和23年から同39年の間に3人の子（X₂、X₃、X₄）が生まれている（以下「Xら」とすることがある）。昭和32年、Aは、ホステスYと情交関係を結び、昭和35年には、AとYとの間にも子Bが生まれ、昭和39年にAがBを認知している。X₁はAとYの関係を昭和39年に知りAの不貞を責めたことから、Aはその後X₁～X₄のもとを去って、昭和42年からはYと同棲している。Xらは、Aが昭和31年に購入した家屋（X₁名義であった）を処分して、その代金をAの借金の返済、新しい家屋の購入にあてて、その家屋に居住している。またAは別居後Xらに送金をしている。他方、Yは昭和39年以降、銀座でバーを営業しておりAから生活費など金銭を受け取っていない。2審は、X₁とAの夫婦関係が昭和39年の別居により破綻したと認定した。しかし両者は離婚に至っていない。XらからYに対し不法行為を理由として慰謝料（X₁に500万円、X₂に200万円、X₃・X₄に各100万円）の請求がなされた。

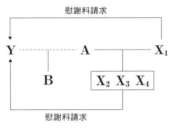

慰謝料請求

Y ……… A ─── X₁

B　　　X₂ X₃ X₄

慰謝料請求

裁判の流れ

1審（東京地判昭49・6・28民集33巻2号318頁）：一部認容、一部棄却（X₁に300万円、X₂に30万円、X₃・X₄に各50万円を認めた）　2審（東京高判昭50・12・22民集33巻2号324頁）：1審Y敗訴部分の取消し、Xの請求棄却　最高裁：一部破棄差戻、一部棄却（Xら上告。2審のX₁敗訴部分を破棄（差戻）、X₂・X₃・X₄の上告を棄却）

判　旨

〈一部破棄差戻、一部棄却〉「夫婦の一方の配偶者と肉体関係を持った第三者は、故意又は過失がある限り、右配偶者を誘惑するなどして肉体関係を持つに至らせたかどうか、両名の関係が自然の愛情によって生じたかどうかにかかわらず、他方の配偶者の夫又は妻としての権利を侵害し、その行為は違法性を帯び、右他方の配偶者の被った精神上の苦痛を慰藉すべき義務があるというべきである。」

「妻及び未成年の子のある男性と肉体関係を持った女性が妻子のもとを去った右男性と同棲するに至った結果、その子が日常生活において父親から愛情を注がれ、その監護、教育を受けることができなくなったとしても、その女性が害意をもって父親の子に対する監護等を積極的に阻止するなど特段の事情のない限り、右女性の行為は

未成年の子に対して不法行為を構成するものではないと解するのが相当である。けだし、父親がその未成年の子に対し愛情を注ぎ、監護、教育を行うことは、他の女性と同棲するかどうかにかかわりなく、父親自らの意思によって行うことができるのであるから、他の女性との同棲の結果、未成年の子が事実上父親の愛情、監護、教育を受けることができず、そのため不利益を被ったとしても、そのことと右女性の行為との間には相当因果関係がないものといわなければならないからである。」

大塚喜一郎裁判官の補足意見と本林讓裁判官の反対意見が付されている。大塚裁判官は、Yの同棲行為と子の不利益には相当因果関係はなく、子の不利益はあくまでも事実上もたらされたものであるとされる（子がAに対して損害賠償請求を行わないことは相当因果関係および加害者の違法性の判断における考慮要素であるともされる）。本林裁判官は、Yの同棲行為と子の被る不利益との間には相当因果関係があるとされる（Yの同棲行為によって、子がAからの愛情を享受することができなくなり、監護、教育を受けられなくなることは、通常のことと考える）。なお本判決（東京ケース）と同日に別ケース（大阪ケース）でも最高裁は子の請求を否定した（家月31巻8号35頁）。

判例の法理

本判決からは、①配偶者の不貞行為の相手方に対する他方配偶者の慰謝料請求は認められる、②親の不貞行為の相手方に対する子（未成年）の慰謝料請求は特段の事情のない限り認められない、ということになる。しかし以下で示すように、**本判決後の判例・学説の変化がある**。

判例を読む

●他方配偶者（本件では妻）に対する責任

不貞行為の相手方に対する他方配偶者の慰謝料請求は、本判決以前にすでに認められていた。戦前の著名な例として、大判昭和2年5月17日新聞2692号6頁がある。この判決は、夫も妻に対する貞操義務があるとした大判大正15年7月20日刑集5巻8号318頁の終局判決である。戦後においても、最判昭和34年11月26日民集13巻12号1562頁、最判昭和41年4月1日裁判集民83号17頁がその例であるとされている。他方配偶者からの請求に関して本判決は上記の判例の傾向の中に位置づけることができた。なお前掲大判昭和2年5月17日がそうであったように、不貞行為の相手方と配偶者の責任は共同不法行為責任として構成されてきたことにも留意しておこう。

ところで学説の傾向はどうか。肯定説・否定説ともにあり、肯定説は、わが国の支配的モラル、婚姻制度の安定化、婚姻家族の愛情利益の保護を論拠とし、否定説は、不法行為責任による予防機能、損害填補機能、制裁機能等への疑問、プライバシーの侵害、慰謝料算定の不明確性、離婚等での夫婦内部での処理の優先性を論拠とした

（副田隆重ほか『新・民法学5　家族法』（成文堂、2004）48頁［棚村政行］）、とまとめられている。西欧におけるこの請求に対する否定的傾向も否定側の論拠の1つとして加えることができる。昭和54年判決以降、有力化したのは、他方配偶者からの慰謝料請求を否定する立場であった。とりわけ「この請求権の最大の弊害はなんといっても家庭破綻に到らなかった場合にあり、この場合には、夫が原告になる場合は売春や脅迫の手段となり、妻が原告になる場合は非嫡出子への対抗手段として強制認知を抑圧する効果をもつ」（水野紀子「不貞行為の相手方に対する慰謝料請求」円谷峻＝松尾弘編集代表『損害賠償法の軌跡と展望（山田卓生先生古稀記念論文集）』（日本評論社、2008）139頁からの引用）という主張にはインパクト・説得力があった（最近の肯定説として、岡林伸幸「不貞行為に基づく慰謝料請求権」末川民事法研究7号1頁以下）。

　昭和54年判決以降の最高裁判例もこの請求に制限をかける傾向にある。**最判平成6年1月20日家月47巻1号122頁**は、「夫婦の一方の配偶者が他方の配偶者と第三者との同せいにより第三者に対して取得する慰謝料請求権については、一方の配偶者が右の同せい関係を知った時から、それまでの間の慰謝料請求権の消滅時効が進行すると解するのが相当である。」とした（この事案では、慰謝料請求権は訴えの提起日より3年前からの損害に限定される）。**最判平成8年3月26日民集50巻4号993頁**は、「甲の配偶者乙と第三者丙が肉体関係を持った場合において、甲と乙との婚姻関係がその当時既に破綻していたときは、特段の事情のない限り、丙は、甲に対して不法行為責任を負わないものと解するのが相当である。けだし、丙が乙と肉体関係を持つことが甲に対する不法行為となる…のは、それが甲の婚姻共同生活の平和の維持という権利又は法的保護に値する利益を侵害する行為ということができるからであって、甲と乙との婚姻関係が既に破綻していた場合には、原則として、甲にこのような権利又は法的保護に値する利益があるとはいえないからである。」とした（被侵害権利・利益が昭和54年判決と異なることに注意）。そして、**最判平成31年2月19日民集73巻2号187頁**は、離婚による夫婦関係の解消は当該夫婦の間で決められる事柄であり、「夫婦の一方と不貞行為に及んだ第三者は、これにより当該夫婦の婚姻関係が破綻して離婚するに至ったとしても、当該夫婦の他方に対し、不貞行為を理由とする不法行為責任を負うべき場合があることはともかくとして、直ちに、当該夫婦を離婚させたことを理由とする不法行為責任を負うことはないと解される。第三者がそのことを理由とする不法行為責任を負うのは、当該第三者が、単に夫婦の一方との間で不貞行為に及ぶにとどまらず、当該夫婦を離婚させることを意図してその婚姻関係に対する不当な干渉をするなどして当該夫婦を離婚のやむなきに至らしめたものと評価すべき特段の事情があるときに限られるというべきである。」と述べて、不貞行為の慰謝料と離婚に伴う慰謝料を区別し（この区別は768条をめぐる夫婦間のための議論に由来する。不貞行為の相手方に対する慰謝料に妥当するか検討の余地がある）、特段の事情がない限り離婚に伴う慰謝料（離婚自体慰謝料）を不貞行為の相手方に請求することができないとした（なお、昭和54年判決は離婚に至っていない事案であったことに注意）。平成31年判決の論理は債権侵害の不法行為の論理に準ずるものとの指摘がある（窪田充見『家族法—民法を学ぶ〔第4版〕』（有

斐閣、2019）66頁）。そうではあるが、あるいは再調達可能な物の引渡しが目的となる債権の侵害と、修復不可能なこともある配偶者の地位・婚姻共同生活の平和への侵害とを事柄として同じに扱うことができるか慎重に考える必要がある。

　以上のように、**最高裁判例は不貞行為の相手方に対する他方配偶者の慰謝料請求を制限する方向に進んでいる**ように見受けられる。学説には、「将来的には、この慰謝料請求権を否定し、代わりに離婚給付を手厚く保障して、不貞行為のような精神的苦痛をもたらす婚姻生活から逃れる自由を確保する方向が望ましい」という主張もある（水野紀子・法教494号94頁）。

●**子（未成年）に対する責任**

　不貞行為の相手方の配偶者に対する責任をめぐる議論は、上記平成31年判決の登場もあり、引き続き展開されている。これに対し、不貞行為の相手方の子に対する責任をめぐる議論は、同判決の法理が定着しているからか、それほど活発ではない（昭和54年以前の裁判例では判断が分かれていた。簡潔な整理として、昭和54年判決の解説である、沢井裕・家族法判例百選3版52頁）。

　最近の裁判例としては、昭和54年判決に基づき、子からの請求を否定する東京地判平24・3・22（LEX/DB 25512203）、同じく昭和54年判決に基づき、特段の事情を認めて（不貞行為の相手方が、子らの母に覚せい剤を使用し不貞関係を続け、子らの利益を害することを容認しつつ、母が子らに対する監護等を行うことを積極的に阻止していると指摘した）、子らからの請求を肯定する東京地判令1・10・28（LEX/DB25582136）がある。

　ところで、昭和54年判決は、子に愛情を注ぎ、監護、教育を行うことは、親（父）の自由意思により実現することができるとして、不貞の相手方との同棲と子の不利益との間の相当因果関係を認めないことにより、不法行為の成立を否定している。このことについて、最近の学説には、因果関係要件よりは、権利侵害要件に引き寄せて考察をするものがある（窪田・不法行為法314頁、山野目章夫『民法概論4　債権各論』（有斐閣、2020）434頁）。判例は、ここでの保護法益を「家庭生活の平和の維持」ではなく、平成8年判決が他方配偶者に認めた「婚姻共同生活の平和の維持」であるとみていて、それで子の問題は間接的なものとなり、相当因果関係が及ばないことになるという（窪田・不法行為法314頁）。他方で、「婚姻共同生活の平和の維持」という「法益を一歩進めて子を含めた家庭の共同生活の安定を考えるならば、子からの慰謝料請求を認める余地もあるかもしれない」との指摘もある（前田陽一ほか『民法Ⅵ　親族・相続〔第6版〕』（有斐閣、2022）63頁）。実は、昭和54年判決以前に子の請求を肯定した裁判例の1つ（東京地判昭44・2・3判タ234号202頁）は、親族共同生活から醸成される精神的平和・幸福感その他相互間の愛情利益を指摘し、愛情利益の実質的部分を看過することに反対した（愛情利益も法の保護に値する人格的利益と考える）。現時点においても参考になる裁判例である。

【参考文献】　平成31年判決を契機とした論文として、水野紀子・法学84巻3、4号184頁、鈴木清貴・武蔵野法学14号(37)174頁。

鈴木清貴

164 因果関係の証明【東大ルンバール事件】

最高裁昭和 50 年 10 月 24 日判決　民集 29 巻 9 号 1417 頁、判時 792 号 3 頁、判タ 328 号 132 頁

【709 条】

論点　因果関係の証明があったと認められるために必要とされる証明の程度

事実の要約

X（当時満 3 歳）は、化膿性髄膜炎のために Y（国）の経営する病院に入院し、その治療として、医師 A からルンバール（腰椎穿刺による髄液採取・ペニシリン注入。以下、本件ルンバールという）を受けた。①その 15 分ないし 20 分後、X は突然、嘔吐およびけいれんの発作を起し、その後遺症として、X には右半身けいれん性不全麻痺、性格障害、知能障害および運動障害などの症状が残った。②X の髄膜炎の症状は、Y に入院した後、本件ルンバールを受ける直前まで、一貫して軽快しつつあった。また、③X は元来、脆弱な血管の持ち主であり、出血性の傾向を有していた。さらに、④一般に、ルンバールは食事の前後を避けて行うのが通例であるところ、その日、A が医学会に出席しなければならなかったため、X が昼食をとった直後であったにもかかわらず、本件ルンバールが実施された。⑤その際、X が本件ルンバールに激しく抵抗したことから、看護婦が馬乗りになるなどして X の身体を固定しなければならなかった。加えて、⑥穿刺が一度では成功せずに何度もやり直したため、本件ルンバールが終了するまでに約 30 分の時間を要した。

X は、本件ルンバールの実施に際して X の左脳に生じた出血が前記発作の原因であるとして、Y に対して損害賠償を請求した。これに対して、Y は、当該発作は、化膿性髄膜炎の再燃によって生じたものであり、本件ルンバールとの間に因果関係は存在しない、と主張して、その責任の成否を争った。

裁判の流れ

1 審（東京地判昭 45・2・28 民集 29 巻 9 号 1449 頁）：請求棄却、2 審（東京高判昭 48・2・22 民集 29 巻 9 号 1480 頁）：請求棄却、最高裁：破棄差戻

1 審は、X の発作を、本件ルンバールの実施によって脳出血が生じたことに基づくものと認めつつ、A による本件ルンバールの実施には過失は認められないとして、X の請求を棄却した。2 審は、X の発作の原因が本件ルンバールの実施に起因する脳出血であるのか、化膿性髄膜炎の再燃であるのかを断定しえないとして、同じく X の請求を棄却した。X から上告。

判　旨

〈破棄差戻〉「訴訟上の因果関係の立証は、一点の疑義も許されない自然科学的証明ではなく、経験則に照らして全証拠を総合検討し、特定の事実が特定の結果発生を招来した関係を是認しうる高度の蓋然性を証明することであり、その判定は、通常人が疑を差し挟まない程度に真実性の確信を持ちうるものであることを必要とし、かつ、それで足りるものである。」

本件における各事実、特に、X の発作が本件ルンバールの実施から 15 分ないし 20 分を経過した時点で突然始まったとの事実、および、化膿性髄膜炎が再燃する蓋然

性は通常低いものとされており、本件ルンバールが実施された当時、それが再燃するような特別の事情は存在しなかったとの事実を「因果関係に関する前記……見地に立って総合検討すると、他に特段の事情が認められないかぎり、経験則上」、X の発作は、本件ルンバールによって引き起こされた脳出血に基づくものである、と考えられる。

判例の法理
●事実の証明度に関する態度の表明

ある事実（甲）が原因となって、別のある事実（乙）が結果として生じたこと、つまりは甲乙間における（事実的）因果関係の存否を訴訟の場で判定するには、社会経験則、すなわち合理的通常人の間で一般に共有される様々な事実に関する推認則に則って、甲から乙が発生したと推認しうるか否かを検討するしかない。甲も乙も過去における 1 回限りの事実だからである。その際に、それを越えれば証明があったとされるべき推認の度合いについて、本判決は、「**高度の蓋然性**」、つまりは上記通常人がその事実の存否（真実性）に関して疑問を抱かないほどの確実性が必要である、とした。そのうえで、本判決は、前述のような各種の間接事実（事実の要約における①～⑥の各事実、特に①および②の各事実）を「総合検討」すれば、本件ルンバールの実施と X の発作との間に因果関係が推認される、とした。

判例を読む

訴訟において要求されるべき証明（事実の推定）の程度について、これを（真実の）高度の蓋然性とした本判決の立場は、その後の判例および民事訴訟法学上の通説が支持するところである。

他方で、本件における事実認定、そのための民事鑑定や審理そのものの進め方については、様々な批判や問題提起が今日なお続いており（大阪府医師会編『医事裁判と医療の実際』（成文堂、1985）95 ～ 139 頁、萩澤清彦「医療過誤訴訟の一事例」中野貞一郎編『科学裁判と鑑定』（日本評論社、1988）61 頁以下、木川統一郎 = 生田美弥子「民事鑑定と上告審の審理範囲」判タ 878 号 4 頁、溜箭将之「因果関係」ジュリ 1330 号 75 頁など）、医療過誤訴訟のあるべき姿を考究するための重要な手がかりや教訓を多々提供する判例である、ということができる。

なお、差戻後の 2 審（東京高判昭 54・4・16 判時 924 号 27 頁）では、本件ルンバールの実施と X の発作との間における因果関係に加えて、A の過失もまた肯定され、Y の損害賠償責任が認められた（この判断が確定した）。

【参考文献】　本文中に引用したもの。

根本尚徳

165 患者が死亡した場合における因果関係の証明と生存の「相当程度の可能性」の侵害

最高裁平成 12 年 9 月 22 日判決　民集 54 巻 7 号 2574 頁，判時 1728 号 31 頁，判タ 1044 号 75 頁

【709 条】

論点　患者の生存可能性それ自体の法的保護の可否

事実の要約

　ある日の早朝、Aは背部痛・胸部痛を感じたため、B医師の診察を受けた。Aの痛みの原因は、狭心症および心筋こうそくであった。Bは、背部痛などを訴える患者に対してその原因を特定するために行われるべき医療行為（血圧、脈拍などの測定、心電図検査など）を行わず、他の病因（すい炎）を疑って、これに対する措置をとった。Aは、当該措置の最中に再度、心筋こうそくに襲われ、死亡した。なお、証拠によれば、BがAに対して適切な医療行為を行っていたとすれば、Aの生命を救うことができた、とまでは認められなかった。しかし、Aを救命しえた可能性は存在した。

　Aの妻子である X_1 ～ X_3 は、Bの行為が不法行為に当たることを前提に、715 条 1 項を根拠として、Bの雇用者であるY病院に対し、損害賠償を請求した。

裁判の流れ

　1 審（東京地判平 7・4・28 民集 54 巻 7 号 2598 頁）：請求棄却、2 審（東京高判平 8・9・26 民集 54 巻 7 号 2611 頁）：請求一部認容、最高裁：上告棄却

　1 審は、証拠上、Aの死因は不明であるため、Aの死因が心筋こうそくであることを前提としてBの医療行為に過失が認められる、とするXらの主張は理由がない、とした。これに対して、2 審は、Aの死因が心筋こうそくであることを肯定したうえで、Bは適切な医療行為が行われることに対するAの期待権を侵害した、として、Yに慰謝料の支払を命じた。Yがこれを不服として上告。

判旨

　〈上告棄却〉「疾病のため死亡した患者の診療に当たった医師の医療行為が、その過失により、当時の医療水準にかなったものでなかった場合において、右医療行為と患者の死亡との間の因果関係の存在は証明されないけれども、医療水準にかなった医療が行われていたならば患者がその死亡の時点においてなお生存していた相当程度の可能性の存在が証明されるときは、医師は、患者に対し、不法行為による損害を賠償する責任を負うものと解するのが相当である。けだし、生命を維持することは人にとって最も基本的な利益であって、右の可能性は法によって保護されるべき利益であり、医師が過失により医療水準にかなった医療を行わないことによって患者の法益が侵害されたものということができるからである。」

判例の法理

●新たな法益の承認

　患者がある病気を原因とする死そのものを免れることはできない場合であっても、**できる限り長くその生命を維持しようとすること**、つまりは、**その維持の可能性を最大限に追求すること**は、患者の生命に関する、それ自体として法的保護に値する利益である、と考えられる。本判決は、このような理解に立ったうえで、そのような可能性が相当程度存在するにもかかわらず、医師の不適切な医療行為によって当該可能性が活かされずに終わっ

た場合、すなわち、もし医師が適切な医療行為を行っていれば、患者が死亡した時点においてなおその者が生存していたであろうという可能性が相当程度認められた場合には、上記医師の不適切な医療行為は、患者の法益＝生存の「相当程度の可能性」に対する違法な侵害に当たるものと判断すべきである、とした。

判例を読む

　かねてより下級審裁判例および学説においては、医師の不適切な医療行為によって患者の延命の機会が失われた場合には、その遺族は、患者の期待権あるいは延命利益の侵害を理由として医師の不法行為責任を追求しうる、と解されてきた。2 審もこのような立場に与する。これに対して、本判決は、そのような場合における患者の法益を生存の「相当程度の可能性」として明確化したうえで、その要保護性を承認するものであり、学説上も、これを支持する立場が今日、有力である。その後、判例は、①重大な後遺症が残らなかった相当程度の可能性についても同様の法理が当てはまること（最判平 15・11・11 民集 57 巻 10 号 1466 頁）および②病院の債務不履行責任が追求される場面でも当該法理が用いられるべきこと（最判平 16・1・15 判時 1853 号 85 頁）をそれぞれ示した。また、裁判例では、この場合に賠償されるべき損害として、一般に、患者自身の精神的苦痛のみが認められる。

　以上のような法理は、医師の不適切な医療行為と患者の死亡それ自体との間における因果関係の証明が困難である場合に、被侵害法益を患者の生命から生存の「相当程度の可能性」に置き換えることで、生命の侵害については保護されない患者に法的救済を与える、という機能をも発揮しうる。 さらに、上記法理の下では、医師は、患者の生存可能性を最大限に活かすべく、より早期の、より慎重な医療行為（他の医師への転送をも含む）の実施を義務付けられる。その結果、患者の生命・身体の法的保護がその厚みを増すこととなる。

　なお、判例（最判平 23・2・25 判時 2108 号 45 頁）は、不適切な医療行為が行われたことは確かであるとしても、それによって患者の生存の、または患者に重大な後遺症が残らなかった相当程度の可能性が侵害されたとは認められない場合には、当該患者またはその遺族は、上記医療行為が（それらの相当程度の可能性とは別の法益としての）患者の期待権を侵害したことを理由として医師の損害賠償責任を追求することは原則として許されない（「当該医療行為が著しく不適切なものである事案」において例外的に上記責任が肯定されうるに止まる）ことを示唆する（この点につき、さらに、最判平 17・12・8 判時 1923 号 26 頁をも参照）。

【参考文献】　本判決の評釈として、杉原則彦・最判解民平成 12 年度（下）855 頁以下、澤野和博・名経法学 10 号 187 頁以下、林誠司・北大法学論集 55 巻 3 号 1203 頁以下。

根本尚徳

166 民法 416 条と不法行為

最高裁昭和 48 年 6 月 7 日判決　民集 27 巻 6 号 681 頁

【416 条、709 条】

論点　不法行為に基づく損害賠償への 416 条の類推適用の可否

事実の要約

　関西地方で事業を営むＸは、その所有する建物（以下、本件建物という）を担保に融資を受けて、東京に進出する計画を立てていた。だが、本件建物にＹの申請に係る仮処分（以下、本件仮処分という）が行われ、それを担保に供することができなくなったため、Ｘの東京への進出が当初の予定より 5 ヶ月ほど遅れた。Ｘは、本件仮処分は不当執行にあたり、それによって①前記 5 ヶ月分の営業利益および②信用を失い、さらに③精神的苦痛を被った、と主張して、Ｙに対して損害賠償を請求した。

裁判の流れ

　1 審（神戸地判昭 37・6・28 民集 27 巻 6 号 692 頁）：請求棄却、2 審（大阪高判昭 43・6・27 民集 27 巻 6 号 696 頁）：請求棄却、最高裁：上告棄却

　1 審、2 審とも、不法行為に基づく損害賠償に 416 条が類推適用されることを前提としつつ、Ｙによる本件仮処分の申請の時点において、ＹがＸによる東京進出の計画とその資金を得るために本件建物をＸが担保として拠出する予定であることとを具体的に知りえたとは認められない、として、Ｘの請求を棄却した。Ｘ上告。

判旨

　〈上告棄却〉「不法行為による損害賠償についても、民法 416 条が類推適用され、特別の事情によって生じた損害については、加害者において、右事情を予見しまたは予見することを得べかりしときにかぎり、これを賠償する責を負うものと解すべきである。」

　本件において、Ｘが東京に進出する計画を立てていたことおよび本件建物が担保として拠出される予定であったことは、いずれも上記「特別の事情」に当たり、その存在に関する予見可能性がＹには存在しなかった、との 2 審の判断は、「正当」なものとして是認しうる。

判例の法理

●相当因果関係説の採用・これに基づく具体的解決

　ある不法行為から生じた様々な損害のうち、どの範囲のものまでを加害者は実際に賠償すべきであるか。この点について定めた規定は、民法典には存在しない。**大審院は、富喜丸事件判決**（大判大 15・5・22 民集 5 巻 386 頁）**において、416 条は、ある行為を行った者は当該行為と相当因果関係を有する他人の損害について賠償すべきである、との一般法理（相当因果関係論）を表した規定であるため、これを不法行為にも類推適用すべきである、との立場をとった。この立場を最高裁判所として継承することを一般的に宣言した点に本判決の第 1 の意義が存する。また、本判決は、実際の事案の解決としても、このような一般論に基づき、Ｘの東京への進出計画および本件建物の担保供与の予定という具体的な事実を同条 2 項の「特別の事情」に当たるものとし、かつ、この点に関するＹの予見可能性を否定することでＸの請求を棄却した点に、その第 2 の意義を有する**（判例によるこれまでの判断の全体像や特徴については、前田陽一・新注民⑮

392 〜 398 頁における整理・分析を参照）。

判例を読む

　不法行為に基づく損害賠償に 416 条を類推適用する見解（相当因果関係説）は、かつて、日本における通説の立場を占めていた。しかし、**学説では現在、このような伝統的通説に対する批判が有力である**。すなわち、① 416 条の類推適用は、民法典の起草者の意思に反すること、②判例自身においても 416 条 1 項・2 項所定の各規律が必ずしも厳密に適用されておらず、実質的な基準として機能していないこと、③ある損害に関する加害者の賠償責任の存否を決するには、ⓐその損害と加害行為との間に事実的因果関係（「あれなければこれなし」との関係）が存在するか、ⓑ当該損害が保護範囲に含まれるか（その損害を賠償の対象とすべきか）、ⓒ上記損害をいくらと評価すべきかという 3 つの事柄を区別したうえで、それらを順に検討すべきであるのに、判例は、416 条の下でこれらの事項を未分化のまま扱っていることなどが指摘される。

　では、このような学説上の有力説によると、本件におけるＹの責任の成否は、どのように判断されるか。Ｘの受けた損害（営業利益の喪失、信用毀損、精神的苦痛）は、本件建物の所有権（その処分の自由）に対する侵害それ自体に基づくものではなく、営業の自由という別の法益に対する侵害によるものである、と解される（この点につき、長野史寛『不法行為責任内容論序説』（有斐閣、2017）282 頁参照）。そして、このような営業の自由に対する侵害を、本件建物の所有権に対する侵害（＝一次侵害）に引き続いて生じた後続侵害と捉えるならば、Ｙの責任の成否は、危険性関連基準（後続侵害が、一次侵害によって特別に高められた危険が実現したものであると認められるときに当該後続侵害に基づく損害が賠償範囲に取り込まれる、との基準）によって決定されるべきこととなろう。これに対して、営業の自由に対する侵害はそれ自体として一次侵害に当たると考えるときには、その侵害についてＹに（所有権の侵害に関するものとは別の）過失が肯定されるか否かが判断の決め手となる（そのため、この場合における判断基準は、結果として、Ｙの予見可能性を重視する判例のそれと近似する）（以上につきより詳しくは、根本尚徳ほか『事務管理・不当利得・不法行為』（日本評論社、2021）124 頁、130 〜 131 頁［若林三奈］参照）。本件では、Ｙの侵害行為は、客観的には、Ｘの所有権に対して向けられている。そのため、前者の法律構成によることが、相対的に見て、より適切であるといえようか。

【参考文献】　本文中に引用したもの。

根本尚徳

167 企業損害（間接損害）

最高裁昭和 43 年 11 月 15 日判決　民集 22 巻 12 号 2614 頁、判時 543 号 61 頁、判タ 229 号 153 頁

【709 条】

論点　取締役や社員が事故で負傷したことを原因として企業が営業損害を事故の加害者に対し請求できるか

事実の要約

　Yを加害者とする交通事故により、Aが左眼の視力低下と視野狭窄をきたし、薬剤師としての営業能力が低下した。Aは、薬局であるX会社の唯一の取締役（代表取締役）であり、かつ唯一の薬剤師でもあった（本件会社Xは有限会社であるが、実質的には、Aの個人経営による薬局であった）。そこで、Aは、本件事故による損害として、自らを原告として治療費と慰謝料をYに請求するとともに、X会社を原告として、Aの負傷を原因とするX会社の逸失利益（営業損害）をYに請求した。

① 不法行為
② 治療費等請求
② 逸失利益請求

裁判の流れ

　1 審（熊本地八千代支判昭 37・12・19 民集 22 巻 12 号 2618 頁）：請求棄却（Aの請求のみ認容）　2 審（福岡高判昭 40・3・19 民集 22 巻 12 号 2621 頁）：Xの請求認容　最高裁：上告棄却

判旨

　〈上告棄却〉「X会社は法人とは名ばかりの、俗にいう個人会社であり、その実権は従前同様A個人に集中して、AにはX会社の機関としての代替性がなく、経済的にAとX会社とは一体をなす関係にあるものと認められるのであって、かかる原審認定の事実関係のもとにおいては、原審が、YのAに対する加害行為とAの受傷によるX会社の利益の逸失との間に相当因果関係の存することを認め、形式上間接の被害者たるX会社の本訴請求を認容しうべきものとした判断は、正当である。」

判例の法理

　本件Aは、事故後もX会社より事故前と同様の俸給（報酬）を得ており、Aに現実の損害はない。そのため当時の判例によれば、Aに逸失利益を請求する余地はない（→ 168 事件【判例を読む】）。しかし、Aの受傷により（Aと経済的に一体の）X会社には営業損害という現実の損害が発生している。それにもかかわらず、A本人には現実の損害がないとして、またX会社は不法行為の直接の被害者ではない（いわゆる間接被害者である）として、いずれの請求も否定することは、加害者を利するだけであって、不合理な結果となる。そこで本判決は、Aが経営するX会社に発生した逸失利益（営業損害たる企業損害）であっても、①X会社がAの個人会社であって、②AにはX会社の機関としての代替性がなく、③両者が経済的に一体をなす関係にある場合には、それはYの（Aに対する不法行為の）賠償範囲に含まれると判断した。被害者AとX会社とは法的には別主体であるが、上記の3 要件を満たす場合には、「A本人の逸失利益」と「X

会社の逸失利益」とは同視できるからである。実際、本判決は、X会社の損害につき、X会社の年間減収額にAの稼働可能年数を乗じて算定している。

判例を読む

　したがって、本件の企業損害は、単なる形式（名目）に過ぎず、その実質はAの逸失利益である。それゆえ、本判決は、本来の企業損害（真正企業損害という）を認めた判例とは見られていない。本来の企業損害とは、A（役員や従業員等）に対する不法行為によって、Aに営業活動を依存する企業Xが固有の営業損害等を被り、XがAからの損害賠償請求とは独立して、その賠償請求を行う場合に問題となる。

　もっとも、このような真正企業損害の賠償は、加害者がXの営業損害を意図している場合を除けば、一般的には否定されている（最判昭 54・12・13 交民 12 巻 6 号 1463 頁。賠償を否定した原審を是認）。なぜなら、本来、企業活動を通して得られる営業利益は、その主体に当然に保障されているものではなく、企業活動に不可欠な取締役や従業員の死傷等、企業活動に伴う一般的なリスクについては、企業自身が予めそのリスクを計算し、損害を回避するための措置（適切な人員配置や保険への加入）をとっておくことが期待されるからである。

　とはいえ、①企業が直接被害者から労務提供を受けられないにもかかわらず報酬を継続的に支払った場合（いわゆる肩代わり損害）、②代替性のない従業員等の死傷により、企業がその事業継続のために不可避な（代替措置等による）費用を支出した場合に、その費用の賠償を認める裁判例は散見される（営業損害ではない点に注意）。なお、この場合の要件につき、判例の3 要件ではなく、死傷した従業員等の業務の非代替性で足りるとする見解が有力である（吉田邦彦・百選Ⅱ 201 頁）。

　真正企業損害は、企業活動が依存する施設・設備に対する不法行為によっても生じる（ただし東京地判平 22・9・29 判時 2095 号 55 頁は、Yの過失によりA電力会社の送電線を切断・送電停止となった場合のX鉄道会社の営業損害について、Yの行為との相当因果関係を否定する）。いずれの場合も、判例は、別主体（間接被害者）に拡大した（Aの損害の）賠償範囲の問題と構成しているが、学説では、Xの営業権・営業利益との関係でYの不法行為責任（保護義務違反）の成立を直接に問う見解も有力である（前田陽一・新注民⑮ 476 頁以下、潮見・不法行為 101 頁以下、橋本佳幸・私法リマ 44 号 50 頁等）。

【参考文献】　本文中に掲記したもの。

若林三奈

損害の意義——労働能力の喪失

最高裁昭和 56 年 12 月 22 日判決　民集 35 巻 9 号 1350 頁、判時 1031 号 123 頁、判タ 463 号 126 頁
【709 条】

論点　労働能力の一部を喪失したが収入の減少が認められない場合に、財産上の損害は認められるか

事実の要約

　X（旧通産省研究所技官）は、交通事故で身体傷害等級 14 級該当の後遺症を負ったが、給与面で特に不利益を受けることはなかった。しかし、事故により 5％の労働能力を喪失したとし、年収の 5％につき 34 年間分の逸失利益を、治療費・慰謝料とともに加害者 Y に請求した。

裁判の流れ

　1 審（東京地判昭 51・12・24 民集 35 巻 9 号 1354 頁）：一部認容（逸失利益否定。慰謝料で勘案）　2 審（東京高判昭 53・12・19 民集 35 巻 9 号 1362 頁）：請求認容　最高裁：破棄差戻

判　旨

　〈破棄差戻〉「かりに交通事故の被害者が事故に起因する後遺症のために身体的機能の一部を喪失したこと自体を損害と観念することができるとしても、その後遺症の程度が比較的軽微であって、しかも被害者が従事する職業の性質からみて現在又は将来における収入の減少も認められないという場合においては、特段の事情のない限り、労働能力の一部喪失を理由とする財産上の損害を認める余地はないというべきである」。X は、「現状において財産上特段の不利益を蒙っているものとは認め難いというべきであり、それにもかかわらずなお後遺症に起因する労働能力低下に基づく財産上の損害があるというためには、たとえば、事故の前後を通じて収入に変更がないことが本人において労働能力低下による収入の減少を回復すべく特別の努力をしているなど事故以外の要因に基づくものであつて、かかる要因がなければ収入の減少を来たしているものと認められる場合とか、労働能力喪失の程度が軽微であっても、本人が現に従事し又は将来従事すべき職業の性質に照らし、特に昇給、昇任、転職等に際して不利益な取扱を受けるおそれがあるものと認められる場合など、後遺症が被害者にもたらす経済的不利益を肯認するに足りる特段の事情の存在を必要とするというべきである。」

判例の法理

　本判決は、逸失利益を認めるには「収入の減少」が必要であるという伝統的な差額説の立場を原則とする。他方で、「後遺症の程度が軽微」であり、かつ「現在又は将来の減収も認められない」場合であっても、そのことが、①「本人の特別の努力」など事故以外の要因による場合や、②現在は収入の減少が認められなくても、将来「特に昇給、昇任、転職等に際して不利益な取扱を受けるおそれがある」場合等、「後遺症が被害者にもたらす経済的不利益を肯認するに足りる特段の事情」がある場合には、「身体的機能の一部喪失自体」をもって損害とみる余地があるとし（いわゆる事実的損害説）、しかも、この事実を精神的損害（慰謝料）としてではなく「労働

能力の一部喪失を理由とする財産上の損害」と理解する余地を認めたものである。

判例を読む

　伝統的通説によれば、損害とは「加害行為がなかったならばあるべき利益状態と、加害がなされた現在の利益状態の差」をいう（広義の差額説）。判例は、金銭賠償原則のもと、この差を具体的な金銭的損失たる差額であると理解してきた（金額差額説あるいは現実損害説）。そのため人身損害における逸失利益とは、原則として現実の所得の喪失（事故前の収入と事故後の収入との差額）と理解する（所得喪失説）。金額差額説（所得喪失説）を前提とすれば、具体的な損害額の立証がない限り、損害の賠償は否定される。そこで伝統的な判例は、損害賠償制度の目的は「被害者に生じた現実の損害を填補すること」にあるとして、後遺障害があっても、被害者に具体的な収入の減少が認められない（＝その立証のない）場合には、709 条の損害があるとはいえないとして、その場合の損害賠償を明確に否定していた（最判昭 42・11・10 民集 21 巻 9 号 2352 頁）。

　これに対して、損害事実説によれば、損害とは、被害者が法益侵害によって被った不利益な事実であるから（労働能力喪失説では、労働能力を喪失したという事実）、この事実の証明によって損害要件は充足される。ここでは、損害の要件から金銭評価の作業は切り離されることになるため、侵害された法益の価値を回復するため、何を損害事実と捉え、またどのような指標によってそれを金銭評価するか、という規範的判断（法的評価）が重要となる。生命・身体に対する侵害（死傷）そのものを損害ととらえ、人間の本質的平等の理念から賠償額の定額化を主張する学説もある。

　現在の下級審実務では、事故後短期的には減収がなくとも、特段の事情（本人の特別の努力や勤務先の特別の配慮のほか、定年後の再就職困難等、将来的に予測され得る経済的不利益を含む）を柔軟に理解し、後遺障害逸失利益については、労働能力喪失率を基礎に（これに被害者の基礎収入額を乗じて）算定する傾向にある。後遺障害の内容（部位や程度）によっては、労働能力の喪失がないとされる場合もあるが（醜状障害や歯牙障害等）、この場合にあっても、これらの後遺障害による生活上の不利益（損害）は慰謝料の中で考慮されている。

【参考文献】　本判決の解説・評釈として、鷲岡康雄・最判解民昭和 56 年度 843 頁、藤岡康宏・百選 II 5 版補正版 186 頁、若林三奈・百選 II 202 頁のほか、前田陽一・新注民⑮ 376 頁、401 頁、420 頁等。

若林三奈

169 逸失利益の算定

最高裁昭和 62 年 1 月 19 日　民集 41 巻 1 号 1 頁、判時 1222 号 24 頁、判タ 629 号 95 頁

【709 条】

論点　年少者の逸失利益はどのように算定するか。とくに性別による格差をどのように評価し是正するか

事実の要約

Xらの子 A（14 歳女子）がY保有の大型貨物自動車に追突され死亡した。XらはYに損害賠償を請求した。

裁判の流れ

1 審（長野地木曽支判昭 57・3・26 民集 41 巻 1 号 11 頁）：請求認容　2 審（東京高判昭 57・12・20 民集 41 巻 1 号 14 頁）：請求認容　最高裁：上告棄却

1 審と 2 審は、Aの逸失利益を女子労働者の平均給与額を基礎に算定した。1 審は家事労働分として年間 60 万円を加算した。2 審はこれを加算せず生活費控除率を 40 から 35％に下げたが、1 審より低額となった。Xら上告。

判旨

〈上告棄却〉「原審が、Aの将来の得べかりし利益の喪失による損害賠償額を算定するに当たり、賃金センサス昭和 56 年第 1 巻第 1 表中の女子労働者、旧中・新高卒、企業規模計（パートタイム労働者を除いたもの）の表による平均給与額を基準として収入額を算定したことは、交通事故により死亡した女子の将来の得べかりし利益の算定として不合理なものとはいえず」、「Aが専業として職業に就いて受けるべき給与額を基準として将来の得べかりし利益を算定するときには、Aが将来労働によって取得しうる利益は右の算定によって評価し尽くされることになると解するのが相当であり、したがって、これに家事労働分を加算することは、将来労働によって取得しうる利益を二重に評価計算することに帰するから相当ではない」。「賃金センサスに示されている男女間の平均賃金の格差は現実の労働市場における実態を反映していると解されるところ、女子の将来の得べかりし利益を算定するに当たって、予測困難な右格差の解消ないし縮小という事態が確実に生じるものとして現時点において損害賠償額に反映させ、これを不法行為者に負担させることは、損害賠償額の算定方法として必ずしも合理的なものであるとはいえない」。

判例の法理

年少者の逸失利益の算定について、男子は男子労働者の、女子は女子労働者の平均賃金を基礎収入額として算定する場合、現実の労働市場における男女間の賃金格差が、そのまま逸失利益の金額に反映される。本判決は、このような格差が将来的には解消ない縮小することが期待されるにしても、判決当時、なおそのような事態が将来確実に生じるものとして損害額の算定に反映させることは合理的ではないとして、年少者にあっても男女別の平均賃金を基礎に算定することの合理性を説き、併せて、被害女児が将来労働によって取得する利益は、そこで評価され尽くしており、これに家事労働分を加算することは利益の二重評価となるとして、家事労働分の加算による格差是正を否定した。

判例を読む

伝統的な判例によれば、逸失利益は、現実に失われた所得額により算定するのが原則である（金額差額説、所得喪失説）。そのため古い判例では、年少者や主婦などの無収入者には、具体的な損害額（収入の減少）の立証がないとして、逸失利益の賠償が否定されていた。ところが、最判昭 39・6・24 民集 18 巻 5 号 874 頁は、8 歳男児の死亡事例で、男児の将来の収益可能性に照らし、損害額については裁判所が証拠資料に基づき「被害者側にとって控えめな算定方法」を採用することで経験則を通じた損害額を抽象的に算定することを認めた。以後、年少男子の逸失利益は、男子平均賃金を用いて算定されている。その後、最判昭和 49 年 7 月 19 民集 28 巻 5 号 872 頁が、7 歳女児の死亡事例において、女子は 25 歳で結婚離職し、家事に専念するものと推定し、以後の逸失利益を否定した原審判断を破棄し、そのうえで、家事労働に属する多くの労働は、労働社会においては金銭的に評価されうる等として、女児についても、平均的労働不能年齢に達するまで、「女子労働者の平均賃金」を基礎に逸失利益を算定すること認めた。その結果、年少者の逸失利益算定に現実の男女間の賃金格差を持ち込むこととなった。

下級審では、不合理な男女間格差を是正・緩和するため、女児の逸失利益につき、①男女併せた全労働者の平均賃金を用いる、②女子労働者の平均賃金に家事労働分を加算する、③生活費の控除割合を男子の 50％より低くする、④慰謝料で調整（加算）する、といった方法がとられてきた。本判決は、このうち②の方法を否定したものである。現在の下級審では、年少者の多様な就労可能性や女子の労働環境をめぐる近時の動向を勘案し、将来の就労可能性の幅に男女格差は存在しないに等しいとして、女児については、①の全労働者を基準として③の手法を組み合わせている。しかし、男児が男子平均賃金によるかぎりなお格差は残る。本来の労働能力は性差に関係なく等しいこと、労働能力の市場価値を適性に評価し尽くしたものが男子平均賃金であると考えれば、⑤男女ともに男子平均賃金によって算定する、という方法が支持されよう。

【参考文献】　本判決の解説・評釈として、山口純夫・判タ 649 号 108 頁、飯塚和之・昭和 62 年度重判 88 頁、中田昭孝・最判解民昭和 62 年度 1 頁、岡本友子・交通百選 94 頁、水野謙・百選Ⅱ 207 頁等。

若林三奈

170 被害者が別原因で死亡した場合の逸失利益の算定

最高裁平成8年4月25日　民集50巻5号1221頁

【709条】

論点 後遺障害逸失利益の算定にあたり、被害者が事故後に別原因により死亡した事実を考慮すべきか

事実の要約

Yらが保有・運転する大型貨物自動車との交通事故により重傷を負い、後遺症を残した被害者Aが、事故の1年後に、自宅近くの海岸でリハビリを兼ねて貝を採取していたところ、心臓麻痺を起こして死亡した（死亡時44歳）。Aの相続人らXは、主位的に死亡による損害賠償、予備的に平均稼働可能年齢である67歳までの期間の後遺障害による損害賠償を求めた。

裁判の流れ

1審（東京地判平4・3・26民集50巻5号1240頁）：主位的請求棄却・予備的請求一部認容　2審（東京高判平4・11・26民集50巻5号1258頁）：一部判決変更　最高裁：破棄差戻

1審は、本件事故と死亡との相当因果関係を否定し、後遺障害逸失利益943万円余と慰謝料850万円を認容した。2審は、後遺障害逸失利益の算定にあたりAの死亡の事実を斟酌し、死亡時以後の逸失利益を否定した（逸失利益26,800円、慰謝料1100万円）。Xら上告。

判旨

〈破棄差戻〉「交通事故の被害者が事故に起因する傷害のために身体的機能の一部を喪失し、労働能力の一部を喪失した場合において、いわゆる逸失利益の算定に当たっては、その後に被害者が死亡したとしても、右交通事故の時点で、その死亡の原因となる具体的事由が存在し、近い将来における死亡が客観的に予測されていたなどの特段の事情がない限り、右死亡の事実は就労可能期間の認定上考慮すべきものではないと解するのが相当である。けだし、労働能力の一部喪失による損害は、交通事故の時に一定の内容のものとして発生しているのであるから、交通事故の後に生じた事由によってその内容に消長を来すものではなく、その逸失利益の額は、交通事故当時における被害者の年齢、職業、健康状態等の個別要素と平均稼働年数、平均余命等に関する統計資料から導かれる就労可能期間に基づいて算定すべきものであって、交通事故の後に被害者が死亡したことは、前記の特段の事情のない限り、就労可能期間の認定に当たって考慮すべきものとはいえないからである。また、交通事故の被害者が事故後にたまたま別の原因で死亡したことにより、賠償義務を負担する者がその義務の全部又は一部を免れ、他方被害者ないしその遺族が事故により生じた損害のてん補を受けることができなくなるというのでは、衡平の理念に反することになる。」

判例の法理

●切断説と継続説

交通事故による後遺障害によって労働能力の一部を喪失した被害者が、口頭弁論終結時までに別の原因で死亡した場合（＝加害行為と死亡との間に相当因果関係［保護範囲］が否定された場合）、加害者の賠償責任は死亡には及ばず、後遺障害という結果にとどまる。その際、交通事故の加害者が賠償すべき被害者の後遺障害逸失利益の範囲（Aの就労可能期間）について、[a] 被害者死亡の事実を考慮して、現実の死亡時までに限定する見解（＝切断説）と、[b] 死亡という偶然の事実は考慮せず、事故時に想定された稼働可能期間（通常67歳まで）を基準に算定する見解（＝継続説）が対立していた。本判決は、後遺障害逸失利益については、①労働能力の一部喪失による損害は、交通事故時に一定の内容のものとして発生していること、②たまたま別原因で死亡したことにより、賠償額を減額するのは「衡平の理念」に反することを理由として、原則として、被害者の死亡という偶然の事実は考慮せずに算定する継続説の立場を採用することを明らかにした。ただし、「交通事故の時点で、その死亡の原因となる具体的事由が存在し、近い将来における死亡が客観的に予測されていたなど」の「特段の事情」がある場合には、死亡時に限定するとしている。

●後遺障害逸失利益賠償における継続説の採用

その後、本判決の後遺障害逸失利益における継続説の立場は、交通事故の被害者が第2の交通事故により死亡した事例において、「被害者の死亡が病気、事故、自殺、天災等のいかなる事由に基づくものか、死亡につき不法行為等に基づく責任を負担すべき第三者が存在するかどうか、交通事故と死亡との間に相当因果関係ないし条件関係が存在するかどうかといった事情によって異なるものではない」として、より鮮明にされた（最判平8・5・31民集50巻6号1323頁）。「前記のように解することによって初めて、被害者ないしその遺族が、前後2つの交通事故により被害者の被った全損害についての賠償を受けることが可能となる」ことによる。

●介護費用賠償における切断説の採用

他方で、介護費用の賠償については、判例は、後遺障害逸失利益とは「おのずから別個の考慮を必要とする」として、交通事故による後遺障害により寝たきり状態となった被害者が、口頭弁論終結時までに胃がんで死亡した事例において切断説を採用している（最判平11・12・20民集53巻9号2038頁）。なぜなら、①「介護費用の賠償は、被害者において現実に支出すべき費用を補てんするものであり」、「被害者が死亡すれば、その時点以降の介護は不要となる」にもかかわらず、「その費用をなお加害者に負担させることは、被害者ないしその遺族に根拠のない利得を与える結果となり、かえって衡平の理念に反する」こと、②「交通事故による損害賠償請求訴訟において一時金賠償方式を採る場合には、損害は交通事故の時に一定の内容のものとして発生したと観念され、交通事故後に生じた事由によって損害の内容に消長を来さないものとされるの」としても、「右のように衡平性の裏付けが欠ける場合にまで、このような法的な擬制を及ぼすことは相当ではない」こと、③「被害者が事実審

の口頭弁論終結前に死亡した場合とその後に死亡した場合とで賠償すべき損害額が異なることがあり得るが、このことは被害者死亡後の介護費用を損害として認める理由になるものではない」からである。

判例を読む

●損害概念との関係

本判決は、「労働能力の一部喪失による損害が、交通事故の時点で一定の内容のものとして発生している」ことを継続説採用の理由の１つとする。このような判示は、事故による負傷（および後遺障害による労働能力の一部喪失）をもって損害の発生と捉える損害事実説の立場と親和的である。もっとも、これをどのように金銭評価するのかは別問題であるから、損害事実説が常に継続説を帰結するわけではない。逆に、差額説の立場によっても、責任判断の基準時（＝仮定的利益状態と比較される現在の利益状態の時点）を口頭弁論終結時ではなく、事故発生時に置くことで継続説を帰結することも可能である（ただし仮に差額説は、現実の損害を填補するものとして、口頭弁論終結時の利益状態を基準に算定することを当然の前提とするならば、被害者の死亡により以後の逸失利益の発生に蓋然性はないとして切断説を採ることとなろう）。以上のように、継続説によるか、切断説によるかは、損害概念に関する立場によって直ちに決まるものではない。

●衡平性判断（逸失利益と介護費用との区別）を正当化する根拠

判例は、両説の具体的な結論の妥当性（規範的判断）を次のように「衡平の理念」のもとで検討している。後遺障害逸失利益については、被害者が事故後偶然に死亡したことによって逸失利益を減額（切断）することは、加害者を免責する反面、被害者遺族等に未填補損害を残すことになるため、ここで切断説を採ることは「衡平の理念に反する」として継続説を採用する。これに対して、介護費用については、被害者の死亡後は介護が不要となるにもかかわらず、その賠償負担を加害者に課すことは、被害者遺族等に根拠のない利得を与える結果となり、ここで継続説を採ることは「かえって衡平の理念に反する」として切断説を採用する。

以上の相違は、逸失利益と介護費用という損害項目の性質の相違による、と理解されている。とはいえ、単に消極的損害か積極的損害かによって区別されるわけではない。調査官解説によれば、「逸失利益は、遺族の扶養利益に転化され得るものであり、遺族にとって必要なものであるのに対し、将来の介護費用にはそのような性格はない」として（河邊義典・最判解民平成 11 年 1037 頁）、現実の損害填補の必要性から区別している。

学説においても、判例の結論は概ね支持されている。しかし、判例理論をどのように説明し、理由づけるかは一様ではない（瀬川信久・交通百選 87 頁参照）。原状回復原則や権利保護という不法行為制度の目的から、判例の衡平性判断の実質を明らかにする作業が重要である（水野謙・ジュリ 1199 号 7 頁、長野史寛『不法行為責任内容論序説』（有斐閣、2017）284 頁等）。いずれにせよ、判例は、介護費用のように「法益侵害により増加した費用」については現実賠償の立場を採用する一方で、人身損害における逸失利益については、不法行為時に被害者が「法益の形で有していた利益・価値の喪失（の一部）」とみて、また、それゆえに、その損失がいつ具体化するかは問題

とせず、口頭弁論終結時までに判明した事情のもとで「不法行為の時点において将来具体化する蓋然性・確実性」が証明されれば、「法益侵害によって喪失した利益・価値」を填補することが、原状回復に向けて必要とみている（「原状」をどのように理解するかは、法益の理解・評価にかかわる）。

●関連事例とのバランス（衡平性）の検討

ところで、介護費用について切断説を採る結果、もし被害者が口頭弁論終結直後に（間を置かず）死亡するような場合には（上記③）、衡平性を欠く結果が生じ得る。もっとも、このような場合には、加害者側から、執行前であれば請求異議の訴え、執行終了後であれば不当利得返還請求により、確定判決の効力を是正することも考えられなくはない。しかし、このような対応は、実際には、理論的にも実務的にもかなりの困難を伴う（鎌田薫ほか編著『民事法Ⅲ 2 版』（日本評論社、2005）303 頁以下［笠井正俊]）。それゆえ、一時金賠償方式において、重度後遺障害の将来介護費用の終期をどのように想定し、算定するかは、困難な問題となっている。そこで、将来の介護費用については、定期金賠償方式の活用が期待されている（なお、後遺障害逸失利益の定期金賠償については、→ 171 事件参照）。

最後に、平成 8 年 5 月判決によれば、「交通事故の被害者が事故に起因する後遺障害のために労働能力の一部を喪失した後に死亡した場合、労働能力の一部喪失による財産上の損害の額の算定に当たっては、交通事故と被害者の死亡との間に相当因果関係があって死亡による損害の賠償をも請求できる場合に限り、死亡後の生活費を控除することができる」。すなわち、死亡逸失利益ではなく後遺障害逸失利益の算定に留まるかぎり、後に被害者が死亡したとしても生活費分を控除することはない。これにより、事故と被害者死亡との相当因果関係が肯定される場合よりも（死亡逸失利益の場合、通常、独身男性で 50％の生活費控除を行う）、「たまたま別の原因」で死亡したとして相当因果関係を否定される方が、賠償金額が高額化する事案も生じ得ることになる（大塚直・判タ 825 号 36 頁）。同判決は、「後遺障害による逸失利益」と「死亡による生活費の控除」との間には原因の同一性がなく損益相殺できないとするが、ここでの問題は後発的事情をいかに損害評価に取り込むのかであって、生活費は被害者等の生計維持に必要な費用の賠償に当たると考えるならば、被害者が死亡しその費用が不要になった以上は後遺障害逸失利益から生活費を控除するのが衡平であるといえるのではなかろうか（樫見由美子・平成 8 年重判 83 頁、阿部満・交通百選 4 版 105 頁等も参照）。

【参考文献】 本文に掲記したものに加え、窪田充見・民法の基本判例 2 版 175 頁、水野謙・百選Ⅱ5 版補正版 188 頁、三村量一・最判解平成 8 年(上)331 頁、樫見由美子・百選Ⅱ8 版 204 頁、大塚直・交通百選 84 頁等。

若林三奈

後遺障害逸失利益と定期金賠償

最高裁令和2年7月9日　民集74巻4号1204頁、判時2471号49頁、判タ1480号138頁

【709条】

論点　後遺障害逸失利益は定期金賠償の対象となるか。定期金賠償の対象となる場合その終期はいつか

事実の要約

　X（事故当時4歳）は、交通事故による後遺障害（高次脳機能障害）のため全労働能力を喪失した。XはYら（運転手、車両保有者、保険会社）に対し、本件後遺障害による逸失利益につき、就労可能期間である18歳から67歳までに取得すべき収入額を、その間の各月に定期金により支払うことを求めた。

裁判の流れ

　1審（札幌地判平29・6・23民集74巻4号1254頁）：一部認容　2審（札幌高判平30・6・29民集74巻4号1281頁）：一部変更・一部棄却（1審・2審ともに定期金賠償を肯定）　最高裁：上告棄却

判　旨

　〈上告棄却〉「不法行為に基づく損害賠償制度は、被害者に生じた現実の損害を金銭的に評価し、加害者にこれを賠償させることにより、被害者が被った不利益を補填して、不法行為がなかったときの状態に回復させることを目的とするものであり、また、損害の公平な分担を図ることをその理念とするところである。このような目的及び理念に照らすと、交通事故に起因する後遺障害による逸失利益という損害につき、将来において取得すべき利益の喪失が現実化する都度これに対応する時期にその利益に対応する定期金の支払をさせるとともに、上記かい離が生ずる場合には民訴法117条によりその是正を図ることができるようにすることが相当と認められる場合がある。」

　「後遺障害による逸失利益の賠償について定期金という方法による場合も、それは、交通事故の時点で発生した1個の損害賠償請求権に基づき、一時金による賠償と同一の損害を対象とする」。「後遺障害による逸失利益につき定期金による賠償を命ずる場合においても、その後就労可能期間の終期より前に被害者が死亡したからといって、上記特段の事情がない限り、就労可能期間の終期が被害者の死亡時となるものではない。」

　原告は事故当時4歳の幼児で事故により労働能力の全部を喪失している。本件事情のもとでは定期金賠償を認めるのが相当である。

判例の法理

　本判決は、第1に、交通事故による後遺障害逸失利益の賠償は、①被害者が定期金方式を求め、かつ、②それが不法行為損害賠償制度の目的および理念に照らし相当と認められる場合には、定期金賠償方式も認められること、第2に、その定期金賠償の終期は、後遺障害逸失利益につき継続説を採用した最判平8・4・25（→ **170事件**）に照らし、「交通事故の時点で、被害者が死亡する原因となる具体的な事由が存在し、近い将来における死亡が客観的に予測されていたなどの特段の事情がない限り」、就労可能期間の終期より前（被害者死亡時）にする必要がないことを明らかにし、併せて、本件は、これらの準則が適用される事例であることを示した。

判例を読む

　不法行為による金銭賠償には、賠償金を一括で支払う一時金方式と、将来にわたって定期金を給付する方式がある。大半は、紛争の一回的解決という利点から一時金方式による。判例も、傍論ではあるが、損害賠償請求権者が一時金による賠償の支払を求めている場合には、定期金賠償を命じる判決はできないとする（最判昭62・2・6判時1232号100頁）。このような背景には、定期金賠償の場合には、加害者の将来の賠償資力の悪化や支払拒絶等が懸念されるものの、これに備えた履行確保措置（担保供与措置）を定めた規定が日本法には欠けるといった事情がある。また、それゆえ一時金を求める原告に定期金を命じることは、処分権主義（民訴246条）に反するともいわれる。

　もっとも、交通事故により保険会社によって賠償金が支払われる場合には、加害者の不履行リスクはかなり低減する。加えて、定期金賠償によれば、逸失利益や将来の介護費用等、将来の長期間にわたり逐次現実化する損害について、その都度、被害実態に即した賠償給付が可能となり、これは被害者の持続的な生活保障をも可能にする。さらに、一時金賠償におけるデメリット（中間利息が法定利率［現在3％］により、複利計算で控除される）や被害者側のリスク（運用リスクや浪費リスク）をも考慮するならば（潮見・不法行為77頁参照）、被害者の年齢や後遺障害の内容によっては、定期金賠償によるメリットは大きいものとなろう。

　上記平成8年判決以後、後遺障害逸失利益の定期金賠償を認めることに否定的な見解が有力に主張されていたことから、本判決が、後遺障害逸失利益についても定期金賠償が認められる場合があること、またその要件および終期を本判決が明らかにした意義は大きい。なお、本判決には、就労可能期間満了前に死亡した場合、支払義務者は、民訴法117条の適用または類推適用により、一時金賠償に変更する訴えを提起し精算する方法を示唆する小池裁判官の補足意見がある。

【参考文献】　本件の解説・評釈として、大寄麻代・ジュリ1560号85頁、窪田充見・NBL1182号4頁、橋本佳幸・私法リマ63号38頁、若林三奈・民商157巻4号60頁等。浦川道太郎「一時金賠償と定期金賠償」伊藤文夫編集代表『人身損害賠償法の理論と実際』（保険毎日新聞社、2018）313頁等。

若林三奈

172 純粋経済損失【西武鉄道事件】

最高裁平成 23 年 9 月 13 日　民集 65 巻 6 号 2511 頁

【709 条】

論点　有価証券の虚偽記載の公表による投資者の損害事実と損害の算定

事実の要約

Y₁社（西武鉄道）が、A 所有の Y₁ 社株式数が東証上場廃止基準である少数特定者持株数 80％を超過していたにもかかわらず、これを過小に記載した有価証券報告書等を 1965 年以降、継続して提出していた。Y₁ 社は、2004 年 10 月 13 日に虚偽記載を公表、同年 12 月には上場廃止となった。そこで虚偽記載の公表までに取引所市場において Y₁ 社株式を取得した X らが、Y₁ 社、Y₁ の債務を承継した Y₂ 社、Y₁ 社の代表取締役であった Y₃ に対し、有価証券報告書等の虚偽記載につき不法行為に基づく損害賠償を求めた。X らは、損害額につき「本件虚偽記載がなければ X らが Y₁ 株を取得することはなかったから、Y₁ 株を取得させられたこと自体が損害であり、対価として支出した取得価額の全額が損害額となる」との主位的主張を行い、予備的に①取得価格と本来の想定価格との差額（取得時差額）あるいは②公表後の株価下落分を主張した。

裁判の流れ

1 審（東京地判平 20・4・24 民集 65 巻 6 号 2568 頁）：一部認容・一部棄却　2 審（東京高判平 21・2・26 民集 65 巻 6 号 2662 頁）：変更　最高裁：一部破棄自判、一部破棄差戻

1 審は、予備的主張②を認め、1 株につき 1081 円（虚偽記載の公表直前の株価）と公表後の処分価格との差額分の損害を認めたが（確定）、現在も保有している者については、株価が回復したとして請求を棄却した（控訴）。2 審は、公表後の株価下落のうち虚偽記載と相当因果関係にあるのは 1 株 1081 円の約 15％とした。

判旨

〈一部破棄自判・一部破棄差戻〉①「一般投資家であり、Y₁ 株を取引所市場で取得した X らにおいては、本件虚偽記載がなければ、取引所市場の内外を問わず、Y₁ 株を取得することはできず、あるいはその取得を避けたことは確実であって、これを取得するという結果自体が生じなかったとみることが相当である。その限りにおいて、X らの主位的主張は理由がある。」

②「有価証券報告書等に虚偽の記載がされている上場株式を取引所市場において取得した投資者が、当該虚偽記載がなければこれを取得することはなかったとみるべき場合、当該虚偽記載により上記投資者に生じた損害の額、すなわち当該虚偽記載と相当因果関係のある損害の額は、上記投資者が、当該虚偽記載の公表後、上記株式を取引所市場において処分したときはその取得価額と処分価額との差額を、また、上記株式を保有し続けているときはその取得価額と事実審の口頭弁論終結時の上記株式の市場価額（上場が廃止された場合にはその非上場株式としての評価額。以下同じ。）との差額をそれぞれ基礎とし、経済情勢、市場動向、当該会社の業績等当該虚偽記載に起因

しない市場価額の下落分を上記差額から控除して、これを算定すべきものと解される。」

「虚偽記載が公表された後の市場価額の変動のうち、いわゆるろうばい売りが集中することによる過剰な下落は、有価証券報告書等に虚偽の記載がされ、それが判明することによって通常生ずることが予想される事態であって、これを当該虚偽記載とは無関係な要因に基づく市場価額の変動であるということはできず、当該虚偽記載と相当因果関係のない損害として上記差額から控除することはできないというべきである。」

③「以上のようにして算定すべき損害の額の立証は極めて困難であることが予想されるが、そのような場合には民訴法 248 条により相当な損害額を認定すべきである。」

判例の法理

上場会社の有価証券報告書に虚偽記載があったこと等が発覚し株価が下落した場合、発行会社は、投資者に対して損害賠償責任を負う。本件には適用されないが、2004（平成 16）年以降、この損害賠償責任については、投資者保護の観点から、不法行為の特別規定が設けられ、現在は、金融商品取引法にて、故意・過失の証明責任が転換されるとともに、因果関係および損害額の推定規定がおかれている（同法 21 条の 2）。本件の主たる争点は、損害の理解とその算定方法にある。一般に、不法行為法上の損害は、差額説——加害行為がなかったならばあるべき利益状態と、加害行為がなされた現在の利益状態との差——によって算定される。本判決は、本件の損害事実は、株式の取得そのもの（＝取得自体）であるとして、その限りで X らの主位的主張を認める一方で、その損害額については、株式の取得価額と処分価額等との差額を認めなかった（これにより取引をなかったものとして取り扱うという趣旨での、いわゆる原状回復的損害賠償を否定した）。

すなわち、本判決は、損害額の算定にあたり、まず投資者の「取得価額」（取得しなかった場合の利益）から、「（すでに処分している場合）処分価額／（なお保有する場合）口頭弁論終結時の市場価額」を差し引いた金額（以下、取得・処分差額という）を出発点としつつ、そのうえで、虚偽記載による損害とは、「当該虚偽表示と相当因果関係のある損害」であるとして、取得・処分差額から、経済情勢、市場動向、当該会社の業績等による「当該虚偽記載に起因しない市場価格の下落分」については、相当因果関係がなく Y らに帰責できないとして控除する。これは、株式の市場価額は、虚偽記載とは関係のない要因によっても変動することから、本判決が、「X らは、当該虚偽記載がなければ上記株式を取得することはなかったとしても」、「取得した株式の市場価額が……虚偽記載とは無関係な要因に基づき変動することは当然想定した上で、これを投資の対象として取得し、かつ、上記要因に関しては開示された情報に基づきこれを処分するか

保有し続けるかを自ら判断できる状態にあった」ことを指摘し、虚偽記載と関係のない株価の変動リスクおよびそれによる市場価額下落分の損失については、「投資者の負担に帰せしめるのが相当」である、という法的評価を行った結果である（もっとも、上記下落分を控除することは、取得自体を損害と見る法廷意見の意味を損なうとの寺田裁判官による意見がある）。これに対して、公表後のいわゆるろうばい売りによる過剰な下落については、本判決は、原審と異なり、虚偽記載との相当因果関係を認め「取得・処分差額」から控除することはできないとした。

なお、判例法理による取得自体損害の賠償額は、「取得・処分差額」を基礎に、虚偽記載に起因しない市場価額の下落分を控除して「あるべき利益状態」と見る結果、多くの場合において、虚偽記載公表直前の市場価額と処分価額との差額に等しくなり、また後述の高値取得損害の賠償額と同等となる（黒沼悦郎「有価証券報告書等の不実表示に関する責任」後掲②所収172頁）。

判例を読む

●取引的不法行為と純粋経済損失

不法行為法の伝統的な役割は、交通事故や公害等による生命・身体・財産の侵害により発生する人身損害や財物損害の賠償にある。とはいえ、取引に関連して（契約の準備交渉・締結・履行過程）、一方当事者に経済的な損失が生じる場合にも、不法行為責任が問われてきた。このような取引関係にある者の間で生じる不法行為のことを取引的不法行為という。典型的には、契約締結過程で不適切な勧誘行為や情報提供・説明を受けて契約を締結した結果、本来ならば意図しない金銭の出捐を強いられ、経済的損失が生じる場合である。有価証券報告書等の虚偽記載によって投資者に損害が生じる場合も、取引的不法行為の１つである。

取引的不法行為では、多くの場合、権利・財産への物理的侵害を伴わず、経済的損失しか生じない。欧米ではこれを純粋経済損失（pure economic loss）等と呼び、原則として、不法行為法による保護を制限してきた（自由競争的市場における活動の自由を保障するため他人の経済的損失に対する過失不法行為は原則として否定される）。しかし、日本法では、損害がある以上、不法行為責任の個別の要件（法益侵害〔違法性〕・過失・相当因果関係等）が満たされるかぎり、このような損失についても不法行為法による救済の対象とされてきた。もっとも、ここでの被侵害法益については、被害者の意思決定の自由や自己決定権と捉える見解や個別財産や総体財産と捉える見解等、学説の理解は定まっていない。いずれの立場においても、自由主義市場経済のもとでは、取引の参加者は、自由競争の範囲内で許される公平な取引行為である限り、自らの行動の自由（営業の自由）が保障されなければならない。それゆえ、被害者が法的保護を受けるには、加害者の行為が取引市場において容認された行為としての相当性を欠く場合に限られる。

●原状回復的損害賠償

不当勧誘等、取引的不法行為による損害賠償を命じる裁判例の多くは、「取引の名の下で支出した金額に相当する額の回復」を命じている。これを原状回復的損害賠償という。これは、被害者の意思形成の自由を侵害し財産を処分させたこと、あるいは契約を締結させたこと自体が不法行為に当たるという理解から、損害賠償給付によって、意思決定（＝取引）がなされなかった状態を回復させることが必要である、との見地に立つ算定手法である（これにより、当該契約を取消し・無効にするのと同じ効果を不法行為法によって実現しようとする）。

有価証券の虚偽記載による損害算定をめぐっても、取得自体が損害である（自己決定権侵害）と捉えたうえで、投資者が当該株式を取得するという意思決定をしなかった状態に回復させるために、原状回復的損害賠償を支持する見解がある（取得自体損害説／原状回復的損害賠償説）。この見解にあっても、取得価額から処分価額（保有している場合は口頭弁論終結時の市場価格）を損益相殺することになろうが、取得後の株価の変動は損害算定に影響を与えない点で判例法理とは異なる。

●高値取得による損害

本判決とは異なり、虚偽記載がなければ取得しなかったとまではいえない場合には、「高値で取得したこと」が損害事実となる。判例は、実際には３億円の経常赤字がありながら、有価証券報告書に50億円の経常黒字との虚偽記載を行った会社に対し、投資者らが金融商品取引法21条の２に基づく損害賠償を求めた事例において、同１項の損害は、一般不法行為法上の損害と同様に「虚偽記載等と相当因果関係のある損害を全て含む」ことから、同条２項（現３項）にいう「損害」もまた取得時差額（＝取得価額と、取得時に虚偽記載等がなかったならば想定される仮定的市場価額との差額）に限定する理由はないとした（最判平24・3・13判時2146号33頁・ライブドア事件。反対意見がある）。この損害算定にあたって、判例は、虚偽記載の発覚（強制捜査の報道等）による売り注文の殺到による値下がりは、通常予想される事態であるとして相当因果関係の範囲内としつつ、完全子会社化に関わる虚偽事実の報道による値下がりについては相当因果関係を否定し、推定損害額から１割の減額にとどめた原審判断を裁量の範囲内にあるとして是認した。

●あるべき財産状態の回復としての差額計算

以上のことから、判例は、①虚偽記載がなければ取得自体がない（＝取得自体が損害である）場合には取得処分差額を、②虚偽記載がなければより低い価額で取得した（＝高値取得が損害である）場合には、市場下落額（開示前後の差額）を出発点としつつ、いずれの場合にも、虚偽記載と相当因果関係のある損害を賠償対象とする結果、（口頭弁論終結時までに現れる）虚偽記載と関係する価額の変動要因はプラスであれマイナスであれ損害額評価に取り込み、投資者の意思決定のもとで保護されるべきであった財産的価値の回復を図っている。このような判例の立場は、損害論におけるいわゆる総体財産損害説（被害主体の財産総体の価値を金銭で実現・回復するという観点から差額計算を行う立場）から統一的に説明されている（潮見・後掲②160頁以下）。

【参考文献】　本判決の評釈・解説として、①黒沼悦郎・金融商品取引法百選12頁、②潮見佳男＝片木晴彦編『民・商法の溝をよむ』（日本評論社、2013）等のほか、取引的不法行為について　後藤巻則・新注民⑮786頁以下。

若林三奈

被害者の相続人が遺族補償年金を受けた場合の損益相殺的調整

173

最高裁平成27年3月4日大法廷判決　民集69巻2号178頁、判時2264号46頁、判タ1414号140頁

【709条】

論点 被害者の損害賠償請求権を取得した相続人が遺族補償年金を受給する場合に、損益相殺的調整を行うべき損害と損害が填補されたと評価すべき時期

事実の要約

Aは、Y会社にシステムエンジニアとして雇用され、長時間の時間外労働や配置転換に伴う業務内容の変化等の業務に起因する心理的負荷の蓄積により、精神障害（うつ病等）を発症し、病的な心理状態のもとで、関東圏の自宅を出た後、無断欠勤をして京都市内の河川敷のベンチでウイスキー等を過度に摂取する等したことにより死亡した。Aの相続人である原告Xらが、Aが死亡したのは、長時間の時間外労働等による心理的負荷の蓄積によって精神障害を発症し、正常な判断能力を欠く状態で飲酒をしたためであると主張して、Aを雇用していたYに対し、不法行為または債務不履行に基づき、損害賠償を求めた。Xらは、Aの死亡により、労災保険法に基づく遺族補償年金および葬祭料の支給を受けたため、これら社会保険給付と損害賠償給付との損益相殺的な調整の方法が問題となった。

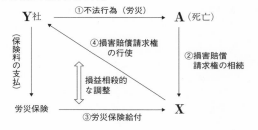

裁判の流れ

1審（東京地判平23・3・7民集69巻2号192頁）：一部認容・一部棄却（給付金を損害賠償請求権の遅延損害金から充当）、2審（東京高判平24・3・22民集69巻2号246頁）：変更（給付金は損害の元本との間で損益相殺的な調整）、最高裁：上告棄却

判旨

〈上告棄却〉(1)「被害者が不法行為によって死亡した場合において、その損害賠償請求権を取得した相続人が遺族補償年金の支給を受け、または支給を受けることが確定したときは、損害賠償額を算定するに当たり、上記の遺族補償年金につき、その填補の対象となる被扶養利益の喪失による損害と同性質であり、かつ、相互補完性を有する逸失利益等の消極損害の元本との間で、損益相殺的な調整を行うべきものと解するのが相当である。」

(2)「不法行為による損害賠償債務は、不法行為の時に発生し、かつ、何らの催告を要することなく遅滞に陥るものと解されており」（最判昭37・9・4民集16巻9号1834頁）、「被害者が不法行為によって死亡した場合において、不法行為の時から相当な時間が経過した後に得られたはずの利益を喪失したという損害についても、不法行為の時に発生したものとしてその額を算定する必要が生ずる。しかし、この算定は、事柄の性質上、不確実、不確定な

要素に関する蓋然性に基づく将来予測や擬制の下に行わざるを得ないもので、中間利息の控除等も含め、法的安定性を維持しつつ公平かつ迅速な損害賠償額の算定の仕組みを確保するという観点からの要請等をも考慮した上で行うことが相当であるといえる」。「遺族補償年金は…制度の趣旨に沿った支給がされる限り、その支給分については当該遺族に被扶養利益の喪失が生じなかったとみることが相当である。」「上述した損害の算定の在り方と上記のような遺族補償年金の給付の意義等に照らせば、不法行為により死亡した被害者の相続人が遺族補償年金の支給を受け、または支給を受けることが確定することにより、上記相続人が喪失した被扶養利益が填補されたこととなる場合には、その限度で、被害者の逸失利益等の消極損害は現実にはないものと評価できる。」

「以上によれば、被害者が不法行為によって死亡した場合において、その損害賠償請求権を取得した相続人が遺族補償年金の支給を受け、または支給を受けることが確定したときは、制度の予定するところと異なってその支給が著しく遅滞するなどの特段の事情のない限り、その填補の対象となる損害は不法行為の時に填補されたものと法的に評価して損益相殺的な調整をすることが公平の見地からみて相当であるというべきである。」

判例の法理

不法行為の被害者は、加害者に対して損害賠償請求権を取得するとともに、事故を契機として、その損害を填補する目的・機能を有する各種社会保険給付（労災保険法や公的年金制度等に基づく各種保険給付や年金給付）の支給要件を満たすことも少なくない。このように損害賠償給付と社会保険給付とを併給しうる場合に、判例は、「被害者が不法行為によって損害を被ると同時に、同一の原因によって利益を受ける場合には、損害と利益との間に同質性がある限り、公平の見地から、その利益の額を被害者が加害者に対して賠償を求める損害額から控除」し、本件のように「被害者が不法行為によって死亡し、その損害賠償請求権を取得した相続人が不法行為と同一の原因によって利益を受ける場合にも」同様とする。判例は、これらの処理を「損益相殺的な調整」と呼び、社会保険給付については、①各社会保険法にある調整規定である代位が生じる場合（第三者行為災害の場合）であるか否かにかかわらず、②［代位の対象となる］既給付分に、［代位の対象とならない将来給付のうち］「支給が確定した範囲」を加えて（最大判平5・3・24民集47巻4号3039頁）、かつ③給付と「同性質かつ相互補完性」を有する損害項目に限定して（最判昭62・7・10民集41巻5号1202頁）、②③を損害賠償給付から控除することを認めている。③が示すような両給付の調整における費目拘束性（項目別控除）を対応原則ともいう。これにより、たとえば、被保険者の収入や被扶養利益の喪失を補償する社会保険給付（本件の遺族補償給付のほか、傷害・後遺

障害事例において被害者自身が受給する休業補償給付や障害補償年金等）は、損害賠償給付のうち、これと同性質・相互補完性のある消極的財産損害（逸失利益）を填補するものとして、そこから控除され、これと対応しない積極的財産的損害や慰謝料から控除されることはない。

本件では、この同質性による控除が、遅延損害金にまで及ぶのかが問題となった。本件1審は、後掲の平成16年判決と同様に、原告らが受給した各社会保険給付を遅延損害金から「充当」したのに対し（この方が被害者にとっては有利な処理となる）、原審および最高裁は、これを「損益相殺的な調整」の枠組みから否定したものである。すなわち、本判決は、第1に、社会保険給付（利益）との間で損益相殺的な調整の対象となるのは、損害の元本（のみ）であり遅延損害金は対象とならないこと、第2に、元本との間で損益相殺的な調整を行うにあたっては、各損害は——現実に社会保険給付が支給された時ではなく——、不法行為時に填補されたと法的に評価（擬制）することが相当であるとし、それゆえに遅延損害金は発生せず、問題とならないとした。これにより、本判決は、以下にみるような、この間の判例のゆらぎを解消し、その統一を図ったものである。

判例を読む

以上の問題は、最判平成16年12月20日判時1886号46頁が、被害者が死亡し、原告が自賠責保険金の支払と遺族補償年金および遺族厚生年金の支給を受けた事案で、改正前民法491条1項を参照し、自賠責保険につき遅延損害金への（優先）充当を認めたことに端を発する。その際、判例が「自賠責保険金等」として——文理解釈上、社会保険給付を区別しない形で——社会保険給付についても遅延損害金への充当を認めたことから、当該部分につき、判決直後より、批判が相次いだ。具体的には、①社会保険給付は債務の弁済とはいえないこと（佐野・後掲226頁）、②社会保険給付と遅延損害金に同質性はないこと（高取・後掲70〜71頁、大島・後掲37頁、高野・後掲215〜216頁）、③社会保険給付の費目拘束性から、対応関係にある損害項目の遅延損害金だけが充当対象となり、充当計算が極めて複雑となる結果実務的妥当性を欠く（高取・後掲71頁・74頁、大島・後掲32頁、高野・後掲216〜217頁）等の批判である。そのため、とくに算定が複雑化する傷害・後遺障害事案では、事故後に順次被害者に発生する具体的な損害については、各種社会保険給付等により遅滞なくその金額が被害者に支払われる限り、これを元本に充当し遅延損害金は発生していないと考えることが、実務的にも簡明な処理を可能となることが示唆されていた（大島・後掲37〜38頁、佐野・後掲227頁）。

このようななか、最判平成22年9月13日民集64巻6号1626頁が、被害者が事故による後遺障害のため、障害基礎年金等を受給した事案において、遅延損害金からの充当を認めた原審を破棄し、本件判旨と同趣旨の判断を示すに至り、最判平成22年10月15日裁時1517号4頁もこれに続いた。もっとも、平成22年の両判決は被害者の傷害・後遺障害事案であったことから、死亡事案に関する平成16年判決とは事案を異にするとされ、判例変更には至らなかった（ただし、平成22年10月判決にはこれを疑問視する千葉勝美裁判官の補足意見が付されていた）。本判決は、死亡事案においても、社会保険給付

については、対応する損害項目の元本との間でのみ損益相殺的な調整を行うことを明確にし、その限りで平成16年判決を変更したものである。

以上の結論を示すにあたって、本判決は、損益相殺的な調整を行う利益と損害には同質性（同性質・相互補完性）が必要である、との原則から出発している（判旨(1)）。もっとも、これは形式論に過ぎず、本判決の結論に大きな影響を与えているのは、むしろ、判旨(2)の判断にあることが指摘されている（米村・後掲80頁、山口・後掲208頁等）。判旨(2)によれば、判例は、「法的安定性を維持しつつ公平かつ迅速な損害賠償額の算定の仕組みを確保するという観点から」、一方で（本来、将来的に順次発生する）逸失利益を不法行為時に発生したものと擬制（法的に評価）していることから、遺族年金が適時に支給され損害填補される場合には、これと対応関係にある逸失利益もまた、支給が確定した範囲で、不法行為時に填補されたものと法的に評価して、損益相殺的な調整を行うことを相当とする。その結果、損益相殺的な調整を行う不法行為の時点で「被害者の逸失利益等の消極損害は現実にはないものと評価」でき、損害がない以上、遅延損害金が発生する余地はなく、遅延損害金への充当は、当然に否定されることになるからである。

以上のように、社会保険給付が制度趣旨に沿って支給される限り、対応する損害は発生しないという、本判決の判断は、「控除計算を損害額算定の一環として、ないしそれに限りなく近いものとして位置づけることを意味」する点でも重要である（米村・後掲80頁）。すなわち、損益相殺的な調整の問題が、死亡逸失利益算定プロセスに組みこまれている生活費控除等と同様に、保険給付と対応する損害項目の損害額算定プロセスに位置づけられるとするならば、たとえば損益相殺的な調整と過失相殺減額とが併存する事案において、もはや「先後関係」は問題とならず、判例（最判平元・4・11民集43巻4号209頁〔控除前相殺説〕）の見直しも必要となろう（詳細は若林・後掲290頁）。

なお、本判決の射程は、遺族補償年金（労災保険）と目的・機能を同じくする他の遺族年金等にも及ぶ。他方で、責任保険である自賠責保険金の支払は、弁済の充当の問題であって、損益相殺的な調整の問題ではないことから、その限りで、平成16年判決は維持されることとなる。

【参考文献】　佐野誠・損害保険研究67巻2号217頁、高取真理子・判タ1183号65頁、大島眞一・判タ1197号27頁、高野真人「社会保険給付と損益相殺・代位の問題点」日弁連交通事故相続センター編『交通賠償論の新次元』（判例タイムズ社、2007）206頁、新注民(15)〔前田陽一〕456頁以下の他、本判決評釈として、米村滋人・平成27年重判79頁、山口斉昭・百選Ⅱ208頁、若林三奈・民商151巻3号277頁等。

若林三奈

174 幼児の過失相殺

最高裁昭和 39 年 6 月 24 日大法廷判決　民集 18 巻 5 号 854 頁、判時 376 号 10 頁、判タ 166 号 105 頁
【722 条】

論点　責任無能力者が被害者となった場合に、過失相殺はできるか

事実の要約

Y₁ 会社被用者である運転手 Y₂ は、会社の業務でコンクリート運搬車を運転して名古屋市内の十字路を西進中、A（当時 8 歳 2 カ月）と B（8 歳 1 カ月）が二人乗りで自転車を南進させていたのに気づかず、接触転倒させ、両者を死亡させた。そこで、A の父母 X₁ X₂ と B の母 X₃ は、Y₁ と Y₂ に対して損害賠償を請求した。

裁判の流れ

1 審（名古屋地判昭 35・7・30 民集 18 巻 5 号 860 頁）：一部認容　2 審（名古屋高判昭 36・1・30 民集 18 巻 5 号 866 頁）：一部認容　最高裁：上告棄却

2 審は、X₁ らの請求に対し、AB それぞれにつき 247 万余円の逸失利益を認定した上、AB の過失を相殺し賠償額を各金 100 万円とした。X₁ ら上告。

判旨

〈上告棄却〉「民法 722 条 2 項の過失相殺の問題は、不法行為者に対し積極的に損害賠償責任を負わせる問題とは趣を異にし、不法行為者が責任を負うべき損害賠償の額を定めるにつき、公平の見地から、損害発生についての被害者の不注意をいかにしんしゃくするかの問題に過ぎないのであるから、被害者たる未成年者の過失をしんしゃくする場合においても、未成年者に事理を弁識するに足る知能が具わっていれば足り、未成年者に対し不法行為責任を負わせる場合のごとく、行為の責任を弁識するに足る知能が具わっていることを要しないものと解するのが相当である」。「本件被害者らは、事故当時は満 8 才余の普通健康体を有する男子であり、また、当時すでに小学校 2 年生として、日頃学校及び家庭で交通の危険につき充分訓戒されており、交通の危険につき弁識があった…。右によれば、本件被害者らは事理を弁識するに足る知能を具えていたものというべきであるから、原審が…被害者らの過失を認定した上、本件損害賠償額を決定するにつき右過失をしんしゃくしたのは正当であ」る。

判例の法理

●被害者の「過失」の意義

責任能力のない被害者に過失相殺をする場合にどの程度の弁識能力が必要か。本判決は、被害者には責任能力はなくても、事理弁識能力があれば足りるとしたものである。

判例を読む

かつての判例、通説は、722 条 2 項の被害者の過失を 709 条の過失と同義とし、過失相殺の要件としても責任能力を要求していた（大判大 4・6・15 民録 21 輯 939 頁、最判昭 31・7・20 民集 10 巻 8 号 1079 頁）。

しかし、下級審裁判例においては、昭和 30 年頃から幼児についても事理弁識能力があれば過失相殺を認めてもよいとするものが散見されるようになり、学説においても、過失相殺は被害者の責任を追及するものではないから、被害者の過失は、損害の発生を避けるのに必要な注意をする能力（事理弁識能力）で足りると解するよう

になっていた（加藤一郎・不法行為 247 頁）。本判決はこのような下級審および学説の動向に沿って判例を変更したものである。

本判決により未成年者に対する過失相殺の適用を相当程度広げることが可能となったが（下級審判決では 5、6 歳児に過失相殺を認めるのが一般である）、被害者に事理弁識能力さえ認められない場合については、判例は、監督義務者の過失を「被害者側の過失」と構成して対処している（最判昭 42・6・27 民集 21 巻 6 号 1507 頁）。

これに対し、学説の中には、過失相殺の要件としては被害者の主観的能力を問う必要はなく、行為の外形自体から客観的に「過失」を捉えれば足りるとする考え方も有力に唱えられている。その中には、①過失相殺の根拠を加害者の非難可能性ないし違法性の程度の減少に求める説（西原道雄「生命侵害・傷害における損害賠償額」私法 27 号 110 頁、川井健「過失相殺の本質」同『現代不法行為法研究』（日本評論社、1978）294 頁）、②過失相殺を因果関係の問題として捉え、過失相殺は被害者の行為が損害の発生に寄与した場合にその寄与度に応じて減額するものだとする説（森島昭夫『不法行為法講義』（有斐閣、1987）392 頁、浜上則雄「損害賠償法における『保証理論』と『部分的因果関係の理論』(1)」民商 66 巻 4 号 548 頁）、③被害者の過失の要件としては被害者の「期待される行動のパターンからの逸脱」があれば足りるとする説（四宮・不法行為 622 頁）などがみられる。

他方、学説上、過失相殺の要件として、自己の行為を支配する能力がなお必要であるとする見解（前田達明・民法Ⅵ₂ 361 頁、窪田・参考文献『過失相殺の法理』200 頁）もみられ、この立場からは、事理弁識能力は、加害者の責任能力の対応物として必要とされる。

本判決を含む判例の立場に関しては、被害者本人に事理弁識能力がない場合において、監督義務者がいないとき、いても監督義務者の責任を問えないとき（原判決によれば、本件はそのケースである）の処理に不都合を生じるおそれがある一方、過失相殺の要件として被害者の主観的能力を問う必要がないとする学説に関しても、過失相殺について被害者に何らかの帰責性を要求するのであればその前提としての能力は必要とされるのではないかという問題が残されているといえよう。

【参考文献】　栗山忍・最判解民昭和 39 年度 239 頁、窪田充見・交通百選 4 版 164 頁、同『過失相殺の法理』（有斐閣、1994）、同「過失相殺の基本的考え方」交通法研究 30 号（有斐閣、2002）12 頁、橋本佳幸・百選Ⅱ 212 頁、長谷川義仁・交通百選 154 頁、深谷格・森嶌昭夫監修『実務精選 100 交通事故判例解説』（第一法規、2017）114 頁。

大塚　直

175 被害者側の過失

最高裁昭和51年3月25日判決　民集30巻2号160頁、判時810号11頁、判タ336号220頁

【722条】

論点　交通事故における夫の過失を被害者である妻の側の過失として斟酌できるか

事実の要約

X₁（妻）は、その夫であるX₂の運転する普通貨物自動車に同乗して進行中に、Y₂が運転するY₁所有の大型貨物自動車に衝突され、傷害を被り、X₂も傷害および物的損害を被った。X₁、X₂は、Y₂に対し709条に基づき、Y₁に対し自動車損害賠償保障法3条および715条に基づき右損害の賠償を請求した。

裁判の流れ

1審（盛岡地判昭45・6・23民集30巻2号164頁）：一部認容　2審（仙台高判昭47・1・24民集30巻2号173頁）：一部認容　最高裁：一部棄却・一部破棄差戻

2審は、本件交通事故におけるX₂とY₂の過失の割合を5対5とした上で、X₁自身には何ら過失はないとし、X₂の損害についてだけ過失相殺をし、X₁の損害については過失相殺をしなかった。Y₁、Y₂上告。

判旨

〈一部棄却・一部破棄差戻〉「民法722条2項が不法行為による損害賠償の額を定めるにつき被害者の過失を斟酌することができる旨を定めたのは、不法行為によって発生した損害を加害者と被害者との間において公平に分担させるという公平の理念に基づくものであると考えられるから、右被害者の過失には、被害者本人と身分上、生活関係上、一体をなすとみられるような関係にある者の過失、すなわちいわゆる被害者側の過失をも包含するものと解される。したがって、夫が妻を同乗させて運転する自動車と第三者が運転する自動車とが、右第三者と夫との双方の過失の競合により衝突したため、傷害を被った妻が右第三者に対し損害賠償を請求する場合の損害額を算定するについては、右夫婦の婚姻関係が既に破綻にひんしているなど特段の事情のない限り、夫の過失を被害者側の過失として斟酌することができるものと解するのを相当とする。このように解するときは、加害者が、いったん被害者である妻に対して全損害を賠償した後、夫にその過失に応じた負担部分を求償するという求償関係をも一挙に解決し、紛争を一回で処理することができるという合理性もある」。

判例の法理

●妻が同乗する場合の運転者の「過失」

本判決は、夫の運転する自動車と第三者の運転する自動車の衝突によって傷害を被った妻の第三者に対する賠償請求について、夫の過失割合を「被害者側の過失」として、妻の賠償額から減額することを認めた。

判例を読む

本判決は、「被害者側の過失」についての最判昭和42年6月27日（民集21巻6号1507頁）を踏襲し、配偶者も「被害者側」に含まれることを示したものである。「被害者側の過失」とは、「被害者に対する監督者である父母ないしはその被用者である家事使用人などのように、被害者と身分上ないし生活関係上一体をなすとみられるような関係にある者」の過失であり、損害賠償における公平を図るため、このような限度で本人以外の過失も斟酌すべきであるとされている。ただ、本件が、最判昭和34年11月26日（民集13巻12号1573頁）や前記最判昭和42年の事案と異なり、「被害者側の者」が事故に遭遇する被害者の行動を抑制しなかったのではなく、衝突させた第三者と共に被害者に対する共同不法行為者の地位にある事案に関することに注意が必要である。

本判決の判断の根拠は損害の公平な分担と、紛争の一回的解決にある。

学説は、「被害者側の過失」の概念に対する評価が分かれる。肯定説には、家団論、家族団体論、財布の一体性を根拠とするもの（末弘厳太郎『民法雑記帳（下）』（日本評論社、1953）192頁、我妻・事務管理・不当利得・不法行為210頁）、求償関係の清算を理由とするもの（植林・参考文献）などがある一方、否定説はより個別的な処理の必要を指摘する（窪田充見『過失相殺の法理』（有斐閣、1994）214頁）。

本判決についての学説の評価も分かれる。

夫婦関係が正常なものである限り、妻が第三者と共に夫を共同被告として訴えを提起することはあり得ないことから判旨を支持する立場（榎本・参考文献。ほかに植林・参考文献、稲田・参考文献、畑・参考文献）がある一方、妻は日常家事債務の範囲を超えて夫の債務につき連帯責任を負うものではなく、本判決は夫婦別産制に反すること、加害者間における損害の公平な負担および紛争の一回的解決という要請と、一賠償義務者の無資力の危険を被害者と他の賠償義務者のいずれかに負担させるのが公平かという評価は区別すべきことから、判例に反対する見解がある（錦織・参考文献、佐々木・参考文献）。

さらに、本件の問題は賠償の仕方のレベルにあり、過失相殺の本来の適用場面ではなく、共同不法行為の加害者間に連帯責任を負わせない方が公平である場合の一例の趣旨のものとみることもできる（内田・参考文献参照）。もっとも、その場合、夫と第三者は連帯責任を負うはずであり、夫婦別産制に鑑みると、これを覆えして一部の連帯とすることは困難であろう（内田・民法Ⅱ549頁、樫見・参考文献、前田・参考文献）。

【参考文献】　榎本恭博・最判解民昭和51年度87頁、稲田龍樹・百選Ⅱ5版新法対応補正版194頁、錦織成史・法学論叢（京都大学）100巻2号97頁、同・民法の判例3版209頁、佐々木宏・判評218号17頁、浅野直人・新交通百選132頁、内田貴・法協94巻9号149頁、品川孝次・昭和51年度重判82頁、福永政彦・判タ340号74頁、植林弘・民商34巻5号43頁、畑郁夫・民商75巻3号148頁、北居功・交通百選162頁、前田陽一・実務精選100交通事故判例解説116頁、樫見由美子「§722　C」新注民⑯486頁。

大塚　直

176 被害者の身体的素因と過失相殺の類推適用

最高裁平成 4 年 6 月 25 日判決　民集 46 巻 4 号 400 頁、判時 1454 号 93 頁、判タ 813 号 198 頁

【709、722 条】

論点 損害賠償額の算定に当たって加害行為前から存在した被害者の疾患を減額事由として斟酌することはできるか

事実の要約

Y_1 が運転する車両は、A（当時 60 歳）搭乗の停止中のタクシーに追突し、A は頭部打撲傷を負い、その後死亡するに至った。A は、本件自己の 1 カ月前にタクシー内でエンジンをかけたまま仮眠中に一酸化炭素中毒にかかり入院し、退院後タクシー業務に戻り、本件事故にあった。A は、本件事故後ほどなくして記憶喪失に陥り、さらに多様な精神障害が生じ、症状が改善しないまま、3 年後に、呼吸麻痺を直接の理由に死亡した。A の相続人である X_1 らから、A の本件事故による長期入院・死亡に基づく損害の賠償を求めて Y_1、車両の所有者 Y_2 等を訴えたのが本件である。

裁判の流れ

1 審（東京地判昭 59・1・17 民集 46 巻 4 号 409 頁）：一部認容（過失相殺の類推により 4 割減額）　2 審（東京高判昭 63・4・25 民集 46 巻 4 号 428 頁）：一部認容（過失相殺の類推により 5 割減額）　最高裁：上告棄却

2 審は、A は、いったんは潜在化ないし消失していた一酸化炭素中毒における各種の精神的症状が本件事故による頭部打撲傷を引金に顕在化し、増悪し、ついに死亡したと認めるのが相当とした。そして、本件事故による頭部打撲傷と A の精神障害・死亡との相当因果関係を認めた上で、一酸化炭素中毒の損害への寄与を理由に全損害額の 50％を減額した。X_1 らが上告。

判旨

〈上告棄却〉「被害者に対する加害行為と被害者のり患していた疾患とがともに原因となって損害が発生した場合において、当該疾患の態様、程度などに照らし、加害者に損害の全部を賠償させるのが公平を失するときは、裁判所は、損害賠償の額を定めるに当たり、民法 722 条 2 項の過失相殺の規定を類推適用して、被害者の当該疾患をしんしゃくすることができるものと解するのが相当である。けだし、このような場合においてもなお、被害者に生じた損害の全部を加害者に賠償させるのは、損害の公平な分担を図る損害賠償法の理念に反するものといわなければならないからである」。

判例の法理

●身体的素因と賠償額の算定

被害者が加害者に損害賠償請求をする事案において、被害者の素因の競合によって損害が発生した場合、その素因を損害賠償の算定において考慮すべきか。素因の中でも「心因的要因」があった場合については既に最判昭和 63 年 4 月 21 日（民集 42 巻 4 号 243 頁）が過失相殺の類推による減額を認めていたが、本判決は「身体的素因」の中の 1 つとしての「疾患」について、昭和 63 年判決と同様に、過失相殺の類推適用によって斟酌することとした。その際、「心因的要因」の場合についての昭

和 63 年判決とは異なり、「公平を失するとき」という限定を付したことが注目される。

素因との競合の場合の法的処理については、裁判例上、416 条（判例によれば相当因果関係）の「予見可能性のある特別事情」に当たるかという問題として判断するものがみられたが、昭和 40 年代以降は、割合的解決を図るものと、素因について原則的に考慮しないものに分かれた。割合的解決としては、①事実的因果関係のレベルで割合的認定（割合的因果関係）をするもの、②訴訟法の観点から割合的処理（確率的心証論）をするもの、③損害額算定（金銭的評価）のレベルで過失相殺を類推適用するものに分かれ、また、学説上は④損害賠償の範囲（保護範囲）のレベルで割合的解決を図ろうとしたものも存在した。他方、⑤原則不考慮説においては、心因的要因の場合や素因の認識可能性がありながら適切な対応を怠った場合に限って過失相殺が適用されるとされ、本判決が出された当時は、学説上は、⑤が特に有力であった（西垣道夫・ジュリ 536 号 144 頁、前田・参考文献、窪田・参考文献）。

判例を読む

本判決は、身体的素因の 1 つとしての「疾患」について、賠償額の減額を認めたものではあるが、その事案は特殊である。すなわち、本件における「疾患」は、A 自身が不注意により引き起こしたものであり、先天的な特異体質などとは異なっており、本判決にいう「疾患」に先天的な特異体質などが含まれうるか否かについては、本判決からは必ずしも明らかではない。本判決の事案は、A に不注意があり、また、退院後ほどなくしてタクシー業務に就くことによる素因発現の可能性を A が認識できたと見る余地があるとすれば、何らかの非難可能性があったものとみることもできたからである。

「疾患」と「身体的特徴」とが区別され、賠償額算定の際に斟酌されうる身体的素因は、原則として「疾患」に限られるとする判例法理は、その後、最高裁平成 8 年 10 月 29 日判決（→ 177 事件）で明らかにされることになる。これに対し、⑤の立場からは、過失相殺はたとえ類推であっても、被害者に帰責性・非難性がない限り認められるべきではなく、それ自体としては直ちに損害回避義務違反の認められない「身体的素因」を斟酌することは問題であると批判されたのである。

【参考文献】　前田陽一・法協 110 巻 8 号 1224 頁、窪田充見・民商 109 巻 1 号 95 頁、手嶋豊・百選Ⅱ 4 版 202 頁、滝澤孝臣・最判解民平成 4 年度 198 頁、田村洋三・平成 5 年度主判解説（判タ 852 号）86 頁、北河孝之・平成 4 年度重判 89 頁、本井巽・私判リマ 1993 下 56 頁、大塚直・実務精選 100 交通事故判例解説 120 頁、永下泰之・交通百選 170 頁

大塚　直

177 通常と異なる被害者の身体的特徴と損害賠償額の算定

最高裁平成 8 年 10 月 29 日判決　民集 50 巻 9 号 2474 頁、判時 1593 号 58 頁、判タ 931 号 164 頁

【709、722 条】

論点　交通事故により傷害を被ったことに基づく損害賠償の額を定めるに当たり、首が長いという被害者の身体的特徴を斟酌することはできるか

事実の要約

本件は、追突事故により負傷した X が、加害車両の運転者 Y₁ らに損害賠償を請求した事件である。Y₁ は、Y₂ 会社所有の自動車を運転して走行中、X 運転の自動車に追突した。X は運転席のシートに頭部を強く打ちつけ、翌日、頚椎捻挫と診断された。X は、その後入院加療を受け、退院後も、頸部・後頭部疼痛等が残った。左胸郭出口症候群およびバレリュー症候群と診断されている。そこで、X は、加害車両の運転者 Y₁ およびその運行供用者たる Y₂ に損害賠償金の支払いを求めるとともに、Y₂ と自動車保険契約を締結していた Y₃ 保険会社に損害賠償額の支払いを請求した。

裁判の流れ

1 審（宮崎地延岡支判平 3・1・22 交民集 24 巻 1 号 73 頁）：一部認容（4 割減額）　2 審（福岡高宮崎支判平 4・12・25 民集 50 巻 9 号 2492 頁）：一部認容（4 割減額）　最高裁：破棄差戻

2 審は、X の身体的特徴（平均的体格に比して首が長く多少の頚椎の不安定症がある）に本件事故による損傷が加わってこれらの症状を発生、悪化ないし拡大させたとし、さらに、症状の悪化・拡大につき心因的要素が存するとして、722 条 2 項の過失相殺の規定を類推適用した。X 上告。

判旨

〈破棄差戻〉「被害者が平均的な体格ないし通常の体質と異なる身体的特徴を有していたとしても、それが疾患に当たらない場合には、特段の事情の存しない限り、被害者の右身体的特徴を損害賠償の額を定めるに当たり斟酌することはできないと解すべきである。けだし…極端な肥満など通常人の平均値から著しくかけ離れた身体的特徴を有する者が、転倒などにより重大な傷害を被りかねないことから<u>日常生活において通常人に比べてより慎重な行動をとることが求められるような場合は格別</u>、その程度に至らない身体的特徴は、個々人の個体差の範囲として当然にその存在が予定されているものというべきだからである」。

判例の法理

● 身体的特徴と賠償額の算定

交通事故の被害者が加害者に損害賠償を請求する事案において、事故前から被害者に身体的素因が存在し、それが事故と競合して損害を発生させ、またはその拡大に寄与した場合に、体質的素因を損害賠償の算定において考慮すべきか。この問題に関して、最判平成 4 年 6 月 25 日（民集 46 巻 4 号 400 頁→ **176 事件**）は、被害者の「疾患」が事故と競合して損害を発生させた事案について、722 条 2 項の過失相殺の規定を類推適用して加害者の減責を認めた。本判決はこれを踏まえつつ、被害者が通常の体質と異なる身体的特徴を有していても、それが「疾患」に当たらない場合には、特段の事情がない限り、そのような身体的特徴を損害賠償の額を定めるに当たり斟

酌することはできないとしたのである。

判例を読む

この問題に関しては、学説上、①素因を斟酌して減額することに積極的な立場と、②減額に否定的な立場（もっとも、例外的に、素因の認識〈可能性〉があったにも拘らず適切な対応を怠って素因を発現させた場合には、減額を認める）とが分かれていたが、本判決により、従来①の立場をとると解されてきた最高裁が、初めて素因減責を行う場面を限定する判断をしたことが注目される。

しかし、本判決に対しては、体質的素因を疾患と身体的特徴とに明確に分けられるか、このような区別によって損害賠償額の決定について異なる処理がなされる理由は何かという問題が残されている。そして、より①に近い立場からは、素因を斟酌してそのリスクを被害者に割り当てることは、領域原理（自己の権利領域内の特別の損害危険に対する保証責任）によって正当化されるとし、その基準は、当該素因が特別の危険性をはらむか否か、すなわち、素因の程度が「個体差の範囲」を超えるか否かにかかっているとする見解（これによると、老人性素因や先天的体質なども、その程度が高い限り斟酌される）も主張されている（橋本・参考文献）。

なお、最高裁は、同じ日にもう 1 つ体質的素因に関する判決を出しており（交民集 29 巻 5 号 122 頁。追突事故の後遺症を残した原告が、事故前から頚椎後縦靭帯骨化症〈OPLL〉に罹患していた事案）、そこでは、被害者の疾患を斟酌できることは「加害行為前に疾患に伴う症状が発現していたかどうか、…損害拡大の素因を有しながら社会生活を営んでいる者の多寡等の事情によって左右されるものではない」とした。同判決は、疾患の場合には、行動の自由には配慮しない立場を示している。

これに対して、民集に掲載された本判決は、下線部で、素因保持者の行動の自由に配慮しており、この点を重視するときは、本判決の立場を若干修正し、素因減額の要件として、事故前に疾患や（身体的特徴について）「特別の事情」が存在していたことだけでなく、被害者にそれらについての認識・認識可能性があったことも要求することが考えられる（被害者の素因発見・統制義務を指摘するものとして、潮見佳男『基本講義債権各論 II〔第 4 版〕』（新世社、2021）133 頁、永下・参考文献）。

【参考文献】 窪田充見『過失相殺の法理』（有斐閣、1994）1 頁、永下泰之「損害賠償法における素因の位置（6・完）」北大法学論集 65 巻 1 号 37 頁、浦川道太郎・私判リマ 1998 上 64 頁、久保野恵美子・法協 115 巻 3 号 410 頁、橋本佳幸「過失相殺法理の構造と射程（五）」論叢（京都大学）139 巻 3 号、同・民商 117 巻 1 号 91 頁、窪田充見・平成 8 年度重判 84 頁、前田陽一・法教 201 号 112 頁、長沢幸男・最判解民平成 8 年度下 817 頁、石橋秀起・交通百選 172 頁、大塚直・実務精選 100 交通事故判例解説 120 頁。

大塚　直

178 生命侵害による損害賠償請求権の相続性

大審院大正 15 年 2 月 16 日判決　民集 5 巻 150 頁

【709 条、896 条】

論点　即死による財産的損害賠償請求権の相続は認められるか

事実の要約

Aは踏切横断中に汽車にはねられ即死した。Aの家督相続人Xは、国Yに対し、被用者の過失により死亡したAに生じた損害賠償請求権を相続したとして、Aの得べかりし利益 498 円の損害賠償請求を行った。

裁判の流れ

1 審（上田区裁判所）：請求棄却　2 審（長野地方裁判所）：一部請求認容　大審院：上告棄却

2 審は、即死の場合でも致死傷を受けたときと生命絶止との間には観念上時間の間隔が存在すると解し得るとして、Aに生じた損害賠償請求権の相続を認め、Xの一部勝訴判決を行った。国Yが上告。

判旨

〈上告棄却〉「他人に対し即死を引起すべき傷害を加へたる場合にありても、其の傷害は被害者が通常生存し得べき期間に獲得し得べかりし財産上の利益享受の途を絶止し損害を生ぜしむるものなれば、右傷害の瞬時に於て被害者に之が賠償請求権発生し、其の相続人は該権利を承継するものと解するを相当」とし、「被害者即死したるときは傷害と同時に人格消滅し、損害賠償請求権発生するに由なしと為すときは、被害者の相続人は何等権利の承継すべきものなきのみならず、相続人は前記傷害により自己の財産上の相続権を害せられたりとして、自己の権利に基き之が賠償を求むることを得ざることと為り、傷害と死亡との間に時間の存する限りは、其の時間の長短に拘らず、死を早めたる傷害により被害者に蒙らしめたる損害に付、被害者に之が賠償請求権発生し、被害者の死亡により其の相続人は之が権利を承継し得ることとなる、即傷害の程度小なる不法行為に責任を科するに反し、即死を引起すが如き絶大の加害行為に対し不法行為の責任を免除するの不当なる結果に陥る」。「原審が、即死の場合に於ても傷害と死亡との間に観念上時間の間隔ありと為し、X先代に付損害賠償請求権発生したるものと認定したるは結局相当」とした。

判例の法理

本判決は、即死の場合にも、傷害と死亡の間に観念上時間の間隔を認め、傷害により被害者に生じた損害賠償請求権が死亡により相続されるとして、相続肯定説に立つことを明らかにした。

判例を読む

不法行為により被害者が死亡（特に即死）した場合、遺族が損害賠償請求を行うことは認められるが、これは相続人としてなのか、遺族固有の立場によるのかの点で議論がある。民法起草者は生命侵害による損害賠償請求権の相続を否定していたが、判例は長年相続肯定説（相続構成）に立ち、これに反対する通説との間で乖離現象が生じている（吉村良一「民法 710 条・711 条（財産以外の損害の賠償）」民法典の百年Ⅲ 666 頁）。

判例は、大正時代になって、大審院が、被害者が受傷後に死亡した事案で、受傷後平均余命までの逸失利益の喪失について被害者が取得した損害賠償請求権の相続を認め（債務不履行責任に基づく損害賠償請求権と構成したもの、大判大 2・10・20 民録 19 輯 910 頁。不法行為責任に基づく損害賠償請求権と構成したもの、大判大 9・4・20 民録 26 輯 553 頁）、本判決が即死の場合についても、受傷と同時に平均余命までの逸失利益の賠償請求権をいったん本人が取得し、直ちにそれが相続の対象となることを認め、原審と同様、時間間隔説に立つことを明らかにした。本判決が相続肯定説に立った実質的理由は、受傷後の死亡と即死の場合の不均衡の是正にあった。本判決後、例外的に相続否定説に立つ判決もあった（大判昭 3・3・10 民集 7 巻 152 頁）が、相続肯定説が相次ぎ、判例の立場は相続肯定説にほぼ確定している。

学説は、大正から昭和にかけて、本判決と同様、**相続肯定説**が有力となり、①時間間隔説②極限概念説（生命侵害を身体傷害の極限概念ととらえ、死亡直前に、生命侵害と同様の損害賠償請求権を認める）などが主張された（潮海一雄「相続構成と扶養構成」新・現代損害賠償法講座⑤ 213 頁）。しかし、昭和 40 年代に**相続否定説**が有力に主張され、通説的立場となった。**相続否定説（扶養構成）**は、被害者の生命侵害の結果として、遺族の扶養を受ける利益の侵害に基づく、遺族固有の損害賠償請求権を認めれば足りるとする。相続肯定説に対する批判は、①権利主体性を失った死者自身に損害賠償請求権の発生を認めることについての理論的問題、②子の死亡について親が相続する場合の「逆相続の不合理性」や、死者との生活関係の乏しい相続人が相続する場合の「笑う相続人の出現」といった点にある。しかし、相続の対象となるか否かは、政策的価値判断に基づく部分もあり、相続肯定説にも、①損害額の算定基準の簡明さ②賠償額が高額化すること③損害額の立証の容易さ④権利者の範囲の明確さといった「司法政策的配慮ないし便宜」があると指摘されている（吉村良一・前掲 657 頁）。

【参考文献】　相続否定説に立つものとして、吉村良一「民法 710 条・711 条（財産以外の損害の賠償）」民法の百年Ⅲ 670 頁、高橋眞・百選Ⅱ 5 版 202 頁。相続肯定説に立つものとして、潮海一雄「相続構成と扶養構成」新・現代損害賠償法講座⑤ 236 頁、内田Ⅱ 462 頁。

犬伏由子

慰謝料請求権の相続性

最高裁昭和42年11月1日大法廷判決　民集21巻9号2249頁、家月19巻12号19頁、
判時497号13頁、判タ211号224頁　　　　　　　　　　　　【710条、711条、896条】

論点　不法行為による慰謝料請求権は相続の対象となるか

事実の要約

A（71歳）は、昭和36年8月16日国道を自転車で走行中横断しようとした際、後方から来たY運送会社の運転手Bの貨物自動車に衝突し、重傷を負い、12日後に死亡した。相続人であるAの妹X、姉C（1審のみで控訴せず）はYに対し、Aが前記傷害により多大の苦痛を蒙ったことにより取得した慰謝料請求権を当然相続したとして各15万円の慰謝料請求を行った。

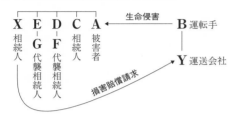

裁判の流れ

1審（宇都宮地判昭38・4・6民集21巻9号2271頁）：請求棄却　2審（東京高判昭38・9・17民集21巻9号2274頁）：控訴棄却　最高裁：破棄差戻

1審は、慰謝料請求権は一身専属的権利であるが、請求の意思表示がなされたときは一般の金銭債権と同様移転性をもつと解する大審院以来の判例に従い、Aが請求の意思表示をしていないことが認められる本件ではXらが慰謝料請求権を相続することはないとして請求を棄却した。Xが控訴したが、2審も1審と同様の理由で控訴を棄却した。Xが上告。上告理由は、①請求の意思表示を基準として慰謝料の相続性を判断することは重傷と軽傷の場合で不均衡を生じ公平の観念に反する。②実際問題として、重傷の場合に請求の意思表示を行うことは稀であり、これを要求するため、明確な意思表示がないにも拘わらず、牽強付会な解釈により意思表示を擬制せざるを得なくなっている。③加害者からみると、重傷の場合には慰謝料を請求されないとなれば、軽傷を負わせた場合にさらに轢き直さないとも限らず、困った結果となる等の点である。

判旨

〈破棄差戻〉「ある者が他人の故意過失によって財産以外の損害を被った場合には、その者は、財産上の損害を被った場合と同様、損害の発生と同時にその賠償を請求する権利すなわち慰籍料請求権を取得し、右請求権を放棄したものと解しうる特段の事情がないかぎり、これを行使することができ、その損害の賠償を請求する意思を表明するなど格別の行為をすることを必要とするものではない。そして、当該被害者が死亡したときは、その相続人は当然に慰籍料請求権を相続するものと解するのが相当である。けだし、損害賠償請求権発生の時点について、民法は、その損害が財産上のものであるか、財産以

外のものであるかによって、別異の取扱いをしていないし、慰籍料請求権が発生する場合における被害法益は当該被害者の一身に専属するものであるけれども、これを侵害したことによって生ずる慰謝料請求権そのものは、財産上の損害賠償請求権と同様、単純な金銭債権であり、相続の対象となりえないものと解すべき法的根拠はなく、民法711条によれば、生命を害された被害者と一定の身分関係にある者は、被害者の取得する慰謝料請求権とは別に、固有の慰謝料請求権を取得しうるが、この両者の請求権は被害法益を異にし、併存しうるものであり、かつ、被害者の相続人は、必ずしも、同条の規定により慰籍料請求権を取得しうるものとは限らないのであるから、同条があるからといって、慰籍料請求権が相続の対象となりえないものと解すべきではない」（1名の補足意見、4名の反対意見がある）。

判例の法理

不法行為による慰謝料請求権は、被害者の請求の意思表示があって初めて相続の対象となるとしていた従来の判例を変更し、当然相続説に立つことを明らかにした最高裁大法廷判決として有名である。

判例を読む

●問題の整理

交通事故が原因で被害者が死亡する事例としては、①本件のように、交通事故による傷害を受けた後に、これが基で死亡した場合、②交通事故により死亡（即死）した場合の二つがあり、慰謝料については、①②について死亡（生命侵害）による慰謝料が、さらに①については傷害による慰謝料が考えられるが、これら慰謝料請求権が誰に発生するのか、被害者自身に生じたたとしたら相続の対象となるかが問題となる。財産的損害賠償請求権（→178事件）と同様の問題も含まれているが、これとは異なる複雑な論点が慰謝料請求権と相続の問題に含まれていることに注意しなければならない。すなわち、慰謝料請求権は、不法行為により受けた精神的・肉体的苦痛などを中心とする財産的利益以外の利益に対する損害の賠償請求権であり、被害者自身の人格に結びついた極めて個人的利益に属する権利であることから、財産的損害賠償請求権とは異なり、896条ただし書の相続の対象から除外される一身専属権に当たるのではないかという点。他方、被害者死亡については、711条が遺族固有の慰謝料請求権を認めていることをどのように理解するかという点。また、生命侵害については、財産的損害と同様、被害者自身に慰謝料請求権が発生し、それが相続されるという構成をとることができるのかといった点などである。慰謝料請求権に関して、710条、711条の起草過程における立法者意思は、生命侵害に対する慰謝料請求権が710条に基づいて死亡被害者自身に生じることがないことの見返りとして、711条により被害者の死亡と感情

的に密接な関係を持つ一定の近親者に慰謝料請求権を認めるというものであり、生命侵害による慰謝料請求権の相続という発想はない。しかし、いったん被害者に生じた傷害による慰謝料請求権がその後の被害者死亡により相続の対象となるかについては触れられておらず、相続に関する現行896条（旧986条、1001条）においても、慰謝料請求権が一身専属権として相続の対象から除外されるのか明確にされていない（樫見由美子「慰謝料請求権の相続性をめぐる問題」『日本民法学の形成と課題 星野先生古稀祝賀下』（有斐閣、1996）932頁以下、吉村良一「民法710条・711条（財産以外の損害の賠償）」民法典の百年Ⅲ 633頁以下）。

● 判例の変遷

大審院明治43年10月3日判決は（民録16輯621頁）、慰謝料請求訴訟を提起していた被害者が、控訴審で勝訴した後死亡し遺産相続人が訴訟を承継した事案で、慰謝料請求権は行使の意思表示により相続性をもつと判断した。これが、本判決以前の「慰謝料請求権と相続」に関するリーディングケースとなり、その後大審院は、被害者が事故後数時間で死亡した事案で、請求の意思表示をしていない場合は相続は認められないとし（大判大2・10・20民録19輯910頁）、被害者が相手方に慰謝料を請求する意思を書面により表示し、これを執達吏に交付し催告を委任していた事案で、慰謝料請求の意思表示ありとして相続を認めた（大判大8・6・5民録25輯962頁）。しかし、これによると請求の意思表示があるか否かにより、相続が認められるか否かが左右されることになるため、「残念判決」にみられるように請求の意思表示を緩やかに解することとなった（被害者が「残念残念」と叫びつつ死亡した場合に意思表示ありとした（大判昭2・5・30新聞2702号5頁、その差戻後の上告審判決は大判昭4・5・2新聞3011号9頁））。これに対しては、あまりにも技巧的であるとして学説の批判を受けることとなり、他方でなんらの意思表示もできないで死亡する即死の場合との不均衡が指摘されていた。

最高裁はついに本判決により大審院の判例の立場である意思表示説を変更し、当然相続説に立つことを明らかにした。本判決が当然相続説を採用した理由は、財産上の損害賠償請求権と慰謝料請求権の同質性である。すなわち、被害法益自体は一身に専属するものであるが、これを侵害したことによって生ずる慰謝料請求権そのものは、財産上の損害賠償請求権と同様、単純な金銭債権であり、相続の対象となること。711条は被害者の取得する慰謝料請求権とは別に近親者固有の慰謝料請求権を認めているが、両請求は被害法益を異にし、併存し得ることである。本件は、被害者が受傷後に死亡した事案であり、傷害による慰謝料請求権の当然相続が認められたといえるが、財産上の損害賠償請求権（→ **178事件**）との同質性の強調からは、「傷害による慰謝料請求権」と「生命侵害による慰謝料請求権」の区別は明確ではなく、「傷害による慰謝料請求権」も含めた「生命侵害による」被害者自身の慰謝料請求権が当然相続の対象となるという判例が確立される。

下級審では、相続否定説に立つものもみられ、711条の遺族固有の慰謝料のみを認める判決も存在していたが、近時慰謝料請求権の相続のみを主張する事案が増加していることもあり、相続否定説はほぼ姿を消しているとされる（太田知行「死者の慰謝料請求権の相続性」交通百選4

版142頁）。

● 学説

大審院判例の意思表示説に対する批判から、学説では、人身事故で被害者死亡（受傷後あるいは即死）の場合、被害者自身の慰謝料請求権が当然相続されるとする当然相続説が主張されていた（我妻栄「慰謝料請求権の相続性」法学志林（法政大学）29巻11号1329頁）が、本判決の前後には相続否定説が有力となり、現在通説的立場となっている（潮見佳男『不法行為法』（信山社、1999）346頁）。相続否定説は、人身事故により被害者が死亡した場合は、生命侵害についての慰謝料請求権が711条に基づき遺族にのみ認められるとするものである。

当然相続説の実質的根拠は、被害者自身の慰謝料請求権の当然相続を認めることにより即死の場合と受傷後死亡の場合との間に不均衡が生じないこと、生命侵害の場合に711条による救済しか認めない場合に比べて、救済される近親者の範囲が広くなり、場合によっては遺族が固有の慰謝料請求権と相続人としての慰謝料請求権の両方を行使できること等である（米村滋人「慰謝料請求権の相続性」百選Ⅲ 123頁）。これに対して、相続否定説は、生命侵害による慰謝料請求権は死亡した被害者自身には発生しないこと、その代わりに認められたのが711条による遺族固有の慰謝料請求権であり、被害者死亡により苦痛を受けた被害者と密接な関係のある遺族自身の慰謝のために慰謝料を認めれば足りるのであって、相続人であるからというだけで慰謝料請求権の行使を認める必要はないということ等である。ただし、相続否定説に立った場合でも、被害者の受傷後の死亡の場合、受傷による慰謝料請求権の相続を一切否定するのかという点が問題として残される。

なお、受傷した被害者自身が慰謝料を受領した後にそれが相続の対象となることについては争いがないが、それ以前のどの段階で相続の対象となるかについて見解が分かれる。明確性という点から、契約（示談）または債務名義（確定判決等）によって金額が確定した時から、相続の対象になると解することになろう（加藤一郎「慰謝料請求権の相続性」ジュリ431号156頁）。

さらに、遺族固有の慰謝料請求権が認められるのは、711条に列挙されるものに限られるかという点については、判例・学説において死者と密接な生活関係のあった者、例えば内縁の妻や親代わりとなっていた祖父母や兄弟について711条の類推適用が認められると解されている（吉村良一「民法710条・711条（財産以外の損害の賠償）」民法典の百年Ⅲ 654頁）。

【参考文献】 千種秀夫・最判解昭和42年度550頁、米村・前掲122頁。総合的研究として、樫見・前掲925頁、吉村・前掲631頁がある。当然相続説には、我妻・前掲1317頁、太田・前掲140頁。相続否定説には、加藤・前掲149頁、川井健「慰謝料請求権の相続」ジュリ500号222頁がある。

犬伏由子

180 未成年者の不法行為と監督義務者の責任【サッカーボール事件】

最高裁平成 27 年 4 月 9 日判決　民集 69 巻 3 号 455 頁、判時 2261 号 145 頁、判タ 1415 号 69 頁

【714 条】

論点　714 条 1 項ただし書で問題となる法定監督義務者の監督義務の内容およびその判断水準

事実の要約

A（事故当時満 11 歳）の通っていた小学校では、放課後児童らに校庭を開放していた。そこで A が友人らとサッカーゴールに向かってサッカーボールを蹴っていたところ、そのボールが校庭の門扉やフェンスを越え、校庭と道路（本件道路）の間にある側溝上の橋を通って本件道路まで転出したところ、そこを自動二輪車で通りかかった B が、そのボールを避けようとして転倒し、骨折した。その後 B は入院中の誤嚥性肺炎により死亡した。

B の相続人である X らは、A の親 Y らに対して、709 条および 714 条に基づく損害賠償請求を求めた。

裁判の流れ

1 審（大阪地判平 23・6・27 判時 2123 号 61 頁）：請求一部認容、2 審（大阪高判平 24・6・7 判時 2158 号 51 頁）：請求一部認容　最高裁：破棄自判

1 審・2 審ともに、非常に短い説示を以て Y らの監督義務違反を肯定した。Y らが最高裁に上告受理申立て。

判決の要旨

〈破棄自判〉1　子の行為およびその危険性に関し、A が、校庭でサッカーゴールに向かってサッカーボールを蹴ることは、そのボールが道路に転出する可能性を有するため、「本件道路を通行する第三者との関係では危険性を有する行為であった」一方で、A の上記行為は、サッカーゴールの後方に本件道路があることを考慮に入れても、「本件校庭の日常的な使用方法として通常の行為である」。そして、本件校庭の周辺状況を踏まえて、「本件ゴールに向けてボールを蹴ったとしても、ボールが本件道路上に出ることが常態であったものとはみられ」ない。本件事故は A が蹴ったサッカーボールが道路まで転出し、そこを通りかかった B がこれを避けようとして生じたのであり、「A が、殊更に本件道路に向けてボールを蹴ったなどの事情もうかがわれない。」

2　Y の監督義務およびその違反に関し、「責任能力のない未成年者の親権者は、その直接的な監視下にない子の行動について、人身に危険が及ばないよう注意して行動するよう日頃から指導監督する義務があると解されるが、本件ゴールに向けたフリーキックの練習は、上記各事実に照らすと、通常は人身に危険が及ぶような行為であるとはいえない。また、親権者の直接的な監視下にない子の行動についての日頃の指導監督は、ある程度一般的なものとならざるを得ないから、通常は人身に危険が及ぶものとはみられない行為によってたまたま人身に損害を生じさせた場合は、当該行為について具体的に予見可能であるなど特別の事情が認められない限り、子に対する監督義務を尽くしていなかったとすべきではない。A の父母である Y らは、危険な行為に及ばないよう日頃から A に通常のしつけをしていたというのであり、A の本件における行為について具体的に予見可能であったなどの特別の事情があったこともうかがわれない」として、Y らの監督義務違反を否定し、X らの請求を退

けた。

判例の法理

子の行為が、通常は人身に危険が及ぶものとはみられない行為によりたまたま人身損害を発生させた場合に、当該行為につき具体的な予見可能性が認められるなど特段の事情が認められない限り、親権者は、民法 714 条 1 項ただし書の監督義務の不履行があったとはされず、免責が認められる。

判例を読む

通説・判例は、714 条責任を厳格な責任として理解してきたのに対し（学説に付き潮見・不法行為法 I 422～423 頁）、本判決が最高裁として初めて親権者の 714 条 1 項ただし書の監督義務違反を否定し免責を認めた。本判決は、714 条の監督義務につき、①抽象的なレベルでの監督義務に加えて、②子の行為の危険性が低い場合でも、予見可能性が認められる等の特段の事情があれば監督義務が問題となることを明らかにしている。①は、厳格な責任と理解されれば、それだけ厳格化されうる可能性もあるが、本判決は抽象的であるがゆえに一般的なものとならざるを得ないとし、通常のしつけで足りるとする（前田陽一・法時 89 巻 1 号 86～87 頁）。後者の監督義務は、714 条責任であっても具体的に監督義務を判断する最高裁判例（最判平 7・1・24 民集 49 巻 1 号 25 頁）もあることから突飛な判断とはいえないが構造から民法 709 条の過失との異同・関係性も問題となろう（久保野恵美子・百選 II 187 頁）。本判決の示した監督義務の理解および判断は本件の事案の特殊性もあって、その射程を狭く解する見解が有力である（窪田・不法行為法 198 頁）。たしかに、責任能力を欠く未成年者による不法行為は、危険性が高い行為（例えば自転車走行）が中心と考えられ（林誠司・北法 58 巻 3 号 115 頁参照）、こうした事案では、その危険性の高さから、親権者の 714 条責任は従前同様に厳格な水準で判断されよう。これに対し、本判決が、子の行為の危険性（の多寡）と関係付けて監督義務およびその違反を具体的に判断するという判断枠組みを示したと理解すれば（久保野・前掲 187 頁）、このアプローチは 714 条責任の柔軟化の可能性もはらむものであって、同条の責任は単に厳格な責任・無過失責任ではなく、より実質的な考慮および正当化がなされることでその射程を広く捉える可能性があるといえよう（中原太郎・論究ジュリ 16 号 48～49 頁）。なお、本判決の直接の争点となっていないが 714 条責任において、子の行為の違法性の要否も検討されるべき課題である（窪田充見・論究ジュリ 16 号 12-13 頁参照）。

【参考文献】　本文に挙げたもののほか、菊池絵里・最判解民平成 27 年度 186 頁、水野謙＝古積健三郎＝石田剛『《判旨》から読み解く民法』（有斐閣、2017）463 頁［水野謙］。

前田太朗

181 責任能力のある未成年者と監督義務者の責任

最高裁昭和 49 年 3 月 22 日判決　民集 28 巻 2 号 347 頁、判時 737 号 39 頁、判タ 308 号 194 頁

【709 条】

論点　責任能力ある未成年者の不法行為に対し、親権者が 709 条責任を負うか

事実の要約

A（15 歳の中学 3 年生）は、小遣い欲しさから新聞配達のアルバイトをしていた B（中学 1 年生）を、新聞の集金日に殺害した（A は B と同じ新聞配達を行っており、A の後任が B であった。また A と B は遊び友達であった）。A は中学入学以降、非行に走り、商品の万引行為や喫煙等により警察の補導を受けたり、学校を怠けたりする行動をとっていたが、A の両親である Y$_1$ および Y$_2$ は、上記 A の非行性に気付きながらも適切な指導や注意を懈怠しており、また A の衣服等さほど高額ではない物質的要求も叶えることなく、むしろ Y$_1$ らから A に対して家庭的情愛を欠く状況があった。

A の親である X は、Y$_1$ らに対して、A に対する監督義務の不履行を理由とする不法行為責任（709 条）が成立するとして、損害賠償を求めた。

裁判の流れ

1 審（鳥取地米子支判昭 45・12・22 民集 28 巻 2 号 351 頁）：請求一部認容、2 審（広島高松江支判昭 47・7・19 民集 28 巻 2 号 362 頁）：請求一部認容、最高裁：上告棄却

1 審・2 審ともに、Y$_1$ らは、A の非行状況を認識していたにもかかわらず、適切な対応をとること等がなく、Y$_1$ らのこうした態様は監督義務違反が認められ、このことと A の B に対する加害行為により生じた結果との間に相当因果関係があるとして、Y$_1$ らは A とともに、不法行為責任を負うとした。Y$_1$ らは、714 条責任が成立しない場合には、法定監督義務者は未成年者と共に責任を負うことはない等として、上告した。

判旨

〈上告棄却〉「未成年者が責任能力を有する場合であっても監督義務者の義務違反と当該未成年者の不法行為によって生じた結果との間に相当因果関係を認めうるときは、監督義務者につき民法 709 条に基づく不法行為が成立するものと解するのが相当であって、民法 714 条の規定が右解釈の妨げ（条の規定が右解釈の妨げ）となるものではない。そして、Y$_1$ らの A に対する監督義務の懈怠と A による B 殺害の結果との間に相当因果関係を肯定した原審判断は、その適法に確定した事実関係に照らし正当として是認できる。」このように判断し、Y$_1$ らの上告を棄却した。

判例の法理

責任能力ある未成年者に対して、その親権者は監督義務を負い、その監督義務と未成年者の加害行為により生じた結果の間に相当因果関係がある場合に、親権者は民法 709 条に基づいて不法行為責任を負う。

判例を読む

民法は、加害者が責任能力（責任弁識能力）を欠く場合には、712 条および 713 条に基づいてその者を免責する一方で、この者に法定監督義務者がいる場合には、その者に 714 条に基づいて不法行為責任を負わせることで、責任無能力者の保護と被害者の保護の調整を図っている。

このように 714 条責任が補充的責任と解されることから（窪田・不法行為法 188 ～ 190 頁）、責任能力ある未成年者の加害行為につき親権者は責任を同条では負わない。しかしこの場合に、本判決が認めるように親権者の 709 条責任が認められ、このことは、次のように正当化できる。一方で、理論的には、親権者は未成年に対し 818 条・820 条に基づいて引き続き監護・教育を未成年者に対し行うべきであり、その監護・教育の内容は親権者と未成年者だけの問題にとどまらず、第三者の保護をも目的とするものと考えられることから、責任能力ある未成年者に対して親権者は 709 条に基づいて監督義務を負うと考えられる（因果関係の文脈で述べられるが、前田達明・百選 II 5 版新法対応補正版 171 頁）。他方で、実質的にも、未成年者に不法行為責任を負わせても、賠償資力に乏しく被害者救済の後退が懸念され（川口冨男・最判解民昭和 49 年度 162 頁）、親権者の責任が求められる。

本判決は、原審が明らかにしたように、責任能力を欠く未成年者の場合と同様に、未成年者の生活一般に及ぶような包括的な監督義務を親権者が負うとしており、709 条責任でありながら、実質的には 714 条に類する厳格な責任が課されているともいえる（吉村・不法行為法 205 頁）。この厳格な監督義務を正当化・限界付けにあたっては、親権者が未成年者の行為に対してその年齢を考慮した干渉可能性をメルクマールとすることが有用な指針となろう（潮見・不法行為法 I 432 頁、窪田・不法行為法 202 ～ 203 頁）。すなわち、責任能力があるなかでも年齢が低い場合（例えば中学生）には、それだけ親権者の介入可能性が大きいため、監督義務の内容も包括的・一般的になり、合わせてその未成年者の行為態様も含めて監督義務の水準が厳格に設定されると考えられる（これとの関連で、相当因果関係も肯定されやすくなるかは、義務の根拠付けの問題とも関連して理解がわかれよう。川口・前掲 164 ～ 165 頁、潮見・不法行為法 I 430 ～ 431 頁参照）。以上とあわせて侵害される法益の重大性も考慮されよう。これに対して、親権に服するものの、年齢が高い未成年者においては、親権者の介入可能性は制限され、未成年者による加害行為につき具体的な予見可能性がある場合に、親権者の監督義務およびその違反が問題となるものと考えられる（親権者の 709 条責任の限界付けを考えるうえで、少年院退院後保護観察処分を受けていた未成年者による強盗傷害について、その年齢や、職歴、親権者からの別居等を考慮し、親権者の 709 条責任を否定した最判平成 18 年 2 月 24 日判時 1927 号 63 頁が重要である）。

【参考文献】　本文に挙げたもののほか、山口純夫・重判昭和 49 年度 74 頁、青野博之・判例講義民法 II 236 頁、久保野恵美子・百選 II 7 版 180 頁。

前田太朗

認知症の高齢者が起こした事故と家族の責任【JR 東海事件】

最高裁平成 28 年 3 月 1 日判決　民集 70 巻 3 号 681 頁、判時 2299 号 32 頁、判タ 1425 号 126 頁

【714 条】

論点　精神障害により責任能力を欠く者が第三者に損害を惹起した場合に、誰が不法行為責任を負うか

事実の要約

　高齢の A（事故当時 91 歳）は認知症を発症し、A の妻 Y₁（自身も介護を必要とする状況であった）や A の長男 Y₂らは A の娘 C も交えて家族会議を開いて、Y₁の 85 才という年齢や身体的状況・判断能力の衰え等を考慮し、Y₂の妻 B が A 宅で A の介護に当たることとなり、Y₂も B から A の状態の報告を頻繁に受けていた。A は A 宅近くで排尿行為をしばしば行い、また平成 17 年と平成 18 年にそれぞれ A 宅を出て徘徊することがあった。その後 A の認知症の症状が進行したことから家族会議が開かれ、介護の実務に精通する C が特養老人ホーム入所による A の症状のさらなる悪化の懸念や入所までの期間等の懸念を示したことを考慮し、A の在宅介護の継続を決めた。A 宅は、以前タバコ販売業を営んでいたため、事務所用の出入口と自宅玄関があり、各々にセンサーが設置されていた。前者には A が玄関へ接近したことを Y₁らに知らせるように作動させていたが、後者には、頻繁に鳴ることによる A の反応等を考慮して、事故当日まで電源は切られたままであった。事故当日、A はケア施設から帰宅後 B および Y₁と休憩していたが、その後 B は、A がした家屋内の排尿の処理でそこを離れ、また Y₁が転寝をした隙に、A は外出した。A の外出に気付いた B および Y₁は A を探したが、今までなかったことから自宅最寄駅である甲駅構内で探すことはなかった。しかし、A は甲駅の改札を突破し、電車で乙駅に移動しそこで下車し、X（JR 東海）の運行する電車と衝突し死亡した。

　X は Y₁・Y₂等に対して、本件事故により生じた列車遅延により生じた振替輸送等の損害等について、A に責任能力がない場合に、Y₁・Y₂等の民法 709 条ないし 714 条に基づいて約 720 万円の損害賠償請求を求めた（また A の責任能力がある場合には、Y₁等相続人が損害賠償債務を承継したとして、Y₁らに同額の損害賠償を求めた）。

裁判の流れ

　1 審（名古屋地判平 25・8・9 民集 70 巻 3 号 745 頁）：請求認容、2 審（名古屋高判平 26・4・24 民集 70 巻 3 号 786 頁）：請求一部認容、最高裁　破棄自判

　1 審は、Y₁に対して、民法 709 条に基づき、A の徘徊行動から第三者への加害は予見できたことから、Y₁のみが A に対応する必要があったときには、A を見守るべきであったのに、事故当日 B が A に排尿に対して清掃対応をしていたにもかかわらず、Y₁はまどろんでいたことで A の徘徊を看過したことは、注意義務に反するとして、709 条に基づく責任を認めた。Y₂に対して、家族会議での主導的な立場により A の介護体制を決定していたことや財産管理の立場にあったこと等を考慮して事実上の監督者として 714 条 2 項を準用し、また監督義務についてもセンサーの電源を切っていたことや、在宅介護による対応などをしていなかったことから、その

違反を認め、X の請求を全て認容した。2 審は、Y₁に対して、民法 752 条により同居・協力・扶助義務を負っていることから民法 714 条の監督義務者であるとし、そのうえで、同条の責任は厳格な責任であることから、責任判断は厳格なものであることを確認したうえで、警報を知らせるセンサーの電源を切っていたこと等から監督義務の不履行を認め、責任を肯定した（賠償額は 360 万円を認容した）。Y₂に対し、A への扶養義務を負うものの、A の引取義務までをも負わず、A と別居していること等から、1 審と異なり民法 714 条の監督義務者に当たらないとした。また Y₁および Y₂の民法 709 条責任に関して、従前の A の行動から本件事故は予見できないと否定した。X および Y₁ら双方が上告受理申立て。

判旨

〈破棄自判〉1　法定監督義務者について

　成年後見人について、1999 年の改正により、財産管理を目的とする身上配慮義務を負うものであり（858 条）、「成年後見人に対し事実行為として成年被後見人の現実の介護を行うことや成年被後見人の行動を監督することを求めるものと解することはできない」とした。また精神保健および精神障害者福祉に関する法律の定める保護者についても、同法により保護者に課されていた精神障害者に対する自傷他害防止監督義務が 1999 年改正により廃止されているとし、「保護者や成年後見人であることだけでは直ちに法定の監督義務者に該当するということはできない」とした。そして、配偶者についても、752 条の同居・協力・扶助義務も、夫婦間の義務であり、第三者との関係で課されるものではないこと、同居義務は履行の強制ができないこと、協力義務は抽象的であり、扶助義務は、相手方の生活保障義務としても、第三者との関係で監督義務を基礎づけるものではないとして、Y₁の法定監督義務者該当性を否定した。また A の長男である Y₂についても、法定監督義務者とする法令上の根拠がないとした。

2　準監督義務者について

　「もっとも、法定の監督義務者に該当しない者であっても、責任無能力者との身分関係や日常生活における接触状況に照らし、第三者に対する加害行為の防止に向けてその者が当該責任無能力者の監督を現に行いその態様が単なる事実上の監督を超えているなどその監督義務を引き受けたとみるべき特段の事情が認められる場合には、衡平の見地から法定の監督義務を負う者と同視してその者に対し民法 714 条に基づく損害賠償責任を問うことができるとするのが相当であり、このような者については、法定の監督義務者に準ずべき者として、同条 1 項が類推適用されると解すべきである」として、「①その者自身の生活状況や心身の状況などとともに、②精神障害者との親族関係の有無・濃淡、③同居の有無その他の日常的な接触の程度、④精神障害者の財産管理への関与の状況

などその者と精神障害者との関わりの実情、⑤精神障害者の心身の状況や日常生活における問題行動の有無・内容、⑥これらに対応して行われている監護や介護の実態など諸般の事情を総合考慮して、その者が精神障害者を現に監督しているかあるいは監督することが可能かつ容易であるなど衡平の見地からその者に対し精神障害者の行為に係る責任を問うのが 相当といえる客観的状況が認められるか否かという観点から判断すべきである」とする（丸数字は筆者加筆）。

そしてY₁に対し、その年齢や身体的状況および判断能力の低下から、Aの監督に関する現実的可能性がないとして、準監督義務者性を否定した。またY₂に対しも、同居せず遠距離であったこと、A宅への来訪の頻度の低さがあったことなどから、Aの監督可能性がないとして、準監督義務者性を否定した。

判例の法理

責任能力を欠く精神障害者において、法定の監督義務を負う者はいない。責任無能力者との身分関係や日常生活における接触状況に照らし、第三者に対する加害行為防止につき、事実上の監督を超えて、監督義務を引き受けたとみるべき特段の事情が認められる場合には、その者が準法定監督義務者として、714条類推適用により不法行為責任を負う。

判例を読む

本判決による法定監督義務者該当性の判断について、理論的にみて以下のように説明でき、また支持できよう。すなわち、714条は、この規定により監督義務を独自に根拠づけるのではなく（窪田・不法行為法190～191頁）、他の規定ないし法制度により法定の監督義務を負っている場合に、その監督義務を不法行為法上の義務として読み替える機能を持つものと理解できる。そして、従前において714条の法定監督義務者の根拠であった監督義務を定める法制度の改正が、家族の負担からの解放を考慮し、あるいはより実体的には精神障害者の活動に対してその家族が介入する権限について法律上制限するか廃止するという趣旨に基づくものと理解されるならば、こうした改正の趣旨は、上述の機能をもつ714条においても考慮されるべきであろう（なおこのことは、保佐人および補助人の法定監督義務者性も否定することを正当化しよう）。つまり、精神障害者の家族の負担には、損害賠償の負担も入りうるものであろうし、また精神障害者の家族が、精神障害者への活動への介入に対する権限がないということは、前者が後者の行動に対する監督を否定することにつながる（介入権限という観点について本判決以前に、久保野恵美子・論究ジュリ16号39～40頁）。こうした理由から、同判決の法定監督義務者性の判断を支持することができよう（山地修・最判解民平成27年度177～185頁）。また実際面においても、本件で問題となったように認知症患者の加害においては、従来の理解に基づくと、その家族は認知症患者の介護だけではなく、損害賠償責任という法的責任の負担も負う可能性が高かった。しかし本判決により後者の責任から、認知症患者の家族は解放されうるとも考えられ、この点からも支持できる。

これに対し準監督義務者に関する判断基準は、監督義務者における判断と矛盾すること（例えば、法定監督義務者の判断では、成年後見人等がこれにあたることを否定しつ

つ、準監督義務者の判断で挙げられる④は実質的にこの点を考慮している）や精神障害者の介護・看護の具体的な事情に大きく左右されるものであり、非常に判断が不安定なものとなることが懸念され（本判決でも、2人の裁判官がY₂の準法定監督義務者性を認めており、この判断の難しさが示唆される。米村滋人・法教429号55頁）、批判が強い（窪田充見・ジュリ1491号67頁、米村・前掲55～56頁）。これら基準は、被害者の救済にとっても、また同時に、精神障害者とりわけ認知症患者の家族や医療従事者にとっても、不法行為責任を負うか否かが個々の事情に大きく左右されるため、当事者全体にとって、負担が大きい構成であろう（米村・前掲55頁）。また精神障害者本人にとっても、介護に積極的に関わることで法的責任が大きくなるならば、それを選択しないということが合理的なものとなりかねず、本来であれば介護が必要な精神障害者が放置されることになりかねないという実際上の問題も懸念される（窪田・前掲66～67頁）。

本判決によって、精神障害者における不法行為責任の帰責の問題は、新たな課題に直面した。精神障害者が責任能力を欠く場合に、現行法上、法定監督義務者がおらず（中原太郎・百選Ⅱ189頁）、一義的に誰が不法行為責任を負うべきかが不明確なものとなったのである。本件は、財産損害でありかつまた日本を代表する鉄道会社が被害者であったため、不法行為法による救済が否定されても、深刻な事態が生じないともいえる。しかし人身侵害・損害が問題となる場合には、被害者救済の必要性を看過することはできない。本判決は、準監督義務者概念によりこうした法の欠缺に対応したとも考えられる一方、上述の法的不安定性に加えて、これが認められるのは限定的と考えられ、人身侵害の場合であっても被害者救済は大きく後退することが懸念される（大分地判令和元・8・22判時2443号78頁は、責任能力を欠く精神障害者による人身侵害事件に関して、本判決が示した基準に照らして、この者の他害性の低さや、防止措置の対応、介護実態や財産管理の状況等を踏まえても、その両親の準法定監督義務者性を否定している。控訴審（福岡高判令2・5・27判例集未登載）でもこの判断が維持されている）。

むしろ本判決を契機として、精神障害者の加害による損害賠償責任の問題は、714条責任にとどまらず、709条責任の可能性の検討といった解釈論の展開とともに、責任能力制度の改正や当事者の財産状況を考慮した衡平責任等の創設も含めた立法論の展開も要請され（窪田充見「責任能力と監督義務者の責任」現代不法行為法研究会編『不法行為法の立法的課題』（商事法務、2015）92～96頁。例えば、自治体レベルでの取り組みとして、窪田充見・法時91巻3号80頁以下で示される神戸市のモデルも参照。さらに田中洋「ドイツにおける衡平責任（Billigkeitshaftung）責任無能力者による加害行為への法的対応」中原太郎編『現代独仏民事責任法の諸相』（商事法務、2020）125頁）、責任能力を欠く精神障害者による被害者の救済は多面的なアプローチを以て対応する必要性が生じていよう。

【参考文献】 本文に挙げたもの参照。

前田太朗

183 責任無能力者による失火と監督義務者の損害賠償責任

最高裁平成7年1月24日判決　民集49巻1号25頁、判時1519号87頁、判タ872号186頁

【714条、失火1条】

論点　責任能力を欠く未成年者の失火による損害に付き、法定監督義務者（親権者）の監督義務の具体的判断の態様について

事件の要約

　AおよびB（Aが10歳、Bが9歳）は、Aらの自宅近くにある甲倉庫に立ち入り、マッチに火をつけ段ボールを使って遊んでいたところ延焼し、甲が焼失した（本件火災とする）。甲の所有者Cは、甲についてX（保険）の火災保険を掛けおり、上記火災による甲の焼失に対してXが保険給付をおこなった。Xは、Cから損害賠償請求権を代位取得し、AおよびBのそれぞれの両親Y₁〜₄に対し、民法714条に基づく損害賠償を求めた。

裁判の流れ

　1審（東京地判平3・3・28民集49巻1号42頁）：請求棄却、2審（東京高判平3・9・11民集49巻1号45頁）：請求一部認容、最高裁：破棄差戻、差戻控訴審（東京高判平8・4・30判時1599号82頁）請求一部認容

　1審は、失火責任法において、火災発生に付き、故意または重過失でなければ損害賠償責任を問えないとするところ、この故意・重過失の判断対象を、Y₁らとし、Aらの行為が偶発的なものであり、Y₁らの重過失を否定した。これに対し、2審は、715条における失火責任が問題となった判例（最判昭42・6・30民集21巻6号1526頁）との並行性から、失火責任法の故意・重過失の判断対象をAおよびBとし、Aらは事理弁識能力があり、その行為態様を客観的に考察すると本件火災発生に至った経緯から、Aらの重過失を認めた。そして、Y₁らは、故意・重過失の責任緩和は問題とならず、714条1項ただし書の監督義務違反が問題となるとし、本件では、Aらが火遊びをしないように監督すべきところ、これを懈怠していなかったとはいえないとして、Y₁らの責任を肯定し、Xの請求を一部認容した。これに対して、Y₁らは、2審の判断は714条と715条、それぞれの責任判断の構造の相違を無視したものであるなどとして、最高裁に上告した。

判旨

　〈破棄差戻〉714条の趣旨につき、責任能力を欠く未成年者は過失に相当する行為を観念できず、責任主体を欠くことで被害者救済が欠けることを避けるために法定監督義務者に損害賠償を義務付けているとし、その一方で、失火責任法の趣旨は、失火者に重過失がある場合にその損害賠償責任を限定していることから、両者の趣旨を併せて考慮することで、責任能力を欠く未成年者による火災につき、民法714条1項に基づき監督義務者は損害賠償を義務付けられるものの、「未成年者の監督について重大な過失がなかったときは、これを免れるものと解するのが相当というべきであり、未成年者の行為の態様のごときは、これを監督義務者の責任の有無の判断に際して斟酌することは格別として、これについて未成年者自身に重大な過失に相当するものがあるかどうかを考慮するのは相当でない」として、2審は、Y₁らの監督義務違反につき重過失の有無の判断をしておらず、この点に付き審理を尽くさせるため2審に差し戻した。

判例の法理

　責任能力を欠く未成年者の失火による損害について、親権者は、その未成年者の監督につき、故意・重過失がなければ、714条責任を負わない。

判例を読む

　責任無能力者による失火を原因として発生する損害に付き、監督義務者はどのような理由付け損害賠償責任を負うことになるか。ここでは、714条責任の被害者救済という趣旨と失火責任法の失火者の不法行為責任の緩和という趣旨の調整という難しい問題があり、学説および下級審裁判例の理解は分かれていた（学説・下級審の状況に付き、澤井裕『失火責任の法理と判例』（有斐閣、1989）97〜116頁）。このうち本件で問題となる考え方に焦点を当てよう。1審および本判決は、いわゆる単純はめ込み説に立って、失火責任法で要件とされる故意・重過失の判断を親権者の監督義務の中で行う。これに対し、原審は、いわゆる無能力者要件説といわれる考え方に立ち、責任無能力者であっても、その者の（事理弁識）能力を考慮して、故意・重過失判断をおこなう。無能力者要件説の理論的課題として、709条の過失理解や責任能力の理解との整合性が問われることや、実質的課題として、本件と異なり、より年齢が低い未成年者の場合に、そもそも故意・重過失判断を問えない可能性がある（吉村良一・私判リマ7号55頁参照）。また原審が意識する715条との並行性についても、被用者の不法行為責任の成立を前提とする代位責任が支持される715条責任と、法定監督義務者の監督義務違反を問題とする714条責任の帰責の判断構造の相違から、両者における失火責任の判断を同一にする必要はない（高林龍・最判解民平成7年度30頁、浦川道太郎・平成7年度重判72頁）。単純はめ込み説は、こうした理論上・実際上の問題がすくないものの、監督義務違反は厳格な水準で判断されてきたことから、これと「わずかの注意さえすれば、たやすく違法有害な結果を予見することができた場合であるのに、漫然これを見すごしたような、ほとんど故意に近い著しい注意欠如の状態を指すものと解するのを相当する」（最判昭32・7・9民集11巻7号1203頁）とされる重過失判断とを組み合わせた判断の難しさを指摘できよう（高林・前掲30〜31頁）。しかし、本判決および最判平27・4・9民集69巻3号455頁から、親権者の監督義務の具体的判断において、子の行為態様・その危険性を考慮するため、本件のように火遊びが問題となる場合には、その危険性から、重過失判断も認められやすく、従前の厳格な責任理解との整合性も認められよう（高林・前掲31頁および浦川・前掲72頁。本件の差戻し控訴審は、Y₁らがAらに対し一般的な注意として他者の建物への立入り禁止や火遊びの禁止に関する適切な指導・監督がなかったこと等から、監督義務違反に付き重過失がなかったとはいえないとする）。

【参考文献】　本文に挙げたもののほか、大塚直・判例セレクト95 24頁、青野博之・判例講義民法Ⅱ237頁

前田太朗

184 暴力団組長の使用者責任

最高裁平成 16 年 11 月 12 日判決　民集 58 巻 8 号 2078 頁、裁時 1375 号 10 頁、判時 1882 号 21 頁、判タ 1170 号 134 頁、金法 1735 号 43 頁、裁判集民 215 号 587 頁　　【715 条、暴対法 2 条、3 条、15 条の 2（現 31 条）】

論点　暴力団の最上位（1 次組織）の組長は、下部組織（3 次組織）の組員による対立抗争をめぐる加害行為から発生した損害（人身損害）について、使用者責任を負うか

事実の要約

　神戸と京都をそれぞれ勢力の中心とする指定暴力団 A 組と B 組は京都の縄張りをめぐり対立抗争を繰り返してきた経緯がある。平成 7 年 6 月から 8 月にかけて、京都では A 組・B 組に関係する発砲事件が連続していたところ、同年 8 月 24 日夜、A 組の 3 次組織 C 組の組員らと B 組の 2 次組織 D 組の組長らが祇園のクラブで言い争いとなり C 組組員の 1 人が発砲した。D 組組長が負傷し、止めに入った C 組組長代行 E も負傷したが、騒動が大きくなることを避け、皆逃走した。E が元親分の C 組組員 F は、E が B 組関係者から負傷させられたものと誤信して憤り、そして C 組・A 組に貢献しようと考え、A 組 4 次組織の構成員 G を運転手として D 組事務所に赴いた。同年 8 月 25 日早朝、F は D 組事務所前で警戒配備中の警察官 H を D 組組員と誤認して射殺した。H の遺族 X ら（妻子）は、A 組組長 Y に対し 715 条に基づき損害賠償を請求した（Y に対するその他の請求、F、G、C 組組長に対する請求については省略する）。

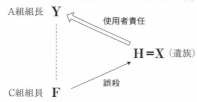

裁判の流れ

　1 審（京都地判平 14・9・11 民集 58 巻 8 号 2111 頁）：Y に対する請求棄却（使用者責任否定）　2 審（大阪高判平 15・10・30 民集 58 巻 8 号 2166 頁）：Y に対する請求認容（使用者責任肯定）　最高裁：Y の上告棄却（使用者責任肯定）

判旨

　〈上告棄却〉「①A 組は、その威力をその暴力団員に利用させ、又はその威力をその暴力団員が利用することを容認することを実質上の目的とし、下部組織の構成員に対しても、A 組の名称、代紋を使用するなど、その威力を利用して資金獲得活動をすることを容認していたこと、②Y は、A 組の 1 次組織の構成員から、また、A 組の 2 次組織以下の組長は、それぞれその所属組員から、毎月上納金を受け取り、上記資金獲得活動による収益が Y に取り込まれる体制が採られていたこと、③Y は、ピラミッド型の階層的組織を形成する A 組の頂点に立ち、構成員を擬制的血縁関係に基づく服従統制下に置き、Y の意向が末端組織の構成員に至るまで伝達徹底される体制が採られていたことが明らかである。以上の諸点に照らすと、Y は、A 組の下部組織の構成員を、その直接間接の指揮監督の下、A 組の威力を利用しての資金獲得活動に係る事業に従事させていたということができる

から、Y と A 組の下部組織の構成員との間には、同事業につき、民法 715 条 1 項所定の使用者と被用者の関係が成立していたと解するのが相当である。

　また、上記の諸点及び①暴力団にとって、縄張や威力、威信の維持は、その資金獲得活動に不可欠のものであるから、他の暴力団との間に緊張対立が生じたときには、これに対する組織的対応として暴力行為を伴った対立抗争が生ずることが不可避であること、②A 組においては、下部組織を含む A 組の構成員全体を対象とする慶弔規定を設け、他の暴力団との対立抗争に参加して服役した者のうち功績のあった者を表彰するなど、その資金獲得活動に伴い発生する対立抗争における暴力行為を賞揚していたことに照らすと、A 組の下部組織における対立抗争においてその構成員がした殺傷行為は、A 組の威力を利用しての資金獲得活動に係る事業の執行と密接に関連する行為というべきであり、A 組の下部組織の構成員がした殺傷行為について、Y は、民法 715 条 1 項による使用者責任を負うものと解するのが相当である。」

　最高裁は、F の殺害行為は、Y の事業の執行と密接に関連する行為であるとして、Y の使用者責任を認めた。なお、北川弘治裁判官の補足意見が付されている（対立抗争行為自体が暴力団組長の事業そのものであり、下部組織の抗争につき、Y が直接間接に指揮監督をすることができる地位にあったとみる）。

判例の法理

　暴力団の目的・体制を明らかにし、別の組織とも考えられる 1 次組織組長と 3 次組織組員との間の使用関係、3 次組織組員による対立抗争をめぐる殺害行為の 1 次組織組長事業執行性を認め、1 次組織組長の使用者責任を認めた。

判例を読む

　祇園事件を A 組と B 組の**対立抗争**の一環と捉えるかが結論に影響する。2 審・最高裁は肯定した。1 審は C 組固有の原因による紛争とみる。理論的には、暴力団の活動の違法性、暴力団の階層構造を踏まえて、Y の事業を A 組の威力を利用しての資金獲得活動に係るものとして、事業・使用関係を認め、暴行型における事業執行性の判断基準類似の基準が採られた。現在は暴対法 5 章（31 条以下）が「指定暴力団の代表者等の損害賠償責任」を定める。近時、最決令和 3 年 3 月 11 日 LEX/DB25569805 が**シノギ**（特殊詐欺）につき暴対法 31 条の 2 を適用し最上位の会長らの責任を認めた原審を支持した。

【参考文献】　理論面からの評釈・論文として、宮本幸裕・法時 77 巻 6 号 117 頁、瀬川信久・判タ 1187 号 108 頁、道垣内弘人・法協 136 巻 2 号 534 頁。

鈴木清貴

185 取引先の外観信頼

最高裁昭和 42 年 11 月 2 日判決　民集 21 巻 9 号 2278 頁、裁時 486 号 1 頁、判時 498 号 3 頁、判タ 213 号 231 頁、金法 493 号 18 頁、金判 81 号 15 頁、裁判集民 89 号 33 頁　　　　【715 条】

論点　取引的不法行為をめぐる 715 条の「その事業の執行について」（事業執行性）という要件はどのように判断されるか

事実の要約

　X 株式会社は、昭和 30 年 12 月 22 日、X の工場のための金融を得ようと、同日振出の約束手形 15 通（金額はすべて 200 万円、合計 3,000 万円。受取人は X の子会社 C で、C が裏書をしているが実態は融通手形）を Y 相互銀行の A 支店に持参して（X の経理課長と C の経理課長が持参）、A 支店長の B に交付し、B から預かり証（Y で常用されている Y の名の印刷されている用紙に支店長名ほかの印があった）を受け取った。これは次の経緯による。C から手形を騙取しようと C に出入りしていた D は、X が金融に苦慮していることを知り、X から手形を騙取することに計画を変更した。D は、X には Y が手元に資金（導入預金）を持っているからすぐに借りるよう（手形割引を受けるよう）急かし、預金成績を上げたい B には、X の手形を割り引くよう、それができなければ D が他で割引いて相当額を X と C に預金させるので、X から手形を預かるよう説得した。はたして B は、手形は Y が割り引くのではなく、ある会社が取引銀行に持っている手形割引の枠を利用するので手形をいったん預かる必要がある旨 X に伝え、X から手形の交付を受けたのである。D はこれらを B から受け取り、他で割引した。このように手形割引の斡旋を引き受け D に手形を引き渡す行為は、Y の業務の適正な執行行為ではなく、Y の内規・慣行に反するものである。流通した 15 通の手形のうち 10 通は、X が所持人に事情を話し、回収することができた。しかし 5 通は所持人から手形金請求訴訟を提起された。不渡処分を免れるため、X は金融機関から 1,000 万円を借り入れ、銀行協会に供託したが、その利息が 300 万円余り発生し、また上記訴訟の弁護士費用が必要となり、損害が生じた。Y から X に一部の支払があった分を差し引き、X は B の使用者である Y に 1,260 万円余り（と遅延損害金）を賠償するよう求める（ここでは 715 条に基づく請求のみ扱う）。

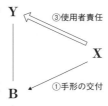

裁判の流れ

　1 審（大阪地判昭 37・2・15 民集 21 巻 9 号 2286 頁）：請求棄却　2 審（大阪高判昭 39・6・15 民集 21 巻 9 号 2292 頁）：原判決取消し、X の請求認容　最高裁：破棄差戻

判　旨

　〈破棄差戻〉「被用者のなした取引行為が、その行為の外形からみて、使用者の事業の範囲内に属するものと認められる場合においても、その行為が被用者の職務権限内において適法に行なわれたものでなく、かつ、その行為の相手方が右の事情を知りながら、または、少なくとも重大な過失により右の事情を知らないで、当該取引をしたと認められるときは、その行為にもとづく損害は民法 715 条にいわゆる『被用者カ其事業ノ執行ニ付キ第三者ニ加ヘタル損害〔筆者注・平成 16 年改正前の文言〕』とはいえず、したがってその取引の相手方である被害者は使用者に対してその損害の賠償を請求することができないものと解するのが相当である。」

　そのうえで最高裁は、手形割引の斡旋を引き受け、手形を預かった B を、「Y 銀行の内規、慣行に反して右取引をなし、これにつき支店長代理にも相談せず、本店にも報告しなかったというのであるから、右取引における B の行為は、Y 銀行の A 支店長としての職務権限内において適法に行なわれたものとは到底いえないのみならず、出資の受入、預り金及び金利等の取締等に関する法律 3 条、9 条にも違反する疑いのある行為であるといわなければならない。」と指摘した。

　他方、最高裁は、原判決が認定した、X は、Y 銀行が手形割引をせず手形割引の斡旋をするにすぎないだけであることを承諾して手形を交付したこと、これら手形は融通手形にすぎなかったが商業手形の体裁をそなえさせたものであったこと、X と Y 銀行 A 支店にはそれまで取引関係がなく、合計 3,000 万円の高額取引であるのに、X は、B から約定書の差し入れ、担保物の提供等は全然要求されなかったこと、X の常務取締役（経理部長）と経理課長が直接 B と取引の折衝をしていること、「これらの事実を総合して考察し、ことにその職務上金融取引につき相当の知識と経験とを有するものと推認される X の常務取締役（経理部長）および経理課長が直接右取引に関与していることを考えると、本件の取引に当たっては、その相手方たる X の側においても、右取引における B の行為が Y 銀行の A 支店長としての職務権限を逸脱して行なわれたものであることを知っていたか、または、重大な過失によりこれを知らなかったものと認めるべきではないか、との疑問が生ずるのを禁じえない。」と述べて、X の側の悪意・重過失が肯定されれば、「かりに本件の取引行為が外形上 Y 銀行の事業の範囲内の行為に属するものと認められるとしても、なお X は、B の使用者たる Y に対して、本件取引行為にもとづく損害の賠償を請求することができないものといわざるをえない。」と判示し、審理不尽により破棄差戻とした。

判例の法理

　B（被用者）の行為は Y 銀行（使用者）の支店長としての職務権限内において適法に行なわれたものではなかった。この場合に、被用者の行為が職務権限から逸脱したものであることを相手方が知っているか、または重過失によって知らなかったときは、事業執行性の要件が充たされず、使用者責任は成立しない。つまり**悪意・重過失ある被害者は保護されない**。

判例を読む ■■■■■■■■■■■■■■■■

●「その事業の執行について」（事業執行性）要件と類型化

　715条の「その事業の執行について」という要件をめぐっては、非常に多くの裁判例・学説の積み重ねがある（これまでの経緯について、潮見・不法行為法Ⅱ28頁以下参照）。被用者が「その事業の執行について」加害行為をしたといっても、文言それ自体が抽象的で、どのような場合にその要件がみたされるのか、必ずしも明らかとはいえないからである。最近の有力な基本書は、これまでの裁判例に基づき、**①取引的不法行為、②事実的不法行為（危険物型（自動車事故型））、③事実的不法行為（暴行型）という典型的な3類型**による整理を示される（内田Ⅱ495頁、大村敦志『新基本民法6〔第2版〕』（有斐閣、2020）130頁、前田陽一・不法行為法165頁）。そして類型（場面）ごとに、この要件の判断基準を明らかにしようとされるのである。①は取引の過程で行われる不法行為のことで、外形理論（外形標準説）の適用により判断する、②では被用者の加害行為が客観的に使用者の支配領域内の危険に由来するか否かで判断する（最判昭39・2・4民集18巻2号252頁をモデルとして想定。ただしこの判例は外形理論を採用している）、③では被用者の主体的な行為が損害を発生させた場合には事業の執行行為との密接関連性があるかどうかで判断する（最判昭44・11・18民集23巻11号2079頁をモデルとして想定。なお最判平16・11・12民集58巻8号2078頁→**184事件**参照）、と提案されている（内田Ⅱ485頁以下を参照）。最近ではこれら3類型には含めることができない、セクハラ・パワハラなどを被用者が防止しなかった不作為の不法行為についての使用者責任もあることには注意が必要である（瀬川信久「『事業執行性』の展開と使用者責任の多元性」松久三四彦ほか編『民法学における古典と革新　藤岡康宏先生古稀記念論文集』（成文堂、2011年）569頁以下を参照）。

●取引的不法行為をめぐる外形理論

　本判決は、上記基本書による分類では①取引的不法行為に関するものであり、外形理論が適用されている。取引的不法行為をめぐる外形理論は、「民法715条にいわゆる『事業ノ執行ニ付キ』とは、被用者の職務の執行行為そのものには属しないが、その行為の外形から観察して、あたかも被用者の職務の範囲内の行為に属するものとみられる場合をも包含するものと解すべき」とする判例法理である（最判昭36・6・9民集15巻6号1564頁、最判昭40・11・30民集19巻8号2049頁、最判昭42・4・20民集21巻3号679頁といった取引的不法行為の事案における判例の表現による）。これにより使用者責任の範囲は拡大することになる（この拡大に至るまでの経緯を含む判例・学説史は、國井和郎「事業の執行」山田卓生編集代表、國井和郎編『新・現代損害賠償法講座　第4巻　使用者責任ほか』（日本評論社、1997）37頁以下が詳しい）。

　ところで、被用者の行為が使用者の事業の執行についてなされたというためには、被用者の行為が被用者の職務の範囲内の行為であることが求められる（加藤一郎・不法行為178、179頁）。最近の判例（最判平22・3・30判時2079号40頁）も、使用者の事業の執行についてされたものであるというためには、被用者の行為が、使用者の事業の範囲に属するというだけでなく、これが客観的、外形的にみて、被用者の担当する職務の範囲に属するものでなければならない、としている。被用者の行為が職務の範囲内の行為であれば、使用者の事業執行性を充たすという関係にあることになる。**外形理論は、被用者の行為が適切な職務の執行であるとはいえない場合であっても、被用者の行為の外形から判断すると、被用者の職務の範囲内の行為とみることができるとするもので、これにより使用者の事業執行性がみたされるということを導く。**

　ところで、本判決は、同じく最高裁第一小法廷による判断であった前掲最判昭42・4・20に続くものである。この判決は、被用者による職務権限の濫用の事案に関するものであった。ここで最高裁は、外形理論は「取引行為に関するかぎり、行為の外形に対する第三者の信頼を保護しよう」とするものと述べ、被用者の行為が権限濫用によるものであることを知っていた悪意の相手方（第三者・被害者）に使用者責任の保護を与えなかった（被用者の行為は事業の執行につきなされた行為には当たらないとした）。被用者の権限逸脱の事案で、悪意者のみならず重過失ある相手方を使用者責任の保護から排除するとした（被用者がその事業の執行に付き第三者に加えたる損害とはいえないとした）**本判決によって、取引的不法行為をめぐる外形理論による相手方の信頼保護機能は完成したとみることができる。**

●続く論点

　①被用者の行為が職務の執行の範囲内にあると認められるための基準（外形理論の具体化）が求められる。取引的不法行為につき、前掲最判昭40・11・30は、「使用者の事業の施設、機構および事業運営の実情と被用者の当該行為の内容、手段等とを相関的に斟酌し、当該行為が、（い）被用者の分掌する職務と相当の関連性を有し、かつ、（ろ）被用者が使用者の名で権限外にこれを行うことが客観的に容易である状態に置かれているとみられる場合」、外形上の職務行為に該当するとした。②重過失の意義を明らかにする判例がある。「ここにいう重大な過失とは、取引の相手方において、わずかな注意を払いさえすれば、被用者の行為がその職務権限内において適法に行なわれたものでない事情を知ることができたのに、そのことに出ずに、漫然これを職務権限内の行為と信じ、もって、一般人に要求される注意義務に著しく違反することであって、故意に準ずる程度の注意の欠缺があり、公平の見地上、相手方にまったく保護を与えないことが相当と認められる状態をいう」（最判昭44・11・21民集23巻11号2097頁、同旨のものとして最判平6・11・22判時1540号42頁）。③取引的不法行為をめぐる外形理論が信頼保護機能を有することから、同じ機能を有する表見代理との関係が問われる（森島昭夫『不法行為法講義』（有斐閣、1987）44頁以下参照）。とりわけ相手方保護要件の違いが議論となる。④事実的不法行為における事業執行性の判断基準をどのようにするか。上述のように自動車事故でも判例は外形理論を採用している。この点に批判がある。

【参考文献】　本文で引用したもののほか特に参照したものとして、森田宏樹「使用者責任における『外形理論』の意義について」大塚直ほか編『社会の発展と権利の創造―民法・環境法学の最前線』（有斐閣、2012）403頁以下、樫見由美子・百選Ⅱ190頁。

鈴木清貴

使用者の被用者に対する求償の制限

最高裁昭和 51 年 7 月 8 日判決　民集 30 巻 7 号 689 頁、判時 827 号 52 頁、判タ 340 号 157 頁、
金判 508 号 19 頁、交通民集 9 巻 4 号 925 頁、裁判集民 118 号 241 頁　　【1 条、709 条、715 条】

論点　使用者の被用者に対する求償権（および損害賠償請求権）の行使は制限されうるか

事実の要約

Xは石炭、石油、プロパンガス等の輸送および販売を業とする株式会社である。YはXの従業員で自動車運転手として勤務していた。YはX所有のタンクローリーで茨城県の国道 6 号線を運転・進行中、過失により、前方を進行する A 株式会社所有でBが運転するタンクローリーに追突し、A所有のタンクローリーを破損させ、Bにも傷害を負わせた。XはAに損害賠償（被害車両の修理費と休車補償）として 7 万 9600 円を支払うとの示談をし、実際に支払った。他方で、Yの運転していたX所有のタンクローリーも相当の損傷を被り、Xには 33 万1450 円の損害（加害車両の修理費と休車期間中の得べかりし利益の喪失）が生じている。XはYに対し、上記金額の合計からYがXにすでに弁済した 4000 円を差し引いた 40 万 7050 円の支払を請求した（XがAに支払った損害分は民法 715 条 3 項、X所有の車両に生じた損害分は民法709 条に基づくものである）。なおYの父と兄がYの身元保証人として 1 審被告、控訴人、被上告人となっているがここでは省略する。

裁判の流れ

1 審（水戸地判昭 48・3・27 民集 30 巻 7 号 695 頁）：一部認容、一部棄却　2 審（東京高判昭 49・7・30 民集 30 巻 7号 699 頁）：X・Y双方の控訴棄却　最高裁：上告棄却

1 審は、Xの請求のうち 9 万 8762 円（と遅延損害金）をYに支払うよう命じた。2 審は、信義則違反、権利の濫用を理由として、Xの請求額の 4 分の 1 を限度として請求を認めた（1 審と同額）。X上告。

判　旨

〈上告棄却〉「使用者が、その事業の執行につきなされた被用者の加害行為により、直接損害を被り又は使用者としての損害賠償責任を負担したことに基づき損害を被った場合には、使用者は、その事業の性格、規模、施設の状況、被用者の業務の内容、労働条件、勤務態度、加害行為の態様、加害行為の予防若しくは損失の分散についての使用者の配慮の程度その他諸般の事情に照らし、損害の公平な分担という見地から信義則上相当と認められる限度において、被用者に対し右損害の賠償又は求償の請求をすることができるものと解すべきである。」と述べたうえで、「（一）Xは、石炭、石油、プロパンガス等の輸送及び販売を業とする資本金 800 万円の株式会社であって、従業員約 50 名を擁し、タンクローリー、小型貨物自動車等の業務用車両を 20 台近く保有していたが、経費節減のため、右車両につき対人賠償責任保険にのみ加入し、対物賠償責任保険及び車両保険には加入していなかった、（二）Yは、主として小型貨物自動車の運転業務に従事し、タンクローリーには特命により臨時的に乗務するにすぎず、本件事故当時、Yは、重油をほぼ満載したタンクローリーを運転して交通の渋滞しはじめた国道上を進行中、車間距離不保持及び前方注視不十分等の過失により、急停車した先行車に追突したものである、（三）本件事故当時、Yは月額約 4 万 5000 円の給与を支給され、その勤務成績は普通以上であった」ことから、「Xがその直接被った損害及び被害者に対する損害賠償義務の履行により被った損害のうちYに対して賠償及び求償を請求しうる範囲は、信義則上右損害額の 4 分の 1 を限度とすべきであ」るとした。

判例の法理

715 条 3 項により、使用者が賠償額全部について求償権を行使する場合、責任の最終的な負担者は被用者ということになる（代位責任の構成からは当然そうなる）。しかし、使用者は、報償責任・危険責任に基づき、責任を負担する者でもあった（使用者は被用者の活動で利益を上げその事業範囲を拡大し、被用者の活動から生じた損失も負担する）。**本判決は、使用者の被用者に対する求償権（および賠償請求権）の行使が信義則により制限されることがあるということを認めたものである。**

判例を読む

使用者の被用者に対する求償権の行使が制限されうるとして、その正当化と法律構成が問題となる。本判決は、「損害の公平な分担」を根拠に、信義則による制限という構成で、このことを実現しようとしたのである。以下、本判決を考察するための視点である。①本判決で求償権の行使とその制限を判断する諸要素は示されているが、具体的にどのように判定するかまでは明らかではない。②かつて学説では、権利濫用、過失相殺、共同不法行為、不真正連帯債務、使用者固有の責任といった使用者の求償権の制限を導くための法律構成の対立があった。③使用者の請求額のうち 4 分の 1 の額を認めるという結論もどのように導かれるのか、不明である。④715 条 3 項による使用者の請求が被用者の使用者に対する債務不履行・不法行為によって基礎づけられるとすると、求償権とその他の損害賠償請求権が区別されず、使用者の被用者に対する損害賠償請求権の全てが信義則により制限されることになる点にも留意すべきである。

【参考文献】　学説については、島田禮介・最判解民昭和 51年度 268 頁、最近の解説として、中原太郎・百選 II 192 頁。

鈴木清貴

187 被用者の使用者に対する求償

最高裁令和2年2月28日判決　民集74巻2号106頁、裁時1742号7頁、判時2460号62頁、判タ1476号60頁、金判1598号8頁、金判1600号30頁、交通民集53巻1号14頁、労働判例1224号5頁、労働判例ジャーナル97号2頁　【715条】

論点　被用者の使用者に対する求償権（逆求償権）とその行使は認められるか

事実の要約

　Yは、資本金300億円以上、多数の支店を有する、貨物運送業を営む株式会社である。Yはその事業に使用する車両の全てについて任意保険に加入していなかった。Xは Yのトラック運転手として勤務していたところ、業務として Y所有のトラックを運転中、Aの運転する自転車と接触し、Aを転倒させ、死亡させた。Aの相続人 C（二男）は Yに対して損害賠償請求訴訟を提起したがその後訴訟上の和解が成立し、和解金として YはCに1300万円を支払った。Aの相続人 B（長男）はXに対して損害賠償請求訴訟を提起し1383万9170円（と遅延損害金）の請求が認容された。これに伴い、Xは1552万2962円を法務局に供託した。Xは、被用者の使用者に対する求償権があるとしてそれに基づき、1552万2962円（と遅延損害金）の支払いを Yに請求した（Xのその他の主張、Yの反訴については省略する）。

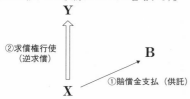

裁判の流れ

　1審（大阪地判平29・9・29民集74巻2号125頁）：一部認容、一部棄却　2審（大阪高判平30・4・27民集74巻2号139頁）：Y敗訴部分取消し、Xの本訴請求棄却　最高裁：破棄差戻

　1審は、逆求償（被用者Xの使用者 Yに対する請求）を肯定し、Xの供託金と Yの和解金の合計の25％をXが負担すべきで、これを超えてXが支払った供託金との差額839万2222円をXは Yに請求できるとした。2審は、逆求償を否定した。Xから上告受理申立。

判旨

　〈破棄差戻〉「民法715条1項が規定する使用者責任は、使用者が被用者の活動によって利益を上げる関係にあることや、自己の事業範囲を拡張して第三者に損害を生じさせる危険を増大させていることに着目し、損害の公平な分担という見地から、その事業の執行について被用者が第三者に加えた損害を使用者に負担させることとしたものである（最高裁昭和30年（オ）第199号同32年4月30日第三小法廷判決・民集11巻4号646頁、最高裁昭和60年（オ）第1145号同63年7月1日第二小法廷判決・民集42巻6号451頁参照）。このような使用者責任の趣旨からすれば、使用者は、その事業の執行により損害を被った第三者に対する関係において損害賠償義務を負うのみならず、被用者との関係においても、損害の全部又は一部について負担すべき場合があると解すべきである。

　また、使用者が第三者に対して使用者責任に基づく損害賠償義務を履行した場合には、使用者は、その事業の性格、規模、施設の状況、被用者の業務の内容、労働条件、勤務態度、加害行為の態様、加害行為の予防又は損失の分散についての使用者の配慮の程度その他諸般の事情に照らし、損害の公平な分担という見地から信義則上相当と認められる限度において、被用者に対して求償することができると解すべきところ（最高裁昭和49年（オ）第1073号同51年7月8日第一小法廷判決・民集30巻7号689頁）、上記の場合と被用者が第三者の被った損害を賠償した場合とで、使用者の損害の負担について異なる結果となることは相当でない。

　以上によれば、被用者が使用者の事業の執行について第三者に損害を加え、その損害を賠償した場合には、被用者は、上記諸般の事情に照らし、損害の公平な分担という見地から相当と認められる額について、使用者に対して求償することができるものと解すべきである。」

　逆求償額の審理のため原審に差戻し。被用者負担部分を零とすべき場合もあると述べる菅野博之裁判官・草野耕一裁判官の補足意見、被用者の負担軽減・免除の可能性を示唆する三浦守裁判官の補足意見が付されている。

判例の法理

　本判決は、使用者責任の趣旨（報償責任・危険責任）から、使用者が被用者との関係でも、損害の全部又は一部を負担すべき場合があることを導き、そして、最判昭和51年7月8日（→ **186**事件）との整合性から（求償権の行使と制限の判断基準も同じものである）、**民法には規定されていない逆求償権とその行使を認めた**ものである。

判例を読む

　通説的位置にある使用者責任の代位責任構成によれば、損害の最終的な負担者は被用者となるのであるから、被害者がはじめ被用者に損害賠償を請求し被用者が賠償金を支払えば、それで事件の終局的な解決となる（715条3項は使用者の被用者に対する求償権の行使を認めている）。本判決は、逆求償による使用者の責任負担を認めたことから、判決文の理由づけもあいまって、代位責任構成との距離が生じたようでもある（使用者固有の責任が強調されてくる）。このまま代位責任構成が捨て去られるのか、それとも代位責任構成とも整合的な位置づけを本判決に与えるのか、議論を深める必要がある。また、逆求償権の法的な基礎づけが十分でないとの指摘もある。

【参考文献】　本判決の解説として、民法学から、大西邦宏・私判リマ62号34頁、労働法学から、細谷越史・速報判例解説 vol. 27 新・判例解説 Watch 257頁。

鈴木清貴

188 土地工作物責任と工作物の設置保存の瑕疵

最高裁昭和 46 年 4 月 23 日判決　民集 25 巻 3 号 351 頁、裁時 568 号 3 頁、判時 626 号 25 頁、
判タ 263 号 211 頁、裁判集民 102 号 549 頁、交通民集 4 巻 2 号 396 頁　　【717 条】

論点　踏切道の軌道施設が保安設備を欠いていることは、土地の工作物の設置または保存の瑕疵に
当たるか

事実の要約

　A（3 歳）は、Y（株式会社）の経営する鉄道 B 線の踏切で Y の電車と衝突し死亡した。事故時、当該電車は Y の定めた（監督官庁にも認可されている）運転速度（表定速度という）内にあり警笛も鳴らしていた。交通量・列車回数とも一定程度あるこの踏切は見通しが悪く、電車が表定速度で進行すると、最長距離で歩行者を発見・急停車しても、この踏切道を通過しなければ停車することができない衝突事故発生の危険性が高い踏切であり、本件事故以前にも衝突事故があった。他方、この踏切には踏切警手の配置、遮断機及び警報器の設置等保安設備はなかった。A の両親 X らから Y に損害賠償請求。

裁判の流れ

　1 審（東京地判昭 37・2・12 民集 25 巻 3 号 367 頁）：請求棄却　2 審（東京高判昭 40・2・10 民集 25 巻 3 号 382 頁）：原判決取消し、X の請求一部容認、一部棄却　最高裁：上告棄却

　1 審で X らは、Y は本件踏切に保安設備を施すか、踏切を通過する際の表定速度の制限をして、事故の発生を未然に防ぐ義務があったとして、709 条に基づく請求をした。地裁はこれを認めなかった。X 控訴。2 審で X らは、この請求は、本件踏切に保安設備がなかった瑕疵により事故が発生したとの趣旨を含むとの主張を加えた。2 審は電車の運転者および Y の過失を認めなかったが、本件踏切は警報器等の保安設備を欠いており Y 所有の土地工作物の設置に瑕疵があったとして 717 条に基づき損害賠償を認めた（ただし X らの重過失を認定。過失相殺あり）。Y 上告（踏切道と保安設備は独立した工作物である、仮に工作物としての一体性を認めるとしても、監督官庁の基準によれば本件踏切は警報器の設置を必要としない踏切であった、これらを主な理由とする（その他の理由は省略する））。

判旨

　〈上告棄却〉「列車運行のための専用軌道と道路との交差するところに設けられる踏切道は、本来列車運行の確保と道路交通の安全とを調整するために存するものであるから、必要な保安のための施設が設けられてはじめて踏切道の機能を果たすことができるものというべく、したがって、土地の工作物たる踏切道の軌道施設は、保安設備と併せ一体としてこれを考察すべきであり、もしあるべき保安設備を欠く場合には、土地の工作物たる軌道施設の設置に瑕疵があるものとして、民法 717 条所定の帰責原因となるものといわなければならない。」「踏切道における軌道施設に保安設備を欠くことをもって、工作物としての軌道施設の設置に瑕疵があるというべきか否かは、当該踏切道における見通しの良否、交通量、列車回数等の具体的状況を基礎として、前示のような踏切道設置の趣旨を充たすに足りる状況にあるかどうかという観点から、定められなければならない。そして、保安設備を欠くことにより、その踏切道における列車運行の確保と道路交通の安全との調整が全うされず、列車と横断

しようとする人車との接触による事故を生ずる危険が少くない状況にあるとすれば、踏切道における軌道施設として本来具えるべき設備を欠き、踏切道としての機能が果されていないものというべきであるから、かかる軌道設備には、設置上の瑕疵があるものといわなければならない。」

　このように述べて、最高裁は、2 審の判断を支持した（監督官庁の基準に従っていたとしても軌道施設の設置に瑕疵がなかったとすることはできないとした）。

判例の法理

　踏切道それだけでなく、その機能の観点から、踏切道と保安設備を併せて一体となった踏切道の軌道施設も土地工作物として認められる。**あるべき保安設備を欠く踏切道の軌道施設はその設置に瑕疵がある土地工作物となる。**ここで設置の瑕疵は、踏切道に関する具体的状況を基礎として、踏切道の軌道施設が踏切道設置の趣旨（列車運行の確保と道路交通の安全の調整）を充たす状況にあるかどうか、という観点から判断される。

判例を読む

　本判決は①「土地工作物」および②「設置又は保存に瑕疵がある」という要件判断の一事例である。①は 1 つの物に限らず複数の物の集まりである施設全体であってもよいとされた。②は、設置又は保存「行為」の瑕疵（義務違反）ではなく、工作物が当初から（設置）または維持・管理中（保存）、通常（あるいは本来）有すべき（安全性に関する）性状または設備を欠くことをいう（四宮・不法行為 733 頁参照）というのが一般的な理解である。本判決でも踏切道の軌道施設の瑕疵は保安設備を欠くかどうかにより客観的に定まるものであるとされた。本判決では、瑕疵の存否は、諸事情の考慮により判定された。本判決は、踏切事故救済の一連の判決群のなかに位置づけることもできる（山口成樹・新注民⑮ 771 頁以下参照。以下の記述も同書に負う）。本判決の場合、鉄道会社の無過失責任を 717 条により認めたことになる。そして本判決は、本判決以降の、自動警報器や自動遮断機のない踏切の事故における 717 条をめぐる裁判につき、先例としての役割を果たしている。なお、ホーム上の事故に関しては、国賠 2 条 1 項をめぐる判例がある（最判昭 61・3・25 民集 40 巻 2 号 472 頁）。この判例は、視覚障害のある男性が当時の国鉄の駅のホームから転落し電車に轢かれて重傷を負った事案で、点字ブロックが設置されていなかったホームは通常有すべき安全性を欠き設置・管理に瑕疵があったとした 2 審を、破棄差戻とした（事故発生は昭和 48 年。駅ホームの整備状況が令和とは異なる）。

【参考文献】　本判決に至るまでの議論状況を簡潔に整理した解説として、五十嵐清・交通事故判例百選 2 版 164 頁。

鈴木清貴

189 共同不法行為の要件【山王川事件】

最高裁昭和43年4月23日判決　民集22巻4号964頁、判時519号17頁、判タ222号102頁

【719条】

論点　共同行為者の流水汚染により惹起された損害と各行為者の賠償すべき損害の範囲

事実の要約

Xらは、茨城県の山王川の流水を灌漑用水に使用して、水稲耕作をしていた。Yは山王川上流にアルコール工場を設置し、アルコールを抽出した廃水を山王川に放出してきた。Xらは、この廃水に含まれる多量の窒素分により稲作被害が発生したため、減収を余儀なくされたとして、Yに対して損害賠償を請求した。

裁判の流れ

1審（水戸地土浦支判昭37・8・31民集22巻4号978頁）：請求一部認容　2審（東京高判昭39・4・27民集22巻4号993頁）：請求一部認容　最高裁：上告棄却

2審は、Yによる廃水の窒素濃度が水稲耕作の最大許容量を超えていたことを認定して、工場廃水の流入による被害を防止する措置を講じていないとして、Xらの請求を認容した。これに対して、Yは工場廃水以外の都市下水による窒素が含まれているのであり、工場の廃水に関わらず損害が発生していると主張し、上告。

判旨

〈上告棄却〉「共同行為者各自の行為が客観的に関連し共同して違法に損害を加えた場合において、各自の行為がそれぞれ独立に不法行為の要件を備えるときは、各自が右違法な加害行為と相当因果関係にある損害についてその賠償の責に任ずべきであり、この理は、本件のごとき流水汚染により惹起された損害の賠償についても、同様であると解するのが相当である。これを本件についていえば、原判示の本件工場廃水を山王川に放出した上告人は、右廃水放出により惹起された損害のうち、右廃水放出と相当因果関係の範囲内にある全損害について、その賠償の責に任ずべきである。」

「山王川の流水が本件廃水のみならず所論の都市下水等によっても汚染されていたことは推測されるが、原判示の曝気槽設備のなかつた昭和33年までは、山王川の流水により稀釈される直前の本件工場廃水は、右流水の約15倍の全窒素を含有していたと推測され、山王川の流水は右廃水のために水稲耕作の最大許容量をはるかに超過する窒素濃度を帯びていたというのである。そして、原審は、右の事実および原審認定の本件における事実関係のもとにおいては、本件工場廃水の山王川への放出がなければ、原判示の減収（損害）は発生しなかつた筈であり、右減収の直接の原因は本件廃水の放出にあるとして、右廃水放出と損害発生との間に相当因果関係が存する旨判断しているのであつて、原審の挙示する証拠によれば、原審の右認定および判断は、これを是認することができる。」

判例の法理

●共同不法行為の要件としての関連共同性の理解

本判決の事実関係はXがYに対して709条に基づいて廃水による農作物への被害を理由とする損害賠償請求をしたものであり、単独不法行為のケースであったが、Yが他の原因（都市下水等の流入）によっても損害が発生

していると反論したことに対して、本判決はこれを、共同不法行為を根拠に斥けたものである。共同不法行為者は損害全体について連帯責任を負うため、各人の行為の間には**関連共同性**が必要とされる。関連共同性については、行為者相互に共同で不法行為をする意思を必要とする**主観的関連共同性**を求めるのか、各行為者の行為が客観的に関連していること、すなわち**客観的関連共同性**で足りるとするか、見解が分かれているが、本判決は客観的関連共同性があれば共同不法行為の成立が認められるとした。

●各行為者についての不法行為の要件

また、本判決は、共同不法行為が成立するためには、関連共同性のほかに、各行為者についてそれぞれ独立して不法行為の要件を充たす必要があるとも判示している。

判例を読む

●共同不法行為の要件論

本判決は、各人の行為につきそれぞれ不法行為の要件を充足している必要があると解している。しかし、これに対しては、もし709条に規定される不法行為の要件が各行為者について充たされているのであれば、709条とは別個に719条を規定した意味がないのではとの批判がある。そこで、近時は719条の独自の意義を因果関係の緩和に見出す見解が有力となっている。この見解によれば、**各人の行為と損害と間に個別の因果関係がなくても、共同行為と損害との間に因果関係があれば、その共同行為について関連共同性が認められれば共同不法行為が成立する**と捉える。

●事実的因果関係の判断と本判決の意義

本件の事案では、Yによる廃水の放出と都市下水からの汚染という2つの原因があるが、両者はそれぞれ独立して損害を発生させるものであるため、Yの行為がなくても損害が発生したといえる場合であり、「あれなければこれなし」の基準によればYの行為と損害との間に事実的因果関係を認めることができないことになる。上述の共同不法行為の意義を因果関係の緩和に見出す見解によれば、まさにこのような場合に共同不法行為を認める意義がある。しかし、本判決はYの行為と損害と間の因果関係を認めているため、単独不法行為としてYが全損害について賠償責任を負うのは当然であり、共同不法行為の成立を認めた判示部分に意義を認めるべきでないとする見解もある（平井・各論Ⅱ 102頁）。

【参考文献】　本判決の評釈として、栗山忍・最判解説昭和43年度（上）461頁、野村好弘・判タ224号51頁など。共同不法行為をめぐる議論の展開については、前田達明＝原田剛『共同不法行為法論』（成文堂、2012）。

加藤雅之

190 共同不法行為の要件【西淀川大気汚染公害第2〜第4次訴訟】

大阪地裁平成7年7月5日判決　判時1538号17頁、判タ889号64頁

【719条】

論点　①都市型複合大気汚染による共同不法行為の成否
②寄与度に応じた責任の分割の可否

事実の要約

大阪市西淀川区に居住する住民Xらは、同区およびそれに隣接する地域で操業する企業数社と同地域にある国道の管理者であるY₁（国）、および高速道路管理者としての公団Y₂に対して、大気汚染による健康被害を理由とする損害賠償および大気汚染物質の排出の差止めを求めた。同区における大気汚染の原因には、被告企業の工場を中心とする発生源に加えて、自動車の排出ガスが複合的に関わっていたため、大気汚染の原因と結果についての個別的な因果関係の証明が困難な事案であった。原告と被告企業との間では和解が成立したため、本判決では国および公団の責任が争点となった。

裁判の流れ

1審：一部認容、一部棄却、一部却下・確定

1審判決は、国・損害賠償責任を認めたが、差止請求については棄却した。

判　旨

〈請求一部認容・確定〉

共同不法行為の要件「共同行為の関連性については、共同行為者の主観的側面に関わりなく、行為が客観的に関連し共同して結果を発生させていることで足りるというべきである。」

「右のように共同行為に客観的関連性が認められ、加えて、共同行為者間に主観的な要素（共謀、教唆、幇助のほか、他人の行為を認識しつつ、自己の行為と合わさって被害を生じることを認容している場合等）が存在したり、結果に対し質的に関わり、その関与の度合いが高い場合や、量的な関与であっても、自己の行為のみによっても全部又は主要な結果を惹起する場合など（以下、このような場合を「強い共同関係」という）は、共同行為の結果生じた損害の全部に対し責任を負わせることは相当であり、共同行為者各自の寄与の程度に対応した責任の分割を認める必要性はないし、被害者保護の観点からも許されないと解すべきである。

しかし、そうでない場合、すなわち、右のような主観的な要素が存在しないか、希薄であり、共同行為への関与の程度が低く、自己の行為のみでは結果発生の危険が少ないなど、共同行為への参加の態様、そこにおける帰責性の強弱、結果への寄与の程度等を総合的に判断して、連帯して損害賠償義務を負担させることが具体的妥当性を欠く場合（以下、このような場合を「弱い共同関係」という）には、各人の寄与の程度を合理的に分割することができる限り、責任の分割を認めるのが相当である。」

都市型複合大気汚染と共同不法行為「…狭義の共同不法行為（1項前段）においては、共同行為者の行為によって全部の結果、あるいは少なくともその主要な部分が惹起されたことを前提とし、加害者不明の共同不法行為（1項後段）においては、共同行為者とされた者のうちのいずれか（単独又は複数）が全部の結果を惹起していることを前提としている。

しかし、本件のような都市型複合大気汚染の場合は、先に判断したように、工場・事業場・自動車・ビル暖房などの他にも家庭の冷暖房・厨房や自然発生まで、極めて多数の大小様々な発生源が存在しており、個々の発生源だけでは全部の結果を惹起させる可能性はない。このように共同行為にも全部又は幾つかの行為が積み重なってはじめて結果を惹起するにすぎない場合（以下「重合的競合」といい、その行為者を「競合行為者」という）がある。」

そして、重合的競合の場合、一部の行為者しか特定できず直ちに共同不法行為規定を適用することはできないが、一定の要件が備われば719条を類推適用すべきとする。

重合的競合における民法719条の類推適用「(1)類推適用の相当性　競合行為者の行為が客観的に共同して被害が発生していることが明らかであるが、競合行為者数や加害行為の多様性など、被害者側に関わりのない行為の態様から、全部又は主要な部分を惹起した加害者あるいはその可能性のある者を特定し、かつ、各行為者の関与の程度などを具体的に特定することが極めて困難であり、これを要求すると被害者が損害賠償を求めることができなくなるおそれが強い場合であって、寄与の程度によって損害を合理的に判定できる場合には、右のような特定が十分でなくても、民法719条を類推適用して、特定された競合行為者（以下「特定競合者」という）に対する損害賠償の請求を認めるのが相当である。

(2)特定競合者の責任の範囲　右のように特定競合者の行為を総合しても被害の一部を惹起したにすぎず、しかもそれ以外の競合行為者（以下「不特定競合者」という）について具体的な特定もされない以上、特定競合者のうちで被告とされた者は、個々の不特定競合者との共同関係の有無・程度・態様等について、適切な防御を尽くすこともできないのであるから、特定競合行為者にすべての損害を負担させることは相当ではない。したがって、結果の全体に対する特定競合者の行為の総体についての寄与の割合を算定し、その限度で賠償させることとするほかはない。

(3)責任の分割の可否　特定競合者間の関係については、民法719条の共同不法行為の場合と同様の理由から、客観的関連共同性が認められる限り、原則として連帯負担とするのが相当であると考えるが、加害者側において、共同不法行為の場合と同様に、特定競合者間に弱い共同関係しかないことと、各人の寄与の程度を証明することによって、各人の寄与の割合に従った責任の分割あるいは減免責を主張することができると解する。」

判例の法理

●都市型複合大気汚染公害と共同不法行為

本判決は公害訴訟の1つであるが、複数の汚染源が複雑に関与する、いわゆる都市型複合大気汚染公害である点に特色があり、自動車の大気汚染に基づく公害訴訟について国および道路公団の損害賠償責任を認めたはじめての判決である。本判決は、民法719条1項前段につき、

行為が客観的に関連共同していれば共同不法行為が成立するが、行為の関連性には「強い共同関係」と「弱い共同関係」との場合があるとしたうえで、「弱い共同関係」の場合は責任の分割が認められるとした。一方、1項後段の共同不法行為が成立するには客観的な関連共同性があれば足りるとして、寄与度不明の場合には被告による寄与度の立証によって減免責が認められるとした。

● 重合的責任における共同不法行為

複数の行為が積み重なって結果を惹起する場合を「重合的競合」として、この場合にも結果の全部または主要な部分を惹起したものを具体的に特定できれば共同不法行為の成立を認めるが、これらが特定できない場合には共同不法行為の規定を適用することはできない。しかし、これでは現実に被害が発生していながらその救済が得られないという不当性があることから、①競合行為者の行為の客観的関連共同性があり、②全部または主要な部分を惹起した加害者あるいは寄与の程度の特定が困難であり、これを要求すると被害者が損害賠償を求めることができなくなるおそれが強いこと、および③寄与の程度によって損害を合理的に判定できる場合には、**民法719条の類推適用**によって行為者に連帯責任を認めた。

● 競合行為者の責任の内容

重合的競合の場合には行為者間に連帯責任を負わせる強い共同関係があると解することはできないことから、特定競合者の責任の範囲は、結果の全体に対する寄与の割合によって決せられる。本判決では、道路公団Y_2の責任の範囲として自当社の排出ガスによる健康被害に対する賠償は認めつつも、工場等か排出された大気汚染物質による住民の健康被害については責任を認めなかった。

● 責任の分割の可否

本件のように弱い共同関係しかない場合には、各共同不法行為者は寄与度を証明することにより、寄与度に応じた責任の分割を主張できることが認められるとした。

判例を読む

● 関連共同性の理解

民法719条の意義を因果関係要件の緩和と考えた場合、各行為者は自己の行為と必ずしも因果関係が証明されない結果についても責任を負うこととなる。また、共同不法行為の要件である関連共同性について、判例は客観的に行為が関連していることで足りるとしている（客観的関連共同性、→189事件参照）。しかし、客観的関連共同を広く認めると損害発生への寄与が小さい場合でも全額の賠償責任を課されることになり、行為者にとって酷な結果となりうる。そこで、関連共同性の強さの程度に応じて責任の範囲を決する考え方が提唱され、加害行為が客観的に一体のものとみることができれば「弱い関連共同性」が存在し、この場合に行為者は連帯責任を負う。連帯責任の根拠は各行為の結果に対する寄与の程度の証明が困難であり、その負担を被害者に負わせることの不当性に求められるため、被告側から寄与度による減免責の主張が肯定される。これに対して、共同不法行為者に「強い関連共同性」が認められる場合には寄与度に応じた減免責の主張は認められないとする。

● 大気汚染公害についての裁判例

こうした見解に対応して、裁判例において1970年以降に提起された大気汚染公害訴訟において共同不法行為論の展開がみられる。多数被告の共同不法行為責任が問われた事件では、関連共同性について「弱い関連共同

性」と「強い関連共同性」を区別して、弱い関連共同性のある場合には因果関係の存在が推定され、被告の間により緊密な一体性が認められる強い関連共同性がある場合には、被告の行為と結果との間に因果関係がない場合であっても結果に対して責任を負う可能性を認めた（津地四日市支判昭47・7・24判時672号30頁「四日市公害ぜんそく事件」）。同判決はいずれの場合も民法719条1項前段の問題であるとしたが、その後の裁判例は弱い関連共同性を同条1項後段の問題と位置づける（大阪地判平3・3・29判時1383号22頁「西淀川大気汚染公害第1次訴訟」）。これらの判決は、被告企業が寄与したと認定された範囲で連帯責任を認めているが、こうした論理は複数の汚染源が複合的に結果発生に寄与している場合は妥当するか。本判決では特定の汚染源に対して共同不法行為を根拠に責任を追及できるかが問題となったところ、被害者を救済する観点から**民法719条の類推適用を認め、特定された行為者に対する損害賠償請求を認めた**。公害事例においては、被害者が個々の加害行為と発生した損害全部との因果関係を立証するのが困難であることから、個別の因果関係の立証を緩和する機能を民法719条に求めていると解することができよう。一方で、公害事例は共同行為者の関連が弱い場合もあり、特定の行為者だけに損害全部の負担を解することも妥当でないことから、共同不法行為の成立を認めつつ責任の分割を認めている。被害者保護と損害の公平な分担のバランスを共同不法行為論において図ろうとする本判決の論理は関連共同性についての学説の展開と整合的であると評価することが可能である。

● 寄与度に応じた責任

もっとも、寄与度に応じた責任の分割を認めることは、被害者保護の観点から共同不法行為者に連帯責任を認めた趣旨と矛盾しないのであろうか。本判決は損害全体について特定競合者の寄与度の限度で賠償責任を負わせたうえで、各人の寄与度による責任の減免責の主張を認める。こうした結論の根拠として、本判決は特定競合者の行為を総合しても被害の一部を惹起したに過ぎないことに加えて、特定競合者のうち被告とされた者が適切な攻撃防御を尽くすことができないことを挙げており、損害の公平な分担という要素の考慮がみられる。

● 719条1項前段と後段の関係

本判決は、「弱い関連共同性」がある場合であっても719条1項前段の類推適用を認め、責任の分割を認めている。もっとも、同項後段を択一的競合の場合に因果関係の立証を緩和する規定と理解し、責任の分割を認める判例の立場（→191事件）との関係では、本判決のような重合的競合の場面も因果関係の立証の緩和による被害者の救済を図るべきと考えるのであれば、同項後段の類推適用を認めるのが妥当であると思われる。

【参考文献】 本判決の評釈として、吉村良一・法時67巻11号6頁、手嶋豊・判時1570号193頁、高見進・判タ1062号158頁、大塚直・判タ889号3頁、米村滋人・百選Ⅱ194頁など。関連共同性の区別に対する批判として、内田貴「近時の共同不法行為論に関する覚書」NBL1081号6頁以下も参照。公害訴訟について、淡路剛久『公害賠償の理論〔増補版〕』（有斐閣、1978）、大村敦志『不法行為判例に学ぶ』（有斐閣、2011）133〜163頁。

加藤雅之

719条1項後段の類推適用【アスベスト訴訟】

最高裁令和3年5月17日判決　民集75巻5号1359頁、判時2502号16頁、判タ1487号106頁
【719条1項】

 論点　①「被害者によって特定された行為者のほかに被害者の損害を惹起し得る行為をした者が存在しないこと」は民法719条1項後段が適用される要件か
②被告として特定された行為者のほかにも損害を発生しうる者がいる場合における、行為者の責任の範囲

事実の要約

大工であるXらは、神奈川県内において建設作業に従事し、石綿（アスベスト）粉じんにばく露したことにより、石綿肺、肺がん、中皮腫等の石綿関連疾患にり患したとして、国に対して規制権限の不行使を理由として損害賠償を求めるとともに、建材メーカーであるYらに対し、Yらが石綿含有建材に関する危険性を表示することなく石綿含有建材を製造販売したことが不法行為であるとして、損害賠償を求めた。以下では、共同不法行為の成否が問題となった建材メーカーの責任についてのみ検討を加える。

裁判の流れ

1審（横浜地判平24・5・25民集75巻5号1569頁）：請求棄却　2審（東京高判平29・10・27民集75巻5号1882頁）：一部認容　最高裁：破棄差戻

1審の段階で、原告らはアスベスト含有建材を製造販売した企業として国交省データベースに登録されている44社を被告として、損害賠償を提起していたところ、1審判決は被告企業に関連共同性が認められないことから719条1項前段の共同不法行為の成立を否定した。719条1項後段については、択一的競合に関する規定であることを前提として、被告となった企業以外にも石綿関連疾患発症の原因となった石綿含有建材を製造等した可能性のある者がいるということや、被告企業の石綿含有建材の製造の種類、時期、数量、主な販売先等が異なること、原告らの職種，就労時期，就労場所，就労態様が異なることから、共同行為者とされる者以外に疑いをかけることのできる者はいないという程度までの立証がされていないことを理由に、719条1項後段の適用および類推適用を否定した。

2審において、原告らは、被災者ごとに、直接取り扱う建材の中から、日常的に取り扱う石綿粉じん曝露の主要な原因となった建材の種類を主要曝露建材として絞り込み，主要曝露建材に当たる製品を製造・販売した企業のうち市場占有率（マーケットシェア）が概ね10%以上の企業を共同行為者として特定した。原判決は、特定された被告企業の建材が原告に到達したことをマーケットシェアによる確率計算を用いて立証することに一定の合理性があるとして、被告企業のうち3社（Y1、Y2、Y3）について、民法719条1項後段を適用して、その集団的寄与度に応じた責任を認めた。そのうえで、石綿関連疾患のうち中皮腫については石綿粉じんの少量ばく露によっても発症しうることから、加害行為が単独惹起力を備えるかが明らかでないとして、寄与度不明の場合と同様に扱うのが公平に適うとして、主要ばく露建材を製造・販売した企業らの集団的寄与度を定め、これに応じた割合的責任の範囲内で，民法719条1項後段を適用して、連帯責任を負担させるのが相当であるとした。中皮腫以外の疾患については、加害行為に単独惹起力が認められ

る場合には民法719条1項後段の適用により、各企業は被災者に対して、生じた損害全部について連帯して損害賠償の責任を負うが、単独惹起力がない場合、Xらは加害企業の全てを特定していないから、民法719条1項後段を類推適用することはできず、加害企業として特定された被控訴人企業らは、原則どおり、民法709条により、各社の損害発生に対する寄与度に応じた割合による分割責任を負うとした。

判旨

〈破棄差戻〉「（民法719条1項）後段は、複数の者がいずれも被害者の損害をそれのみで惹起し得る行為を行い、そのうちのいずれの者の行為によって損害が生じたのかが不明である場合に、被害者の保護を図るため、公益的観点から、因果関係の立証責任を転換して、上記の行為を行った者らが自らの行為と損害との間に因果関係が存在しないことを立証しない限り、上記の者らに連帯して損害の全部について賠償責任を負わせる趣旨の規定であると解される。そして、同項後段は、その文言からすると、被害者によって特定された複数の行為者の中に真に被害者に損害を加えた者が含まれている場合に適用されると解するのが自然である。仮に、上記の複数の行為者のほかに被害者の損害をそれのみで惹起し得る行為をした者が存在する場合にまで、同項後段を適用して上記の複数の行為者のみに損害賠償責任を負わせることとすれば、実際には被害者に損害を加えていない者らのみに損害賠償責任を負わせることとなりかねず，相当ではないというべきである。

以上によれば、被害者によって特定された複数の行為者のほかに被害者の損害をそれのみで惹起し得る行為をした者が存在しないことは、民法719条1項後段の適用の要件であると解するのが相当である。」

「複数の者がいずれも被害者の損害をそれのみで惹起し得る行為を行い、そのうちのいずれの者の行為によって損害が生じたのかが不明である場合には、被害者の保護を図るため公益的観点から規定された民法719条1項後段の適用により、因果関係の立証責任が転換され、上記の者らが連帯して損害賠償責任を負うこととなるところ、本件においては、Y1らが製造販売した本件ボード三種が上記の本件被災大工らが稼働する建設現場に相当回数にわたり到達して用いられているものの、本件被災大工らが本件ボード三種を直接取り扱ったことによる石綿粉じんのばく露量は、各自の石綿粉じんのばく露量全体の一部であり、また、Y1らが個別に上記の本件被災大工らの中皮腫の発症にどの程度の影響を与えたのかは明らかでないなどの諸事情がある。そこで、本件においては、被害者保護の見地から、上記の同項後段が適用される場合との均衡を図って、同項後段の類推適用により、因果関係の立証責任が転換されると解するのが相当である。もっとも、本件においては、本件被災大工らが本件

ボード三種を直接取り扱ったことによる石綿粉じんのばく露量は、各自の石綿粉じんのばく露量全体の一部にとどまるという事情があるから、Y₁らは、こうした事情等を考慮して定まるその行為の損害の発生に対する寄与度に応じた範囲で損害賠償責任を負うというべきである。」

以上より、「Y₁らは、民法719条1項後段の類推適用により、中皮腫にり患した本件被災大工らの各損害の3分の1について、連帯して損害賠償責任を負うと解するのが相当である」とした。また、本判決は中皮腫以外の疾患についても、2審と異なり、上述の判旨と同様に被災大工らの各損害の3分の1について連帯して損害賠償責任を負うとした。

判例の法理

●建設アスベスト訴訟と共同不法行為

建設現場におけるアスベスト（石綿）含有建材の使用により、石綿関連疾患の被害を建設作業従事者が国および建材メーカーに対して損害賠償を提起した訴訟は各地でなされており、本判決と同日、最高裁は本件も含めて4件の判決を言い渡している。このうち、本件は神奈川1陣訴訟と呼ばれるものである。アスベスト訴訟では、石綿関連疾患の危険性を認識しながらもアスベスト含有建材の使用などの規制権限を行使しなかった国の責任、および同建材を製造販売した建材メーカーの責任が問われたところ、本判決はいずれの責任をも認め、アスベスト被害の救済の途を開いたものとして注目される。

建材メーカーの責任については、アスベスト含有建材を製造販売したメーカーは複数存在し、建設作業従事者は複数の建設現場で作業に従事することが多いことから、被害者の損害がどのメーカーの建材によって発生したのかを特定することが難しく、メーカーの責任を問ううえで不法行為の要件である因果関係を証明するのが困難であるという問題があったところ、本判決は**民法719条1項後段**（以下、単に「1項後段」と記す）の類推適用により被告の責任を認めており、共同不法行為をめぐる議論において重要な意義を有する判決である。

●1項後段の趣旨および要件（論点①）

本判決は最高裁として初めて1項後段の趣旨および要件を明らかにした点が注目される。まず、同規定の趣旨について、**複数の者がそれぞれ単独で損害を発生し得る行為を行ったが、誰の行為によって損害が生じたか不明の場合**に（いわゆる択一的競合）「**因果関係の立証を転換**」する点にあると判示し、その根拠として「**被害者の保護**」と「**公益的観点**」を挙げる。

1項前段の共同不法行為については、加害者間に関連共同性を要求するのが判例の立場であり（→**189**事件参照）、関連共同性の要件が自己の行為と因果関係のない行為にまで損害賠償責任を負わせる根拠となっていた。これに対して、1項後段については、加害者間に意思の連絡がないため主観的な関連共同性は認められず、また各行為が独立しており客観的な関連共同性も認められない場合であっても適用があるとされる。そこで、関連共同性要件が充たされない場合でも、因果関係の推定を行うために、損害を生じさせた者が共同不法行為者として特定された者のうちにいることが必要で、特定された者以外に損害を生じさせ得る行為をした者がいないことを1項後段の要件とするのが通説的見解である（前田陽一

『債権各論Ⅱ〔第3版〕』（弘文堂、2017）145頁）。

この「被害者によって特定された行為者のほかに被害者の損害を惹起し得る行為をした者が存在しないこと」について、原判決はこれが1項後段の要件ではないとして、本件において1項後段を「適用」し、特定された被告企業の責任を認めたのに対して、本判決はこれを1項後段適用の要件であると明示し、本件における1項後段の「適用」を否定した。

●1項後段の類推適用

本判決は1項後段の趣旨を上記のように明らかにしたうえで、1項後段の「**類推適用**」によって建材メーカーの責任を認めている。もっとも、類推適用がどのような場合において認められるかについて一般的な要件を示してはいない。公害事例などにおいて、弱い関連共同性が存在する場合に1項後段を類推適用する見解があるが（→**190**事件）、本判決はこうした立場とは異なり、（弱い）関連共同性に依拠することなく、個別の事情から1項後段が「適用される場面との均衡を図って」類推適用を認めている。この点は判旨における公益的観点からの被害者保護という法的要請により基礎づけられると解されよう（石橋・後掲評釈65頁）。

●集団的寄与度による責任の画定（論点②）

本件では、市場占有率に基づき、Y₁らが製造販売した建材が、Xらが作業に従事した建設現場に到達したことを認めながらも、Xらがこれら建材を直接取り扱ったことによる石綿粉じんのばく露量全体の一部にとどまるという事情も考慮して、Xらの全損害のうち3分の1について**集団的寄与度**を認め、その範囲での連帯責任を認めており、この点も重要である。諸般の事情から集団的寄与度を認定することにより、ここでも被害者の保護が図られているとみることが可能であろう。

判例を読む

共同不法行為論は、公害問題などの社会的関心の高い事例において被害者の救済を図るうえで一定の役割を担ってきた。719条1項後段については、これを択一的競合の場合を想定した規定としたうえで、複数の行為が結果発生に向けて累積して結果を生じた場合である累積的競合や、複数の行為が結果発生に関与したことは明らかであるがその寄与の度合いが明確でない重合的競合の場合に類推適用することが学説上主張されていたところ、本判決がこうした立場を明示したことは理論的に重要である。1項後段が被害者保護の観点から因果関係の転換を図ることを最高裁として明示したことは、今後の同種の問題について被害者救済の可能性を示すものとしても意義を有すると思われる。

【参考文献】　本判決の評釈として、石橋秀起「建設アスベスト最高裁4判決と建材メーカーの責任」法時93巻11号64頁以下。建設アスベスト訴訟全般について、吉村良一「建設アスベスト訴訟と共同不法行為論」吉村『政策形成訴訟における理論と実務』（日本評論社、2021）294頁以下。前田陽一「民法719条1項後段をめぐる共同不法行為論の新たな展開」野村豊弘古稀『民法の未来』（商事法務、2014）291頁。

加藤雅之

192 共同不法行為と使用者責任の競合と求償

最高裁昭和 63 年 7 月 1 日判決　民集 42 巻 6 号 451 頁、判時 1287 号 59 頁、判タ 676 号 65 頁
【442 条、715 条、719 条】

論点　共同不法行為者の一方から他方の使用者に対する求償の可否

事実の要約

X運転の自動車とAの運転するタクシーが交差点で衝突し、Xの運転する自動車は対向車線にはみ出し、B・Cが運転する自動車と接触し、Dが運転する原動機付自転車を転倒させた。BCDに対して損害を賠償したXは、Aの使用者であるYに対して求償した。

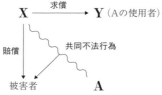

裁判の流れ

1 審（京都地判昭 59・8・30 民集 42 巻 6 号 461 頁）：請求棄却　2 審（大阪高判昭 60・6・28 民集 42 巻 6 号 472 頁）：請求棄却　最高裁：破棄自判

1 審判決と同様に 2 審はXとAの過失割合を 2 対 8 と認定したうえで、求償関係における各自の負担部分はその過失割合に従って定められるとし、本件において使用者Yには本件事故についての過失や被用者Aの過失に原因を与えた事実の主張立証がないことから、Yの過失割合を認める余地はないとして、XからYに対する求償を否定した。Xは使用者責任の追及にあたり使用者の故意過失が不要とされていることに反するなどとして上告。

判旨

〈破棄自判〉「被用者がその使用者の事業の執行につき第三者との共同の不法行為により他人に損害を加えた場合において、右第三者が自己と被用者との過失割合に従って定められるべき自己の負担部分を超えて被害者に損害を賠償したときは、右第三者は、被用者の負担部分について使用者に対し求償することができるものと解するのが相当である。けだし、使用者の損害賠償責任を定める民法 715 条 1 項の規定は、主として、使用者が被用者の活動によって利益をあげる関係にあることに着目し、利益の存するところに損失をも帰せしめるとの見地から、被用者が使用者の事業活動を行うにつき他人に損害を加えた場合には、使用者も被用者と同じ内容の責任を負うべきものとしたものであって、このような規定の趣旨に照らせば、被用者が使用者の事業の執行につき第三者との共同の不法行為により他人に損害を加えた場合には、使用者と被用者とは一体をなすものとみて、右第三者との関係においても、使用者は被用者と同じ内容の責任を負うべきものと解すべきであるからである。」

以上より、本判決はXが自己の負担部分（2 割）を超える部分について、Aの使用者Yに対する求償を認めた。

判例の法理

●求償関係における共同不法行為と使用者責任

共同不法行為者間においては、過失割合によって定まる負担部分に基づき認められるため、共同不法行為者の

使用者に対する求償ができるのかが問題となる。すでに本判決より前に、共同不法行為者の一方の使用者から他方の共同不法行為者に対する求償を認めた判決があるが（最判昭 41・11・18 民集 20 巻 9 号 1886 頁）、これは求償の相手方（共同不法行為者）に固有の過失が認定されている事案であった。本判決の 2 審は使用者の過失割合をゼロであるとしてXからの求償を否定した。これに対して、本判決は**使用者責任の性質を報償責任と捉える理解に基づき、使用者と被用者を一体のものとみる**ことで使用者に対する求償を基礎づけている。

なお、本判決は求償の要件として「自己の負担部分を超えて」賠償をすることを挙げているが、これは共同不法行為者の債務を不真正連帯債務とする理解に基づく。現行法ではこれまで不真正連帯債務とされてきたものについても、原則として連帯債務の規定が適用されると解されている。連帯債務者間の求償について「負担部分を超えるかどうかにかかわらず」求償権を有すると規定されていることから（現 442 条 1 項）、この部分の判例法理は変更される可能性もある（もっとも、債権総則中の連帯債務と区別して、従来の「不真正連帯債務」については異なる取り扱いをすることもあり得なくはない）。

判例を読む

●共同不法行為者の使用者に対する求償の可否

本判決は、**報償責任の考え方に基づき使用者責任を代位責任と捉える**ことにより、被用者の過失を使用者の過失と同視して使用者に対する求償を認めた。報償責任の考えは、従来被害者と使用者との関係を説明するものであったところ、これを共同不法行為者間の求償の場面でも用いた点に本判決の特徴がみられるが、この点については異論も存在する（潮見佳男「求償関係における共同不法行為と使用者責任の交錯」ジュリ 928 号 67 頁）。求償の場面における使用者の負担部分については、使用者から被用者に対する求償を制限する判例にも照らして検討すると（最判昭 51・7・8 民集 30 巻 7 号 689 頁→**186 事件**）、共同不法行為における過失割合と求償の基礎となる負担部分は必ずしも一致しないとみることもできる。このように解すると、本判決のように被用者と使用者を一体としてみるのではなく、使用者には被用者の資力を担保する責任があると構成して、求償についても同様の構成を用いることも可能である（こうした構成については、浦川道太郎・百選 II 6 版 174 頁）。

【参考文献】　本判決の評釈として、水野武・最判解民昭和 63 年度 227 頁、田上富信・判評 363 号 45 頁など。共同不法行為者間の求償について、青野博之「不法行為における複数関与者間の求償権」法時 60 巻 5 号 39 頁。

加藤雅之

193 共同不法行為者の各使用者間の求償

最高裁平成3年10月25日判決　民集45巻7号1173頁、判時1405号29頁、判タ773号83頁

【442条、715条、719条】

論点
①共同不法行為の一方の加害者の使用者から他方の加害者の使用者に対する求償の範囲
②加害者の複数の使用者が使用者責任を負う場合において、各使用者の負担部分

事実の要約

配管工事の際、クレーン車で鋼管を吊り上げる作業を行っていたところ、鋼管がワイヤーロープから抜け落ち、近くで作業中のAに激突し、Aは負傷を負った。この事故の原因は、クレーン車を運転するBおよび本件車両で鋼管をつり上げるための玉掛け作業を行っていたCの過失が原因であった。この工事はYがXからクレーン車を賃借して行っていたものであるが、その際YはXからクレーン車の運転手としてBを派遣されており、BおよびCはYの指揮監督の下、作業に従事していた。Bの使用者としてAに賠償金を支払ったXはYに対して求償を求めた。

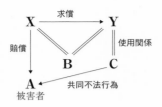

裁判の流れ

1審（東京地判昭62・11・24民集45巻7号1183頁）：請求一部認容　2審（東京高判昭63・7・19民集45巻7号1205頁）　最高裁：破棄差戻

1審および2審は、求償の根拠となるおける負担部分は、損害賠償義務者間の求償問題を一挙に解決するため、右の全員について個別的に定めるのが相当であるとして、各自の負担部分をB：C：X：Yについて、1：3：3：3と定めXからYへの求償を認めた。Yより上告。

判旨

〈破棄差戻〉「複数の加害者の共同不法行為につき、各加害者を指揮監督する使用者がそれぞれ損害賠償責任を負う場合においては、一方の加害者の使用者と他方の加害者の使用者との間の責任の内部的な分担の公平を図るため、求償が認められるべきであるが、その求償の前提となる各使用者の責任の割合は、それぞれが指揮監督する各加害者の過失割合に従って定めるべきものであって、一方の加害者の使用者は、当該加害者の過失割合に従って定められる自己の負担部分を超えて損害を賠償したときは、その超える部分につき、他方の加害者の使用者に対し、当該加害者の過失割合に従って定められる負担部分の限度で、右の全額を求償することができるものと解するのが相当である。けだし、使用者は、その指揮監督する被用者と一体をなすものとして、被用者と同じ内容の責任を負うべきところ…、この理は、右の使用者相互間の求償についても妥当するからである。」

「一方の加害者を指揮監督する複数の使用者がそれぞれ損害賠償責任を負う場合においても、各使用者間の責任の内部的な分担の公平を図るため、求償が認められるべきであるが、その求償の前提となる各使用者の責任の割合は、被用者である加害者の加害行為の態様及びこれと各使用者の事業の執行との関連性の程度、加害者に対

する各使用者の指揮監督の強弱などを考慮して定めるべきものであって、使用者の一方は、当該加害者の前記過失割合に従って定められる負担部分のうち、右の責任の割合に従って定められる自己の負担部分を超えて損害を賠償したときは、その超える部分につき、使用者の他方に対して右の責任の割合に従って定められる負担部分の限度で求償することができるものと解するのが相当である。この場合において、使用者は、被用者に求償することも可能であるが、その求償し得る部分の有無・割合は使用者と被用者との間の内部関係によって決せられるべきものであるから…、使用者の一方から他方に対する求償に当たって、これを考慮すべきものではない。」

判例の法理

●複数の使用者間の求償（論点①）

共同不法行為と使用者責任が交錯する場合においては、使用者と被用者を一体のものとみて、被用者の過失割合に基づいて使用者の負担部分が決せられる（→**192事件**参照）。本判決は共同不法行為の加害者にそれぞれ使用者が存在する場合においても、同様の構成を採用し、**それぞれが指揮監督する加害者の過失割合によって定まる**とした。**192事件**と同様に使用者責任を代位責任とみることから、かかる結論を導くことができる。

●1人の加害者に複数の使用者がいる場合における求償（論点②）

本件においてBはXの被用者であり、かつYの指揮監督下にいたことから、Bの不法行為についてXYがともに使用者責任を負う。こうした場合の使用者間の求償については、加害者の加害行為の態様やこれと各使用者の事業の執行との関連性の程度、使用者の指揮監督の強弱などを考慮して具体的に定めるとした。

判例を読む

●複数の使用者間における求償

論点①に関しては、使用者責任を代位責任と捉えることで、求償において被用者の過失を使用者の負担部分を決する根拠とすると理解することができる。しかし、1人の加害者に複数の使用者がいる場合（論点②）、代位責任という構成だけでは求償の範囲を決することができない。そこで、この場合には各使用者の加害行為に対する具体的な関わりが基準となる。そのため、この限りにおいては、使用者固有の過失は観念されないとはいえ、上記のような事情を考慮して、被用者に対する責任の割合を決する必要が生じるのである。

【参考文献】 本判決の評釈として、山本豊・ジュリ1006号131頁、窪田充見・民商108巻2号116頁など。

加藤雅之

194 共同不法行為と過失相殺

最高裁平成 13 年 3 月 13 日判決　民集 55 巻 2 号 328 頁、判時 1747 号 87 頁、判タ 1059 号 59 頁
【719 条、722 条 2 項】

論点 ①交通事故と医療事故の競合による共同不法行為の成否
②共同不法行為における過失相殺の方法

事実の要約

　自転車を運転していたA（6歳）は一時停止を怠って交差点に進入し、Bが運転する自動車と接触し転倒した。Aは、事故後直ちに救急車でY病院に搬送され、同病院の医師Cによる診察を受けた。Cは、Aの意識が清明であることなどから歩行中の軽微な事故と考え、またレントゲン写真から頭がい骨骨折を発見しなかったこともあり、CT検査や経過観察をすることなく、一般的指示をしたのみでAを帰宅させた。しかし、帰宅後Aの容体は急変し、死亡した。当初、Aの両親Xらは、Aの様子について多少の異常は感じたものの、この容態を重大なこととは考えずそのままにしておいた。その後、Aがけいれんのような症状を起こすに至って、救急車を呼んだが、救急車の到着時にはAの呼吸は停止していた。Aの死因は、頭蓋外面線状骨折による硬膜動脈損傷を原因とする硬膜外血腫であったが、これは早期に血腫の除去を行えば予後は良く、高い確率での究明可能性があるとされるものであった。Xらは、Y病院に対して不法行為に基づく損害賠償を請求した。なお、原審は被害者側の過失について本件交通事故において3割、本件医療事故において1割を認定している。

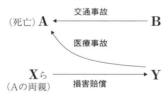

```
                    交通事故
（死亡）A ◄──────────────── B
                    医療事故
      X ら ────────────────► Y
（Aの両親）      損害賠償
```

裁判の流れ

　1審（浦和地川越支判平9・1・30民集55巻2号345頁）：請求認容　2審：請求一部認容（東京高判平10・4・28判時1652号75頁）　最高裁：一部破棄自判・一部棄却

　1審はY病院とBとの共同不法行為の成立を認め損害全額の賠償を認めた。2審は共同不法行為の成立を認めながらも、自動車事故と医療事故という個々の不法行為が時間的前後関係において構成される場合には寄与度に応じた損害の分別を主張できることとして、本件におけるYの寄与度を5割と認定した。過失相殺については、個別的に過失相殺を主張することができるとし、全損害の5割についてYの責任を認め、1割の過失相殺を行った。Xは、寄与度による損害賠償責任の分別を認めることが、共同不法行為者に連帯債務を負わせる民法719条に反するなどとして上告受理申立て。

判旨

　〈一部破棄自判、一部棄却〉「本件交通事故により、Aは放置すれば死亡するに至る傷害を負ったものの、事故後搬送されたY病院において、Aに対し通常期待されるべき適切な経過観察がなされるなどして脳内出血が早期

に発見され適切な治療が施されていれば、高度の蓋然性をもってAを救命できたということができるから、本件交通事故と本件医療事故とのいずれもが、Aの死亡という不可分の一個の結果を招来し、この結果について相当因果関係を有する関係にある。したがって、本件交通事故における運転行為と本件医療事故における医療行為とは民法719条所定の共同不法行為に当たるから、各不法行為者は被害者の被った損害の全額について連帯して責任を負うべきものである。本件のようにそれぞれ独立して成立する複数の不法行為が順次競合した共同不法行為においても別異に解する理由はないから、被害者との関係においては、各不法行為者の結果発生に対する寄与の割合をもって被害者の被った損害の額を案分し、各不法行為者において責任を負うべき損害額を限定することは許されないと解するのが相当である。」

　「本件は、本件交通事故と本件医療事故という加害者及び侵害行為を異にする2つの不法行為が順次競合した共同不法行為であり、各不法行為については加害者及び被害者の過失内容も別異の性質を有するものである。ところで、過失相殺は不法行為により生じた損害について加害者と被害者との間においてそれぞれの過失の割合を基準にして相対的な負担の公平を図る制度であるから、本件のような共同不法行為においても、過失相殺は各不法行為の加害者と被害者との間の過失の割合に応じてすべきものであり、他の不法行為者と被害者との間における過失の割合をしん酌して過失相殺をすることは許されない。」

判例の法理

●交通事故と医療事故の共同による共同不法行為の成否とその効果（論点①）

　交通事故による被害者がその後の医療事故によって死亡などの損害を被った場合、交通事故の加害者と医療機関（医師）の責任について共同不法行為の成立が認められるか。損害に対して複数の行為が関係しているが、それぞれが独立した不法行為であり、場所的・時間的に離れて存在しているために、共同不法行為の成立が認められるのか、またこれが認められる場合であっても寄与度に応じた減責が認められるかが問題となる。本判決は、下級審の判断が分かれていたこの問題について最高裁として初めての判断を示したものである。

　本判決は、関連共同性については言及せず、**交通事故と医療事故が死亡という1つの結果を招来したことを根拠に共同不法行為の成立を認めた**。そのうえで、損害の全額についての連帯責任という効果が「それぞれ独立して成立する複数の不法行為が順次競合した共同不法行為」についても妥当するとして、**寄与度に応じた減責を認めなかった**。

　学説では、719条が規定する共同不法行為について類型化がなされ、複数の不法行為が1つの損害を発生させ

る場合を競合的不法行為として、共同不法行為と区別する見解が有力に主張されているが（後述、判例を読む参照）、本判決は結果の一体性から共同不法行為の成立を認めている点が特徴的である。

● **共同不法行為における過失相殺の方法（論点②）**

共同不法行為の被害者に過失がある場合、過失相殺がなされるが、過失相殺の方法として、各加害者を一体にとらえて加害者全体の過失と被害者ないし被害者側の過失を対比する方法（**絶対的過失相殺**）と加害者ごとに被害者の過失を対比する方法（**相対的過失相殺**）が考えられるが、本判決は相対的過失相殺を採用した。本判決はその根拠として、共同不法行為を構成する各不法行為（交通事故と医療事故）がそれぞれ加害者および被害者の過失の内容が別異の性質を有することから、過失相殺において他の加害者と被害者との過失割合をしん酌すべきでないことを挙げている。すなわち、仮に交通事故において被害者の過失を認定できたとしても、これに基づき医療事故の加害者の責任を減じる理由にはならないことを意味する。

判例を読む

● **競合的不法行為と共同不法行為**

複数の加害者により１つの損害が発生、それぞれが民法709条による不法行為の要件を充たす場合について、これを共同不法行為とみるべきであろうか。719条が規定する共同不法行為の意義を因果関係要件の緩和に求める近時の学説においては、このような場合は共同不法行為ではなく、**独立の不法行為が競合する競合的不法行為**と捉える。このように共同不法行為と競合的不法行為を区別する見解は、競合的不法行為については、各行為者が因果関係を有する結果について責任を負い、競合する損害について連帯責任を認めつつも、事故の行為との因果関係を超える損害についての責任を否定し、寄与度に応じた減責を認める。これに対して、関連共同性が認められる共同不法行為については、原則として全損害についての連帯責任が認められ、責任の分割が認められないとする（関連共同性の程度による減責の可能性については後述）。本判決は、医師の帰責性の程度が大きい事案であるといえ、Yに損害全額の賠償責任を負わせるという結論自体は妥当なものとみることができる。もっとも、同様の結論は上述のように共同不法行為という構成を採用しなくても（競合的不法行為と解したとしても）導くことが可能であるため、本判決が関連共同性の有無に触れずに共同不法行為の成立を認めた意味をいかに解するかが問題となる。ここでは、加害者の一方の無資力のリスクを被害者に負わせないために、寄与度に応じた減責を認めない、すなわち損害全体に対する責任を根拠づけるために共同不法行為の成立を認めていると解することが可能である。もっとも、こうした結論を正当化するためには損害に対して、交通事故と医療事故それぞれについて相当因果関係が認められる必要があり、交通事故と医療事故が競合するが一方のみに損害との相当因果関係が認められる場合（事故により死亡に至ることはなかったが、医師の過失が原因で死亡した場合など）についても本判決の法理が直ちに妥当すると解するべきではないだろう。

● **責任の分割の可否**

以上のように、本判決を責任の分割を否定するために共同不法行為という構成を採用しているとみたが、共同不法行為であっても責任の分割を認めることも可能である。共同不法行為に関する学説・裁判例は、関連共同性の程度によって共同不法行為の効果を区別し、弱い関連共同性しか認められない場合には寄与度に応じた減責を認めている（→ 190 事件参照）。こうした立場からは、共同不法行為の成否と責任の分割の可否との間に必ずしも必然的な結びつきがあるわけではない。しかし、本判決は、共同不法行為において寄与度に応じた減責を認めない点を積極的に解し、本来被害者保護のための規定である共同不法行為において減責を認めないことを明らかにしたものと位置づけることも可能である。上述したように、こうした趣旨に基づいて共同不法行為の成立を認めるためには、損害の公平な分担という観点から、それぞれの行為について損害との相当因果関係が認められることが必要になろう。このように考えると本判決の射程は限定的になる。そこで、交通事故と医療事故の競合の場面では、弱い関連共同性を認めて719条1項後段の類推によるべきとする見解も主張されている（後掲・大塚評釈）。

● **過失相殺の方法**

共同不法行為における過失相殺について、本判決は**相対的過失相殺**の方法を採用している。これに対して、複数の交通事故が競合した事例について**絶対的過失相殺**の方法をとった最高裁判決がある（最判平15・7・11民集57巻7号815頁）。

相対的過失相殺は、交通事故、医療事故それぞれの当事者ごとに過失相殺がなされる。たとえば、損害について加害者A、同Bおよび被害者Xの過失が1：4：1であったと勝仮定する（ここで用いる記号は本判決とは無関係）。相対的過失相殺によればXがAに対して損害賠償を請求する場合1対1の割合で過失相殺がなされ、Bに対しては4対1の割合で過失相殺がされる。一方、絶対的過失相殺では、上述の過失割合の場合では、全損害の6分の1については過失相殺によりXが負担すべき損害として、Aに対しても、Bに対しても全損害の6分の5までしか賠償が認められないことになる。

本判決と平成15年判決の関係をどのように解するべきであろうか。平成15年判決の事案はそれぞれの不法行為（交通事故）が場所的・近接しており、事故を一体のものとして捉えることができるものであった。平成15年判決は「複数の加害者の過失及び被害者の過失が競合する1つの交通において、その交通事故の原因となったすべての過失の割合（以下「絶対的過失割合」という。）を認定できるときには」と判示していることから、絶対的過失割合を認定できる場合に限って絶対的過失相殺の方法を用いることができると考えることができる。平成15年判決は交通事故という1つの結果に向けた過失が問題となったために絶対的過失相殺が可能であったが、本判決のように交通事故と医療事故という性質の異なる行為が競合した場面においては相対的過失相殺によることが妥当であろう。

【参考文献】 本判決の評釈として、窪田充見・平成13年度重判解92頁、吉田邦彦・判評516号12頁、大塚直・百選Ⅱ8版216頁など。共同不法行為と競合的不法行為については、大塚直「共同不法行為・競合的不法行為に関する検討」NBL1056号47頁。

加藤雅之

195 公害と差止請求【国道43号線事件】

最高裁平成7年7月7日判決　民集49巻7号2599頁，判時1544号39頁，判タ892号152頁

論点 道路からの騒音などによる生活妨害に対する差止請求との関係における違法性判断要素・方法

事実の要約

Y₁・Y₂が設置・管理する複数の道路（以下、本件道路という）の近隣に住むXらは、本件道路からの騒音などによってその日常生活を妨害され、人格権を違法に侵害されている、と主張して、Yらに対し、一定の基準値を超える騒音などをXらの居住敷地内へと流入させることの停止を求めた。

裁判の流れ

1審（神戸地判昭61・7・17民集49巻7号2014頁）：訴え却下　2審（大阪高判平4・2・20民集49巻7号2409頁）：請求棄却　最高裁：上告棄却

1審は、Xらの請求に特定性が欠けるとして、訴えを却下した。2審は、請求の特定性を肯定した。また、騒音などによる生活妨害が違法であると認められる場合には、被侵害者は、人格権侵害を理由とする差止請求権に基づき、当該妨害の差止めを請求しうる、としたうえで、生活妨害の違法性の有無は、その妨害の程度が「社会の一員として社会生活を送る上で受忍するのが相当といえる程度」（受忍限度）を超えているか否かによって判断すべきである、とした。また、差止請求は、社会経済活動を直接に規制するものであるため、その要件としての受忍限度の超過に関しては、損害賠償請求の要件としてのそれに比べて「さらに厳格な程度」が要求されるべきであること、および、Xらの被害はこの程度を超えるものではないことをそれぞれ判示して、Xらの請求を棄却した。Xらから上告。

判旨

〈上告棄却〉「道路等の施設の周辺住民からその供用の差止めが求められた場合に差止請求を認容すべき違法性があるかどうかを判断するにつき考慮すべき要素は、周辺住民から損害の賠償が求められた場合に賠償請求を認容すべき違法性があるかどうかを判断するにつき考慮すべき要素とほぼ共通するのであるが、施設の供用の差止めと金銭による賠償という請求内容の相違に対応して、違法性の判断において各要素の重要性をどの程度のものとして考慮するかにはおのずから相違があるから、右両場合の違法性の有無の判断に差異が生じることがあっても不合理とはいえない。」

判例の法理

●道路からの騒音などによる生活妨害に対する差止請求との関係における違法性判断要素・方法

本判決は、2審と同じく、**道路からの騒音などによって違法な（受忍限度を超える）生活妨害を受けている者には、人格権に基づく差止請求権が認められる**ことを前提として、そのような違法性の判断に際して考慮されるべき要素の内容および判断の方法が損害賠償請求権に関する判断要素・方法と異なりうることを肯定した。

判例を読む

XらのYらに対する損害賠償請求に関する別の判決（最判平7・7・7民集49巻7号1870頁。本判決と同じ日付で、同じ小法廷によって下された）は、①本件道路が幹線道路として公益性を備えていること、および②Xらも日常生活上、本件道路から「ある程度の利益を受けている」ことを一方で認めつつ、他方において、③Xらのそのような受益と日常生活における被害との間に、前者が増大すれば後者もまた増大するという「彼此相補の関係」が存在しないこと、および④Yらによる被害の軽減措置が不十分であることを考慮して、本件道路が公共性を有するからといってそのことを理由にXらの被害を受忍限度の範囲内のものとみることはできない、と結論付けた。これに対して、本判決は、差止請求との関係では、ⓐXらの被害の内容が生活妨害に止まるのに対して、ⓑ本件道路がその沿道の住民や企業、地域間交通や産業経済活動に多大な便益を提供しているため、Xらの被害の程度はなお受忍限度を超えるものではないとした2審の判断は「正当」なものとして是認しうる、とした。これら2つの判決を対比するならば、判例は、**同一の被害に関する違法性（受忍限度超過）の有無を判断する際に考慮すべき要素およびそれらの衡量（こうりょう）の方法が差止めと損害賠償との間で異なりうること**（上記③④の各要素は前者との関係においては重視されない）、特にその施設の公共性の意義が差止請求との関係においてより重く評価されうることを承認したものということができる。そして、判例によれば、このような判断方法は、「**施設の供用の差止めと金銭による賠償という請求内容の相違**」によって正当化される。学説では、差止めに関する違法性の程度は、損害賠償に関するそれと比べて、一般的により高いと解する説（違法性段階説）が長く通説であるとされてきた。2審は、この説に従う。これに対して、本判決は、そのような画一的な見解をとらず、**2つの違法性は、各請求の効果の違いを反映した別次元のものである**（同一次元において段階を成すものではない）との理解を前提として、それぞれについて**事案ごとの個別的分析**を行うべきである、との立場に立っているものと思われる。

なお、Xらは、本件道路の供用自体の停止ではなく、騒音などの流入の差止めを求めているに過ぎない（抽象的差止請求）。そこで、本件において、もし本件道路の供用を継続しながら、防音措置の実施などによって上記流入を停止することが可能であったとすれば、Xらの被害を違法と認めて、そのような差止めをYらに命ずるべきであったのではないか、と解される。

【参考文献】　本判決の評釈として、田中豊・最判解民平成7年度（下）710頁以下、根本尚徳・百選Ⅱ222頁以下および大塚直・環境法判例百選3版58頁以下。

根本尚徳

196 人格権と差止請求【北方ジャーナル事件】

最高裁昭和 61 年 6 月 11 日大法廷判決　民集 40 巻 4 号 872 頁、判時 1194 号 3 頁、判タ 605 号 42 頁

論点
①名誉毀損に対する差止請求の可否
②公務員・公職選挙の候補者に関する表現行為の差止請求が認められるべき場合

事実の要約

2 ヶ月後の選挙に立候補する予定であった Y は、雑誌「北方ジャーナル」の最新号に Y の名誉を毀損する内容の記事が掲載されることを知り、裁判所に対して、この号の発行を差し止める旨の仮処分を申請したところ、Y の申請が認められ、その号の発行が差し止められた。

そこで、上記雑誌の発行人である X は、Y による仮処分の申請は違法なものであったと主張して、Y に対し、損害賠償を請求した（これ以外の請求や主張については省略する）。

裁判の流れ

1 審（札幌地判昭 55・7・16 民集 40 巻 4 号 908 頁）：請求棄却　2 審（札幌高判昭 56・3・26 民集 40 巻 4 号 921 頁）：請求棄却　最高裁：上告棄却

1 審・2 審ともに、本件の具体的事情のもとで、Y の行為は適法であったと認め、X の請求を棄却した。X から上告。

判　旨

〈上告棄却〉「人の品性、徳行、名声、信用等の人格的価値について社会から受ける客観的評価である名誉を違法に侵害された者は、…人格権としての名誉権に基づき、加害者に対し、現に行われている侵害行為を排除し、又は将来生ずべき侵害を予防するため、侵害行為の差止めを求めることができるものと解するのが相当である。けだし、名誉は生命、身体とともに極めて重大な保護法益であり、人格権としての名誉権は、物権の場合と同様に排他性を有する権利というべきであるからである」（論点①）。ただし、公務員や公職選挙の候補者に対する批判などを含む表現行為の差止請求は、その表現行為の「内容が真実でなく、又はそれが専ら公益を図る目的のものではないことが明白であって、かつ、被害者が重大にして著しく回復困難な損害を被る虞があるとき」に限り、例外的に認められる（論点②）。

判例の法理

●人格権に基づく差止請求の承認

第 1 に、本判決は、ある者の名誉（社会的評価）が現に違法に侵害されようとしているとき、その者は、このような名誉毀損の差止め（停止）を請求しうる、とした。また、そのことの根拠として、**名誉毀損に対する差止請求権は、人格権（としての名誉権）という、物権に類似する排他的権利の侵害に基づき発生する**、との法律構成を示した（以上、論点①）。いずれも判例として初めての判断である。

●公務員・公職選挙の候補者に関する表現行為の差止めの要件

第 2 に、本判決は、ある表現行為（事実の提示）が公務員や公職選挙の候補者に関するものである場合に、その表現行為の差止めが許されるための要件として、ⓐ事実が真実ではないことが明らかであること、またはⓑ事実の提示が専ら公益を図る目的によるものではないこと

が明らかであること、およびⓒその行為によって公務員らが重大にして著しく回復困難な損害を受けるおそれがあることを示した（以上、論点②）。これもまた、判例として初めての判断である。

判例を読む

論点②に関して、本判決によれば、公務員や公職選挙の候補者は、表現行為が損害賠償請求との関係において違法と評価される場合（表現行為の内容である事実が真実であることを加害者が証明しえない場合。最判昭 41・6・23 民集 20 巻 5 号 1118 頁参照。候補者らについては、当該判例の挙げる違法性阻却事由のうち、事実の公共性と目的の公益性とは事実上、推定されよう〔刑法 230 条の 2 第 3 項参照〕）であっても、原則として、その行為が実際に行われる以前の段階における差止めを請求することはできない。そのような「事前差止め」の請求は、ⓐ当該行為によって摘示された事実が虚偽であることが明らかであるとき、または、ⓑその行為が専ら公益を図る目的によるものではないことが明らかであるときで、かつ、ⓒ被害者が重大にして、事後的な損害賠償によっては回復することが著しく困難な損害を受けるおそれがあるときにのみ許される。このように解すべき理由は、民主主義社会においては、候補者らは、例えばその真偽がにわかにはっきりしない事実によってその社会的評価を低下させられたとしても、その後に、当該事実が虚偽であることを、選挙活動などを通じて自ら証明することで社会的評価を回復することが可能であり、また、社会から寄せられる様々な批判に対して、そのような形で「弁明」することを期待されるからである（それゆえ、まずは、表現行為が実際に行われることを優先すべきであり、その差止めが認められる場合を、名誉毀損としての違法性が明白であり、しかも被害者が受ける不利益が重大なもので、かつ、その事後的な回復が著しく困難である例外的な事案に限ることが妥当である、と考えられる）。

本判決の趣旨を以上のようにとらえるとすると、その射程は、まず、プライバシーの侵害に対する差止請求には及ばないものと思われる（最判平 29・1・31 民集 71 巻 1 号 63 頁および最判令 4・6・24 裁判所ウェブサイトでは、比較衡量を基礎とする違法性判断基準がとられている）。なぜなら、プライバシーは、一度公表されると、通常、それを事後的に回復することは不可能だからである。そのため、その公表に正当な理由がなく、損害賠償請求との関係で違法とされる場合には、差止請求との関係においても直ちにその違法性が認められるべきであろう。また、私人に対する名誉毀損の事例が上記射程に含まれるか否かについても、慎重な見極めが必要である（裁判例の現状に関しては、廣瀬孝「名誉権に基づく出版差止め」判タ 1470 号 7 ～ 14 頁が詳しい）。

【**参考文献**】　本文中に引用したもの。

根本尚徳

197 724条1号の消滅時効の起算点

最高裁昭和48年11月16日判決　民集27巻10号1374頁

【724条】

論点 旧724条前段の「加害者を知った」の意味

事実の要約

　Xは、白系ロシア人で、第二次世界大戦中の昭和17年初め頃、軍機密保護法違反の容疑で逮捕され、大泊警察署に留置され、同年4月の取調中に警部補Yによる拷問によって虚偽の自白調書に署名させられた。Xは、同法違反罪で起訴され、有罪の宣告および刑の執行を受け、昭和20年9月に釈放された。昭和37年、XはYに対して、拷問による370万円の損害賠償を求める訴えを提起した。これに対して、Yは拷問の事実を争ったほか、時効を援用。

昭和17年4月　拷問

X ───────────────→ Y

昭和36年3月　損害賠償を求める訴えの提起

裁判の流れ

　1審（東京地判昭41・8・10民集27巻10号1380頁）：請求棄却　2審（東京高判昭45・4・8民集27巻10号1385頁）：請求一部認容、最高裁：上告棄却

　1審は、Xの請求を棄却。2審は、拷問の事実を認め、Yの時効の抗弁を排斥して、慰謝料として5万円の範囲でXの請求を一部認容。Yから上告。

判旨

　〈上告棄却〉「民法724条〔現724条1号〕にいう『加害者を知りたる時』とは、同条で時効の起算点に関する特則を設けた趣旨に鑑みれば、加害者に対する賠償請求が事実上可能な状況のもとに、その可能な程度にこれを知った時を意味するものと解するのが相当であり、被害者が不法行為の当時加害者の住所氏名を的確に知らず、しかも当時の状況においてこれに対する賠償請求権を行使することが事実上不可能な場合においては、その状況が止み、被害者が加害者の住所氏名を確認したとき、初めて『加害者を知りたる時』にあたるものというべきである。」

　「……Xは、…取調中、…本件不法行為による被害を受けたが、その当時加害者であるYが『石塚』なる姓の同署警部補であることおよびその容貌を知ってはいたものの、…その釈放前は勿論釈放後も、加害者であるYの所在および名を知ることが困難であったところ、その後加害者の探索に努めた結果、…昭和26年頃その名が『吉二郎』なること…、昭和36年11月8日頃、Yが秋田県本荘市から東京に移転したとの回答を受け…、東京における住所を突きとめ、加害者本人に間違いないことを知ったというのであって、Xは、この時に加害者を知ったものというべく、それから3年以内である昭和37年3月7日に本訴を提起したものであるから、Y主張の消滅時効は未だ完成していないとした原審の判断は、正当である。」

判例の法理

●旧724条前段の起算点

　本判決は、旧724条前段（現724条1号）の「加害者を知った」が加害者に対する賠償請求が事実上可能な状況のもとに、その可能な程度にこれを知ったことであるとした。

判例を読む

　旧724条前段は、消滅時効の一般的な起算点を定める旧166条1項の特則である。もっとも、本判決は、旧166条1項に関する判例と軌を一にしていると解されている（金山直樹『時効における理論と解釈』（有斐閣、2009）374頁）。

　①最判昭45・7・15民集24巻7号771頁は、権利の性質上、権利行使が現実に期待できる時を旧166条1項の起算点とした。これは、権利者による権利行使を期待ないし要求できる時まで、消滅時効の進行を認めないとするものであった（星野英一『民法論集 第4巻』（有斐閣、1978）310頁）。

　①と照らし合わせれば、**本判決のいう、賠償請求が「事実上可能」とは、賠償請求が「現実に期待できる」ことを意味している**。つまり、被害者が賠償請求の可能な程度に加害者を認識したとしても、被害者による賠償請求が現実に期待できる状況でない場合は、旧724条前段の「加害者を知った」に該当しないこととなる（中嶋士元也・法協94巻4号178頁）。

　本判決の後、②最判昭58・11・11交通民集16巻6号1515頁は、Xが、交通事故の相手方であったYの偽証によって業務上過失致死傷罪で起訴され、第1審で有罪判決を受けたが、控訴審で無罪判決を受けそれが確定した後に、Yを提訴した事案で、無罪判決の確定によりはじめて、Yに対する賠償請求が事実上可能な状況のもとに、その可能な程度にYが加害者であることを知ったことになるとした原判決の判断を是認した。②のXは、交通事故直後に、加害者Yの氏名住所を認識していた。しかし、②は、刑事裁判の確定まで旧724条前段の時効が進行しないとしている。これは、無罪判決が確定するまで、刑事事件で被害者とされた者に対して、刑事被告人が民事上の損害賠償請求をすることを期待できないことを考慮したものといえよう（金山・前掲373頁）。

　なお、2017年改正は、旧724条後段を消滅時効とする形で改正するに留まる（部会88回議事録43頁以下［山本（敬）、潮見］）。したがって、本判決の示した解釈は、現724条1号にも妥当する。

【参考文献】　本判決の評釈として、本文の注に掲記したもののほか、古崎慶長・民商71巻4号712頁、輪湖公寛・ジュリ556号53頁、建部雅・百選II 218頁。

香川　崇

旧民法 724 条後段の除斥期間の効果を制限する特段の事情

最高裁平成 10 年 6 月 12 日判決　民集 52 巻 4 号 1087 頁、訟月 45 巻 5 号 954 頁、判時 1644 号 42 頁、判タ 980 号 85 頁、金法 1550 号 31 頁、金判 1052 号 15 頁　　　　　　　　　　【724 条】

論点　旧 724 条後段の除斥期間の効果が制限される場合

事実の要約

　X₁ は昭和 27 年 5 月 19 日に出生し、同年 10 月 20 日に予防接種法に基づき呉市長が実施した痘そうの集団接種を受けた。その副作用の結果、X₁ は、けいれんが止まらず、通常ならば直立や歩行ができる時期に至っても、これができない状態となった。X₁ は、昭和 35 年 1 月頃には、身体を転がして移動することができるようになったが、昭和 48 年頃から、全く意思能力を欠く寝たきりの状態となっていた。予防接種の時から 22 年経過した昭和 49 年 12 月 5 日、X₁ とその両親 X₂、X₃ は、他の原告らと共に、Y（国）に対して、予防接種の副作用による疾病・障害・死亡に関する民法上の債務不履行責任・国家賠償法上の責任・憲法上の損失補償責任を追及するいわゆる予防接種禍集団訴訟を提起した（原告は、被害児童とその家族を含めて 160 名であった）。X₁ は、原告の中でも早い時期に予防接種を受けていたため、724 条後段（現 724 条 2 号）の適用が問題となった。なお、X₁ は、第 1 審判決の言渡し後の昭和 59 年 10 月 19 日に禁治産宣告（後見開始の審判）を受け、X₂ が後見人に就任している。

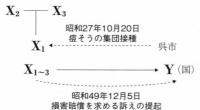

昭和27年10月20日
痘そうの集団接種

X₂ ── X₃
　　│
　　X₁ ←──── 呉市

X₁～₃ ──────→ Y（国）

昭和49年12月5日
損害賠償を求める訴えの提起

裁判の流れ

　1 審（東京地判昭 59・5・18 訟月 30 巻 11 号 2011 頁）：請求一部認容、2 審（東京高判平 4・12・18 高民集 45 巻 3 号 212 頁）：請求棄却、最高裁；一部破棄差戻・一部棄却

　1 審は、生命、身体に対して特別の犠牲が課せられた場合においても、憲法 29 条 3 項を類推適用し、かかる犠牲を強いられた者が、同条同項に基づき、国に対し正当な補償を請求することができるとして Y（国）の責任を認め、請求を認容した（X₁ につき 5470 万円、X₂・X₃ につき各 320 万円）。これに対して、2 審は、国に過失があることを認めて国家賠償責任を肯定しつつも、最判平元・12・21 民集 43 巻 12 号 2209 頁を引用して、724 条後段（現 724 条 2 号）の期間制限が除斥期間であり、同条後段の 20 年の期間の経過した時点で、X らの損害賠償請求権が法律上当然に消滅しており、かつ、訴え提起が遅れたことにつき被害者側にやむを得ない事情があったとしても、それは何ら除斥期間の経過を認めることの妨げにならないとして、請求棄却。X₁～X₃ から上告。

判　旨

〈一部破棄差戻・一部棄却〉①「民法 724 条後段〔現 724 条 2 号〕の規定は、不法行為による損害賠償請求権の除斥期間を定めたものであり、不法行為による損害賠償を求める訴えが除斥期間の経過後に提起された場合には、裁判所は、当事者からの主張がなくても、除斥期間の経過により右請求権が消滅したものと判断すべきであるから、除斥期間の主張が信義則違反または権利濫用であるという主張は、主張自体失当であると解すべきである〔最一小判平成元年 12 月 21 日民集 43 巻 12 号 2209 頁参照〕。」

②「ところで、民法 158 条は、時効の期間満了前 6 箇月内において未成年者又は禁治産者が法定代理人を有しなかったときは、その者が能力者となり又は法定代理人が就職した時から 6 箇月内は時効は完成しない旨を規定しているところ、その趣旨は、無能力者は法定代理人を有しない場合には時効中断の措置を執ることができないのであるから、無能力者が法定代理人を有しないにもかかわらず時効の完成を認めるのは無能力者に酷であるとして、これを保護するところにあると解される。

③「これに対し、民法 724 条後段〔現 724 条 2 号〕の規定の趣旨は、前記のとおりであるから、右規定を字義どおりに解すれば、不法行為の被害者が不法行為の時から 20 年を経過する前 6 箇月内において心神喪失の常況にあるのに後見人を有しない場合には、右 20 年が経過する前に右不法行為による損害賠償請求権を行使することができないまま、右請求権が消滅することとなる。しかし、これによれば、その心神喪失の常況が当該不法行為に起因する場合であっても、被害者は、およそ権利行使が不可能であるのに、単に 20 年が経過したということのみをもって一切の権利行使が許されないこととなる反面、心神喪失の原因を与えた加害者は、20 年の経過によって損害賠償義務を免れる結果となり、著しく正義・公平の理念に反するものといわざるを得ない。そうすると、少なくとも右のような場合にあっては、当該被害者を保護する必要があることは、前記時効の場合と同様であり、その限度で民法 724 条後段〔現 724 条 2 号〕の効果を制限することは条理にもかなうというべきである。」

④「したがって、不法行為の被害者が不法行為の時から 20 年を経過する前 6 箇月内において右不法行為を原因として心神喪失の常況にあるのに法定代理人を有しなかった場合において、その後当該被害者が禁治産宣告を受け、後見人に就職した者がその時から 6 箇月内に右損害賠償請求権を行使したなど特段の事情があるときは、民法 158 条の法意に照らし、同法 724 条後段〔現 724 条 2 号〕の効果は生じないものと解するのが相当である。」

　以上のように判示し、X₁ が、不法行為の時から 20 年を経過する前 6 か月内において、本件接種を原因とする心神喪失の常況にあり、本件訴訟が提起された後、昭和 59 年 10 月 19 日に禁治産宣告を受け、その後見人に就職した X₂ によって、損害賠償請求権が行使されたことから、その損害賠償請求権が消滅したということはで

きないとして、X₁の請求については、原判決を破棄して原審に差し戻した（なお、X₂・X₃の請求については、除斥期間の適用を妨げる事情が認められないとして上告を棄却した）。

判例の法理
●旧724条後段の効果が制限される場合

本判決が引用する最判平元・12・21民集43巻12号2209頁は、旧724条後段（現724条2号）の期間制限を除斥期間と捉え、加害者による除斥期間の主張の信義則違反または権利濫用を問題とする余地がないとした。

もっとも、本判決は、「心神喪失の常況が当該不法行為に起因する場合であっても、被害者は、およそ権利行使が不可能であるのに、単に20年が経過したということのみをもって一切の権利行使が許されないこととなる反面、心神喪失の原因を与えた加害者は、20年の経過によって損害賠償義務を免れる結果となり、著しく正義・公平の理念に反する」と述べたうえで、「**不法行為の被害者が不法行為の時から20年を経過する前6箇月内において右不法行為を原因として心神喪失の常況にあるのに法定代理人を有しなかった場合において、その後当該被害者が禁治産宣告を受け、後見人に就職した者がその時から6箇月内に右損害賠償請求権を行使したなど特段の事情があるときは、民法158条の法意に照らし、同法724条後段（現724条2号）の効果は生じない**」として、除斥期間の効果が制限される場合があることを認めた。

本判決を読む

旧724条後段は、20年の消滅時効を定めていた（内池慶四郎『不法行為責任の消滅時効』（成文堂、1993）3頁以下）。しかし、民法制定後、同条の定める期間制限を除斥期間と解する学説が台頭した。同説によれば、除斥期間は、権利関係の整理の必要のために、権利を消滅させる制度と解される。そのため、除斥期間の援用は不要とされ、その利益の享受につき、私人の意思は考慮されない。また、除斥期間は、公益的の性質を帯びているため、中断（現：更新）も認められない（中川善之助「身分権と時効」『身分法の総則的課題』（岩波書店、1941）30頁）。なお、時効の停止（現：完成猶予）については、旧161条のみの類推適用を認める説（我妻・講義Ⅰ437頁）と、時効の停止規定の類推適用を一般的に認める説（川島武宜『民法総則』（有斐閣、1965）574頁）があった。

最判平元・12・21民集43巻12号2209頁（以下、元年判決）は、警察官の要請に従ってXが不発弾処理をしていたところ、不発弾の爆発によってXが重傷を負い、爆発事故からおよそ29年が経過した時に、Y（国）に対して国家賠償法に基づく損害賠償を請求したという事案であった。元年判決の原審は、Yによる旧724条後段の消滅時効の援用ないし除斥期間の主張が、信義則に反し、権利の濫用として許されないとした。しかし、元年判決は、旧724条後段を除斥期間と捉えたうえで、不法行為に基づく損害賠償請求権が右期間の経過により消滅するため、Yによる除斥期間の主張の信義則違反または権利濫用を問題とする余地がないとした。

元年判決が旧724条後段が除斥期間と解釈して、権利濫用などを問題とする余地がないとした点に対して、学説は批判的であり（半田吉信「判批」民商103巻1号140

頁など）、旧724条後段を除斥期間であるとしても、除斥期間の期間経過の主張が信義則違反・権利濫用に当たるような場合には、その主張が制限されるとの指摘もあった（大村敦志「判批」法協108巻12号2134頁）。

本判決は、元年判決を引用して、旧724条後段の期間制限を除斥期間と解しつつも、時効の停止に関する158条の法意に照らして旧724条後段の効果が制限されることを認めた。

本件のX₁は、旧724条後段の期間満了前6か月に禁治産宣告を受けていないから、厳密には、158条の要件を満たしていない（大塚直・ジュリ1157号83頁）。もっとも、判旨②が述べるように、時効の停止は、権利者の権利行使不可能に着目して定められた制度である。権利行使不可能という点において、X₁の心神喪失の常況という状態は、158条の要件たる禁治産者（現在の成年被後見人に相当する者）と類似している。この点を強調して、158条の類推適用を認める余地もあり得たように思われる。

しかし、本判決は、判旨③で、（A）権利者の権利行使不可能な状況（「心神喪失の常況」）だけでなく、（B）権利者のそのような状況を義務者が作出したこと（「心神喪失の常況が当該不法行為に起因する」）にも言及する。（B）は、権利者の権利行使障害に対する義務者の関与を問題にするのでもあり（松本克美「判批」法時70巻11号93頁）、本来、時効の停止において考慮されるべき要素ではない。本判決で、（B）が考慮されたのは、本判決の認める除斥期間の例外を、当該不法行為に起因する場合に限定して認められることを示すためであろう（吉村良一「判批」法教219号56頁）。また、判旨④は、効果につき、158条の定める完成の停止ではなく、除斥期間の効果不発生としている。このように、要件効果が158条の文理から大きく乖離した結果、同条の類推適用の範疇にとどまることができず、同条の「法意」という理由付けを付加するものになったといえる（前田陽一「判批」判タ995号61頁）。

上記理由から、本判決の射程距離は、相当に限定されていると指摘されていた（春日通良・ジュリ1142号91頁）。しかし、最判平21・4・28民集63巻4号853頁は、160条の法意に照らして、旧724条後段の効果の制限を認めた（YがAを殺害した後、その死体を自宅の床下に隠匿し、殺害行為から26年後に警察に自首したので、Aの相続人XがYに対して損害賠償を求める訴えを提起した事案）。

2017年改正によって、旧724条後段は現724条2号に改められ、その20年の期間制限は消滅時効であることが明らかになった。それゆえ、①現724条2号の消滅時効には時効の更新・完成猶予の規定が適用され、②裁判所は、個別の事案における具体的な事情に応じて、加害者側からの現724条2号の時効の援用の主張が信義則違反や権利濫用になると判断することができる（一問一答債権関係改正63頁以下）。

【参考文献】　本判決の評釈として、本文の注に掲記したもののほか、春日通良・最判解民平成10年度563頁、半田吉信・判評481号25頁。

香川　崇

旧民法 724 条後段の除斥期間の起算点【筑豊じん肺訴訟】

最高裁平成 16 年 4 月 27 日判決　民集 58 巻 4 号 1032 頁、訟月 51 巻 4 号 799 頁、判時 1860 号 34 頁、判タ 1152 号 120 頁

【724 条】

論点　旧民法 724 条後段の「不法行為の時」の意味

事実の要約

　X らは、筑豊地区に存在した炭鉱で粉じん作業に従事したことによりじん肺にり患したと主張する者またはその承継人であり、Y（国）に対して、じん肺の発生を防止するために、鉱山保安法に基づく規制権限を Y が行使することを怠ったことが違法であるなどと主張して、国家賠償法 1 条 1 項に基づく損害賠償を求めて訴えを提起した（なお、本件では、就労先の経営企業が既に存在していないために、X らは国を被告とせざるを得なかった（宮坂昌利・最判解民平成 16 年度 303 頁））。これに対して、Y は責任を争ったほか、724 条後段（現 724 条 2 号）の期間制限を主張。

炭鉱での粉じん作業により、
粉じんを吸引し、じん肺が発症

X ────────────→ Y（国）

損害賠償を求める訴えの提起

裁判の流れ

　1 審（福岡地裁飯塚支判平 7・7・20 訟月 43 巻 2 号 339 頁）：一部認容、一部棄却　2 審（福岡高判平 13・7・19 訟月 51 巻 4 号 821 頁）：一部変更　最高裁：上告棄却

　1 審は、X の請求を棄却。2 審は、Y の責任を認めるとともに、期間制限の主張を排斥して、X の請求を一部認容。Y から上告。

判　旨

　〈上告棄却〉「民法 724 条後段〔現 724 条 2 号〕所定の除斥期間の起算点は、「不法行為の時」と規定されており、加害行為が行われた時に損害が発生する不法行為の場合には、加害行為の時がその起算点となると考えられる。しかし、身体に蓄積した場合に人の健康を害することとなる物質による損害や、一定の潜伏期間が経過した後に症状が現れる損害のように、当該不法行為により発生する損害の性質上、加害行為が終了してから相当の期間が経過した後に損害が発生する場合には、当該損害の全部または一部が発生した時が除斥期間の起算点となると解すべきである。なぜなら、このような場合に損害の発生を待たずに除斥期間の進行を認めることは、被害者にとって著しく酷であるし、また、加害者としても、自己の行為により生じ得る損害の性質からみて、相当の期間が経過した後に被害者が現れて、損害賠償の請求を受けることを予期すべきであると考えられるからである。

　これを本件についてみるに、前記のとおり、じん肺は、…粉じんへの暴露が終わった後、相当長期間経過後に発症することも少なくないのであるから、じん肺被害を理由とする損害賠償請求権については、その損害発生の時が除斥期間の起算点となるというべきである。」

判例の法理

●旧 724 条後段の起算点

　旧 724 条後段（現 724 条 2 号）の期間制限の起算点である「不法行為の時」の解釈につき、本判決は、①**原則**

として、**加害行為の時**としつつも、②例外的に、**身体に蓄積した場合に人の健康を害することとなる物質による損害や、一定の潜伏期間が経過した後に症状が現れる損害のように、当該不法行為により発生する損害の性質上、加害行為が終了してから相当の期間が経過した後に損害が発生する場合、当該損害の全部または一部が発生した時**になるとした。

判例を読む

　じん肺は、粉じんを吸入することによって肺に生じた線維増殖性変化を主体とする疾病である（じん肺法 2 条 1 項 1 号）。じん肺の特徴は、進行性（粉じん暴露後も病状が進行すること）、不可逆性（線維増殖性変化等を元の状態に戻すための治療方法がないこと）である。また、じん肺は遅発性の疾病でもあり、粉じん暴露から相当の長期間が経過した後に発症することもある。

　旧 724 条後段は、本来、20 年の消滅時効を定めたものであったが、最判平元・12・21 民集 43 巻 12 号 2209 頁は、これを除斥期間と解した（→ **198 事件**の解説参照）。旧 724 条後段の起算点については、学説上、加害行為時と解する説（末川博「不法行為による損害賠償請求権の時効」『権利侵害と権利濫用』（岩波書店、1970）〔初出 1932〕665 頁）と損害発生時とする説（四宮・不法行為 651 頁、平井・各論 II 170 頁）があった。

　本判決は、原則として、加害行為の時を旧 724 条後段の起算点とする。もっとも、じん肺のような遅発性の疾病の場合、加害行為時説をとると、症状が顕在化する前に除斥期間が経過する余地がある。これは、被害者において損害賠償請求をする機会が失われるという不当な結果になりうる（吉村良一・ジュリ 1291 号 85 頁）。この点に着目して、本判決は、蓄積型・潜伏型の損害の場合、例外的に、当該損害の全部または一部が発生した時まで除斥期間が進行を開始しないものとしたと解される。もっとも、本判決のいう例外は、蓄積型・潜伏型の損害に限られるとの指摘がある（山本隆司＝金山直樹・法協 122 巻 6 号 204 頁以下）。

　旧 724 条後段の期間制限は、2017 年改正によって、現 724 条 2 号に改められた。この改正は、その 20 年の期間制限が消滅時効であることを明らかにするに留まる（一問一答債権関係改正 63 頁）。そのため、本判決の示した解釈は、現 724 条 2 号にも妥当する（部会 92 回議事録 23 頁〔合田〕）。

【参考文献】　本判決の評釈として、本文の注に掲記したもののほか、大塚直・判例セレクト 2004 年 22 頁、高橋眞・判評 553 号 37 頁、林誠司・百選 II 220 頁。

香川　崇

200 請求権競合

最高裁昭 38 年 11 月 5 日判決　民集 17 巻 11 号 1510 頁、判時 360 号 22 頁

【715 条、724 条】

論点　1 つの事実が債務不履行と不法行為の両方の要件を満たす場合の扱い

事実の要約

訴外 A は、広島県の旧海軍工廠跡に埋もれている金属類の発掘許可を受けたが、十分な発掘資金をもたなかった。そこで、A は B 会社と協定を結び、B が資金提供と発掘作業及び販売の実施を引き受け、利益を A と B で分配することになった。しかし、B も、資金が不十分であったため、A の承認のもとに、X 会社と協定を結び、発掘物を X の営業所のある東京に送って、X がそれを販売し、その売却金から費用を控除した残余の利益を関係者間で分配することになった。広島県の発掘許可条件によれば、発掘物は、県の指定場所に一時保管され、県の検収を経た後で払下げが正式に許可されることとなっていた。そこで、A は、B・X と協議し、上記作業で発掘された金属類の保管場所を Y 運送会社の甲支店として県に申請し、払下げが許可された後、Y が発掘物を東京に貨車積輸送することにした。

X からの依頼により、Y は、X を荷受人として、発掘品のうち 12 トンを発送し、X に引き渡した。もっとも、発掘物への県の払下げが正式に許可されていなかったため、A は、以後、A への通知なしに発掘物を他に発送しないよう、Y に強く申入れた。Y の甲支店は、A の申入れを受けて、X への発送を拒否した。X は、Y の甲支店に対し、A との交渉が解決するまで残品をそのまま保管し、貨車積を一時中止するよう連絡した。しかし、Y の甲支店は、X からの連絡を「以後は A の指示に従って保管品を処置してよい」との趣旨に解釈したため、A からの保管品引渡しの要求を受けて、X の承諾なしに、残品を A に対して引き渡してしまった。

そこで、X は、第一次的に寄託契約に基づく債務不履行責任、第二次的に Y 会社支店の係員の不法行為に基づく使用者責任を理由に損害の賠償を請求した。

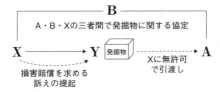

A・B・X の三者間で発掘物に関する協定

損害賠償を求める訴えの提起　　Xに無許可で引渡し

裁判の流れ

1 審（東京地判昭 33・9・24 民集 17 巻 11 号 1524 頁）：請求認容　2 審（東京高判昭 35・10・17 民集 17 巻 11 号 1538 頁）：請求認容　最高裁：上告棄却

1 審・2 審ともに、債務不履行上の賠償責任を認めつつも、商法（平成 30 年改正前のもの）589 条、同 566 条により 1 年の短期消滅時効にかかっているとしたが、使用者責任については、Y の甲支店の係員の過失を認定し、請求を認容した。Y から上告。

判旨

〈上告棄却〉①「〔上告〕論旨は、商法 1 条を論拠として、運送取扱又は運送につき、運送品が滅失又は毀損し

た場合に民法の不法行為の規定を適用する余地がないと主張し、これを前提として原判決の違法をいう。

しかし、運送取扱人ないし運送人の責任に関し、運送取扱契約ないし運送契約上の債務不履行に基づく賠償請求権と不法行為に基づく賠償請求権との競合を認めうることは、大審院判例（大正 14 年（オ）第 954 号、同 15 年 2 月 23 日判決、民集 5 巻 108 頁）の趣旨とするとおりであつて、当裁判所もこれを認容するものである。」

②「前記の場合債務不履行に基づく賠償請求権に不法行為に基づく賠償請求権が競合することを認めうるとしても、これが認められるのは、運送取扱人ないし運送人の側に故意または重過失の存する場合に限られるべきであるのに、原判決は、故意にあらざることを判示しながら、右過失の軽重につき何ら判示することなく、たやすく不法行為に基づく賠償請求権の成立を認めたのは違法であると主張する。

しかし、右請求権の競合が認められるには、運送取扱人ないし運送人の側に過失あるをもって足り、必ずしも故意又は重過失の存することを要するものではない。」

③「原審認定の事実関係によれば、…Y 会社甲支店係員に過失の責があるとし、これによって生じたかかる事態は運送品の取扱上通常予想される事態ではなく、且つ契約本来の目的範囲を著しく逸脱するものであるから、債務不履行に止まらず、右係員の過失に基づく不法行為上の損害賠償請求権の発生をも認めうるとした判断は、首肯することができる。」

判例の法理

●請求権の競合

運送人は、荷送人との運送契約によって、運送品を運送する債務を負う。この場合の債務不履行責任に基づく損害賠償請求権につき、商法（平成 30 年改正前のもの）589 条、同 566 条 1 項は 1 年の消滅時効を定める。しかし、本判決は「**運送取扱人ないし運送人の責任に関し、運送取扱契約ないし運送契約上の債務不履行に基づく賠償請求権と不法行為に基づく賠償請求権との競合を認めうる**」として、債務不履行に基づく損害賠償請求権が上記時効により消滅したとしても、不法行為に基づく損害賠償を請求できるとした。

判例を読む

1 つの事実が債務不履行の要件を充たすとともに、不法行為の要件を充たすことがある。この場合、①債務不履行に基づく損害賠償請求権とともに、不法行為に基づく損害賠償請求権も発生すると解すべきか、②複数の請求権が発生するとして、その数だけの訴訟を観念しうるのか。①は実体法上の問題であり、②は訴訟法上の問題である。

(1)実体法上の問題

①に関する代表的な学説としては、請求権競合説と法条競合説がある（学説の詳細につき小林秀之「請求権の競合」争点 195 頁参照）。

・請求権競合説

運送人の債務不履行に基づく損害賠償請求権については、商法が適用される。商法（平成30年改正前のもの）589条、同566条1項によれば、運送人の債務不履行責任に基づく損害賠償請求権は、荷受人が運送品を受けとった時から、または運送品が全部滅失した場合には、その引渡しあるべかりし日から、それぞれ1年間の時効により消滅する。

これに対して、運送人の不法行為に基づく損害賠償請求権については、民法が適用される。そのため、その損害賠償請求権は、被害者等を知った時から3年、または不法行為の時から20年の経過によって消滅する（旧724条）。

請求権競合説は、1つの事実関係が複数の法規の構成要件を充足させていれば、複数の請求権が成立し、それらは競合すると解する（小林・前掲195頁）。請求権競合説からすれば、本件の運送人Yによる運送品の滅失等が債務不履行の要件のみならず、不法行為の要件も充たすのであれば、荷受人Xは、Yに対して、債務不履行責任に基づく損害賠償請求権に加えて、不法行為に基づく損害賠償請求権も有することになる。

・法条競合説

法条競合説は、契約関係上の問題は契約法によってのみ処理されるべきであり、運送人Yは債務不履行責任しか負わないとする。それは、損害賠償請求権は特定の者の間の具体的・特殊的な結合関係である契約関係から生ずべき請求権であり、不法行為損害賠償請求権はそのような特殊的な結合関係に立たない者の間の一般的関係において生ずべき請求権であって、両者はともに損害賠償請求権であってもその存立の基盤を異にしており、契約関係の存在する処では債務不履行に基づく損害賠償請求権だけが発生し、一般法ともいうべき不法行為法の適用は排除されるべきだからである（広中・各論433頁）。

・判例

判例は、請求権競合説に立つといわれていた（大判大15・2・23民集5巻108頁）。本判決も、債務不履行による損害賠償請求権と不法行為による損害賠償請求権の競合を認めるものであった。なお、本判決の判旨③は、「運送品の取扱上通常予想される事態ではなく、且つ契約本来の目的範囲を著しく逸脱するものであるから」との理由付けを述べていた。法条競合説は、これを強調して、本判決の射程距離を制限する解釈の可能性を示していた（広中・各論435頁）。しかし、最判昭44・10・17判時575号71頁は、本判決が、一般的に請求権競合を肯定したものであるとした（小林・前掲194頁）。

・2018年商法改正

2018年の商法改正によって運送契約に関する規定が改められた。改正商法においても、運送人の契約責任の減免規定が定められている。すなわち、送品の滅失等についての運送人の責任は、運送品の引渡しがあった日（全部滅失の場合はその引渡しがされるべき日）から1年以内に裁判上の請求がなされない場合に消滅する（商585条1項）。

商法587条本文は、運送人の不法行為責任についても、上記契約責任の減免規定が妥当すると定める。それは、運送人の契約責任の減免規定の趣旨（運送人の責任範囲の早期かつ画一的な確定）を不法行為責任に及ぼさないのでは、その趣旨を没却しかねないからである（松井信憲ほか『一問一答平成30年商法改正』（商事法務、2018）43頁）。

もっとも、荷受人があらかじめ荷送人の委託による運送を拒んでいたにもかかわらず、運送人が荷送人から運送を引き受けた場合、契約責任の減免規定は、運送人の不法行為責任につき適用されない（商法587条ただし書）。そのため、この場合については、商法改正後も請求権競合が問題となりうる。

(2) 訴訟法上の問題

②に関する代表的な学説としては、民事訴訟法上における旧訴訟物理論と新訴訟物理論がある（学説の詳細につき高橋宏志『重点講義 民事訴訟法 上 第2版補訂版』（有斐閣、2013）25頁以下参照）。

・旧訴訟物理論

旧訴訟物理論によれば、訴訟上の請求は実体法上の請求権（権利）が基準となる。それゆえ、同一の給付を目的としていても、実体法上の権利が別個であれば、それぞれ1個の訴訟物となる（中野貞一郎ほか『新民事訴訟法講義〔第3版〕』（有斐閣、2018）40頁）。つまり、旧訴訟物理論によれば、荷受人Xが運送人Yに対して債務不履行責任に基づく損害賠償請求で敗訴しても、不法行為に基づく損害賠償請求を提起する余地がある。

・新訴訟物理論

旧訴訟物理論によれば、同一の社会生活関係に基づく紛争を原告が恣意的に分断することが可能となる。新訴訟物理論は、これを許さず、紛争の一回的解決を図ることの合理性を強調する（伊藤眞『民事訴訟法〔第7版〕』（有斐閣、2020）217頁）。

新訴訟物理論は、請求権を包括する上位概念としての給付を求める一個の法的地位を請求の単位として考える。新訴訟物理論によれば、同一の給付を目的として数個の実体法上の請求権の競合が認められても、実体法秩序が1回の給付しか是認しない場合には一つの受給権しか考えられない（新堂幸司『新民事訴訟法〔第6版〕』（弘文堂、2019）312頁以下）。それゆえ、新訴訟物理論によれば、荷受人Xが運送人Yに対して債務不履行責任に基づく損害賠償請求権を主張して敗訴した後に、他方の不法行為に基づく損害賠償請求を主張して提訴することは、既判力によって遮断されることとなる。

・判例

実務は今日でも旧訴訟物理論をとるといわれている（高橋・前掲61頁）。もっとも、判例は、訴訟上の信義則による遮断効を認めている。（最判昭51・9・30民集30巻8号799頁ほか）。訴訟上の信義則による遮断効とは、実質的に前訴と後訴が同一紛争にかかわり、前訴で相手方が得た地位を一方当事者が後訴によって覆そうとするときには、たとえ後訴における主張事実自体が前訴判決理由中の判断の対象となっていない場合でもあっても、後訴での主張が信義則によって遮断されることをいう（伊藤・前掲570頁）。旧訴訟物理論をとる学説は、旧訴訟物理論における紛争分断という問題につき、裁判所による適切な釈明権の行使と訴訟上の信義則による遮断効を認めれば、実際上の解決を図ることができるとする（伊藤・前掲218頁）。

【参考文献】　本判決の評釈として、本文の注に掲記したもののほか、安倍正三・最判解民昭和38年度357頁、船越隆司・百選Ⅱ5版176号212頁。

香川　崇

判　例　索　引

タイトルの次の〔　〕内ゴシック数字は判例番号を示す。

執筆者紹介 （執筆順）

田中　洋	神戸大学大学院法学研究科教授
荻野奈緒	同志社大学法学部教授
白石友行	千葉大学大学院社会科学研究院教授
難波譲治	中央大学法学部教授
工藤祐巌	明治大学専門職大学院教授
＊片山直也	慶應義塾大学大学院法務研究科教授
平林美紀	南山大学大学院法務研究科教授
大澤慎太郎	早稲田大学法学学術院教授
＊池田真朗	武蔵野大学法学部教授、慶應義塾大学名誉教授
野澤正充	立教大学法学部教授
川地宏行	明治大学法学部教授
坂口　甲	大阪公立大学大学院法学研究科准教授
深川裕佳	南山大学大学院法務研究科教授
丸山絵美子	慶應義塾大学法学部教授
武川幸嗣	慶應義塾大学法学部教授
森山浩江	大阪公立大学大学院法学研究科教授
＊北居　功	慶應義塾大学大学院法務研究科教授
髙　秀成	大阪大学大学院法学研究科准教授
秋山靖浩	早稲田大学法学学術院教授
松尾　弘	慶應義塾大学大学院法務研究科教授
笠井　修	中央大学大学院法務研究科教授
一木孝之	國學院大學法学部教授
滝沢昌彦	一橋大学大学院法学研究科教授
瀧　久範	関西学院大学法学部教授
大澤逸平	専修大学大学院法務研究科教授
加藤雅之	日本大学法学部教授
鈴木清貴	武蔵野大学法学部教授
根本尚徳	北海道大学大学院法学研究科教授
若林三奈	龍谷大学法学部教授
大塚　直	早稲田大学法学学術院教授
犬伏由子	慶應義塾大学名誉教授
前田太朗	中央大学大学院法務研究科准教授
香川　崇	富山大学経済学部教授

＊は編者

判例講義 民法II 債権〔新訂第3版〕

2002 年 5 月 1 日　　第 1 版第 1 刷発行
2005 年 4 月 20 日　　補訂版第 1 刷発行
2014 年 11 月 20 日　　第 2 版第 1 刷発行
2023 年 2 月 20 日　　新訂第 3 版第 1 刷発行

編者　　池　田　真　朗
　　　　片　山　直　也
　　　　北　居　功

発行者　　井　村　寿　人

発行所　株式会社　勁　草　書　房

112-0005 東京都文京区水道2-1-1　振替　00150-2-175253
（編集）電話 03-3815-5277／FAX 03-3814-6968
（営業）電話 03-3814-6861／FAX 03-3814-6854
本文組版 プログレス・理想社・中永製本

https://www.keisoshobo.co.jp